Hendrik Böttcher

Die Atempause

Jahrbuch für Wirtschaftsgeschichte

Im Auftrag der Herausgeber des Jahrbuchs für Wirtschaftsgeschichte herausgegeben von Alexander Nützenadel und Jochen Streb

Beiheft 30

Hendrik Böttcher

Die Atempause

Das wirtschaftspolitische Sofortprogramm der Wende von 1982

DE GRUYTER
OLDENBOURG

Dissertation, verteidigt am 29. Juni 2021 an der Philosophischen Fakultät der Rheinischen Friedrich-Wilhelms-Universität Bonn.

ISBN 978-3-11-100400-6
e-ISBN (PDF) 978-3-11-100468-6
e-ISBN (EPUB) 978-3-11-100523-2
ISSN 1869-0971

Library of Congress Control Number: 2022949779

Bibliografische Information der Deutschen Nationalbibliothek
Die Deutsche Nationalbibliothek verzeichnet diese Publikation in der Deutschen Nationalbibliografie; detaillierte bibliografische Daten sind im Internet über http://dnb.dnb.de abrufbar.

Einbandabbildung: Die Koalitionsverhandlungen 1982, BArch B 145 Bild-00106211 / Fotograf Richard Schulze-Vorberg
Satz: bsix information exchange GmbH, Braunschweig
Druck und Bindung: CPI books GmbH, Leck

www.degruyter.com

MIX
Papier | Fördert gute Waldnutzung
FSC® C083411

Danksagung

Dieses Buch wäre nicht ohne die Unterstützung der Menschen entstanden, die das Projekt in den vergangenen Jahren begleitet haben. Ihnen möchte ich an dieser Stelle danken. Prof. Dr. Carsten Burhop hat mir die Möglichkeit gegeben, mit großer Freiheit und in angenehmer Atmosphäre am Lehrstuhl für Verfassungs-, Sozial- und Wirtschaftsgeschichte in Bonn zu forschen. Ihm verdanke ich, neben der Betreuung meiner Dissertation, auch die Anregung, mich eingehender mit der Wirtschaftspolitik nach dem Boom zu beschäftigen. Prof. Dr. Joachim Scholtyseck war Zweitgutachter und gemeinsam mit Prof. Dr. Friedrich Kießling Teil der Prüfungskommission. Beiden bin ich für ihre Unterstützung und zusätzlichen Hinweise dankbar.

PD Dr. Felix Selgert hat mir viele der während der Promotionsphase aufkommenden Fragen beantwortet, Teile der Arbeit durchgesehen und schließlich den Vorsitz der Prüfungskommission übernommen. Dr. Regine Jägers verdanke ich eine weitere Durchsicht der Arbeit. Durch die Unterstützung bei Seitenprojekten im Bereich der Frühen Neuzeit und zahlreiche Gespräche hat sie außerdem für einen bei einem so speziellen zeitgeschichtlichen Thema unverzichtbaren Ausgleich gesorgt. Meinen Mitdoktoranden Charlotte Kalenberg, Jonas Pieper und Dorothee Mävers danke ich für die vielen bereichernden Gespräche und die freundschaftliche Atmosphäre am Lehrstuhl.

Das Bundesarchiv, das Archiv für Christlich-Demokratische Politik, das Archiv für Christlich-Soziale Politik und das Archiv des Liberalismus waren mir bei der Sichtung der unveröffentlichten Quellen eine große Hilfe. Prof. Dr. Hans-Peter Ullmann hat mich darüber hinaus mit Dokumenten aus seinem Privatarchiv versorgt. Manfred Carstens, Rainer Funke und Jürgen Merkes haben sich die Zeit genommen, mir als Augenzeugen ausführlich von der Wende von 1982 zu berichten. Prof. Dr. Jochen Streb und Prof. Dr. Alexander Nützenadel danke ich für die abermalige Durchsicht des Textes, wertvolle Hinweise bei der Überarbeitung und schließlich die Aufnahme in die Beihefte des Jahrbuchs für Wirtschaftsgeschichte.

https://doi.org/10.1515/9783111004686-200

Inhalt

Anhang

1 Einleitung

Als die CDU/CSU-Fraktion im deutschen Bundestag am 28. Oktober 1982 über den Entwurf des Haushaltsbegleitgesetzes für das folgende Jahr beriet, musste der Vorsitzende Alfred Dregger die aufgebrachten Abgeordneten beruhigen: *„Ich möchte Sie sehr herzlich bitten, nun nicht formalistisch zu sagen: Wir haben ja noch nicht die genauen Texte. Außerordentliche Lagen verlangen außerordentliche Entschlüsse!"*[1] Die Lage, auf die Dregger Bezug nahm, war in der Tat ungewöhnlich. Nach andauernden offenen Konflikten über den Umgang mit einer der schwersten Wirtschaftskrisen in der jüngeren deutschen Geschichte hatte die FDP im September die seit über einem Jahrzehnt regierende sozialliberale Koalition verlassen und anschließend gemeinsam mit CDU und CSU Helmut Kohl zum Kanzler gewählt. Um dieses bis heute einzige erfolgreiche konstruktive Misstrauensvotum seit Gründung der Bundesrepublik zu legitimieren, hatte man sich auf vorgezogene Neuwahlen geeinigt, die aber aus Rücksicht auf die von den Ereignissen stark geschwächten Liberalen erst nach einem halben Jahr stattfinden sollten.

In der Zeit zwischen der Wende[2] von 1982 und den Bundestagswahlen von 1983 erarbeiteten CDU, CSU und FDP unter großem Zeit- und Erfolgsdruck ein wirtschaftspolitisches Sofortprogramm, das die Krise kurzfristig abmildern und den Grundstein für einen Wiederaufschwung legen sollte. Mitte Dezember konnte das Parlament schließlich ein umfassendes Maßnahmenpaket verabschieden, mit dem man sowohl eine Konsolidierung der öffentlichen Haushalte als auch eine Verbesserung der Angebotsbedingungen der Wirtschaft und einen zusätzlichen Nachfrageimpuls für die Unternehmen erreichen wollte. Dafür waren insbesondere bei der Sozial- und Bildungspolitik Einschnitte vorgesehen.

Dieses im Schatten der Wende von 1982 entstandene Sofortprogramm stellt den wirtschaftspolitischen Auftakt der „Ära Kohl"[3] dar und ist von entscheidender Bedeutung für deren Verständnis. Trotzdem ist es bis heute noch nicht umfassend aus historischer Perspektive erforscht worden. So behandeln die meisten geschichtswissenschaftlichen Studien das Sofortprogramm von 1982 nur am Rande oder im Kon-

---

1 Protokoll der Sitzung der CDU/CSU-Fraktion im Deutschen Bundestag Nr. 9/61 vom 28.10.1982, S. 1, ACDP 08-001:1068/2. Fußnoten am Ende von Sätzen bzw. Absätzen beziehen sich auf den gesamten Satz bzw. Absatz einschließlich der Zitate, falls diese nicht einzeln belegt sind. Bei mehreren in Frage kommenden Literaturangaben in einer Fußnote sind die Quellen der Zitate jeweils kenntlich gemacht. Für generelle Aussagen über männliche und weibliche Personen wird die männliche Form verwendet. Die weibliche Form wird dann genutzt, wenn explizit Frauen gemeint sind.
2 Den Begriff der Wende verbindet man bis heute vor allem mit dem Machtwechsel in der DDR von 1989. Im Kontext des Jahres 1982 bezeichnet er hingegen meist entweder den Regierungswechsel von Helmut Schmidt zu Helmut Kohl oder, konkretisiert als wirtschaftspolitische oder geistig-moralische Wende, die von der Union 1982 angekündigten Veränderungen in der Wirtschafts- und Gesellschaftspolitik. Siehe zum Wendebegriff bspw. Wirsching, A., Die mediale Konstruktion, S. 129–136.
3 Siehe zum Begriff der Ära Kohl bspw. Wirsching, A., Ära Kohl.

https://doi.org/10.1515/9783111004686-001

text größerer Überblicksdarstellungen. Die genauen Entstehungshintergründe der einzelnen Entscheidungen und insbesondere derjenigen Projekte, die man diskutierte, aber schließlich verwarf, werden dabei oft kaum beachtet. Auch die besondere Situation zwischen Machtwechsel und Neuwahlen und ihr Einfluss auf die Entscheidungsfindung innerhalb der neuen Koalition sind bisher nicht immer ausreichend zur Geltung gekommen. Selbst diejenigen Autoren, die sich tiefergehend mit der ersten Phase christlich-liberaler Wirtschaftspolitik unter Helmut Kohl beschäftigt haben, waren zumindest meist in den ihnen zur Verfügung stehenden Quellen beschränkt. So sind etwa zahlreiche Archivmaterialien erst vor Kurzem zugänglich geworden. Eine eingehende Untersuchung des Sofortprogramms von 1982 und seiner Entstehungshintergründe steht daher noch aus.[4]

Die vorliegende Untersuchung hat das Ziel, diese Lücke in der Wirtschaftsgeschichte der Bundesrepublik so weit wie möglich zu schließen. Dafür sollen zunächst mit einem umfassenden Quellenkorpus die wichtigsten grundlegenden Fragen zum Sofortprogramm der ersten Regierung Kohl beantwortet werden: Welchen Entwicklungsprozess durchlief das Programm vom Beginn der Koalitionsverhandlungen bis zu seiner Verabschiedung im Dezember 1982? Welche Ereignisse beeinflussten diese Entwicklung? Welche diskutierten Maßnahmen fanden Eingang in das Paket und welche nicht? Wem kamen die jeweiligen Projekte zu Gute und wie sollten sie wirken? Welche koalitionsinternen Interessensgruppen nahmen dabei in welcher Weise Einfluss auf das Programm?

Diese quellennahe Untersuchung von Inhalt und Entstehungshintergrund des Sofortprogramms bildet den Schwerpunkt dieser Arbeit. Das so geschaffene Wissen kann anschließend den Ausgangspunkt für die Beantwortung spezifischerer Fragen und weitergehender Forschungen bilden. Hier sollen von den zahlreichen denkbaren Fragestellungen drei besonders kontroverse und für spätere Untersuchungen grundlegende näher betrachtet und die jeweiligen Beobachtungen mit Rückgriff auf spieltheoretische Überlegungen erklärt werden: Inwieweit handelte es sich bei dem Paket von 1982 tatsächlich um ein Konsolidierungsprogramm? Inwiefern wies es angebots-, inwiefern nachfragepolitische Züge auf? In welchem Rahmen nahm das Sofortprogramm Rücksicht auf die Wahrung einer sozialen Symmetrie?

In diesem Zusammenhang sollen nicht nur die enge Verknüpfung der wirtschaftspolitischen Auftakts der Ära Kohl mit den besonderen Umständen in Folge des Machtwechsels von 1982 aufgezeigt, sondern auch neue Impulse für eine intensivere Beschäftigung mit diesem Abschnitt bundesdeutscher Geschichte gegeben werden. Die vorliegende Untersuchung kann damit sowohl einen Beitrag zum besse-

4 Die vorhandenen Studien stützen sich daher oft schwerpunktmäßig auf journalistische Quellen. Größere Aufmerksamkeit hat das Sofortprogramm in der jüngeren Literatur bspw. bei Reimut Zohlnhöfer, Gérard Bökenkamp, Hans-Peter Ullmann und Andreas Wirsching erfahren, Zohlnhöfer, R., Wirtschaftspolitik der Ära Kohl; Bökenkamp, G., Das Ende; Ullmann, H.-P., Schuldenstaat; Wirsching, A., Provisorium. Auch zum Machtwechsel selbst besteht noch Forschungsbedarf, vgl. dazu Stickler, M., Die CSU und der Bonner Regierungswechsel, S. 177.

ren Verständnis der 1980er Jahre leisten als auch eine Voraussetzung für die Beantwortung der bis heute nicht abschließend geklärten Frage der Kontinuitäten zwischen den sozial- und den späten christlich-liberalen Regierungen der Bonner Republik schaffen.[5]

Um die Ausgangslage zu Beginn des Untersuchungszeitraumes nachvollziehen zu können, wird zunächst ein kurzer Blick auf die Entwicklungen vor dem Machtwechsel geworfen. Dazu zählen die Wirtschaftspolitik der sozialliberalen Koalition ebenso wie die programmatischen Diskussionen in der Union und FDP und die Wende von 1982 selbst. Daran schließt sich eine Untersuchung des Entstehungsprozesses des Sofortprogramms an. Hier stehen die einzelnen Entwicklungsschritte von den Koalitionsverhandlungen über die Arbeit der Ministerien bis zu den Ausschüssen im Bundestag sowie die alle Projekte ähnlich berührenden äußeren Einflüsse im Mittelpunkt.

Nach diesem Überblick werden die verschiedenen Maßnahmen und die mit ihnen verbundenen Konflikte und Diskussionen jeweils einzeln betrachtet. Sobald damit die Voraussetzungen für die Beantwortung spezifischerer Forschungsfragen erfüllt sind, können die Aspekte der Haushaltskonsolidierung, der Angebotspolitik und der sozialen Balance untersucht und die Beobachtungen erklärt werden. Abschließend werden dann als Ausblick eine Übersicht über die Auswirkungen und weiteren Entwicklungen der verschiedenen Projekte gegeben und danach die zentralen Ergebnisse der Arbeit festgehalten.

Die Forschungsliteratur zum Gesamtfeld der Wende von 1982 und der sich anschließenden Wirtschaftspolitik der christlich-liberalen Koalition ist umfangreich, aber nicht immer unproblematisch. So gibt es eine Vielzahl von zeitgenössischen oder wenige Jahre nach dem Untersuchungszeitraum erschienenen Analysen, die zwar oft eine hohe Qualität aufweisen und nahe am Geschehen entstanden sind, denen damit aber teils auch eine ordnende Distanz und ein Einblick in manche einschlägigen Unterlagen versagt war. Diese frühen Studien sind für diese Untersuchung unverzichtbar, müssen aber in den meisten Fällen wie zeitgenössische Quellen behandelt werden.[6]

Neben der oben angesprochenen jüngeren Literatur zum Sofortprogramm selbst stehen mehrere allgemeine Überblicksdarstellungen der Ära Kohl und ihrer Wirtschaftspolitik insgesamt.[7] Der Weg hin zu dieser Phase bundesdeutscher Geschichte

---

5 Vgl. dazu bspw. als Übersicht Schulz, G., Zäsur, S. 11–13 und Kap. 5.

6 Hier kann bspw. an Bohnsack, K., Die Koalitionskrise, Falter, J., Die bayerische Landtagswahl, Helberger, C. u. a., Atempause und Hansmeyer, K.-H., Konsolidierung gedacht werden.

7 Hier ist abermals an Zohlnhöfer, R., Wirtschaftspolitik der Ära Kohl und Bökenkamp, G., Das Ende zu denken, aber auch an Zohlnhöfer, R., Rückzug, Wirsching, A., Provisorium, Wirsching, A., Neoliberalismus, Schmidt, M. G., Sozialpolitik in Deutschland oder Schmidt, M. G., Sozialpolitik 1982–1989.

ist unter anderem Gegenstand der Forschungen zur Zeit *„nach dem Boom“*.[8] Daneben hat der politische Machtwechsel von 1982 in den letzten Jahren unter anderem in Untersuchungen von Gérard Bökenkamp und Jürgen Frölich, Andreas Wirsching, Wolfgang Jäger und Joachim Scholtyseck Aufmerksamkeit bekommen.[9] Dazu kommen zahlreiche weitere Publikationen, die die Politik des Herbstes 1982 im Rahmen darüber hinausgehender Fragestellungen berühren. Hier ist ebenso an Studien zur Alterssicherungs- oder Familienpolitik zu denken wie beispielsweise an die Biografien einzelner beteiligter Personen.[10]

Die zur Verfügung stehenden Quellen sind noch umfassender und heterogener als die Forschungsliteratur. Das bietet zwar auf der einen Seite Chancen für ein möglichst genaues Verständnis der Abläufe, bringt andererseits aber auch große Herausforderungen mit sich. So sind viele Quellen weder uneingeschränkt vertrauenswürdig, noch geben sie gleichermaßen detailliert Auskunft über alle sich bei der Untersuchung des Sofortprogramms stellenden Fragen. Die große Menge an verfügbarem Material zwingt ferner dazu, eine Auswahl der wichtigsten Quellen zu treffen.

Im Einzelnen lassen sich die für diese Untersuchung in Frage kommenden Quellen in vier Gruppen einteilen. Zunächst sind das die oben angesprochenen zeitlich nahen wissenschaftlichen Studien. Dazu kommen zeitgenössische Publikationen, von juristischen Kommentaren über die Gutachten des Sachverständigenrats zur Begutachtung der gesamtwirtschaftlichen Entwicklung, die Monatsberichte der Bundesbank bis hin zu programmatischen Veröffentlichungen der Parteien oder ihrer Flügel selbst. Hier ist unter anderem an das von der konservativen Mittelstandsvereinigung herausgegebene „Mittelstandsmagazin“, die „Soziale Ordnung“ der Christdemokratischen Arbeitnehmerschaft oder die „Liberal“ der FDP zu denken.

Zu den zeitgenössischen Veröffentlichungen zählen im weitesten Sinne auch journalistische Quellen. Das Radio, das Fernsehen und die Zeitungen verfolgten das Geschehen in Bonn genau und konnten dabei über persönliche Netzwerke auch auf Informationen zugreifen, die beispielsweise die Ministerien eigentlich nicht verlassen sollten.[11] Die älteren Ausgaben insbesondere der großen Zeitungen wie der FAZ oder des Spiegels sind heute digitalisiert und gut zugänglich. Andere journalistische Beiträge finden sich in den Archiven der einzelnen Parteien, vor allem im Medienarchiv des ACDP in St. Augustin. In ähnlichem Maße wie die Quellen aus dem Umfeld der Presse detailreich sind, sind sie aber auch unzuverlässig. Oft konnten Informationen vor dem Druck nicht hinreichend geprüft werden, sodass sich teils auch of-

---

8 Siehe dazu bspw. Raphael, L., Kohle und Stahl und Doering-Manteuffel, A. – Raphael, L., Nach dem Boom, aber auch Nützenadel, A., Ökonomen und Schanetzky, T., Ernüchterung.

9 Bökenkamp, G. – Frölich, J., Lambsdorffpapier; Wirsching, A., Die mediale Konstruktion; Jäger, W., Bruch der Koalition; Scholtyseck, J., Die FDP.

10 Siehe dazu bspw. Münch, U., Familienpolitik, Schmähl, W., Alterssicherungspolitik, Schwarz, H.P., Helmut Kohl oder Weirich, D., Dregger.

11 Das kam auch im Herbst 1982 immer wieder vor, siehe dazu bspw. das Protokoll der Sitzung der CDU/CSU-Fraktion im Deutschen Bundestag Nr. 9/60 vom 26.10.1982, S. 18, ACDP 08-001:1068/2.

fensichtliche Fehler in den jeweiligen Artikeln finden. Außerdem war sich die Politik der Bedeutung der Medien für die Kommunikation ihrer Programmatik bewusst und versuchte ihrerseits Einfluss auf die Berichterstattung auszuüben. Auf der anderen Seite hatten aber auch viele Medienorgane eine klare politische Ausrichtung und beleuchteten die Abläufe vor diesem Hintergrund. Insbesondere Helmut Kohl selbst hatte lange Zeit ein angespanntes Verhältnis zu Fernsehen und Presse.[12]

Die zweifellos bedeutendste Quellengruppe schließt diejenigen Dokumente ein, die ursprünglich nicht zur Veröffentlichung gedacht waren, aber mittlerweile von Archiven zugänglich gemacht worden sind. Hierzu zählen, neben den persönlichen Unterlagen einzelner Akteure und Schlüsseldokumenten wie der im Anhang abgedruckten Koalitionsvereinbarung von 1982, insbesondere die im ACDP, AdL und ACSP lagernden Protokolle der Parteivorstände, -präsidien und der jeweiligen Fraktionen. Davon geben vor allem die Fraktionsprotokolle detailliert Auskunft über die Hintergründe des Sofortprogramms. So informierten die Parteiführung und die Arbeitskreise die Abgeordneten regelmäßig über neue Entwicklungen, während die Vertreter partei- und fraktionsinterner Interessensgruppen die Sitzungen nutzten, um ihre Positionen aufzuzeigen und protokollieren zu lassen. Demgegenüber wurden etwa die Protokolle der Präsidiumssitzungen unter anderem der FDP teils weitaus kürzer gehalten als diesbezügliche Pressemitteilungen. Für brisante Verhandlungen eigneten sich diese Gremien allerdings auch nur bedingt, da leicht Informationen darüber nach außen dringen konnten. Der ehemalige FDP-Abgeordnete Günther Verheugen erinnerte sich beispielsweise 1986, man habe etwa das Lambsdorffpapier schon deswegen nicht intensiv im Präsidium oder Vorstand besprochen, *„weil ja diese Sitzungen praktisch öffentlich waren“*.[13]

Zu den Akten der Parteiarchive kommen unter anderem Unterlagen aus dem Parlamentsarchiv des Bundestages, dem Archiv für Zeitgeschichte und dem Bundesarchiv. Aufgrund der großen Fülle von Material ist es sinnvoll, sich auch hier auf die wichtigsten Bestände zu beschränken. Dazu zählen neben den Akten der an der Erarbeitung des Sofortprogramms beteiligten Bundesministerien nicht zuletzt die Unterlagen des Kanzleramtes. Gab es Konflikte zwischen verschiedenen Ressorts, verfolgten die Referate unter Kohls Vertrautem Waldemar Schreckenberger die Aushandlungsprozesse und dokumentierten die verschiedenen Positionen. Hinzu kommen die vom Bundesarchiv online in Edition veröffentlichten Protokolle des Bundeskabinetts. Das Parlamentsarchiv stellt zusätzlich die zahlreichen Drucksachen von den Plenardebatten über die Gesetzentwürfe und Ausschussberichte bis hin zu den Gutachten des Sachverständigenrates zur Begutachtung der gesamtwirtschaftlichen Entwicklung zur Verfügung.

Die große Zahl von Dokumenten aus dem Umfeld der Wende von 1982 darf nicht darüber hinwegtäuschen, dass ein erheblicher Teil der relevanten Abläufe nicht

---

12 Wirsching, A., Die mediale Konstruktion, S. 134–138.

13 Schell, M., Kanzlermacher, S. 231. Vgl. auch Schwarz, H. P., Helmut Kohl, S. 265.

oder nur unvollständig dokumentiert wurde. Das betrifft insbesondere die für diese Untersuchung besonders interessanten koalitionsinternen Verhandlungen. Viele Entscheidungen wurden hier, was in der Forschung teils als charakteristisch für die Ära Kohl angesehen wird,[14] in informellen Gesprächen, in schlecht oder in gar nicht protokollierten Koalitionsrunden getroffen.[15]

Die letzte große Quellengruppe umfasst die persönlichen Erinnerungen aus dem Umfeld der Wende von 1982. Viele der an der Erarbeitung des Sofortprogramms beteiligten Akteure haben im Nachhinein entweder Autobiografien verfasst oder sich zumindest im Diskurs mit Journalisten und Publizisten rückblickend zu den Geschehnissen geäußert. Wenngleich diese Quellen zahlreiche Lücken bei der Rekonstruktion der Ereignisse füllen können, müssen sie doch mit großer Vorsicht behandelt werden. Nicht selten trügt die Erinnerung die Zeitzeugen nach vielen Jahren. Insbesondere bei den Autobiografien besteht außerdem die Gefahr, dass manche Abläufe idealisiert und damit verzerrt werden.[16]

Die zeitliche Nähe zu den Ereignissen von 1982 hat es außerdem ermöglicht, für diese Studie einige zusätzliche Interviews mit Zeitzeugen zu führen. Alle Gesprächspartner waren dabei nah am Geschehen und konnten die Entwicklungen im Umfeld des Sofortprogramms aus verschiedenen Perspektiven mitverfolgen. Manfred Carstens etwa gehörte der CDU-Mittelstandsvereinigung an und erstattete dem Bundestagsplenum als Mitglied des Haushaltsausschusses Bericht über die Beschlüsse der dort beratenden Abgeordneten. Rainer Funke war Mitglied der liberalen Bundestagsfraktion und hatte Einblick in die Arbeit des Finanz- und des Wirtschaftsausschusses. Jürgen Merkes wiederum war Persönlicher Referent des Parlamentarischen Staatssekretärs Hansjörg Häfele. Mit diesem zusammen begleitete er insbesondere die Entwicklung des Kerns des Sofortprogramms, des Haushaltsbegleitgesetzes 1983, im federführenden Finanzministerium.

Die Interviews wurden teils persönlich und teils telefonisch geführt und boten die Gelegenheit, Wissenslücken bei fehlenden anderen Quellen zielgerichtet zu schließen oder Erkenntnisse zu überprüfen. Trotzdem gelten auch hier die genannten bei persönlichen Erinnerungen unvermeidbaren Einschränkungen, die eine genaue Quellenkritik unverzichtbar machen. Die Durchführung der Zeitzeugengespräche orientierte sich im Kern an der Methodik der Oral History, wurde aber den besonderen Anforderungen dieser Untersuchung angepasst. Das betrifft sowohl die Art und Häufigkeit der Nachfragen als auch die Auswertung der Gespräche. Um die Interviews überhaupt in dieser Form durchführen und in die Untersuchung einbin-

---

14 Vgl. dazu bspw. Schwarz, H. P., Helmut Kohl, S. 314, 265 und Wirsching, A., Provisorium, S. 48.

15 Siehe dazu auch die zahlreichen Eintragungen in dem im ACDP erhaltenen Terminkalender Gerhard Stoltenbergs, ACDP 01-626:036/1.

16 Wichtige Autobiografien sind hier bspw. Kohl, H., Erinnerungen und Genscher, H.-D., Erinnerungen. Schell, M., Kanzlermacher und Hamm-Brücher, H., Ich bin so frei sind Beispiele für einschlägige Interviewbände. Vgl. zur Bedeutung dieser Quellengattung auch Scholtyseck, J., Die FDP, S. 208.

den zu können, waren an einzelnen Stellen mit den Gesprächspartnern koordinierte Kürzungen und sprachliche Glättungen unausweichlich, die aber keinen Einfluss auf die für diese Arbeit relevanten inhaltlichen Aspekte hatten. Die Interviews sind ebenfalls im Anhang abgedruckt.[17]

17 Siehe zur Oral History einführend bspw. Breckner, R., Zeitzeugen.

2 Das sozialdemokratische Jahrzehnt

Um die Wirtschaftspolitik der Wende von 1982 und ihre Hintergründe vollständig verstehen zu können, ist ein Blick auf die vorangegangenen Jahre unerlässlich. Im Folgenden werden daher zunächst die Wirtschaftspolitik der sozialliberalen Koalition, dann die Entwicklungen in den sie bestimmenden Parteien und schließlich die politische Wende von 1982 selbst beleuchtet.

2.1 Die Wirtschaftspolitik von Willy Brandt zu Helmut Schmidt

Als Willy Brandt am 21. Oktober 1969 zum Kanzler gewählt wurde, befand sich die Bundesrepublik in einer Phase des Umbruchs. Nach dem kurzen Intermezzo der großen Koalition unter Kurt Georg Kiesinger war die SPD ein Bündnis mit der FDP eingegangen. Zum ersten Mal in der Geschichte der Bundesrepublik stellte die Union damit nicht mehr den Kanzler. In der Regierungserklärung zu Beginn seiner ersten Amtszeit kündigte Brandt an, *„mehr Demokratie wagen"*[1] und die Bevölkerung in einen tiefgreifenden gesellschaftlichen Reformprozess einbinden zu wollen.[2] Helmut Schmidt, neben Brandt und Herbert Wehner einer der einflussreichsten Sozialdemokraten, bekam das Amt des Verteidigungsministers. Zum Kanzleramtschef machte Willy Brandt seinen Vertrauten Horst Ehmke, Wirtschaftsminister blieb der bisherige Ressortchef Karl Schiller.[3] Trotz eines angespannten Verhältnisses zwischen Koalition und Opposition verlief die Regierungsarbeit in den ersten Jahren alles in allem erfolgreich. Insbesondere die zügige Verbesserung des Verhältnisses zum Ostblock steigerte Brandts Ansehen erheblich.[4]

Zu Beginn der Regierungszeit Willy Brandts etablierte sich außerdem ein neuer Kurs in der Wirtschaftspolitik, der bereits zur Zeit der großen Koalition erste Erfolge gezeigt hatte und dessen Voraussetzungen schon seit Beginn der 1960er Jahre schrittweise geschaffen worden waren. Eine immer besser arbeitende Verwaltung schien mittlerweile präzise wissenschaftliche Vorhersagen über die ökonomische Entwicklung zu ermöglichen. Die vorangegangenen Regierungen hatten diesen Ausbau der Analysemöglichkeiten gezielt gefördert. So war etwa 1963 auf Betreiben Ludwig Erhards der „Sachverständigenrat zur Begutachtung der Gesamtwirtschaftlichen Entwicklung" ins Leben gerufen worden.[5] Dieses unabhängige Gremium sollte regelmäßig die wirtschaftliche Lage untersuchen und Handlungsvorschläge unterbreiten,

1 BT-PlPr. 06/5 (28.10.1969), S. 20C.

2 Gerd Koenen bezeichnet die 1970er Jahre mit Blick auf die gesellschaftlichen Entwicklungen insgesamt sogar als *„rotes Jahrzehnt"*, Koenen, G., Das rote Jahrzehnt.

3 Zu Schiller siehe bspw. Lütjen, T., Karl Schiller.

4 Faulenbach, B., Sozialdemokratie, S. 295–298; Schöllgen, G., Brandt, S. 161–165, 180, 188–189; Philipps, R., Die SPD, S. 280–281; Metzler, G., Politik nach Plan, S. 196.

5 Siehe zu der Entstehungsgeschichte ausführlich Nützenadel, A., Politikberatung.

https://doi.org/10.1515/9783111004686-002

an denen sich sowohl die Politik als auch die Öffentlichkeit und die Tarifpartner orientieren konnten. Die Regierung sollte ihrerseits schriftlich auf die Gutachten des Sachverständigenrates antworten. Dass man diesen Rat nicht bereits früher eingerichtet hatte, führt etwa Alexander Nützenadel auf das große Interesse an dem Projekt und die kontroversen Diskussionen darüber zurück. So forderte beispielsweise die FDP seit 1955 einen „Konjunkturbeirat", der unter anderem bei Tarifkonflikten als Schlichter auftreten sollte, während Konrad Adenauer auch einen Bundeswirtschaftsrat nach Vorbild des Vorläufigen Reichswirtschaftsrates der Weimarer Republik in Erwägung zog. Darin wären dann allerdings die verschiedenen wirtschaftspolitischen Interessensverbände vertreten gewesen, was Erhard ablehnte. Letztendlich bemühte man sich um eine möglichst von allen Seiten mitgetragene Ausgestaltung des Sachverständigenrates, um damit zu gewährleisten, dass seine Vorschläge allgemein akzeptiert wurden. 1966 wurde das Gremium der Wirtschaftsweisen weiterentwickelt und konnte von da an auch in Eigeninitiative Sondergutachten erstellen.[6]

Die wissenschaftliche Durchdringung der Wirtschaft eröffnete dem Staat in den Augen zahlreicher vor allem sozialdemokratischer Politiker die Möglichkeit, lenkend in ökonomische Prozesse einzugreifen. Gleichzeitig sah sich die Politik, ebenso wie in vielen anderen Ländern, auch zunehmend in der Verantwortung für die Sicherung der allgemeinen Wohlfahrt.[7] Die gesetzlichen Voraussetzungen dieser „Globalsteuerung" waren ebenfalls bereits in den 1960er Jahren geschaffen worden. So begannen schon die Kabinette Ludwig Erhards mit der Ausarbeitung eines „Gesetzes zur Förderung der Stabilität und des Wachstums der Wirtschaft", das der Regierung zumindest grundlegende Eingriffsmöglichkeiten eröffnen sollte.[8] Da Erhard für das Vorhaben die Verfassung ändern musste, war er auf die Zustimmung der Sozialdemokraten angewiesen. Die kritisierten die Pläne allerdings zunächst und forderten Nachbesserungen. Karl Schiller stelle Mitte September 1966 fest, der Entwurf sei in seiner gegenwärtigen Form ein *„Tisch mit zwei Beinen"*[9], der umfallen müsse. Eine Bedingung für die Unterstützung durch die SPD war dementsprechend, dass man das Gesetz um zusätzliche Eingriffsmöglichkeiten erweiterte. Aus Erhards Defensivgesetz wurde auf diesem Wege bis zum folgenden Jahr ein Werkzeugkasten der Globalsteuerung.[10]

Auch in der großen Koalition unter Bundeskanzler Kurt Georg Kiesinger konnte Schiller die Politik maßgeblich mitbestimmen. Er grenzte sich dabei als Wirtschaftsminister scharf von wirtschaftspolitischem Dirigismus oder dem Konzept der Planwirtschaft ab. Es gehe nicht darum, so Schiller, dem Markt sein Handeln vorzuschreiben, sondern die wirtschaftliche Entwicklung mit marktkonformen Mitteln zu

6 Schanetzky, T., Ernüchterung, S. 64–72; Nützenadel, A., Politikberatung, S. 288–303.
7 Doering-Manteuffel, A. – Raphael, L., Nach dem Boom, S. 27–28.
8 Diese hatten zunächst noch einen primär defensiven Charakter, Schanetzky, T., Ernüchterung, S. 83.
9 Zit. n. Schanetzky, T., Ernüchterung, S. 85.
10 Schanetzky, T., Ernüchterung, S. 81–87; Plumpe, W., Wirtschaftskrisen, S. 95.

steuern. Obwohl das Stabilitätsgesetz von 1967 der Regierung dafür zahlreiche konjunkturpolitische Instrumente in die Hand gegeben hatte, waren ihre Möglichkeiten nicht unbeschränkt. So blieb beispielsweise die Bundesbank unabhängig und auch die Einflussmöglichkeiten auf die Tarifverhandlungen waren begrenzt. Die hier angesetzte Konzertierung des Vorgehens von Regierung, Zentralbank, Gewerkschaften und Arbeitgebern sollte schnell an den Partikularinteressen der verschiedenen Gruppen scheitern.[11]

Das Stabilitätsgesetz erleichterte unter anderem nachfrageorientierte Eingriffe in die Wirtschaft, wie sie beispielsweise John Maynard Keynes vorgeschlagen hatte. Der Kerngedanke dieses Konzeptes war, konjunkturelle Schwächephasen durch eine gezielte Stimulation der gesamtwirtschaftlichen Nachfrage auszugleichen und die Wirtschaft damit auf einem beständigen Wachstumskurs zu halten. Dafür sollten bei konjunkturellen Einbrüchen die Ausgaben des Staates gesteigert werden. Dieser sollte so die ungenutzten Produktionskapazitäten durch die Krise bringen und damit ein Anwachsen der Arbeitslosigkeit verhindern. Die dabei entstehenden Kosten erhoffte man in guten Phasen durch höhere Abgaben wieder einnehmen und damit gleichzeitig ein Überhitzen der Konjunktur verhindern zu können. Das Stabilitätsgesetz sah dafür unter anderem eine Konjunkturausgleichsrücklage vor, mit deren Hilfe der Staat in Wachstumsphasen Mittel für schlechtere Zeiten zurücklegen sollte. Als es 1966/1967 erstmals seit der Nachkriegszeit zu einer ernsten Krise kam, konnte ein schlimmerer Wirtschaftseinbruch auf diese Weise allem Anschein nach verhindert werden.[12] Die Unterstützung für Schillers Kurs war in der Bevölkerung dementsprechend groß.[13]

Eine wichtige Voraussetzung und zugleich ein großer Schwachpunkt der Globalsteuerung und der auf ihr aufbauenden Wirtschaftspolitik war die Verfügbarkeit verlässlicher Daten. Wurde eine Maßnahme zur Verstetigung der Konjunktur aufgrund von Fehleinschätzungen zum falschen Zeitpunkt wirksam, wie es später mehrfach geschehen sollte, konnte das prozyklisch wirken und die Konjunkturschwankungen damit noch verstärken. Als Willy Brandt Kurt Georg Kiesinger als Kanzler ablöste, legte er daher großen Wert auf den Ausbau der für die wissenschaftliche Durchdringung der Wirtschaft notwendigen Strukturen. Ab 1969 gestaltete Horst Ehmke das Bundeskanzleramt dafür zügig zu einer modernen Regierungszentrale um. Die inhaltliche Verzahnung der einzelnen Abteilungen wurde ausgeweitet, vermehrt Berater hinzugezogen und die Ausstattung verbessert. Ähnliche Entwicklungen lassen sich auch in den Ministerien und im öffentlichen Dienst insgesamt feststellen. Im Wirtschaftsministerium nahm der Anteil an Juristen tendenziell ab, dafür wurden

11 Engelhard, P., Ökonomen, S. 92–93; Schanetzky, T., Ernüchterung, S. 88; Plumpe, W., Wirtschaftskrisen, S. 95; Engelhard, P., Konzertierte Aktionen, S. 743–744.

12 Siehe dazu ausführlich Golla, G., Krisenüberwindung.

13 Metzler, G., Politik nach Plan, S. 191–193, 200; Schanetzky, T., Ernüchterung, S. 90–91; Engelhard, P., Ökonomen, S. 93; Engelhard, P., Konzertierte Aktionen, S. 743–744. Siehe zum Grundkonzept der Nachfragepolitik auch ergänzend Lenk, T. – Sesselmeier, W., Konjunkturpolitik, S. 468.

mehr Wirtschaftswissenschaftler eingestellt. Nachdem die Wissenschaft die Globalsteuerung ermöglicht hatte, sorgte diese nun ihrerseits für eine noch umfassendere Forschung. Die „Verwissenschaftlichung" des Politikbetriebes konnte dabei nicht nur der Effektivitätssteigerung dienen, sondern die Regierung auch in ihrer Außendarstellung unterstützen. Insgesamt wuchs die Beschäftigung im öffentlichen Dienst zwischen 1969 und 1975 jährlich um etwa 3,5 %. Zusammen mit den rapide steigenden Gehältern hatte das zur Folge, dass schon Mitte der 1970er Jahre die Personalausgaben etwa ein Drittel des Gesamthaushaltes des Staates ausmachten.[14]

Trotz der wachsenden Aufwendungen für die Wirtschaftsanalyse blieb es ausgesprochen schwer, die konjunkturelle Lage auch nur annähernd vollständig zu erfassen. Das lag nicht zuletzt an der inneren Heterogenität der Wirtschaft. Während eine Branche unter starkem konjunkturellem Druck stand, konnte es einer anderen im selben Augenblick verhältnismäßig gut gehen. Genauso verhielt es sich mit regionalen Unterschieden. Es war durchaus denkbar, dass konjunkturelle Schwankungen verschiedene Gebiete zu unterschiedlichen Zeiten erfassten. Die Politik der sozialliberalen Koalition antwortete darauf in der Regel mit einem immer weiter gehenden Ausbau ihrer Analysemöglichkeiten. Eine umfassende Abbildung der wirtschaftlichen Entwicklung blieb dennoch eine Illusion.[15]

Neben der Festigung des Konzepts der Globalsteuerung und der darauf aufbauenden nachfrageorientierten Konjunkturpolitik vollzog sich in der ersten Regierungszeit Willy Brandts auch ein rasanter Anstieg der Sozialausgaben. Der belastete nicht nur den Staatshaushalt, sondern begünstigte auch die Inflation. Die schnell steigenden Ausgaben führten Anfang der 1970er Jahre zu Spannungen innerhalb der SPD, in Folge derer der bisherige Finanzminister der Koalition, Alex Möller, Mitte 1971 das Kabinett verließ. Sein Ressort ging an Karl Schiller, der gleichzeitig Wirtschaftsminister blieb. Ein gutes Jahr nach Möller reichte auch Schiller seinen Rücktritt ein und griff bei der Gelegenheit die Ausgabendisziplin Brandts ebenfalls scharf an. Nach Schillers Rücktritt übernahm Helmut Schmidt das Doppelressort und gab dafür das Verteidigungsministerium ab.[16]

Schillers Kritik richtete sich insbesondere gegen die Politik des Bundesministers für Arbeit und Sozialordnung, Walter Arendt. Dieser befürwortete einen deutlichen Ausbau des Sozialstaates einschließlich einer umfassenden Rentenreform. Dabei wollte man nicht nur die Zahlungen an die Rentner erhöhen, sondern auch den Renteneintritt flexibler gestalten und die Versicherung für Selbstständige und Hausfrauen öffnen. Außerdem hatte sich die Bundesregierung schon Ende 1969 darauf verständigt, die Rentner bei ihren Krankenversicherungsbeiträgen zu entlasten. Die

---

14 Jahresgutachten des SVR 1975/76, BT-Drs. 07/4326, S. 139; Metzler, G., Politik nach Plan, S. 191–193, 198, 201–202; Schanetzky, T., Ernüchterung, S. 56–61; 63–64, 88.

15 Schanetzky, T., Ernüchterung, S. 245–246; Nützenadel, A., Ökonomen, S. 344, 361.

16 Feld, L. P., Zur Bedeutung, S. 5; Schöllgen, G., Brandt, S. 188–189; Nützenadel, A., Ökonomen, S. 345–348. Siehe auch Doering-Manteuffel, A. – Raphael, L., Nach dem Boom, S. 28–30.

Finanzierung dieser Projekte schien durch die prognostizierten Überschüsse der Rentenversicherung unproblematisch. Anfang 1972 sagte das Arbeitsministerium bis 1985 sogar ein Plus von etwa 200 Mrd. DM voraus. Schiller zweifelte diese Zahlen stark an. Die Führung der SPD verstand das Vorhaben und insbesondere die flexible Altersgrenze beim Renteneintritt aber als entscheidend für die nächsten Wahlen und setzte sich dementsprechend dafür ein.[17]

Während der Erarbeitung der Rentenreform gerieten die Sozialdemokraten immer stärker unter Druck von Seiten der Union. Seitdem die CDU am 23. April 1972 bei den Landtagswahlen in Baden-Württemberg die absolute Mehrheit erreicht hatte, kontrollierten die Konservativen den Bundesrat. Nach Schillers Rücktritt waren auch die Kräfteverhältnisse in der großen Parlamentskammer nicht mehr eindeutig. Nicht selten blieb der ehemalige Superminister nun den Abstimmungen fern. Zusammen mit den Parteiaustritten aus der FDP war Brandts Regierungsmehrheit damit bis an den Rand der Handlungsfähigkeit zusammengeschrumpft. Walter Arendt musste daher bei seinen Gesetzesvorhaben immer mehr Rücksicht auf die Union nehmen. Auf deren Seite hatte sein Vorgänger im Ministeramt und Vorsitzender der Christlich-Demokratischen Arbeitnehmerschaft, Hans Katzer, klare Vorstellungen, wie die Rentenreform auszusehen habe. Die Wünsche der Union gingen dabei teils noch über die Pläne der Koalition hinaus. Die CDA wollte unter anderem eine deutlich umfassendere und schnellere Erhöhung der Renten und nahm dafür auch zusätzliche Kosten in Kauf. Am 21. September verabschiedete der Bundestag schließlich die Rentenreform. Jeder, der 30 Jahre Beiträge gezahlt hatte, konnte nun mit 63 Jahren in Rente gehen. Arbeitete er länger, konnte er seine Ansprüche weiter ausbauen. Die Renten wurden ein halbes Jahr früher als geplant und um 9,5 % erhöht. Gleichzeitig wurde eine bedingte Mindestrente festgesetzt. Wenig später passierte das Vorhaben auch den Bundesrat.[18]

Obwohl die Rentenreform gelang, wurde das Regieren ohne handlungsfähige Mehrheit für Brandt immer schwieriger. 1972 konnte er ein konstruktives Misstrauensvotum Rainer Barzels noch abwehren, war dabei aber bereits auf Stimmen aus der Union angewiesen.[19] Um seine Handlungsfähigkeit wiederherzustellen, stellte der Kanzler im September 1972 die Vertrauensfrage. Wie erhofft wurde er dabei nicht bestätigt und konnte den Bundespräsidenten um die Auflösung des Bundestages bitten. Gustav Heinemann kam dem Ersuchen nach, sodass am 19. November Neuwahlen stattfinden konnten. Ein Erfolg der Sozialliberalen war dabei im Vorfeld keinesfalls sicher. Erst ein Jahr zuvor hatte die SPD bei den Wahlen zum Berliner Abgeordnetenhaus herbe Verluste hinnehmen müssen. Der Wahlkampf wurde dem-

---

17 Bökenkamp, G., Das Ende, S. 50–54.

18 Bökenkamp, G., Das Ende, S. 54–57.

19 Erst deutlich später wurde öffentlich, dass Abgeordnete der Opposition dafür von der DDR bestochen worden waren, bspw. Julius Steiner, Vierhaus, R. – Herbst, L. (Hrsgg.), Biographisches Handbuch I, S. 842–843.

entsprechend emotional geführt. Am Ende errangen SPD und FDP einen klaren Sieg.[20]

Die nun beginnende zweite Regierungszeit war für Brandt weniger glücklich als die erste. Mit der sicheren Mehrheit im Parlament ließ die Disziplin in der Koalition nach und bot Raum für interne Machtkämpfe. Nicht zuletzt innerhalb der Führungstroika aus Brandt, Schmidt und Wehner mehrten sich die Spannungen. Hinzu kam ein anhaltender Streit um den Anfang 1972 beschlossenen Radikalenerlass und damit verbundene Berufsverbote für Links- und Rechtsextreme im öffentlichen Dienst. Der Kanzler selbst war gesundheitlich angeschlagen und konnte nicht die Führungsstärke zeigen, die es für eine Stabilisierung der Lage gebraucht hätte.[21]

Daneben verschlechterten sich auch die wirtschaftlichen Rahmenbedingungen. Im Oktober 1973 griff eine Allianz aus Syrien und Ägypten mit Unterstützung weiterer arabischer Länder und der Sowjetunion Israel an. Die USA und andere westliche Länder unterstützten die Verteidiger massiv mit Geld und Ausrüstung. In den folgenden Wochen entschlossen sich die OPEC-Mitglieder dazu, gegen die mit Israel kooperierenden Staaten mit einer erheblichen Steigerung des Ölpreises vorzugehen. Ab Ende 1973 verteuerten sich daher auch die Ölimporte in die Bundesrepublik derart, dass die Wirtschaft zunehmend unter Druck geriet und die Arbeitslosigkeit stieg. Auch die Verbraucher bekamen die Entwicklung bald zu spüren. Sowohl im Dezember 1973 als auch im Februar 1974 lag das Niveau der allgemeinen Lebenshaltungskosten fast 8 % über dem des jeweiligen Vorjahresmonats.[22] Die Bundesrepublik stand am Anfang einer Phase der Stagflation. Während das Wachstum stagnierte, stiegen die Preise.[23]

In dieser Situation warnten nicht zuletzt der wirtschaftspolitische Ausschuss der SPD und Finanzminister Helmut Schmidt davor, dass die Ölpreiskrise einen schweren Konjunktureinbruch auslösen könne, wenn man nicht entschieden reagiere. Die ersten von der Regierung eingeleiteten Maßnahmen wie Fahrverbote und Geschwindigkeitsbegrenzungen hatten allerdings einen vornehmlich symbolischen Charakter und waren nicht weitreichend genug, um das Problem wirklich zu lösen. Der *„Wirtschaftslaie Brandt“*[24] schien mit der Situation überfordert zu sein. Diesen Eindruck

20 Dittberner, J., Die FDP, S. 46; Schöllgen, G., Brandt, S. 181, 184–185, 199; Philipps, R., Die SPD, S. 284–285.

21 Faulenbach, B., Sozialdemokratie, S. 293; Schöllgen, G., Brandt, S. 168, 180–181, 186, 199.

22 Führer, K. C., Gewerkschaftsmacht, S. 344

23 Führer, K. C., Gewerkschaftsmacht, S. 343–344; Feld, L. P., Zur Bedeutung, S. 5; Manow, P. – Seils, E., Adjusting Badly, S. 272–273. Inwieweit allein der Ölpreis für die nun einsetzende Krise ausschlaggebend war, ist umstritten. Werner Plumpe verweist an dieser Stelle auch auf die langfristigen Wirtschaftszyklen, Plumpe, W., Wirtschaftskrisen, S. 100; Abelshauser, W., Deutsche Wirtschaftsgeschichte, S. 395. Martin Werding weist außerdem darauf hin, dass die wirtschaftlichen Bedingungen vor der Krise außergewöhnlich gut waren, was den sich Mitte der 1970er Jahre abzeichnenden Wandel besonders dramatisch erscheinen lässt, Werding, M., Wende, S. 304–305.

24 So nannte ihn der Spiegel im Zusammenhang mit der Krise, Schöllgen, G., Brandt, S. 198; Führer, K. C., Gewerkschaftsmacht, S. 342.

verschärfte auch der Anfang 1974 eskalierende Konflikt mit der Gewerkschaft Öffentliche Dienste, Transport und Verkehr (ÖTV). Brandt hatte im Vorfeld mehrfach erklärt, die Löhne und Gehälter dürften angesichts der schwierigen Wirtschaftslage nicht um einen zweistelligen Betrag steigen, wie es der Gewerkschaftschef Heinz Kluncker zuvor gefordert hatte. Die seit Jahren schnell wachsenden Personalkosten mussten entweder zu einer Belastung der Unternehmen führen oder dazu, dass die Wirtschaft die höheren Ausgaben auf die Preise überwälzte und damit zusätzlich zu den verbesserten Einkommen die Inflation befeuerte.[25] Die ÖTV wies Brandts Mahnung als Einmischung in die Tariffreiheit zurück und bestand auf einer Erhöhung von 15 %. Brandts Umfeld ermutigte den Kanzler, ebenfalls auf seiner Position zu bestehen. Auch Helmut Schmidt hielt die Ansprüche der ÖTV für überzogen, versuchte sich aber aus der Diskussion möglichst herauszuhalten. Der damalige Innenminister Hans-Dietrich Genscher[26] gehörte zu den wenigen, die Brandt von einer solchen Festlegung abrieten. Dadurch, so Genscher, schaffe er für die Gewerkschaftler nur einen Anreiz, eben diese zu überschreiten. Im Februar 1974 organisierte Kluncker schließlich einen dreitägigen Streik, in Folge dessen die Arbeitgeber einer Erhöhung von 11 % und einem Mindestbetrag von 170 DM zustimmten. Im Durchschnitt ergab sich daraus ein Zuwachs von über 12 %. Das Ansehen des Kanzlers wurde durch diese Vorgänge nachhaltig geschädigt.[27]

Ende April 1974 folgte der nächste schwere Schlag. Nach jahrelangen Ermittlungen wurde Brandts Persönlicher Referent Günter Guillaume als Agent des Ministeriums für Staatssicherheit der DDR enttarnt. Obwohl Guillaume anscheinend nur wenige relevante Informationen weitergegeben hatte, schien der SPD ein möglicherweise erpressbarer Bundeskanzler nicht länger tragbar. Anfang Mai stimmte sich Brandt daher mit Herbert Wehner ab, der ihm zum Rücktritt riet. Kurz darauf legte der Kanzler sein Amt nieder. Wie groß der Einfluss der vorausgegangenen Misserfolge und der gesundheitlichen Verfassung Brandts auf seine Entscheidung war, ist bis heute nicht abschließend geklärt.[28]

Nach dem Rücktritt Willy Brandts wählte der deutsche Bundestag am 16. Mai 1974 Helmut Schmidt zum Kanzler. Die Entscheidung für den Wirtschafts- und Finanzminister war dabei im engeren Kreis der SPD-Führung gefallen. Der neue Regierungschef hatte zwar kaum gezielt auf die Ablösung Brandts hingearbeitet, sich aber

---

25 Siehe dazu bspw. Nützenadel, A., Ökonomen, S. 345–347.

26 Hans-Dietrich Genscher wurde 1927 in Reideburg bei Halle geboren und war seit 1952 Mitglied der FDP. Von 1969 bis 1974 war er Innen-, danach Außenminister. Im selben Jahr übernahm er auch den Bundesvorsitz der liberalen Partei, Heumann, H. D., Genscher, S. 26; Vierhaus, R. – Herbst, L. (Hrsgg.), Biographisches Handbuch I, S. 253–254.

27 Führer, K. C., Gewerkschaftsmacht, S. 339, 343–350. Auch vorher hatte es schon heftige Arbeitskämpfe gegeben, bspw. den Bummelstreik der Fluglotsen 1973, Schöllgen, G., Brandt, S. 198; Faulenbach, B., Sozialdemokratie, S. 290–291.

28 Faulenbach, B., Sozialdemokratie, S. 290–291. Zu Guillaume und Brandts Rücktritt siehe bspw. Merseburger, P., Willy Brandt, S. 720–738.

in den vorangegangenen Monaten zumindest für diesen Fall bereit gehalten und potentielle Konkurrenten ausgebremst. Mit dem *„halben Machtwechsel“*[29] gingen verschiedene personelle Veränderungen einher. Kurz nach Übernahme der Regierungsgeschäfte trennte sich Schmidt von mehreren Vertrauten des alten Kanzlers. Zunächst verließen Host Ehmke und der Bildungsminister Klaus von Dohnanyi das Kabinett. Als bald darauf der Etat des Bundesministers für wirtschaftliche Zusammenarbeit eingefroren werden sollte, trat auch Erhard Eppler zurück. Walter Scheel war bereits am 16. Mai 1974 zum Bundespräsidenten gewählt worden. Mit ihm verließ ein weiterer Gründungsvater der sozialliberalen Koalition die Regierung. Auch der Regierungsstil änderte sich mit dem neuen Kanzler. Schmidt galt allgemein als pragmatischer und sachorientierter als sein Vorgänger. Seine weitestgehend ideologiefreie Arbeitsweise setzte ihn dabei schnell erster Kritik aus der SPD-Basis aus. Die öffentliche Meinung stand Ende 1974 dafür hinter dem Kanzler.[30]

Die wirtschaftliche Lage der Bundesrepublik verschlechterte sich Mitte der 1970er Jahre zusehends. 1974 kamen dabei gleich mehrere Belastungen zusammen. Die steigenden Ölpreise bremsten nicht nur die Binnenkonjunktur aus, sondern ließen auch die Exporte einbrechen. Zusammen mit dem unerwartet schnellen Anstieg der Reallöhne durch die überwiegend arbeitnehmerfreundlich verlaufenden Tarifverhandlungen stellte das die Wirtschaft vor erhebliche Herausforderungen. Die Arbeitslosigkeit stieg rapide an. In Folge dessen wurden nicht zuletzt in den Gewerkschaften Stimmen laut, die von der Bundesregierung wieder eine aktivere Konjunkturpolitik forderten. Die Finanzierung sollte unter anderem aus der bei der Bundesbank hinterlegten Konjunkturrücklage von 10 Mrd. DM, bei Bedarf aber auch aus einer Erhöhung der Neuverschuldung erfolgen. In der Regierung war die Begeisterung für die Globalsteuerung und auf ihr aufbauende Maßnahmen längst nicht mehr so groß wie noch einige Jahre zuvor. Schon 1973 hatte sich das Wirtschaftsministerium vom Anspruch der gesamtwirtschaftlichen Steuerung distanziert und stattdessen vermehrt von einer Beeinflussung der Wirtschaft gesprochen. Angesichts der angespannten Lage sollten 1974 dennoch gleich mehrere Projekte zur Konjunkturstimulation verabschiedet werden. Nach koalitionsinternen Auseinandersetzungen über die Art der Förderung einigte man sich Ende des Jahres auf eine umfassende Unterstützung sowohl privater als auch öffentlicher Investitionen. Die Initiative beinhaltete neben Änderungen des Investitionszulagegesetzes unter anderem das Gesetz zur Förderung von Investition und Beschäftigung, das bis Mitte 1975 getätigte Investitionen prämierte. Schmidt nahm dafür einen sprunghaften Anstieg der Staats-

29 Jochem, S., Reformpolitik, S. 197.

30 Noack, H.-J., Schmidt, S. 148–152, 155–156; Schöllgen, G., Brandt, S. 180; Faulenbach, B., Sozialdemokratie, S. 290–291.

verschuldung billigend in Kauf. Das Deficit-Spending in der Krise versprach, sich auf lange Sicht zu rentieren.[31]

Die erhoffte Wirkung des Konjunkturprogramms blieb 1975 allerdings noch weitestgehend aus. Erst gegen Ende des Jahres zeigte sich eine leichte positive Entwicklung. Trotz der großen finanziellen Anstrengungen stieg die Arbeitslosigkeit weiter auf 4,7 % und verdoppelte sich damit fast im Vergleich zum Vorjahr.[32] Auch die Belastung der öffentlichen Haushalte nahm immer bedrückendere Ausmaße an. In dieser Lage mehrte sich die öffentliche Kritik am Konzept der Globalsteuerung an sich und an der darauf aufbauenden hauptsächlich nachfrageorientierten Konjunkturpolitik im Besonderen. Entweder war die wirtschaftliche Analyse nicht präzise genug, um eine gezielte Lenkung der Konjunktur zu ermöglichen, oder es fehlte an politischem Willen und Können, die wissenschaftlichen Erkenntnisse in eine wirksame Politik zu überführen. Zahlreiche Beobachter, nicht zuletzt aus den im Zuge der Verwissenschaftlichung der Politik entstandenen Gremien, forderten daher eine andere, stetigere Wirtschaftspolitik. Diese sollte über die Angebotsseite dauerhaft den Handlungsspielraum und die Gewinnaussichten der Unternehmen verbessern. Durch die angebotsorientierte Wirtschaftspolitik, so hoffte man, würden die Betriebe in die Lage versetzt, Krisen auch ohne massive staatliche Lenkungseingriffe zu überwinden. Werkzeuge dafür waren unter anderem eine Entbürokratisierung und Liberalisierung des Marktes und die Förderung des Wettbewerbs. Da für günstige Produktionsbedingungen auch ein niedriges Zinsniveau und niedrige Abgaben wichtig waren, sollte die Finanzierung möglichst nicht über Steuern oder eine Erhöhung der Neuverschuldung erfolgen. Stattdessen kam vor allem eine Kürzung der Sozialleistungen in Frage. Da das naturgemäß vor allem die ärmeren Bevölkerungsschichten treffen musste, war hier ein Streit über die Sozialverträglichkeit vorprogrammiert.[33]

Die Diskussionen in der Bundesrepublik ähnelten dabei teils denen in den Vereinigten Staaten. Dort sorgte der Ökonom Arthur B. Laffer in den 1970er Jahren mit der These für Aufsehen, angebotspolitisch vorteilhafte Steuersenkungen könnten über eine gesteigerte wirtschaftliche Aktivität letztendlich sogar zu höheren Steuereinnahmen führen. Ronald Reagan griff die Idee der „Laffer-Kurve" schließlich auf und senkte die Einkommenssteuer während seiner Präsidentschaft deutlich.[34]

Die wachsende Staatsverschuldung und die hohen Zinsen entwickelten sich derweil nicht nur zu einem Investitionshindernis für Unternehmer, sondern auch zu ei-

---

31 Bökenkamp, G., Das Ende, S. 108–109; Schanetzky, T., Ernüchterung, S. 211–214, 246–247; Noack, H.-J., Schmidt, S. 156–157; Jäger, W., Innenpolitik, S. 15–16.

32 Siehe zur Entwicklung der Arbeitslosigkeit auch Abb. 2.

33 Schanetzky, T., Ernüchterung, S. 213–214, 219; Bökenkamp, G., Das Ende, S. 111; Jäger, W., Innenpolitik, S. 18; Nützenadel, A., Ökonomen, S. 361.

34 Winkler, H. A., Geschichte des Westens, S. 810–814; Laffer, A., Laffer Curve. Der Sachverständigenrat beobachtete Ende 1981 zunehmend Zweifel an diesem Politikansatz. In Anbetracht der wirtschaftlichen Lage sei es keinesfalls sicher, dass die Steuersenkungen tatsächlich eine hinreichende Dynamik erzeugen würden, Jahresgutachten des SVR 1981/82, BT-Drs. 09/1061, S. 19–20 (Tz. 7–12).

ner ernsten Belastung der öffentlichen Haushalte. 1974 hatte der Bund bereits 3,2 % seiner Gesamtausgaben für Zinsen aufwenden müssen. Bis 1982 sollte sich dieser Anteil fast verdreifachen und dann jährliche Ausgaben von über 22 Mrd. DM bedeuten. Um dem entgegenzuwirken, beschloss das Kabinett am 10. September 1975 das Gesetz zur Verbesserung der Haushaltsstruktur. Dieses 1. Haushaltsstrukturgesetz sah Kürzungen in verschiedenen Bereichen vor. Dazu zählten Einschnitte beim Kindergeld ebenso wie beim Krankenhausbau und Bildungsmaßnahmen. Gleichzeitig wurden die Mehrwert-, die Tabak- und die Branntweinsteuer angehoben, die Beiträge zur Arbeitslosenversicherung erhöht und einzelne Subventionen abgebaut. Die Regierung folgte hierbei in großen Teilen der Linie des Sachverständigenrats. Da man in einer zu schnell durchgeführten Haushaltskonsolidierung allerdings eine Gefahr für den erhofften Aufschwung sah, sollten insbesondere die Steuererhöhungen erst mit einem gewissen zeitlichen Abstand wirksam werden. Dass 1976 Bundestagswahlen anstanden, dürfte dabei in den Entscheidungsprozess eingeflossen sein. Zeitgleich mit dem Sparhaushalt 1976 beschloss die Bundesregierung außerdem ein weiteres, wenn auch kleineres Konjunkturprogramm zur Förderung der Bauwirtschaft. Damit verband sie eine zumindest zum Teil nachfrageorientierte Konjunkturpolitik mit der Konsolidierung der öffentlichen Kassen.[35]

Das Gesetz konnte noch vor Ablauf des Jahres verabschiedet werden, wurde aber gleich von mehreren Seiten heftig kritisiert. Wirtschaftsliberalen Kreisen ging es nicht weit genug und beinhaltete noch zu große Belastungen für die Unternehmer. Angesichts der angespannten Lage forderten sie weitere Einschnitte im sozialen Bereich. Vertreter einer nachfrageorientierten Konjunkturpolitik bemängelten, der Zeitpunkt für Einsparungen sei denkbar ungünstig. Gewerkschafter befürchteten darüber hinaus, durch den Abbau von staatlichen Leistungen könne sich die soziale Ungleichheit verstärken. Dem Ansehen Helmut Schmidts schadete die Kritik nur bedingt. Der Krisenmanager der Sturmflut von 1962 strahlte auch in der Wirtschaftspolitik Souveränität aus. Beim ersten Weltwirtschaftsgipfel im November 1975 im französischen Rambouillet konnte er dieses Bild auch auf internationaler Bühne etablieren.[36]

Im Laufe des folgenden Jahres verbesserte sich die wirtschaftliche Lage erheblich. Es zeichnete sich ein deutliches Wirtschaftswachstum bei einer verhältnismäßig geringen Inflation ab.[37] Auch die Neuverschuldung bewegte sich in einem vertretbaren Rahmen. Viele Beobachter, nicht zuletzt die OECD, machten die Ende 1974 eingeleiteten antizyklischen Impulse für diese Entwicklung verantwortlich. Gleichzeitig wurden aber auch Warnungen laut, es könne sich im schlimmsten Fall um

---

35 Butterwegge, C., Krise und Zukunft, S. nennt das Haushaltsstrukturgesetz sogar eine *„historische Zäsur"*, mit der die vorangegangene lange Periode sozialpolitischer Expansion zu Ende ging, Butterwegge, C., Krise und Zukunft, S. 114; Schanetzky, T., Ernüchterung, S. 213–214, 219; Bökenkamp, G., Das Ende, S. 111. Zu den Zinsdiensten siehe Ullmann, H.-P., Schuldenstaat, S. 246–247.

36 Schanetzky, T., Ernüchterung, S. 212, 215.

37 Vgl. zum Wirtschaftswachstum Abb. 1.

eine kurzlebige Erscheinung handeln, die weiteres Handeln der Regierung erforderlich mache. Als das Wachstum im zweiten und dritten Quartal 1976 wieder zurückging, wurden vor allem aus den Reihen der SPD und der Gewerkschaften Rufe nach neuen Konjunkturmaßnahmen auf der Nachfrageseite laut. Dem sollte, wenn nötig, auch der Kurs der Haushaltskonsolidierung untergeordnet werden.[38]

Die Koalition setzte zunächst aber weiter auf eine Verbesserung der Angebotsseite. Bis zum Sommer wurden so unter anderem Änderungen im Steuerrecht zu Gunsten von kleinen und mittleren Unternehmen beschlossen. Insbesondere gegen Doppelbesteuerungen wollte man in Zukunft entschiedener vorgehen. Diese partiellen Maßnahmen hatten aber an vielen Stellen, so stellt beispielsweise Tim Schanetzky fest, *„eher den Charakter der defensiven ‚Nothilfe' für akut vom Konkurs bedrohte Unternehmen"*.[39]

Am 3. Oktober 1976 fand schließlich die nächste Bundestagswahl statt. Im Wahlkampf hatte die Regierung offensiv mit dem Erfolg des deutschen Modells geworben. Darunter verstand sie das effektive Zusammenspiel von keynesianischen Maßnahmen mit Haushaltskonsolidierung und Angebotspolitik. Im Juni hatte die SPD auf ihrem Dortmunder Parteitag noch festgestellt, Deutschland gehe es gut, die Währung sei stabil und die Einkommen der Arbeitnehmer zuletzt gestiegen. Die Union mit ihrem Spitzenkandidaten Helmut Kohl[40] sah das anders. Unter der Parole *„Freiheit statt Sozialismus"* griff sie die beständige Einflussnahme des Staates auf die Gesellschaft und die Wirtschaft an. Auch die in ihren Augen ausufernde Bürokratie wurde scharf kritisiert. Das Freiheitsverständnis der Konservativen bezog sich hier insofern nicht zuletzt auf die unternehmerische Freiheit. Die *„Wohlfahrtsdiktatur"* und das weiter ausbleibende Fehlen persönlicher Entfaltungsmöglichkeiten, so stellte fast zeitgleich der unionsnahe Soziologe Helmut Schelsky fest, lähmten die Selbstheilungskräfte des Marktes.[41]

Die Wähler entschieden sich trotzdem mehrheitlich für die sozialliberale Koalition. Zwar wurde die Union zu Lasten der SPD stärkste Kraft, die absolute Mehrheit verfehlte sie allerdings. Noch wichtiger als die Trendwende bei den Wahlergebnissen der Sozialdemokraten waren aber die Entwicklungen in Niedersachsen. Im Frühjahr 1976 hatte der Landtag in Hannover trotz einer Mehrheit von SPD und FDP den CDU-Politiker Ernst Albrecht zum Ministerpräsidenten gewählt. Damit verschob sich

38 Schanetzky, T., Ernüchterung, S. 212, 214, 217; Scholtyseck, J., Die FDP, S. 198.

39 Schanetzky, T., Ernüchterung, S. 216.

40 Helmut Kohl wurde 1930 in Ludwigshafen geboren. 1946 trat er in die CDU ein und stieg bis 1966 zum Vorsitzenden der Landespartei in Rheinland-Pfalz auf. 1969 trat er in Mainz das Amt des Ministerpräsidenten an, für die Bundestagswahl 1976 übernahm er die Kanzlerkandidatur der Union, Wirsching, A., Provisorium, S. 173.

41 Butterwegge, C., Krise und Zukunft, S. 114–115, die Zitate auf S. 114; Schanetzky, T., Ernüchterung, S. 213.

auch das Gleichgewicht im Bundesrat. Mehr als zuvor musste man in Bonn nun auf die Interessen der Unionsparteien Rücksicht nehmen.[42]

Nachdem sich sogar der Sachverständigenrat im November 1976 angesichts der Zerbrechlichkeit des einsetzenden Aufschwungs für neue nachfrageorientierte Impulse ausgesprochen hatte, begann das Kabinett Schmidt II einen weiteren Anlauf zur Stimulierung der Konjunktur. Im Jahreswirtschaftsbericht für 1977 kündigte die Bundesregierung zunächst ein mehrjähriges, groß angelegtes Investitionsprogramm an. Am 23. März 1977 stellte Finanzminister Apel dieses knapp 14 Mrd. DM schwere Programm für Zukunftsinvestitionen dann vor der Bundespressekonferenz vor. Damit sollte unter anderem das Verkehrswesen, die Energieversorgung und die Wasserwirtschaft gefördert werden. Von den dadurch ausgelösten Aufträgen versprach man sich die Schaffung von Arbeitsplätzen in der Bauwirtschaft ebenso wie umfassende private Investitionen. Durch diese Anstoßeffekte hoffte man, auf ein tatsächliches Investitionsvolumen von 24–26 Mrd. DM zu kommen. Die Kosten des Investitionsprogramms sollten Bund, Länder und Gemeinden zusammen tragen. Dabei nahm man auch zusätzliche Schulden in Kauf.[43] Insbesondere die Frage der Finanzierung hatte im Vorfeld zu Auseinandersetzungen innerhalb der Koalition geführt. Das Programm für Zukunftsinvestitionen sollte nicht nur ausbleibende private Investitionen kompensieren, sondern teils auch die Rahmenbedingungen für neue verbessern. Gleichzeitig sollten möglichst keine neuen dauerhaften Verpflichtungen entstehen, die die Staatskasse strukturell belastet hätten. Ferner war man bemüht, die Koordination mit den Ländern und Gemeinden zu verbessern und Mitnahmeeffekten vorzubeugen. Die Laufzeit war zunächst auf vier Jahre bis 1981 angesetzt, wodurch Planungssicherheit geschaffen werden sollte. Später wurde das Projekt noch auf 16 Mrd. DM erweitert.[44]

Auf politischer Ebene war das Konjunkturpaket ein bemerkenswerter Erfolg der Koalition. Es war der Regierung gelungen, die Forderungen des linken Flügels der SPD und der Gewerkschaften nach staatlichen Fördermaßnahmen mit den angebotspolitischen Präferenzen der FDP zu verbinden. Die wirtschaftlichen Ergebnisse der Initiative waren hingegen durchwachsen. Wissenschaftliche Institute wie das DIW oder das Institut für angewandte Arbeitsmarkt- und Berufsforschung lobten das Förderprogramm zwar in seinem Grundansatz, in der Umsetzung traten allerdings zahlreiche Schwierigkeiten auf. Die langen Antrags- und Genehmigungsverfahren sowohl beim Abruf der Mittel als auch bei den damit finanzierten Projekten verzögerten das Wirksamwerden des Konjunkturpaketes beispielsweise unerwartet lange. Manche Gemeinden scheuten auch trotz der Förderung Investitionen, die sich durch dadurch entstehende Betriebskosten langfristig vielleicht als finanzielle Belastung

---

42 Faulenbach, B., Sozialdemokratie, S. 297; Noack, H.-J., Schmidt, S. 169.

43 Zur Entwicklung der Schulden des Bundes siehe Abb. 11.

44 Schanetzky, T., Ernüchterung, S. 217–218; Bökenkamp, G., Das Ende, S. 113–114; Noack, H.-J., Schmidt, S. 182–183.

erweisen konnten. Ähnlich wie bei älteren Programmen wurden die Gelder teils auch gar nicht oder erst verspätet abgerufen.[45]

Auch die Bundesbank unterstützte den Konjunkturimpuls nicht so stark, wie sie es hätte tun können. Stattdessen verfolgte sie bereits seit Mitte des Jahrzehnts überwiegend eine Politik des knappen Geldes und griff damit unter anderem Anregungen des Sachverständigenrats auf. Der hatte sich bereits in seinem Gutachten 1973/1974 für eine restriktive Politik der Geldmengensteuerung zur Bekämpfung der Inflation ausgesprochen und diesen Ansatz im folgenden Jahr weiter ausgearbeitet.[46] Schmidt störte sich an dieser Prioritätensetzung. Schon im Juli 1972 hatte er in der Süddeutschen Zeitung verkündet: *„Mir scheint, dass das Deutsche Volk – zugespitzt – 5% Preisanstieg eher vertragen kann als 5% Arbeitslosigkeit."*[47]

Das Jahr 1977 war für die Regierung Schmidt auch abseits der ökonomischen Entwicklungen ereignisreich. Die Bedrohung durch die RAF bestand weiterhin fort und erreichte mit der Ermordung Hanns Martin Schleyers am 18. Oktober einen Höhepunkt. Am selben Tag war es aber auch gelungen, das entführte Passagierflugzeug Landshut in Mogadischu zu stürmen und die dort festgehaltenen Geiseln zu befreien. Dieses Ereignis prägte das Bild Schmidts als fähigem Bundeskanzler noch über Jahre hinweg und überdeckte manche Zweifel an seiner Wirtschaftspolitik.[48]

Im Oktober 1977 löste der *„in der Wolle gefärbte Marktwirtschaftler"*[49] Otto Graf Lambsdorff den bisherigen Wirtschaftsminister Hans Friderichs im Bundeskabinett ab. Dieser wechselte nach der Ermordung Jürgen Pontos durch die RAF in den Vorstand der Dresdner Bank. Lambsdorff übernahm eine Volkswirtschaft, deren Wachstum abermals hinter dem des vorangegangenen Jahres zurückbleiben würde.[50] Die Mehrausgaben der bisherigen Förderprogramme würde die Regierung unter diesen Umständen kaum wieder einnehmen können. Auf dem Arbeitsmarkt stieg die Zahl der Erwerbstätigen zwar leicht, die positiven Effekte auf die Arbeitslosigkeit wurden aber durch die Demografie weitestgehend neutralisiert.[51] Während der Sachverständigenrat die Politik Ende des Jahres auf einem guten Weg sah, war die Stimmung bei

---

45 Siehe zu den Problemen bei der Umsetzung vor allem Bökenkamp, G., Das Ende, S. 112–114; Bei Schanetzky stehen die positiven Aspekte des Konjunkturpaketes im Vordergrund, Schanetzky, T., Ernüchterung, S. 217–219.

46 Siehe bspw. das Jahresgutachten des SVR 1974/75, BT-Drs. 07/2848, S. 221–222 (Tz. 291–294). Zur Entwicklung der Zinssätze vgl. Abb. 4. Ende der 1970er-Jahre sanken die Leitzinsen zwar vorübergehend, konnten aber nicht mehr dauerhaft das Niveau der 1950er und 1960er Jahre erreichen, vgl. Deutsche Bundesbank, Monatsbericht Dezember 1986, S. 49*.

47 Zit. nach Feld, L. P., Zur Bedeutung, S. 4; Manow, P. – Seils, E., Adjusting Badly, S. 272–273; Schanetzky, T., Ernüchterung, S. 219–220; Winkler, H. A., Geschichte des Westens, S. 781.

48 Noack, H.-J., Schmidt, S. 177–178, 188–189.

49 So beschrieb die FAZ den Aachener Volljuristen anlässlich des Regierungswechsels fünf Jahre später, Die neuen Minister in Bonn, FAZ vom 05.10.1982, S. 4.

50 Vgl. Abb. 1.

51 Vgl. Abb. 2.

den Gewerkschaften verhalten. Das Programm für Zukunftsinvestitionen schien die hohen Erwartungen nicht zu erfüllen.[52]

1978 setzte die Bundesregierung ihren gemischten Kurs zunächst mit mehreren kleineren angebotsorientierten Maßnahmen fort. Dabei wurden unter anderem die Vermögensteuer gesenkt und die Freibeträge der Gewerbesteuer erhöht.[53] Im Sommer zeichnete sich aber schon ein Wechsel in der Wirtschaftspolitik ab, der diese *„äußerst kurze Phase"*[54] sozialliberaler Angebotspolitik bis auf Weiteres beendete. Der Anstoß dazu kam aus dem Ausland. Die ökonomische Lage war in den meisten Industrienationen der westlichen Welt ähnlich. Während sich einige neuere Branchen wie die Datentechnik, Elektronik und Kunststoffwirtschaft dynamisch entwickelten, litten die traditionellen Industrien unter einem weltweiten Strukturwandel. Neben dem Bergbau und der Metallverarbeitung hatten vor allem die Textil- und die Werftindustrie mit erheblichen Problemen zu kämpfen. Die Ölpreiskrise hatte die Situation in den meisten Ländern zusätzlich verschärft.[55]

Die Bundesrepublik war von dieser weltweiten Wirtschaftskrise weniger betroffen als viele vergleichbare Staaten. Die Inflationsraten waren moderat und trotz einer regelmäßigen Aufwertung der Mark gegenüber dem Dollar und der damit einhergehenden Verteuerung der Ausfuhren behielt Deutschland einen Exportüberschuss. Dieses an sich nicht außergewöhnliche Ungleichgewicht im Außenhandel führte angesichts der besonderen Umstände aber zu einem zunehmenden außenpolitischen Druck auf Bonn. Schon 1975 hatte die OECD eine *„Lokomotivtheorie"*[56] vorgestellt, nach der die stärkeren Staaten Japan und Deutschland durch groß angelegte Nachfrageprogramme die Weltwirtschaft aus der Krise ziehen sollten. Beide Länder hatten sich 1977 noch entschieden dagegen gewehrt. In der Bundesrepublik hatte sich vor allem Lambsdorff gegen die Rückkehr zu einer hauptsächlich auf die Gesamtnachfrage zielenden Wirtschaftspolitik ausgesprochen. Auch der Sachverständigenrat hielt den in Deutschland letztendlich prozyklisch wirkenden Lokomotivansatz für verfehlt und sprach sich dagegen aus. Auf dem Bonner Weltwirtschaftsgipfel in Bonn vom 16. und 17. Juli 1978 lenkten Deutschland und Japan aber schließlich dennoch ein.[57]

Schon im August nach dem Bonner Gipfel begann Helmut Schmidt mit den Vorbereitungen für ein neues Wachstumsprogramm. Es sollte abermals 16 Mrd. DM um-

---

52 Schanetzky, T., Ernüchterung, S. 214, 219, 220, 227; Scholtyseck, J., Die FDP, S. 198.

53 Die Erhöhung der Freibeträge bei der Gewerbesteuer sollte sich in den kommenden Jahren fortsetzen und letztendlich zu einer deutlich verringerten Zahl gewerbesteuerpflichtiger Betriebe führen, Schanetzky, T., Ernüchterung, S. 216.

54 Schanetzky, T., Ernüchterung, S. 219.

55 Schanetzky, T., Ernüchterung, S. 219, Wirsching, A., Provisorium, S. 223–224, 231–232; Doering-Manteuffel, A., Konturen, S. 424.

56 Schanetzky, T., Ernüchterung, S. 220.

57 Schanetzky, T., Ernüchterung, S. 220–222; Abelshauser, W., Deutsche Wirtschaftsgeschichte, S. 401.

fassen und bereits im kommenden Jahr seine Wirkung entfalten. Dabei griff man aber weder die erfolgreichen Ansätze des Programms für Zukunftsinvestitionen vollständig auf, noch gelang es, die bekannten Probleme im Vorfeld zu lösen. So nahm man sich etwa nicht genug Zeit für die Abstimmung mit Ländern und Gemeinden und belastete den Staatshaushalt durch wiederkehrende Ausgaben. Das Kindergeld und die Grundfreibeträge der Einkommensteuer wurden erhöht und der bezahlte Mutterschaftsurlaub von zwei auf sechs Monate verlängert. Viele der Vorhaben des neuen Wachstumsprogramms waren dabei ältere, bereits entscheidungsreife Ressortentwürfe, die nun im neuen Kontext gebündelt wurden.[58]

Ende 1978 beschlossen die OPEC-Staaten in Abu Dhabi vor dem Hintergrund der iranischen Revolution erneut eine deutliche Erhöhung des Rohölpreises für das kommende Jahr. Nachdem Jimmy Carter die Regulierung der amerikanischen Ölpreise gelockert hatte, konnte zumindest dort die Produktion etwas gesteigert werden. Einen hinreichenden Ausgleich für die Entwicklung im Nahen Osten schuf das allerdings nicht. Auf den Arbeitsmarkt schlug die zweite Ölpreiskrise zunächst aber noch nicht durch. Die Erwerbslosenquote sank in der Bundesrepublik 1979 zunächst sogar auf unter 4 % und damit auf den niedrigsten Stand seit mehreren Jahren.[59]

Nachdem sich die aufziehende Krise 1979 nur wenig bemerkbar gemacht hatte, schlug sie 1980 umso heftiger zu.[60] Das reale Bruttoinlandsprodukt wuchs jetzt nur noch um etwa 1 %.[61] Während die Steuereinnahmen sanken, zeichnete sich ein Anstieg der Arbeitslosigkeit mit den damit einhergehenden Belastungen für die Sozialversicherung ab. Auch die Lage in Übersee bot keinen Anlass zur Hoffnung. In den Vereinigten Staaten verfolgte die Federal Reserve unter Paul Volcker nun ebenfalls einen restriktiven Kurs. In Folge dessen stiegen dort die Zinsen und letztendlich auch der Dollarkurs. Wollte die Bundesbank eine Flucht aus der Mark und eine Gefährdung der Währungsstabilität verhindern, war sie jetzt zu einer ähnlichen Politik gezwungen.[62] Für Deutschland bedeutete das nach einer kurzen Entspannung in den Jahren davor einen erneuten Anstieg der Zinsen.[63] Der Expansionskurs der vorangegangenen Jahre schränkte die Handlungsfähigkeit der Bundesregierung in dieser angespannten wirtschaftlichen Situation zusätzlich ein.[64]

---

58 Schanetzky, T., Ernüchterung, S. 222.

59 Winkler, H. A., Geschichte des Westens, S. 780–871; Scharpf, F. W. – Schmidt, V. A., Introduction, S. 5; Schanetzky, T., Ernüchterung, S. 227; Noack, H.-J., Schmidt, S. 196–200; Buggeln, M. u. a., Political Economy, S. 16. Vgl. auch Abb. 2.

60 Wolfgang Merz sieht den Konjunktureinbruch im zweiten Quartal 1980, Merz, W., Beitrag, S. 17.

61 Vgl. Abb. 1.

62 Die Alternativen, etwa eine Abschirmung durch verstärkte Kapitalverkehrskontrollen, schieden schon aus praktischen Gründen aus, Scharpf, F. W., Krisenpolitik, S. 306.

63 Vgl. Abb. 4.

64 Schanetzky, T., Ernüchterung, S. 228–229; Bökenkamp, G. – Frölich, J., Lambsdorffpapier, S. 8; Winkler, H. A., Geschichte des Westens, S. 855; Jäger, W., Innenpolitik, S. 196. Siehe auch Ullmann, H.-P., Schuldenstaat, S. 324; Scharpf, F. W., Krisenpolitik, S. 301–302.

Der Ansatz der Globalsteuerung verlor durch die neue Krise zunehmend an Akzeptanz. Grundsätzliche Zweifel an dem Konzept, eine komplexe heterogene Wirtschaft zentral lenken zu wollen, waren bekanntermaßen nicht neu. Anders als zu Beginn des vergangenen Jahrzehnts konnten die Kritiker nun aber auch auf das häufige Scheitern des Ansatzes in der Praxis hinweisen. Die Krisen und die Stagflation der 1970er Jahre schienen die Globalsteuerung überfordert zu haben. Hinzu kamen weitere Einschränkungen, deren Ursachen nicht zuletzt im Politikbetrieb zu suchen sind. Wissenschaftliche Erkenntnisse wurden je nach Opportunität mal in den Entscheidungsprozess einbezogen, mal aber auch ignoriert oder durch Gegengutachten entkräftet. Das Versprechen der Globalsteuerung hatte ferner die Ansprüche an sie in der Bevölkerung derart wachsen lassen, dass eine Enttäuschung fast unausweichlich war. Auch die Reformeuphorie des vergangenen Jahrzehnts verflog zunehmend. *„Die Modernisierung von gestern“*, so sehen es etwa Anselm Doering-Manteuffel und Lutz Raphael, *„war nicht mehr modern“*.[65]

Am 5. Oktober 1980 wurde der 9. Deutsche Bundestag gewählt. Im Mai des Vorjahres hatte der bayerische Ministerpräsident Franz Josef Strauß verkündet, dass er als Spitzenkandidat der Unionsparteien in den Wahlkampf gehen wolle. Die CDU bevorzugte zunächst Ernst Albrecht, stimmte nach langen Verhandlungen dann aber doch für Strauß. Dieser war vor allem wegen seiner innenpolitischen Positionen in der Bundesrepublik umstritten. Selbst innerhalb der Union gab es im Wahlkampf heftigen Widerstand gegen den Kandidaten. Besonders groß war die Abneigung gegen ihn aber in der FDP. Der Wahlkampf der Liberalen richtete sich daher in erster Linie gegen seine Person. Das musste zwangsläufig zu einer Koalitionsaussage zu Gunsten der SPD und Helmut Schmidts führen. Letzterer war deutlich beliebter als sein Gegenspieler und als gemäßigter Sozialdemokrat auch für viele konservative Wähler akzeptabel.[66]

In ihrem Wahlprogramm forderten die Liberalen aber auch eine Wirtschaftspolitik, die sie in Konflikt mit Teilen der Sozialdemokraten bringen konnte. Die FDP sprach sich dabei für eine konsequent marktwirtschaftliche Ordnung aus. Die Gesamtsteuerlast dürfe außerdem zumindest nicht steigen, ertragsunabhängige Steuern wie beispielsweise die Gewerbekapitalsteuer müssten sogar sinken. Ferner sollten zahlreiche Freibeträge und Pauschalen bei der Steuerberechnung ausgeweitet werden. Steuereinnahmen wollten die Liberalen vermehrt zum Schuldenabbau einsetzen.[67]

Die sozialliberale Koalition wurde insofern einerseits durch die Perspektive auf einen christsozialen Kanzler zusammengeschweißt, konnte durch die unterschiedli-

---

65 Doering-Manteuffel, A. – Raphael, L., Nach dem Boom, S. 45; Schanetzky, T., Ernüchterung, S. 241–242; Zohlnhöfer, W. – Zohlnhöfer, R., Wende, S. 25–26.

66 Noack, H.-J., Schmidt, S. 202–206; Winkler, H. A., Geschichte des Westens, S. 854–855; Stickler, M., Die CSU und der Bonner Regierungswechsel, S. 183.

67 Anan, D., Parteiprogramme, S. 110–112.

chen Positionen von SPD und FDP andererseits aber auch ein großes Wählerspektrum ansprechen. Hinzu kam, dass kurz vor den Wahlen ein Mitglied einer rechtsextremen Vereinigung einen Anschlag auf das Münchener Oktoberfest verübte. Strauß hatte die Bedrohung durch dieselbe Gruppierung im Vorfeld heruntergespielt, was die Zustimmung zur Union am Vorabend des 5. Oktober keinesfalls verbesserte. Das Ergebnis spiegelte diese besonderen Umstände der Wahl wider. Die Union verlor deutlich, blieb aber stärkste Kraft. Die SPD stagnierte bei knapp 43 % während die FDP von 7,9 % auf 10,6 % wuchs. Die Grünen, denen zuvor noch ein gutes Ergebnis vorhergesagt worden war, scheiterten mit 1,5 % an der Fünfprozenthürde. Die Koalitionsparteien hatten ihren Erfolg zweifelsohne dem bayerischen Ministerpräsidenten zu verdanken. Potentielle Wähler der Grünen hatten die Verhinderung eines Bundeskanzlers Strauß über ihre anderen Interessen gestellt. Die FDP hatte derweil unzufriedenen Sozial- und Christdemokraten die Möglichkeit gegeben, Schmidt zu wählen, ohne der SPD ihre Stimme zu geben.[68]

Auf die erfolgreiche Wahl folgte in der sozialliberalen Koalition Ernüchterung. Die Regierungserklärung enthielt keine großen Visionen, sondern das Ergebnis harter Verhandlungen zwischen SPD und FDP. Mit Strauß schien auch das wichtigste Element verschwunden zu sein, das beide Parteien in den letzten Monaten zusammengeschweißt hatte. Auch im Kabinett war keine Aufbruchsstimmung zu spüren. Die FDP behielt mit Hans-Dietrich Genscher im Außen-, Otto Graf Lambsdorff im Wirtschafts-, Josef Ertl im Landwirtschafts- und Gerhart Baum im Innenressort ihre bisherigen Minister. In der SPD kam es zumindest auf den hinteren Plätzen zu einem Wechsel. Andreas von Bülow bekam das Forschungsministerium, der ehemalige Forschungsminister Volker Hauff wechselte ins Verkehrsressort.[69]

Zu Beginn der neuen Legislaturperiode stellte die Regierung Schmidt fest, dass die Bekämpfung der Staatsverschuldung das zunächst wichtigste Vorhaben sei. Unter dem Eindruck des guten Wahlergebnisses profilierte sich Otto Graf Lambsdorff nun auf Kosten der Sozialdemokraten als Sparer und forderte eine radikale Sanierung der Haushalte. Es wurden Subventionskürzungen beschlossen und der Beitrag zur Rentenversicherung angehoben. Zum 1. April 1981 sollte ferner eine Erhöhung der Mineralöl- und der Branntweinsteuer erfolgen. Eine umfassende Vergrößerung der Steuerbelastung lehnte die FDP aber ab. Auch bei den eigenen Ressorts stieß der Sparwillen der Liberalen an Grenzen. Insbesondere drohende Kürzungen im Landwirtschaftsbereich wusste die FDP schon in den Koalitionsverhandlungen auszubremsen. Trotz anderslautender Befürchtungen und Warnungen von Wirtschaftsanalysten ging Lambsdorff nur von einer Delle in der wirtschaftlichen Entwicklung

68 Bökenkamp, G. – Frölich, J., Lambsdorffpapier, S. 8; Kleinmann, H.-O., CDU, S. 441; Winkler, H. A., Geschichte des Westens, S. 854–855; Bökenkamp, G., Das Ende, S. 200; Jäger, W., Bruch der Koalition, S. 167; Dittberner, J., Die FDP, S. 49.

69 Jäger, W., Innenpolitik, S. 191; Noack, H.-J., Schmidt, S. 208–209; Winkler, H. A., Geschichte des Westens, S. 855; Scholtyseck, J., Die FDP, S. 199.

aus. Spätestens im 2. Quartal 1981 würde sich der konjunkturelle Aufschwung wieder fortsetzen. Dem Anspruch, die Weichen für die neue Legislaturperiode zu stellen, wurde der Bundeshaushalt 1981 daher nicht gerecht. Der damalige BDI-Präsident Rolf Rodenstock stellte vielmehr fest, es gehe alles *„mehr oder weniger im gleichen Schlendrian weiter“*.[70]

Spätestens Mitte 1981 wurde klar, dass es sich bei dem Wirtschaftseinbruch nicht nur um eine Delle im Aufschwung handelte. 1981 würde das reale Bruttoinlandsprodukt stagnieren, im Folgejahr dann sogar schrumpfen.[71] Die Ausfuhren ließen nach, während die Produktionsstückkosten und die Arbeitslosigkeit stiegen. Letztere überschritt nun deutlich die Marke von einer Million. Damit wuchs auch der Finanzbedarf der Bundesanstalt für Arbeit. Der Bundeszuschuss für die Versicherung stieg von 3,4 Mrd. DM im Vorjahr auf 11,5 Mrd. DM. Sowohl der Bundeshaushalt als auch die Länder gerieten zunehmend unter Druck. In Folge der schlechten Auftragslage häuften sich ferner die Zusammenbrüche von Unternehmen. Mit knapp 8.500 Konkursen stellten 1981 etwa 2.000 Betriebe mehr die Arbeit ein als im Jahr zuvor.[72] Im Zusammenspiel mit den hohen Zinsen führte die wirtschaftliche Stagnation außerdem zu einem weiteren Absinken der Investitionen. Kapitalvermögen versprach mittlerweile teils größere Erträge als Produktivvermögen.[73]

Auch die Weltwirtschaft konnte die Probleme der Bundesrepublik nur bedingt auffangen. In Großbritannien senkte etwa die Politik der Regierung Thatcher die Nachfrage, indem sie Sozialleistungen beschnitt und die Mehrwertsteuer von 8 % auf 15 % anhob, während sie aber andererseits die Einkommensteuer senkte.[74] Der im Januar 1981 zum Präsidenten der Vereinigten Staaten gewählte Ronald Reagan verfolgte zunächst einen ähnlichen Kurs. Weder in Amerika noch in Großbritannien war daher in unmittelbarer Zukunft mit starken, in Deutschland spürbaren Nachfrageimpulsen zu rechnen.[75] Der Sachverständigenrat bezeichnete die Lage der Weltwirtschaft in seinem im Sommer veröffentlichten Sondergutachten insgesamt als angespannt, nur Japan gehe es verhältnismäßig gut. Auch wenn der Abschwung in

70 Zitat n. Schanetzky, T., Ernüchterung, S. 230. Ullmann, H.-P., Schuldenstaat, S. 323–324; Jäger, W., Innenpolitik, S. 188–189; Bökenkamp, G., Das Ende, S. 200; Schanetzky, T., Ernüchterung, S. 229–230; Scholtyseck, J., Die FDP, S. 199.

71 Siehe dazu Abb. 1.

72 Jäger, W., Innenpolitik, S. 194.

73 Bökenkamp, G., Das Ende, S. 200–201; Winkler, H. A., Geschichte des Westens, S. 855–856; Ullmann, H.-P., Schuldenstaat, S. 328; Sondergutachten des SVR 1981, BT-Drs. 09/1061, S. 206; Schanetzky, T., Ernüchterung, S. 228; Sondergutachten des SVR 1982, BT-Drs. 09/2118, S. 228–229; Merz, W., Beitrag, S. 17, 20.

74 *„Ein klassischer Fall von Umverteilung von unten nach oben“*, wie Heinrich August Winkler feststellt, Winkler, H. A., Geschichte des Westens, S. 830.

75 In den USA änderte sich die Lage tatsächlich schon wenig später mit Reagans großen als *„Rüstungs-Keynesianismus“* bezeichneten Militärausgaben, Winkler, H. A., Geschichte des Westens, S. 812–813.

Westeuropa Anfang des Jahres schon nicht mehr so groß gewesen sei wie davor, werde es bis zu einer wirklichen Besserung wohl noch dauern.[76]

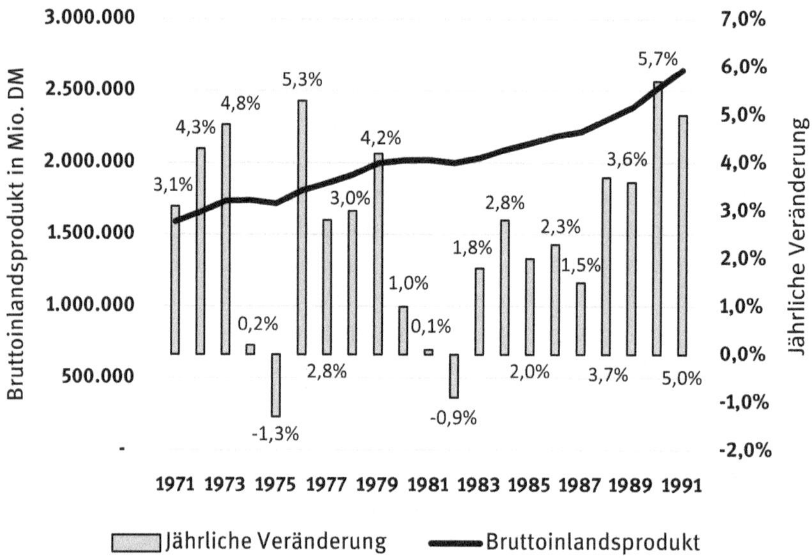

Abb. 1: Die Entwicklung des Bruttoinlandsproduktes[77]

In Anbetracht der schwierigen Lage mehrten sich im Frühjahr 1981 abermals die Stimmen, die ein weiteres Konjunkturpaket nach Vorbild des Programms für Zukunftsinvestitionen von 1977 forderten. Die Sozialdemokraten waren in dieser Frage gespalten. Während der linke Flügel und die parteinahen Gewerkschaften ein solches Projekt befürworteten, lehnte es Schmidt zunächst ab und bekam dafür Zuspruch von den Wirtschaftsexperten der SPD sowie aus der FDP. Für den Bundeskanzler hatte die Konsolidierung der öffentlichen Haushalte Vorrang. Die durchwachsenen Erfahrungen mit den früheren Konjunkturprogrammen hatten diese Haltung gefestigt. Damit lag Schmidt auf einer Linie mit dem Sachverständigenrat. Der meinte, für die dringend nötige Konsolidierung dürfe man nun auch vor tiefgreifenden Einschnitten nicht zurückschrecken. Die Stabilisierung der Staatsfinanzen sei nicht zuletzt für das Vertrauen der Unternehmen in die Politik von Bedeutung. Außerdem müsse die Bundesbank bei ihren Bemühungen in der Inflationsbekämpfung unterstützt werden. Schmidt beließ es daher zunächst bei kosten-

76 Winkler, H. A., Geschichte des Westens, S. 810–814, 829–832, 840–844; Ullmann, H.-P., Schuldenstaat, S. 324; Sondergutachten des SVR 1981, BT-Drs. 09/1061, S. 206–207.

77 Reales Bruttoinlandsprodukt in Mio. DM und Preisen von 1991, eigene Arbeit nach Bundesminister für Arbeit und Sozialordnung (Hrsg.), Statistische Übersichten, S. 37–38 (Tab. 17–18).

neutralen Maßnahmen zur Wirtschaftsförderung. Anfang 1981 begann die Regierung mit einer Kampagne zum Abbau bürokratischer Hürden bei privaten Investitionen.[78]

Während SPD und FDP über den Bundeshaushalt 1982 verhandelten, verschlechterten sich die Prognosen weiter. Die Union begleitete das Geschehen mit gezielten Angriffen auf die Wirtschaftspolitik der Koalition und auch die Presse verstärkte zunehmend den Druck auf die Bundesregierung. Ende Mai fragte Die Zeit sogar: *„Steht Bonn vor dem Staatsbankrott?“*[79] Der wachsende Druck veranlasste die Koalition schließlich zum Handeln. Arbeitsminister Herbert Ehrenberg forderte zunächst ein Doppelprogramm, das einerseits die Reduzierung konsumtiver Haushaltselemente, andererseits Maßnahmen zu Gunsten von Beschäftigung und Investitionen vorsah. Die Mehrausgaben sollten durch eine Ergänzungsabgabe von den wohlhabenderen Steuerzahlern aufgebracht werden. Helmut Schmidt unterstützte den Ansatz eines Doppelprogramms. War die Haushaltsdisziplin hinreichend gewahrt, kamen auch neue Förderprogramme in Frage. Dabei erschienen ihm vor allem die Beschäftigungspolitik und die Unterstützung der angeschlagenen Stahlwirtschaft und des Bergbaus im Ruhrgebiet wichtig. Dieses, eine Hochburg der Sozialdemokraten, sei schließlich ein *„Rückgrat der politischen Kontinuität“*.[80]

In den Haushaltsverhandlungen lehnte die FDP die Ergänzungsabgabe vehement ab. Stattdessen forderte sie eine Erhöhung der Beiträge zur Arbeitslosenversicherung, was die SPD ebenso entschieden zurückwies. Ende Juli 1981 einigte man sich auf ein Kompromisspaket, das Kürzungen im Bundeshaushalt von 9,8 Mrd. DM vorsah. Allein 1,5 Mrd. davon sollten beim Kindergeld eingespart werden. Ferner war der Abbau von Steuersubventionen vorgesehen. Zusammen mit einer Erhöhung der Tabaksteuer und weiteren kleinen Maßnahmen wollte man so auf ein Konsolidierungspaket von etwa 12 Mrd. DM kommen. Der Finanzminister wollte außerdem nach weiteren Einsparungsmöglichkeiten in Höhe von etwa 4 Mrd. DM suchen. Strittige Themen wie die Beiträge zur Arbeitslosenversicherung oder die Ergänzungsabgabe mit dem damit verbundenen Konjunkturpaket klammerten die Koalitionäre bis auf Weiteres aus.[81]

Die Diskussionen hielten auch in der Sommerpause an und verschärften sich sogar noch. Die FDP trat dabei geschlossener auf als die SPD. Nachdem sie die Ablehnung der Ergänzungsabgabe zu einer Frage des Fortbestands der Koalition gemacht hatte, drängte Lambsdorff auch noch auf die Einführung von Karenztagen bei der Lohnfortzahlung im Krankheitsfall. Ebenso brachte er eine Herabsetzung des Arbeitslosengeldes ins Spiel. Beides scheiterte an den Sozialdemokraten, die Karenztage nicht zuletzt an der Person Schmidts selbst. Anfang September stimmte das Kabi-

---

78 Bökenkamp, G., Das Ende, S. 200; Ullmann, H.-P., Schuldenstaat, S. 326–327, 331–333; Sondergutachten des SVR 1981, BT-Drs. 09/1061, S. 207–209.

79 Steht Bonn vor dem Staatsbankrott, Die Zeit 22/81.

80 Ullmann, H.-P., Schuldenstaat, S. 334–335, das Zitat auf S. 335.

81 Ullmann, H.-P., Schuldenstaat, S. 335–336; Bökenkamp, G., Das Ende, S. 201.

nett der „Operation ’82“[82] zu. Die Neuverschuldung sollte damit 1982 erst noch auf etwa 26,5 Mrd. DM steigen, in den kommenden Jahren aber schrittweise absinken. Eine Gewinnablieferung der Bundesbank von 6,1 Mrd. DM war im Haushaltsplan dabei schon inbegriffen. Die Einsparungen sollten durch sechs Gesetze umgesetzt werden. Das 2. Haushaltsstrukturgesetz schloss dabei auch in seiner Namensgebung an den Sparhaushalt des Jahres 1976 an.

Ende August einigte man sich zwar auch auf ein Konjunkturprogramm, das mit einem Volumen von 1,5 Mrd. DM aber weit hinter dem zurückblieb, was sich Ehrenberg zunächst erhofft hatte. Vorgesehen waren unter anderem eine Förderung der Mikroelektronik und die Möglichkeit, Unternehmensverluste teilweise mit der Gewerbesteuer verrechnen zu können. Das geforderte große nachfrageorientiertes Stimulationsprogramm blieb damit fast vollständig aus. Schmidt, der sich vom Konjunkturpaket eine Besänftigung des linken Flügels und der Gewerkschaften erhofft hatte, konnte den Kompromiss später auch gemeinsam mit Brandt und Wehner nur mit großen Schwierigkeiten vor der Fraktion verteidigen.[83]

Das Echo auf die Operation ’82 fiel dementsprechend geteilt aus. Die FDP sah die Regierungspolitik auf einem guten Weg. Der linke Flügel der SPD kritisierte die Ergebnisse scharf, ebenso taten es die Gewerkschaften. Letztere bemühten sich zunehmend, eine Distanz zur Koalition aufzubauen, um ihre politische Identität nicht zu gefährden. In verschiedenen Städten kam es zu Demonstrationen. Auch die Union verwies auf die Schwächen des Kompromisses. Der Vorsitzende der CDA, Norbert Blüm, kritisierte die Maßnahmen als unsozial, Schwache würden dabei aussortiert. Dem schleswig-holsteinischen Ministerpräsidenten Gerhard Stoltenberg gingen die Kürzungen hingegen nicht weit genug.

Im Oktober 1981 zeichnete sich ein neues Milliardenloch ab, das nur notdürftig gestopft werden konnte. Gegen Ende des Jahres stellte sich dann auch noch der Bundesrat gegen das Vorhaben. Franz Josef Strauß in Bayern und Lothar Späth in Baden-Württemberg beabsichtigten, die Koalition über den Haushalt 1982 auszuhebeln. Aber auch SPD-geführte Länder beklagten, das Sparpaket belaste sie und die Gemeinden unverhältnismäßig. Nach zähen Verhandlungen im Vermittlungsausschuss einigte man sich schließlich auf Umgestaltungen, die den Bund be- und die Länder entlasteten. Für die SPD bedeutete der neue Kompromiss eine weitere Niederlage.[84]

Betrachtet man die Wirtschaftspolitik der sozialliberalen Koalition bis Ende 1981 insgesamt, ergibt sich ein gemischtes Bild. Zu Beginn der 1970er Jahre herrschte Euphorie und Aufbruchsstimmung. Durch die Verwissenschaftlichung der Staatslen-

82 So nannte sie auch der SVR, Jahresgutachten des SVR 1982/83, BT-Drs. 09/2118, S. 4 (Tz. 17*).
83 Ullmann, H.-P., Schuldenstaat, S. 336–338; Jäger, W., Innenpolitik, S. 208–210; Bökenkamp, G., Das Ende, S. 202.
84 Ullmann, H.-P., Schuldenstaat, S. 339–344; Schmid, G. – Oschmiansky, F., Arbeitsmarktpolitik, S. 263; Führer, K. C., Gewerkschaftsmacht, S. 555; Bökenkamp, G., Das Ende, S. 203–204; Schneider, M., Gewerkschaften, S. 373.

kung schienen sich fast unbegrenzte Möglichkeiten zur Vermeidung konjunktureller Krisen zu ergeben. Gleichzeitig sagten die wirtschaftlichen Prognosen der Bundesrepublik goldene Zeiten voraus. In der ersten Regierungszeit Willy Brandts erfolgte deshalb im Glauben an ein beständiges und kontrollierbares Wachstum ein massiver Ausbau der Sozialleistungen, an dem sich auch die Union beteiligte.

Als es in Folge der ersten Ölpreiskrise von 1973 zu einem abrupten Einbruch der Wirtschaft kam, versuchte Helmut Schmidt die Probleme teils mit Hilfe keynesianischer Ansätze zu lösen. Durch eine Steigerung der Staatsausgaben sollte die gesamtwirtschaftliche Nachfrage kurzfristig verbessert und die Schwächephase überwunden werden. Die Finanzierung erfolgte im Sinne des Deficit-Spendings vor allem über neue Schulden. Die Wirkung dieser Maßnahmen blieb jedoch zunächst aus. Grund dafür war unter anderem das Fehlen zuverlässiger Vorhersagen, wie sich die Wirtschaft entwickeln und wann die staatlichen Initiativen ihre Wirkung entfalten würden. Hinzu kam eine wachsende Belastung der öffentlichen Haushalte und des Marktes durch die in Folge der Staatsverschuldung steigenden Zinsen. Die Bundesbank hatte als oberstes Ziel die Währungsstabilität im Blick und unterstützte die Regierung daher nicht wie erhofft mit einer Politik des billigen Geldes. Die nachfrageorientierte Konjunkturpolitik schien sich damit in der Praxis kaum zu bewähren. Insbesondere der Sachverständigenrat mahnte daher eine vermehrt die Angebotsseite berücksichtigende Wirtschaftspolitik an. Die setzte vor allem einen soliden Staatshaushalt voraus. Helmut Schmidt griff diesen Ansatz auf und unternahm bald nach seiner Amtsübernahme erste Schritte zur Konsolidierung der öffentlichen Kassen. Parallel dazu wurden die Bedingungen für Unternehmer in mehreren kleineren Gesetzesvorhaben immer weiter verbessert.

Die wirtschaftliche Entwicklung sowie der Druck vom linken Flügel seiner Partei und aus dem Ausland veranlassten den Kanzler in den folgenden Jahren mehrfach von diesem Kurs abzuweichen. Bis zum Ende der sozialliberalen Koalition verfolgte Schmidt daher gleichzeitig oder in kurzem Wechsel hintereinander sowohl den Versuch der Verbesserung der Angebotsseite als auch die Förderung der gesamtwirtschaftlichen Nachfrage. Die Bereitschaft des Kanzlers zu großen nachfragefokussierten Konjunkturprogrammen nahm dabei im Laufe der Zeit ab.[85] Statt der erwünschten Erfolge hatten diese im *„Krisenjahrzehnt des Keynesianismus“*[86] meist nur mehr Schulden und damit eine Verschärfung der Situation gebracht.[87] Auch die FDP erhöhte daher zu Beginn der 1980er Jahre merklich den Druck auf ihren Koalitionspartner, die Haushaltskonsolidierung und Angebotsseite stärker in den Blick zu neh-

85 Insgesamt sieht bspw. Alexander Nützenadel einen fundamentalen Unterschied zwischen Schmidts Wirtschaftspolitik und der Schillers. Schmidt stand demnach insbesondere der wissenschaftlichen Beratung kritischer gegenüber und setzte keynesianische Werkzeuge selektiver und pragmatischer ein, Nützenadel, A., Ökonomen, S. 348–349.

86 So nennt es etwa Anselm Doering-Manteuffel mit Blick auf weite Teile Europas, Doering-Manteuffel, A., Konturen, S. 427.

87 Vgl. zur Verschuldung des Bundes auch Abb. 11.

men. Die Politik drohte sonst in Zukunft mit Konjunkturpakten eine Krise bekämpfen zu müssen, die sie durch eben dieses Mittel mit verursacht hatte.

2.2 Die Bundestagsparteien am Vorabend der Wende

Die koalitionsübergreifenden Konflikte während der letzten Regierungszeit Helmut Schmidts leiteten das Ende des sozialliberalen Jahrzehnts ein. Wie setzten sich die Bundestagsparteien am Vorabend der Wende zusammen, welche Parteiflügel gab es und welche politischen Ziele verfolgten die einzelnen Gruppen? Im Folgenden soll ein kurzer Blick auf die Strukturen und Bruchlinien der FDP, SPD, CDU und CSU zu Beginn der 1980er Jahre geworfen werden.

In der FDP hatte das Bündnis mit den Sozialdemokraten von 1969 zu tiefen Verwerfungen und einem Wandel der Mitgliederstruktur der Partei geführt. Auch wenn sich die SPD seit ihrem Godesberger Parteitag schon 1959 von marxistischen Positionen gelöst hatte und auf einen marktwirtschaftlichen Kurs eingeschwenkt war, schien sie Teilen der Liberalen auch zehn Jahre später noch kein geeigneter Koalitionspartner zu sein. Vertreter des rechten Parteiflügels wie Erich Mende hatten die FDP daher in Richtung der CDU oder nationalliberaler Splitterparteien verlassen, während gleichzeitig junge Linksliberale vermehrt in die FDP eingetreten waren.[88]

Anfang der 1980er Jahre verloren die Befürworter der sozialliberalen Koalition wieder zunehmend an Einfluss. So führte das gute Wahlergebnis der FDP von 1980 unter anderem dazu, dass zahlreiche vornehmlich marktorientierte und CDU-freundliche Abgeordnete von den hinteren Listenplätzen in die liberale Bundestagsfraktion aufrückten. In Folge dessen verstärkten sich Tendenzen der Lagerbildung innerhalb der Partei. Hier lassen sich in den frühen 1980er Jahren zwei Flügel unterscheiden. Der linksliberale Teil der FDP traf sich regelmäßig im Sylter Kreis, benannt nach dem traditionellen Tagungsort der Gruppe, dem Berliner Hotel Sylter Hof. Der Sylter Kreis war aus dem Freiburger Kreis der späten 1960er und frühen 1970er Jahre hervorgegangen. Zu seinen prominentesten Mitgliedern zählten unter anderem Helga Schuchardt, Günter Verheugen und der damalige Innenminister Gerhart Baum.[89]

Die zweite und einflussreichste Gruppierung innerhalb der FDP-Bundestagsfraktion war der Wurbs-Kreis. Deren Namensgeber, der Bauingenieur Richard Wurbs, war Präsident der Kasseler Handwerkskammer und ein engagierter Verfechter mit-

---

88 Dittberner, J., Die FDP, S. 44–46; Bökenkamp, G. – Frölich, J., Lambsdorffpapier, S. 7, 10; Schöllgen, G., Brandt, S. 160–161. Auch die Wählerstruktur der FDP änderte sich, was zunächst zu Einbußen führte, Troitzsch, K. G., Mitgliederstrukturen, S. 82.

89 Jäger, W., Innenpolitik, S. 190–191; Dittberner, J., Die FDP, S. 50, 228–229; Schwarz, H. P., Helmut Kohl, S. 263; Scholtyseck, J., Die FDP, S. 202. Vgl. auch das Zeitzeugengespräch mit Rainer Funke am 12. Oktober 2020, S. 1. Zu Baum, Schuchardt und Verheugen siehe bspw. Vierhaus, R. – Herbst, L. (Hrsgg.), Biographisches Handbuch I, S. 43–44 und Vierhaus, R. – Herbst, L. (Hrsgg.), Biographisches Handbuch II, S. 788, 895.

telständischer Interessen. Nach zeitgenössischen Schätzungen fühlten sich zwischen der Hälfte und zwei Dritteln der Abgeordneten dieser Gruppe verbunden. Auch die 1980 neu hinzugekommen Mandatsträger schlossen sich schwerpunktmäßig dem Wurbs-Kreis an. Genscher und Lambsdorff waren hier ebenfalls häufige Gäste. Günter Verheugen berichtete später, der Einfluss des Wurbs-Kreises auf den Wirtschaftsminister und seine Politik sei erheblich gewesen. Neben dem Sylter- und dem Wurbs-Kreis gab es noch zahlreiche kleinere Gruppen innerhalb der FDP, bis hin zu einer Gruppe der Gruppenlosen.[90]

Die einzelnen Gruppen der FDP hatten unterschiedliche politische Schwerpunkte. Der rechte Parteiflügel beschäftigte sich dabei besonders mit der Wirtschaftspolitik und versuchte ihr marktwirtschaftliche Akzente zu geben. Der linke Flügel legte hingegen besonderen Wert auf eine liberale Innen- und Rechtspolitik und scheute dafür auch vor Konfrontationen mit dem Bundeskanzler nicht zurück.[91]

Dennoch hatten die Linken in der FDP durchaus auch eine Meinung zur Wirtschaftspolitik der Koalition. Da diese in manchen Bereichen von denen des Wurbs-Kreises abwich, hatte die FDP zum Ende des vorangegangenen Jahrzehnts mehrfach versucht, zu einer einheitlichen wirtschaftspolitischen Position zu finden, die schließlich formell in den Kieler Thesen festgeschrieben wurde.[92] Der Anstoß zu dieser Entwicklung kam unter anderem von der damaligen FDP-Jungendorganisation. Auf Anregung der Jungdemokraten beschlossen die Liberalen 1974 auf ihrem Parteitag im Hamburg die Einsetzung einer Programmkommission zur Wirtschaftspolitik. Nach der Bundestagswahl wurde dann unter Leitung des Wirtschaftsministers Hans Friderichs eine Grundsatzkommission eingesetzt, die ein langfristiges wirtschaftspolitisches Programm erarbeiten sollte. Innerhalb der Kommission gewannen schnell marktliberale Ideen die Oberhand. Dabei spielten nicht zuletzt die damaligen ökonomischen Entwicklungen eine Rolle, die zunehmend Zweifel an den bisherigen Ansätzen der Regierung aufkommen ließen. Otto Graf Lambsdorff, damals wirtschaftspolitischer Sprecher der FDP-Bundestagsfraktion, war der Ansicht, dass der Glaube an die staatliche Steuerungsfähigkeit ein Teil des Problems sei. Die wissenschaftlichen Erkenntnisse seien nicht zuverlässig genug und böten der Politik gleichzeitig die Möglichkeit, sich aus der Verantwortung zu ziehen. Bei den Unternehmen entwickele sich derweil eine Anspruchsinflation, die immer neue Nachfrageimpulse nötig

90 Schell, M., Kanzlermacher, S. 232, 263–264; Jäger, W., Innenpolitik, S. 190; Dittberner, J., Die FDP, S. 50. Vgl. das Zeitzeugengespräch mit Rainer Funke am 12. Oktober 2020, S. 1. Zu Wurbs siehe bspw. siehe Vierhaus, R. – Herbst, L. (Hrsgg.), Biographisches Handbuch II, S. 979.

91 Nach der Wahl von 1980 war es bspw. zu heftigen Auseinandersetzungen zwischen Schmidt und dem Sylter Kreis um die Abschaffung des § 175 StGB gekommen. Während sich die Liberalen für eine vollständige Streichung der Regelung einsetzten, hielt Schmidt die bereits erfolgte Teillegalisierung des Homosexualität für ausreichend und setzte sich mit seiner Position schließlich durch, Jäger, W., Innenpolitik, S. 190–191; Dittberner, J., Die FDP, S. 50, 228–229; Zohlnhöfer, R., Wirtschaftspolitik der Ära Kohl, S. 55.

92 Schröder, K., Standortdiskussion, S. 147.

mache. Auch Wirtschaftsminister Friderichs selbst forderte einen Wandel von einer keynesianischen zu einer schumpeterschen Unternehmermentalität. Die Wirtschaft solle nicht mehr darauf warten, dass die Regierung für Nachfrage sorge, sondern sie sich durch Innovationen und Anpassungen selber zu schaffen versuchen.[93]

Im Juli 1977 stellte die Kommission schließlich ihren Entwurf zu den „Grundzügen liberaler Wirtschaftspolitik" vor. Sie war allerdings nicht die einzige Arbeitsgruppe gewesen, die sich in den letzten Jahren mit der wirtschaftspolitischen Programmatik der Partei auseinandergesetzt hatte. Fast zeitgleich zur Wirtschaftskommission beendete auch die so genannte Perspektivkommission der FDP ihre Arbeit an den „Aktuellen Perspektiven des sozialen Liberalismus". Hier hatte sich der linke Parteiflügel stärker einbringen können. Die Perspektivkommission forderte beispielsweise eine stärkere Rolle des Staates bei der Bekämpfung der Arbeitslosigkeit.[94]

Um die unterschiedlichen Ansichten der Flügel, insbesondere in der Frage nach mehr oder weniger Staat in der Wirtschaftspolitik, zusammenzuführen, richtete die FDP im Herbst 1977 eine Koordinierungsgruppe ein. Unter Leitung von Hans Friderichs und Gerhart Baum gelang es, einen großen Teil der Positionen der Wirtschafts- und der Perspektivkommission in einem Verknüpfungspapier zu vereinigen.[95]

Im November desselben Jahres legte sich der FDP-Parteitag in Kiel schließlich auf eine gemeinsame Linie fest. Die Kieler Thesen trugen dabei deutliche marktwirtschaftliche Züge. Auch gegenüber einer antizyklischen Konjunkturlenkung mit den Mitteln der Globalsteuerung zeigten sich die Delegierten skeptisch. Stattdessen sei eine Verstetigung der Politik anzustreben. Obwohl sich der rechte Flügel der Partei weitestgehend durchgesetzt hatte, waren die Kieler Thesen doch kein uneingeschränktes Bekenntnis zu einer reinen Angebotspolitik. Dafür war die Linke in der FDP noch zu einflussreich und die Koalition mit der SPD zu wichtig für die Partei. Wenige Wochen zuvor hatte die saarländische FDP ebenfalls ein eine wirtschaftspolitische Stellungnahme verabschiedet und zur Diskussion gestellt. Diese enthielt deutlich ausgeprägtere angebotspolitische Züge und fand nicht zuletzt deswegen auf dem Parteitag keine ausreichende Zustimmung. Auch wenn die Rücksichtnahme auf den linken Flügel der FDP im Herbst 1977 noch zu groß war, als dass sich die Partei von der Wirtschaftspolitik der sozialliberalen Koalition hätte vollständig distanzieren können, war der eingeschlagene Weg doch klar. Dieser führte weg von Globalsteuerung und Konjunkturpolitik über die Nachfrageseite und hin zu einer verstetigten Wirtschaftspolitik mit angebotspolitischen Zügen.[96]

---

93 Schanetzky, T., Ernüchterung, S. 223–225.

94 Schröder, K., Standortdiskussion, S. 148–151.

95 Schröder, K., Standortdiskussion, S. 151–152.

96 Wobei die Kieler Thesen selbstverständlich nicht das Ende der Flügelkämpfe unter den Liberalen bedeuteten. Als bspw. William Borm ein Jahr später in Mainz scharfe Kritik an der Parteiführung und ihrer Politik vorbrachte, erhielt er dafür tosenden Applaus, Schröder, K., Standortdiskussion,

Die SPD war Anfang der 1980er Jahre nicht weniger gespalten als ihr Koalitionspartner. Die Ursachen dafür reichen bis zum Beginn der sozialliberalen Koalition zurück. In den 1970er Jahren erlebte die SPD aufgrund ihrer neu gewonnenen Machtposition eine Phase starken Wachstums.[97] Schrittweise entwickelte sie sich so von einer Arbeiterpartei immer weiter hin zu einer Partei des öffentlichen Dienstes. Die zahlreichen Parteieintritte veränderten dabei die Parteistruktur und verstärkten Differenzen zwischen den verschiedenen Flügeln, was sich auch in der fortschreitenden Etablierung von organisierten Interessensgruppen zeigte. So bildete sich neben den konservativen „Kanalarbeitern" der SPD beispielsweise der Seeheimer Kreis, während die einflussreiche Parteilinke zunehmend zuerst im Leverkusener Kreis und dann in der Parlamentarischen Linken zusammenkam.[98]

Mit dem Rücktritt Willy Brandts verfestigte sich diese innere Spaltung der Sozialdemokratie auch in den Institutionen. Als der Pragmatiker Schmidt Bundeskanzler wurde, blieb der damals gesundheitlich angeschlagene Brandt Parteivorsitzender. Ein halbes Jahrzehnt später verließen den Hamburger zusehends die Kräfte, während Brandt sich gut in seine neue Position einlebte. Auch Herbert Wehner konnte den Kanzler als Fraktionsvorsitzender altersbedingt nicht mehr so unterstützen, wie er es früher teils getan hatte. Brandt konnte unter diesen Umständen seine Macht zu Beginn der 1980er Jahre immer weiter ausbauen und Einfluss auf die politische Ausrichtung der SPD ausüben. Der Parteivorsitzende setzte dabei andere Schwerpunkte als der Kanzler. Brandt war vor allem die linke Identität der Partei wichtig, während Schmidt die Koalition erhalten wollte und dafür Rücksicht auf die FDP nahm. In der Wirtschaftspolitik bedeutete das, dass der Kanzler zunehmend Wert auf die Haushaltskonsolidierung legte, während Brandt gemeinsam mit dem linken Parteiflügel eine Stimulierung der Nachfrage anmahnte und Kürzungen zu Lasten der sozialdemokratischen Klientel möglichst bekämpfte.[99]

Während Schmidts Kanzlerschaft hatte das mehrfach zu Konflikten geführt. Ein Beispiel dafür ist die Abstimmung über ein Steueränderungsgesetz am 16. Juni 1977, mit dem der Kanzler als Zugeständnis an den Koalitionspartner die Vermögensteuer senken und die Mehrwertsteuer erhöhen wollte. Nur mit großer Mühe war es der Re-

---

S. 158–160; Bökenkamp, G. – Frölich, J., Lambsdorffpapier, S. 8; Schanetzky, T., Ernüchterung, S. 225–227; Schröder, K., Standortdiskussion, S. 154–155.

97 Hinzu kam eine alle Bundestagsparteien betreffende Tendenz hin zur politischen Partizipation in den 1970er Jahren. Die Mitgliederzahlen stiegen in dieser Zeit sowohl in absoluten Zahlen als auch im Vergleich zur Wahlbevölkerung deutlich an, Troitzsch, K. G., Mitgliederstrukturen, S. 81–82.

98 Faulenbach, B., Sozialdemokratie, S. 300–301; Philipps, R., Die SPD, S. 280–281; Sarcinelli, U., Regierungsfähigkeit, S. 50–51.

99 Schöllgen, G., Brandt, S. 246; Faulenbach, B., Sozialdemokratie, S. 294; Jäger, W., Innenpolitik, S. 205, 212.

gierung damals gelungen, die Abstimmungsdisziplin unter den Abgeordneten zu erhalten.[100]

Die unterschiedlichen parteipolitischen Ausrichtungen in der SPD zeigten sich auch in der Energiepolitik sowie am Umgang mit den Grünen. Die hatten sich am 12. und 13. Januar 1980 in Karlsruhe als Partei gegründet und konnten aufgrund guter Umfragewerte hoffen, 1984 in den Bundestag einzuziehen. Die Grünen waren zunächst noch sehr heterogen und umfassten ehemalige kommunistische Aktivisten ebenso wie Teile der Frankfurter Spontiszene und kleine konservative und rechte Gruppen. Als sich die Linken unter den Grünen zunehmend durchsetzten, entwickelte sich die neue Partei für Brandt und den linken Flügel der SPD auf lange Sicht zu einem potentiellen Koalitionspartner. Schmidt stand einem solchen Bündnis, das auch die von ihm unterstützte Atomkraft in Frage gestellt hätte, deutlich skeptischer gegenüber.[101]

Ein zweites Spannungsfeld zwischen dem linken und dem Regierungsflügel der SPD war neben der Wirtschafts- auch die Außen- und Sicherheitspolitik. Hier gab es unter anderem Streit um die deutschen Waffenexporte. Als die Bundesregierung U-Boote an das seit 1973 von Augusto Pinochet autokratisch beherrschte Chile verkaufen wollte, musste Schmidt den Kritikern aus seiner eigenen Partei nachgeben. Ähnlich große Ablehnung schlug ihm bei Panzerverkäufen an Saudi-Arabien entgegen. Die zweifellos schwerwiegendsten Auseinandersetzungen zwischen Partei und Kanzler entzündeten sich aber an der Frage der Nachrüstung gegenüber dem Ostblock. In den späten 1970er Jahren hatte die Sowjetunion verbesserte Mittelstreckenraketen entwickelt, die nun auf Westeuropa gerichtet wurden. Das westliche Bündnis sah darin eine inakzeptable Verschiebung des Kräftegleichgewichts und fasste daher im Dezember 1979 den NATO-Doppelbeschluss. Dieser sah einerseits vor, ebenfalls zusätzliche Mittelstreckenraketen in Europa zu stationieren, andererseits der Sowjetunion aber auch ein neues Angebot zur Abrüstung zu machen. Der Beschluss war in Deutschland wie in vielen anderen Ländern heftig umstritten. Kritiker befürchteten, durch eine beiderseitige Aufrüstung würde ein Atomkrieg immer wahrscheinlicher. Ein Einlenken der Sowjetunion war alles andere als sicher, da die vom Westen vorgeschlagenen Abrüstungskonditionen die französischen und britischen Atomwaffen ausklammerten und daher für den Ostblock unvorteilhaft waren. Der russische Einmarsch in Afghanistan am 25. Dezember 1979 ließ die Hoffnung auf

100 Die Abgeordneten Karl-Heinz Hansen und Manfred Coppik stimmten allerdings dennoch gegen die Linie der Partei, Sarcinelli, U., Regierungsfähigkeit, S. 39; Entwurf des Steueränderungsgesetzes 1977, BT-Drs. 08/292. Die Ausschüsse hatten die Umsatzsteuererhöhung bereits abgeschwächt, Beschlussempfehlung zum Steueränderungsgesetz 1977, BT-Drs. 08/555.

101 Ein Zug der sich schwer stoppen lässt, SZ vom 28.09.1982, ACDP Medienarchiv; Noack, H.-J., Schmidt, S. 190; Winkler, H. A., Geschichte des Westens, S. 853–854.

eine Beilegung des Konflikts am Verhandlungstisch und auf eine Fortführung der Entspannungspolitik weiter schwinden.[102]

In der Bundesrepublik formierten sich schnell Protestbewegungen gegen die Stationierung zusätzlicher amerikanischer Raketen. Am 16. November 1980 forderten Aktivisten der Friedensbewegung beim Krefelder Appell die Regierung unter anderem mit Unterstützung der Grünen und der DKP auf, sich gegen die Nachrüstung zu positionieren. Schmidt lehnte das ab und betonte die Bedeutung des Kräftegleichgewichts zwischen den Großmächten für die Sicherheit Europas. Für diese Haltung bekam er mehr Unterstützung von der Union als von seiner eigenen Partei. Die Konservativen hatten sich in ihrem Wahlprogramm für 1980 klar auf die Seite der NATO gestellt. Innerhalb der Sozialdemokratie gab es hingegen Sympathien für die Friedensbewegung. Am 10. Oktober 1981 kam es auf der Hofgartenwiese in Bonn zu einer Großkundgebung gegen den NATO-Doppelbeschluss. Als Schmidt bekannt wurde, dass Erhard Eppler dort sprechen wollte, forderte er den Parteivorsitzenden auf, sein Präsidiumsmitglied davon abzuhalten. Brandt lehnte das ab und nahm Eppler später in Schutz. In der Frage der Nachrüstung stellte sich der Parteivorsitzende damit klar gegen den Regierungschef und düpierte ihn öffentlich. Schmidt und die wichtigsten Strömungen innerhalb der SPD entfremdeten sich in den letzten Jahren der sozialliberalen Koalition insofern zunehmend voneinander.[103]

Neben FDP und SPD stand 1982 als dritter und größter politischer Block die Union. CDU und CSU waren sich als Schwesterparteien so nahe, dass sie sehr ähnliche Strukturen aufwiesen und ihre Interessensgruppen parteiübergreifend zusammenarbeiteten. Beide können daher gemeinsam betrachtet werden.[104]

In und im Umfeld der Union gab es Anfang der 1980er Jahre verschiedene Vereinigungen. Die Satzung führte unter anderem die Junge Union, die Frauenvereinigung, die Sozialausschüsse, beziehungsweise die Christlich-Demokratische Arbeitnehmerschaft (CDA), die Kommunalpolitische, die Ost- und Mitteldeutsche sowie die Mittelstandsvereinigung. Ohne parteirechtlichen Status einer Vereinigung aber in ähnlicher Funktion kamen unter anderem der Evangelische Arbeitskreis, der RCDS und als Berufsverband auf vereinsrechtlicher Basis der Wirtschaftsrat der CDU hinzu.[105]

Die Vereinigungen erfüllten innerhalb des konservativen Lagers mehrere Funktionen. Zum einen sollten sie die Interessen von außenstehenden Gruppen in die

102 Noack, H.-J., Schmidt, S. 196–200; Jäger, W., Innenpolitik, S. 201–203; Kleinmann, H.-O., CDU, S. 444–445; Winkler, H. A., Geschichte des Westens, S. 857.

103 Wirsching, A., Provisorium, S. 19; Schöllgen, G., Brandt, S. 222; Noack, H.-J., Schmidt, S. 166–167; Faulenbach, B., Sozialdemokratie, S. 302–303; Jäger, W., Bruch der Koalition, S. 170; Jäger, W., Innenpolitik, S. 211–212; Kleinmann, H.-O., CDU, S. 445; Faulenbach, B., Jahrzehnt, S. 710–711.

104 In der Forschung werden CDU und CSU aufgrund der fehlenden Konkurrenz und dauerhaften Zusammenarbeit teils sogar als eine einzige Partei behandelt, Zohlnhöfer, R., Wirtschaftspolitik der Ära Kohl, S. 52.

105 Kleinmann, H.-O., CDU, S. 459, 461.

Union tragen, wodurch CDU und CSU nicht zuletzt ihrem Anspruch, Volkspartei zu sein,[106] gerecht werden wollten. Andererseits sollten sie aber auch die Interessen der Union nach außen vermitteln.[107]

Zwei dieser Vereinigungen bildeten den Kern der beiden mit Blick auf die Wirtschaftspolitik wichtigsten Parteiflügel. Auf der einen Seite stand der soziale Flügel im Umfeld der Sozialausschüsse, der Christlich-Demokratischen Arbeitnehmerschaft. Mit mehr als 32.000 Mitgliedern hatte die CDA schon Mitte der 1970er Jahre einen erheblichen Einfluss auf die Ausrichtung der Partei gehabt. Seit 1977 stand ihr der ambitionierte spätere Arbeitsminister Norbert Blüm vor. Sein Flügel legte besonderen Wert auf die Bekämpfung der Arbeitslosigkeit sowie eine arbeitnehmer- und familienfreundliche Sozialpolitik. Im Laufe des vorangegangenen Jahrzehnts war die CDA dafür mehrfach von der offiziellen Parteilinie abgewichen. So hatte sie sich etwa 1978 bei der Forderung nach einem Aussperrungsverbot bei Arbeitskämpfen auf die Seite der SPD gestellt. Ebenso protestierten die Sozialausschüsse gegen zunehmende marktwirtschaftliche Tendenzen im Energie- und im Wohnungsbereich. Hier forderten sie mehr christliche Solidarität und staatliche Förderung. Anfang der 1980er Jahre war der CDA vor allem daran gelegen, die sozialen Errungenschaften der Vergangenheit möglichst zu erhalten. In den Augen einiger konservativer Politiker repräsentierten die Sozialausschüsse sogar einen Teil sozialdemokratischen Gedankengutes in der Union, der sich lediglich im Menschenbild und mit Blick auf die Eigenverantwortung der Bürger maßgeblich von dem der SPD unterschied.[108]

Hinsichtlich ihrer Mitgliederstruktur hatte die CDA einen regionalen Schwerpunkt im Rheinland und Westfalen. Viele Mitglieder waren gleichzeitig Gewerkschaftler, wobei insbesondere der CGB überdurchschnittlich stark vertreten war. Im Laufe der 1970er Jahre hatte die CDA ferner eine Akademisierung ihrer Mitgliederschaft erlebt, was teils zu Spannungen innerhalb der Vereinigung führte. Die christsoziale Entsprechung der CDA war die CSA. Beide Organisationen unterschieden sich in ihren Zielsetzungen kaum und arbeiteten auf Bundesebene zusammen.[109]

Der zweite große Flügel der Konservativen, der „Wirtschaftsflügel", bestand im Umfeld der Mittelstandsvereinigung. Die war innerhalb der Union ähnlich einflussreich wie die CDA und gewann in der Oppositionszeit immer mehr an Gewicht. Hier waren vor allem Selbstständige, Freiberufler, Handel und Handwerk, mittlere und kleinere Unternehmer sowie leitende Angestellte organisiert. Der regionale Schwerpunkt lag ebenfalls im Rheinland und Westfalen. Die Mittelstandsvereinigung be-

---

106 Dieser Anspruch wurde auch durch eine verhältnismäßig heterogene Sozialstruktur der Union untermauert. 1982 waren immerhin etwa 10 % ihrer Mitglieder Arbeiter, 40 % Angestellte und Beamte, 24 % Selbstständige und 11 % Hausfrauen, Wirsching, A., Provisorium, S. 171–172.

107 Höfling, W., Funktionsprobleme, S. 153–156.

108 Zeitzeugengespräch mit Jürgen Merkes am 12. Oktober 2020, S. 1–2; Kleinmann, H.-O., CDU, S. 468–470; Höfling, W., Vereinigungen, S. 131–132.

109 Höfling, W., Vereinigungen, S. 126–127, Zeitzeugengespräch mit Jürgen Merkes am 12. Oktober 2020, S. 2.

tonte die Selbstständigkeit als Fundament des Staates, der Wirtschaft und der Gesellschaft. Sie befürwortete eine angebotsorientierte Wirtschaftspolitik und trat daher unter anderem für steuerliche Entlastungen, eine Senkung der Lohnnebenkosten, den Abbau von Investitionshemmnissen und gegen Arbeitszeitverkürzungen ein. Gleichzeitig forderte sie eine konsequente Konsolidierung der öffentlichen Haushalte. Sie umfasste 1982 etwa 23.000 Mitglieder und war in vielen Bereichen der direkte Gegenspieler der Sozialausschüsse.[110]

Neben der Mittelstandsvereinigung kann man dem Wirtschaftsflügel der Union auch den Wirtschaftsrat der CDU zurechnen. Dieser verlor Anfang der 1980er Jahre aber zunehmend an Bedeutung. Er stand der Mittelstandsvereinigung nahe und verfolgte ähnliche Ziele. In der Vergangenheit hatten sich beide Organisationen mehrfach um einen Zusammenschluss bemüht, was in der Umsetzung aber Schwierigkeiten aufgeworfen hatte.[111] Der Wirtschaftsrat bemühte sich außerdem darum, eine Mittlerfunktion zwischen der Partei und insbesondere den größeren Unternehmen wahrzunehmen. Sein damaliger Vorsitzender Philipp von Bismarck war gleichzeitig Vorstandsmitglied der Kali-Chemie AG Hannover und Präsident der dortigen Handelskammer.[112]

Zu welcher wirtschaftspolitischen Ausrichtung führte die Konkurrenz der beiden Unionsflügel? Ähnlich wie die FDP waren auch bei den Konservativen in den 1970er Jahren Forderungen nach einem Grundsatzprogramm laut geworden. Seit 1973 hatte dafür eine Grundsatzprogrammkommission unter Vorsitz von Richard von Weizsäcker an einem Konzept gearbeitet. Als drei Jahre später der erste Entwurf des neuen Programms veröffentlicht wurde, erntete die Kommission allerdings vor allem Kritik. Die Gegner der Vorlage griffen insbesondere die eher auf der Linie der Sozialausschüsse liegenden verteilungspolitischen Zielsetzungen an. Als die Partei den Entwurf im Anschluss überarbeitete, änderte sie die entsprechenden Teile grundlegend und in Richtung des Wirtschaftsflügels ab. Der neue Vorschlag legte nun größeren Wert auf die Freiheit des Individuums und betonte die Bedeutung von Eigentum. Dem Staat wiesen die Autoren weniger eine verteilende als eine ordnende Funktion zu. 1978 stimmte der Parteitag in Ludwigshafen für den neuen Entwurf.[113]

Wie die genaue Umformung des Grundsatzprogramms in konkrete politische Vorschläge aussehen würde, blieb noch einige Zeit offen. Um keine Sympathien in der Bevölkerung zu verspielen, bemühte sich Helmut Kohl, die CDU möglichst aus dem Streit der sozialliberalen Koalition herauszuhalten. Dafür beschränkte er sich in der wirtschaftspolitischen Diskussion auf allgemeine Aussagen. Als sich 1981 die

---

110 Kleinmann, H.-O., CDU, S. 472–474; Höfling, W., Vereinigungen, S. 130; Höfling, W., Funktionsprobleme, S. 160–161; Siehe auch das Zeitzeugengespräch mit Manfred Carstens am 29. September 2020, S. 1–2.

111 Siehe dazu Höfling, W., Funktionsprobleme, S. 163–170. Vgl. auch das Zeitzeugengespräch mit Jürgen Merkes am 12. Oktober 2020, S. 1–2.

112 Kleinmann, H.-O., CDU, S. 478–479; Höfling, W., Funktionsprobleme, S. 163–170.

113 Sarcinelli, U., Grundsatzprogramm, S. 23–25, 57–58, 65–67.

Frage stellte, wie die Union im Bundesrat zu den Haushaltsbeschlüssen Schmidts und Genschers stehe, erklärte der Parteivorsitzende zunächst: *„Ausgewogene und durchgreifende Sparmaßnahmen werden an uns nicht scheitern."*[114] Anfang September sickerten dann aber doch konkrete Vorschläge der CDU-Haushaltsgruppe durch. Denen zufolge sollten unter anderem die Besoldungserhöhungen für ein Jahr ausgesetzt und verschiedene Sozialleistungen einschließlich des familienpolitisch brisanten Schüler-BAföGs stark gekürzt werden. Die Unionsführung ließ das Papier noch am Tag der Veröffentlichung dementieren.[115]

Wenig später präsentierte die Union mit ihrer Sieben-Punkte-Offensive eine ausführlichere Stellungnahme zur Wirtschaftspolitik. Es sollte (n) dabei

1. die Haushalte durch Einsparungen und eine härtere Verfolgung von Missbrauch der Sozialsysteme konsolidiert,
2. die privaten Investitionen durch Bürokratieabbau und Steuersenkungen gestärkt,
3. Selbstständige besser gefördert,
4. der Wohnungsbau mit einer Liberalisierung der Mieten und des Baurechtes unterstützt,
5. technische Entwicklungen direkt und mittels des Bildungssystems vorangebracht,
6. die Löhne durch Appelle an die Tarifpartner niedrig gehalten und
7. der Arbeitsmarkt durch Umschulungen und eine Verkürzung der Lebensarbeitszeit entlastet werden.[116]

Auch wenn diese Vorstellungen weniger konkret waren als die Überlegungen der Haushaltsgruppe, war dennoch klar, dass sich die soziale Marktwirtschaft der CDU mit ihren angebotspolitischen Akzenten in großen Teilen mit den Vorstellungen der Liberalen überschnitt. Auf dem Hamburger Parteitag der CDU im November 1981 hatte die Partei auch ihre Haltung zur Ostpolitik der der Regierungskoalition angenähert und damit eine weitere Voraussetzung für eine zukünftige Zusammenarbeit mit der FDP geschaffen.[117]

Neben den Meinungsverschiedenheiten zwischen Sozial- und Wirtschaftsflügel verlief noch eine zweite Bruchlinie durch die Union. Diese ergab sich aus der organisatorischen Aufteilung des konservativen Lagers in die zwei Schwesterparteien. Hier

---

114 Zit. n. Bökenkamp, G., Das Ende, S. 203.

115 Bökenkamp, G., Das Ende, S. 203; Schwarz, H. P., Helmut Kohl, S. 257–259; Kleinmann, H.-O., CDU, S. 443; Köhler, H., Helmut Kohl, S. 344.

116 Arbeit für alle durch Soziale Marktwirtschaft. Sieben-Punkte-Offensive für eine neue Wirtschafts- und Beschäftigungspolitik, BArch B 136/22545.

117 Jäger, W., Bruch der Koalition, S. 170; Zohlnhöfer, W. – Zohlnhöfer, R., Wende, S. 26–27.

standen allerdings weniger inhaltliche als machtpolitische Fragen im Vordergrund.[118]

Die Machtkämpfe zwischen Kohl und Strauß reichten bis weit in das vorangegangene Jahrzehnt zurück. Im Vorfeld der Wahl von 1976 erfreute sich der CDU-Kandidat Kohl innerhalb der Union großer Beliebtheit. Unter seiner Regie verabschiedeten die Christdemokraten auf dem Mannheimer Parteitag von 1975 die Mannheimer Erklärung, mit der sich die CDU auf die FDP zubewegte und einem harten Rechtskurs eine Absage erteilte. Strauß lehnte dieses Programm ab und versuchte stattdessen, die Union auf seine Linie festzulegen. Die bedeutete nicht zuletzt *„Kampf dem Sozialismus, pointierter Nationalismus"*.[119] Helmut Kohl stellte sich als Kanzlerkandidat trotzdem hinter die Mannheimer Erklärung und ignorierte die Vorstellungen des Bayern. Strauß unterstützte ihn daraufhin zwar weiter im Wahlkampf, bekam aber zunehmend Zweifel an der Rolle seiner Partei in der Union. Als Kohl 1976 seine Haltung zu Brandts Verträgen mit der Volksrepublik Polen überraschend änderte und sich im Bundesrat für die Ratifizierung eines umstrittenen Abkommens einsetzte, kam es zu weiteren Spannungen. Der ausgebliebene Wahlsieg bestätigte die CSU schließlich in ihrem Unmut über die Schwesterpartei. Kohls Kurs, so Strauß, sei nicht weit genug rechts, wodurch man das Wählerpotential der Union nicht voll ausschöpfe.[120]

Als der Burgfrieden der Bundestagswahlen vorbei war, brach der Konflikt zwischen Strauß und Kohl wieder offen hervor. Am 19. November 1976 beschloss die CSU bei ihrer Klausurtagung in Wildbad Kreuth, die Fraktionsgemeinschaft mit der CDU nicht zu verlängern und in Zukunft bundesweit anzutreten. Die Entscheidung fiel überraschend und erst nach intensiven Diskussionen. Auch das Abstimmungsergebnis deutete mit 30 Ja- zu 18 Nein-Stimmen darauf hin, dass die Christsozialen in ihrem Kurs keinesfalls geschlossen waren. Kohl erfuhr vom Kreuther Trennungsbeschluss am späten Abend des 19. November von einem Vertrauten aus der CSU. Der CDU-Chef war nach der Wahl als Oppositionsführer nach Bonn gegangen und sah sich nun bereits als Vorsitzender einer Restfraktion. Diese wäre kleiner gewesen als die der SPD und hätte dementsprechend auf verschiedene Sonderrechte wie die Nominierung des Bundestagspräsidenten verzichten müssen. Das bayerische Vorgehen empfand Kohl daher als Vertrauensbruch und begann sofort, auf allen ihm zur Verfügung stehenden Wegen auf die CSU-Führung einzuwirken. Als effektivstes Mittel erwies sich die erst angedeutete und dann offiziell gemachte Ankündigung, seiner-

118 Bei den bayerischen Konservativen kann man in der Wirtschaftspolitik in den Jahren vor dem Untersuchungszeitraum bestenfalls einen stärkeren Hang zum Staatsinterventionalismus und zur Förderung des Mittelstandes ausmachen. Ansonsten stimmte die CSU in den meisten Punkten mit der CDU überein, Zohlnhöfer, R., Wirtschaftspolitik der Ära Kohl, S. 53–54.

119 Die CDU muß ihre Kompetenz nachweisen, Der Spiegel 40/75, S. 41–50.

120 Die CDU muß ihre Kompetenz nachweisen, Der Spiegel 40/75, S. 41–50; Schanetzky, T., Ernüchterung, S. 238–239; Möller, H., Strauß, S. 507–509, 512–513; Stickler, M., Die CSU und der Bonner Regierungswechsel, S. 178; Kleinmann, H.-O., CDU, S. 470

seits die CDU auf Bayern auszuweiten. Für Strauß bedeutete das eine unmittelbare Gefahr. Zahlreiche führende Mitglieder der aufgewühlten CSU sicherten Kohl zu, so berichtete er später, sofort in einen neu gebildeten CDU-Landesverband in Bayern einzutreten. Ob sich die CSU mit ihrer bisher regionalistischen Ausrichtung bei den norddeutschen Konservativen würde durchsetzen können, war hingegen mehr als fraglich. Auch der einflussreiche Medienunternehmer Leo Kirch versprach dem CDU-Vorsitzenden seine Unterstützung. Zehn Tage später erklärte sich die CSU zu Verhandlungen über die Form der zukünftigen Zusammenarbeit bereit. Strauß musste schließlich nachgeben. Es dauerte aber noch bis zum 12. Dezember, bis die Fortführung der Fraktionsgemeinschaft tatsächlich festgeschrieben wurde.[121]

Der Kreuther Trennungsbeschluss zeigte zwei Dinge in aller Deutlichkeit: Erstens hatte der CSU-Parteivorsitzende keine Scheu vor der Konfrontation mit der Schwesterpartei. Zweitens war die CSU aber auch so heterogen, dass er seine Vorhaben nicht uneingeschränkt umsetzen konnte. Innerhalb der Partei gab es damals vier Machtzentren, die Landesleitung, die Landtagsfraktion, die Staatsregierung sowie die CSU-Landesgruppe im Bundestag. Davon dominierte Strauß als Parteivorsitzender die Landesleitung. Vorsitzender der CSU-Landesgruppe im Bundestag war sein Konkurrent Friedrich Zimmermann, Ministerpräsident war zur Zeit des Kreuther Beschlusses noch Alfons Goppel. Letzteren löste Strauß im November 1978 ab. Damit versuchte der Parteivorsitzende, mehr Macht auf seine Person zu konzentrieren und gleichzeitig Helmut Kohl in Bonn aus dem Weg zu gehen. Die Stellung als erfolgreicher Landesvater erschien dem Bayern sicherer und vielversprechender als eine Fokussierung auf die Oppositionsarbeit im Bundestag.[122]

Strauß konnte in den folgenden Jahren seine Position in Bayern festigen. Kohl hatte es als Oppositionsführer hingegen nicht immer leicht. Einem direkten Vergleich mit dem charismatischen Bundeskanzler konnte der provinziell wirkende Rheinländer meist nicht standhalten. Stattdessen versuchte er, sich gegenüber dem kühlen Intellektuellen Schmidt als warmherzigerer und volksnäherer Kandidat zu profilieren. Nach der Bundestagswahl 1980 wendete sich das Machtverhältnis zwischen Strauß und Kohl grundlegend. Es war mehr als eindeutig, dass die Niederlage der Union in erster Linie aus der Person ihres Kanzlerkandidaten Strauß resultierte. Kohl ging aus der Wahl gestärkt hervor, auf eine Abrechnung mit seinem Konkurrenten verzichtete er aber. In Mannheim wurde er auf dem 29. Bundesparteitag der CDU 1981 als Parteivorsitzender bestätigt. Auch die Umfragewerte waren gut und machten den Konservativen Hoffnung auf eine absolute Mehrheit in der nächsten Legislaturperiode. Die Landtagswahlen in Niedersachsen ließen diese Aussicht bald darauf noch greifbarer werden. Ernst Albrecht erreichte hier Anfang 1982 über die Hälfte der Sitze. Dass sich die sozialliberale Koalition auf ihr Ende zuzubewegen schien, verstärkte die oberflächliche Harmonie innerhalb der Union ebenfalls. Kurz vor der

121 Kohl, H., Erinnerungen I, S. 419–423, 427, 430–432, 436; Möller, H., Strauß, S. 512–513.
122 Stickler, M., Die CSU und der Bonner Regierungswechsel, S. 177–181.

Machtübernahme wollte niemand die eigene Fraktion schwächen und sich damit den Weg zur Regierung verbauen.[123]

Zusammenfassend lässt sich feststellten, dass am Vorabend der Wende von 1982 alle vier Bundestagsparteien in sich gespalten waren. In der FDP standen sich dabei ein linker und ein rechter Flügel gegenüber, wobei die Domäne der Wirtschaftspolitik hauptsächlich von letzterem bedient wurde. Der linke Flügel sprach sich für eine starke Rolle des Staates aus, der rechte für eine streng marktwirtschaftliche und angebotsorientierte Wirtschaftspolitik.

Bei den Sozialdemokraten dominierte ein rechter, beziehungsweise gemäßigter Flügel die Regierungspolitik um Helmut Schmidt, während die Parteiführung um Willy Brandt deutlich weiter links stand. Große Teile der Partei wollten die nachfrageorientierte aktive Konjunkturpolitik der letzten Jahre fortführen und den Sozialstaat ausbauen. Der Kanzler bemühte sich hingegen seit dem Ende des vorangegangenen Jahrzehnts vermehrt um eine Haushaltskonsolidierung auch zu Lasten des Sozialwesens. Hinzu kamen Spannungen aufgrund der Energie-, der Außen- und der Sicherheitspolitik.

In der Union verliefen die Bruchlinien nicht nur zwischen ihrem Sozial- und ihrem Wirtschaftsflügel, sondern auch zwischen den beiden Schwesterparteien. Die Gefahr eines vor allem machtpolitisch motivierten Konflikts zwischen Strauß und Kohl hatte zwar nach der Wahlniederlage des Bayern 1980 abgenommen, bestand aber latent weiter. Der linke Flügel der Union versuchte ferner, die sozialpolitischen Errungenschaften der letzten Jahre möglichst auch in Krisenzeiten zu erhalten, während sich der Wirtschaftsflügel für eine ausgeprägt angebotsorientierte Politik mit energischer Haushaltssanierung auf Kosten der Ausgaben einsetzte. Während also in der SPD der linke Flügel an Gewicht gewann, dominierten sowohl in FDP als auch in der Union zunehmend diejenigen Kräfte, die sich für eine marktwirtschaftliche und angebotsorientierte Politik aussprachen.

2.3 Das Ende der sozialliberalen Koalition

Der Machtwechsel von 1982 gehört bis heute zu den spektakulärsten Ereignissen der bundesdeutschen Politikgeschichte. Die Erschütterungen in Bonn veranlassten in den folgenden Jahren sowohl Kolumnisten als auch Politikwissenschaftler zu zahlreichen Publikationen. In den Autobiografien der wichtigsten Akteure werden die Vorkommnisse rund um den 17. September 1982 ebenfalls teils minutiös beschrieben, wenngleich eine umfassende historische Aufarbeitung noch aussteht. Im Folgenden soll ein Überblick über die wichtigsten Entwicklungen und Zusammenhänge des Endes der sozialliberalen Koalition gegeben werden.

---

123 Jäger, W., Innenpolitik, S. 192–193; Kleinmann, H.-O., CDU, S. 442, 451; Noack, H.-J., Schmidt, S. 168; Bökenkamp, G., Das Ende, S. 203.

Zu Beginn des Jahres 1982 standen sich die Union und die FDP deutlich näher als in der Hochphase der sozialliberalen Koalition. In allen drei Parteien hatten die Wirtschaftsflügel wichtige Akzente setzen können. Die Wahlniederlage von 1980 hatte außerdem die Position Helmut Kohls innerhalb der Union gestärkt und einen für den linken Flügel der FDP inakzeptablen Rechtsruck der Union verhindert.

Auf Landesebene führten diese inhaltlichen Überschneidungen zu einer zunehmenden Zahl von Kooperationen. Im Saarland koalierten Liberale und Konservative schon seit dem Frühjahr 1977, in Niedersachsen kam es zur selben Zeit ebenfalls zu einem Bündnis. In Rheinland-Pfalz wurde eine ähnliche Entwicklung vielleicht nur dadurch verhindert, dass die CDU bei der Landtagswahl 1975 die absolute Mehrheit erreichte. Ab 1981 tolerierte die FDP außerdem die CDU in West-Berlin. Nachdem die Alternative Liste[124] dort am 10. Mai mit über 7 % ins Abgeordnetenhaus gewählt worden war, hatten SPD und FDP keine Mehrheit mehr. Die Liberalen wählten daher auf Anraten der Bonner Parteiführung den CDU-Kandidaten Richard von Weizsäcker zum Regierenden Bürgermeister. Genscher und Lambsdorff sahen Berlin nicht zuletzt als *„Versuchsballon“*[125] für den Bund an. Die menschlichen Verbindungen zwischen den Parteiführungen waren ohnehin nicht schlecht. Insbesondere das Verhältnis von Kohl und Genscher war schon in den 1970er Jahren ausgezeichnet, aber auch Gerhard Stoltenberg hatte gute Kontakte zur Führung der Liberalen.[126]

Gleichzeitig hatten sich seit der Wahl von 1980 auch die langfristigen Perspektiven der FDP in der sozialliberalen Koalition verschlechtert. Schmidt war gesundheitlich angeschlagen und es war unwahrscheinlich, dass er 1984 erneut kandidieren würde. Angesichts des immer stärker werdenden linken Flügels in der SPD konnte das bei den Sozialdemokraten einen innerparteilichen Machtwechsel zur Folge haben, der insbesondere den Wirtschaftsflügel der Liberalen vor große Herausforderungen gestellt hätte. In den Umfragen legte die Union derweil wieder zu und lotete immer offenkundiger die Chancen für ein neues christlich-liberales Bündnis aus.[127]

Die FDP ging, gestärkt durch die Annäherung der CDU und verunsichert von den Entwicklungen in der SPD, immer weiter auf Konfrontationskurs zu ihrem Koalitionspartner. Bei den zähen Verhandlungen des Jahres 1981 erreichten die Spannungen zwischen den Koalitionären schließlich einen neuen Höhepunkt. Auf dem Parteitag der FDP vom 29. bis zum 31. Mai in Köln signalisierten die Liberalen ihrem Verbündeten zunächst, dass die gegenwärtigen Herausforderungen wahrscheinlich größere Änderungen der Finanz- und Wirtschaftspolitik nötig machen würden. Gen-

124 Die Berliner Alternative Liste ist trotz des eigenen Namens den Grünen zuzuordnen und verfolgte einen ausgeprägten Linkskurs, Klein, M., – Falter, J., Der lange Weg, S. 39.

125 Scholtyseck, J., Die FDP, S. 203.

126 Schwarz, H. P., Helmut Kohl, S. 264; Noack, H.-J., Schmidt, S. 164; Bökenkamp, G. – Frölich, J., Lambsdorffpapier, S. 8; Dittberner, J., Die FDP, S. 47; Schanetzky, T., Ernüchterung, S. 227; Jäger, W., Innenpolitik, S. 223–224.

127 Jäger, W., Bruch der Koalition, S. 169; Scholtyseck, J., Die FDP, S. 202–203.

scher sprach dort von der *„sozialen Hängematte“*[128] und griff damit insbesondere den linken Flügel der Sozialdemokraten an. Gleichzeitig erreichte der Bundesvorsitzende mit einer Rücktrittsdrohung, dass sich seine Partei geschlossen hinter die Nachrüstungspolitik der Regierung stellte. Das warf nicht nur Bruchlinien innerhalb der FDP auf, sondern verschärfte auch den wegen der Wirtschaftspolitik ohnehin bestehenden Konflikt mit der SPD-Linken. Später erklärte Genscher, er habe mit der Vertrauensfrage der Position Helmut Schmidts den Rücken stärken wollen. Indem er durch die Disziplinierung der FDP eine Kompromisslösung mit den Linken in der SPD immer unwahrscheinlicher machte, nahm Genscher dafür auch zusätzliche Spannungen in der Koalition in Kauf.[129]

Als die Verhandlungen zur Operation ’82 immer kontroverser wurden, stellte Genscher den Führungsgremien und Mandatsträgern seiner Partei am 20. August 1981 ein Schreiben zu, das später als Wendebrief bekannt werden sollte. Er verglich darin die gegenwärtige Situation mit der Phase des Wiederaufbaus nach dem Krieg. Um die Herausforderungen zu meistern, müsse nicht zuletzt die Anspruchsmentalität in der Bevölkerung gebrochen werden. Den Regierungsparteien unterstellte er gleichzeitig *„grundsätzlich unterschiedliche Positionen [...] in wichtigen wirtschaftlichen und gesellschaftspolitischen Fragen“*.[130] Wenn andere die Probleme des Landes nicht lösen könnten, müsse die FDP Verantwortung übernehmen. Helmut Kohl, der sich mit koalitionspolitischen Avancen an die Liberalen eigentlich zurückhalten wollte, zeigte sich über den Wendebrief erfreut. Dieser könnte, so stellte man in der Union fest, über weite Passagen aus einem CDU/CSU-Programm stammen. Die Sozialdemokraten konnten Genschers Vorgehen hingegen als Drohung, wenn nicht schon als Ankündigung eines Koalitionsbruches verstehen. Das Verhältnis der beiden Koalitionsparteien war damit 1981 schlechter als kaum zuvor in der Geschichte der sozialliberalen Koalition.[131]

Als Genscher den Wendebrief verfasste, stand er vor einem politischen Dilemma. Wollte die FDP nicht gemeinsam mit der SPD für eine anscheinend fehlgeschlagene Konjunkturpolitik verantwortlich gemacht werden, musste sie sich von ihr distanzieren. Für die Liberalen war das eine Frage des politischen Überlebens. Die nächste Wahl würde unter ungünstigeren Umständen stattfinden als die Kampagne gegen Strauß. Sollten die Grünen in der nächsten Legislaturperiode in den Bundestag einziehen, drohte die FDP nicht nur ihre Position als Mehrheitsbeschafferin zu verlieren, sie konnte im schlimmsten Fall auch an der Fünfprozenthürde scheitern. Andererseits waren die Befürworter der sozialliberalen Koalition innerhalb der FDP noch so stark, dass ein sofortiger Wechsel zur Union die Partei vor eine Zerreißprobe

128 Zit. n. Scholtyseck, J., Die FDP, S. 203.

129 Scholtyseck, J., Die FDP, S. 201–203; Bökenkamp, G. – Frölich, J., Lambsdorffpapier, S. 8–9; Bökenkamp, G., Das Ende, S. 201; Genscher, H.-D., Erinnerungen, S. 448–449.

130 Zit. n. nach Winkler, H. A., Geschichte des Westens, S. 856.

131 Scholtyseck, J., Die FDP, S. 203; Köhler, H., Helmut Kohl, S. 337; Schwarz, H. P., Helmut Kohl, S. 256.

stellen musste. Genscher verzichtete daher 1981 noch auf einen Koalitionsbruch, schuf aber doch schon ein dafür günstiges innerparteiliches Klima.[132]

Ende 1981 verschärften sich die Spannungen zwischen FDP und SPD erneut. Hintergrund war die zunehmende öffentliche Aufmerksamkeit für eine Parteispendenaffäre, die die Bundesrepublik noch über Jahre hinweg beschäftigen sollte. Nach der damaligen Rechtslage konnte man Parteispenden deutlich schlechter steuerlich absetzen als Zuwendungen an gemeinnützige Organisationen. Alle Bundestagsparteien umgingen diese Schranken durch Umwegfinanzierungen über parteinahe Einrichtungen. In diesem Zusammenhang begannen schließlich Ermittlungen gegen führende Politiker, unter anderem gegen Otto Graf Lambsdorff. Für den Wirtschaftsminister war die aufziehende Parteispendenaffäre erst der Anfang einer längeren Phase gerichtlicher Auseinandersetzungen. Später sollte er wegen Zuwendungen des Flick-Konzerns noch weiter unter Druck geraten. Nachdem es bereits seit Anfang 1981 Gespräche darüber gegeben hatte, wie man die das Ansehen schädigende Affäre beenden könne, einigten sich die Parteien im Dezember 1981 auf eine Amnestieregelung. Die Versuche, der Affäre mit gesetzgeberischen Mitteln zu begegnen, scheiterten aber letztendlich und insbesondere zum Ärger der betroffenen FDP-Politiker am Widerstand der SPD und ihres Justizministers Jürgen Schmude.[133]

Auch wirtschaftlich begann das Jahr 1982 für die sozialliberale Koalition ernüchternd. In den vergangenen Monaten hatten sich die wichtigsten Zahlen deutlich verschlechtert. Ende 1981 revidierte unter anderem der Arbeitskreis Steuerschätzungen des Finanzministeriums seine Vorhersage aus dem Sommer. In Folge der schlechten ökonomischen Lage drohten im kommenden Jahr 7 Mrd. DM weniger in die Staatskassen zu fließen als bisher. Die Zahl der Arbeitslosen stieg derweil ungebremst weiter und erreichte im Januar 1982, wenn auch zunächst nur saisonbedingt, die psychologische Marke von zwei Millionen.[134]

Durch die hohe Zinsbelastung gerieten auch immer mehr Unternehmen unter Druck. Da die Inflation zuletzt ebenfalls gestiegen war, sah sich die Bundesbank weiterhin außer Stande, hier in ausreichender Menge mit billigem Geld auszuhelfen. Die Tarifabschlüsse von 1981 lagen mit etwa 5 % Steigerung noch über dem, was der Sachverständigenrat für angebracht hielt und belasteten die Wirtschaft zusätzlich. Die Kaufkraft der privaten Haushalte ging trotz der Tarifabschlüsse insgesamt leicht zurück und insbesondere die Baubranche litt unter Auftragsmangel. Lediglich die Exporte legten zum Jahreswechsel etwas zu. Das reichte nach Einschätzung des Sachverständigenrates aber nicht aus, um die Konjunktur insgesamt mitzuziehen.

---

132 Dittberner, J., Die FDP, S. 50–51; Schwarz, H. P., Helmut Kohl, S. 266.

133 Jäger, W., Innenpolitik, S. 227–231; Dittberner, J., Die FDP, S. 51; Weirich, D., Dregger, S. 182.

134 Jahresgutachten des SVR 1982/83, BT-Drs. 09/2118, S. 98 (Tab. 23); Ullmann, H.-P., Schuldenstaat, S. 346.

Mit einer Erholung rechneten die Wirtschaftsweisen frühestens in der zweiten Hälfte des Jahres 1982.[135]

Die schlechter werdende wirtschaftliche Lage veranlasste die sozialliberale Koalition schließlich dazu, Anfang 1982 ein neues Beschäftigungsprogramm aufzulegen. Die Initiative dafür ging vor allem von der SPD aus, die im Jahr zuvor auf ihr Konjunkturpaket praktisch verzichtet hatte und unter erheblichem Druck der Gewerkschaften stand. Aber auch die FDP wollte sich angesichts der dramatischen Lage auf dem Arbeitsmarkt und mehrerer anstehender Landtagswahlen Maßnahmen zur Arbeitsförderung nicht verschließen. Das war schon insofern bemerkenswert, als dass Lambsdorff solche Programme im November 1981 noch als *„Drogen für die Wirtschaft"*[136] bezeichnet hatte.[137]

Ihren Segen bekam die Koalition vom Sachverständigenrat. Der hatte in seinem letzten Jahresgutachten die jüngsten Konsolidierungsbemühungen gelobt, aber auch angemahnt, es damit nicht zu übertreiben. Wirklich konjunkturbedingte Defizite könnten tatsächlich über Schulden finanziert werden. Das sei besser, als durch zu viele Kürzungen eine Überlastung der Wirtschaft zu riskieren. Man könne sogar für später angedachte Fördermaßnahmen vorziehen, sobald das öffentliche Vertrauen in die Konsolidierungsabsichten der Bundesregierung gefestigt sei. Insbesondere gewerbliche Investitionen müssten entlastet werden. Steuererhöhungen seien hingegen zu vermeiden. Insgesamt distanzierten sich die Wirtschaftsweisen explizit von besonders einschneidenden Schritten etwa im Stile Margaret Thatchers oder Ronald Reagans. Anfang Februar verständigte sich die Koalition schließlich auf die „Gemeinschaftsinitiative für Arbeitsplätze, Wachstum und Stabilität". Das Projekt umfasste unter anderem eine Investitionszulage im Volumen von 4 Mrd. DM, zusätzliche Mittel für den Hochbau und zur Bekämpfung der Jugendarbeitslosigkeit sowie auf Wunsch der FDP auch Neuregelungen im Mietrecht. Die Kosten der Gemeinschaftsinitiative teilte sich der Bund mit den Ländern und Gemeinden. Die Finanzierung des Bonner Anteils von 5,6 Mrd. DM blieb dabei bis zuletzt umstritten. Um die Neuverschuldung gering zu halten, forderte der Finanzminister zuerst eine Erhöhung der Mineralöl- und die Einführung einer Erdgassteuer. Das lehnten aber sowohl SPD als auch FDP überwiegend ab, sodass man schließlich auf eine ebenfalls nicht unumstrittene Anhebung der Mehrwertsteuer von 13 % auf 14 % auswich. Daneben legte man unter anderem eine schon geplante Wiedereinführung des Krankenversicherungsbeitrags für Rentner auf den 1. Januar 1984 vor.[138]

---

135 Jahresgutachten des SVR 1981/82, BT-Drs. 09/1061, S. 3–6.

136 Zit. n. Bökenkamp, G., Das Ende, S. 204.

137 Ullmann, H.-P., Schuldenstaat, S. 346–347; Bökenkamp, G., Das Ende, S. 202–204; Schneider, M., Gewerkschaften, S. 374.

138 Ullmann, H.-P., Schuldenstaat, S. 347–348; Jahresgutachten des SVR 1982/83, BT-Drs. 09/2118, S. 98–99 (Tab. 23); Jäger, W., Innenpolitik, S. 214; Jahresgutachten des SVR 1981/82, BT-Drs. 09/1061, S. 9–10, 13; Bökenkamp, G., Das Ende, S. 204. Siehe auch den Entwurf in BT-Drs. 09/1488.

Zufrieden war mit dem Ergebnis fast niemand. Die FDP hätte auf Teile des Konjunkturpaketes am liebsten ganz verzichtet, dem linken Flügel der SPD und den Gewerkschaften ging es hingegen wieder nicht weit genug und setzte die falschen Schwerpunkte. Das Ergebnis erschien vielen Sozialdemokraten wie schon die Operation '82 ein voller Erfolg der Liberalen zu sein. Die Umfragen bestätigten den Genossen, dass auch ihre Wähler das Projekt für einen Fehlschlag hielten. Umso lauter wurde auch die Kritik am Kanzler selbst. Dieser verfolgte schließlich nicht nur in der Wirtschaftspolitik eine andere Linie als ein großer Teil seiner Partei, sondern bestand auch in der Nachrüstungsfrage auf seiner kontroversen Position. Da gleichzeitig in Genf Verhandlungen zwischen den USA und der Sowjetunion stattfanden, war das Thema in Bonn durchaus präsent. Am 3. Februar 1982 kündigte Schmidt an, im Bundestag die Vertrauensfrage zu stellen, um sich der Unterstützung vor allem seiner eigenen Fraktion zu versichern. Zwei Tage später bestätigte ihn das Parlament in namentlicher Abstimmung als Bundeskanzler.[139]

Die Gemeinschaftsinitiative war mit der Einigung von SPD und FDP noch nicht in Gesetzesform gegossen. Zwar passierte das „Gesetz über steuerliche und sonstige Maßnahmen für Arbeitsplätze, Wachstum und Stabilität" am 26. März den Bundestag, die Zustimmung des Bundesrates war wegen der Unionsmehrheit in der Länderkammer allerdings keinesfalls sicher. Die Landtagswahl in Niedersachsen vom 21. März 1982 hatte den Einfluss der Konservativen sogar noch erweitert. Ernst Albrecht erreichte hier die absolute Mehrheit, während die FDP hinter die Grünen zurückfiel und nur knapp den Einzug ins Parlament schaffte. Die Meinungen zur Gemeinschaftsinitiative gingen innerhalb des konservativen Lagers weit auseinander. Albrecht selbst stand dem Konjunkturpaket weit aufgeschlossener gegenüber als etwa Franz Josef Strauß. Lothar Späth befürchtete insbesondere bei der Investitionszulage Mitnahmeeffekte. Teile des Mittelstandsflügels der Union hielten außerdem die nachfragepolitischen Elemente des Programms für verfehlt. Auch Abgabenerhöhungen wie bei der Mehrwertsteuer stießen allgemein auf Ablehnung. Der Bundesrat verhinderte die Anhebung der Mehrwertsteuer schließlich und entkernte damit die Finanzierung von Schmidts *„letztem antizyklischen Experiment"*[140]. Helmut Kohl versuchte auf diesem Weg unter anderem einen weiteren Keil in das ohnehin stark belastete Verhältnis von SPD und FDP zu treiben.[141]

Die Stimmung innerhalb der Koalition war dementsprechend angeschlagen. Auch die Spendenaffäre setzte die Regierung weiter unter Druck. Am 26. Februar 1982 erklärte die Bonner Staatsanwaltschaft, dass sie unter anderem Ermittlungen gegen Hans Friderichs, Otto Graf Lambsdorff und den amtierenden Finanzminister

---

139 Jäger, W., Innenpolitik, S. 214–217; Noack, H.-J., Schmidt, S. 218–219; Jäger, W., Bruch der Koalition, S. 170; Schöllgen, G., Brandt, S. 246; Winkler, H. A., Geschichte des Westens, S. 857; Bökenkamp, G., Das Ende, S. 205.

140 Schanetzky, T., Ernüchterung, S. 230.

141 BR-PlPr. 512 (28.05.1982), S. 178A-C; Bökenkamp, G., Das Ende, S. 205; Scholtyseck, J., Die FDP, S. 204; Kleinmann, H.-O., CDU, S. 453.

Hans Matthöfer einleiten wolle. Diesmal ging um Vorteilsnahme. Der Flick-Konzern hatte 1975 durch Aktienverkäufe einen Gewinn von 1,9 Mrd. DM erzielt, der mit 56 % hätte versteuert werden müssen. Da ein Teil des Geldes wieder investiert wurde, beantragte Friedrich Karl Flick dafür nach § 6 EStG Steuerfreiheit. Das war dann möglich, wenn Gewinne auf volkswirtschaftlich besonders förderungswürdige Weise wieder angelegt wurden. Über die Förderungswürdigkeit entschieden nicht zuletzt der Wirtschafts- und der Finanzminister. Beide stimmten den Steuerbefreiungen zu. Sowohl Lambsdorff als auch Friderichs und Matthöfer hatten von Flick allerdings auch über Jahre hinweg großzügige Zuwendungen erhalten, was den Verdacht einer Unregelmäßigkeit nahe legte. In der Öffentlichkeit wurden diese Entwicklungen ausgiebig diskutiert.[142]

Ende April veranstaltete die SPD in München ihren nächsten Parteitag. Hier hatten die Delegierten gleich mehrere Probleme zu lösen. Das wichtigste waren die durch die Gemeinschaftsinitiative immer tiefer werdenden Gräben zwischen den Parteiflügeln. Um die Linken zu beruhigen, forderte die Versammlung ein neues Beschäftigungsprogramm. Dieses sollte insbesondere durch Steuern und nur im Notfall durch Schulden finanziert werden. Konkret wurde über die Erhöhung der Vermögen- und Körperschaftsteuer, des Spitzensatzes der Einkommensteuer sowie erneut über die Einführung einer Ergänzungsabgabe nachgedacht. Der Koalitionspartner lehnte diese *„sozialistischen Marterwerkzeuge"* und *„‚Job-Killer'-Beschlüsse"* vehement ab.[143] Lambsdorff erklärte für die FDP auf dem rheinland-pfälzischen Landesparteitag in Vallendar, seine Partei werde sich an dem *„langen Marsch, der von München in die Rumpelkammer des Investitionsdirigismus, der Steuererhöhung, der geballten Schuldenerhöhung führen soll, ganz gewiss nicht beteiligen"*.[144] Auch der Kanzler selbst spielte die Beschlüsse herunter. Genscher ließ er beruhigen, nichts werde so heiß gegessen wie es gekocht werde. Trotzdem schien die SPD ihre innere Geschlossenheit nur noch durch ein Programm erreichen zu können, das den Fortbestand der Koalition zwangsläufig gefährden musste.[145]

Auf den Parteitag folgte eine größere Umstrukturierung des Bundeskabinetts. Finanzminister Matthöfer wechselte aus gesundheitlichen Gründen auf eigenen Wunsch ins Postministerium, dessen bisheriger Chef Kurt Gscheidle die Regierung verließ. Die frei werdende Stelle Matthöfers ersetzte Schmidt mit Kanzleramtschef Manfred Lahnstein. Arbeitsminister Ehrenberg gab sein Ressort an Heinz Westphal ab, der seiner Fraktion zuvor als haushaltspolitischer Sprecher gedient hatte. Dass Matthöfer trotz allem im Kabinett bleiben sollte, verstand der Spiegel als eine Begleiterscheinung der Flick-Affäre: Ein vollständiger Rückzug des Politikers hätte wie

142 Jäger, W., Innenpolitik, S. 230–231.

143 So bezeichneten bspw. Lambsdorff und Möllemann die Pläne, Jäger, W., Innenpolitik, S. 220.

144 Lambsdorff erhebt die Wirtschaftspolitik zur Koalitionsfrage, FAZ vom 26.04.1982, S. 1.

145 Siehe auch Bökenkamp, G., Das Ende, S. 205 und Jäger, W., Innenpolitik, S. 216–220 sowie Genscher, H.-D., Erinnerungen, S. 452.

ein Schuldeingeständnis gewirkt. Insbesondere die Personalie Lahnsteins sorgte für Diskussionen. Die Parlamentarier monierten, dass der Kanzleramtschef kein Bundestagsmandat habe. Seine Berufung zum Finanzminister sei eine Missachtung der Legislative. Aber auch Lahnsteins wirtschaftspolitische Positionen waren vielen Sozialdemokraten ein Dorn im Auge. Der neue Finanzminister war ein überzeugter Marktwirtschaftler. Die Kabinettsumbildung löste daher in der SPD keine Begeisterungsstürme aus. Es schien, als wolle Schmidt durch Lahnsteins Ernennung verhindern, dass die Konzepte des linken Flügels jemals Wirklichkeit wurden.[146]

Als Hamburg am 6. Juni eine neue Bürgerschaft wählte, verschlechterte sich die aufgeheizte Stimmung in der Koalition nochmals. Die SPD hatte schwere Verluste zu beklagen, die FDP verpasste nach 1978 zum zweiten Mal knapp den Einzug ins Parlament. Walther Leisler Kiep überflügelte als Spitzenkandidat der CDU den sozialdemokratischen Bürgermeister Klaus von Dohnanyi. Als Gespräche über eine Duldung der SPD durch die neun Abgeordneten der Grün-Alternativen Liste scheiterten, verständigte man sich auf Neuwahlen im Dezember. Unter den Liberalen machten viele die Koalitionszusage an die SPD für das Hamburger Debakel verantwortlich. Um dem Schicksal der Norddeutschen zu entgehen, entschied sich die hessische FDP in Absprache mit der Bundespartei, ihren eigenen Wahlkampf im September mit einer Koalitionszusage an die Union zu führen. Auch in der Bundes-FDP bestärkte die Bürgerschaftswahl die Kritiker der sozialliberalen Koalition. Günter Verheugen meinte später, dieser Tag habe auch den zögerlichen Wolfgang Mischnick zu einem Befürworter eines mittelfristigen Koalitionswechsels gemacht.[147]

In den Verhandlungen über den Bundeshaushalt für das Jahr 1983 standen sich nun zwei Lager gegenüber. Auf der einen Seite war das der mächtige linke Flügel der SPD, der weitere Konjunkturmaßnahmen notfalls auch auf Kosten von Steuererhöhungen umsetzen wollte. Auf der anderen Seite stand neben anderen Sozialdemokraten die zumindest hinsichtlich ihrer Wirtschaftspolitik geschlossenere FDP, die die Steuern zu Gunsten der Unternehmer senken wollte und das durch Einsparungen bei den Sozialleistungen zu finanzieren beabsichtigte. Allen Beteiligten war während der Gespräche bewusst, dass sich die wirtschaftliche Lage stetig verschlechterte. Im Frühjahr hatte sich im Haushalt 1982 ein neues Loch von 6 Mrd. DM aufgetan, das möglichst noch vor den Landtagswahlen in Hessen geschlossen werden sollte. Damit nicht auch im kommenden Jahr ein oder mehrere Nachtragshaushalte nötig wurden, musste das Budget für 1983 stabiler berechnet sein. Falsche Entscheidungen, für solche hielt man an erster Stelle Zugeständnisse an die jeweils

---

146 Genscher: „Das geht nicht gut", Der Spiegel 17/82, S. 17–21; Bökenkamp, G., Das Ende, S. 206; Jäger, W., Innenpolitik, S. 220.

147 Kleinmann, H.-O., CDU, S. 453; Schmidt, M. G., Rahmenbedingungen, S. 25; Schell, M., Kanzlermacher, S. 221; Winkler, H. A., Geschichte des Westens, S. 859. Zur Bedeutung der Hamburger Wahl für das Ende der Koalition siehe u. a. Scholtyseck, J., Die FDP, S. 204–206 oder Jäger, W., Bruch der Koalition, S. 170. Mischnick hatte noch verhältnismäßig lange an der sozialliberalen Koalition festgehalten, vgl. Schell, M., Kanzlermacher, S. 21.

andere Seite, konnten daher schwerwiegende Folgen haben. Gleichzeitig schlossen weder FDP noch SPD angesichts der Meinungsverschiedenheiten aus, die Koalition noch in diesem Jahr zu verlassen. Die Medien stilisierten die Haushaltsverhandlungen daher zur Schicksalsfrage des Bündnisses. Wenn Genscher springen wolle, werde er es jetzt tun.[148]

Nach zähen Verhandlungen einigte man sich vor der Sommerpause auf ein neues Paket von Sparmaßnahmen, das insbesondere die Sozialversicherung in den Blick nahm. Diese war von der Wirtschaftskrise besonders betroffen. Die Nürnberger Bundesanstalt für Arbeit musste etwa mehr Erwerbslose mit Geld versorgen als vorher, während sie gleichzeitig weniger Beiträge erhielt. Da der Bund für Defizite der Arbeitslosenversicherung haftete, bedrohte diese Entwicklung auch den Bundeshaushalt. Auch die Rentenversicherung hatte erhebliche Finanzierungsschwierigkeiten. Die Verhandlungspartner verständigten sich daher unter anderem auf eine erneute Vorziehung der Wiedereinführung des Krankenversicherungsbeitrags für Rentner vom 1. Januar 1984 auf den 1. Januar 1983. Der Beitrag sollte bis 1984 stufenweise von 1 % auf 4 % steigen. Durch diese und andere Maßnahmen in diesem Bereich hoffte man, auch den Bundeszuschuss zur Rentenversicherung der Arbeiter und Angestellten um 1,3 Mrd. DM senken zu können. Der Beitrag zur Bundesanstalt für Arbeit wurde für die Dauer von drei Jahren um einen halben Prozentpunkt auf 4,5 % erhöht. Als Bemessungsgrundlage für den Beitrag, den die Bundesanstalt für die Arbeitslosen an die Kranken- und Rentenversicherung überwies, legte man nun nur noch 70 % des letzten Bruttoarbeitsentgelts fest, sodass auch der Bundeszuschuss für Nürnberg sinken konnte. Die Krankenversicherung sollte durch eine Anhebung der Rezeptgebühr, die Herausnahme von Bagatellarzneimitteln aus der Erstattungspflicht und eine Beteiligung der Versicherten an Krankenhaus- und Kurkosten entlastet werden. Hinzu kamen Einsparungen durch einen Subventionsabbau insbesondere im Luftverkehr, die Begrenzung der Entlastungswirkung des Ehegattensplittings bei der Einkommensteuer und den Abbau anderer fiskalischer Vergünstigungen.[149]

Abermals trug der Kompromiss die Handschrift der FDP. Die liberale Fraktion tat sich daher bei der Absegnung der Beschlüsse weitaus leichter[150] als die der SPD. Schmidt erläuterte seinen Abgeordneten das Ergebnis und fügte hinzu, dass auch er selbst eine Ausweitung der Verschuldung ebenso ablehne wie eine stärkere Belastung der Arbeitnehmer. Wer mehr Beschäftigungsprogramme wolle, müsse dafür noch sehr viel tiefer in die Sozialleistungen schneiden. Alles in allem seien die Kompromisse so vernünftig, *„dass beide Seiten gleichermaßen unzufrieden waren“*.[151]

148 Ullmann, H.-P., Schuldenstaat, S. 350–351; Bökenkamp, G., Das Ende, S. 206–207.

149 AdG S. 25770–25771; Jahresgutachten des SVR 1982/83, BT-Drs. 09/2118, S. 100 (Tab. 23).

150 Aber auch Genscher und Mischnick hatten in ihrer Fraktion keinen leichten Stand. Als sie am 30. Juni die Verhandlungsergebnisse vorstellten, verweigerten sechs Abgeordnete ihre Zustimmung, Genscher, H.-D., Erinnerungen, S. 449.

151 AdG 25770.

Lahnstein lobte den Haushaltsentwurf, Willy Brandt war hingegen empört. Auch Gerhard Stoltenberg kritisierte den Haushalt. Insbesondere die zusätzliche Belastung der Unternehmen durch die höheren Beiträge zur Bundesanstalt hielt er für problematisch und die wirtschaftlichen Annahmen für zu optimistisch. Im Bundesrat kündigte er daher an, wo möglich Abgaben ablehnen, Kürzungen im sozialen Bereich aber annehmen zu wollen. Die Union versuchte damit, die Koalitionsparteien durch *„selektiven Widerstand“*[152] voneinander zu entfremden. Helmut Schmidt zeigte sich zumindest mit Blick auf die Liberalen optimistisch. Wenn die FDP hätte gehen wollen, hätte sie das während der Verhandlungen getan. Der Konsolidierungshaushalt schien die Lage entspannt zu haben. *„Der FDP wäre es schwergefallen“*, stellt etwa Wolfgang Jäger fest, *„damit die Koalition aus den Angeln zu heben“*.[153]

Die Gewerkschaften reagierten auf die Haushaltsbeschlüsse ähnlich verärgert wie Willy Brandt. Aus ihrer Sicht schien eine Distanzierung zur SPD dringend nötig, um nicht mit in den nun wohl unausweichlichen Abwärtssog der Partei gerissen zu werden. Dabei erhielten sie Unterstützung von vielen unzufriedenen Sozialdemokraten. Im Mai 1982 war außerdem Ernst Breit an die Spitze des DGB gewählt worden. Der Postgewerkschaftler stellte mit Blick auf die Einigung fest, die Haushaltsbeschlüsse seien eine Abkehr vom sozialen Rechtsstaat. Als Antwort auf die Politik der Bundesregierung kündigten die Gewerkschaften einen *„heißen Herbst“* an. Schmidt drohte einen der loyalsten Bündnispartner seiner Partei endgültig zu verlieren.[154]

In der Sommerpause diskutierten beide Seiten die Konsequenzen der vorläufigen Haushaltsbeschlüsse. Das war mehr als notwendig, da insbesondere die SPD mit ihren Zugeständnissen bis an die Grenzen des für sie Tragbaren gegangen, die Situation aber noch keinesfalls ausgestanden war. In den kommenden Wochen rechnete man mit neuen Wirtschaftsdaten, die zweifellos weitere Entscheidungen nötig machen würden. Auf beiden Seiten dachte man daher intensiv über ein Ende der Koalition nach. Für die FDP hatte das Jahr nicht nur Verhandlungserfolge gebracht. Die Wahlen in Niedersachsen und Hamburg hatten die Parteispitze verunsichert. Man musste befürchten, immer mehr Wähler an die Union zu verlieren, wenn es nicht gelang, innerhalb der Koalition einen noch spürbareren wirtschaftspolitischen Wandel einzuleiten. Da das zunehmend aussichtslos erschien, befürwortete nun eine immer größer werdende Zahl von FDP-Politikern ein Ende des Bündnisses. Insbesondere aus dem Wurbs-Kreis kamen vermehrt Forderungen, der SPD gegenüber noch härter aufzutreten und dabei auch das Risiko eines Koalitionsbruchs in Kauf zu nehmen. Otto Graf Lambsdorff unterstützte diese Linie. Der linke Flügel um Gerhart Baum, Günter Verheugen und Hildegard Hamm-Brücher bevorzugte hingegen

---

152 Bökenkamp, G., Das Ende, S. 207.

153 Jäger, W., Innenpolitik, S. 238; Bökenkamp, G., Das Ende, S. 207; Ullmann, H.-P., Schuldenstaat, S. 358; AdG 25770-AdG 25771.

154 Schneider, M., Gewerkschaften, S. 375; Jäger, W., Innenpolitik, S. 240–241; Bökenkamp, G., Das Ende, S. 208, hier auch das Zitat.

eine Fortführung der Koalition, obwohl Schmidt aufgrund seiner innen- und rechtspolitischen Haltung auch hier nicht nur Fürsprecher hatte. Wolfgang Mischnick sorgte sich als Fraktionsvorsitzender vor allem um den Zusammenhalt seiner Partei. Genscher wiederum hielt sich bedeckt, wurde aber allgemein eher zu den Befürwortern einer Wende gerechnet.[155]

Trotzdem entschied sich der Parteivorsitzende zu warten. Zum einen stand am 26. September die Landtagswahl in Wiesbaden an. Die wollte man nicht durch bundespolitische Manöver unnötig gefährden. Da die FDP dort mit einer Koalitionsansage zu Gunsten der CDU antrat und es viel schlechter als in Hamburg ohnehin nicht laufen konnte, konnte das erwartbare Ergebnis auch als Rechtfertigung für einen Wechsel im Bund dienen. Lambsdorff sagte dazu am 31. August in der Bild-Zeitung: *„Der hessische Wähler entscheidet, was er von einem Wechsel der FDP in eine andere Koalition hält. Das würde für uns in Bonn eine wichtige Erkenntnis sein.“*[156] Schmidts große Beliebtheit unter den FDP-Wählern hätte einen vorschnellen Kanzlersturz ohnehin zu einem schwer abschätzbaren Risiko gemacht. Baum und sein Vertrauter Klaus Thomsen vertraten daher die Ansicht, wenn man eine Wende wolle, müsse man sich gedulden, bis die SPD selbst ihren Kanzler austausche. Ferner sei es auch für den Zusammenhalt unter den Liberalen besser, sich bis zum für Oktober angesetzten Parteitag der FDP ruhig zu verhalten und die Koalitionsfrage dort zu verhandeln.[157]

Während Genscher abwartete, konnte er die Optionen seiner Partei für den Fall eines Regierungswechsels ausloten. Insbesondere die Koordinierung mit der Union war dabei wichtig. Ein Koalitionsbruch mit sofortigen Neuwahlen hätte für eine dann geschwächte, vielleicht sogar gespaltene FDP das Ende ihrer parlamentarischen Existenz bedeuten können. Für die Wende war Genscher also auf die Konservativen angewiesen und hatte, was ihm Helmut Schmidt später vorwarf, gute Gründe, hinter dem Rücken des Kanzlers mit der Union zu verhandeln. Direkte Gespräche mit Helmut Kohl mussten während der Koalitionskrise allerdings ein schlechtes Licht auf die FDP-Führung werfen. Zeitungsberichte über geheime Treffen der beiden Parteichefs dementierten sowohl Kohl als auch Genscher energisch. In seiner Autobiografie stellte Genscher sogar fest, er habe den CDU-Chef im Sommer 1982

155 So tat es bspw. die CSU-Landesgruppe in ihrer Sitzung vom 7. September, Protokoll der Sitzung der CSU-Landesgruppe im Deutschen Bundestag vom 07.09.1982, ACSP LG 1982:12; Die Rolle Genschers bei der Wende von 1982 ist bis heute nicht abschließend geklärt. Während er selbst immer wieder beteuerte, der Koalition bis September eine Chance gegeben zu haben, verteidigte er das Bündnis innerparteilich höchstens zögerlich. Es ist sogar fraglich, inwieweit er die Vorgänge am Ende überhaupt noch kontrollierte, siehe dazu bspw. Scholtyseck, J., Die FDP, S. 207. Vgl. ferner Jäger, W., Bruch der Koalition, S. 169, Genscher, H.-D., Erinnerungen, S. 453 und Scholtyseck, J., Die FDP, S. 204–205.

156 Zit. n. Scholtyseck, J., Die FDP, S. 206.

157 Jäger, W., Innenpolitik, S. 232–233, 240; Scholtyseck, J., Die FDP, S. 207; Jäger, W., Bruch der Koalition, S. 171.

kein einziges Mal getroffen und auch nicht mit ihm telefoniert, obwohl beide nicht weit voneinander entfernt im Urlaub gewesen seien. Kohl erwähnte später hingegen, dass er den Liberalen zumindest ihr parlamentarisches Überleben zugesichert habe. Im Bundestag habe er dem FDP-Vorsitzenden etwa gesagt, *„dass er nicht ohne Netz turne"*.[158]

Genscher traf sich ferner mit dem konservativen Verleger Axel Springer, um zu klären, ob dessen Konzern die FDP in einem Wahlkampf unterstützen würde. Wie viele dieser Treffen stattfanden und welche Ergebnisse sie genau brachten, lässt sich nur schwer rekonstruieren. Springers Biograf Hans-Peter Schwarz berichtet unter Bezugnahme auf ein Interview mit Bernhard Servatius, einem Vertrauten des Verlegers, Genscher habe Springer am 21. August in Zürich getroffen. Das Gespräch sei von Genschers Freund Herbert Schmülling über Servatius ermöglicht worden. Der Verleger habe zwar auf Genschers Frage ausweichend geantwortet, aber einen positiven Grundton erkennen lassen.[159]

Auch der Spiegel berichtete von einem Treffen zwischen Genscher, Lambsdorff sowie Vertretern der Verlagshäuser Springer und Burda. Sogar Franz Burda Senior soll dabei gewesen sein. Die Zusammenkunft, so verbreitete nicht zuletzt Helmut Schmidt, habe im August in Bayern stattgefunden und den Umgang mit einem Koalitionswechsel zum Gegenstand gehabt. Als sich der FDP-Abgeordnete Hansheinrich Schmidt später beim Spiegel nach Einzelheiten erkundigte, ruderte man dort zurück: Die Meldung sei fehlerhaft gewesen, fest stehe nur, dass es irgendwann ein Treffen in Bayern gegeben habe. Auch wenn die Details von Genschers Kontaktaufnahmen mit den Medienhäusern unklar bleiben, entscheidend ist, dass es sie überhaupt gab. Das war insofern brisant, als dass Springer und Burda schon seit Längerem auf einen Gefallen des Wirtschaftsministers hofften. Beide Konzerne zogen einen Zusammenschluss in Erwägung, was aber im Bundeskartellamt auf Widerstand stieß. Lambsdorff hätte hingegen die Möglichkeit gehabt, das Problem mit einer Ministererlaubnis aus der Welt zu schaffen.[160]

Anfang August besuchte Genscher außerdem Helmut Schmidt in seinem Haus in Hamburg-Langenhorn. Dort zeigte er sich zuversichtlich, dass die Koalition auch in Zukunft noch Probleme würde lösen können. Schmidt zeigte, so schilderte es Genscher später, keine Reaktion, weder in die eine noch in die andere Richtung. Der

---

158 Kohl, H., Erinnerungen I, S. 622; Genscher, H.-D., Erinnerungen, S. 456–457; Schell, M., Kanzlermacher, S. 96.

159 Schwarz, H.-P., Springer, S. 609–610; Scholtyseck, J., Die FDP, S. 208.

160 Was der schon von der Flick-Affäre bedrohte Wirtschaftsminister letztendlich allerdings nicht tat, Schwarz, H.-P., Springer, S. 630–631; Eigentlich ein klarer Fall, Die Zeit 08/82; Brief von Wolfram Bickerich (Der Spiegel) an Hansheinrich Schmidt vom 3. November 1982, AdL Schmidt, Hansheinrich N 100–25; Wenn nur die FDP nicht wieder reinkommt, Der Spiegel 38/82, S. 21. Siehe zum unternehmensgeschichtlichen Kontext auch Freisinger, G., Burda, S. 192–196.

Kanzler misstraute dem FDP-Vorsitzenden zunehmend und behandelte ihn dementsprechend.[161]

Als sich die Stimmung in der SPD und in den Gewerkschaften im Laufe des Monats immer weiter verschlechterte, traf Schmidt eine Entscheidung. Kurz nach dem Ende der Sommerpause versammelte er am 31. August die sozialdemokratischen Minister im Kanzlerbungalow und schwor sie auf eine neue Linie ein. Weder der FDP noch der Union sollte es in Zukunft gelingen, einen Keil zwischen ihn und seine Partei zu treiben. Dafür wollte er auch Konfrontationen mit den Liberalen nicht länger aus dem Weg gehen. Eine solche stand auch unmittelbar bevor. Am Tag des Treffens im Bungalow teilte Lahnstein seinen Kabinettskollegen mit, dass weitere 4–5 Mrd. DM eingespart oder zusätzlich eingenommen werden müssten. Da bereits die sozialen Einschnitte in den Haushaltsbeschlüssen des Sommers für die SPD und die Gewerkschaften schwer erträglich waren, kam der Kanzler auf die von der FDP abgelehnte Ergänzungsabgabe zurück.[162]

In den folgenden Tagen setzte Schmidt seine Vorsätze in die Tat um. Obwohl nicht zuletzt Lahnstein davon abgeraten hatte, kritisierte er in der Kabinettssitzung vom 1. September den Wirtschaftsminister scharf für ein Interview, das dieser der Bild-Zeitung kurz zuvor gegeben hatte. Die anhaltenden Spekulationen über den Fortbestand der sozialliberalen Koalition, so stellte Schmidt fest, störten die Regierungsarbeit. Lahnstein und Lambsdorff bat er, stattdessen bis zur nächsten Sitzung einen abgestimmten Zeitplan für die Überprüfung der gesamtwirtschaftlichen Annahmen für den Bundeshaushalt 1983 zu erstellen. Er denke nicht an eine Kabinettsumbildung und ein Minderheitskabinett. Er trete vielmehr *„für eine gemeinsame Anstrengung der Koalitionspartner zur Bewältigung der bestehenden Probleme in der Wirtschafts- und Beschäftigungspolitik ein“*.[163] Mit Blick auf deren genauere Ausgestaltung verwies er auf seine Richtlinienkompetenz. Lambsdorff kündigte als Antwort auf die Kritik des Kanzlers an, ihm seine wirtschaftspolitischen Vorstellungen binnen zehn Tagen schriftlich vorzulegen.[164]

Nach diesem Disziplinierungsversuch innerhalb der Regierung wandte sich Schmidt dem Zusammenhalt zwischen ihm, der Partei und den Gewerkschaften zu. In einer vierstündigen gemeinsamen Sitzung der Fraktionsführung und des DGB-Bundesvorstandes mahnte er zur Geschlossenheit und kündigte an, in der nächsten Verhandlungsrunde die Ergänzungsabgabe fordern zu wollen. Wehner unterstützte ihn in seinem Kurs: Korrekturen am Haushalt im Sinne der sozialen Gerechtigkeit seien durchaus noch möglich. Innerhalb der Fraktion bemühte sich der Kanzler ebenfalls um Vertrauen. In seinem Bericht zur Lage der Nation vom 9. September

---

161 Genscher, H.-D., Erinnerungen, S. 450; Schell, M., Kanzlermacher, S. 222–223.

162 Jäger, W., Bruch der Koalition, S. 172; Jäger, W., Innenpolitik, S. 246; Bökenkamp, G., Das Ende, S. 209; Faulenbach, B., Jahrzehnt, S. 755–756.

163 KabPr. vom 01.09.1982.

164 KabPr. vom 01.09.1982; Der Genscher ist immer dabei, Stern 39/82, S. 23, ACDP Medienarchiv.

vertrat er seine neue Linie dann auch der Öffentlichkeit gegenüber. Dabei verkündete er seine Sympathie für die Ergänzungsabgabe, verteidigte aber auch begonnene Veränderungen am sozialen Netz und die Begrenzung der Neuverschuldung. Einen Rücktritt lehnte er ab und forderte die Unzufriedenen im Parlament stattdessen zu einem konstruktiven Misstrauensvotum auf.[165]

Nach der Kabinettssitzung vom 1. September begann Lambsdorff mit der Zusammenstellung von wirtschaftspolitischen Thesen zu einer Denkschrift, die später als Lambsdorffpapier einen entscheidenden Beitrag zum Ende der sozialliberalen Koalition leisten sollte. Der Wirtschaftsminister konnte dafür auf gleich mehrere ältere Arbeiten zurückgreifen. Dazu zählte unter anderem die Anfang Oktober 1977 von der saarländischen FDP verabschiedete „Saarbrücker Stellungnahme zu zwei Zentralthemen liberaler Wirtschafts- und Gesellschaftspolitik".[166] Diese angebotsorientierten wirtschaftspolitischen Denkansätze hatte unter anderem das frühere Mitglied des Sachverständigenrates Wolfgang Stützel mitverfasst, der als Professor für Volkswirtschaftslehre ein Fakultätskollege des Wirtschaftsweisen Olaf Sievert war. Später waren sie auf dem Kieler Parteitag der FDP vorgestellt worden, hatten dort aber keine Mehrheit gefunden. Am Lambsdorffpapier arbeitete neben dem Ressortchef ein Team um den Staatssekretär Otto Schlecht und den späteren Bundesbankpräsidenten Hans Tietmeyer mit. Günter Verheugen erinnerte sich später, das Papier sei nicht eingehend mit dem FDP-Vorstand oder -Präsidium abgesprochen gewesen. Insgesamt kann man aber davon ausgehen, dass Lambsdorff zumindest die Genehmigung Genschers hatte.[167]

Am Abend des 9. September konnte der Wirtschaftsminister dem Kanzler das fertige „Konzept für eine Politik zur Überwindung der Wachstumsschwäche"[168] übergeben. Schmidt fand darin ein scharf angebotsorientiertes Wirtschaftsprogramm mit vier zentralen Aktionsbereichen: Der Konsolidierung des Haushalts, der Schaffung von Anreizen für Investitionen, der Eindämmung der Sozialstaatskosten und der Stärkung der Marktwirtschaft. Zum ersten Punkt gehörte eine im Voraus festgelegte Begrenzung des Anstiegs der Beamtenbesoldung für etwa drei Jahre ebenso wie der Abbau von Subventionen, die Streichung des Mutterschaftsgeldes und Schüler-BAföGs, die Umstellung des Studenten-BAföGs auf Darlehen, die Senkungen der Leistungen der Bundesanstalt für Arbeit und eine Reduzierung des Wohngeldes. Zweitens sollte das Investitionsklima durch langfristig niedrig bleibende Abgaben verbessert werden. Insbesondere die Gewerbe- und Vermögensteuer störten als ertragsunabhängige Abgaben die unternehmerische Tätigkeit. Die Gewer-

165 Jäger, W., Innenpolitik, S. 246–247; Bökenkamp, G., Das Ende, S. 209; Zum konstruktiven Misstrauensvotum an sich und seinem Entstehungshintergrund siehe bspw. Roßner, S., Mehrheitsbestimmung, S. 1309–1310.

166 Feld, L. P., Zur Bedeutung, S. 8.

167 Feld, L. P., Zur Bedeutung, S. 8; Bökenkamp, G. – Frölich, J., Lambsdorffpapier, S. 9; Schell, M., Kanzlermacher, S. 231; Scholtyseck, J., Die FDP, S. 209.

168 Lambsdorff, O. G., Konzept.

besteuer sollte daher schrittweise abgeschafft werden. Ferner wollte Lambsdorff gewerblich genutztes Vermögen bei der Vermögensteuerberechnung weniger stark berücksichtigen und die Progressionskurve der Einkommensteuer abflachen. Zur Finanzierung der vorgeschlagenen Steuersenkungen sollte die Mehrwertsteuer angehoben werden. Zum dritten Punkt, der Sanierung des Sozialwesens, schlug der Wirtschaftsminister vor, den Krankenversicherungsbeitrag der Rentner weiter zu erhöhen. Die Versicherten müssten sich außerdem stärker an den individuellen Gesundheitskosten beteiligen. Das Sozialhilfeniveau sollte derweil durch mehrjährige Minderanpassungen gesenkt werden. Die Beiträge zur Sozialversicherung sollten, abgesehen von denen der Rentner, allerdings nicht steigen.

Der vierte Aktionsbereich umfasste nicht zuletzt eine Stärkung der Wettbewerbspolitik. Große Unternehmenszusammenschlüsse, man denke hier auch an Springer und Burda, seien ebenso zu vermeiden wie Erhaltungssubventionen für nicht wettbewerbsfähige Betriebe. Die Selbstständigkeit müsse hingegen unter anderem durch Fürsprache in den Lehrplänen der Schulen gefördert werden. Genauso sollten gewerbliche Existenzgründungen und die Übernahme insolventer oder insolvenzbedrohter Unternehmen staatliche Unterstützung erhalten. Das Mietrecht musste nach Ansicht des Wirtschaftsministers umfassend dereguliert werden. Dazu gehörte die Ermöglichung von Staffelmieten auch im Wohnungsbestand ebenso wie eine Lockerung des Kündigungsschutzes und eine vermieterfreundliche Ermittlung der Vergleichsmieten bei gewünschten Mieterhöhungen.[169]

Auch wenn manche der vorgeschlagenen Maßnahmen nur vorübergehender Natur sein sollten, war das Konzept insgesamt doch langfristig ausgelegt. Damit ging Lambsdorff auf Abstand zu vielen der vorangegangenen konjunkturpolitischen Eingriffe. Die Unternehmer dürften nicht durch ein ständiges Vor und Zurück irritiert werden, sondern müssten langfristig planen können. Diesen psychologischen Aspekt der Wirtschaftspolitik hatte auch der Sachverständigenrat zuvor mehrmals angesprochen. Überhaupt griff der Minister zahlreiche Vorschläge der Wirtschaftsweisen in seinem Papier auf. Was in der Öffentlichkeit bald darauf zerrissen werden sollte, war in weiten Teilen herrschende Meinung unter den führenden Volkswirtschaftlern.[170]

Die Reaktionen auf das Papier waren mehrheitlich ablehnend. Von den Gewerkschaften über den Reichsbund der Kriegsopfer bis zu den Rentnern fand sich kaum ein gutes Wort zu den Vorschlägen. Schmidt lehnte es bei einem Koalitionsgespräch im Kanzlerbungalow am 13. September ab, das Papier als Diskussionsgrundlage zu akzeptieren. Stattdessen bezeichnete er das Lambsdorffpapier als *„unglaubliche Provokation“*[171] und stellte in der nächsten Kabinettssitzung zwei Tage später fest, dass

169 Lambsdorff, O. G., Konzept, S. 6–10; Scholtyseck, J., Die FDP, S. 210; Jäger, W., Bruch der Koalition, S. 173; Kleinmann, H.-O., CDU, S. 456.

170 Siehe dazu auch Schanetzky, T., Ernüchterung, S. 230–232.

171 Zit. n. Wirsching, A., Provisorium, S. 20.

die Denkschrift in ihren Grundlinien weder mit der Regierungserklärung noch mit der Politik der Bundesregierung oder den Aussagen des letzten Jahreswirtschaftsberichtes zu vereinbaren sei. Hans-Jürgen Wischnewski teilte derweil als Staatsminister im Bundeskanzleramt Erich Honecker mit, die Lage in der Regierung sei angespannt und der Kanzler könne ein paar kurzfristige Erfolge gut gebrauchen. Es wäre schön, wenn sich die deutsch-deutschen Beziehungen in diesem Sinne auswirken könnten.[172]

Kritik kam aber nicht nur vom gegenwärtigen, sondern auch von den zukünftigen Koalitionspartnern der FDP. Kohl stellte fest, das Papier enthalte keine soziale Ausgewogenheit und sei bestenfalls ein Ausgangspunkt für tiefer gehende Diskussionen. Später stellte der CDU-Chef fest, Lambsdorff habe auch Forderungen aufgestellt, *„von denen er selbst nicht glaubte, sie jemals in der Bundesrepublik realisieren zu können“*.[173] Strauß ging als bekennender Feind der Liberalen auch zu persönlichen Angriffen über. Für ihn war Lambsdorff einer der Hauptverantwortlichen der aktuellen Lage. Im Bayernkurier antwortete er daher auf das Konzept: *„Man glaubt zu träumen! War denn der FDP-Mann Lambsdorff – was freilich auch für seinen Vorgänger, den FDP-Mann Friderichs, gilt – dreizehn Jahre lang in einem Schweigelager in Sibirien verschwunden? Steckte Lambsdorff dreizehn Jahre lang in einer Taucherglocke in der Südsee? War Lambsdorff dreizehn Jahre lang im indischen Dschungel verschollen? Erkläre mir, Graf Oerindur, diesen ‚Zwiespalt der Natur.‘“*[174] An anderer Stelle verglich ihn der bayerische Ministerpräsident mit einem Arzt, der zunächst den Patienten infiziere, *„um ihn dann mit umso brutalerer Medizin heilen zu wollen“*.[175] Als Alfred Dregger knappe drei Wochen später wegen des Kurses der FDP der Machtwechsel in Hessen misslang, schimpfte auch er vor der Unionsfraktion: *„Es kann wohl nur ein Mann, der nur in Vorstands-Etagen verkehrt und bei Industrie- und Handelskammern, so töricht sein, dem Bundeskanzler ein solches Papier abzuliefern.“*[176]

Auch Teile der FDP gingen auf Distanz zu ihrem Wirtschaftsminister. Insbesondere unter den Sozialpolitikern gab es Unmut über die Vorschläge. Die Parteiführung um Genscher und Mischnick fürchtete vor allem die unmittelbaren Folgen der Veröffentlichung. Der Zeitpunkt für eine Eskalation zwischen den Koalitionsparteien war denkbar ungünstig. Der Wahlkampf in Hessen befand sich gerade in seiner heißen Phase. Das Aufwerfen unpopulärer Thesen war in dieser Situation ebenso gefährlich wie Schmidt auf der Bundesebene in den Rücken zu fallen. Der FDP-Vorsitzende hätte stattdessen lieber auf das Eintreffen der neuesten Wirtschaftsdaten

---

172 Wentker, H., Der NATO-Doppelbeschluss, S. 93; Schanetzky, T., Ernüchterung, S. 230; KabPr. vom 15.09.1982; Genscher, H.-D., Erinnerungen, S. 453–454; Wirsching, A., Provisorium, S. 20; Scholtyseck, J., Die FDP, S. 211.

173 Kohl, H., Erinnerungen I, S. 626.

174 Zit. n. Jäger, W., Innenpolitik, S. 249.

175 Zit. n. Möller, H., Strauß, S. 574.

176 Protokoll der Sitzung der CDU/CSU-Fraktion im Deutschen Bundestag Nr. 9/53 vom 28.09.1982, S. 25, ACDP 08-001:1068/1; Köhler, H., Helmut Kohl, S. 349; Kohl, H., Erinnerungen I, S. 626.

gewartet. Am 8. September hatte die Bundesregierung beim Sachverständigenrat ein Sondergutachten in Auftrag gegeben. Dessen Zahlen hätten Lambsdorffs Forderungen wahrscheinlich gestützt und die Position der Liberalen gestärkt. Rückblickend stimmte Lambsdorff dieser Kritik zu. In der Öffentlichkeit trat Genscher die Flucht nach vorn an, indem er die Aufmerksamkeit auf andere Themen zu lenken versuchte. Dazu eignete sich insbesondere der NATO-Doppelbeschluss. In den folgenden Tagen attackierte der FDP-Vorsitzende daher gezielt den linken Flügel der SPD und forderte ihn auf, sich endlich hinter die Regierung zu stellen.[177]

Der Wirtschaftsminister bemühte sich derweil um Schadensbegrenzung. Dafür erklärte er in der Kabinettssitzung vom 15. September, er habe mit seinen Thesen nicht die gemeinsame Politik der Koalition verlassen wollen. In der Presse betonte er, das Konzept sei nicht so zu verstehen, dass alle darin vorgeschlagenen Maßnahmen durchgeführt werden müssten. Das würde tatsächlich zu *„ganz grauslichen Ergebnissen“*[178] führen. Auch während der nächsten Haushaltsdebatte, und damit gleichzeitig mit der Verabschiedung eines ersten Nachtragshaushaltes für das Jahr 1982, zeigte er sich vorsichtiger als in seinem Papier. Bei konjunkturbedingten Mindereinnahmen sei tatsächlich eine Erhöhung der Nettokreditaufnahme vertretbar, auch dürfe es in der aktuellen Lage keine deflationistische Finanzpolitik geben und auch die Besserverdienenden müssten belastet werden, wenn es Kürzungen im sozialen Netz gebe.[179]

Weit weniger bekannt als Lambsdorffs Konzept ist eine zeitgleich entstandene Denkschrift Manfred Lahnsteins und seiner Mitarbeiter Jürgen Wefelmeier und Thilo Sarrazin. Der neue Finanzminister zeichnete darin ein Bild der notwendigen wirtschaftspolitischen Schritte, das sich nur wenig, teils nur graduell von dem Lambsdorffs unterschied. Auch er hielt Korrekturen bei der Sozialversicherung für dringend nötig, um den Anstieg der Sozialabgabenlast abzubauen. Im Gesundheitswesen müsse es mehr Eigenverantwortung, Selbstbeteiligung und Wettbewerb geben. Insbesondere die Lohn- und Lohnnebenkosten dürften nicht weiter steigen. Anders als im allgemeinen Diskurs üblich legte Lahnstein hier einen Schwerpunkt auf die internationale Komponente der Wirtschaft. In Grenznähe zerstörten hohe Lohn- und Lohnnebenkosten Arbeitsplätze, und die Exportwirtschaft, insbesondere die Werften, könnte dem Konkurrenzdruck aus Asien und zukünftig vielleicht auch der Dritten Welt nicht mehr lange standhalten.[180]

---

177 Sondergutachten des SVR 1982, BT-Drs. 09/2118, S. 201; Schell, M., Kanzlermacher, S. 20, 229; Kurzprotokoll der Sitzung des AK III am 16. September 1982, S. 2–5, AdL Schmidt, Hansheinrich N 100–25; Jäger, W., Innenpolitik, S. 250–251.

178 Wunsch nach Zeitgewinn, FR vom 24.09.1982, ACDP Medienarchiv.

179 Bökenkamp, G., Das Ende, S. 210; Wunsch nach Zeitgewinn, FR vom 24.09.1982, ACDP Medienarchiv; Kleinmann, H.-O., CDU, S. 456.

180 Siehe zum Lahnsteinpapier ausführlich Abelshauser, W., Matthöfer, S. 538–544 und Abelshauser, W., Deutsche Wirtschaftsgeschichte, S. 453–455.

Lahnsteins Thesen kamen zu spät, um dem politischen Prozess eine neue Richtung zu geben. Für Helmut Schmidt waren die Würfel zu diesem Zeitpunkt schon gefallen. Der beste Weg zur Lösung der Krise waren in seinen Augen nun ein Ende der Koalition und sofortige Neuwahlen. Gelang es, die FDP im Wahlkampf als Hauptverantwortlichen des Koalitionsbruchs darzustellen, gab es gewisse Aussichten auf einen Erfolg. Über ein Bündnis mit den aufstrebenden Grünen wollte der Kanzler dabei, anders als große Teile der Sozialdemokraten, noch nicht spekulieren. Zu groß waren die Differenzen zwischen ihm und der neuen Partei, nicht zuletzt im Bereich der Nachrüstung und der Energiepolitik. Die Grünen hatten außerdem ihrerseits Bedenken gegenüber der Person Helmut Schmidts und orientierten sich eher an Willy Brandt.[181] Naheliegender schien dem Kanzler daher eine Zusammenarbeit mit der Union. Die hatte sich dafür aber zuletzt nicht offen gezeigt. Das weitere Vorgehen erforderte daher Fingerspitzengefühl. Es musste vor allem schnell gehen, wenn der Wähler bei der Wende nicht schon Lambsdorffs Thesen vergessen haben sollte. Insbesondere durfte der Termin der Hessenwahl nicht überschritten werden, damit die FDP dort nicht gemeinsam mit der CDU die Regierung stellen konnte. Neuwahlen ließen sich nicht zuletzt durch eine negativ beantwortete Vertrauensfrage erreichen. Dafür wiederum mussten, wollte er nicht auf die wenig wahlfreudige FDP angewiesen sein, neben der Union auch Abgeordnete der SPD gegen ihren Kanzler stimmen. Eine solche unechte Vertrauensfrage war verfassungsrechtlich hoch umstritten und bedurfte zumindest der Koordination mit dem Bundespräsidenten. Und selbst wenn die Vertrauensfrage gelänge, hätten Union und FDP immer noch die Möglichkeit, den Kanzler in der Frist bis zu den Wahlen über ein Misstrauensvotum zu stürzen, um den Wahlkampf mit dem Bonus des Amtsinhabers zu führen. Ein Rücktritt kam für Schmidt noch weniger in Frage. Ein solcher hätte nur dann zu Neuwahlen geführt, wenn dem Bundestag nicht die Wahl eines neuen Kanzlers gelungen wäre. Weitaus wahrscheinlicher war aber, dass die FDP die Gelegenheit zur Bildung einer christlich-liberalen Regierung nutzte, und das, ohne davor den beliebten sozialdemokratischen Kanzler aus dem Amt drängen zu müssen. Diesen Gefallen wollte Schmidt den Liberalen nicht machen. Einfach war ein gelungener Koalitionsbruch für die SPD also keinesfalls.[182]

Am 16. September traf sich Schmidt zunächst mit den Bundespräsidenten Karl Carstens und dann mit Helmut Kohl. Beide Zusammenkünfte wurden von der Presse aufmerksam verfolgt und diskutiert. Kohl berichtete seiner Fraktion am nächsten Morgen von seiner Unterredung mit Schmidt. Dieser habe schon mit Blick auf sein Bild in der Geschichte gesprochen. Zu einer Übereinkunft mit der FDP habe er nicht

181 Der wiederum stand einer Allianz links der Union offen gegenüber: Links der CDU, FAZ vom 28.09.1982, S. 1; Ein Zug der sich schwer stoppen lässt, SZ vom 28.09.1982, ACDP Medienarchiv.

182 Jäger, W., Innenpolitik, S. 249–251; Der Kanzler will jetzt Neuwahlen, KR vom 16.09.1982, ACDP Medienarchiv; Denkt der Bundeskanzler jetzt doch an Vertrauensfrage, Die Welt vom 16.09.1982, ACDP Medienarchiv.

mehr kommen, sondern ihr nur noch schaden wollen. Deutlich wird an Schmidts Vorgehen vor allem, dass er keineswegs unüberlegt handelte. Die meisten Schritte bis hin zum Zeitplan der Wende waren von ihm genau durchdacht worden. In einer Sitzung der CSU-Landesgruppe stellte auch Friedrich Zimmermann zwei Wochen später fest, der Kanzler habe die FDP nicht aus bloßer Wut aus der Regierung geworfen, sondern geschickt versucht, die SPD an der Macht zu halten.[183]

Die Abläufe des folgenden und entscheidenden Tages lassen sich gut rekonstruieren. Bis in die frühen Morgenstunden arbeitete Helmut Schmidt an einer Rede, mit der er die Koalition verlassen wollte. Am Morgen bat er Otto Graf Lambsdorff ins Kanzleramt. Der Wirtschaftsminister kam direkt von einem Frühstück mit einer Delegation aus Burma im Hotel Steigenberger dorthin. Gegen 9 Uhr traf er in Schmidts Büro ein. Der Kanzler deutete Lambsdorff nun an, die Koalition beenden und die FDP-Minister entlassen zu wollen. Lambsdorff hielt sofort Rücksprache mit dem Fraktionsvorsitzenden und empfahl, die Minister sollten ihm zuvorkommen und zurücktreten. Kurz darauf gab es ein zweites Treffen in Schmidts Büro, bei dem neben dem Wirtschaftsminister auch Genscher und Mischnick anwesend waren. Der Außenminister erklärte seinen Rücktritt und kündigte als Parteivorsitzender auch die Demission der anderen FDP-Minister an. Später ließ Genscher verlauten, er habe ohnehin zurücktreten wollen und das Mischnick schon knappe zwei Stunden vor Lambsdorffs Treffen mit dem Bundeskanzler mitgeteilt. Inwieweit das der Wahrheit entspricht, ist bis heute unklar. In der Öffentlichkeit war die Glaubwürdigkeit des FDP-Vorsitzenden jedenfalls schon so beschädigt, dass erhebliche Zweifel an seiner Version geäußert wurden.[184]

Schmidt konnte in jedem Fall zufrieden sein. Durch den freiwilligen Rücktritt der liberalen Minister hatte er sie nicht entlassen müssen, was gut in das angestrebte Bild eines Dolchstoßes der Bürgerlichen gegen den sozialdemokratischen Kanzler passte. Lambsdorff hielt sein Vorgehen daher später für einen Fehler. Wie sich aus Kohls Schilderung des Treffens am Vorabend ergibt, hatte der Kanzler schon damals auf einen Rückzug der Minister gehofft. Wenn er Lambsdorff rauswerfe, so sei Schmidt klar gewesen, würden die anderen Minister aus Solidarität ebenfalls ihre Ämter niederlegen. Unmittelbar nach der Rücktrittsankündigung begaben sich Genscher, Mischnick und Lambsdorff in ihre Fraktion. Der Parteivorsitzende erläuterte den Abgeordneten die Lage. Baum und Ertl schlossen sich dem allgemeinen Rück-

---

183 Die SPD ruft die Abgeordneten nach Bonn, FAZ vom 17.09.1982, S. 1; Der letzte Auftritt im Koalitionsakt läuft, GA vom 17.09.1982, ACDP Medienarchiv; Protokoll der Sitzung der CDU/CSU-Fraktion im Deutschen Bundestag Nr. 9/50 vom 17.09.1982, S. 1–3, ACDP 08-001:1068/1; Protokoll der Sitzung der CSU-Landesgruppe im Deutschen Bundestag vom 29.09.1982, ACSP LG 1982:14.

184 Jäger, W., Innenpolitik, S. 250–251; Protokoll der Sitzung der CSU-Landesgruppe im Deutschen Bundestag vom 29.09.1982, ACSP LG 1982:14; Heumann, H. D., Genscher, S. 124; Schell, M., Kanzlermacher, S. 23; Der Genscher ist immer dabei, Stern 39/82, S. 26, ACDP Medienarchiv; Kurz- und Beschlussprotokoll der Sitzung der FDP-Fraktion am 17. September 1982, S. 1–3, AdL FDP-Bundesgeschäftsstelle 11809.

zug der Minister an. Unter den Delegierten herrschte eine ungemein gedrückte Stimmung. Günter Verheugen sah bereits die *„totale Vernichtung“*[185] der FDP. In der anschließenden Parlamentsdebatte hielt Schmidt seine viel beachtete Rede, in der er das Zerbrechen der Koalition und die Verantwortung der FDP für diese Entwicklung von Genschers Wendebrief über die Koalitionspläne in Hessen bis zum Lambsdorffpapier detailliert herausarbeitete. Am Ende habe er den Eindruck gehabt, dass die Haushaltsberatungen nur noch zum Schein geführt worden seien, um einen öffentlich nachvollziehbaren Trennungsgrund zu konstruieren. Anschließend forderte der Bundeskanzler möglichst zügige Neuwahlen. Die brauche ein neuer Kanzler unbedingt für seine demokratische und geschichtliche Legitimation.[186]

Mittags berieten die Fraktionen über das weitere Vorgehen. Ein sofortiges Wählervotum lehnten FDP und Union mehrheitlich ab. Genscher riet stattdessen zur zügigen Aufnahme von Koalitionsverhandlungen mit den Unionsparteien. In einer geheimen Abstimmung bekam sein Vorschlag mit 33 zu 18 Stimmen bei einer Enthaltung die Mehrheit. Lediglich Günter Verheugen schlug vor, auf Schmidts Angebot einzugehen. In der Fortsetzung der Parlamentsdebatte nahm Kohl die FDP in Schutz. Sofortige Neuwahlen schloss er nicht generell aus, seine erste Wahl sei es aber, mit der FDP möglichst bald eine handlungsfähige Regierung zu bilden. In seiner Fraktion hatte sich der CDU-Vorsitzende zuvor für Neuwahlen im Frühjahr ausgesprochen. Ein völliger Verzicht auf ein Wählervotum kam für die Union nicht in Frage. Zum einen war die FDP 1980 nur deshalb erfolgreich gewesen, weil sie sich für Helmut Schmidt ausgesprochen hatte. Einer nicht vom Volk bestätigten neuen Regierung hing also ein zumindest moralischer Makel an. Mit dem veränderten Demokratiebewusstsein der 1970er Jahre war ein Regierungswechsel ohne Wahlen anders als 1966 nur noch schwer denkbar.[187] Zum anderen war die Legislaturperiode schon zur Hälfte verstrichen. Die Zeit bis 1984 hätte möglicherweise nicht gereicht, um die Öffentlichkeit von der Arbeit der neuen Regierung zu überzeugen.[188]

Gegen 17 Uhr trat erstmals das SPD-Minderheitskabinett zusammen. Das Außenministerium sollte nun der Kanzler selbst führen, Vizekanzler wurde der Minister für

---

185 Kurz- und Beschlussprotokoll der Sitzung der FDP-Fraktion am 17. September 1982, S. 1–3, AdL FDP-Bundesgeschäftsstelle 11809.

186 BT-PlPr. 09/115 (17.9.1982), S. 7072C-7077A; Kurz- und Beschlussprotokoll der Sitzung der FDP-Fraktion am 17. September 1982, S. 1–3, AdL FDP-Bundesgeschäftsstelle 11809; Jäger, W., Innenpolitik, S. 250–251; Scholtyseck, J., Die FDP, S. 212–213; Schwarz, H. P., Helmut Kohl, S. 282; Bökenkamp, G., Das Ende, S. 210; Protokoll der Sitzung der CDU/CSU-Fraktion im Deutschen Bundestag Nr. 9/50 vom 17.09.1982, S. 1–3, ACDP 08-001:1068/1; Köhler, H., Helmut Kohl, S. 350.

187 So sieht es auch Jäger, W., Bruch der Koalition, S. 176.

188 Friedrich Zimmermann hatte schon in einer Sitzung der CSU-Landesgruppe am 7. September festgestellt, die Union sei nicht 13 Jahre in der Opposition gewesen um nun 18 Monate den Kanzler zu stellen, Protokoll der Sitzung der CSU-Landesgruppe im Deutschen Bundestag vom 07.09.1982, ACSP LG 1982:12; Scholtyseck, J., Die FDP, S. 213–214; Der Genscher ist immer dabei, Stern 39/82, S. 26, ACDP Medienarchiv; Jäger, W., Innenpolitik, S. 252–253; Bohnsack, K., Die Koalitionskrise, S. 27.

Innerdeutsche Beziehungen, Egon Franke. Justizminister Jürgen Schmude ersetzte Gerhart Baum im Innenministerium, Bildungsminister Engholm übernahm zusätzlich das Ressort von Josef Ertl. Lambsdorffs Ministerium wurde Lahnstein unterstellt. Da allen Beteiligten bewusst war, dass es sich um eine Übergangsregierung handelte, sollten die Minister in ihren zusätzlichen Ressorts möglichst keine personellen Veränderungen vornehmen. Abends diskutierten FDP-Fraktion und -Vorstand in einer gemeinsamen Sitzung über den neuen Kurs. Insbesondere der linke Flügel fühlte sich übergangen. Burkhard Hirsch und Friedrich Hölscher kritisierten die Vorgänge scharf. Letzterer stellte fest, am Morgen habe die Koalition noch eine Mehrheit gehabt, aber *„da oben herrschte Pokermentalität“.*[189] In der anschließenden Abstimmung sprach sich der Vorstand mit nur 18 zu 15 Stimmen für den Beginn von Koalitionsverhandlungen aus. Die Einberufung eines außerordentlichen Parteitags zur Klärung der Koalitionsfrage lehnte er mit nur einer Stimme Mehrheit ab.[190]

Die sozialliberale Koalition war mit diesem Tag beendet. So dramatisch auch die Abläufe des 17. September waren, die Trennung war doch lediglich die logische Konsequenz aus einer jahrelangen Entfremdung, die im Sommer 1982 ihren Höhepunkt erreichte. Der durch die Heterogenität beider Parteien ohnehin begrenzte Raum für Kompromisse war nach den Beschlüssen zum Haushalt 1983 vollständig aufgebraucht gewesen. Hinzu kam das in Folge der anhaltenden Diskussionen zerstörte Vertrauen in das Bündnis. Weder die Öffentlichkeit noch die Politik selbst glaubte noch, dass die anstehenden Probleme im Rahmen der Koalition lösbar seien. Helmut Schmidt hatte sich unter diesen Umständen dazu entschlossen, lieber die Koalition aufzugeben als seine eigene Partei und der SPD damit zu einem Moment der Geschlossenheit und Handlungsfähigkeit verholfen.

Welches der beiden umstrittensten Themen, die Nachrüstungsfrage oder die Wirtschaftspolitik, letztendlich den Ausschlag für das Ende der Koalition gab, ist bis heute umstritten. So nannte etwa Genscher selbst später die Uneinigkeit zwischen FDP und linker SPD über den NATO-Doppelbeschluss den eigentlichen Grund für den Koalitionsbruch. Angesichts der emotional geführten ökonomischen Debatten erscheint das aber wenig wahrscheinlich. Auch stand die Bundesregierung in der Nachrüstungsfrage, anders als in der Wirtschaftspolitik, im Herbst 1982 nicht unter akutem Handlungsdruck. In jedem Fall ist davon auszugehen, dass die Nachrüstungsdebatte innerhalb der SPD die sicherheitspolitische Zuverlässigkeit der Sozialdemokraten in Frage stellte und den Liberalen die Entscheidung zur Konfrontation damit erleichterte.[191] Ein weiterer Anreiz für die Führung der FDP bestand möglicherweise auch darin, die von Justizminister Schmude verhinderte Amnestieregelung in

---

189 Zit. n. Scholtyseck, J., Die FDP, S. 214.

190 Scholtyseck, J., Die FDP, S. 213–214; Der Genscher ist immer dabei, Stern 39/82, S. 26, ACDP Medienarchiv; Jäger, W., Innenpolitik, S. 252–253; Bohnsack, K., Die Koalitionskrise, S. 27. Zu Hölscher siehe Vierhaus, R. – Herbst, L. (Hrsgg.), Biographisches Handbuch I, S. 351.

191 So sieht es bspw. auch Geiger, T., Der NATO-Doppelbeschluss, S. 67.

der Parteispendenaffäre zusammen mit der Union wieder aufzugreifen. Die liberale Politikerin Hildegard Hamm-Brücher erklärte dazu zwanzig Jahre später, wegen ein paar Millionen neuer Schulden gehe keine Koalition zu Grunde. Kohl habe Genscher aber zu verstehen gegeben, dass er die Amnestie, von der ja auch die CDU profitieren würde, schon regeln werde. Inwieweit diese Aussicht die FDP-Führung tatsächlich gelenkt hat, lässt sich heute aber kaum noch nachvollziehen.[192]

192 Hamm-Brücher, H., Ich bin so frei, S. 104–105. Zur Diskussion über den Trennungsgrund siehe bspw. die unterschiedlichen Einschätzungen von Heumann, H. D., Genscher, S. 123, Kleinmann, H.-O., CDU, S. 446, Faulenbach, B., Jahrzehnt, S. 723, Rödder, A., Bündnissolidarität, S. 123 und Bökenkamp, G., Das Ende, S. 211. Vgl. ferner auch Scholtyseck, J., Die FDP, S. 197, 201, Jäger, W., Bruch der Koalition, S. 173 und das Zeitzeugengespräch mit Manfred Carstens am 29. September 2020, S. 1. Die Mehrheit hält hier sowohl die Konfliktlinien in der Sicherheits- als auch in der Wirtschaftspolitik für relevant, legt aber überzeugend meist einen Schwerpunkt auf die ökonomischen Streitfragen.

3 Die Entwicklung des Sofortprogramms

Nachdem die sozialliberale Koalition zerbrochen war, begannen FDP, CDU und CSU mit dem Aufbau eines neuen Bündnisses und schließlich mit der Entwicklung des wirtschaftspolitischen Sofortprogramms. Die diesem Maßnahmenpaket zu Grunde liegenden politischen Abläufe im Herbst des Wendejahres sind bisher nur in ihren groben Zügen oder auf einer eingeschränkten Quellenbasis erforscht worden.[1] Ziel dieses Kapitels ist es daher, dieses Wissen durch eine genauere Untersuchung zu vervollständigen. Im Folgenden sollen dafür vor allem die Fragen beantwortete werden, welchen Entwicklungsprozess das Maßnahmenpaket zwischen September und Dezember 1982 durchlief und welche Ereignisse diese Entwicklung beeinflussten.

Der Entstehungsprozess des Sofortprogramms lässt sich dabei insgesamt in drei Phasen einteilen. Während der Koalitionsverhandlungen legten sich die Parteien auf die Richtung der neuen Regierungspolitik mit ihren wichtigsten Projekten fest. Im Anschluss konkretisierten und erweiterten die Ministerien die Beschlüsse der Koalition und erarbeiteten daraus verschiedene Gesetzentwürfe. Ab November berieten die Bundestagsausschüsse über die Projekte und nahmen an einzelnen Stellen Korrekturen vor.

3.1 Die Koalitionsverhandlungen

Der Beginn der Koalitionsverhandlungen zwischen FDP, CDU und CSU stand im Schatten der wirtschaftlichen Lage. Zwar entspannte sich die Angebotssituation der Unternehmen 1982 durch sinkende Rohstoffpreise, Produktionskosten und Zinsen etwas, die Gesamtsituation blieb aber schwierig. So waren die Zinsen immer noch so hoch, dass sie Investitionen verhinderten und die Staatskasse belasteten.[2] 1982 würde die Zinslast, so war absehbar, etwa 9 % des Bundeshaushalts ausmachen. Außerdem nahmen die Nachfragestörungen zu. Die Weltkonjunktur war weiterhin schwach und bremste damit die Exporte. Seit Mitte 1982 gingen die erst etwas gestiegenen Ausfuhren wieder zurück.[3] Die Produktionsauslastung des verarbeitenden Ge-

---

1 Zu den ausführlicheren Darstellungen zählen u. a. Bökenkamp, G., Das Ende, S. 213–220, Zohlnhöfer, R., Wirtschaftspolitik der Ära Kohl, S. 70–82, Wirsching, A., Provisorium, S. 27–33 und Ullmann, H.-P., Schuldenstaat, S. 364–368. Manfred G. Schmidt gibt ferner einen guten Überblick über die politischen Rahmenbedingungen und die Diskussion über vorgezogene Bundestagswahlen, Schmidt, M. G., Rahmenbedingungen, S. 3–15.

2 Wobei die Zinsen für öffentliche Anleihen zumindest seit Frühjahr 1982 tendenziell sanken, Deutsche Bundesbank, Monatsbericht Februar 1983, S. 8. Siehe zu den im Hintergrund stehenden hohen Leitzinsen auch Abb. 4.

3 Insgesamt ging man davon aus, dass die Krise nicht maßgeblich durch die internationale Entwicklung bedingt werde, sondern die Probleme hausgemacht seien, Ergänzungsabgabe nicht in Form einer Steuer, Handelsblatt vom 27.09.1982, ACDP Medienarchiv.

https://doi.org/10.1515/9783111004686-003

werbes sank von 77 % im zweiten auf 74,9 % im dritten Quartal des Jahres.[4] Wichtige Industriesparten wie die Stahlwirtschaft, der Bergbau und die Werften befanden sich ohnehin seit Langem in einer schwierigen Lage. Konjunkturbedingt sank auch die Zahl der Beschäftigten bei einem gleichzeitigen Anstieg der arbeitsfähigen Bevölkerung. Nachdem die Arbeitslosenquote seit Mitte der 1970er Jahre etwas gesunken war, stieg sie daher seit 1981 wieder rapide an.[5] Die hohe Arbeitslosigkeit wurde in der Regel als das dringendste Problem der Krise angesehen. Der Bevölkerung war die wenig zurückliegende Phase annähernder Vollbeschäftigung noch ebenso in Erinnerung wie die hohe Arbeitslosigkeit früherer Zeiten. Die Versprechungen des vergangenen Jahrzehnts hatten die Vollbeschäftigung zu einem Prüfstein jeder Regierung gemacht. Arbeit war insofern ein Stabilitätsfaktor, den die Politik nicht unbeachtet lassen konnte. Hinzu kam die Belastung der Sozialsysteme durch die verringerten Einnahmen und hohen Ausgaben für Unbeschäftigte. Norbert Blüm stellte daher am 8. Oktober in der Wirtschaftswoche fest, die Arbeitslosigkeit sei das *„Problem Nummer eins aller sozialen Sicherheit“*.[6]

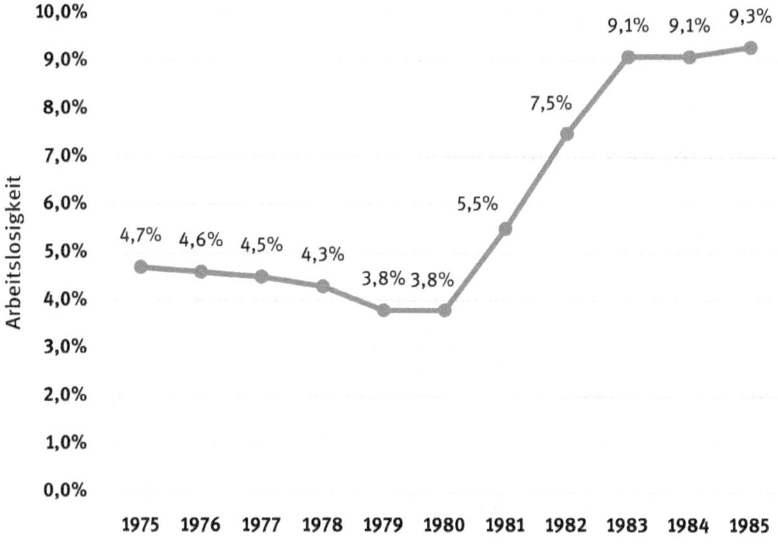

Abb. 2: Die Entwicklung der Arbeitslosigkeit[7]

4 Ohne das Nahrungs- und Genussmittelgewerbe, Merz, W., Beitrag, S. 22.

5 Vgl. Abb. 2.

6 Zit. n. Jochem, S., Reformpolitik, S. 199; Jahresgutachten des SVR 1982/83, BT-Drs. 09/2118, S. 5 (Tz. 24*), 107 (Tz. 176, 177); Schmid, G., Vollbeschäftigung, S. 177, 187; Sondergutachten des SVR 1982, BT-Drs. 09/2118, S. 214–216 (Tz. 38–41); Schmid, G. – Oschmiansky, F., Arbeitsmarktpolitik, S. 245; Merz, W., Beitrag, S. 20.

7 Arbeitslose in Prozent der abhängigen Erwerbspersonen (ohne Soldaten), eigene Arbeit nach Bundesminister für Arbeit und Sozialordnung (Hrsg.), Statistische Übersichten, S. 120 (Tab. 89).

Auch wenn die Bundesregierung, die Presse und auch die Bundesbank regelmäßig wiederholten, die Stimmung sei schlechter als die tatsächliche Lage,[8] verhandelten Union und FDP insofern unter erschwerten Bedingungen. Ein Scheitern der Gespräche konnte die Politik lähmen und die wirtschaftliche Lage verschlimmern. Bei den nächsten Wahlen musste das auf die drei Parteien zurückfallen.

Weder die FDP noch die Union waren gut auf die Koalitionsverhandlungen vorbereitet. Obwohl es in allen Parteien eine von der Mehrheit getragene Grundtendenz gab, fehlten meist konkrete Vorschläge zu deren Umsetzung. Den Liberalen lag in wirtschaftspolitischer Hinsicht immerhin das jüngst ausgearbeitete Konzeptpapier Otto Graf Lambsdorffs vor. Das war allerdings sowohl in der eigenen als auch in den beiden Unionsparteien so umstritten, dass es kaum die einzige Verhandlungsgrundlage darstellen konnte. Sozialpolitiker der CDU wie Heiner Geißler stellten das gleich zu Beginn der Unterredungen fest. Die Thesen des ehemaligen Wirtschaftsministers könnten nicht Ausgangspunkt der neuen Koalition sein, da ihr sozialpolitischer Teil mit der Union nicht verwirklicht werden könne. Ähnlich äußerte sich der linke Flügel der FDP. Daneben blieb den Liberalen noch der Rückgriff auf ältere Papiere wie die Kieler Thesen oder auf ihre Positionen in den vergangenen Auseinandersetzungen mit der SPD. Die sahen im Kern ebenfalls einen möglichst zügigen Abbau der Neuverschuldung und Entlastungen für das Unternehmertum vor. Abgabenerhöhungen wollte die FDP dafür möglichst vermeiden.[9]

Der Union ging es nicht anders. Abgesehen von ihrer eher unverbindlich gehaltenen Sieben-Punkte-Offensive vom Anfang des Jahres hatte sie kaum ein aktuelles wirtschaftspolitisches Programm. Lediglich im Bereich der Baupolitik konnte der spätere Minister Oskar Schneider als Vorsitzender des Ausschusses für Raumordnung, Bauwesen und Städtebau auf einen jüngst erschienenen umfassenden *„Maßnahmenkatalog für eine neue Wohnungspolitik“*[10] und auf die Beschlüsse des Mannheimer Parteitages von 1981 verweisen.[11]

Ansonsten blieben den Politikern der Schwesterparteien ihre letzten Wahlprogramme, das Grundsatzprogramm von 1978 und ihre Stellungnahmen zu den Beschlüssen der sozialliberalen Koalition. Gerhard Stoltenberg stellte 1986 rückblickend fest, man habe nur veraltete Konzepte gehabt, die von der wirtschaftlichen Realität schon überholt gewesen seien. Die Sozialausschüsse bemühten sich unter diesen Umständen darum, ihre Interessen möglichst noch während der Koalitionsverhandlungen geschlossen zu formulieren. So verabschiedete der Bundesvorstand

8 Stimmung der Wirtschaft schlechter als die Lage, NRZ vom 21.09.1982, ACDP Medienarchiv.

9 Sofortprogramm gegen Arbeitslosigkeit und Eingriffe bei den Leistungsgesetzen, Handelsblatt vom 20.09.1982, ACDP Medienarchiv; Schmidt, M. G., Sozialpolitik in Deutschland, S. 96. Siehe auch Hansmeyer, K.-H., Konsolidierung, S. 616.

10 Schneider, O., Wohnungsbaupolitik.

11 Peters, K.-H., Wohnungspolitik, S. 292–296, 299.

der CDA beispielsweise am 25. September das lang erwartete gesundheitspolitisches Programm der Vereinigung.[12]

Weitestgehende Einigkeit bestand in allen drei Parteien zumindest über den grundsätzlichen Ansatz. Zur Dämpfung der Krise sollten die Sozialleistungen verringert und das Geld in die Haushaltskonsolidierung und die Wirtschaft gelenkt werden. Zur Rechtfertigung konnte man auf die Entwicklungen des letzten Jahrzehnts verweisen. Die Bundesausgaben für die soziale Sicherung waren über Schwankungen hinweg der größte Etatposten geblieben und hatten sich immer weiter erhöht. Neue Abgaben auf Kosten der Unternehmen wollte man hingegen vermeiden. Insgesamt sollte also ein Wechsel zu einer stärker angebotsorientierten Wirtschaftspolitik vollzogen werden. Konflikte zeichneten sich vor allem in den Details ab. Insbesondere war unklar, wie weit die Konsolidierung gehen, in welchem Maße es auch Nachfrageimpulse geben und in welchem Umfang ein soziales Gleichgewicht gewahrt werden sollte.[13]

Nachdem am Wochenende nach dem Rücktritt der Minister die notwendigen Vorbereitungen getroffen worden waren, konnten am Montag, dem 20. September 1982, die eigentlichen Koalitionsverhandlungen beginnen. Der Zeitplan der Parteien war ambitioniert. Insbesondere auf Wunsch der Liberalen sollte noch vor der Wahl in Hessen am kommenden Sonntag eine Einigung erzielt und Helmut Kohl am 24. September zum Kanzler gewählt werden. Die Ergebnisse der Gespräche wollten Union und FDP in einem Koalitionspapier niederschreiben. Dieses würde neben der Regierungserklärung die Grundlage für die Zusammenarbeit der drei Parteien bilden. Es ging bei den Gesprächen also um nichts weniger als um die Erstellung einer Argumentationsgrundlage, die bestimmte Forderungen der Ressorts von Anfang an festschrieb. Die CSU bestand im Wissen um die gegenwärtige Schwäche der Liberalen darauf, die Türe für Nachverhandlungen nicht völlig zu verschließen. Die bayerischen Politiker wurden daher nicht müde zu betonen, dass es sich um ein Koalitionspapier, nicht aber um einen Koalitionsvertrag handele. In der Praxis machte das bestenfalls einen psychologischen Unterschied.[14]

Die Koalitionsverhandlungen fanden meist in Kohls Büro im alten Fraktionsbau des Bundestages statt.[15] Begleitet wurden sie von zahlreichen informellen Gesprächen. Da die Unterredungen wenig bis gar nicht dokumentiert wurden, lassen sich

12 Gesundheitspolitisches Programm der CDA, verabschiedet vom CDA-Bundesvorstand am 25. September 1982 in Essen, ACDP 04-013:092/1; Schwarz, H. P., Helmut Kohl, S. 279; Schell, M., Kanzlermacher, S. 189–192.

13 Die Abgabenquote beim Arbeitsentgelt war in den letzten Jahren beständig gestiegen, Schmähl, W., Alterssicherungspolitik, S. 562. Zu den Sozialausgaben siehe bspw. Ullmann, H.-P., Schuldenstaat, S. 184, zur Einigkeit vgl. bspw. das Zeitzeugengespräch mit Jürgen Merkes am 12. Oktober 2020, S. 1–2 und das Zeitzeugengespräch mit Manfred Carstens am 29. September 2020, S. 3.

14 Schwarz, H. P., Helmut Kohl, S. 282; Protokoll der Sitzung der CSU-Landesgruppe im Deutschen Bundestag vom 29.09.1982, ACSP LG 1982:14; Schreckenberger, W., Informelle Verfahren, S. 332.

15 Siehe dazu auch Abb. 3.

die genauen Abläufe am besten anhand der protokollierten Sitzungen der wichtigsten Parteigremien und Fraktionen nachvollziehen. In diesen berichteten die Unterhändler regelmäßig über den Fortgang der Verhandlungen. Auch die Presse befasste sich ausführlich und zeitnah mit den aktuellen Entwicklungen. Am Vormittag des 20. September beschlossen zunächst das CDU-Präsidium und im Anschluss der Vorstand eine Erklärung, die Kohl als Kanzlerkandidaten einer neuen Regierung vorschlug. Das Minderheitskabinett von Schmidt müsse beendet werden, da sich die Republik in einer schweren Krise befinde und einen neuen Anfang brauche. Die Gremien sprachen sich außerdem für eine vorgezogene Bundestagswahl im ersten Quartal des folgenden Jahres aus. Um 15 Uhr fand ein erstes Gespräch zwischen Genscher und Strauß statt, die Abneigungen gegen die jeweils andere Person und ihre Partei hegten und daher ein Risiko für die Verhandlungen darstellten. Zwei Stunden später trafen sich Kohl und Stoltenberg von Seiten der CDU und Strauß und Zimmermann als Vertreter der CSU zu einer Besprechung zwischen den Schwesterparteien. Schon jetzt wurde der Raum von Journalisten belagert. Um 19 Uhr kamen auch Genscher und Mischnick hinzu. Damit war das Kernteam der Verhandlungen zusammen. Je nach zur Debatte stehenden Themen wurden die Chefunterhändler in der folgenden Woche von Experten und Vertretern der Parteiflügel wie Blüm oder Lambsdorff begleitet. Kohls Biograf Hans Peter Schwarz bemerkt, bei den Koalitionsverhandlungen habe sich zum ersten Mal in der bundespolitischen Ära Kohl ein Vorgehen gezeigt, dass später für die ganze Amtszeit des Kanzlers charakteristisch geworden sei. Entscheidungen seien in sehr kleinen Gruppen getroffen worden, größere Parteigremien hätten bestenfalls der Rückversicherung der Entscheider gedient. Die Fraktionen durften ihre Meinung beitragen, wurden in die Abläufe aber nur bedingt eingebunden.[16] Strauß befand sich gleichzeitig noch im Wahlkampf für die bayerische Landtagswahl Anfang Oktober. Er konnte daher insbesondere an den begleitenden informellen Gesprächen nur begrenzt teilnehmen.[17]

Der CSU-Vorsitzende sorgte trotzdem schon am ersten Verhandlungstag für einen Eklat. CDU und FDP waren sich im Vorfeld einig gewesen, dass es keine sofortigen Neuwahlen geben würde, wie Schmidt sie gefordert hatte. Angesichts der durch die Verratskampagne katastrophalen Umfragewerte der Liberalen hätte das die FDP

16 Schwarz, H. P., Helmut Kohl, S. 287; Henning Köhler ergänzt, Helmut Kohl habe auch gegenüber Spitzenbeamten eine Abneigung verspürt und versucht, möglichst mit kurzen, informellen Wegen zu arbeiten, Köhler, H., Helmut Kohl, S. 359–361.

17 Protokoll der Sitzung des erweiterten CDU-Bundesvorstandes vom 20. September 1982, ACDP 07-001:1037; Ergebnisprotokoll der Sitzung des Präsidiums der CDU vom 20. September 1982, ACDP 07-001:1415; Schell, M., Kanzlermacher, S. 190; Kohls Vertrauter sucht Baum für die Koalition zu gewinnen, FAZ vom 25.09.1982, S. 3; Bohnsack, K., Die Koalitionskrise, S. 27; Protokoll der Sitzung der CDU/CSU-Fraktion im Deutschen Bundestag Nr. 9/52 vom 21.09.1982, S. 1, ACDP 08-001:1068/1; Siebenmorgen, P., Strauß, S. 600–601; Stickler, M., Die CSU und der Bonner Regierungswechsel, S. 185; Protokoll der Sitzung der CSU-Landesgruppe im Deutschen Bundestag vom 29.09.1982, ACSP LG 1982:14.

für mindestens eine Legislaturperiode aus dem Bundestag geworfen, wenn nicht die völlige Auflösung der ohnehin zerstrittenen Partei zur Folge gehabt. Die Ablehnung von Neuwahlen war für die FDP daher eine Frage des politischen Überlebens. Am 17. September hatte auch die Unionsfraktion aus Rücksicht auf ihren neuen Koalitionspartner ein Wählervotum noch mehrheitlich abgelehnt. Am 20. September schien sich die Stimmung zumindest in der CSU geändert zu haben. So stimmte der CSU-Landesvorstand noch am Vormittag für sofortige Neuwahlen. Das Kalkül des bayerischen Ministerpräsidenten: Wenn die FDP den Bundestag verließe, hätte die Union eine realistische Chance auf eine absolute Mehrheit. Der SPD drohe durch den Einzug der Grünen eine Spaltung ihrer Wählerschaft, sodass sie keine ernstzunehmende Gefahr mehr darstelle. Für die FDP gebe es nach dem Koalitionsbruch ohnehin keinen Weg zurück zu den Sozialdemokraten, sodass sie auf die Neuwahlen eingehen müssten. Strauß untermauerte seine Forderung am Abend mit weiteren Argumenten. Die besondere Situation mache ein schnelles Wählervotum unbedingt notwendig, um die neue Regierung demokratisch zu legitimieren. Würde man damit zu lange warten, nähme die Glaubwürdigkeit der Union in der Bevölkerung ab. Außerdem seien, so hatte es die CSU-Landesleitung tagsüber den Kreisvorsitzenden in einem Schreiben mitgeteilt, die Parteigremien zur Nominierung der Bundestagskandidaten von 1980 noch beschlussfähig. Für Neuwahlen im Frühjahr müssten die Gremien hingegen erst neu besetzt werden.[18]

Die Ziele des CSU-Vorsitzenden gingen dabei weit über den in Aussicht gestellten Wahlerfolg hinaus. Ein Motiv war die Herstellung einer *„politischen Hygiene“*[19]. Es sollten nicht Unionsminister neben liberalen Ressortchefs sitzen, die für die ökonomische Misere mitverantwortlich seien. Außerdem, so erklärte er seiner Fraktion am nächsten Tag, würden Wahlen nicht einfacher, wenn man länger warte. Noch könne man die wirtschaftliche Lage der sozialliberalen Koalition zuschreiben, in ein paar Monaten seien die Arbeitslosen in der öffentlichen Wahrnehmung vielleicht schon die der neuen Regierung. Ferner wusste Strauß, dass die Bayern in einer reinen CDU/CSU-Koalition ein weit stärkeres Gewicht haben würden als in einem Dreierbund mit den Liberalen. Das hätte dem CSU-Vorsitzenden die Möglichkeit zu einer triumphalen Rückkehr nach Bonn geboten. Dort blickte er schon seit Langem auf das Ressort des Außenministers und die Position des Vizekanzlers. Auch persönliche Gründe mögen den CSU-Politiker zu seiner Haltung veranlasst haben. Seine Entlassung als Verteidigungsminister 1962 hatte er den daran nicht unbeteiligten Liberalen ebenso wenig verziehen wie den Wahlkampf von 1980. Strauß wies diese Vorwürfe

---

18 Strauß, Kohl und die neue Lage, FAZ vom 21.09.1982, S. 3; Nach dem Termin-Streit zwischen CDU und CSU, FAZ vom 21.09.1982, S. 1–2; Kohl biegt ein in die Via Crucis, Der Spiegel 39/82, S. 12–13; Und dann sagt der Chef der CSU: Es wird sicher keine Liebes-Ehe, Handelsblatt vom 21.09.1982, ACDP Medienarchiv.

19 Möller, H., Strauß, S. 578–579.

regelmäßig zurück. Noch 1986 sagte er in einem Interview, man solle *„diese Unterstellung persönlicher Motive endlich unterlassen"*.[20]

Die Idee sofortiger Neuwahlen wurde auch in der Bevölkerung intensiv diskutiert. Die Befürworter schlossen sich dabei vor allem den moralischen Argumenten an. Auch wenn das geplante Vorgehen der liberalen Abgeordneten verfassungsrechtlich vertretbar sei, sei das Volk doch getäuscht worden. Die wenigsten hätten der FDP 1980 ihre Stimme gegeben, damit sie damit 1982 Helmut Kohl zum Kanzler machte. Die Gegner warnten nicht zuletzt vor den Folgen einer schnellen Neuwahl. Es drohte ein ähnlich unbefriedigendes Ergebnis wie im Sommer in Hamburg. Insbesondere der Einzug der Grünen weckte bei Teilen der Beobachter Ängste. Der saarländische FDP-Landesvorsitzende Werner Klumpp stellte sogar fest, nur ein Narr wolle Neuwahlen im Bund, denn das fördere Weimarer Verhältnisse.[21] Angesichts der großen Aufgaben, die sich derzeit der Politik stellten, dürfe man keine Handlungsunfähigkeit der Regierung riskieren. Der einflussreiche Journalist Johann Georg Reißmüller von der FAZ sah sogar die Bündnisfähigkeit der Republik bedroht. Ende September schrieb er: *„Mit den Grünen ist eine Finanz- und Wirtschaftspolitik, eine Verteidigungs- und Außenpolitik, die den Notwendigkeiten im westlichen Deutschland Rechnung trägt, nicht zu machen."*[22]

Auf massiven Druck der CDU und insbesondere Gerhard Stoltenbergs hin nahm Strauß seine Forderungen am Abend des 20. September wieder zurück.[23] Damit kam er nicht zuletzt Widerstand aus seiner eigenen Partei zuvor. Mehrere Christsoziale wie der Chef der CSU-Landesgruppe Zimmermann hatten seinen Plan für unrealistisch gehalten. Andere unterstützten ihn vor allem deswegen, weil sie auf einen Wechsel des Ministerpräsidenten nach Bonn hofften, wodurch sie ihren Handlungsspielraum in München hätten erweitern können.[24] Zimmermann meinte später in seinen Erinnerungen, Strauß sei für seinen Misserfolg selbst verantwortlich. Hätte er sich mit seinem Vorhaben im Vorfeld an die Öffentlichkeit gewandt, hätte er die CDU vielleicht mitreißen können. Später sollte sich zeigen, dass Franz Josef Strauß

---

20 Zit. n. Schell, M., Kanzlermacher, S. 128; Kohl, H., Erinnerungen I, S. 623; Kohl, H., Erinnerungen II, S. 29; Möller, H., Strauß, S. 578–579; Protokoll der Sitzung der CDU/CSU-Fraktion im Deutschen Bundestag Nr. 9/52 vom 21.09.1982, S. 7, ACDP 08-001:1068/1; Stickler, M., Die CSU und der Bonner Regierungswechsel, S. 184.

21 Bohnsack, K., Die Koalitionskrise, S. 31.

22 Am besten unbeirrt weiter, FAZ vom 29.09.1982, S. 1, hier auch das Zitat; Bohnsack, K., Die Koalitionskrise, S. 31. Kohl selbst fürchtete auch ein Szenario, in dem die Grünen eine sozialdemokratische Minderheitsregierung tolerierten, Protokoll der Sitzung der CDU/CSU-Fraktion im Deutschen Bundestag Nr. 9/53 vom 28.09.1982, S. 4, ACDP 08-001:1068/1.

23 Eghard Mörbitz von der Frankfurter Rundschau stellte am nächsten Tag fest, das sei so ungerührt geschehen, *„als habe er nur ein Scherzchen machen wollen"*, Und jetzt müssen wir den Bären erlegen, FR vom 22.09.1982, ACDP Medienarchiv. Zu Stoltenberg siehe auch Schwarz, H. P., Helmut Kohl, S. 284.

24 Der Spiegel nennt hier bspw. den bayerischen Landtagspräsidenten Franz Heubl und Max Streibl, Kohl biegt ein in die Via Crucis, Der Spiegel 39/82, S. 12–15.

mit seinen Absichten spätestens am Bundespräsidenten gescheitert wäre. Als dieser im Januar 1983 tatsächlich den Bundestag auflöste, erklärte er, er hätte das im Herbst noch nicht getan. Neuwahlen dürften nicht einer Partei zum Nachteil gereichen. Genscher interpretierte diesen ersten Machtkampf als einen Sieg der Liberalen. Die FDP habe sich gemeinsam mit der CDU gegen die CSU durchgesetzt. Strauß nahm eine andere Perspektive auf die Vorgänge ein. Die FAZ titelte am 22. September: *„Strauß: Die CDU hat sich gegen die FDP nicht durchsetzen können"*.[25] Kohls Beweggründe waren nicht weniger durchdacht als die des Bayern. Kam die FDP nicht mehr in den Bundestag, so blieb sie doch noch in den Länderparlamenten. Dort war die CDU auf sie angewiesen. Dabei war es mehr als unsicher, ob eine auf Bundesebene von der Union verratene liberale Partei sich nicht auf Landesebene bald wieder den Sozialdemokraten zuwenden würde. Außerdem hätte ein Ende der Bundes-FDP für Kohl bedeutet, dass er von nun an den Forderungen der Christsozialen in noch stärkerem Maße ausgeliefert gewesen wäre. Der CDU-Vorsitzende brauchte die FDP als Gegengewicht zur CSU.[26]

Auch ganz praktische Gründe sprachen für Kohl gegen sofortige Neuwahlen. Als er das Thema am nächsten Morgen vor der Unionsfraktion mit Strauß diskutierte, führte er aus, für Neuwahlen brauche man einen Partner, da ein Wählervotum nur über die Person des Regierungschefs zu erreichen sei. Bei einem Arrangement zwischen Union und SPD, wenn sich die Sozialdemokraten überhaupt darauf einließen und es verfassungsrechtlich machbar wäre, hätte Schmidt den Wahlkampf aus der Position des Regierungschefs führen können. Das galt es zu vermeiden. Man brauche also, erläuterte Kohl, die FDP und müsse auf ihre Sorgen eingehen. Und selbst wenn die Liberalen nun sofortigen Neuwahlen zustimmen würden, könnten die in Folge verschiedener rechtlicher Vorgaben frühestens zwei Monate später stattfinden. Das würde bedeuten, dass eine gerade gewählte Regierung sofort wieder aus dem Amt scheiden müsse, ohne vorher tätig gewesen zu sein. Letzteres sei aber angesichts der Wirtschaftslage dringend notwendig. Handele man nicht jetzt, so hatte es schon Stoltenberg Strauß dargelegt, könne man die Lage danach nur noch mit Mühe in den Griff bekommen. Kohl sprach sich daher dafür aus, zunächst Helmut Schmidt abzulösen, dann die notwendigen Schritte zur Ordnung des Haushalts und der Wirtschaft zu unternehmen und sich nach getaner Arbeit zur Wahl zu stellen.[27]

Die Forderung der CSU nach sofortigen Neuwahlen schadete der Koalition insgesamt erheblich. In Folge der Machtdemonstration des Bayern hatte sich der Zeitplan der Koalitionsverhandlungen derart verschoben, dass eine Kanzlerwahl am 24. Sep-

---

25 Strauß: Die CDU hat sich gegen die FDP nicht durchsetzen können, FAZ vom 22.09.1982, S. 1–2.

26 Stickler, M., Die CSU und der Bonner Regierungswechsel, S. 187–188, 190; Strauß: Die CDU hat sich gegen die FDP nicht durchsetzen können, FAZ vom 22.09.1982, S. 1–2; Genscher meint, die FDP habe sich mit der CDU gegen die CSU durchgesetzt, FAZ vom 22.09.1982, S. 3; Schell, M., Kanzlermacher, S. 102, 283, 221; Jäger, W., Innenpolitik, S. 253–254.

27 Protokoll der Sitzung der CDU/CSU-Fraktion im Deutschen Bundestag Nr. 9/52 vom 21.09.1982, S. 2, 18, ACDP 08-001:1068/1; Schwarz, H. P., Helmut Kohl, S. 284.

tember unmöglich erschien. Kohl zeigte sich darüber enttäuscht. Philipp Jenninger stellte fest, Strauß habe Kohl *„fünf Millimeter vor der Ziellinie gemeuchelt"*.[28] Die Presse zog Vergleiche zum Kreuther Trennungsbeschluss. Auch war der Rückzug der CSU bestenfalls ein halber. Strauß stand nun zwar loyal zu Kohls Neuwahltermin, lehnte aber jede Verantwortung für einen Fehlschlag ab. Sollte der Plan des CDU-Vorsitzenden also nicht mit einem Wahlsieg enden, hätte das den unionsinternen Machtkampf zwischen Kohl und Strauß wahrscheinlich zu Gunsten des Bayern entschieden.[29]

Strauß wies die Vorwürfe, er habe mit seiner Intervention den Zeitplan durcheinander gebracht, am nächsten Morgen zurück. Er habe am Montagabend schon darauf hingewiesen, dass die Wahl eines Bundeskanzlers die Einigung über die sachlichen Grundsätze des Regierungsprogramms erfordere. Er habe aber noch keine Koalitionsverhandlung mitgemacht, *„bei der die sachlichen Probleme so drängend, ihre Lösung so schwierig und der Weg so unübersichtlich waren, wie es heute ist"*. Deshalb sei es ohnehin völlig unmöglich gewesen, schon am 24. September einen neuen Kanzler zu bestimmen.[30]

Am Ende des ersten Verhandlungstages stand immerhin eine Erklärung, in der die Vorsitzenden der CDU, CSU und FDP ihren Fraktionen empfahlen, Kohl am 1. Oktober 1982 zum Kanzler zu wählen. Die Koalitionsverhandlungen sollten bis zum 27. September abgeschlossen sein und die Ergebnisse am darauf folgenden Tag den Fraktionen vorgelegt werden. Vorgezogene Neuwahlen sollten stattfinden, allerdings erst am ersten Sonntag im März 1983. Kohl wollte als Bundeskanzler noch im laufenden Jahr das weitere Vorgehen bekanntgeben. Die CSU bestand darauf, sich nicht verbindlich auf den 6. März festzulegen, sondern es bei einer Absichtserklärung zu belassen. Die Zeitungen spekulierten bereits, ob Kohl überhaupt sein Wort halten und Neuwahlen ansetzen werde. Schon am Tag des FDP-Rückzugs musste sich der CDU-Vorsitzende vor seiner Fraktion gegen derartige Vorwürfe verteidigen. Den Abgeordneten gegenüber sprach er von Gerüchten, *„es gebe eine Abrede zwischen Hans-Dietrich Genscher und mir: Auf keinen Fall Neuwahlen! Keine Spur!"*.[31] Jedes Abweichen vom 6. März konnte nun das Vertrauen in die neue Koalition schädi-

---

28 Kohl biegt ein in die Via Crucis, Der Spiegel 39/82, S. 12–13.

29 Strauß, Kohl und die neue Lage, FAZ vom 21.09.1982, S. 3; Streit in der Union über Neuwahl-Termin, SZ vom 21.09.1982, ACDP Medienarchiv; Kohl biegt ein in die Via Crucis, Der Spiegel 39/82, S. 17; Protokoll der Sitzung der CDU/CSU-Fraktion im Deutschen Bundestag Nr. 9/52 vom 21.09.1982, S. 9, ACDP 08-001:1068/1. Strauß bekam später in Briefen aus der Bevölkerung viel Zuspruch für seine konfrontative Haltung, andererseits aber auch Mahnungen, sich zum Wohle der gemeinsamen Sache zurückzuhalten, vgl. bspw. ACSP NL Strauß PV 14851 oder ACSP NL Strauß PV 3501.

30 Protokoll der Sitzung der CDU/CSU-Fraktion im Deutschen Bundestag Nr. 9/52 vom 21.09.1982, S. 7, ACDP 08-001:1068/1, hier auch das Zitat.

31 Protokoll der Sitzung der CDU/CSU-Fraktion im Deutschen Bundestag Nr. 9/50 vom 17.09.1982, S. 3, ACDP 08-001:1068/1.

gen. Die Verhandlungen sollten am nächsten Tag fortgesetzt und Einzelfragen an gesonderte Arbeitsgruppen übergeben werden.[32]

Der 1. Oktober, so erklärte Kohl am nächsten Morgen, sei immer noch ein guter Termin für die Kanzlerwahl. Später ergänzte er, Strauß habe hinsichtlich der Zeitplanung vielleicht Recht gehabt. Die Verabschiedung einer Koalitionsvereinbarung nach einem *„kurzen Ritt"*[33] von zehn Stunden am Montag und Dienstag sei nicht machbar gewesen. Trotzdem habe man die Gespräche mit einer beeindruckenden Geschwindigkeit geführt. So sei man trotz des Zwischenfalls nicht *„ins Schwimmen geraten"*.[34]

Mit der Klärung des Neuwahltermins war der zeitliche Rahmen für das zukünftige Regierungshandeln vorgegeben. Der war eng gesteckt. Wollte Kohl tatsächlich Anfang März wählen lassen, kamen dafür vor allem der Weg über eine unechte Vertrauensfrage oder ein Rücktritt in Betracht. Letzterer schien dem CDU-Vorsitzenden Ende September 1982 noch die überzeugendste Möglichkeit zum Erreichen eines Wählervotums zu sein. In jedem Fall würde es im Januar und Februar bis zur Wahl wahrscheinlich keinen handlungsfähigen Bundestag mehr geben. Der neuen Regierung blieben für die Umsetzung ihrer Politik also nur etwa drei Monate bis Ende Dezember. In dieser Zeit durfte man sich nicht übernehmen. In der Regierungserklärung, so erläuterte Kohl seiner Fraktion noch vor der Kanzlerwahl, dürfe man daher nicht *„alle Probleme des Weltalls"*[35] ansprechen, sondern müsse sich auf das Machbare und Wichtige beschränken. Dazu gehörten zuallererst die Konsolidierung des Haushalts, die Wiederbelebung der Wirtschaft und die Bekämpfung der Arbeitslosigkeit. Andere Bereiche wie die Sicherheits- und die Asylpolitik seien zwar auch bedeutsam, aber weniger dringend. Strauß begrüßte diese Einstellung. Er betonte ohnehin regelmäßig und weitaus häufiger als die FDP, dass es sich bei dem zukünftigen Kabinett nur um eine Übergangsregierung handeln werde. Helmut Schmidt hielt den Zeitplan des Kanzlerprätendenten für unrealistisch. In so kurzer

---

32 Protokoll der Sitzung der CDU/CSU-Fraktion im Deutschen Bundestag Nr. 9/52 vom 21.09.1982, S. 2, ACDP 08-001:1068/1; Koalitionsverhandlungen über die Beschaffung von 50 Milliarden, FAZ vom 23.09.1982, S. 4; Protokoll der Sitzung der CSU-Landesgruppe im Deutschen Bundestag vom 29.09.1982, ACSP LG 1982:14; Kohl und Genscher eröffnen heute die Koalitionsverhandlungen, SZ vom 20.09.1982, ACDP Medienarchiv. Es sollte noch bis Mitte Oktober dauern, bis die CSU-Landesgruppe den Neuwahltermin im März als unausweichlich anerkannte. Einzelne christsoziale Abgeordnete befürchteten u. a., dass die Wirtschaft Investitionen bis zu den Wahlen zurückhalten werde, Protokoll der Sitzung der CSU-Landesgruppe im Deutschen Bundestag vom 04.10.1982, ACSP LG 1982:15; Protokoll der Sitzung der CSU-Landesgruppe im Deutschen Bundestag vom 11.10.1982, ACSP LG 1982:16.

33 Protokoll der Sitzung der CDU/CSU-Fraktion im Deutschen Bundestag Nr. 9/53 vom 28.09.1982, S. 5, ACDP 08-001:1068/1.

34 Protokoll der Sitzung der CDU/CSU-Fraktion im Deutschen Bundestag Nr. 9/52 vom 21.09.1982, S. 5, ACDP 08-001:1068/1, hier auch das letzte Zitat.

35 Protokoll der Sitzung der CDU/CSU-Fraktion im Deutschen Bundestag Nr. 9/52 vom 21.09.1982, S. 3–4, ACDP 08-001:1068/1.

Zeit werde es keine Ergebnisse geben, mit Neuwahlen im März sei daher nicht zu rechnen.[36]

Auch wenn die Koalition bis Ende des Monats fast ausschließlich über das wirtschaftspolitische *„Notprogramm“*[37] beraten sollte, war die Zeit doch noch immer knapp. CDU und FDP waren sich einig, dass man daher bereit sein müsse, Zugeständnisse zu machen und Detailfragen wenn nötig zurückzustellen. Damit auch nur die Festlegung auf die Kernpunkte gelänge, sei, so sagte Stoltenberg in der gemeinsamen Sitzung der Unionsfraktion am 21. September, eine *„unerhörte Leistung des Goodwills“* erforderlich.[38]

Strauß schwor die CSU-Landesgruppe hingegen auf eine harte Haltung gegenüber den Liberalen ein. Jedes Werben um die FDP sei völlig unverständlich. Die Liberalen seien unter den gegebenen Umständen gezwungen, mit der Union durch Dick und Dünn zu gehen. Auf keinen Fall dürften sich die Christsozialen während der Verhandlungen von der CDU gegen die FDP ausspielen lassen. Man müsse innerhalb der Union eine eigene Position bewahren, ansonsten wären *„ein echter Krach und ein jähes Ende“*[39] besser. Auch die Vernichtung der Liberalen hatte Strauß noch nicht aufgegeben. Langfristig müsse man das Wahlrecht derart ändern, dass nur noch direkt gewählte Abgeordnete im Parlament säßen. Dadurch würde nicht nur die Anonymität der Landeslisten wegfallen, sondern auch die FDP endgültig aus dem Bundestag verschwinden.[40]

Am selben Tag stimmte die CSU-Landesgruppe gemeinsam mit den Abgeordneten der CDU über die Aufstellung Helmut Kohls zum Kanzlerkandidaten ab. Das Wahlergebnis war insofern wichtig, als dass es den Parteistrategen zeigte, wie viele Stimmen sie für das Misstrauensvotum mindestens aus der FDP brauchten. Hätte es in der Union Uneinigkeit über den Kandidaten gegeben, hätte das umso größere Anforderungen an die Geschlossenheit der zerstrittenen Liberalen gestellt. Die verschiedenen Strömungen innerhalb der FDP stellten für das konstruktive Misstrauensvotum ein besonderes Risiko dar, da hier, anders als bei einer Vertrauensfrage, geheim abgestimmt wurde.[41] Das Ergebnis der Fraktionsabstimmung beruhigte Kohl

---

36 Protokoll der Sitzung der CDU/CSU-Fraktion im Deutschen Bundestag Nr. 9/52 vom 21.09.1982, S. 3–4, ACDP 08-001:1068/1; Differenzen zwischen Union und FDP beim Aushandeln eines Regierungsprogramms, SZ vom 23.09.1982, ACDP Medienarchiv; Bohnsack, K., Die Koalitionskrise, S. 26.

37 So nannte es Strauß im Vorfeld der Verhandlungen. Stoltenberg fand die Bezeichnung „Sofortprogramm“ passender, Protokoll der Sitzung der CDU/CSU-Fraktion im Deutschen Bundestag Nr. 9/52 vom 21.09.1982, S. 12, ACDP 08-001:1068/1.

38 Protokoll der Sitzung der CDU/CSU-Fraktion im Deutschen Bundestag Nr. 9/52 vom 21.09.1982, S. 12, ACDP 08-001:1068/1, hier auch das Zitat.

39 Protokoll der Sitzung der CSU-Landesgruppe im Deutschen Bundestag vom 21.09.1982, ACSP LG 1982:13.

40 Protokoll der Sitzung der CSU-Landesgruppe im Deutschen Bundestag vom 21.09.1982, ACSP LG 1982:13.

41 Roßner, S., Mehrheitsbestimmung, S. 1310.

und Genscher. Bei einer Enthaltung sprachen sich 228 Abgeordnete für den CDU-Vorsitzenden aus und nur einer gegen ihn.[42]

Die große Zustimmung zur Person Kohls war keine Selbstverständlichkeit. Erst im Sommer 1982 war seine Führungsfähigkeit mehrfach angezweifelt worden. Skepsis kam dabei nicht zuletzt von den wichtigsten Landespolitikern, die meist selbst potentielle Kanzlerkandidaten waren. Die *„norddeutschen CDU-Fürsten“*[43] Ernst Albrecht, Gerhard Stoltenberg, Walther Leisler Kiep und Richard von Weizsäcker hätten sich, so berichtet Kohls Biograf Henning Köhler, im Sommer 1982 gleich mehrfach getroffen und seien der Meinung gewesen, dass die Qualitäten des Rheinländers für einen vorgezogenen Regierungswechsel nicht ausreichten. Damit griffen sie teilweise auch eine in den Medien weit verbreitete Ablehnung Helmut Kohls auf: Für die linke TAZ war er vor seiner Kanzlerwahl etwa ein *„Frankenstein des deutschen Spießertums, zusammengesetzt aus verschiedenen Elementen ungelüfteter deutscher Ecken“*.[44]

Ein potentieller Konkurrent Helmut Kohls war der Hamburger Oppositionsführer Walther Leisler Kiep. Bei den Bürgerschaftswahlen im Juni hatte er seiner Partei zu kräftigen Gewinnen verholfen, war aber aufgrund der besonderen Konstellation in der Hansestadt trotzdem nicht an die Regierung gekommen. Am Rande einer Sitzung des BDI in Köln traten schließlich Vertreter der Wirtschaft und Politiker der FDP an Kiep heran und schlugen ihm den Griff nach der Kanzlerschaft vor. Kohl sei der Wirtschaft, so sagte dieser zumindest später, schlichtweg zu links gewesen. Kieps Kandidatur war aber schon wegen eines Konflikts des Hamburgers mit Franz Josef Strauß aussichtslos, sodass er letztendlich darauf verzichtete. Auch der erfolgreiche niedersächsische Ministerpräsident Ernst Albrecht hatte nicht genügend Unterstützer, um den CDU-Vorsitzenden herauszufordern. Bei einem Treffen von Kiep und Richard von Weizsäcker im Juni 1982 sprach sich Letzterer gegen eine Kandidatur des Niedersachsen aus, da ihm dieser zu machtfokussiert erschien. Besser war dafür in seinen Augen der bescheidene schleswig-holsteinische Ministerpräsident Stoltenberg geeignet.[45] Eben diese Bescheidenheit verhinderte am Ende wahrscheinlich aber einen Vorstoß Stoltenbergs. Heiner Geißler erinnerte sich später, Lambsdorff habe den Ministerpräsidenten im Vorfeld der Wende besucht und ihm die Kandidatur vorgeschlagen. Damit sei er aber gescheitert, *„weil Stoltenberg so etwas nicht macht“*.[46] Der Wirtschaftsminister selbst wies Geißlers Behauptung allerdings als *„Unsinn“*[47]

---

42 Köhler, H., Helmut Kohl, S. 355; Stoltenbergs Fahrplan hat schließlich alle überzeugt, Handelsblatt vom 22.09.1982, ACDP Medienarchiv; Protokoll der Sitzung der CDU/CSU-Fraktion im Deutschen Bundestag Nr. 9/52 vom 21.09.1982, S. 17, ACDP 08-001:1068/1.

43 Köhler, H., Helmut Kohl, S. 344.

44 Köhler, H., Helmut Kohl, S. 344, 356, hier das Zitat; Schwarz, H. P., Helmut Kohl, S. 269. Siehe zu Kohls Verhältnis zu den Medien bspw. auch Wirsching, A., Provisorium, S. 24–26.

45 Kohl, H., Erinnerungen I, S. 619–621.

46 Schell, M., Kanzlermacher, S. 114.

47 Schell, M., Kanzlermacher, S. 25.

zurück, und auch Stoltenberg meinte, sie hätten sich zwar einige Male gesehen, dabei sei es aber nicht um die Kanzlerfrage gegangen, sondern darum, ob er überhaupt bereit sei, eine entscheidende Aufgabe in der neuen Regierung zu übernehmen. Auch wenn letztendlich niemand den CDU-Vorsitzenden herausforderte, wusste der doch, dass seine Kandidatur nicht unumstritten war. Für die Koalitionsverhandlungen bedeutete das einen erhöhten Erfolgsdruck.[48]

In den vierstündigen Verhandlungen des 21. September stellte Stoltenberg die Haushaltssituation des Bundes dar. Die Pläne der sozialliberalen Koalition sahen eine Neuverschuldung von etwa 28 Mrd. DM vor. Nach Einschätzungen des Staatssekretärs im Finanzministerium Otto Schlecht war das allerdings unrealistisch. So sei der alte Haushaltsentwurf von zu günstigen Annahmen ausgegangen, die durch die weitere Verschlechterung der Gesamtsituation noch verschärft würden. Der tatsächliche Nettokreditbedarf bewege sich eher in einer Größenordnung von 50 Mrd. DM.[49]

Mindestens ebenso viel Aufsehen wie die haushaltspolitische Bestandsaufnahme der Unterhändler erregte ein neuer Eklat um Franz Josef Strauß. Der ließ seinen Worten vom Vormittag Taten folgen und ging gezielt gegen die FDP vor. Hintergrund waren die Verhandlungen zur Innen- und Rechtspolitik. Strauß und Friedrich Zimmermann lehnten hier die Zusammenarbeit mit dem bisherigen Innenminister Gerhart Baum ab. Dieser sollte weder Teil des neuen Kabinetts werden, noch überhaupt an den Verhandlungen teilnehmen. Der Vorsitzende der CSU-Landesgruppe erklärte laut Spiegel zum linken FDP-Politiker: *„Man verhandelt doch auch nicht mit einem Atheisten über die Kirchenordnung.“*[50] Eine solche Vorfestlegung war bei einer Koalitionsbildung völlig unüblich. Die Provokation der CSU sorgte daher auch innerhalb der Union für Unmut. Walther Leisler Kiep entrüstete sich: *„Man kann doch nicht schon vor der Bildung einer Koalition dem Verhandlungspartner vorschreiben, wen er in seine Delegation schickt und wen er nicht ins Kabinett bringen darf.“*[51] So müsse der Eindruck entstehen, es ginge der Union nicht um eine Koalition, sondern um eine Kapitulation der FDP. Auch der Vorsitzende der nordrhein-westfälischen FDP, Burkhard Hirsch, beklagte die Haltung der CSU. Man könne nicht verlangen, dass der eine Partner seine Identität aufgebe. Wenn die FDP auf die Innen- und Rechtspolitik verzichte, sei sie eine reine Wirtschaftspartei, und das könne noch nicht einmal Otto Graf Lambsdorff wollen. Die jüngsten Umfragewerte stärkten allerdings die Position der CSU. Nach einer Blitzumfrage vom Wochenende lagen die Liberalen nur noch bei 2,3 %. Für die FDP bedeutete der Ausschluss Baums eine Demütigung des linken Flügels und damit abermals verschärfte Spannungen innerhalb der Partei.[52]

48 Schell, M., Kanzlermacher, S. 187.

49 Strauß: Die CDU hat sich gegen die FDP nicht durchsetzen können, FAZ vom 22.09.1982, S. 1–2.

50 Kohl biegt ein in die Via Crucis, Der Spiegel 39/82, S. 15.

51 Kiep: CSU war nicht hilfreich, NRZ vom 29.09.1982, ACDP Medienarchiv.

52 Bohnsack, K., Die Koalitionskrise, S. 28; Kiep: CSU war nicht hilfreich, NRZ vom 29.09.1982, ACDP Medienarchiv; Koalitionsverhandlungen über die Beschaffung von 50 Milliarden, FAZ vom

Als wären die dramatischen Haushaltszahlen und der kontroverse CSU-Vorsitzende nicht Belastung genug für den Verhandlungsauftakt, meldeten sich auch noch die Gewerkschaften zu Wort. Wenn die sich für den Herbst schon zu einem Kampf gegen einen sozialdemokratischen Kanzler mobilisiert hatten, durfte Helmut Kohl auf nichts Gutes hoffen. Das war insofern problematisch, als dass die Interessensvertretungen der Arbeitnehmer über die Lohnverhandlungen einen erheblichen Einfluss auf die Wirtschaftspolitik hatten. Ein überdurchschnittlicher Anstieg der Arbeitsentgelte konnte politische Bemühungen zur Entlastung der Unternehmen zunichtemachen. Tatsächlich war der größte Teil der Gewerkschafter froh, dass es jetzt nicht mehr gegen eine sozialdemokratisch geführte Regierung ging. Trotzdem fielen die Reaktionen weitaus zurückhaltender aus, als man es zunächst erwartet hatte. Die meisten Vereinigungen erklärten, dass sie sich als Einheitsgewerkschaften verstanden und nicht per se gegen eine christlich-liberale Regierung vorgehen würden.[53]

Günther Volkmar stellte als Vorsitzender der Gewerkschaft Handel, Banken und Versicherungen klar, er werde seine Positionen gegenüber jeder Regierung vertreten, ein Wechsel ändere also nichts. Wenn es unzumutbare Kürzungen gebe, würde man sich dagegen wehren. Berthold Keller von der Gewerkschaft Textil-Bekleidung schrieb Kohl, er möge jeder Versuchung widerstehen, die zu sozial unausgewogenen Lösungen führe. Er solle ferner frühzeitig mit den Gewerkschaften sprechen, damit diese später nicht opponieren müssten. Keller äußerte insbesondere Befürchtungen, dass die Vorschläge des Lambsdorffpapiers zu einer Ellenbogengesellschaft führten und mit der christlichen Soziallehre unvereinbar seien. Der DGB-Vorsitzende Ernst Breit erklärte seine Kooperationsbereitschaft mit dem neuen Kabinett. Würden aber die Thesen des ehemaligen Wirtschaftsministers Grundlage der Regierungsarbeit, würde die Zusammenarbeit dadurch nicht einfacher. Gleichzeitig hielten die Arbeitnehmerverbände an bereits geplanten regionalen Protesten gegen die Bonner Sparpolitik fest.[54]

Bei ihren Appellen unterschieden die Gewerkschaften ferner genau zwischen den verschiedenen Strömungen innerhalb der neuen Regierung. Die FDP erfuhr dabei nur wenig Sympathie. Hans Janßen, Vorstandsmitglied der IG Metall, griff die Liberalen im Deutschlandfunk scharf an und drohte dem rechten Flügel der Partei mit der Macht der Arbeitnehmervertreter. Im Vergleich zur FDP wurde die Union mit Verweis auf die CDA eher geschont. Die IG Bau-Steine-Erden hoffte, dass *„die christ-*

23.09.1982, S. 4; Baums Zurückweisung ist eine Provokation, Rheinische Post vom 24.09.1982, ACDP Medienarchiv. Siehe auch Dittberner, J., Die FDP, S. 54.

53 Regierungswechsel verunsichert Gewerkschaften, FAZ vom 22.09.1982, S. 13; Zwischen Konfrontation und kritischer Kooperation, Handelsblatt vom 21.09.1982, ACDP Medienarchiv.

54 Breit: Zusammenarbeit mit christlich-liberaler Regierung, SZ vom 21.09.1982, ACDP Medienarchiv; Zwischen Konfrontation und kritischer Kooperation, Handelsblatt vom 21.09.1982, ACDP Medienarchiv; Regierungswechsel verunsichert Gewerkschaften, FAZ vom 22.09.1982, S. 13.

lich-sozialen Kollegen um Norbert Blüm den Einfluss in ihrer Partei haben, um der Allianz einseitiger Wirtschaftsinteressen Widerstand zu leisten".[55]

Mit dem bedachten Einsatz ihres im Vorfeld einer Bundestagswahl besonders hohen Drohpotentials erhofften sich die Vereinigungen mehr erreichen zu können als mit einer sofortigen Konfrontation. Eine Ursache für das verhältnismäßig moderate Vorgehen der Arbeitnehmervertreter lag aber auch in ihrer Mitgliederstruktur. Auch wenn beispielsweise alle Vorsitzenden der 17 DGB-Gewerkschaften Sozialdemokraten waren, bestand ein großer Teil ihrer Mitglieder doch aus Unionswählern.[56]

Die Heterogenität der Gewerkschaften sorgte auch innerhalb der Verbände für Konflikte entlang parteipolitischer Grenzen. Der konservative stellvertretende ÖTV-Vorsitzende Karl-Heinz Hoffmann warf dem sozialdemokratischen DGB-Vorstandsmitglied Siegfried Bleicher beispielsweise vor, den Gewerkschaftsbund für seine Partei vereinnahmen zu wollen. Die meisten Arbeitnehmerbünde waren daher schon wegen ihres inneren Zusammenhalts daran interessiert, der neuen Regierung eine Chance zu geben. Helmut Kohl nahm das Angebot dankend an.[57]

Die CDA nutzte den Rückenwind von den Gewerkschaften dafür, ihre Forderungen für die Koalitionsverhandlungen und die Zeit danach zu formulieren. Am Abend des 24. und am Morgen des 25. September tagte der Bundesvorstand im Essener Hof in Essen. Die Sozialausschüsse betonten, dass es möglichst bald eine neue handlungsfähige Regierung geben müsse. Jeder weitere Tag unter der SPD sei für die Arbeitnehmer eine Katastrophe. Daher müsse Helmut Kohl so schnell wie möglich zum Kanzler gewählt werden. Für ausgiebige Diskussionen über die Details der neuen Politik sei im Vorfeld keine Zeit. Fest stehe aber, dass die soziale Symmetrie gewahrt und daher auch Besserverdienende sichtbar zu Opfern herangezogen werden müssten.[58]

Auch die Mittelstandsvereinigung bezog zu den Koalitionsverhandlungen Stellung. Deren Vorsitzender Gerhard Zeitel wandte sich anlässlich des Verhandlungsauftaktes direkt an Helmut Kohl und legte ihm die Erwartungen der Mittelständler dar. Wolle man schwer ertragbare soziale Spannungen vermeiden, brauche man ein Wirtschaftswachstum von mindestens 3 %, vielleicht sogar mehr. Um das zu erreichen, wäre „*ein vornehmlich fiskalistisch orientierter Ansatz verfehlt*".[59] Vielmehr müsse man auf den Mittelstand und insbesondere auf die Gewerbetreibenden und

55 Regierungswechsel verunsichert Gewerkschaften, FAZ vom 22.09.1982, S. 13.

56 Handelsblatt und FAZ rechnen hier mit etwa 40 % Unionswählern unter den 8 Mio. DGB-Mitgliedern: Zwischen Konfrontation und kritischer Kooperation, Handelsblatt vom 21.09.1982, ACDP Medienarchiv; Regierungswechsel verunsichert Gewerkschaften, FAZ vom 22.09.1982, S. 13.

57 Regierungswechsel verunsichert Gewerkschaften, FAZ vom 22.09.1982, S. 13; Zwischen Konfrontation und kritischer Kooperation, Handelsblatt vom 21.09.1982, ACDP Medienarchiv.

58 Ergebnisprotokoll der Sitzung des Bundesvorstandes der CDA am 24. und 25. September in Essen, ACDP 04-013:092/1.

59 Vermerk für Kohl von Gerhard Zeitel bzgl. mittelstandspolitischer Akzente vom 23. September 1982, S. 1, ACDP 08-008:258/10.

Freiberufler zugehen. Konkret solle privater Wirtschaftsaktivität Vorzug vor staatlicher gegeben werden. Dazu müsse ausufernde Bürokratie ebenso abgebaut werden wie die einseitige Subventionierung von Großunternehmen. Der Mittelstand solle ferner durch steuerliche Vergünstigungen entlastet werden, beispielsweise durch eine steuerfreie Investitionsrücklage und verbesserte Abschreibungsbedingungen für kurzlebige Wirtschaftsgüter. Die Zinsen müssten sinken, die Abgaben dürften auf keinen Fall steigen. Ferner würden verschiedene Sozialregelungen wie die Lohnfortzahlung im Krankheitsfall als bedrückend empfunden. Statt Karenztage einzuführen, wie es etwa Lambsdorff zuletzt zur Diskussion gestellt hatte, könne man hier auch mit Lohnabschlägen arbeiten. Arbeitszeitverkürzungen wären hingegen schädlich für die Arbeitgebermoral. Insbesondere müsse aber die Bau- und Wohnwirtschaft gefördert werden.[60]

Am Mittwoch, dem 22. September, wurden die Koalitionsverhandlungen auf Ebene der Arbeitsgruppen fortgesetzt. Über zwölf Stunden diskutierten die Vertreter der Parteien an diesem Tag über die Wirtschafts- und Finanzpolitik. Da es nun vor allem um die Klärung von Einzelfragen ging, rückten Politiker aus der zweiten Reihe in den Vordergrund. In der Expertengruppe für Finanz- und Wirtschaftsfragen verhandelten auf Seiten der Liberalen unter anderem Dieter-Julius Cronenberg und Hans-Hermann Gattermann. Die Union wurde von Theo Waigel und Wolfgang Schäuble vertreten. Die Arbeitsgruppe für Innen- und Rechtspolitik kam wegen der ablehnenden Haltung der CSU gegenüber Gerhart Baum noch nicht zu Stande.[61]

Auch an diesem Tag verlief die Erarbeitung eines Koalitionsprogrammes schwieriger als erwartet. Stoltenberg forderte in Bezug auf die Wirtschaftszahlen Einsparungen im Umfang von etwa 20 Mrd. DM. Innerhalb der Arbeitsgruppen konnte man sich aber zunächst nur auf etwa 2,3 Mrd. DM einigen. Zusammen mit den Vorfällen um Gerhart Baum drückten die mäßigen Ergebnisse die Stimmung unter den FDP-Unterhändlern. Außerdem schien die Disziplin unter den liberalen Verhandlungsführern nachzulassen. Otto Graf Lambsdorff nutzte den Tag beispielsweise für einen Wahlkampfauftritt in Hessen.[62] Genscher warf ihm daraufhin vor, dass er sich nur nicht zu Gesprächen mit Unterhändlern der zweiten Reihe wie Waigel und Schäuble habe herablassen wollen. Mischnick erzürnte Lambsdorffs Verhalten so sehr, dass er

---

60 Vermerk für Kohl von Gerhard Zeitel bzgl. mittelstandspolitischer Akzente vom 23. September 1982, S. 1–2, ACDP 08-008:258/10.

61 Differenzen zwischen Union und FDP beim Aushandeln eines Regierungsprogramms, SZ vom 23.09.1982, ACDP Medienarchiv; Kohl biegt ein in die Via Crucis, Der Spiegel 39/82, S. 17–22; Bohnsack, K., Die Koalitionskrise, S. 28.

62 Lambsdorff stand hier unter besonderem Druck von Seiten der hessischen FDP. Als der Wirtschafsminister bspw. Anfang September eine Wahlkampfveranstaltung in Viernheim abgesagt hatte, hatte der Ortsverband Parteiaustritte, Amts- und Mandatsniederlegungen sowie eklatante Folgen für das Wahlergebnis befürchtet, da die Stimmung dort schon wegen der umstrittenen Koalitionsaussage zu Gunsten der CDU auf Landesebene angespannt war, Schreiben Willi Knölls an Otto Graf Lambsdorff vom 3. September 1982, AdL Lambsdorff, Otto Graf N 103–593.

ankündigte, wenn das so laufe, verhandle er überhaupt nicht mehr. Dem FDP-Präsidium teilte Genscher mit, die Gespräche nähmen einen befriedigenden Verlauf.[63]

Am folgenden Tag rückten die Sozialpolitiker in den Vordergrund der Koalitionsverhandlungen. Es war absehbar, dass der soziale Bereich die Hauptlast der beabsichtigten Kürzungen würde tragen müssen. Wolfgang Mischnick, Norbert Blüm und der bayerische Sozialminister Fritz Pirkl erarbeiteten dafür eine Liste mit Einsparvorschlägen. Die Verhandlungen darüber nahmen den gesamten Tag in Anspruch. Kohl erklärte in einer Verhandlungspause, man habe das ganze Feld der Einsparungen abgeklopft. Verbindliche Verhandlungsergebnisse gab es aber auch an diesem Tag noch nicht. Stoltenberg erwartete, erst am Montag ein fertiges haushalts- und finanzpolitisches Konzept zu haben. Die Frankfurter Rundschau sah darin das Bemühen, wegweisende Entscheidungen bis zum Tag nach den hessischen Landtagswahlen zu verzögern. Bei dem Urnengang war mit einem erheblichen Stimmverlust der FDP zu rechnen. Das musste sich auch auf die Verhandlungsposition der Liberalen im Bund auswirken.[64]

Die nicht wirtschaftsbezogenen Themen nahmen deutlich weniger Zeit in Anspruch. In den sicherheitspolitischen Vorstellungen lagen Genscher und der Vorsitzende der Arbeitsgruppe Außenpolitik der Unionsfraktion, Alois Mertes, so nahe beieinander, dass die meisten wichtigen Fragen schon in der Runde der Chefunterhändler besprochen werden konnten. Das Gebiet der Innen- und Rechtspolitik wurde derweil auf die nächste Woche verschoben. Kohl war zwar kein Freund des *„unseligen Innenministers“*[65], versuchte am Donnerstag aber dennoch, Baum in einem Gespräch für die neue Regierung zu gewinnen. Das gestaltete sich allerdings schwierig. Der FDP-Politiker hatte den Konservativen kurz zuvor eine Übersicht seiner Vorstellungen zukommen lassen. Darin forderte er nicht nur die vollständige Aufhebung des § 175 StGB, sondern auch eine Lockerung des Kontaktsperregesetzes und die Entschärfung des Radikalenerlasses durch eine Differenzierung nach Tätigkeiten. Pläne der CDU/CSU zur Neuordnung des Demonstrationsrechtes lehnte er ebenso ab wie Einschränkungen beim Nachzug von minderjährigen Ausländern. Während des Gespräches mit Kohl bekam der ehemalige Innenminister zunehmend den Eindruck, Genscher habe mit Kohl gar nicht über die Bedeutung des Innenressorts gesprochen: *„Dem hat offenbar noch niemand gesagt, worum es Liberalen eigentlich geht.“*[66]

---

63 Protokoll der Sitzung des FDP-Präsidiums vom 23.09.1982, S. 2, AdL FDP-Bundespartei 6171; Kohl biegt ein in die Via Crucis, Der Spiegel 39/82, S. 17–22.

64 Wunsch nach Zeitgewinn, FR vom 24.09.1982, ACDP Medienarchiv; Dittberner, J., Die FDP, S. 55–56; Bundesregierung strebt Ergänzungsabgabe an, GA vom 24.09.1982, ACDP Medienarchiv; Union und FDP in der Steuerpolitik einig, FAZ vom 24.09.1982, S. 1.

65 Kohl biegt ein in die Via Crucis, Der Spiegel 39/82, S. 15.

66 Kohl biegt ein in die Via Crucis, Der Spiegel 39/82, S. 15–17, das Zitat auf S. 17; Bohnsack, K., Die Koalitionskrise, S. 28; Differenzen zwischen Union und FDP beim Aushandeln eines Regierungsprogramms, SZ vom 23.09.1982, ACDP Medienarchiv.

In der Tat überwogen bei Genscher zu diesem Zeitpunkt strategische Überlegungen. Das Gebiet der Innen- und Rechtspolitik war höchst konfliktbelastet und konnte insbesondere der CSU einen Vorwand bieten, die Verhandlungen platzen zu lassen und sich wieder für sofortige Neuwahlen einzusetzen. Außerdem gab es hier, anders als in der Wirtschaftspolitik, kaum Fragen, die unbedingt bis zum März zu erledigen waren. Der FDP-Vorsitzende war nicht gewillt, den rechten Flügel seiner Partei zu Gunsten der Bürgerrechtler zu enttäuschen und gleichzeitig eine Wahlniederlage zu riskieren. Dennoch versuchte Genscher, Baum auf andere Weise in die Regierung zu integrieren. Statt des Innen- sollte Baum das Justizministerium übernehmen. Das befürwortete auch Kohl. Eine Einbindung der FDP-Linken steigerte nicht nur seine Aussichten auf ein Gelingen der Kanzler-, sondern auch auf eine erfolgreiche Bundestagswahl.[67]

Am Freitagmorgen traf sich Kohls Vertrauter Waldemar Schreckenberger mit dem FDP-Vorsitzenden und Baum in Genschers Haus in Pech bei Bonn. Auch hier gab es keine Einigung. Ein Einzug des linken Innenministers in das neue Kabinett wurde damit immer unwahrscheinlicher. Notizen aus dem Umfeld von Baums Berater Klaus Thomsen legen nahe, dass sich der FDP-Politiker bewusst nicht von der neuen Regierung instrumentalisieren lassen wollte. Stattdessen sollte Baum nach dem *„unweigerlichem Fehlschlag dieses Unternehmens“*[68] die FDP erneuern und auf die Freiburger Thesen gestützt wieder mit der SPD koalieren. Dafür durfte er weder dem rechten FDP-Flügel noch den Sozialdemokraten als Verräter erscheinen, also weder die Partei verlassen noch in das Kabinett eintreten.[69]

Am Wochenende warteten die zukünftigen Koalitionäre auf das Wahlergebnis in Hessen. Hinsichtlich der Verhandlungen demonstrierten Kohl und Genscher Einigkeit. Vor den Fernsehkameras sparten sie nicht an gegenseitigem Lob und sahen die drei Parteien auf einem guten Weg zu einer erfolgreichen Zusammenarbeit. Die wichtigsten Beschlüsse seien so gut wie fertig, am Montag gebe es fast nur noch Austauschbedarf zur Außen- und Deutschlandpolitik, bei der man sich weitestgehend einig sei. Schreckenbergers Besuch in Pech zeigt aber mehr als deutlich, dass zumindest die informellen Verhandlungen auch zwischen Freitag und Sonntag nicht ruhten.[70]

Am 26. September stimmten die hessischen Wähler über ihre Landesregierung ab. Seit sich die FDP im Sommer für eine Koalitionszusage zu Gunsten der Union

---

67 Kohl bietet Baum doch Justizministerium an, WAZ vom 24.09.1982, ACDP Medienarchiv; Stickler, M., Die CSU und der Bonner Regierungswechsel, S. 189.

68 Notiz von Klaus Thomsen bzgl. Gerhart Baum, AdL Baum, Gerhart R. ÜP 26/2014-29a.

69 Notiz von Klaus Thomsen bzgl. Gerhart Baum, AdL Baum, Gerhart R. ÜP 26/2014-29a; Bohnsack, K., Die Koalitionskrise, S. 29; Kohl biegt ein in die Via Crucis, Der Spiegel 39/82, S. 17; Genscher, H.-D., Erinnerungen, S. 462–463. Siehe zum Treffen in Pech auch: Kohls Vertrauter sucht Baum für die Koalition zu gewinnen, FAZ vom 25.09.1982, S. 3.

70 Kohls Vertrauter sucht Baum für die Koalition zu gewinnen, FAZ vom 25.09.1982, S. 3; Die Bonner Verhandlungspartner machen eine Pause und warten auf Wiesbaden, FAZ vom 25.09.1982, S. 1.

entschieden hatte, galt die Hessenwahl allgemein als Testwahl für den Bund. Wenn die Hessen einem christlich-liberalen Bündnis ihren Segen gaben, konnte das dem Koalitionswechsel im Bund einen Teil jener demokratischen Rechtfertigung geben, die ihm bis dahin fehlte. Nun war die FDP aber von den Ereignissen überrollt worden. Helmut Schmidt hatte den Koalitionsbruch vorverlegt und wies den Liberalen seitdem erfolgreich die Schuld daran zu.[71] An der sicher geglaubten Ablösung des SPD-Ministerpräsidenten Holger Börner gab es seit dem 17. September vermehrt Zweifel. Genscher ruderte nun zunehmend zurück und erklärte, das Wahlergebnis in Hessen habe keine Auswirkungen auf die Koalitionsbildung mit der CDU.[72]

Als Börner am Sonntagabend vor die Kameras trat, hatten sich die schlimmsten Befürchtungen der FDP bewahrheitet. Die Wähler hatten sie mit nur 3,1 % abgestraft, die CDU und die SPD konnten mit 45,6 % und 42,8 % immerhin akzeptable Ergebnisse vorweisen. Die Gewinner des Abends waren mit 8 % die Grünen, die erstmals in das Wiesbadener Parlament einzogen. Da die FDP darin nicht mehr vertreten war, waren SPD und CDU nun entweder auf eine Zusammenarbeit untereinander oder mit den Grünen angewiesen. Beides schlossen die Sozialdemokraten aber aus, sodass die unklaren Mehrheitsverhältnisse schon bald Neuwahlen erforderlich machen sollten.[73] Der hessische CDU-Chef Alfred Dregger nahm die Niederlage zum Anlass, den Weg für seinen Nachfolger, den Frankfurter Oberbürgermeister Walter Wallmann, freizumachen. Die Enttäuschung des Landesvorsitzenden war groß. Dregger hatte seiner Partei in den vergangenen Jahren zu erheblichen Stimmzuwächsen verholfen, und die Briefwahlergebnisse deuteten darauf hin, dass er ohne die jüngsten bundespolitischen Ereignisse möglicherweise sogar eine absolute Mehrheit erreicht hätte.[74]

Wie zu erwarten war, schlug die Hessenwahl auch im Bund große Wellen. Willy Brandt begrüßte das Ergebnis trotz Einbußen bei der SPD und sah in Deutschland bereits eine Mehrheit links der Union. Das konnte zunächst eine Tolerierung der SPD durch die Grünen, langfristig vielleicht auch eine rot-grüne Koalition bedeuten. Helmut Kohl nahm diese Gedankenspiele durchaus ernst und besprach sie zwei Tage nach der Wahl mit seiner Fraktion. Der Koalitionskritiker Strauß kommentierte das unter den Erwartungen liegende Ergebnis der CDU derweil mit den Worten *„Wer mit einer Syphiliskranken ins Bett geht, darf sich nicht wundern, wenn er sich an-*

71 Ein *„glänzender Schachzug"*, kommentierte die Frankfurter Neue Presse: Keine Alternative, Frankfurter Neue Presse vom 29.09.1982, ACDP Medienarchiv.

72 Weirich, D., Dregger, S. 173; Bohnsack, K., Die Koalitionskrise, S. 29; Merck, J., Wende, S. 397; Union und FDP in der Steuerpolitik einig, FAZ vom 24.09.1982, S. 1.

73 Die Zeitungen werteten diese Entscheidung auch als einen Rückschlag für Willy Brandts rot-grüne Ambitionen im Bund, Links der CDU, FAZ vom 28.09.1982, S. 1.

74 Bohnsack, K., Die Koalitionskrise, S. 29; Weirich, D., Dregger, S. 174; Rödder, A., Bundesrepublik, S. 75; Bohnsack, K., Die Koalitionskrise, S. 30.

steckt".[75] Einmal mehr bekräftigte er seine Ansicht, dass die Union nach Neuwahlen im Bund streben solle.[76]

Mit dieser Haltung war er in seiner Fraktion nun aber noch einsamer als zuvor. Im Konrad-Adenauer-Haus beriet am Montag seit 9.30 Uhr erst das CDU-Präsidium, dann der Vorstand und am frühen Nachmittag wieder das Präsidium. Blüm meinte, man müsse jetzt erst recht nach vorne blicken und regieren. Hessen hatte den CDU-Politikern gezeigt, dass die Union durch die Verhandlungen mit der FDP bereits an Zustimmung verloren hatte. Viel wahrscheinlicher als eine absolute Mehrheit der CDU und CSU war bei einer Bundestagswahl daher, dass sich die schwierigen Mehrheitsverhältnisse von Hamburg und Wiesbaden auf Bonn übertrugen. Dann, betonte Kohl, drohe dem Land die Unregierbarkeit, was in der gegenwärtigen wirtschaftlichen Lage nicht hinnehmbar sei. Auch Walther Leisler Kiep erteilte der erneuten Wahltermindiskussion eine klare Absage. Erst sollten die ersten Beschlüsse wirksam werden, dann könnten die Bürger entscheiden. Die CDU-Führung entschied sich daher dafür, die Verhandlungen mit der FDP fortzusetzen. Aus der CSU-Landesgruppe kam schließlich auch die Bestätigung, an ihr werde die Wende nicht scheitern.[77]

Auch die FDP diskutierte die Lage nach dem Ausscheiden aus dem Wiesbadener Landtag. Für Hans-Dietrich Genscher gab es nun keinen Weg mehr zurück. Entweder seine Partei meisterte die Wende oder sie steuerte auf schwere Zeiten zu. Die Wahl, die den Koalitionswechsel erst durch einen Sieg hatte rechtfertigen sollen, zwang die Liberalen jetzt dazu, ihr Vorhaben konsequent zu Ende zu bringen. Die Verhandlungsposition der FDP stärkte diese Alternativlosigkeit keinesfalls. Es bestätigte sich, was Genscher schon wenige Tage zuvor festgestellt hatte: Die Unterhändler waren *„zum Erfolg verdammt"*.[78]

Die Fortsetzung der Koalitionsgespräche war am Montag für 16 Uhr vorgesehen. Bis die sechs Verhandlungsführer wieder zusammensaßen, wurde es aber früher Abend. Franz Josef Strauß war noch auf einer CSU-Sitzung und traf erst um 19 Uhr in der Hauptstadt ein. Genscher und Kohl waren zu diesem Zeitpunkt schon erschöpft.[79] Beide wussten, dass sie trotzdem notfalls die ganze Nacht hindurch wür-

---

75 So zitierte ihn die Rheinische Post: Eine „Übergangsregierung" bis Herbst 1984, Rheinische Post vom 28.09.1982, ACDP Medienarchiv.

76 Stickler, M., Die CSU und der Bonner Regierungswechsel, S. 187; Protokoll der Sitzung der CDU/CSU-Fraktion im Deutschen Bundestag Nr. 9/53 vom 28.09.1982, S. 4, ACDP 08-001:1068/1; Im Hintergrund lauert die „neueste Mehrheit", FR vom 29.09.1982, ACDP Medienarchiv.

77 Ergebnisprotokoll der 19. Sitzung des Präsidiums der CDU vom 27. September 1982, ACDP 07-001:1415; Durchhalteparolen gegen Wählerstimmen, SZ vom 28.09.1982, ACDP Medienarchiv; Wieder einmal: Zieht München nun mit oder nicht, FAZ vom 28.09.1982, S. 3; Das Warten auf die CSU kostete erneut Nerven, Bonner Rundschau vom 28.09.1982, ACDP Medienarchiv; Kiep: CSU war nicht hilfreich, NRZ vom 29.09.1982, ACDP Medienarchiv.

78 Bohnsack, K., Die Koalitionskrise, S. 29; Genscher: Scheitern der Koalitionsverhandlungen ausgeschlossen, DPA vom 23.09.1982, ACDP Medienarchiv, hier das Zitat.

79 Zu der Aufregung um die Wahlergebnisse und der Verzögerung durch Strauß kamen beim CDU-Vorsitzenden auch persönliche Belastungen. Das Medieninteresse war am Samstag so groß gewe-

den verhandeln müssen, um den Fraktionen am nächsten Tag die Beschlüsse vorlegen und darauf aufbauend den Misstrauensantrag stellen zu können. Aufgrund der damit verbundenen Fristen hätte jede weitere Verzögerung die Wahl des neuen Kanzlers am 1. Oktober unmöglich gemacht. Das Verfassungsrecht sah vor, dass zwischen der Verteilung des Misstrauensantrags als Drucksache im Bundestag und der Abstimmung mindestens 48 Stunden liegen mussten. Von einer ungeplanten Verzögerung hätten vor allem Helmut Schmidt und Genschers innerparteiliche Gegner profitiert. Außerdem stand am 10. Oktober die Landtagswahl in Bayern an. Wollte man kein zweites Hessen riskieren, mussten Union und FDP bis dahin Zukunftsperspektiven aufgezeigt und Handlungsfähigkeit bewiesen haben.[80]

In den folgenden Stunden berieten Kohl, Stoltenberg, Genscher, Mischnick, Strauß und Zimmermann im Bundeshaus über die letzten unklaren Fragen der Koalitionsvereinbarung. Besonders die Sozialpolitiker erhofften sich angesichts der Demoralisierung der Liberalen Verschiebungen zu ihren Gunsten. Je nach Themenbereich rief man Experten aus den jeweiligen Parteien oder Vertreter von deren wichtigsten Flügeln zu den Verhandlungen hinzu. Hin und wieder wurden die Gespräche für Interviews unterbrochen. Nachts gegen 1.30 Uhr waren die Koalitionsverhandlungen abgeschlossen. Die Unterhändler stießen darauf mit Pfälzer Riesling und Rheinhessischem Rauenthaler an.[81]

Nachdem die Chefunterhändler ihre Arbeit beendet hatten, kümmerten sich Mitarbeiter aus der zweiten Reihe um den Feinschliff des Koalitionspapieres. Bis 5 Uhr morgens wurden Tippfehler ausgebessert und das Regierungskonzept für die Vorlage bei den Fraktionen vorbereitet. Auch im Laufe des folgenden Tages sollten noch einige Formulierungen verändert werden. Diese betrafen aber kaum die Wirtschafts-, sondern fast ausschließlich die Außen- und Sicherheitspolitik. Um kurz nach 11 Uhr beriet die CDU/CSU-Fraktion über das Koalitionspapier.[82]

Worauf hatten sich die Unterhändler geeinigt? Da die einzelnen Bereiche in späteren Kapiteln ausführlich betrachtet werden, ist hier eine kurze Übersicht ausrei-

sen, dass Hannelore Kohl durch den Zusammenstoß mit einer Kamera eine Gehirnerschütterung erlitten hatte und zwei Tage stationär versorgt werden musste, Die Weichen für eine neue politische Ära in Bonn sind gestellt, GA vom 29.09.1982, ACDP Medienarchiv.

80 Wieder einmal: Zieht München nun mit oder nicht, FAZ vom 28.09.1982, S. 3; CDU und CSU bleiben beim Bonner Terminplan, FAZ vom 28.09.1982, S. 1; Roßner, S., Mehrheitsbestimmung, S. 1310; Die Weichen für eine neue politische Ära in Bonn sind gestellt, GA vom 29.09.1982, ACDP Medienarchiv.

81 Kohls Mannschaft – wer wird was, Die Welt vom 29.09.1982, ACDP Medienarchiv; Eine halbjährige Atempause bei den Sozialleistungen, KR vom 27.09.1982, ACDP Medienarchiv; Die Koalitionsverhandlungen unter Zeitdruck, FAZ vom 27.09.1982, S. 1; Im Hintergrund lauert die „neueste Mehrheit", FR vom 29.09.1982, ACDP Medienarchiv.

82 Protokoll der Sitzung der CDU/CSU-Fraktion im Deutschen Bundestag Nr. 9/53 vom 28.09.1982, S. 1, 22, ACDP 08-001:1068/1; Koalitionsvereinbarungen ergänzt und geändert, Handelsblatt vom 30.09.1982, ACDP Medienarchiv.

chend. An erster Stelle des „Ergebnisses der Koalitionsgespräche"[83] stand der ambitionierte Zeitplan, der den Rahmen der folgenden Beschlüsse bildete. Auch wenn man aus Zeitdruck viele sozialliberale Projekte in die Koalitionsvereinbarung aufgenommen hatte, sollte zumindest der alte Haushalt für das Jahr 1983 symbolisch durch einen neuen ersetzt werden, über den die Abgeordneten dann Ende Dezember abstimmen sollten. Damit der neue Etat der veränderten Wirtschaftslage gerecht wurde, waren verschiedene Einsparungen angedacht. Diese sollten zusätzlich zu den bisher schon vorgesehenen Kürzungen von 8,5 Mrd. DM mindestens weitere 5,5 Mrd. DM umfassen. Im Einzelnen plante man unter anderem eine Verringerung der Direktsubventionen um 500 Mio. DM und Einsparungen im öffentlichen Dienst. Hier sollte vor allem eine Vorfestlegung der Steigerung der Beamtenbesoldung auf 2% vorgenommen werden. Der wichtigste Vorschlag im Bereich der Sozialversicherung war hingegen eine *„Atempause"*[84] von sechs Monaten. Statt ab dem 1. Januar sollten die Rentenanpassungen erst ab dem 1. Juli wirksam werden.[85] Dieselbe Verschiebung war für die Sozialhilfe und die Beamtenbesoldung vorgesehen. Um ein schlüssiges Gesamtkonzept zu gewährleisten, verzögerte sich auch die geplante Wiedereinführung des Krankenversicherungsbeitrags für Rentner um ein halbes Jahr. Die Rentenversicherung, deren Beiträge ab dem 1. Januar 1984 auf 18,5 % angehoben werden sollten,[86] musste sich dafür auf eine erhebliche Kürzung ihrer Bundeszuschüsse einstellen. Im Bereich der Rentenversicherung der Arbeiter und Angestellten war eine Verringerung in Höhe von 3 Mrd. DM vorgesehen. Die Krankenversicherung wurde derweil durch eine höhere Eigenbeteiligung der Patienten und eine Anpassung des Leistungskataloges entlastet. Die Arbeitslosenversicherung profitierte unter anderem von einer *„breiteren Differenzierung der Leistungsdauer beim AFG nach Beitragsdauer"*[87], von einem erhöhten Beitrag sowie von einer restriktiven Ausländerpolitik.[88] Ferner war eine Minderung des Wohn- und des Kindergeldes für das zweite und dritte Kind ab einer bestimmten Einkommensgrenze vorgesehen. Das Schüler-BAföG sollte fast vollständig entfallen, das Studenten-BAföG auf Darlehensbasis umgestellt werden. Die Einsparungen, das war den Verhandlungsführern wichtig, sollten dabei auch die Länder und Gemeinden entlasten.[89]

---

83 Ergebnis der Koalitionsgespräche vom 29. September 1982, ACDP Medienarchiv.

84 So etwa in der Sozialen Ordnung, Atempause, Soziale Ordnung 35 XI, 1982, S. 7.

85 Siehe dazu Kap. 4.1.1.1 und Abb. 10.

86 Vgl. zur Entwicklung der Beitragssätze auch Abb. 7.

87 Ergebnis der Koalitionsgespräche vom 29. September 1982. Wirtschafts- und Sozialpolitik, S. 8, ACDP Medienarchiv. Eine ältere aber fast identische Version der Koalitionsvereinbarung findet sich bspw. in AdL FDP-Bundespartei 6992. Letztere ist im Anhang abgedruckt.

88 Ergebnis der Koalitionsgespräche vom 29. September 1982. Innenpolitik, S. 1–2, ACDP Medienarchiv, wobei für die Ausländerpolitik nicht nur arbeitsmarktpolitische Erwägungen ausschlaggebend waren, siehe dazu Kap. 4.1.2.5.

89 Ergebnis der Koalitionsgespräche vom 29. September 1982. Wirtschafts- und Sozialpolitik, S. 1, 4–9, ACDP Medienarchiv; Protokoll der Sitzung der CDU/CSU-Fraktion im Deutschen Bundestag Nr. 9/53 vom 28.09.1982, S. 8–9, ACDP 08-001:1068/1.

Neben der Haushaltskonsolidierung sah die Koalitionsvereinbarung auch Maßnahmen zur direkten Förderung der Unternehmen vor. Hier hatten sich die Unterhändler unter anderem auf eine Förderung des Eigenheimbaus durch einen verbesserten Schuldzinsenabzug bei Neubauten, die Ausweitung von Existenzgründungsprogrammen einschließlich Beratungshilfen sowie auf steuerliche Vergünstigungen bei der Übernahme insolvenzbedrohter Unternehmen geeinigt. Ebenso waren Erleichterungen bei der Gewerbesteuer vorgesehen. Die Finanzierung dieser Maßnahmen sollte mit einer Erhöhung der Mehrwertsteuer um einen Prozentpunkt zum 1. Juli sichergestellt werden.[90]

Um weitere Mittel zu gewinnen, sah die Koalitionsvereinbarung die Einführung einer obligatorischen Anleihe vor. Bezieher von steuerpflichtigen Jahreseinkommen von mehr als 50.000 DM, beziehungsweise 100.000 DM bei Eheleuten, hatten dem Staat in den folgenden zwei Jahren Gelder in Höhe von 5 % ihrer Steuerschuld unverzinst zur Verfügung zu stellen. Investoren konnten sich von der Anleihe unter bestimmten Voraussetzungen befreien lassen, gegen Ende des Jahrzehnts sollte sie zurückgezahlt werden. Die Ähnlichkeiten zur sozialdemokratischen Ergänzungsabgabe waren offensichtlich, das Wort findet sich im Koalitionspapier aber nicht. Mit den Einkünften aus dieser Zwangsanleihe sollte unter anderem der soziale Wohnungsbau gefördert werden. Der Wohnungswirtschaft sollten außerdem umfassende Deregulierungen zu Gute kommen. Insbesondere für das Mietrecht sah die Übereinkunft vermieterfreundliche Änderungen vor. So sollten in Zukunft beispielsweise Staffelmieten selbst in schon bestehenden Wohnungen zulässig sein.[91]

Besondere Bedeutung kam dem Verhältnis zu den Bundesländern und Gemeinden zu. So betonte die Koalitionsvereinbarung, dass die Kommunen beispielsweise für die erwartbaren Mindereinnahmen im Bereich der Gewerbesteuer entschädigt werden müssten. Die Bundesmittel für wichtige Gemeinschaftsaufgaben und -projekte sollten ebenfalls erhöht werden. Außerdem stellte die Koalition den Ländern in Aussicht, ihnen ein *„faires Angebot“*[92] zur Umsatzsteuerverteilung und anderen finanziellen Aspekten der Bund-Länderbeziehungen zu machen. Andere Regelungen wie die Begrenzung der Sozialhilfe kamen ohnehin den unteren Gebietskörperschaften zu Gute. Die Verbesserung des Verhältnisses zu den Ländern und insbesondere die Aufstockung der Gemeinschaftsaufgaben ging, so erläuterte es Stoltenberg am Dienstag seiner Fraktion, auch auf den Wunsch von Franz Josef Strauß zurück.[93]

---

90 Ergebnis der Koalitionsgespräche vom 29. September 1982. Wirtschafts- und Sozialpolitik, S. 1–2, ACDP Medienarchiv.

91 Ergebnis der Koalitionsgespräche vom 29. September 1982. Wirtschafts- und Sozialpolitik, S. 2–3, ACDP Medienarchiv.

92 Ergebnis der Koalitionsgespräche vom 29. September 1982. Wirtschafts- und Sozialpolitik, S. 10, ACDP Medienarchiv.

93 Ergebnis der Koalitionsgespräche vom 29. September 1982. Wirtschafts- und Sozialpolitik, S. 2, 10, ACDP Medienarchiv; Protokoll der Sitzung der CDU/CSU-Fraktion im Deutschen Bundestag Nr. 9/53 vom 28.09.1982, S. 14, ACDP 08-001:1068/1.

Interessant ist nicht zuletzt, was sich im Koalitionspapier nicht findet. Die von der FDP favorisierten Karenztage waren ebenso wenig Teil der Vereinbarung wie die von Sozialpolitikern sowohl der SPD als auch der Union zuvor diskutierten Beitragserhöhungen zur Arbeitslosenversicherung. Auch die Einsparsumme von 5,5 Mrd. DM war kleiner als das, was Stoltenberg vorher gefordert hatte. Daneben hatten die Unterhändler die Beschaffung von mindestens 200 Mio. DM offen gelassen und auf die Zeit nach der Regierungserklärung verschoben. Die Planungsunsicherheiten des Konzeptes waren so groß, dass Stoltenberg seiner Fraktion gegenüber erklärte, er rechne damit, dass auch 1983 ein Nachtragshaushalt nötig sein werde.[94] Die von Arbeitnehmervertretern befürworteten Arbeitszeitverkürzungen fanden sich in der Vereinbarung nicht, wohl aber eine Absenkung der flexiblen Altersgrenze beim Renteneinstieg auf 60 Jahre. Auch Personalentscheidungen verankerte die Koalition nicht in ihrem Gründungspapier.[95]

Den vereinbarten Termin für die Bundestagswahlen am 6. März nahmen CDU, CSU und FDP ebenfalls nicht in ihre Koalitionsvereinbarung auf. Damit ließ sich unter anderem eine unnötige Provokation des Bundespräsidenten und des Bundesverfassungsgerichts vermeiden, bei denen es noch Bedenken hinsichtlich der Rechtmäßigkeit des Neuwahlprojektes gab. Trotzdem bestanden kaum Zweifel daran, dass der 6. März ein Teil der Beschlüsse war. *„Faktisch“*, so etwa Andreas Wirsching, *„kam dies einer mündlich getroffenen Koalitionsvereinbarung gleich, die in der schriftlichen Niederlegung freilich aus offenkundigen verfassungspolitischen Gründen fehlte“*.[96]

Auch bei den schriftlich festgehaltenen Beschlüssen der Koalitionsvereinbarung hatten sich die Unterhändler oft nur auf grobe Richtungsangaben beschränkt und kritische Detailfragen ausgeklammert. Oberstes Ziel der Beratungen war gewesen, überhaupt in der kurzen Zeit zu einer Einigung zu kommen. Konfliktmarkierungen, wie sie in Koalitionsverträgen sonst teils zu finden sind, fehlten dabei größtenteils. Die offen gebliebenen Fragen mussten nun während der Erarbeitung der Gesetzentwürfe geklärt werden und sollten dort zu neuen Auseinandersetzungen führen.[97]

---

94 Protokoll der Sitzung der CDU/CSU-Fraktion im Deutschen Bundestag Nr. 9/53 vom 28.09.1982, S. 7, ACDP 08-001:1068/1.

95 Ergebnis der Koalitionsgespräche vom 29. September 1982. Wirtschafts- und Sozialpolitik, S. 9, ACDP Medienarchiv; Dettling, B. – Geske, M., Helmut Kohl, S. 234. Dass keine Personalentscheidungen festgehalten wurden, war in der politischen Praxis nicht außergewöhnlich. Obwohl insbesondere in der Frühphase der Bundesrepublik das Erobern von Ministersesseln ein zentrales Ziel von Koalitionsverhandlungen war, verankerte man diesbezügliche Beschlüsse manchmal eher in einem Zusatzabkommen oder gar nicht im Koalitionspapier, Kropp, S., Koalitionsverhandlungen, S. 59.

96 Wirsching, A., Provisorium, S. 35. Siehe auch Kohl, H., Erinnerungen II, S. 67–68 und Schwarz, H.P., Helmut Kohl, S. 285.

97 Bspw. in den Diskussionen um das Erstkindergeld, den Subventionsabbau oder die Kürzungen beim BAföG. Siehe dazu Kap. 4.2.4, Kap. 4.2.6 und Kap. 4.2.7. BT-PlPr. 09/122 (14.10.1982), S. 7323D; Zohlnhöfer, R., Wirtschaftspolitik der Ära Kohl, S. 73–74; Kropp, S., Koalitionsverhandlungen, S. 78–79.

Vertreter aller Flügel der Koalition zeigten sich mit den wirtschaftspolitischen Beschlüssen dennoch zufrieden. Für den Hauptgeschäftsführer der CDA, Heribert Scharrenbroich, war das Koalitionspapier schon allein deswegen *„zweifelsohne ein Erfolg der CDA“*[98], da die Sozialausschüsse zahlreiche Vorschläge des Lambsdorffpapieres abgewehrt hatten. Genscher sah in der Übereinkunft seinerseits später eine *„deutliche liberale Handschrift“*[99], eine Einschätzung, die viele Beobachter auch in den Reihen der FDP allerdings nur bedingt teilten. Zwar hatten die Liberalen die Reform des Mietrechts vorangetrieben, an anderer Stelle aber Zugeständnisse machen müssen, die sie der SPD bisher versagt hatten.[100]

Die Wirtschaftspolitik nahm den mit Abstand größten Teil der Koalitionsvereinbarung ein. Dennoch waren die drei Parteien auch auf anderen Gebieten zu einer Einigung gekommen. Wegen der geringeren Dringlichkeit beschränkten sich die Verhandlungsführer in der Rechts-, Innen-, Außen- und Sicherheitspolitik aber weitestgehend auf allgemeine Feststellungen. Die NATO sei weiterhin zu unterstützen, was unter anderem eine Überprüfung des Nachrüstungsbedarfs des Bündnisses im Mittelstreckenbereich einschloss.[101] Der Abzug der sowjetischen Truppen aus Afghanistan wurde ebenso gefordert wie die Achtung des Selbstbestimmungsrechts des palästinensischen Volkes und die Fortsetzung einer Friedenspolitik auf Grundlage der Ostverträge. Außerhalb der drängenden Wirtschaftspolitik solle also weitestgehend der bisherige Kurs weiterverfolgt werden. Wirklich relevant für die faktisch nur dreimonatige Regierungszeit der neuen Koalition waren bestenfalls die Angelegenheiten der Kriegsdienstverweigerer. Hier wollte man unverzüglich eine Kommission zur Wehrgerechtigkeit und zur Ausgestaltung des Ersatzdienstes einsetzen.[102]

Am 28. September beriet die CDU/CSU-Fraktion über das Koalitionspapier. Stoltenberg und Blüm erläuterten die Ergebnisse der Wirtschafts- und Finanzpolitik und betonten die Verhandlungserfolge, die die Union erzielt habe. Anschließend kam es zu einer kurzen Diskussion, bei der angemerkt wurde, man hätte auch das Kindergeld für das erste Kind mindern können. Die Erhöhung der Mehrwertsteuer sorgte für Verwunderung, hatte man sich doch vorher darauf geeinigt, den Haushalt nicht durch neue Steuern zu finanzieren. In der CSU-Landesgruppe sollte es in den kommenden Tagen heftigere Proteste geben. Der Verteidigungsexperte Alfred Biehle be-

98 Wende zum Wiederaufschwung, Soziale Ordnung 35 X, 1982, S. 6.

99 Genscher, H.-D., Erinnerungen, S. 462.

100 Etwa bei der Zwangsanleihe; Jäger, W., Innenpolitik, S. 253; Wende zum Wiederaufschwung, Soziale Ordnung 35 X, 1982, S. 6; Zeitzeugengespräch mit Rainer Funke am 12. Oktober 2020, S. 1; Ullmann, H.-P., Schuldenstaat, S. 367.

101 Ergebnis der Koalitionsgespräche vom 29. September 1982. Deutschland-, Außen- und Sicherheitspolitik, S. 3, ACDP Medienarchiv.

102 Ergebnis der Koalitionsgespräche vom 29. September 1982. Innenpolitik, S. 1–4, ACDP Medienarchiv; Ergebnis der Koalitionsgespräche vom 29. September 1982. Deutschland-, Außen- und Sicherheitspolitik, S. 1–7, ACDP Medienarchiv. Vgl. Es reicht, GA vom 29.09.1982, ACDP Medienarchiv.

zeichnete das Koalitionspapier in einer Sitzung am 29. September als unausgegoren und forderte, inhaltliche Lücken bis zur Regierungserklärung zu schließen. Andere Christsoziale wie die Bundestagsabgeordneten Karl Heinz Lemmrich oder Ursula Krone-Appuhn meinten, mit dem Papier könne man zwar leben, man dürfe aber nicht vergessen, dass es nur vorläufig sei. Helmut Kohl ermahnte seine Fraktion, man müsse sich heute auf ein konstruktives Misstrauensvotum festlegen, wenn man es am Freitag durchführen wolle. Mit Blick zur CSU erklärte er, weitere Terminänderungen seien nicht tragbar, da sonst bei den Landtagswahlen in Bayern ein ähnliches Ergebnis drohe wie in Hessen. Strauß musste zwar nicht um die Regierungsmehrheit fürchten, wohl aber um die 60 %-Marke und den mit einem Wahlerfolg verbundenen Rückhalt in seiner Partei. Außerdem bekräftigte Kohl, er werde nur antreten, wenn das Misstrauensvotum auch sicher ein Erfolg werde. Da das Stimmungsbild in der FDP uneinheitlich sei, könne man sich innerhalb der Union keine Abweichler leisten. Für die fehlende Geschlossenheit der Liberalen machte Kohl nicht zuletzt die Medien verantwortlich. Die hätten dem linken Flügel der FDP zu viel Aufmerksamkeit geschenkt und damit Druck auf die Gesamtpartei ausgeübt. Wenn er an der Macht sei, wolle er den Medienbereich nach englischem Vorbild reformieren.[103]

Weitaus dramatischer waren die Sitzungen der FDP. Zunächst beriet der FDP-Bundesvorstand über zwei Vorschläge. Der erste forderte, die Koalitionsentscheidung bis zum nächsten Parteitag zu verschieben. Die Frage des Kurswechsels war in Genschers Partei so umstritten, dass die Landesverbände in Schleswig-Holstein, Hamburg, Berlin und Bremen dafür sogar einen außerordentlichen Parteitag verlangt hatten. Da für Anfang November aber ohnehin der 33. Bundesparteitag der FDP in Berlin geplant war, konnte sich dieser Vorschlag nicht durchsetzen. Die Abstimmung im Bundesvorstand über die Vertagung der Koalitionsentscheidung fiel äußerst knapp aus. 17 Stimmberechtigte sprachen für ein Warten auf den Parteitag, 18 dagegen. Hinsichtlich der zweiten Frage, ob der Vorstand der Fraktion die Annahme der Koalitionsvereinbarung und die Wahl Helmut Kohls zum Kanzler empfahl, herrschte mit 19 Ja- zu 16 Nein-Stimmen nicht viel mehr Einigkeit.[104]

Anschließend tagte der FDP-Vorstand gemeinsam mit der Bundestagsfraktion. Die genauen Abläufe dieser Sitzung lassen sich nur schwer rekonstruieren. Sicher ist, dass es zu emotionalen Diskussionen über den Kurs der FDP kam. Der Fraktionsvorsitzende Mischnick wurde sogar gefragt, ob es ein Verhandlungsangebot der SPD

---

103 Konstruktives Misstrauensvotum am Freitag, FAZ vom 29.09.1982, S. 1; Protokoll der Sitzung der CDU/CSU-Fraktion im Deutschen Bundestag Nr. 9/53 vom 28.09.1982, S. 4–5, ACDP 08-001:1068/1; Kohls Mannschaft – wer wird was, Die Welt vom 29.09.1982, ACDP Medienarchiv; Protokoll der Sitzung der CSU-Landesgruppe im Deutschen Bundestag vom 29.09.1982, ACSP LG 1982:14.

104 Dittberner, J., Die FDP, S. 57; Bohnsack, K., Die Koalitionskrise, S. 31; Im FDP-Bundesvorstand gab es am Dienstag in Bonn zwei Abstimmungen, DPA vom 28.09.1982, ACDP Medienarchiv.

gebe. Er verneinte das allerdings. Ingrid Matthäus-Maier warf der Parteiführung vor, dass man viele der Neuregelungen und insbesondere die Zwangsanleihe auch mit der SPD hätte haben können. Die Koalition zu beenden, um mit seinem neuen Partner das zu beschließen, was vorher einer der Trennungsgründe gewesen war, erschien mehreren Abgeordneten abwegig. Diese Meinung war unter den Liberalen weit verbreitet. Auch der Kemptener FDP-Sozialexperte Hansheinrich Schmidt hatte kurz zuvor gesagt, den größten Teil der Beschlüsse hätte man auch mit der SPD machen können. Andreas von Schoeler bewertete das Verhandlungsergebnis Anfang Oktober als so wenig auf Linie der FDP-Parteiführung, dass er als Linksliberaler dem Wirtschafts- und Finanzteil an manchen Stellen eher zustimmen könne als Otto Graf Lambsdorff selbst.[105]

Nach der Sitzung beschwerte sich der Mitbegründer des Freiburger Kreises, Wolfgang Lüder, in einem Brief an den Parteivorsitzenden über das Sitzungsprotokoll. Darin seien die zahlreichen kritischen Stimmen des linken Flügels weitestgehend unterschlagen worden. Als Antwort auf Lüders Kritik wurde der Bericht daraufhin auf ein bloßes Beschlussprotokoll reduziert.[106]

Bei der entscheidenden Abstimmung in der FDP-Fraktion stimmten schließlich 32 Abgeordnete dem Koalitionspapier zu und 20 dagegen, während sich zwei enthielten. Auf die Frage hin, wer am Freitag Kohl zum Kanzler wählen werde, sagten sogar 34 Delegierte ihre Stimme zu. Auf diese Zahlen hatte die Union mehrere Stunden lang unruhig gewartet. Um kurz nach 18 Uhr überbrachte Kohl seiner Fraktion das Ergebnis. Damit hatte er rechnerisch weit mehr Stimmen, als er für die Kanzlerwahl brauchte. Die CDU/CSU-Fraktion beschloss daraufhin einstimmig, den Antrag auf ein konstruktives Misstrauensvotum nach Art. 67 GG zu stellen. Um 19.30 Uhr übergab Philipp Jenninger dem Bundestagspräsidenten Richard Stücklen den unterschriebenen Misstrauensantrag und leitete damit den Sturz der letzten Regierung Schmidt ein.[107]

---

105 Kohl biegt ein in die Via Crucis, Der Spiegel 39/82, S. 22; Auf dieser Regierung liegt kein Segen, Der Spiegel 40/82, S. 20; Konstruktives Misstrauensvotum am Freitag, FAZ vom 29.09.1982, S. 1; Protokoll der Sitzung des Bundesvorstands vom 28. September 1982, AdL FDP-Bundespartei 6992.
106 Brief von Wolfgang Lüder an Genscher vom 22. Oktober 1982, AdL FDP-Bundespartei 6992; Korrigiertes Protokoll der Sitzung des Bundesvorstands vom 28. September 1982, AdL FDP-Bundespartei 6992.
107 Protokoll der Sitzung der CDU/CSU-Fraktion im Deutschen Bundestag Nr. 9/53 vom 28.09.1982, S. 46–48, ACDP 08-001:1068/1; Die Chance mit der FDP, KR vom 29.09.1982, ACDP Medienarchiv; Die Weichen für eine neue politische Ära in Bonn sind gestellt, GA vom 29.09.1982, ACDP Medienarchiv; Protokoll der Sitzung des Bundesvorstands vom 28. September 1982, AdL FDP-Bundespartei 6992.

Abb. 3: Die Koalitionsverhandlungen[108]

3.2 In den Händen der Regierung

Bis zum Freitag bereiteten Union und FDP intensiv das konstruktive Misstrauensvotum vor. Da die Wahl des Kanzlers laut Geschäftsordnung des Bundestages geheim ablief, bestand die Gefahr, dass in der FDP mehr Abgeordnete von Genschers Kurs abwichen, als die Testläufe am Dienstag erwarten ließen. Zwar hatte die Union ein Polster von über zehn Stimmen, den Konservativen stand aber noch die Erinnerung an Rainer Barzels überraschende Niederlage beim Misstrauensvotum von 1972 vor Augen. Die Fraktion traf daher Vorsichtsmaßnahmen. Eine davon war die Einberufung zweier Zählappelle am Donnerstagabend und am Freitagmorgen. Man befürchtete insbesondere, dass einzelne Abgeordnete erst kurz vor der Abstimmung nach Bonn kommen würden. Angesichts des herbstlichen Wetters und der damit nicht auszuschließenden Verspätungen oder Ausfälle von Zügen und Flügen konnte die neue Koalition durch mangelnde Disziplin unter den Delegierten ihre Mehrheit leicht verlieren. Der zweite Zählappell am Freitagmorgen sollte außerdem verhin-

108 Koalitionsverhandlungen am 20. September 1982, BArch B 145 Bild-00001789/Wienke, Ulrich. V. r. n. l.: Stoltenberg, Strauß, Kohl, Mischnick, Genscher, Zimmermann.

dern, dass Abgeordnete die Kanzlerwahl schlicht verschliefen. Trotz dringender Ermahnungen traten aber weder am Donnerstagabend noch am Freitagmorgen alle Stimmberechtigten an. Ein Grund dafür waren zeitgleich im Ruhrgebiet stattfindende Parteiveranstaltungen, wegen derer manche Abgeordnete schließlich doch erst unmittelbar vor Beginn der Bundestagssitzung in die Hauptstadt kamen.[109]

Nicht nur die Unionsfraktion sorgte sich um die Zuverlässigkeit der FDP, sondern auch die hinter der Partei stehenden Wirtschaftsverbände. So erschien beispielsweise am Morgen des 1. Oktober in der Süddeutschen Zeitung ein „Offener Brief an die Bundestags-Abgeordneten der F.D.P."[110], in dem mehrere mittelständische Unternehmer die liberalen Abgeordneten zur Wahl Helmut Kohls aufforderten. Die Argumente waren bekannt: Bei einem Scheitern des Votums drohten Neuwahlen und damit das Ende der Partei und der Anfang einer rot-grünen Bundesregierung, die Deutschland in den wirtschaftlichen Ruin und die Unregierbarkeit führen werde.[111]

Vor der eigentlichen Abstimmung kam es zur Aussprache im Bundestag. Helmut Schmidt hielt eine lange Rede, deren wirtschaftlicher Teil von Lahnstein entworfen worden war. Der Bundeskanzler wiederholte darin seine Vorwürfe gegen die FDP allgemein und gegen Genscher im Besonderen. Schmidts Rede hatte, so beurteilt es etwa Klaus Bohnsack, bereits Vermächtnischarakter.[112] Der Kanzler glaubte nicht daran, dass im Januar tatsächlich das Parlament aufgelöst werden würde. Ein derartiger Regierungswechsel, so hielt er nochmals fest, berühre die Glaubwürdigkeit demokratischer Institutionen. Auf Schmidt folgte Rainer Barzel, dessen herausgehobene Stellung in der Debatte für eine Kontinuität des konservativen Machtanspruchs stehen sollte. Er begründete das Wahlverfahren und sprach nochmals den Streit innerhalb der SPD an. An Schmidt gewandt meinte er: *„Keiner von uns hat über Sie, Herr Bundeskanzler Schmidt, so beleidigend und herabsetzend gesprochen wie einige Ihrer Parteifreunde."* Dem Parteivorsitzenden Brandt empfahl Barzel: *„Bevor Sie anderen ‚Verrat' vorwerfen oder andere so öffentlich anprangern lassen, prüfen Sie selbst Ihre Haltung zu Ihrem Nachfolger."*[113]

109 Protokoll der Sitzung der CDU/CSU-Fraktion im Deutschen Bundestag Nr. 9/53 vom 28.09.1982, S. 47, ACDP 08-001:1068/1; Kohl, H., Erinnerungen I, S. 640–642; Kurz- und Beschlussprotokoll der Sitzung der FDP-Fraktion am 28. September 1982, AdL FDP-Bundesgeschäftsstelle 11809; Roßner, S., Mehrheitsbestimmung, S. 1310; Protokoll der Sitzung der CDU/CSU-Fraktion im Deutschen Bundestag Nr. 9/54 vom 01.10.1982, ACDP 08-001:1068/1; Protokoll der Sitzung der CDU/CSU-Fraktion im Deutschen Bundestag Nr. 9/55 vom 01.10.1982, ACDP 08-001:1068/1.

110 Offener Brief an die Bundestags-Abgeordneten der F.D.P., SZ vom 01.10.1982, ACDP Medienarchiv.

111 Offener Brief an die Bundestags-Abgeordneten der F.D.P., SZ vom 01.10.1982, ACDP Medienarchiv.

112 Bohnsack, K., Die Koalitionskrise, S. 31.

113 BT-PlPr. 09/118 (01.10.1982), S. 7172D, hier auch die beiden Zitate von Barzel; Bohnsack, K., Die Koalitionskrise, S. 31–32; Kohl, H., Erinnerungen I, S. 641–643; Ein Zug der sich schwer stoppen lässt, SZ vom 28.09.1982, ACDP Medienarchiv.

Anschließend sprachen unter anderem noch Brandt selbst, Wehner, Geißler und Mischnick. Insbesondere die unerwartet emotionale Rede des FDP-Fraktionsvorsitzenden berührte die Abgeordneten. Gerhart Baum und Hildegard Hamm-Brücher erklärten ihre Ablehnung des Votums gegen Schmidt. Die Rede der ehemaligen Staatsministerin erregte dabei großes Aufsehen. In den folgenden Wochen erhielt sie zahlreiche Zuschriften, die sich für ihre klaren Worte zum Kurs Genschers bedankten. Sogar in der DDR fanden die Ereignisse Beachtung.[114]

In der folgenden Abstimmung bekam Helmut Kohl 256 der 495 abgegebenen Stimmen. 235 Delegierte hatten sich gegen seine Kanzlerschaft ausgesprochen, vier der Stimme enthalten. Die nicht stimmberechtigten Berliner Abgeordneten sprachen sich ebenfalls mit elf zu zehn für den Regierungswechsel aus. Trotz allem schien sich etwa ein Drittel der Liberalen gegen den konservativen Regierungschef entschieden zu haben. Kohl nahm die Wahl an und wurde am Nachmittag als sechster Kanzler der Bundesrepublik vereidigt.[115]

Die öffentlichen Reaktionen auf den Regierungswechsel fielen in weiten Teilen skeptisch aus. Vor allem im linken und sozialdemokratischen Spektrum gab es teils erhebliche Bedenken. Man befürchtete auf vielen Gebieten einen Rückschritt in die 1950er und 1960er Jahre, die sich nicht nur durch die oft beschworenen hohen Wachstumsraten ausgezeichnet hatten, sondern für viele auch Sinnbild einer überholten Werteordnung waren. Der Spiegel fragte daher Anfang Oktober: *„Wollen sie jetzt mehr Reaktion wagen, im Innern und nach außen?“*[116] Dem Handelsblatt gingen manche wirtschaftspolitischen Beschlüsse der Koalition hingegen nicht weit genug. Hans Mundorf stellte im Handelsblatt schon kurz nach Bekanntwerden des Koalitionspapieres fest: *„Wenn hier eine Wende eingeleitet wurde, dann muss der Wendekreis einen verdammt großen Durchmesser haben.“*[117]

Die Arbeitnehmervertreter lehnten den Regierungswechsel und die Koalitionsvereinbarung zu großen Teilen ab. Leonhard Mahlhein, der Vorsitzender IG Druck und Papier, warnte vor einer radikalen Umverteilung zu Gunsten der Unternehmer, die die Gewerkschaften nicht hinnehmen könnten. In den Beschlüssen käme eine *„ungeheure Kälte gegenüber Einzelschicksalen zum Ausdruck“*.[118] Andere Arbeitnehmerverbände sahen es ähnlich. Die IG Metall sprach von einer *„offenen Kampfansage an die Arbeitnehmer“*[119], der DGB rief für den 23. Oktober zu einer Großdemonstration in Dortmund auf. Die Bekämpfung der Arbeitslosigkeit sei zwar die wichtigste

---

114 BT-PlPr. 09/118 (01.10.1982); Hallenser, Halloren, Halunken, IfZArch ED 379/160.

115 BT-PlPr. 09/118 (01.10.1982), S. 7201B-D; Helmut Kohl neuer Bundeskanzler, SZ vom 02.10.1982, ACDP Medienarchiv.

116 Auf dieser Regierung liegt kein Segen, Der Spiegel 40/82, S. 17.

117 Wendemanöver, Handelsblatt vom 29.09.1982, ACDP Medienarchiv.

118 Mahlhein befürchtet Radikalisierung, DPA vom 03.10.1982, ACDP Medienarchiv.

119 So formulierte es der zweite Vorsitzende Hans Mayr: Gewerkschaften kündigen Widerstand an, SZ vom 01.10.1982, ACDP Medienarchiv.

Aufgabe, man könne aber nicht *„den Skandal Arbeitslosigkeit durch den Skandal Sozialabbau beseitigen“*.[120]

Auch der DBB unter Vorsitz von Alfred Krause reagierte verhalten. Die Beamten wollten zwar *„partnerschaftlich und aufgeschlossen“*[121] mit der Regierung zusammenarbeiten, jedoch nur, wenn der öffentliche Dienst nicht die alleinige Sparlast zu tragen habe. Andere Interessensvertreter wie der vom SPD-Mann Karl Weishäuptl geführte VdK sahen ebenfalls ein Ungleichgewicht in den Beschlüssen. Die Katholische Nachrichten-Agentur beklagte vor allem die auf kinderreiche Familien zukommenden Belastungen beim Schüler-BAföG, dem Kindergeld und der Mehrwertsteuererhöhung.[122]

Zuversichtlichere Stimmen kamen aus der Wirtschaft. Der BDI begrüßte die Entschlossenheit der neuen Bundesregierung und unterstützte die Doppelstrategie von Haushaltskonsolidierung einer- und Wachstumsimpulsen andererseits. Der Zentralverband des deutschen Handwerks sah in der Wahl Kohls eine *„realistische Chance“*[123] für einen Neubeginn in der Wirtschafts-, Finanz- und Sozialpolitik. Auch wenn der Wechsel noch nicht von sich aus die Lösung aller wirtschaftlichen Schwierigkeiten bedeute, könne er doch neues Vertrauen schaffen. Das beobachtete auch das Handelsblatt. Schon während der Koalitionsverhandlungen verbesserte sich die Stimmung in der Wirtschaft spürbar.[124]

Aus den Parteien kam ein geteiltes Echo. Die SPD schloss sich der Kritik der Gewerkschaften weitestgehend an und stellte fest, das einzige im Koalitionspapier konkret Festgehaltene seien die Einsparungen im sozialen Bereich. Alles andere seien meist nur vage Absichtserklärungen. Die Koalitionsparteien selbst vertraten die Beschlüsse nach außen und ihren Mitgliedern gegenüber offensiv. Sowohl der wirtschaftsliberale Flügel der FDP als auch die konservativen Sozialausschüsse werteten das Verhandlungsergebnis öffentlich als Erfolg.[125]

---

120 Bekämpfung der Arbeitslosigkeit wichtigste Aufgabe, NDDGB 219/82, 1982, hier auch das Zitat; Gewerkschaften kündigen Widerstand an, SZ vom 01.10.1982, ACDP Medienarchiv; Bemühungen zur Humanisierung der Arbeit fortsetzen, NDDGB 216/82, 1982; Haar warnt vor Zerstörung des sozialen Friedens, DPA vom 02.10.1982, ACDP Medienarchiv.

121 DBB drängt auf Gespräche mit Bundesregierung, DBB Pressedienst 48, 1982, S. 1. Gespräche zwischen dem DBB und bspw. der Unionsfraktion gab es durchaus, etwa am 25. November 1982, Vermerk für Alfred Dregger vom 9. November 1982, ACSP LG 9. WP 293.

122 DBB drängt auf Gespräche mit Bundesregierung, DBB Pressedienst 48, 1982, S. 1–2; VdK befürchtet bei neuer Regierung noch gravierendere Einschnitte, DPA vom 30.09.1982, ACDP Medienarchiv.

123 Handwerk zum Regierungswechsel, ZDH Aktuell vom 01.10.1982, ACDP Medienarchiv.

124 Hochstimmung im Handel durch Bonn und Bundesbank, Handelsblatt vom 30.09.1982, ACDP Medienarchiv; Handwerk zum Regierungswechsel, ZDH Aktuell vom 01.10.1982, ACDP Medienarchiv; Industrie begrüßt klare Entscheidungen, DPA vom 04.10.1982, ACDP Medienarchiv.

125 Wende zum Wiederaufschwung, Arbeitnehmer-Info vom 29.09.1982, ACDP Medienarchiv; CDU/CSU/FDP-Koalitionsvereinbarungen, Informationen der sozialdemokratischen Bundestagsfrak-

Insbesondere in der CDA gab es aber auch Kritik an der Übereinkunft. Teile der Sozialausschüsse forderten eine Revision der Koalitionsvereinbarung vor allem mit Blick auf die Rückzahlbarkeit der Zwangsanleihe, die Senkung des Bundeszuschusses zur Rentenversicherung und die Kürzung des Schüler-BAföGs in seiner damals vorgesehenen Form. Außerdem schienen ihnen die Größenordnung des Subventionsabbaus zu gering und die zeitgleiche Liberalisierung des Wohnungsmarktes und Absenkung des Wohngeldes nicht sozialverträglich genug zu sein. Der bekannte Journalist Hugo Müller-Vogg rechnete Mitte Oktober in der FAZ damit, dass diese inneren Unruhen in der CDA die Verhandlungsmacht ihres Vorsitzenden gegenüber den anderen Teilen der Koalition stärken würden.[126]

Manche Kommentatoren aus Presse und Verbänden hatten nicht nur Zweifel, ob das neue Kabinett die Dinge zum Besseren wenden würde, sondern glaubten teilweise auch gar nicht an ein längeres Bestehen der Regierung. In der Tat waren die Ausgangsbedingungen nicht die besten. Zwar stellte die Union die meisten Bürgermeister und führte sieben von elf Landesregierungen, die anstehenden Aufgaben waren aber auch so nur schwer zu lösen. Strauß und die FDP drohten die CDU zu bremsen und in zwei unterschiedliche Richtungen zu ziehen. Insbesondere der bayerische Ministerpräsident schien nicht uneingeschränkt hinter Kohls Projekt zu stehen. Ebenso wie die SPD hatte auch die CSU immer noch ernste Zweifel daran, ob es im Frühjahr wirklich zu Neuwahlen kommen würde. Die Wahl in Hessen musste Genscher in ihren Augen so weit verunsichert haben, dass er seine Partei unmöglich dem Risiko der Vernichtung aussetzen konnte. Kam es im März aber nicht zur versprochenen Abstimmung, lief der neu gewählte Kanzler Gefahr, seinen Posten nach nur anderthalb Jahren wieder abgeben zu müssen. Die zahlreichen Arbeitslosen der Krise würden dann Kohls Arbeitslose sein.[127]

Unter den Sympathisanten der Unionsparteien war dieser Pessimismus weniger verbreitet. So hatte beispielsweise die CDU während der Regierungsbildung eine bemerkenswerte Eintrittswelle zu verzeichnen. Insbesondere Angehörige des gehobenen und höheren Dienstes traten in Kohls Partei ein und wetteten damit in nicht wenigen Fällen aus beruflichen Gründen auf ein Fortbestehen der konservativen Regierung. Der Bonner Kreisverband der CDU meldete dabei den größten Zulauf seit fünf Jahren, in wenigen Tagen habe man etwa 400 neue Mitglieder begrüßen können. Dass auch die SPD ihre Mitgliederzahl steigern und eine *„Breite Unterstützung aus der Bürgerschaft“*[128] registrieren konnte, ist nicht verwunderlich. Eine immer größer werdende Zahl von Liberalen wechselte zum ehemaligen Koalitionspartner, und

---

tion vom 10.10.1982, ACDP Medienarchiv. Auch die Kommunalpolitische Vereinigung der CDU und CSU zeigte sich zufrieden: Waffenschmidt, H., Gemeinden, S.2.

126 Risse in der Christlich-Demokratischen Arbeitnehmerschaft, FAZ vom 16.10.1982, S. 4.

127 Auf dieser Regierung liegt kein Segen, Der Spiegel 40/82, S. 17–21; Pressemitteilung der SPD Nr. 251/82 vom 02.10.1982, ACDP Medienarchiv.

128 Pressemitteilung der SPD Nr. 441/82 vom 28.09.1982, ACDP Medienarchiv.

der sich abzeichnende Umbruch mobilisierte auch viele vorher politisch nicht aktive Menschen.[129]

Nach Helmut Kohls Wahl zum Kanzler galt es als nächstes, eine handlungsfähige Regierung aufzubauen. Erste Personalfragen waren schon während der Koalitionsverhandlungen diskutiert worden, der CDU-Vorsitzende hatte sich aber bemüht, diese Debatten nicht ausufern zu lassen. Die Ämterverteilung war schlichtweg zu kontrovers, als dass man sie in den nur gut einwöchigen Verhandlungen hätte zufriedenstellend lösen können. Ein Streit zwischen verschiedenen Prätendenten hätte am Ende den ganzen Machtwechsel aufhalten oder verzögern können. Die Parteiführungen bemühten sich daher bis zur Kanzlerwahl, Diskussionen darüber möglichst gar nicht erst aufkommen zu lassen. Der CSU-Landesgruppenchef Zimmermann beruhigte seine Delegierten mit den Worten, er habe für die Kabinettsbildung jeden Kollegen ins Spiel gebracht und die CSU-Landesgruppe werde in der Regierung gemäß ihres politischen Gewichts vertreten sein.[130]

Mit Blick auf das Kabinett stellte sich zuerst die Frage, wie viele Ministerien die drei Parteien jeweils bekommen sollten. Kohl sah für FDP und CSU zunächst je drei Ressorts vor, musste davon aber schon bald abweichen. Stattdessen sollten beide Juniorpartner vier Minister stellen. Anschließend mussten die zu vergebenden Posten mit geeigneten Personen besetzt werden. Die oft zitierte Gewohnheitsregel, dass jede Partei ihre Plätze frei besetzen konnte, hatte sich spätestens nach dem Vorfall um Gerhart Baum als Illusion entpuppt. Die Frankfurter Rundschau skizzierte schon in den ersten Tagen der Koalitionsverhandlungen Kohls Vorstellungen zu seinem neuen Kabinett: *„Dem Unionskandidaten Kohl kommt es [...] darauf an, die wichtigsten Regionen und Strömungen in der Union in der neuen Regierung vertreten zu haben: Norddeutsche und Süddeutsche, Protestanten und Katholiken, Arbeitgeber, Arbeitnehmer und der Mittelstand. Auch eine Frau soll dazugehören.“*[131]

Die Verteilung der wichtigsten Ressorts schien bereits im Vorfeld klar zu sein. Genscher sollte wieder das Außenministerium übernehmen, Lambsdorff das Wirtschaftsministerium. Alles andere wäre einem Schuldeingeständnis gleichgekommen, gegen das sich die FDP erfolgreich wehren konnte. Auch der beliebte liberale Landwirtschaftsminister Josef Ertl sollte das Amt bekleiden, das er bis zum Koalitionsbruch innegehabt hatte. Für das Finanzministerium war Gerhard Stoltenberg vorgesehen. Der schleswig-holsteinische Ministerpräsident war nicht nur ebenfalls ein potentieller Kanzlerkandidat gewesen, sondern hatte auch erheblichen Einfluss im Bundesrat. Aus seiner Zeit als Minister für wissenschaftliche Forschung in den

129 Pressemitteilung der SPD Nr. 441/82 vom 28.09.1982, ACDP Medienarchiv; Bonns CDU verzeichnet Eintrittswelle, KR vom 21.09.1982, ACDP Medienarchiv.

130 Kohls Mannschaft – wer wird was, Die Welt vom 29.09.1982, ACDP Medienarchiv; Protokoll der Sitzung der CSU-Landesgruppe im Deutschen Bundestag vom 29.09.1982, ACSP LG 1982:14.

131 Das Kabinett nimmt Form an, FR vom 23.09.1982, ACDP Medienarchiv; Schwarz, H. P., Helmut Kohl, S. 285; Protokoll der Sitzung der CSU-Landesgruppe im Deutschen Bundestag vom 21.09.1982, ACSP LG 1982:13.

Kabinetten Erhard II und Kiesinger verfügte er überdies über bundespolitische Regierungserfahrung. In den Jahren vor der Wende hatte er die wirtschafts- und finanzpolitischen Vorstellungen der Konservativen maßgeblich mitbestimmt. Außerdem galt der promovierte Historiker als Mann der Mitte und war über die Parteigrenzen hinaus beliebt.[132]

Auch die Besetzung des Ministeriums für Arbeit und Sozialordnung war unproblematisch. Norbert Blüm war als Vorsitzender der CDA für diesen Kabinettsposten prädestiniert. Der gelernte Werkzeugmacher war Mitglied der IG Metall und fest im Gewerkschaftsmilieu verwurzelt. Auf dem zweiten Bildungsweg machte er 1961 das Abitur und absolvierte daraufhin in Bonn ein geisteswissenschaftliches Studium. Von 1972 bis 1981 saß er für die CDU im Bundestag und folgte dann einem Ruf Richard von Weizsäckers nach Berlin. Durch seine dortige Arbeit als Senator für Bundesangelegenheiten hatte er, ebenso wie Stoltenberg, Erfahrung im Umgang mit den Ländern.[133]

Das Ministerium für Jugend, Familie und Gesundheit war für Heiner Geißler vorgesehen. Geißler gehörte ebenso wie Blüm eher zum linken Flügel der CDU, wenn er auch nicht alle Positionen der Sozialausschüsse teilte. Die linke FDP-Politikerin Hildegard Hamm-Brücher bezeichnete ihn später sogar als *„gefährlichen Scharfmacher“*.[134] Sein Verhältnis zum neuen Regierungschef war ebenfalls nicht unbelastet. Erst im Mai 1982 waren der CDU-Generalsekretär und der Parteivorsitzende aneinander geraten, als Geißler gegen Kohls Willen die Waffenexporte der Bundesregierung in Entwicklungsländer kritisiert hatte. Geißler sah sich als Sozialpolitiker in der Pflicht, notfalls auch gegen die Linie seiner Partei Politik zu betreiben. Seine Einbindung ins Kabinett kann daher auch als Disziplinierungsmaßnahme verstanden werden. Sein Amt als Generalsekretär der CDU musste er für den Ministerposten allerdings nicht aufgeben.[135]

Am meisten Aufsehen erregte zweifellos die Diskussion um Gerhart Baum. Trotz des Protestes aus der CSU hatte Kohl versucht, Baum durch das Amt des Justizministers in die Regierung zu integrieren, was letztendlich aber gescheitert war. Der Kanzler erinnerte sich später, auch Baums Vertrauter Burkhard Hirsch habe das Ressort nicht gewollt.[136] Damit waren sowohl das Innen- als auch das Justizministerium zur Verteilung frei. Der wohl naheliegendste Anwärter für das Innenressort war Franz Josef Strauß. Diesem war der Weg zu seinem Wunschministerium zwar von Hans-Dietrich Genscher versperrt, Baums frei werdende Stelle hätte der CSU-Chef aber übernehmen können. Angesichts seiner Haltung gegenüber der FDP war es für ihn

---

132 Die neuen Minister in Bonn, FAZ vom 05.10.1982, S. 4; Hausbacken und solide: Das neue Kabinett, SZ vom 04.10.1982, ACDP Medienarchiv.

133 Die neuen Minister in Bonn, FAZ vom 05.10.1982, S. 4.

134 Hamm-Brücher, H., Ich bin so frei, S. 100.

135 Personen und Termine sind auch in der „neuen Koalition“ nicht unumstritten, GA vom 20.09.1982, ACDP Medienarchiv; Schwarz, H. P., Helmut Kohl, S. 310–311.

136 Kohl, H., Erinnerungen II, S. 27.

allerdings wenig verlockend, gemeinsam mit den scharf kritisierten Liberalen im Kabinett zu sitzen. Auch Kohl war nicht angetan von der Idee, künftig regelmäßig zwischen Strauß und Genscher vermitteln zu müssen. Die nicht abreißenden Konflikte der letzten Jahre und Wochen hatten ihm einen Vorgeschmack dessen gegeben, was ihn in diesem Fall bis März erwarten würde. Er wies den bayerischen Ministerpräsidenten daher darauf hin, dass er im Falle eines Wechsels nach Bonn selbstverständlich seine Ambitionen in München aufgeben müsse. Dem auch sonst eher zögerlichen Strauß war die Beteiligung an der *„Übergangsregierung“*[137] letztendlich zu unsicher und er verzichtete auf seine Ansprüche.[138]

Stattdessen besetzte er das Innenministerium mit dem bisherigen Vorsitzenden der CSU-Landesgruppe, Friedrich Zimmermann. Zimmermann wurde 1925 als Sohn eines Holzkaufmanns und Prokuristen in München geboren und studierte später Jura und Volkswirtschaftslehre. 1950 wurde er in den Rechtswissenschaften promoviert, seit 1957 saß er für die CSU im Deutschen Bundestag.[139] Der CSU-Politiker hatte selbst nur mäßige Ambitionen auf das nicht unproblematische Innenressort. Lieber wäre ihm das zweifellos auch nicht immer dankbare Verteidigungsministerium gewesen. Auch Kohl wünschte sich den Vorsitzenden zunächst auf der Hardthöhe. Für das Innenministerium legte Zimmermann nach Ansicht des CDU-Chefs zu wenig Wert auf die Umweltpolitik und zu viel auf eine harte Linie in den anderen Bereichen. Ein besserer Kandidat schien der erfolgreiche Frankfurter Oberbürgermeister Walter Wallmann zu sein.[140]

Die Wahl in Hessen warf dieses Kalkül über den Haufen: Wallmann trat die Nachfolge des hessischen Oppositionsführers Dregger an und stand für ein Ministeramt nicht mehr zur Verfügung. Strauß war der Ansicht, im von Kostensenkungsforderungen geplagten Verteidigungsministerium seien für die CSU keine Lorbeeren zu holen, Zimmermann müsse daher unbedingt das Innenressort übernehmen. Ohnehin sei es üblich, so sagte dieser selber, dass sich der CSU-Landesgruppenchef sein Amt aussuchen könne, sodass Kohl nichts dagegen habe würde. Letztendlich setzte sich die CSU gegenüber ihrer Schwesterpartei durch und reklamierte die Nachfolge Gerhart Baums für sich. Zimmermanns Funktion in der Landesgruppe nahm ab Oktober 1982 der auf Ausgleich bedachte Theo Waigel ein.[141]

---

137 Strauß, nach Bohnsack, K., Die Koalitionskrise, S. 26.

138 Symphonie für Streicher, Stern 39/82, ACDP Medienarchiv; Stickler, M., Die CSU und der Bonner Regierungswechsel, S. 182, 184; Möller, H., Strauß, S. 587; Siebenmorgen, P., Strauß, S. 600–601.

139 Schmidt, M. G., Handlungsfelder, S. 102.

140 Wenn nur die FDP nicht wieder reinkommt, Der Spiegel 38/82, S. 25–26; Symphonie für Streicher, Stern 39/82, ACDP Medienarchiv; Die Bonner Verhandlungspartner machen eine Pause und warten auf Wiesbaden, FAZ vom 25.09.1982, S. 1.

141 Protokoll der Sitzung der CSU-Landesgruppe im Deutschen Bundestag vom 21.09.1982, ACSP LG 1982:13; Who's who nach dem Wechsel, SZ vom 29.09.1982, ACDP Medienarchiv; Möller, H., Strauß, S. 591; Schwarz, H. P., Helmut Kohl, S. 313.

Hinsichtlich des Verteidigungsministeriums standen sich nun Alfred Dregger und Manfred Wörner gegenüber. Dregger wollte das Ressort trotz des absehbaren Konfliktes mit den Aufrüstungsgegnern, Wörner hingegen lieber den Fraktionsvorsitz, womit er eine innere Opposition gegen Helmut Kohl hätte aufbauen können. Diese Perspektive wiederum gefiel dem neuen Kanzler nicht. Letztendlich bekam Wörner das Verteidigungsministerium, während Dregger die konservativen Abgeordneten führen sollte. Für den Verlierer der Hessenwahl war dieses Angebot immer noch ein Geschenk, für das er Kohl dankbar sein musste. Kohl besetzte die Schnittstelle zwischen Regierung und Abgeordneten damit mit jemandem, der ihm zur Loyalität verpflichtet war und anders als der aufstrebende Wörner kaum Lust haben würde, die Arbeit des Kanzlers aus eigenen Interessen heraus zu erschweren. Loyalität, so betonte Dreggers Biograf und Vertrauter Dieter Weirich später immer wieder, sei eine der herausragendsten Charaktereigenschaften des neuen Fraktionsvorsitzenden gewesen. Seiner Landespartei gegenüber vertrat Dregger, der Wechsel nach Bonn sei für ihn ein Schritt nach vorne. Bei seinem endgültigen Abschied erklärte er einige Wochen später, er gebe das Amt bewusst ab und in Bonn warte nun eine *„neue, großartige Aufgabe“*[142] auf ihn. In den folgenden Jahren sollte er die Regierung des konservativen Kanzlers insgesamt zuverlässig unterstützen. Den Abgeordneten erklärte Dregger noch am 4. Oktober: *„Wir sind Partner, nicht die Diener der Regierung. Wir werden die Arbeit der Regierung natürlich kritisch, aber vor allem hilfreich zu begleiten haben.“*[143] Auf eine persönliche Profilierung auf Kosten des gemeinsamen Ziels sollten die einzelnen Delegierten daher bis zur Wahl verzichten.[144]

Neben dem Innenministerium fielen der CSU auch das für die wirtschaftspolitischen Sofortmaßnahmen wichtige Ministerium für Raumordnung, Bauwesen und Städtebau sowie die dafür weniger bedeutenden Ressorts für Verkehr und wirtschaftliche Zusammenarbeit zu. Das Bauministerium übernahm der Jurist und Vorsitzende des entsprechenden Bundestagsausschusses, Oskar Schneider. Große Teile der FDP fanden es derweil unglaublich, dass Genscher kampflos auf das Innenressort verzichtet hatte. Das weniger einflussreiche Justizministerium wirkte dagegen wie ein Trostpreis. Da Baum nicht zur Verfügung stand, sollte der Anwalt Hans Engelhard diesen Kabinettsposten übernehmen. Rainer Barzel band Kohl über das Ministerium für innerdeutsche Beziehungen in die Regierung ein. Der ehemalige Par-

---

142 Entwurf der Rede Alfred Dreggers auf dem Landesparteitag der hessischen CDU am 18. Dezember 1982, ACDP 01-347:137/1.

143 Protokoll der Sitzung der CDU/CSU-Fraktion im Deutschen Bundestag Nr. 9/57 vom 04.10.1982, S. 6, ACDP 08-001:1068/2.

144 Protokoll der Sitzung der CDU/CSU-Fraktion im Deutschen Bundestag Nr. 9/57 vom 04.10.1982, S. 1–2, 6, ACDP 08-001:1068/2; Who's who nach dem Wechsel, SZ vom 29.09.1982, ACDP Medienarchiv; Schwarz, H. P., Helmut Kohl, S. 315; Weirich, D., Dregger, S. 176–181, 335; Protokoll der Sitzung der CDU/CSU-Fraktion im Deutschen Bundestag Nr. 9/56 vom 01.10.1982, S. 4, ACDP 08-001:1068/1; Entwurf der Rede Alfred Dreggers auf dem Landesparteitag der hessischen CDU am 18. Dezember 1982, ACDP 01-347:137/1.

teivorsitzende sah sich selbst als Mann der Sozialausschüsse. Seiner Ankündigung folgend berücksichtigte der Kanzler im Kabinett auch die verschiedenen Geschlechter. Mit Dorothee Wilms übergab er einer engagierten und fortschrittlichen Frau das Ministerium für Bildung und Wissenschaft.[145]

Das neue Kabinett setzte sich in seiner endgültigen Zusammenstellung dementsprechend wie folgt zusammen:

Dr. Helmut Kohl (CDU)	Bundeskanzler
Hans-Dietrich Genscher (FDP)	Bundesminister des Auswärtigen
Dr. Friedrich Zimmermann (CSU)	Bundesminister des Inneren
Hans A. Engelhard (FDP)	Bundesminister der Justiz
Dr. Gerhard Stoltenberg (CDU)	Bundesminister der Finanzen
Dr. Otto Graf Lambsdorff (FDP)	Bundesminister der Wirtschaft
Josef Ertl (FDP)	Bundesminister für Ernährung, Landwirtschaft und Forsten
Dr. Rainer Barzel (CDU)	Bundesminister für innerdeutsche Beziehungen
Dr. Norbert Blüm (CDU)	Bundesminister für Arbeit und Sozialordnung
Dr. Manfred Wörner (CDU)	Bundesminister der Verteidigung
Dr. Heiner Geißler (CDU)	Bundesminister für Jugend, Familie und Gesundheit
Dr. Werner Dollinger (CSU)	Bundesminister für Verkehr
Dr. Christian Schwarz-Schilling (CDU)	Bundesminister für Post- und Fernmeldewesen
Dr. Oskar Schneider (CSU)	Bundesminister für Raumordnung, Bauwesen und Städtebau
Dr. Heinz Riesenhuber (CDU)	Bundesminister für Forschung und Technologie
Dr. Dorothee Wilms (CDU)	Bundesminister für Bildung und Wissenschaft
Dr. Jürgen Warnke (CSU)	Bundesminister für wirtschaftliche Zusammenarbeit[146]

Heiner Geißler erklärte später, Kohl habe alle wichtigen politischen Kräfte der Union in die Regierung einbinden wollen. Der soziale Flügel der Union war in der Tat durch Geißler selbst und Barzel, besonders aber durch Norbert Blüm vertreten. Christian Schwarz-Schilling, Dorothee Wilms, Werner Dollinger und Oskar Schneider standen der Mittelstandsvereinigung nahe. Der Wirtschaftsflügel durfte auch auf die Unterstützung Stoltenbergs zählen, der daneben eine Brücke zum Bundesrat bauen konnte.[147]

Insgesamt kamen die CDU-Minister eher aus dem liberalen Lager der Partei, was eine Zusammenarbeit mit der FDP erleichtern musste. Die Regierungsmitglieder

145 Der Bayerische Kultusminister Hans Maier, den Franz Josef Strauß 1980 für dieses Amt ins Gespräch gebracht hatte, verzichtete 1982 öffentlich auf mögliche Ansprüche, ACSP NL Strauß PVs 896. Kohl biegt ein in die Via Crucis, Der Spiegel 39/82, S. 17; Bohnsack, K., Die Koalitionskrise, S. 30; Das Kabinett nimmt Form an, FR vom 23.09.1982, ACDP Medienarchiv; Kohls Mannschaft – wer wird was, Die Welt vom 29.09.1982, ACDP Medienarchiv; Bulletin der Pressestelle des Bundespräsidenten vom 5. Oktober 1982, S. 819, ACDP Medienarchiv.

146 Bulletin der Pressestelle des Bundespräsidenten vom 5. Oktober 1982, S. 819, ACDP Medienarchiv. Siehe auch das Bild des neuen Kabinetts in Abb. 5.

147 Schell, M., Kanzlermacher, S. 116; MIT-Mitglieder im Kabinett Dr. Kohl, Mittelstandsmagazin 11/82, S. 34. Schneider galt daneben aber auch als Verfechter eines starken Sozialstaats, Schmidt, M. G., Sozialpolitik 1982–1989, S. 438.

stammten außerdem mehrheitlich aus der gleichen Generation wie der Kanzler selbst. Der etwas ältere Barzel stand für Kontinuität, die jüngeren Blüm und Geißler für die Aufbruchsstimmung der Wende.[148]

Obwohl Kohl sein Kabinett weit weniger auf sich zuschneiden konnte als Helmut Schmidt, waren die Verhandlungen mit der FDP und vor allem mit den Christsozialen für den Kanzler doch recht glücklich verlaufen. Die Aufnahme des rechtsgerichteten und in der Öffentlichkeit umstrittenen Zimmermann ins Innenministerium war ein akzeptabler Preis dafür, dass Strauß in München blieb. Kohl selbst hatte ohnehin ein gutes Verhältnis zum scheidenden Chef der CSU-Landesgruppe. Dessen dortiger Nachfolger, Theo Waigel, gehörte daneben zu den wenigen CSU-Politikern, die sich dem bayerischen Ministerpräsidenten gegenüber eine eigene Meinung leisteten. Überhaupt waren die christsozialen Minister eher untypisch für ihre Partei und keine strengen Verfechter des Kurses ihres Parteivorsitzenden. Kohl hatte diesen damit geschwächt. Die FDP war hingegen mehr geschont worden, als es die Umstände erfordert hätten. Auch das lag aber im Interesse des Bundeskanzlers. Wollte er das oft beschworene Szenario einer roten Minderheitsregierung unter Duldung der Grünen ab März sicher verhindern, war er auf ein Überleben der Liberalen angewiesen. Bei denen hatte der linke Flügel in Folge des Ausscheidens Gerhart Baums aus der Regierung an Einfluss verloren. Insgesamt, so stellt etwa Andreas Rödder fest, deckte das Kabinett aber ein breites Spektrum von sozialreformerischen bis ordnungspolitischen Orientierungen ab.[149]

Die Bestimmung der Minister ging nach der Kanzlerwahl schnell. Kohl, der nun rasch zur Tat schreiten wollte, stellte seine Regierungsmannschaft direkt nach dem Wochenende am 4. Oktober vor. Gegen 13 Uhr wurden den Kabinettsmitgliedern die Ernennungsurkunden überreicht, anschließend folgte ihre Vereidigung im Bundestagsplenum. Der Kanzler selbst flog noch am selben Abend zu einem Antrittsbesuch nach Paris, führte Gespräche zur Sicherheitspolitik und landete um kurz nach Mitternacht wieder in der Bundeshauptstadt.[150]

Die Regierungsbildung sorgte auch unterhalb der Kabinettsebene für Umstrukturierungen. In derselben Sitzung, in der Kohl sich für Dregger als neuen Fraktionsvorsitzenden aussprach, regelte er auch die Nachfolge Philipp Jenningers. Dieser war bis dahin Erster Parlamentarischer Geschäftsführer der CDU/CSU-Bundestagsfraktion gewesen und wechselte nun mit Kohl ins Kanzleramt. Auf ihn folgte Wolf-

148 Hausbacken und solide: Das neue Kabinett, SZ vom 04.10.1982, ACDP Medienarchiv; Köhler, H., Helmut Kohl, S. 362.

149 Schwarz, H. P., Helmut Kohl, S. 271, 311; Stickler, M., Die CSU und der Bonner Regierungswechsel, S. 188–189; Rödder, A., Bundesrepublik, S. 76.

150 In den folgenden Monaten sollten noch zahlreiche weitere Staatsbesuche hinzukommen. Außer mit Mitterand traf sich Helmut Kohl noch mit der italienischen Regierung, Vertretern des Warschauer Paktes, Ronald Reagan und Margaret Thatcher, Kohl, H., Erinnerungen II, S. 27, 34–37, 58–66; Bohnsack, K., Die Koalitionskrise, S. 32; Protokoll der Sitzung des erweiterten CDU-Bundesvorstandes vom 8. November 1982, S. 3, ACDP 07-001:1039.

gang Schäuble, der mit Dregger und Kohl in der Folgezeit noch erfolgreich zusammenarbeiten sollte. Waldemar Schreckenberger übernahm die Leitung des Kanzleramtes. Der ehemalige Mainzer Justizminister genoss als ehemaliger Schulfreund des Kanzlers Kohls volles Vertrauen. Im Laufe der Zeit sollte es allerdings zu Kritik an Schreckenbergers Leistungen kommen, sodass er 1984 durch Schäuble ersetzt wurde.[151]

Auch im Kanzleramt und in den Ministerien blieb nicht alles beim Alten. Helmut Schmidt räumte sein Büro sofort, sodass Kohl unmittelbar nach der Wahl dort einziehen konnte. Andere Mitarbeiter verzögerten den Wechsel dagegen in einem *„bemerkenswerten Akt des Widerstandes“*[152], indem sie ihre Räume entweder nur schrittweise aufgaben oder sich in anderen Fällen krankmeldeten. Gerade in den ersten Tagen stand dadurch wenig Personal zur Verfügung. Diese Art von Widerstand war es, die Kohl nun besondere Sorgen machte. Wenn das noch der SPD verbundene Personal der Ministerien gegen ihn arbeitete, konnte das den engen Zeitplan doch noch scheitern lassen. Die FDP war davon weniger betroffen. Da es nach dem 17. September keine größeren Umstrukturierungen gegeben hatte, gingen zumindest Genscher, Lambsdorff und Ertl in die seit Jahren auf sie zugeschnittenen Ressorts zurück.[153]

Die Skepsis gegenüber dem Personal der alten Regierung bezog sich nicht nur auf die Motivation und Einsatzbereitschaft der Mitarbeiter, sondern auch auf ihre Vertraulichkeit. Da die Beschlüsse der Koalitionsverhandlungen ein durchaus geteiltes Echo gefunden hatten, war Kohl nicht daran gelegen, dass alle Detailüberlegungen in der Öffentlichkeit diskutiert wurden. Es musste also schon mit Blick auf die kommende Bundestagswahl eine gewisse Diskretion erwartet werden. Dass die Sorge durchaus berechtigt war, zeigt ein Vorfall von Ende Oktober 1982, der beispielhaft für eine ganze Reihe ähnlicher Geschehnisse steht. Als Stoltenberg seiner Fraktion die Kabinettsvorlage der Haushaltsbegleitgesetze vorstellte, erklärte er, er habe sich gewundert, dass er am vorangegangenen Samstag im Fernsehen in den Bonner Perspektiven bereits Einzelaufschlüsselungen des Haushalts gesehen habe. Der Finanzminister schloss daraus, dass sein Haus zwar sehr leistungsstark sei, aber auch *„in einem gewissen Umfang durchlässig“*. Obwohl die Daten nicht freigegeben gewesen waren, war der Schaden doch überschaubar. Stoltenberg konnte dem Vorfall sogar positive Seiten abgewinnen: *„Ich fand die Darstellung der Probleme in dieser Sendung*

---

151 Protokoll der Sitzung der CDU/CSU-Fraktion im Deutschen Bundestag Nr. 9/56 vom 01.10.1982, S. 4, ACDP 08-001:1068/1; Kohl, H., Erinnerungen II, S. 31; Wirsching, A., Provisorium, S. 178–180.

152 Köhler, H., Helmut Kohl, S. 359.

153 Köhler, H., Helmut Kohl, S. 359, 362. Vgl. auch das Zeitzeugengespräch mit Jürgen Merkes am 12. Oktober 2020, S. 1. Das Verhalten einzelner Beschäftigter kann auch damit erklärt werden, dass seit den 1970er Jahren immer mehr Beamte einer bestimmten Partei angehörten, Derlien, H.-U., Personalpolitik, S. 52–53.

informativ, und im Sinne unserer Probleme und Lösungsansätze – ich nehme nur den graphischen Teil, nicht die Interviews – auch nicht schlecht.“[154]

Die neuen Minister standen trotzdem vor einem Dilemma. Entweder sie zerstörten in einer kritischen Phase bestehende und eingespielte Personalstrukturen oder sie riskierten, von diesen sabotiert zu werden. Die einzelnen Stellen reagierten unterschiedlich auf diese Herausforderung, insgesamt fand aber durchaus ein zügiger Personalwechsel statt. Eine Anfrage der SPD im Bundestag ergab, dass allein bis zum 26. Oktober 35 Beamte in den einstweiligen Ruhestand ver- und 102 Mitarbeiter innerhalb der Ministerien umgesetzt worden waren. Der SPD-Abgeordnete Rudi Walther meinte im Bundestag, es sei schlecht, dass so viele gute Beamte von einer Regierung zu Spaziergängern gemacht würden, die nur bis März regieren wolle. Außerdem kritisierte er, dass die Koalition aus Gründen des Proporzes vier neue Parlamentarische Staatssekretäre und Staatsminister eingestellt hatte. Die Ausweitung der Zahl der Parlamentarischen Staatssekretäre war dabei nicht nur aus finanziellen Erwägungen problematisch. Da sie aus den Reihen des Bundestages ausgewählt, danach aber durch ihre Tätigkeit fest an die Regierung gebunden wurden, übte die Exekutive durch sie nicht unerheblichen Einfluss auf das Parlament aus. Durch die Institution der Parlamentarischen Staatssekretäre konnte ein Teil der Regierungsfraktion damit seinen parlamentarischen Kontrollaufgaben nur noch bedingt nachkommen.[155]

Gerhard Stoltenberg, dessen Ministerium bei mehreren Vorhaben federführend und damit besonders ausgelastet war, zog trotz der anfangs schwierigen Personalsituation später eine positive Bilanz. Als die Arbeit an den Gesetzentwürfen abgeschlossen war, bedankte er sich im Bundestagsplenum für die Kooperation: *„Unsere Personalpolitik ist überwiegend durch Kontinuität bestimmt. Ich habe, das will ich gerne Ihnen und meinen Vorgängern auch sagen, sehr viele tüchtige und erfahrene und fähige Beamte in einem insgesamt sehr leistungsfähigen Ministerium kennengelernt. Das ist ein positiver Teil der Erblast – um diesen Punkt auch einmal unter uns freundschaftlich hier abzuschließen.*“[156]

Als die Personalfrage geklärt war, mussten noch einige strukturelle Weichen für die anstehende Arbeit gestellt werden. Dabei ging es insbesondere um die Zusammenarbeit zwischen den drei Koalitionsparteien. Alfred Dregger bemühte sich zunächst darum, die insbesondere zwischen CSU und FDP aufgebrochenen Gräben zu

---

154 Protokoll der Sitzung der CDU/CSU-Fraktion im Deutschen Bundestag Nr. 9/60 vom 26.10.1982, S. 18, ACDP 08-001:1068/2, hier auch die beiden Zitate.

155 BT-PlPr. 09/126 (10.11.1982), S. 7671C-7672D; Meyer, H., Parlamente, S. 132–133; BT-PlPr. 09/124 (27.10.1982), S. 7474B-7475D. Zu Personalentscheidungen nach Wahlen siehe auch Derlien, H.-U., Personalpolitik, S. 47–49.

156 BT-PlPr. 09/139 (15.12.1982), S. 8716C-D, hier das Zitat; Bökenkamp, G., Das Ende, S. 215. Viele Ministerien und insbesondere das Bundesministerium für Arbeit galten ohnehin als eingeschworene Gemeinschaften, in denen der Zusammenhalt teils über den parteipolitischen Interessen der Mitarbeiter stand, siehe dazu Schmidt, M. G., Handlungsfelder, S. 108–110.

überwinden und die Grundlage für eine produktive Kooperation zu schaffen. Er ermahnte daher seine Fraktion am 4. Oktober: „*Wir werden ein fairer Koalitionspartner der FDP sein. Wir haben nicht das geringste Interesse daran, dass die FDP auf Dauer aus der deutschen Parteienlandschaft verschwindet. Von einigen gesegneten Regionen unseres Vaterlandes abgesehen, sind absolute Mehrheiten bei diesem Verhältniswahlrecht nahezu unmöglich. [...]. Und es bedeutet keine Verbesserung unserer Situation, wenn auf Dauer das Drei-Parteien-System fortgesetzt würde, aber statt mit der FDP mit den Grünen, die sicherlich nie unser Partner sein können! Wir können nur die FDP auf Dauer oder in der Zukunft wieder als Partner gewinnen. Es liegt in unserem Interesse, dass die FDP einen Teil ihrer links-liberalen Klientel für sich erhalten kann. Je rechter die FDP wird, umso mehr Wähler nimmt sie uns ab, wenn sie überhaupt fortexistiert, und umso mehr Wähler gibt sie an die SPD ab.*“[157]

Damit die Zusammenarbeit zwischen den Parteien nicht an Kommunikationsproblemen scheiterte, richtete Kohl gleich zu Beginn seiner Regierung einen Koalitionsausschuss ein. Dieser tagte etwa alle zwei Wochen und hatte einen ausgeprägt informellen Charakter. Zu den Teilnehmern gehörten in der Regel die Parteivorsitzenden sowie die Fraktionschefs und Generalsekretäre der drei Parteien. Hinzu kamen je nach Bedarf einzelne Experten. Selten waren in den Besprechungen aber mehr als 15 Personen anwesend. Der Koalitionsausschuss beriet zu den wichtigsten Regierungsfragen und war damit ein zentrales Entscheidungsorgan der neuen Regierung, das dementsprechend große mediale Aufmerksamkeit erregte. Die Verwaltung war durch die Einrichtung des Gremiums weniger als bisher an den politischen Prozessen beteiligt. Verbunden mit der informellen Arbeitsweise des Koalitionsausschusses sollte das im späteren Verlauf von Kohls Amtszeit zu verfassungsrechtlichen Bedenken führen. Besonders dringende Fragen wurden im Vorfeld in Einzelgesprächen zwischen Kohl, Genscher und Strauß geklärt. Ziel des Ausschusses war nicht zuletzt, ausufernde Diskussionen im Kabinett zu vermeiden und die Regierungsarbeit zu beschleunigen.[158]

Es mussten aber nicht nur funktionierende Kommunikationsstrukturen zwischen den Parteien geschaffen werden, sondern auch zwischen Regierung und Fraktion. Die Ernennung Alfred Dreggers zum Fraktionsvorsitzenden war nur der erste Schritt in diese Richtung. Im zweiten sprachen die am Sofortprogramm beteiligten Bundesminister regelmäßig bei den Abgeordneten vor. Das geschah sowohl im Rahmen der Fraktionssitzungen als auch in den Bundestagsausschüssen. Auf diese Weise konnte die Regierung auch themenbezogene Interessensgemeinschaften von Ab-

157 Protokoll der Sitzung der CDU/CSU-Fraktion im Deutschen Bundestag Nr. 9/57 vom 04.10.1982, S. 5, ACDP 08-001:1068/2, hier auch das Zitat.

158 Köhler, H., Helmut Kohl, S. 385; Kohl, H., Erinnerungen II, S. 42; Schreckenberger, W., Informelle Verfahren, S. 329–334. Neben dem Koalitionsausschuss gab es zahlreiche kleinere Treffen einzelner Regierungsmitglieder. So zeigt etwa Gerhard Stoltenbergs Terminkalender, dass der Finanzminister sich regelmäßig bspw. mit Lambsdorff oder Blüm zum Essen traf, Terminkalender Gerhard Stoltenbergs, ACDP 01-626:036/1.

geordneten unterschiedlicher Fraktionen erreichen. Die Delegierten waren ihrerseits ebenfalls daran interessiert, den Kontakt mit dem Kabinett nicht zu verlieren. Die Initiative für den Austausch zwischen Regierung und Volksvertretern ging daher nicht selten von den Abgeordneten selbst aus. Nach der Ernennung der Bundesminister schrieb beispielsweise Lothar Haase als damaliger Vorsitzender des Haushaltsausschusses an Waldemar Schreckenberger, sein Gremium wünsche sich, bald die Mitglieder der Bundesregierung kennen zu lernen. Der Kanzleramtschef solle daher darauf hinwirken, dass die Minister die Etatentwürfe ihrer Ressorts vor dem Haushaltsausschuss vorstellten.[159]

Nicht zuletzt um den Vorwürfen zu entgehen, die Regierung lasse sparen, spare aber nicht selber, beschloss die neue Koalition außerdem schon kurz nach der Kanzlerwahl eine Gehaltskürzung für die Mitglieder der Bundesregierung und die Parlamentarischen Staatssekretäre um 5 % vom 1. November 1982 bis zum 31. Dezember 1984. Dadurch sollten Einsparungen von knapp 800.000 DM erzielt werden. Angesichts der anderen Maßnahmen war das allerdings eher ein symbolischer Schritt, der auch von der Koalition selbst als solcher betrachtet wurde.[160] Das Kabinett stimmte der Vorlage am 7. Oktober zu, einen Tag später stellte sie Kohl dem Bundesrat vor.[161]

In den Wochen nach dem Rücktritt der FDP-Minister ließ die Diskussion über den neuen Kurs innerhalb der liberalen Partei nicht nach. Helga Schuchardt erklärte am 22. September in der Frankfurter Rundschau, die Parteiführung habe die Partei unter Mitnahme des Parteinamens verlassen. Das linke Spektrum der Liberalen sah die Errungenschaften der letzten Jahre bereits in Scherben fallen. Insbesondere im Bereich der Innen- und Rechtspolitik erwartete man nach der absehbaren Aufgabe des Innenministeriums eine Wende zur Intoleranz. Am 10. Oktober kam noch ein erwartbar schlechtes Abschneiden bei den bayerischen Landtagswahlen hinzu. Die FDP erreichte nur 3,5 % und schied damit, genauso wie kurz zuvor in Hessen, aus dem Parlament aus. Diese weitere Niederlage trotz des vollzogenen Regierungswechsels im Bund fachte die innerparteiliche Kritik an Genscher, Lambsdorff und Mischnick weiter an. Einmal mehr hatte sich gezeigt, dass die Wählerstruktur der FDP keine Koalitionswechsel honorierte. Mehr noch als Union und SPD waren die Liberalen auf Zweitstimmen angewiesen. Sie teilte sich dabei meist die Loyalität ihrer Wähler mit dem Koalitionspartner. In den späten 1970er Jahren hatten sie viele

---

159 Schreiben von Lothar Haase an den Chef des Bundeskanzleramtes vom 13. Oktober 1982, BArch B 136/22539.

160 BT-PlPr. 09/124 (27.10.1982), S. 7473D-7474B; BT-PlPr. 09/128 (12.11.1982), S. 7901B-C; KabPr. vom 7.10.82.

161 BT-PlPr. 09/128 (12.11.1982), S. 7897C-7899B; BR-PlPr. 515 (08.10.1982), S. 315; KabPr. vom 07.10.1982; Entwurf eines Gesetzes zur Kürzung des Amtsgehalts der Mitglieder der Bundesregierung und der Parlamentarischen Staatssekretäre, BT-Drs. 09/2028.

kritische Sozialdemokraten als bürgerliches Korrektiv zu ihrer eigentlichen Partei gesehen und deswegen gewählt. Diese Stimmen brachen nun weg.[162]

Josef Ertl machte nicht nur die Verratskampagne Helmut Schmidts für die Niederlage in München verantwortlich, sondern auch die Attacken des bayerischen Ministerpräsidenten.[163] Strauß war vom Ergebnis ebenfalls enttäuscht, wenn auch weniger von dem der Liberalen als von seinem eigenen. Die CSU erreichte nur 58,3 % statt der erhofften 63 % bis 65 % und damit etwas weniger als vier Jahre zuvor. Obwohl die absolute Mehrheit immer noch sicher war, hatte das Wahlergebnis eine symbolische Bedeutung für Strauß. Da seine Partei schon 1978 Stimmen verloren hatte, schwächte das unerwartet schlechte Abschneiden seine Stellung innerhalb der CSU. Die Schuldigen waren schnell ermittelt: Kohl und Genscher hätten ihn durch ihre Annäherung eines sicher geglaubten Sieges beraubt. In Bonn konnte man dem Ergebnis der Bayernwahl entspannter entgegentreten. Durch die Verluste der Christsozialen wuchs deren Zustimmung für eine Herauszögerung der Neuwahlen bis März 1983.[164]

Nach der Bayernwahl verschärften sich in der FDP-Bundestagsfraktion die Diskussionen über den neuen Kurs. Am 13. Oktober kam es zu heftigen Wortgefechten zwischen linkem und rechtem Parteiflügel. Ein Anlass dafür war, dass Lambsdorff suggeriert hatte, das sozialdemokratische Finanzministerium habe ihn im Spätsommer mit falschen Zahlen getäuscht. Auf Druck der Parteilinken musste er zugeben, dass die bemängelten Wirtschaftsdaten letztendlich aus seinem eigenen Ressort stammten. Außerdem wurde immer wieder die Frage gestellt, ob man eine Koalitionsvereinbarung wie mit der Union nicht auch mit der SPD haben könne. Die nicht abbrechenden gegenseitigen Vorwürfe führten dazu, dass sich die FDP weniger der Sachpolitik zuwenden konnte als die beiden Unionsparteien.[165]

---

162 Scholtyseck, J., Die FDP, S. 215; Auf dieser Regierung liegt kein Segen, Der Spiegel 40/82, S. 17–21; Dittberner, J., Die FDP, S. 54; Wirsching, A., Provisorium, S. 154–157. Jürgen Falter stellte einige Monate nach der Bayernwahl fest, dass für fast zwei Drittel der FDP-Anhänger die bundespolitischen Entscheidungen ausschlaggebend gewesen waren. Die Liberalen fielen damit auf ihre Wählerbasis vor 1969, den alten Mittelstand, zurück. Die SPD profitierte davon und konnte ein Absinken unter 30 % verhindern, Falter, J., Die bayerische Landtagswahl, S. 93–94.

163 Kurz- und Beschlussprotokoll der Sitzung der Fraktion am 12. Oktober 1982, S. 2, AdL FDP-Fraktion im Deutschen Bundestag A 49–35. Hinzu kam, dass auch die bayerische FDP nicht mit Angriffen auf Franz Josef Strauß gespart hatte. Das musste die Partei nun unglaubwürdig erscheinen lassen, FDP-Landtagsfraktion, Fakten und Argumente, AdL Ertl, Josef N 51–40. Auch viele andere FDP-Politiker entlasteten durch den Verweis auf die *„Externen Störfaktoren"* aus Bonn die bayerische Landespartei, siehe bspw. den Brief Hans-Jürgen Jaegers an Hans-Otto Scholl vom 14. Oktober 1982, AdL Ertl, Josef N 51–39.

164 Strauß lastet Umständen des Genscher-Wechsels FDP-Niederlage an, DPA vom 11.10.1982, ACDP Medienarchiv; Siebenmorgen, P., Strauß, S. 594; Stickler, M., Die CSU und der Bonner Regierungswechsel, S. 185.

165 Kurz- und Beschlussprotokoll der Sitzung der Fraktion am 13. Oktober 1982, S. 1–6, AdL FDP-Fraktion im Deutschen Bundestag A 49–35. Die anderen Fraktions-, Vorstands- und Präsidiumsprotokolle zeichnen ein ähnliches Bild.

Im SPD-freundlichen Flügel der Liberalen gab es von Anfang an Bestrebungen, die Wende durch einen innerparteilichen Machtwechsel aufzuhalten. Am 25. September kamen die Linksliberalen in Norderstedt zusammen. Wortführer war Bundesvorstandsmitglied William Borm, der, wie erst nach seinem Tode bekannt wurde, über Jahrzehnte für das Ministerium für Staatssicherheit der DDR gearbeitet hatte. Der linke Flügel wollte die Regierungsbildung und damit auch eine mögliche Spaltung der Partei verhindern. Der naheliegendste Weg dorthin führte über einen Rücktritt Genschers als Minister und Parteivorsitzendem. Danach sollte es einen Neuanfang an der Seite der SPD geben. Die Parteilinken bauten daher einen immer größer werdenden Druck auf Genscher auf.[166]

Der Parteivorsitzende lehnte einen Rücktritt aber entschieden ab.[167] Stattdessen setzte er auf eine Befriedung durch Vertreibung. Genscher erklärte der Öffentlichkeit unter anderem: *„Ich bin kein Anhänger von Parteiausschlussverfahren, aber ich habe die sichere Erwartung, dass jemand, der glaubt, der Kurs der Partei sei so, dass er ihn nicht mehr mittragen kann, daraus persönlich seine Konsequenzen zieht."* Mit Blick auf Spekulationen zu den Landtagswahlen stellte er fest: *„Wer der eigenen Partei die Niederlage wünscht, der soll dorthin gehen, wo er den Erfolg sehen möchte."* Der rechte Flügel unterstützte den Parteivorsitzenden in seinem offensiven Vorgehen. Lambsdorff ließ sich in der Bild am Sonntag zitieren: *„Einige sprechen ganz offen über die organisatorische Spaltung der FDP. Die sollten die Partei schleunigst verlassen!"* Sogar Wolfgang Mischnick sagte während der Koalitionsverhandlungen im Hessischen Rundfunk, wer der FDP in Hessen wünsche, sie solle unter 5 % bleiben, solle aus der Partei austreten. Tue er das nicht, gebe es satzungsgemäße Maßnahmen.[168]

Den FDP-Rebellen blieb noch der Weg über eine Abwahl Genschers auf dem für Anfang November angesetzten Parteitag in Berlin. Hier forderten sie, der Koalitionswechsel und das Vorgehen der Parteispitze sollten missbilligt, Genscher abgewählt und das Parteiprogramm in ihrem Sinne umgestaltet werden. Die personelle Erneuerung sollte über die Person Uwe Ronneburgers geschehen. Das ehemalige Mitglied der DP gehörte zwar nicht im engeren Sinne zum linken Flügel der FDP, eignete sich aber eben deswegen als Kompromisskandidat der Genscherkritiker. Die Abstimmungen fielen trotzdem nicht zu ihren Gunsten aus. Genscher wurde mit 55 % der Stim-

---

166 Brief von Klaus Thomsen an Koch, AdL Baum, Gerhart R. ÜP 26/2014-29a; Borm formiert die Opposition, SZ vom 27.09.1982, ACDP Medienarchiv; Auf dieser Regierung liegt kein Segen, Der Spiegel 40/82, S. 23. Aus der liberalen Wählerschaft kam derweil sowohl Kritik als auch Unterstützung bis hin zu solidarischen Unterschriftenlisten, siehe dazu die zahlreichen Zuschriften an Genscher vom Herbst 1982 bspw. in AdL Genscher, Hans-Dietrich N 52–187, N 52–210, N 52–232 und N 52–323.

167 Wobei er diesen zweifellos ernsthaft in Erwägung gezogen hat, siehe dazu Scholtyseck, J., Die FDP, S. 217.

168 Genscher fordert Kritiker zu Konsequenzen auf, FR vom 27.09.1982, ACDP Medienarchiv, hier auch die Zitate; Interview mit Wolfgang Mischnick vom 24. September 1982, ACDP Medienarchiv.

men in seinem Amt bestätigt, Ronneburger unterlag knapp. Zumindest in der zweiten Reihe konnten die Sozialliberalen Erfolge verzeichnen. Hier wurde Gerhart Baum zum stellvertretenden Vorsitzenden gewählt. Die Abstimmung über den längst vollzogenen Koalitionswechsel selbst fiel mit 210 zu 181 nur knapp zu Gunsten der Wende aus. Das konnte die Linksliberalen zumindest insofern trösten, als dass sie in Zukunft auf ihren großen Einfluss in der Partei verweisen konnten.[169]

Dennoch war der *„Parteitag der Tränen“*[170] ein tiefer Einschnitt in der Geschichte des deutschen Liberalismus. Die Unzufriedenen hatten nun die Wahl, sich dem neuen Kurs unterzuordnen oder die Partei zu verlassen. Letzteres schien vielen Linksliberalen die bessere Wahl zu sein. Im Zuge der Wende verließen etwa 15.000 Mitglieder die FDP. Von denen gingen, so schätzte es später Günter Verheugen, etwa 2.000 zur SPD. Der ehemalige Generalsekretär der FDP selbst gehörte ebenso dazu wie Ingrid Matthäus-Maier und Andreas von Schoeler. Am 28. November gründeten außerdem über 1.000 Teilnehmer einer Konferenz in Bochum eine zweite liberale Partei, die Liberalen Demokraten. Ein nicht unerheblicher Teil der unzufriedenen Freidemokraten schloss sich der Neugründung an, unter anderem William Borm.[171]

Diejenigen FDP-Rebellen, die wie Gerhart Baum und Hildegard Hamm-Brücher in ihrer Partei blieben, hatten es dort nicht leicht. Zwar wurden die Linksliberalen in den folgenden Monaten bei verschiedenen Gremienwahlen berücksichtigt, diese Integrationsbemühungen wurden von der Parteiführung aber nur halbherzig verfolgt. Im Nachhinein erinnerte sich die große Dame der FDP: *„Nach 1982 beispielsweise, als die FDP die Koalition mit der SPD brach und wir zu Kohl wechselten, da wurde alles unternommen, um mir in der Partei nie wieder eine Chance zu geben. Ich sollte in der FDP einfach keine Position mehr erringen. Erst 1984, beim FDP-Parteitag in Münster, bin ich dank der Jungliberalen, unter Vorsitz von Guido Westerwelle, wieder in den Bundesvorstand gewählt worden und 2 Jahre später auch wieder ins Präsidium der Partei.“*[172]

Während zahlreiche Sozialliberale die FDP verließen, strömten wie bei SPD und Union aber auch große Mengen neuer Mitglieder in die Partei. Die kamen hauptsächlich aus dem etablierten Mittelstand. Unter ihnen waren viele Handwerksmeister, Bauunternehmer und Rechtsanwälte. Jürgen Dittberner geht sogar davon aus, dass Unternehmen und Verbände ihre Mitglieder bewusst dazu anhielten und damit Genschers Koalitionskurs in der FDP stützten.[173]

169 Scholtyseck, J., Die FDP, S. 217; Dittberner, J., Die FDP, S. 57–58.

170 Dittberner, J., Die FDP, S. 58.

171 Scholtyseck, J., Die FDP, S. 216–217; Dittberner, J., Die FDP, S. 58; Wirsching, A., Provisorium, S. 154–157; Kurz- und Beschlussprotokoll der Sitzung der Fraktion am 23. November 1982, S. 2, AdL FDP-Fraktion im Deutschen Bundestag A 49–35.

172 Hamm-Brücher, H., Ich bin so frei, S. 28, dort auch das Zitat. Auf S. 103–104 ergänzt Hamm-Brücher, zumindest habe Genscher ihr das Amt einer Koordinatorin für Deutsch-Amerikanische Beziehungen angetragen. Dittberner, J., Die FDP, S. 56; Wirsching, A., Provisorium, S. 158.

173 Dittberner, J., Die FDP, S. 58.

Die FDP-Führung reagierte entschlossen auf die Spaltungstendenzen ihrer Partei. Der Bundesvorstand erklärte einen Tag nach der Gründung der Liberalen Demokraten, die gleichzeitige Mitgliedschaft in beiden Vereinigungen sei nicht möglich. Auch das Präsidium verurteilte die Gründung der *„Splitterpartei"*.[174] Ferner erklärte die FDP die Jungen Liberalen zur Jugendorganisation der FDP. Damit distanzierten sie sich von den Jungdemokraten, die diese Funktion bisher übernommen, die Zusammenarbeit mit der FDP aber im November eingestellt hatten.[175] Den kooperationswilligen Jungdemokraten wurde ein Wechsel zu den Jungen Liberalen nahegelegt. Als sich abzeichnete, dass Helga Schuchardt und Friedrich Hölscher zwar die FDP verlassen, nicht aber ihren Bundestagssitz aufgeben wollten, bewertete Mischnick die Nichtrückgabe des Mandats als eine Missachtung des Wählerwillens. Genscher, der kurz vorher noch den Koalitionswechsel mit der Entscheidungsfreiheit der Abgeordneten gerechtfertigt hatte, bezeichnete nun das *„Überlaufen mit Mandat"*[176] erbost als eine Verletzung der Regeln demokratischen Anstands.[177]

Der nächste Schritt der Regierungsübernahme war nach der Kanzlerwahl und der Regelung der dringendsten Personalfragen die Ausarbeitung der ersten Regierungserklärung. Schon am 13. Oktober wollte Helmut Kohl diese Auftaktrede vor dem Bundestag halten und danach den eigentlichen Gesetzgebungsprozess in die Wege leiten. Die Bedeutung einer Regierungserklärung, insbesondere der ersten eines neu gewählten Kanzlers, kann leicht unterschätzt werden. Sie erläuterte nicht nur der Bevölkerung das neue Regierungsprogramm, sondern bildete neben der Koalitionsvereinbarung auch die zweite zentrale Argumentationsgrundlage für die Sachpolitik der folgenden Monate.[178] In der Regierungserklärung ging der Kanzler medienwirksam eine Verpflichtung vor dem Volk ein, auf die sich die einzelnen Ressorts später bei Streitfragen beziehen konnten. Die Grundlage der Regierungserklä-

174 So wurden die Liberalen Demokraten im ursprünglichen Sitzungsprotokoll genannt, in späteren Versionen verzichtete man auf den Ausdruck, Protokoll der Sitzung des FDP-Präsidiums vom 29.11.1982 (neue Variante), S. 1–2, AdL FDP-Bundespartei 6994/1.

175 Der Bundeshauptausschuss der DJD hatte der FDP zuvor ein Ultimatum gestellt. Ersetzte der Parteitag der Liberalen die Parteiführung nicht durch eine glaubhafte und integrierende neue, wollte die Jugendorganisation fortan eine andere Bewegung unterstützen, Beschluss des Bundeshauptausschusses der DJD vom 2. Oktober 1982, IfZArch ED 457/33.

176 Kurz- und Beschlussprotokoll der Sitzung der Fraktion am 23. November 1982, S. 2, AdL FDP-Fraktion im Deutschen Bundestag A 49–35.

177 Kurz- und Beschlussprotokoll der Sitzung der Fraktion am 23. November 1982, S. 2, AdL FDP-Fraktion im Deutschen Bundestag A 49–35; Protokoll der Sitzung des FDP-Präsidiums vom 29.11.1982 (neue Variante), S. 1–2, AdL FDP-Bundespartei 6994/1; Protokoll der Sitzung des Bundesvorstands vom 29. September 1982, S. 1–2, AdL FDP-Bundespartei 6992;

178 Als solche wurde sie auch von den Ministern des neuen Kabinetts verwendet. Stoltenberg betonte gegenüber Schreckenberger bei der Übersendung des Entwurfs für den neuen Bundeshaushalt bspw.: *„Den neuen Entwurf des Bundeshaushalts 1983 habe ich auf der Grundlage der Koalitionsvereinbarung vom 28. September und der Regierungserklärung vom 13. Oktober vorbereitet."* Schreiben des Bundesfinanzministers an den Chef des Kanzleramtes zum neuen Entwurf des Haushaltes und Haushaltsbegleitgesetzes 1983 vom 25. Oktober 1982, BArch B 136/22544.

rung bildeten in jedem Fall die Koalitionsvereinbarungen. Durch die Richtlinienkompetenz des Kanzlers konnten aber durchaus einzelne Schwerpunkte auch anders gesetzt werden. Die große Wichtigkeit der ersten Regierungserklärung machte ihre Erarbeitung daher zu einem viel beachteten Prozess, an dem die Parteien ebenso beteiligt werden mussten wie verschiedenen Ministerien.[179]

Da die Regierungserklärung eine ähnliche Bedeutung hatte wie die Koalitionsvereinbarung selbst, bot die Zeit bis zum 13. Oktober für externe Akteure eine gute Gelegenheit, Einfluss auf die zukünftige Regierungsarbeit auszuüben. Innerhalb der Koalitionsparteien war man unterschiedlich offen für solche Initiativen. Die Führungen von CDU, CSU und FDP lehnten Veränderungen nach Möglichkeit ab. Zwar war Kohl gewählt und die erste Hürde der Wende damit genommen, eine erfolgreiche Verabschiedung eines wirtschaftspolitischen Sofortprogramms erforderte aber auch weiterhin äußerste Disziplin. Jedes Aufschnüren des Koalitionspaketes konnte dabei den Zeitplan durcheinander bringen und die rechtzeitige Verabschiedung der Gesetze verhindern.[180]

Anders sahen es die Fraktionen. Viele Abgeordnete fühlten sich von der Geschwindigkeit der Koalitionsbindung überrollt. Manche der beschlossenen Maßnahmen hätten sie zwar diskutieren können, jedoch nicht alle und auch längst nicht so ausführlich, wie es aus ihrer Sicht nötig gewesen wäre. Die Parteiführungen nahmen diese Kritik ernst und gingen, zumindest symbolisch, auf die Mandatsträger zu. So erklärte Stoltenberg der Fraktion hinsichtlich der Änderungen im Steuerrecht vorsichtig: *„Die Liste der geplanten steuerlichen Maßnahmen in der Einzelgestaltung ist sicher in Einzelelementen – auch unmittelbar bis zu dem Zeitpunkt nach der Regierungserklärung – noch diskussionsfähig [...].“*[181]

Hinzu kamen die zahlreichen Detailfragen, die die Koalitionsvereinbarung noch offen gelassen hatte. Insgesamt konnten sich die Verbände also durchaus Chancen ausrechnen, bis zur Regierungserklärung noch Einfluss auf die politische Agenda der neuen Koalition ausüben zu können. Jede Interessensgemeinschaft fokussierte sich dabei in der Regel auf die Ziele ihrer Klientel. Der VdK störte sich daher besonders an der Atempause im Sozialwesen und forderte eine *„Mutige Korrektur“* der Übereinkünfte. Karl Weishäuptl nannte die Verschiebung der Rentenanpassung als Präsident des Verbandes einen *„sozialpolitischen Willkürakt“*.[182]

---

179 Siehe zu der Institution der Regierungserklärung ausführlich Korte, K.-R., Regierungserklärung, S. 12–24.

180 Vgl. u. a. Zohlnhöfer, R., Wirtschaftspolitik der Ära Kohl, S. 74.

181 Protokoll der Sitzung der CDU/CSU-Fraktion im Deutschen Bundestag Nr. 9/53 vom 28.09.1982, S. 43, ACDP 08-001:1068/1, hier auch das Zitat; Protokoll der Sitzung der CDU/CSU-Fraktion im Deutschen Bundestag Nr. 9/60 vom 26.10.1982, S. 10, ACDP 08-001:1068/2; Protokoll der Sitzung der CDU/CSU-Fraktion im Deutschen Bundestag Nr. 9/58 vom 12.10.1982, ACDP 08-001:1068/2.

182 VdK verlangt Korrektur der Koalitionsvereinbarung, SZ vom 11.10.1982, ACDP Medienarchiv, hier auch beide Zitate.

Der DGB legte in Zeiten nunmehr einstelliger Tarifabschlüsse vermehrt Wert auf bessere Arbeitsbedingungen in den Betrieben. Zu dieser Humanisierung des Arbeitslebens gehörten im weitesten Sinne auch Arbeitszeitverkürzungen. Diese waren in der Koalitionsvereinbarung bestenfalls im Sinne der Verringerung der Lebensarbeitszeit durch die weitere Flexibilisierung des Renteneinstiegsalters berücksichtigt worden. Die DGB-Gewerkschaftlerin Irmgard Blättel erklärte daher zum Auftakt der Dortmunder Humanisierungstage, die Vereinbarung müsse nachgebessert werden. Auch Ernst Breit traf gemeinsam mit weiteren Vorstandsmitgliedern am 6. Oktober mit Helmut Kohl zusammen. Im Vorfeld des Gespräches hatte er verlauten lassen, vor der Regierungserklärung werde man nichts Endgültiges zu neuen Protesten sagen, man werde aber vorerst an den geplanten Demonstrationen festhalten. Kohl berichtete später von diesem Treffen, die Gewerkschaften würden die Regierung ohnehin bekämpfen, seit Schmidts Ablösung nun mit einem gewissen *„Lustzugewinn"*.[183]

Kohls Gespräche mit Wirtschaftsvertretern verliefen für den Bundeskanzler erfreulicher. Anders als den Gewerkschaften waren den Arbeitgebern weitestgehend die Hände gebunden. Der CDU-Vorsitzende erklärte ihnen bei einem Treffen, sie müssten die Regierung unterstützen, ob sie wollten oder nicht, da die Alternative Rot-Grün sei. Die Wirtschaftsvertreter sahen das ähnlich und verpflichteten sich, der Koalition durch die Bereitstellung neuer Ausbildungsplätze unter die Arme zu greifen.[184]

Anregungen im Vorfeld der Regierungserklärung kamen nicht nur von den zivilgesellschaftlichen Verbänden, sondern auch aus dem Bundesrat. Dessen Stimme war für Kohl von besonderem Gewicht, da die geplanten Gesetze die Länderkammer passieren mussten. Ein Einvernehmen mit den Bundesländern war daher unverzichtbar für das Gelingen der Wende. Obwohl die neue Koalition eine Mehrheit in der kleinen Parlamentskammer hatte, durfte man nicht erwarten, dass die Landesfürsten die Bundespolitik bedingungslos abnicken würden. Allein die Einleitung eines Vermittlungsverfahrens in der Gesetzgebung konnte das Sofortprogramm empfindlich verzögern und Kohls Wiederwahl im März in Frage stellen.[185]

Am 8. Oktober stellte sich der Kanzler im Bundesrat vor. Der sozialdemokratische Bundesratspräsident Hans Koschnick betonte, dass mit Kohl, Stoltenberg und Blüm gleich drei Minister aus der Umfeld der Länderkammer kämen und kündigte an, sie bei Gelegenheit aus ihrer Bundesratszeit zu zitieren. Der Kanzler versprach

---

183 Protokoll der Sitzung der CDU/CSU-Fraktion im Deutschen Bundestag Nr. 9/58 vom 12.10.1982, S. 8, ACDP 08-001:1068/2, dort auch das Zitat; Bekämpfung der Arbeitslosigkeit wichtigste Aufgabe, NDDGB 219/82, 1982, ACDP Medienarchiv; Bemühungen zur Humanisierung der Arbeit fortsetzen, NDDGB 216/82, 1982; DGB hält an geplanten Aktionen fest, DPA vom 05.10.1982, ACDP Medienarchiv.

184 Protokoll der Sitzung der CDU/CSU-Fraktion im Deutschen Bundestag Nr. 9/58 vom 12.10.1982, S. 8, ACDP 08-001:1068/2.

185 Zur genauen Zusammensetzung des Bundesrates siehe bspw. Schmidt, M. G., Rahmenbedingungen, S. 24.

daraufhin einen neuen Stil im Umgang mit den Ländern, deren Mitarbeit und Kompetenz unentbehrlich sei. Kohl verband mit diesem Entgegenkommen eine klare Erwartung an die Landesherren. An die Ratsmitglieder gewandt sagte er: *„Das zukünftige Gesetzgebungsverfahren wird – das ist unsere Absicht – auch Entlastungen und Unterstützungen für die Länderhaushalte bringen und insoweit – so hoffe ich jedenfalls – sicherlich auch die Zustimmung der Länder finden.“*[186]

Des Weiteren erläuterten Kohl und anschließend auch Stoltenberg, dass viele Regelungsvorschläge des Sofortprogrammes letztendlich auf Anregungen aus den Ländern zurückgingen. Der Finanzminister verwies insbesondere auf die vorgesehene Erhöhung der Gemeinschaftsaufgaben. Mehr Geld zur Förderung der regionalen Wirtschaft, für den Hochschulbau, Agrarstruktur, Stadterneuerung und Krankenhausbau konnten den Ländern eine lang ersehnte Entlastung bringen. Aufgrund des engen Zeitplans sollte der Rat daher ein so vorteilhaftes Projekt nicht nur nicht behindern, sondern sogar die Beratungen möglichst kurz halten.[187]

Die Vertreter der SPD-geführten Länder wiesen den Vorschlag der Bundesregierung erwartungsgemäß zurück. Aber auch Länder mit konservativen Führungen zeigten sich skeptisch. So begrüßte der baden-württembergische Ministerpräsident Lothar Späth zwar das Sofortprogramm, kündigte aber auch an, bei einzelnen Punkten genauer hinkucken zu wollen. Insbesondere die Zwangsabgabe müsse noch diskutiert werden. Ähnlich äußerte sich auch Kohls Nachfolger in Mainz, der rheinland-pfälzische Ministerpräsident Bernhard Vogel. An sich zeigten sich die Länder erfreut, dass man die Probleme endlich angehe, die Gliedstaaten müssten bei den Ersparnissen aber angemessen berücksichtigt werden. Auch für sie laufe die Zeit, da sie sonst ihre eigenen Haushalte nicht rechtzeitig aufstellen könnten.[188]

Der Entstehungsprozess der Regierungserklärung ist nicht zuletzt aufgrund ausführlicher Berichte von Kohls Vertrautem Eduard Ackermann gut dokumentiert. Ackermann wurde mit der Regierungsübernahme Leiter der Abteilung Kommunikation, Dokumentation und Planung im Bundeskanzleramt. Als solcher konnte er das Geschehen verfolgen und mitgestalten. Die Erarbeitung der Regierungserklärung warf dieselben Personalprobleme auf, die sich auch beim anstehenden Gesetzgebungsprozess abzeichneten. Der CDU-Vorsitzende entschied sich daher, die Verwaltung aus dem Projekt möglichst herauszuhalten und vor allem auf eine informelle Arbeitsgruppe zu setzen.[189]

Die Ministerien waren dennoch maßgeblich am Entstehen der Regierungserklärung beteiligt. Bis zum 7. Oktober arbeiteten sie auf Grundlage der Koalitionsvereinbarungen und ihrer eigenen Vorstellungen Beiträge zu Kohls Antrittsrede aus. Da-

186 BR-PlPr. 515 (08.10.1982), S. 313–315.
187 BR-PlPr. 515 (08.10.1982), S. 319–320. Vgl. bzgl. der einzelnen länderfreundlichen Projekte an dieser Stelle auch Kap. 4.3.
188 BR-PlPr. 515 (08.10.1982), S. 321B-323D, 328–329.
189 Stüwe, K., Die Rede des Kanzlers, S. 82.

nach beschäftigte sich ein Kreis von Kohls engeren Mitarbeitern mit den Vorschlägen. Die Zuständigkeit lag zwar formell beim Chef des Kanzleramts, mit der Leitung der Arbeitsgruppe betraute Kohl aber seinen Vertrauten Horst Teltschik. Dieser wurde unter anderem vom Presseexperten Wolfgang Bergsdorf und dem Publizisten und Redenschreiber Warnfried Dettling unterstützt. Hinzu kamen weitere Berater des Bundeskanzlers wie der Wirtschaftsfachmann Alfred Herrhausen. Auch Philipp Jenninger nahm an den Beratungen teil.[190]

Ab dem 9. Oktober kam die Arbeitsgruppe täglich zusammen. Die Ressorts hatten über 300 Seiten Material geliefert, die nun zu einer schlüssigen Rede geformt werden mussten. Kohl moderierte die Gespräche, hielt sich mit inhaltlichen Kommentierungen aber zurück. Was bis zum Jahreswechsel voraussichtlich nicht richtungsweisend angegangen werden konnte, klammerte er aus der Regierungserklärung aus. Einzelne Sätze und Begriffe ließ der Kanzler vom Allensbacher Institut für Demoskopie auf ihre Öffentlichkeitswirksamkeit testen.[191]

Am 11. Oktober erläuterte Kohl den Entwurf der Regierungserklärung den Ministern, den Vorsitzenden und den Geschäftsführern der Koalitionsfraktionen. Es kam zu einzelnen Änderungen, die die Rede aber nur oberflächlich berührten. Am 12. Oktober besprach der Kanzler die fertige Regierungserklärung dann mit ausgewählten Journalisten, damit diese bei der Kommentierung wussten, worauf es ihm ankam.[192]

Am Vormittag des 13. Oktober konnte Kohl die fertige Rede schließlich vor dem Bundestag halten.[193] Zu einer schonungslosen Abrechnung mit dem politischen Gegner kam es nicht, wenngleich der Kanzler keinen Zweifel an den Verantwortlichkeiten ließ. Die Bundesrepublik befinde sich, so stellte er fest, in einer schweren Wirtschaftskrise, die sofortiges und entschiedenes Handeln in Form eines Dringlichkeitsprogrammes nötig mache. Die Lage sei aber derart katastrophal, dass man von der Regierung keine Wunder erwarten dürfe. Im Gegenteil, der wirtschaftliche Tiefpunkt sei wohl noch nicht erreicht. Hinzu kämen die nahen Wahlen, die den Handlungsspielraum des Kabinetts weiter einschränkten. Die Dramatik der Situation hob Kohl durch seine Wortwahl, insbesondere den immer wiederkehrenden Begriff der Angst eindringlich hervor. Demgegenüber stellte er die Ankündigung eines *„historischen Neuanfangs“*.[194] Nicht einmal Konrad Adenauer und Willy Brandt hatten das in ihren ersten Regierungserklärungen gesagt. Anders als Schmidt, so suggerierte der neue Kanzler, wolle er zur Tat schreiten und die zahlreichen Probleme nicht nur verwalten, sondern lösen. Auf die erhoffte Konkretisierung des Koalitionspapieres

---

190 Köhler, H., Helmut Kohl, S. 364; Korte, K.-R., Regierungserklärung, S. 24; Korte, K.-R., Entfaltung, S. 118.

191 Stüwe, K., Die Rede des Kanzlers, S. 83–84; Dettling, B. – Geske, M., Helmut Kohl, S. 221; Korte, K.-R., Regierungserklärung, S. 24. Zu Kohls Form der Einflussnahme siehe Korte, K.-R., Entfaltung, S. 117–120.

192 Stüwe, K., Die Rede des Kanzlers, S. 84; KabPr. vom 07.10.1982; Korte, K.-R., Entfaltung, S. 119.

193 Nachzulesen etwa im BT-PlPr. 09/121 (13.10.1982), S. 7213A-7229B.

194 BT-PlPr. 09/121 (13.10.1982), S. 7216A.

mussten Kohls Zuhörer am 13. Oktober dafür weitestgehend verzichten. Inhaltlich ging die Regierungserklärung kaum über die bereits bekannten Beschlüsse hinaus.[195]

Im Anschluss an die Rede begann der Bundestag mit der ausführlichen Diskussion des Regierungsprogramms. Bis zum 15. Oktober kamen zahlreiche Politiker aus Koalition und Opposition zu Wort. Die SPD sparte erwartungsgemäß nicht mit Kritik. Horst Ehmke verurteilte erneut die Art des Koalitionswechsels und der herausgezögerten Neuwahlen und versuchte damit FDP und Union zu spalten. Brandt hob hingegen die Erfolge der sozialliberalen Koalition hervor. Die Diskussion über den vollzogenen Koalitionswechsel wurde seitens der Sozialdemokraten so emotional geführt, dass der baden-württembergische SPD-Abgeordnete Hermann Scheer für den Zwischenruf *„Verleumder"*[196] zur Ordnung gerufen werden musste. Genscher antwortete auf die nicht selten persönlichen Vorwürfe mit Beschuldigungen der SPD-Fraktion, die ihren Kanzler im Stich gelassen habe. Trotz aller Rechtfertigungsversuche gelang es dem FDP-Vorsitzenden nicht, seine Partei angesichts der scharfen Kritik in einem guten Licht dastehen zu lassen. Das lag nicht zuletzt an Franz Josef Strauß, der immer wieder die Mitverantwortung der Liberalen für die Krise herauszuarbeiten versuchte.[197]

Obwohl die Frage des Koalitionswechsels in der parlamentarischen Diskussion mehr Platz einnahm als in der Regierungserklärung selbst, gingen die Abgeordneten doch auch auf die Programmatik der christlich-liberalen Koalition ein. Die SPD sprach dabei insbesondere die sozialen Ungerechtigkeiten an, die die zahlreichen Kürzungen ihrer Ansicht nach zur Folge haben würden. Ferner bemängelten sie unter anderem die verdeckte Neuverschuldung durch die Zwangsanleihe. Hans Apel bezweifelte die Aussichtslosigkeit der Lage und meinte an Kohl gewandt, die Bürger nähmen der Union das *„schwarze Horrorgemälde"* nicht ab.[198] Die Koalitionsfraktionen wiesen die Vorwürfe zurück und erklärten, die wirtschaftliche Krise sei wie sie sei und ließe keine anderen Schritte zu. Strauß betonte aus seiner Funktion als bayerischer Ministerpräsident heraus abermals die Bedeutung eines neuen und besseren Verhältnisses zu den Ländern.[199]

---

195 Dettling, B. – Geske, M., Helmut Kohl, S. 225; BT-PlPr. 09/121 (13.10.1982) 7213A-7229B. Die Berufung auf ein schweres Erbe ist ein häufiges Element von Antrittserklärungen, Korte, K.-R., Regierungserklärung, S. 15.

196 BT-PlPr. 09/121 (13.10.1982), S. 7229B.

197 BT-PlPr. 09/121 (13.10.1982), S. 7229D-7230C, 7254B-7264C; BT-PlPr. 09/122 (14.10.1982), S. 7322D-7336C; BT-PlPr. 09/123 (15.10.1982), S. 7442B-7463; Ullmann, H.-P., Schuldenstaat, S. 368.

198 Das Zitat findet sich in BT-PlPr. 09/121 (13.10.1982), S. 7270B. Eine Umfrage des Allensbacher Instituts für Demoskopie vom Januar 1983 bestätige diese These nicht. Im Januar 1983 waren 77 % der Unionsanhänger, 71 % der FDP-Anhänger und immerhin noch 48 % der SPD-Anhänger davon überzeugt, dass die wirtschaftliche Lage so schlimm sei, wie von der Regierung Kohl behauptet wurde, Ullmann, H.-P., Schuldenstaat, S. 368.

199 Siehe u. a. BT-PlPr. 09/122 (14.10.1982), S. 7322D-7336C, aber auch die anderen Redebeiträge in dieser Sitzung.

Die Öffentlichkeit ging mit Kohls Antrittsrede teils noch schärfer ins Gericht als die parlamentarische Opposition selbst. Die Gewerkschaften formulierten ihre schon zuvor geäußerte Kritik noch ausführlicher und bemängelten, die Regierung gehe den falschen Weg. Schon die Beschlüsse der sozialliberalen Koalition seien in den letzten Jahren unsozial und beschäftigungspolitisch verfehlt gewesen, die des neuen Bündnisses überträfen das aber noch. Statt die langfristig unausweichliche Haushaltskonsolidierung jetzt vorzunehmen, solle man in der gegenwärtigen Lage lieber ein noch umfassenderes Konjunkturpaket auflegen. Die Schulden sollten dann abgebaut werden, wenn es der Wirtschaft gut gehe.[200]

In den folgenden Wochen erhöhten die Arbeitnehmerverbände weiter ihren Druck auf die Regierung. Ende Oktober berichtete der Vorsitzende der katholischen Arbeitnehmerbewegung und CDU-Bundestagsabgeordnete Alfons Müller vor der Unionsfraktion, es habe in Dortmund eine Unterschriftenaktion gegeben, mit der Norbert Blüm aus der IG Metall ausgeschlossen werden sollte. Der neue Fraktionsvorsitzende Dregger mahnte die Abgeordneten auf derselben Sitzung zur Vorsicht: *„Die Gewerkschaften sind nicht unser Gegner! Wir werden mit den Gewerkschaften sprechen. Auch ich habe die Absicht, den Vorstand des DGB zum Beispiel zu einem Gespräch einzuladen, und vorher unsere führenden Parteifreunde im DGB. Unser Gegner ist die SPD!“*[201]

Fast zeitgleich mit der Regierungserklärung erschien das Sondergutachten des Sachverständigenrates zur Begutachtung der gesamtwirtschaftlichen Entwicklung, das das letzte Kabinett Schmidt im September in Auftrag gegeben hatte. Die Analyse der Wirtschaftsweisen zeichnete ein durchwachsenes Bild. Positiv war, dass die Konsolidierungsanstrengungen der sozialliberalen Koalition am Ende durchaus erheblich gewesen waren und erste Erfolge zeigten. Der Sachverständigenrat schlüsselte die Defizite der öffentlichen Haushalte dabei in einen strukturellen und einen konjunkturbedingten Teil sowie in die Normalverschuldung auf. Eine Konsolidierungspolitik musste nach seiner Ansicht beim strukturellen Defizit ansetzen, das bis 1981 immer weiter gestiegen war. Für das Jahr 1982 zeichnete sich hier erstmals ein Rückgang ab. Auch die Inflationsrate hatte sich im Laufe des Frühlings und Sommers verringert.[202]

Andererseits schienen sich diese Verbesserungen noch nicht im tatsächlichen Wirtschaftsleben zu zeigen. Ein Grund dafür war, dass die Exporte in der zweiten Jahreshälfte stark zurückgingen. Im internationalen Bereich wuchsen ohnehin die Risiken. Immer mehr Länder näherten sich der Zahlungsunfähigkeit. Was bei Kuba und Bolivien noch verkraftbar schien, konnte die Weltwirtschaft im Fall von Schwellenländern wie Mexiko, Brasilien, Argentinien oder von Polen, Jugoslawien und Ru-

200 Stüwe, K., Die Rede des Kanzlers, S. 336–337; Korte, K.-R., Regierungserklärung, S. 16; Ullmann, H.-P., Schuldenstaat, S. 368.

201 Protokoll der Sitzung der CDU/CSU-Fraktion im Deutschen Bundestag Nr. 9/60 vom 26.10.1982, S. 2, 9, ACDP 08-001:1068/2, das Zitat auf S. 2.

202 Sondergutachten des SVR 1982, BT-Drs. 09/2118, S. 202 (Tz. 1), 220 (Tz. 52), 222 (Tz. 57).

mänien spürbar erschüttern.[203] Die Prognose des Sachverständigenrates war daher, auch unter Einbeziehung der Koalitionsbeschlüsse, nicht aufbauend. Für 1983 waren Arbeitslosenzahlen von über 2,25 Mio. im Jahresdurchschnitt zu befürchten. Die bisher beschlossenen wirtschaftspolitischen Maßnahmen reichten offensichtlich noch nicht aus.[204]

Die Wirtschaftsweisen ermutigten die neue Koalition daher, ihre Anstrengungen noch zu verstärken. Insbesondere die verfassungsrechtlich nicht unproblematische Zwangsanleihe akzeptierten die Wirtschaftsweisen und schlugen eine Ausweitung des Instrumentes vor. Daneben betonten sie die Bedeutung von beruflichen Fortbildungen und Umschulungen und kritisierten die *„konzeptionell kaum vertretbare"* massive Förderung der Baubranche. Auch die geplante Mehrwertsteuererhöhung hielt der Sachverständigenrat in ihrer derzeitigen Form für problematisch. Die Reform der Gewerbesteuer weise hingegen in die richtige Richtung, ebenso wie die Liberalisierung des Mietrechts.[205]

Das Sondergutachten und insbesondere die darin geäußerten schlechten Zukunftsaussichten stellten die Koalitionsfraktionen vor neue Herausforderungen. Dem CDU-Präsidium musste der Finanzminister am 11. Oktober erklären, die Wirtschaftsanalyse werde *„gewaltige Probleme"* aufwerfen, da er nun auch Kollegen Einsparungen zumuten müsse, die bisher nicht von den Koalitionsbeschlüssen betroffen gewesen seien.[206] Das Wirtschaftsministerium ging sogar noch über die Vorhersage der Wirtschaftsweisen hinaus und rechnete mit 2,4 Mio. Arbeitslosen. Das Ifo-Institut und die Bundesbank lagen mit 2,2 Mio. und 2,3 Mio. Erwerbslosen 1983 zwischen beiden oder knapp unter der Einschätzung des Sachverständigenrates. Auch hinsichtlich des Wachstums hatte Lambsdorffs Ressort nun keine hohen Erwartungen mehr. Obwohl man vorher teils noch von Raten um 3 % ausgegangen war, sagten die Wirtschaftsexperten der Regierung im Oktober 1982 für das kommende Jahr nur noch ein Nullwachstum voraus.[207]

Hinzu kamen Steuermindereinnahmen. Für das Jahr 1982 rechnete man Ende Oktober mit etwa 5 Mrd. DM weniger im Bundeshaushalt als geplant, was einen zweiten Nachtragshaushalt unvermeidbar machte. Da man die Mittel im laufenden Haushaltsjahr nicht mehr heraussparen konnte, zeichnete sich damit für 1982 eine

203 So legte es Stoltenberg dem Bundesvorstand am 8. November dar, Auszug aus der Sitzung des erweiterten CDU-Bundesvorstandes vom 8. November 1982, S. 5, ACDP 07-001:1039.

204 Sondergutachten des SVR 1982, BT-Drs. 09/2118, S. 202 (Tz. 1–2), 217 (Tz. 46), 223 (Tz. 60), 232–233 (Tz. 87–88).

205 Protokoll der Sitzung der CDU/CSU-Fraktion im Deutschen Bundestag Nr. 9/58 vom 12.10.1982, S. 20, ACDP 08-001:1068/2; Sondergutachten des SVR 1982, BT-Drs. 09/2118, S. 220–221 (Tz. 53), 223 (Tz. 58–59), 226–230 (Tz. 67–82), 232–233 (Tz. 85–91), das Zitat auf S. 226 (Tz. 67).

206 Ergebnisprotokoll der Sitzung des Präsidiums der CDU vom 11. Oktober 1982, S. 2–3, ACDP 07-001:1415, hier auch das Zitat.

207 Kurz- und Beschlussprotokoll der Sitzung der Fraktion am 12. Oktober 1982, S. 2, AdL FDP-Fraktion im Deutschen Bundestag A 49–35; Protokoll der Sitzung der CDU/CSU-Fraktion im Deutschen Bundestag Nr. 9/60 vom 26.10.1982, S. 16, ACDP 08-001:1068/2.

Erhöhung der Nettokreditaufnahme auf über 40 Mrd. DM ab. 1983 konnten die Steuerausfälle nach jüngsten Schätzungen nun sogar 9,5–10 Mrd. DM betragen. Zusammen mit einer höheren Belastung der Sozialversicherung durch die zusätzlichen Arbeitslosen drohte die Neuverschuldung im nächsten Jahr daher trotz der Konsolidierungsbemühungen noch über ihren Wert von 1982 auf 41,5 Mrd. DM anzuwachsen. Dass nicht zuletzt wegen der höheren Schulden auch die Zinsbelastung im kommenden Jahr steigen sollte, vervollständigte das Bild einer sich immer dramatischer zuspitzenden Situation. CDU, CSU und FDP wurde bewusst, dass die schlechteren Zahlen eine Revision der Koalitionsvereinbarungen erforderlich machen würden.[208]

Eine Entlastung kam von Seiten der Bundesbank. Die Beziehungen zwischen den Koalitionsspitzen und der Zentralbankführung waren so gut, dass die Medien schon während der Koalitionsverhandlungen über Hilfestellungen der Währungshüter spekulierten. In der Tat sicherte der erst seit knapp zwei Jahren amtierende Bundesbankpräsident Karl Otto Pöhl dem neuen Kabinett seine Unterstützung im Rahmen der gesetzlichen Aufgabe seiner Institution zu. Die sah die wirtschaftliche Lage etwas optimistischer als Lambsdorff und unternahm daher im Herbst 1982 einige Schritte, um das Zinsniveau zu senken und Investitionen damit attraktiver zu machen. Anfang Oktober verringerte die Bundesbank die Mindestreservesätze der angeschlossenen Kreditinstitute um 10 %. Die Geschäftsbanken waren verpflichtet, zur Sicherung eine bestimmte Menge Zentralbankgeld zu halten. Durch die Verkleinerung dieser Reserve sanken nun die Refinanzierungskosten der Banken. Das sollte die Geschäftsbanken dazu motivieren, die verringerten Kosten in Form von niedrigeren Zinsen an die Kunden weiterzugeben. Im Oktober 1982 verlief dieser Prozess nur zögerlich. Es dauerte bis Ende des Monats, bis die Kreditzinsen deutlich nach unten in Bewegung gerieten.[209]

Mit Wirkung zum 22. Oktober senkte die Bundesbank zusätzlich die Notenbankzinsen um einen Prozentpunkt. Der Lombardsatz lag nun bei 7 %, der Diskontsatz bei 6 %. Anfang November stellte die Bundesbank den Kreditinstituten im Rahmen eines Wertpapierpensionsgeschäftes dann für 28 Tage Zentralbankguthaben im Wert von 8,7 Mrd. DM zu einem Zinssatz von 6,9 % zur Verfügung. Einen Monat später wiederholte sie diesen Schritt, diesmal sogar im Umfang von 9,1 Mrd. zu einem Zinssatz von nur noch 5,9 %. Ebenso senkte sie die Notenbankzinsen um einen weiteren Prozentpunkt. Die Lage am Markt entspannte sich durch diese Maßnahmen spürbar. Unternehmen und insbesondere private Bauherren nahmen das gesunkene Zinsniveau nun als Anlass zum Umschulden.[210]

208 Vermerk vom 26. Oktober 1982 für die Kabinettssitzung am 27. Oktober 1982, BArch B 136/22544; BT-PlPr. 09/126 (10.11.1982), S. 7661D; KabPr. vom 27.10.1982; Jahresgutachten des SVR 1982/83, BT-Drs. 09/2118, S. 100 (Tab. 23).

209 Deutsche Bundesbank, Monatsbericht Dezember 1982, S. 10; KabPr. vom 27.10.1982; Vorsichtiges Signal, Die Welt vom 24.09.1982, ACDP Medienarchiv; Stoltenberg, G., Wendepunkte, S. 282.

210 Deutsche Bundesbank, Monatsbericht Dezember 1982, S. 7–14. Siehe auch Abb. 4.

Die Bundesregierung wertete dieses Entgegenkommen als eine Bestätigung ihrer Konsolidierungspolitik und nutzte es im politischen Diskurs. Das war insofern richtig, als dass die Währungshüter diese Schritte ohne den Glauben an eine inflationsbewusste Regierungspolitik wohl kaum gegangen wären. Andererseits darf man nicht übersehen, dass die Zinssenkungen keine spontane Reaktion auf die Kanzlerschaft Helmut Kohls, sondern Teil eines seit Längerem laufenden Zinssenkungsprozesses waren. Schon Ende August 1982 hatte die Zentralbank, anschließend an die Zinsumkehr in den Vereinigten Staaten, den Diskont- und den Lombardsatz um einen halben beziehungsweise einen ganzen Punkt verringert.[211] Anfang und Mitte September hatte sie dann zwei Wertpapierpensionsgeschäfte abgeschlossen, mit denen sie die Kreditinstitute für 28 Tage zu günstigen Konditionen mit Zentralbankgeld versorgte. Im Gegenteil ist nicht auszuschließen, dass die Wende die Zinssenkungen sogar kurzfristig verzögerte. Bis zur Woche der Koalitionsverhandlungen hatte es noch so ausgesehen, als würde die Notenbank den Lombardsatz Ende September von 8 % auf 7,5 % senken. Diese Verringerung blieb aber aus, möglicherweise, so vermutete die Zeitung Die Welt, damit man den Währungshütern keine Parteinahme unterstellen konnte.[212]

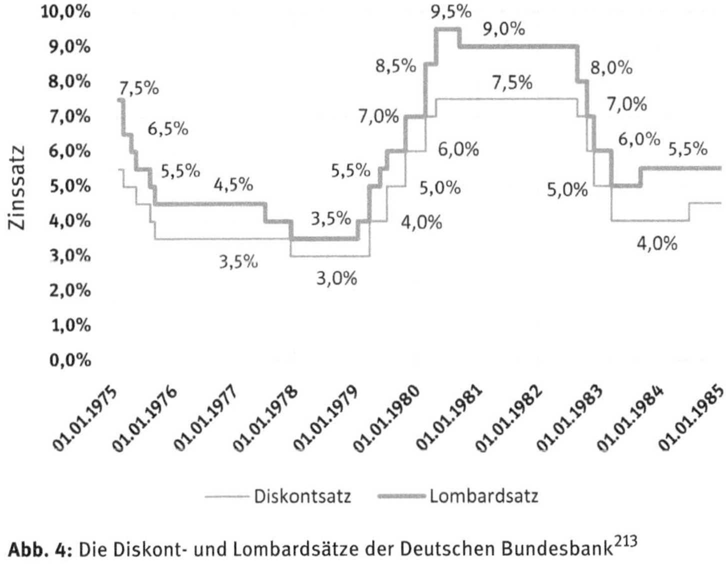

Abb. 4: Die Diskont- und Lombardsätze der Deutschen Bundesbank[213]

211 Vgl. dazu Abb. 4.

212 Deutsche Bundesbank, Monatsbericht Dezember 1982, S. 7, 10; BT-PlPr. 09/136 (09.12.1982), S. 8407B-C; Vorsichtiges Signal, Die Welt vom 24.09.1982, ACDP Medienarchiv. Vgl. auch Schmidt, M. G., Handlungsfelder, S. 143.

213 Der Lombardsatz war für die Gewährung eines Lombardkredites zu zahlen. Dabei konnten sich Banken Liquidität verschaffen, indem sie Wertpapiere, Bankguthaben o. ä. verpfändeten. Der niedrigere Diskontsatz wurde beim Verkauf von Wechseln an die Zentralbank fällig. Vom 20. Februar 1981 bis zum 6. Mai 1982 wurde den Kreditinstituten kein Lombardkredit zum Lombardsatz zur Verfügung gestellt. Eigene Arbeit nach Deutsche Bundesbank, Monatsbericht Dezember 1986, S. 49*.

Für die neue Koalition war die Hoffnung auf niedrigere Zinsen ein wichtiger Beweggrund, den Haushalt möglichst schnell zu sanieren. Hohe Zinsen belasteten nicht nur die öffentlichen Kassen, sondern auch investitionswillige Unternehmen und Privatpersonen. Eine Zinssenkung um einen Prozentpunkt, so erklärte Norbert Blüm später im Bundestag, bringe mehr als alle Beschäftigungsprogramme der SPD.[214]

Neben den Zinssenkungen ging von der Bundesbank noch eine zweite Entwicklung aus, die die Arbeit der Bundesregierung erleichterte. Die gegenwärtigen hohen Zinsen bremsten zwar die Investitionen, erhöhten dafür aber den Gewinn der Zentralbank. Diesen musste sie größtenteils an die Bundesregierung abliefern. Für den Haushalt 1983 rechnete der Finanzminister im Oktober des Vorjahres mit rund 11 Mrd. DM, die zusätzlich in die Staatskasse fließen sollten. Im Vergleich zu den von der Koalition angestrebten neuen Einsparungen von nur etwas mehr als 5 Mrd. DM war das eine bemerkenswerte Summe. Die Einstellung des Bundesbankgewinnes war aber nicht unproblematisch und dementsprechend umstritten. Das wichtigste Argument gegen eine Verwendung der Einnahmen zum Stopfen von Haushaltslöchern war, dass damit die Inflation angeheizt wurde. Auch Gerhard Stoltenberg selbst hatte während der Regierungszeit Helmut Schmidts eine Einstellung der Gewinne als unseriös abgelehnt. Die gleiche Meinung vertraten auch zahlreiche andere Politiker der Koalitionsparteien. Hinzu kam, dass die Überschüsse der Bundesbank stark schwankten und deshalb zumindest in der langfristigen Planung einen Risikoposten darstellten. Angesichts der Haushaltslage wollte der Finanzminister für das Jahr 1983 aber trotzdem nicht auf das zusätzliche Geld verzichten. Unterstützung bekam er dafür ausgerechnet vom Bundesbankpräsidenten. Dieser meinte am 27. Oktober im Bundeskabinett, hinsichtlich der Abführung des Bundesbankgewinns in den Haushalt 1983 habe er keine Bedenken.[215]

Bald nach Bekanntwerden der neuen Zahlen begann die Bundesregierung mit der Einleitung des Gesetzgebungsprozesses. Die Umformung politischer Vorstellungen in gültige Normen umfasste dabei in ihrem normalen Ablauf zahlreiche Zwischenschritte, die sich je nach Art der Gesetzgebung in ihren Einzelheiten unterschieden. Die Initiative eines Gesetzes konnte sowohl von einer ausreichend großen Gruppe von Abgeordneten beziehungsweise einer Fraktion, vom Bundesrat oder von der Bundesregierung ausgehen. Im letzten Fall arbeiteten die zuständigen Ministerien eine Kabinettsvorlage aus, die dann von der Ministerversammlung beschlossen wurde. Laut Art. 76 Abs. 2 Sz. 1 GG mussten Regierungsvorlagen zunächst dem Bundesrat zu einer Stellungnahme zugeleitet werden. Zu dieser gab die Regierung an-

214 BT-PlPr. 09/127 (11.11.1982), S. 7795D; BT-PlPr. 09/122 (14.10.1982), S. 7322A-B; Protokoll der Sitzung der CDU/CSU-Fraktion im Deutschen Bundestag Nr. 9/58 vom 12.10.1982, S. 51, ACDP 08-001:1068/2; BR-PlPr. 515 (08.10.1982), S. 323A-B.

215 KabPr. vom 27.10.1982; Protokoll der Sitzung der CDU/CSU-Fraktion im Deutschen Bundestag Nr. 9/60 vom 26.10.1982, S. 21, 25, ACDP 08-001:1068/2; Bökenkamp, G., Das Ende, S. 217–218; Auf dieser Regierung liegt kein Segen, Der Spiegel 40/82, S. 20. Auch der Sachverständigenrat hatte in der Vergangenheit zur Vorsicht gemahnt, Jahresgutachten des SVR 1981/82, BT-Drs. 09/1061, S. 163.

schließend eine Gegenäußerung ab. Danach wurde das Konzept im Bundestag eingebracht. Im Laufe der ersten Lesung verwies die große Parlamentskammer den Entwurf schließlich an die Ausschüsse, von denen einer federführend die Koordination der anderen Gremien übernahm. Die Ausschüsse kamen dann in der Regel nach öffentlichen Anhörungen zu Änderungsvorschlägen, die dem federführenden Gremium vorgelegt und von diesem dem Bundestag vorgestellt wurden. Die tatsächliche deliberative Entwicklung der Änderungsvorschläge geschah dabei oft nicht in den Ausschüssen selbst, sondern vor allem in den ihm spiegelbildlich vorgelagerten Arbeitsgruppen der Fraktionen. Der Bundestag stimmte danach in der zweiten und dritten Lesung dem abgeänderten Entwurf zu oder lehnte ihn ab. Berührte ein Gesetz die Verfassung, die Finanzen der Länder oder auf andere Weise geschützte Interessen der Gliedstaaten, war zusätzlich die Zustimmung des Bundesrates notwendig. Lehnte dieser das Vorhaben in seiner aktuellen Form ab, bestand meist noch die Möglichkeit, über den Vermittlungsausschuss eine Einigung zu erzielen. Über diese musste dann erneut in beiden Kammern abgestimmt werden. Bei nicht zustimmungspflichtigen Gesetzen hatte die Länderkammer immerhin die Möglichkeit, den Bundestag durch einen Einspruch zu einer erneuten Abstimmung zu zwingen, bei dem sich die Mehrheit seiner Mitglieder für das Vorhaben aussprechen musste. Waren letztendlich Bundestag und -rat mit dem Ergebnis einverstanden, konnten die Regierung und der Bundespräsident das Gesetz unterzeichnen und im Bundesgesetzblatt verkünden.[216]

Da jeder dieser Schritte Zeit in Anspruch nahm, stellte die Organisation des Gesetzgebungsprozesses die Regierung Helmut Kohls vor eine große Herausforderung. Kam es nur an einer Stelle zu Verzögerungen, konnte das das rechtzeitige Wirksamwerden des Sofortprogramms verhindern. Im Gesetzgebungsprozess befanden sich im Herbst 1982 außerdem bereits zahlreiche Projekte der Regierung Schmidt, darunter der im Sommer ausgehandelte Haushalt 1983. Ein großer Teil der hier verankerten Regelungen sollte nun mit mehr oder weniger leichten Abänderungen übernommen werden.[217] Hinzu kamen die neuen Vorhaben der Regierung Kohl. Die Koalitionsspitzen entschlossen sich, die meisten alten Gesetze spätestens im Bun-

---

216 Siehe zum Gesetzgebungsprozess bspw. Schmidt, M.G., Handlungsfelder, S. 105.

217 Integriert werden sollten unter anderem das in den Fachausschüssen des Bundestags liegende 6. Rentenversicherungs-Änderungsgesetz, das Gesetz zur Änderung sozialrechtlicher Vorschriften und das Einkommensteuer-Änderungsgesetz 1983; Schreiben des Bundesfinanzministers an den Chef des Kanzleramtes zum neuen Entwurf des Haushaltes und Haushaltsbegleitgesetzes 1983 vom 25. Oktober 1982, BArch B 136/22544; Protokoll der Sitzung der CDU/CSU-Fraktion im Deutschen Bundestag Nr. 9/53 vom 28.09.1982, S. 7, ACDP 08-001:1068/1. Einige wirtschaftspolitisch relevante Vorhaben liefen daneben als eigene Gesetze und außerhalb des Sofortprogramms weiter, so etwa das vom Bundesrat eingebrachte Grunderwerbsteuergesetz, mit dem im Dezember 1982 der Steuersatz für Grunderwerb bundesweit vereinheitlicht und gesenkt, gleichzeitig aber zahlreiche Steuerbefreiungen abgebaut wurden, Entwurf eines Grunderwerbsteuergesetzes, BT-Drs. 09/251; Ergebnis der Koalitionsgespräche vom 29. September 1982. Wirtschafts- und Sozialpolitik, S. 3, ACDP Medienarchiv; Stoltenberg, G., Wendepunkte, S. 281.

desrat formell scheitern zu lassen und durch teils fast identische eigene Entwürfe zu ersetzen. Der überwiegende Teil der angestrebten Regelungen sollte dabei in einem Artikelgesetz gebündelt werden. Dieses „Gesetz zur Wiederbelebung der Wirtschaft und Beschäftigung und zur Entlastung des Bundeshaushalts", das Haushaltsbegleitgesetz 1983,[218] widmete jeder Änderung einer anderen Norm einem eigenen Abschnitt.[219] Die weitestgehend haushaltsneutralen Änderungen im Mietrecht sollten davon losgelöst in einem „Gesetz zur Erhöhung des Angebots an Mietwohnungen"[220] behandelt werden. Das Miet- und das Haushaltsbegleitgesetz bildeten damit den Kern des Sofortprogrammes. Norbert Blüm hatte daneben ein separates Gesetz für die Änderungen im Bereich der Sozialversicherung angestrebt, sich aber letztendlich nicht durchsetzen können.[221] Auch eine Ausgliederung der steuerlichen Regelungen wurde erwogen, um deren rechtzeitige Verwirklichung nicht von anderen Vorhaben abhängig zu machen. Diese Idee wurde aber ebenfalls verworfen, da man das Gesamtpaket nicht unnötig aufschnüren wollte.[222]

Eine Sonderrolle nahm das „Gesetz über die Feststellung des Bundeshaushaltsplans für das Haushaltsjahr 1983" ein. Das Haushaltsgesetz 1983 war bereits am 15. September von Schmidt im Bundestag eingebracht, vom Haushaltsausschuss aber aufgrund des Kanzlerwechsels zunächst nicht beraten worden. Franz Josef Strauß hatte sich dann dafür ausgesprochen, einen völlig neuen Haushalt einzubringen und damit ein Zeichen gegen den *„Murks"*[223] der alten Regierung zu setzen. Im Koalitionspapier hatten sich die Unterhändler der Parteien schließlich auf diesen Weg festgelegt.[224]

Der stellvertretende FDP-Fraktionsvorsitzende Hans-Günter Hoppe empfahl der Regierung nun allerdings gemeinsam mit anderen Haushaltsexperten, den Haushalt nicht wie die anderen sozialliberalen Gesetze abzulehnen und neu einzubringen. Letzteres bringe die Gefahr mit sich, dass sich die Beratung des Etats durch Geschäftsordnungsfristen verzögere. Besser sei es, formell nur einen Ergänzungshaus-

---

218 Entwurf des Haushaltsbegleitgesetzes 1983, BT-Drs. 09/2074.

219 Liberale Staatswissenschaftler wie Karl-Heinrich Hansmeyer beklagten, dass solche Artikelgesetze durch ihre zahlreichen kleinen Änderungen am bestehenden Recht zu einer zunehmenden Verwirrung führten, Hansmeyer, K.-H., Konsolidierung, S. 617.

220 Entwurf eines Gesetzes zur Erhöhung des Angebots an Mietwohnungen, BT-Drs. 09/2079.

221 Schmähl, W., Sicherung bei Alter, S. 323.

222 Tischvorlage des Finanzministers für die Kabinettssitzung am 20. Oktober 1982, BArch B 136/22544.

223 Protokoll der Sitzung der CDU/CSU-Fraktion im Deutschen Bundestag Nr. 9/52 vom 21.09.1982, S. 8, ACDP 08-001:1068/1.

224 Ergebnis der Koalitionsgespräche vom 29. September 1982. Wirtschafts- und Sozialpolitik, S. 1, ACDP Medienarchiv; Protokoll der Sitzung der CDU/CSU-Fraktion im Deutschen Bundestag Nr. 9/52 vom 21.09.1982, S. 8, ACDP 08-001:1068/1.

halt einzubringen. Kohl wollte den neuen Haushalt unbedingt noch im laufenden Jahr verabschieden und stimmte diesem Plan daher zu.[225]

Ab Mitte Oktober begannen die Ministerien mit der Erarbeitung der Kabinettsvorlagen. Das genaue Vorgehen koordinierte das Bundeskanzleramt. Nach dessen Anweisungen sollten die Ressorts Gesetzesvorschläge ausarbeiten und untereinander abstimmen. Das Justizministerium sollte dann die Rechtsförmlichkeit dieser Entwürfe prüfen. Bei der Vorbereitung der Kabinettsvorlage für das Haushaltsbegleitgesetz und den Haushalt selbst war das Finanzministerium federführend. Streitfragen sollten nach Möglichkeit bis zum 18. Oktober und notfalls in Chefgesprächen entschieden werden. Die Minister bemühten sich in dieser Zeit darum, regelmäßigen Kontakt untereinander und mit den Arbeitskreisen der eigenen und anderen Fraktion zu halten.[226]

Ende des Monats waren die Kabinettsvorlagen des Haushaltes 1983 und der zugehörigen Begleitgesetze fertig. Am 27. Oktober sollte die Bundesregierung darüber abstimmen. Stoltenberg entschied sich, seiner Fraktion die Texte am Vortag vorzustellen. Dass der verantwortliche Minister vor der Beschlussfassung im Kabinett den Kontakt mit seiner Fraktion suche, erläuterte Dregger seinen sich seit Längerem übergangen fühlenden Abgeordneten, sei nicht selbstverständlich. Stoltenberg berichtete von der sich weiter verschlechternden wirtschaftlichen Lage und schloss daraus, dass die bisherigen Sparbeschlüsse nicht mehr ausreichten. Das Haushaltsbegleitgesetz hatte dem Rechnung getragen und die Konsolidierungsanstrengungen an mehreren Stellen intensiviert. Hinzu kam eine Summe von etwa 450 Mio. DM, die im Haushaltsverfahren über eine globale Minderausgabe eingespart werden sollte.[227]

Am 27. Oktober berieten die Minister über die Vorlagen. Lambsdorff und Stoltenberg erläuterten den Anwesenden dafür zunächst die gegenwärtige Situation. Der Finanzminister betonte abermals die schlechteren Perspektiven, die sich in den letzten Wochen ergeben hätten. Die Nettokreditaufnahme habe ein Niveau erreicht, das nur vorübergehend hingenommen werden könne. Lambsdorff verwies auf ungewöhnliche große Unsicherheiten bei der Vorhersage der wirtschaftlichen Entwicklung. Auch wenn der Sachverständigenrat und die Bundesregierung im Laufe des kom-

---

225 Bericht des Haushaltsausschusses zum Entwurf des Haushaltsgesetzes 1983, BT-Drs. 09/2298; KabPr. vom 27.10.1982. Zu Hoppe siehe Vierhaus, R. – Herbst, L. (Hrsgg.), Biographisches Handbuch I, S. 362.

226 Schnellbrief des Finanzministers an die obersten Bundesbehörden vom 11. Oktober 1982, BArch B 136/22539; Protokoll der Sitzung der CDU/CSU-Fraktion im Deutschen Bundestag Nr. 9/60 vom 26.10.1982, S. 15, ACDP 08-001:1068/2.

227 Protokoll der Sitzung der CDU/CSU-Fraktion im Deutschen Bundestag Nr. 9/60 vom 26.10.1982, S. 3, 15–17, ACDP 08-001:1068/2; BT-PlPr. 09/126 (10.11.1982), S. 7663D. Zur globalen Minderausgabe vgl. auch das Schreiben des Bundesfinanzministers an den Chef des Kanzleramtes zum neuen Entwurf des Haushaltes und Haushaltsbegleitgesetzes 1983 vom 25. Oktober 1982, BArch B 136/22544 und die Beschwerden der einzelnen Ressortchefs über die ihnen jeweils aufgelegten Belastungen, KabPr. vom 27.10.1982.

menden Jahres eine Erholung erwarteten, sei diese keinesfalls sicher. Auslöser der Krise sei zwar zum einen eine weltweite Schwächephase, ferner aber auch die schwache Binnennachfrage, die immer weiter absinke. Ziel der Politik müsse es nun sein, beim strukturellen Defizit einen glaubwürdigen Konsolidierungskurs einzuleiten, ohne die fragile Nachfrage über Gebühr zu schwächen.[228]

Vor den Beratungen über das Begleitgesetz galt es noch, über einen zweiten Nachtragshaushalt für das Jahr 1982 abzustimmen. Dieser war weniger Teil des wirtschaftspolitischen Sofortprogramms als ein reiner Verwaltungsakt. Insbesondere durch die schlechte wirtschaftliche Entwicklung, aber auch in Folge zu optimistischer Annahmen der Vorgängerregierung wies das Budget des laufenden Jahres mittlerweile ein Loch von gut 6 Mrd. DM auf.[229] Das ergab sich unter anderem aus Mehrkosten für die Arbeitslosenhilfe, Strukturhilfen im Bergbau und die im Bau befindlichen Atomreaktoren Kalkar und Schmehausen bei Hamm. Den größten Teil des Haushaltsloches machten hingegen die Mindereinnahmen bei den Steuern und die Rückzahlung der Kindergeldmilliarde aus. Diese Summe hatten die Länder ab 1981 zum Ausgleich einer Kindergelderhöhung an den Bund zahlen sollen. Indem die sozialliberale Regierung das Kindergeld danach unerwartet wieder senkte, entfiel auch die Grundlage für die Leistungen der Länder. Nachdem das Kabinett Schmidt daher bereits einen Teilverzicht auf das Geld in Aussicht gestellt hatte, entschied sich Stoltenberg, ganz von der Forderung abzusehen und bereits überwiesene Mittel zurückzuzahlen.[230]

Da man diese Lücke aufgrund der fortgeschrittenen Zeit nicht durch Einsparungen an anderer Stelle füllen konnte, sollte das Geld ausschließlich über die Kreditaufnahme beschafft werden. Aus parteipolitischer Sicht war das zumindest für die Union unproblematisch. Die Neuverschuldung des Jahres 1982 würden Beobachter ohnehin noch der sozialliberalen Koalition zurechnen. Eine hohe Kreditaufnahme war sogar insofern vorteilhaft für die Regierung, als dass die Neuverschuldung ihres ersten eigenen Haushaltes 1983 im Vergleich dazu umso kleiner erscheinen musste. Das Kabinett beschloss den zweiten Nachtragshaushalt daher ohne ernste Einwände. Der Gedanke, bei der Bilanz des Jahres 1982 nicht zu kleinlich zu sein, erfreute sich auch unter den Unionsabgeordneten großer Sympathie. Der Rastatter CDU-Politiker Bernhard Friedmann erklärte einen Tag später unter Beifall in der Fraktion: *„Dieses Jahr, Herr Vorsitzender, ist noch mit so vielen Risiken belastet, dass es ein leichtes sein müsste, dieses Jahr mit einer Kreditaufnahme von mindestens 40,1 Milliar-*

228 KabPr. vom 27.10.1982.

229 Beschlussempfehlung des Haushaltsausschusses zum 2. Nachtragshaushaltsgesetz 1982, BT-Drs. 09/2276, S. 2.

230 KabPr. vom 27.10.1982; Vermerk vom 26. Oktober 1982 für die Kabinettssitzung am 27. Oktober 1982, BArch B 136/22544; Protokoll der Sitzung der CDU/CSU-Fraktion im Deutschen Bundestag Nr. 9/61 vom 28.10.1982, S. 2, ACDP 08-001:1068/2; BR-PlPr. 515 (08.10.1982), S. 320.

den abzuschließen – und im nächsten Jahr jetzt schon die Wende zum Besseren auszuweisen, indem man dort mit 39,9 Milliarden abschließt.“[231]

Weniger Einigkeit bestand bei den Beschlüssen des Haushalts- und des Haushaltsbegleitgesetzes. Hier versuchten zahlreiche Minister, gegenüber Stoltenberg Sonderregelungen für ihre Ressorts herauszuhandeln. Insbesondere die globale Minderausgabe gab mehreren Kabinettsmitgliedern Grund zur Kritik. Das Kanzleramt hatte sich allerdings schon im Vorfeld darum bemüht, allzu große Hoffnungen auf Änderungen von Anfang an zu unterdrücken.[232] Maßnahmen sollten nur dann entfallen können, wenn entsprechender gleichwertiger Ersatz geschaffen wurde. Eine Erhöhung der Neuverschuldung sollte damit unter allen Umständen vermieden werden. Dementsprechend abwehrend war die Haltung des Finanzministers. Einen Versuch zur Entlastung seines Ressorts unternahm etwa Verkehrsminister Dollinger von der CSU. Ihm erschien die von ihm im Rahmen der globalen Minderausgabe zu ersparende Summe von 55 Mio. DM zu hoch, weshalb er um Erleichterungen für sein Ministerium bat. Stoltenberg lehnte das ebenso ab wie eine Beschwerde des Forschungsministers Riesenhuber gegen die von ihm verlangten Kürzungen.[233]

Neben den Beschwerden der Minister brachten einzelne Anwesende auch bisher nicht berücksichtigte Vorschläge in die Diskussion ein. Der stellvertretende FDP-Fraktionsvorsitzende Hans-Günter Hoppe schlug im Auftrag von Mischnick vor, den Beitrag zur Arbeitslosenversicherung direkt auf 5 % ansteigen zu lassen, was Kohl der FDP aber verweigerte. Bundesbankvizepräsident Helmut Schlesinger sprach sich zur Unterstützung der Rentenversicherung dafür aus, deren Beitragssatz bereits ab dem 1. Januar von 18 % auf 18,5 % zu erhöhen. Norbert Blüm begrüßte zwar den Ansatz, verwies aber ebenso wie Stoltenberg darauf, dass das die Lohnrunde negativ beeinflussen könne und angesichts der jetzt soliden Bedarfsberechnung der Versicherung nicht zwingend erforderlich sei. Auch hier bremste der Kanzler bald die Diskussion aus und ging zum nächsten Tagesordnungspunkt über. Ähnliche Szenen sollten sich am 27. Oktober noch öfter wiederholen. Änderungsvorschläge wurden mehr als einmal vertagt oder anderen Gremien zugewiesen. Am Ende der Sitzung stimmten die Minister der Kabinettsvorlage und den Änderungen daran einstimmig zu.[234]

---

231 Protokoll der Sitzung der CDU/CSU-Fraktion im Deutschen Bundestag Nr. 9/61 vom 28.10.1982, S. 17, ACDP 08-001:1068/2, dort das Zitat; KabPr. vom 27.10.1982; Vermerk vom 26. Oktober 1982 für die Kabinettssitzung am 27. Oktober 1982, BArch B 136/22544. Im folgenden Jahr zeigte sich, dass das Volumen des 2. Nachtragshaushalts, absichtlich oder nicht, tatsächlich etwas zu großzügig kalkuliert worden war, vgl. Kap. 6.

232 Vermerk vom 26. Oktober 1982 für die Kabinettssitzung am 27. Oktober 1982, BArch B 136/22544.

233 KabPr. vom 27.10.1982.

234 KabPr. vom 27.10.1982. Der Spiegel hatte schon am 19. Oktober bemerkt, die Dialoge im Kanzleramt begännen denen der Schmidtzeit gespenstisch zu ähneln. Genau wie damals gebe es ein ewiges Gezeter um Etatkleinkram, Scholtyseck, J., Die FDP, S. 219.

Insgesamt konkretisierten die Gesetzentwürfe des Sofortprogramms die Beschlüsse aus den Koalitionsverhandlungen. Dass diese verhältnismäßig offen, teils auch mehrdeutig formuliert waren, führte dabei zu mehreren Konflikten innerhalb der Koalition, die aber meist durch Kompromisse gelöst werden konnten. So ging die Union anders als die Liberalen beispielsweise davon aus, dass das Kindergeld nicht erst ab dem dritten, sondern schon ab dem zweiten Kind einer Familie nur ab einer bestimmten Einkommensgrenze gekürzt werden sollte. Die FDP lenkte hier schließlich ein und stimmte der Einkommensgrenze bei den Zweitgeborenen zu. Den für die Berechnung notwendigen Einkommensbegriff übernahmen die beteiligten Ministerien nach langen Diskussionen mit einigen Abänderungen aus dem Einkommensteuerrecht.[235]

An vielen Stellen verschärften die Ministerien die Konsolidierungsbemühungen. So sollte beispielsweise der Krankenversicherungssatz für Rentner schneller als bisher geplant steigen, der reguläre Beitrag zur Rentenversicherung schon vier Monate früher erhöht werden, der neue Beitrag zur Arbeitslosenversicherung höher ausfallen und die Vorfestlegung der Besoldungsanpassung der Beamten auf Richter und Soldaten ausgeweitet werden. In einzelnen Bereichen milderte die Koalition ihre Beschlüsse aber auch ab. Das geschah beispielsweise durch die Schaffung von Härtefallregelungen beim BAföG, die Verzinsbarkeit von Mietkautionen oder die Einführung einer Kappungsgrenze für Mieterhöhungen.

Manche Projekte wie die meisten Maßnahmen zur Rückführung von ausländischen Arbeitskräften oder die Absenkung der flexiblen Altersgrenze beim Renteneintrittsalter wurden derweil nicht konsequent weiterverfolgt. Neu hinzu kamen dafür unter anderem eine Kürzung der begleitenden Unterstützungsleistungen bei der Sprachförderung für Aussiedler, Kontingentflüchtlinge und Asylanten sowie eine Umstellung der einkommensteuerrechtlichen Kinderbetreuungsfreibeträge auf Kinderfreibeträge.

Neben den inhaltlichen Fragen musste auch geklärt werden, wie die verschiedenen Entwürfe im Parlament eingebracht werden sollten. Auch hier spielten terminliche Erwägungen eine Rolle. Da mit langen Beratungszeiten zu rechnen war, entschied man sich für ein zweigeteiltes Vorgehen. Die Fraktionen der FDP und CDU/CSU sollten den im Kabinett beschlossenen Entwurf des Haushaltsbegleitgesetzes 1983 im Bundestag einbringen, während die Bundesregierung gleichzeitig ein identisches Papier dem Bundesrat vorlegte. Um Zeit zu sparen, sollten dann beide Kammern parallel zueinander beraten. Die beiden Entwürfe wollte man schließlich bei der zweiten Lesung des Gesetzes im Bundestag wieder zusammenführen. Beim Gesetz zur Erhöhung des Angebots an Mietwohnungen erschien dieses Vorgehen nicht notwendig. Die dort aufgegriffenen Vorschläge stammten zu großen Teilen aus der Mitte der Länderkammer und berührten dessen Interessen außerdem weit weniger

235 Die hier und im Folgenden genannten Entwicklungen werden in den späteren Kapiteln vertieft. Siehe zum Kindergeld bspw. Kap. 4.2.7.

als das Haushaltsbegleitgesetz. Am Tag nach der Kabinettssitzung vom 27. Oktober stimmte die Unionsfraktion über ihren Teil der Einbringung des Haushaltsbegleitgesetzes ab. Das gab den Abgeordneten die Möglichkeit, ihren Frust über die fehlende Einbeziehung in die Entscheidungsabläufe auszudrücken. Schon am 26. Oktober hatte es zahlreiche Nachfragen gegeben. Nun wurde die Kritik am Umgang mit der Fraktion noch lauter und konnte nur durch einen Appell des Vorsitzenden beruhigt werden.[236]

Abb. 5: Die Ernennung des 1. Kabinetts Kohl[237]

Da den Abgeordneten noch nicht der Wortlaut des Entwurfes vorlag, den sie wenige Tage später im Parlament einbringen sollten, stellte ihnen der Parlamentarische Staatssekretär Friedrich Voss die Beschlüsse zumindest skizzenhaft vor. Daneben gab er einen Überblick über die gegenwärtigen wirtschaftlichen Aussichten. Obwohl das angestrebte Sparziel von gut 5,5 Mrd. DM erreicht zu werden schien, zeichnete

236 Protokoll der Sitzung der CDU/CSU-Fraktion im Deutschen Bundestag Nr. 9/61 vom 28.10.1982, S. 1, ACDP 08-001:1068/2; Protokoll der Sitzung der CDU/CSU-Fraktion im Deutschen Bundestag Nr. 9/60 vom 26.10.1982, ACDP 08-001:1068/2. Siehe zum Vorgehen auch Zohlnhöfer, R., Wirtschaftspolitik der Ära Kohl, S. 75.

237 Die Ernennung des 1. Kabinetts Kohl am 4. Oktober 1982, BArch B 145 Bild-00048424/Wienke, Ulrich.

sich immer noch eine Neuverschuldung von 41,5 Mrd. DM ab. Wichtig war Voss ferner, dass die Abgeordneten das komplizierte Taktieren der Koalition der Öffentlichkeit gegenüber angemessen vertraten. Auch wenn es sich beim neuen Etat technisch um einen Ergänzungshaushalt handelte, sollte er öffentlich als neuer Haushalt vertreten werden. Obwohl es im Folgenden noch zu weiterer Unruhe unter den Delegierten kam, stimmte die Unionsfraktion der Einbringung des Haushaltsbegleitgesetzes schließlich bei vier Enthaltungen zu.[238]

3.3 Das Sofortprogramm im Parlament

Am 10. und 11. November beriet der Bundestag über die Gesetzentwürfe. Die Abgeordneten diskutierten dabei nicht über jede Vorlage einzeln, sondern über die wirtschaftspolitische Gesetzgebung im Ganzen. Diese umfasste den Haushalt 1983, das Haushaltsbegleitgesetz 1983, das Mietgesetz, den zweiten Nachtragshaushalt 1982, das Gutachten des Sachverständigenrates und ein Gesetz über eine Ergänzungsabgabe zur Einkommensteuer und zur Körperschaftsteuer, das die SPD Anfang Oktober als Gegenvorschlag zur Zwangsanleihe der Koalition entworfen hatte.[239]

Auch wenn die Bundestagsdebatten nicht in erster Linie den Zweck der Entscheidungsfindung hatten, geben sie doch Aufschlüsse über die verschiedenen Ziele und Schwerpunktsetzungen der politischen Akteure. Auch die Öffentlichkeit verfolgte die Diskussionen im Parlament sehr aufmerksam. Da auf die einzelnen Diskussionspunkte später ausführlich eingegangen wird, reicht auch hier eine Übersicht über Verlauf und Ergebnis der ersten Bundestagsberatung. In der Auftaktrede stellte Gerhard Stoltenberg unter Beifall der neuen Koalition die Regierungsvorhaben und die akuten Schwierigkeiten bei ihrer Umsetzung dem Parlament vor. Er betonte dabei unter anderem, und zweifellos auch an die Adresse der im November tagenden Ausschüsse des Bundesrates, dass die Regierung sich zu ihrer Verantwortung für den Gesamtstaat bekenne. Der Haushalt 1983 führe allein auf der Ausgabenseite zu Verbesserungen von über 3 Mrd. DM für die Kassen der Länder und Gemeinden.[240] Auch die Entscheidung, die Länder bei der Verteilung des Mehrwertsteueraufkommens besser zu berücksichtigen, käme ihnen zu Gute. Bedauerlich sei, so der Fi-

---

238 Protokoll der Sitzung der CDU/CSU-Fraktion im Deutschen Bundestag Nr. 9/61 vom 28.10.1982, S. 2–3, 10, ACDP 08-001:1068/2.

239 BT-PlPr. 09/126 (10.11.1982), S. 7658B-7739C; BT-PlPr. 09/127 (11.11.1982), S. 7743D-7858C. Zum Ergänzungsabgabegesetz siehe auch den zugehörigen Entwurf eines Gesetzes über eine Ergänzungsabgabe zur Einkommensteuer und zur Körperschaftsteuer, BT-Drs. 09/2016.

240 BT-PlPr. 09/126 (10.11.1982), S. 7664C. Ende Oktober hatte Stoltenberg gegenüber seiner Fraktion noch bemerkt, dass diese Zahlen mit Vorsicht zu behandeln seien. Wie er aus eigener Erfahrung wisse, neigten die Länder dazu, insbesondere mit den Daten über ihre Personalausgaben restriktiv umzugehen und sie dem Bund nicht umfassend zur Verfügung zu stellen, Protokoll der Sitzung der CDU/CSU-Fraktion im Deutschen Bundestag Nr. 9/60 vom 26.10.1982, S. 32, ACDP 08-001:1068/2.

nanzminister, dass er aufgrund der knappen Zeit den Haushalt nicht selbst habe neu entwerfen können. Immerhin werde durch die Entscheidung für einen Ergänzungshaushalt die Verantwortung der Vorgängerregierung für die Neuverschuldung hervorgehoben.[241]

Die SPD konterte Stoltenbergs Kritik und verwies darauf, dass die Koalition sich ihre Aufgaben und Fristen selbst gesetzt habe. Im Übrigen hätte Kohl, so sagte Rudi Walther unter Beifall der Sozialdemokraten, besser auch die Haushaltsexperten seiner Fraktion einbezogen, dann wäre der Gesetzentwurf nicht ganz so schlimm ausgefallen. Zum CDU-Abgeordneten und ehemaligen Vorsitzenden des Haushaltsausschusses des Bundestages, Lothar Haase, meinte er: *„Herr Kollege Haase, wenn Sie schon lachen: Sie wissen doch genauso gut wie wir, dass Sie bei den Koalitionsverhandlungen überhaupt nicht gefragt worden sind.“*[242]

Die Sozialdemokraten versuchten nicht nur, Regierung und Fraktionen voneinander zu entfremden, sondern griffen auch das Kabinett an sich an. Insbesondere Otto Graf Lambsdorff war als alter und neuer Wirtschaftsminister heftigen Vorwürfen ausgesetzt. Der wichtigste Kritikpunkt der SPD war dabei, dass die Haushaltsbeschlüsse nicht sozial ausgewogen seien. Die Kürzungen würden daher nicht nur die Nachfrage reduzieren, sondern auch viele Familien in Not bringen. Lambsdorff verteidigte sich so gut wie möglich. Seiner Ansicht nach bestehe die Gefahr eines Nachfrageeinbruches nicht. Außerdem sei es weitaus gerechter, bei den Sozialleistungen Einschnitte vorzunehmen, als die Steuern zu erhöhen, da die Steuerzahler immerhin für ihr Geld arbeiteten, statt es vom Staat zu beziehen. Auch Arbeitsminister Norbert Blüm versuchte sich gegen die Angriffe von der SPD zu verteidigen. Er betonte, durch die Maßnahmen würde man das System an sich erhalten und die drohende Zahlungsunfähigkeit der Sozialkassen abwenden. Zusammenfassend stellte er fest: *„Eine Sozialpolitik, die Investitionen behindert, sägt den Ast ab, auf dem sie sitzt.“*[243]

Am Ende der ersten Beratung beschloss der Bundestag die Überweisung der Gesetzentwürfe an die verschiedenen Ausschüsse. Die Parlamentarier nahmen die Vorschläge des Ältestenrates dabei ohne Widerspruch an. Das Gesetz zur Erhöhung des Angebots an Mietwohnungen wurde damit an den Ausschuss für Raumordnung, Bauwesen und Städtebau und an den Rechtsausschuss übergeben, wobei letzterer die Federführung übernehmen sollte. Das Haushaltsgesetz 1983 wurde an den Haushaltsausschuss überwiesen, der auch beim Haushaltsbegleitgesetz federführend war. Zur Mitberatung überwies man das Begleitgesetz außerdem an den Innen-, Fi-

241 BT-PlPr. 09/126 (10.11.1982), S. 7658B-7668C. Vgl. zum öffentlichen Interesse knapp Wirsching, A., Provisorium, S. 31.

242 BT-PlPr. 09/126 (10.11.1982), S. 7670D.

243 BT-PlPr. 09/126 (10.11.1982), S. 7674A-C; BT-PlPr. 09/127 (11.11.1982), S. 7777A-7786B, 7791C-7795D. Lambsdorffs Einschätzung zu Sozialtransfers und Leistungseinkommen findet sich auf S. 7785C-D, das Zitat auf S. 7795C.

nanz-, Wirtschafts-, Landwirtschafts-, Sozial-, Verteidigungs-, Familien-, Bau- sowie den Bildungsausschuss.[244]

Auch im Bundesrat wurde der von der Regierung eingebrachte Entwurf des Haushaltsbegleitgesetzes in dessen Ausschüssen bearbeitet. Parallel dazu fanden Verhandlungen zwischen Bund und Ländern darüber statt, bei seit Langem offenen Fragen aus dem Gesamtkomplex des bundesstaatlichen Finanzausgleichs noch in diesem Jahr zu einer Einigung zu kommen und die Beschlüsse nachträglich in das Haushaltsbegleitgesetz aufzunehmen. Mit Blick auf die strittige Neuverteilung der Umsatzsteuer und den horizontalen Länderfinanzausgleich zeichnete sich bei einem Treffen zwischen Stoltenberg und der Arbeitsgruppe der Ministerpräsidenten am 22. November eine Einigung ab. Lediglich bei der Aufteilung der Bundesergänzungszuweisungen dauerte es noch etwas länger, bis auch hier eine Lösung gefunden werden konnte.[245]

Am 26. November beriet dann das Plenum des Bundesrats über die Vorlage. Die Abläufe ähnelten denen in der großen Parlamentskammer. Zunächst stellte Stoltenberg das Haushaltsbegleitgesetz vor, darauf antwortete ihm für die SPD der Hamburger Bürgermeister Klaus von Dohnanyi, der Anfang des Monats bereits im Bundestag gesprochen hatte. Bemerkenswert war die Rede des baden-württembergischen Ministerpräsidenten Lothar Späth. Dieser begrüßte die Pläne zur Entlastung der Länder. Auch wenn nicht alle Beschlüsse uneingeschränkt seinen Wünschen entsprächen, brächte doch insbesondere die Regelung des Bund-Länderverhältnisses für die nächsten Jahre Planungssicherheit.[246]

Stoltenberg erklärte seiner Fraktion vier Tage später, es sei sowohl für das Gesetzgebungsverfahren als auch für die politische Wirkung *„ein ganz bedeutender Tatbestand“*, dass der Bundesrat das Gesetzgebungskonzept der Bundesregierung mit den Stimmen aller sieben unionsgeführten Länder ohne Einschränkung gebilligt und nur einige Anregungen zu Einzelpunkten gemacht habe. Man könne also darauf hoffen, dass die Länder deshalb auf ein Vermittlungsverfahren verzichten würden.[247]

Als die Gesetzentwürfe an die Bundestagsausschüsse überwiesen wurden, waren diese bereits durch die Vorlagen der Regierung Schmidt mit der Materie vertraut. Sie konnten daher schnell mit der Erarbeitung von Änderungsvorschlägen begin-

244 BT-PlPr. 09/127 (11.11.1982), S. 7743B-D, 7858C; KabPr. vom 27.10.1982; Tischvorlage des Finanzministers für die Kabinettssitzung am 20. Oktober 1982, BArch B 136/22544; Bericht des Haushaltsausschusses zum Haushaltsbegleitgesetz 1983, BT-Drs. 09/2290, S. 1–2.

245 Die Details der Neuordnung des bundesstaatlichen Finanzausgleichs sind Gegenstand von Kap. 4.3.4. KabPr. vom 24.11.1982; Protokoll der Sitzung der CDU/CSU-Fraktion im Deutschen Bundestag Nr. 9/63 vom 23.11.1982, S. 19–20, ACDP 08-001:1070/1.

246 BR-PlPr. 517 (26.11.1982), S. 418B-450C. Vgl. auch die Stellungnahme des Bundesrates zum Haushaltsbegleitgesetz 1983 vom 26. November 1982, BArch B 136/22544.

247 Protokoll der Sitzung der CDU/CSU-Fraktion im Deutschen Bundestag Nr. 9/64 vom 30.11.1982, S. 18, ACDP 08-001:1070/1, hier auch das Zitat.

nen. Das war insofern wichtig, als ihnen der Zeitplan der Koalitionsführung nur bis Ende November Raum dafür bot. Am 10. Dezember sollte sich bereits der Finanzausschuss des Bundesrates in einer Sondersitzung mit den Beschlüssen der Bundestagsabgeordneten befassen.[248]

Die Zahl und Zuständigkeit der Bundestagsausschüsse entsprach dabei in etwa der der Ministerien. Ihre Zusammensetzung folgte streng den Mehrheitsverhältnissen der großen Parlamentskammer. Die Wahl der Vorsitzenden geschah nach Absprachen der Bundestagsfraktionen. Da der Regierungswechsel in einer laufenden Legislaturperiode von Statten gegangen war, gab es kaum Forderungen nach personellen Veränderungen. Nach der Wende beanspruchte lediglich die SPD-Fraktion den für das Sofortprogramm wichtigen Haushaltsausschuss für sich. Die Union kam dem nach, forderte dafür aber den Ausschuss für Arbeit und Sozialordnung. Am Ende der Verhandlungen bestimmte die Union stattdessen den Vorsitzenden des Ausschusses für Jugend, Familie und Gesundheit, während das für den Etat zuständige Gremium von den Sozialdemokraten geleitet wurde. Dessen bisheriger Vorsitzender Lothar Haase übernahm nun statt Werner Dollinger die Führung des Wirtschaftsausschusses.[249]

Der Verlust des Haushaltsausschusses war für die Union leicht zu verschmerzen, da sie weiterhin die Mehrheit der Stimmen hielt und die tatsächliche Facharbeit der Abgeordneten weniger in den Ausschüssen selbst als in den ihnen vorgeschalteten Arbeitsgruppen der Fraktionen stattfand. Innerhalb der Unionsfraktion wurde der Vorsitz dieser Arbeitsgruppen wiederum unter den CDU- und CSU-Abgeordneten aufgeteilt. Mitte Oktober hatte die Fraktion die Gebiete Recht, Finanzen, Auswärtiges und Deutschlandpolitik dabei den Christsozialen zugesprochen.[250]

Kernelement der Ausschussarbeit war die Anhörung von Sachverständigen und Interessensgruppen. Über deren Auswahl musste ebenso abgestimmt werden wie über die Beschlüsse selbst. Wolfgang Schäuble ermahnte daher als parlamentarischer Geschäftsführer der CDU/CSU-Bundestagsfraktion seine Abgeordneten, auf jeden Fall zu den Ausschusssitzungen zu erscheinen, um immer in der Mehrheit zu sein. Das war nicht zuletzt insofern wichtig, als dass man unter den gegebenen Umständen mit Abweichlern unter den Abgeordneten der FDP rechnen musste.[251]

248 Tischvorlage des Finanzministers für die Kabinettssitzung am 20. Oktober 1982, BArch B 136/22544; Kurz- und Beschlussprotokoll der Sitzung der Fraktion am 26. Oktober 1982, S. 1, AdL FDP-Fraktion im Deutschen Bundestag A 49–35.

249 Siehe zu den Diskussionen knapp das Protokoll der Sitzung der CDU/CSU-Fraktion im Deutschen Bundestag Nr. 9/58 vom 12.10.1982, S. 58, ACDP 08-001:1068/2. Zu Haase siehe Vierhaus, R. – Herbst, L. (Hrsgg.), Biographisches Handbuch I, S. 293. Eine Übersicht über die Ausschüsse findet sich u. a. in Vierhaus, R. – Herbst, L. (Hrsgg.), Biographisches Handbuch III.

250 Protokoll der Sitzung der CDU/CSU-Fraktion im Deutschen Bundestag Nr. 9/59 vom 14.10.1982, S. 2–21, ACDP 08-001:1068/2.

251 Protokoll der Sitzung der CDU/CSU-Fraktion im Deutschen Bundestag Nr. 9/64 vom 30.11.1982, S. 8, ACDP 08-001:1070/1.

Die Anhörungen führten dabei in fast allen Ausschüssen zu Streit zwischen den Abgeordneten. Es musste zunächst geklärt werden, ob ein Hearing überhaupt veranstaltet, wer dazu geladen und welche Einzelthemen angesprochen werden sollten. Die SPD versuchte als Oppositionspartei gelegentlich, die Ausschüsse durch besonders viele Anhörungen auszubremsen, während Union und FDP auf eine Beschleunigung des Verfahrens hinwirkten. Gut überliefert sind diese Vorgänge aus dem Rechtsausschuss. Bereits einen Tag nach der Überweisung des Gesetzentwurfs beriet der am 12. November über eine Anhörung zu den Änderungen im Mietrecht. Der niedersächsische CDU-Abgeordnete Joachim Clemens schlug vor, die Anhörung auf die wirklich neuen Aspekte des Gesetzes zu beschränken. Das sei insofern machbar, als dass es im Februar bereits eine Anhörung zum sozialliberalen Vorgängerentwurf des Mietgesetzes gegeben habe. Aus demselben Grunde bräuchten die Befragten auch keine lange Vorbereitungszeit, sodass man das Hearing bereits Ende November veranstalten könne. Außerdem wollte er die anzuhörenden Personen auf sieben begrenzen. Für die Union beantragte er dafür je einen Vertreter des Zentralverbands deutscher Haus-, Wohnungs-, und Grundeigentümer, des Instituts für empirische Wirtschaftsforschung an der Universität des Saarlandes, des Verbandes der Lebensversicherungsunternehmen und des Deutschen Industrie- und Handelstages. Die SPD protestierte dagegen, das Gesetz sei substantiell anders, man müsse daher eine ausführlichere Anhörung veranstalten. In einer Sondersitzung beschloss der Rechtsausschuss vier Tage später, das Hearing zwischen dem 25. und 26. November durchzuführen. Später verlegte er den Termin um vier Tage auf den 1. Dezember.[252]

Der Haushaltsausschuss, in dem das Begleitgesetz und der Haushalt selbst beraten wurden, verzichtete aufgrund des engen Zeitplans ganz auf Anhörungen. Das war insofern möglich, als dass mehrere der zahlreichen mitberatenden Ausschüsse ihrerseits Hearings veranstalteten. So befragten unter anderem der Innen-, der Finanz- und der Ausschuss für Arbeit und Sozialordnung im Laufe des Novembers Experten. Die Unionsabgeordneten im besonders belasteten Rechtsausschuss überlegten zunächst, deshalb und aus Zeitgründen ebenfalls keine Anhörungen zum Haushaltsbegleitgesetz durchzuführen. Der Sozialdemokrat Alfred Emmerlich widersprach dem vehement: Im Finanzausschuss würden beispielsweise nur Verbände gehört, rechtliche Fragen aber ausgeklammert. Die waren aber insbesondere mit Blick auf die möglicherweise verfassungswidrige Zwangsanleihe keinesfalls eindeutig. Der CSU-Abgeordnete und Rechtsanwalt Ortwin Lowack wies diesen Einwand entschieden zurück. Es gebe im Rechtsausschuss genug qualifizierte und erfahrene Juristen. Externe Experten zu befragen, sei daher verfehlt.[253] Der Ausschuss ent-

---

252 Rechtsausschuss des deutschen Bundestages (Hrsg.), Protokoll 09/42 vom 12.11.1982, S. 41–43, Protokoll 09/43 vom 16.11.1982, S. 46 und Protokoll 09/44 vom 24.11.1982, S. 17.

253 Lowacks Einschätzung wurde später vom Bundesverfassungsgericht widerlegt, das die Zwangsanleihe im November 1984 kippte, siehe dazu das Urteil des Bundesverfassungsgerichts vom 6. November 1984, BVerfGE 67, S. 256. Zu Lowack siehe bspw. Vierhaus, R. – Herbst, L. (Hrsgg.), Biographisches Handbuch I, S. 517.

schied sich schließlich dennoch für ein Hearing am 3. Dezember, verzichtete später aber auf eine ausführliche Stellungnahme gegenüber dem Haushaltsausschuss.[254]

Der Finanzausschuss kam bei seinen Anhörungen zu einem gemischten Bild. Die Wirtschaftsverbände stützten die Pläne der Regierung fast uneingeschränkt. Der DGB forderte hingegen Veränderungen. Insbesondere sollten zur Wahrung der sozialen Balance die Einnahmen aus der Zwangsanleihe nicht zurückgezahlt werden. Die mit der Anhebung der Mehrwertsteuer eingeleitete Umschichtung von direkten zu indirekten Abgaben nahmen die Arbeitnehmerorganisationen weitestgehend hin.[255]

Der Ausschuss für Arbeit und Sozialordnung hörte Ende November ganze 35 Verbände und Sachverständige an. Ebenso wie in den meisten anderen Ausschüssen sprach sich die SPD hier sowohl gegen den ursprünglichen Entwurf als auch gegen von Abgeordneten der CDU/CSU und Liberalen eingebrachte Veränderungen aus. Unter den Sozialpolitikern enthielt sich aber, wie von der Koalitionsführung befürchtet, auch ein FDP-Mitglied seiner Stimme.[256]

Am 3. Dezember überwies der Bundestag den Ausschüssen auch noch den inhaltsgleichen Regierungsentwurf zum Haushaltsbegleitgesetz, der vorher beim Bundesrat gelegen hatte, mit dessen Stellungnahme. Zu diesem Zeitpunkt hatten die mitberatenden Fachgremien ihre Arbeit bereits größtenteils abgeschlossen und ihre Empfehlungen an den federführenden Haushaltsausschuss weitergeleitet. Dieser erstellte daraufhin am 9. Dezember einen Bericht und eine Beschlussempfehlung, auf deren Grundlage der Bundestag in der zweiten Lesung des Gesetzes erneut debattieren sollte. Der Rechtsausschuss verfuhr entsprechend mit dem Mietgesetz.[257]

Derweil hielten die Versuche der Einflussnahme auf die Politik und insbesondere die Minister unvermindert an. Deutlich wird das beispielhaft an den zahlreichen Zuschriften, die allein Oskar Schneider als neuer Bundesminister für Raumordnung, Bauwesen und Städtebau während des Gesetzgebungsprozesses bekam. So erhielt der CSU-Politiker Anfang November etwa Post vom Direktor der Sozialbau Kempten GmbH, Hans Breidenstein. Dieser legte ihm nicht nur seine Positionen zur Baupolitik nahe, sondern sorgte auch dafür, dass sein Brief nicht übersehen wurde. Dafür schickte er eine Kopie davon direkt an Schneiders Nürnberger Privatadresse.[258] Das Bauministerium wusste mit der Unzahl an Zuschriften und Forderungen durchaus

---

254 Rechtsausschuss des deutschen Bundestages (Hrsg.), Protokoll 09/44 vom 24.11.1982, S. 21–26; Bericht des Haushaltsausschusses zum Haushaltsbegleitgesetz 1983, BT-Drs. 09/2290, S. 23–24.

255 Bericht des Haushaltsausschusses zum Haushaltsbegleitgesetz 1983, BT-Drs. 09/2290, S. 3–4.

256 Bericht des Haushaltsausschusses zum Haushaltsbegleitgesetz 1983, BT-Drs. 09/2290, S. 12–13.

257 Bericht des Haushaltsausschusses zum Haushaltsbegleitgesetz 1983, BT-Drs. 09/2290; BT-PlPr. 09/134 (03.12.1982), S. 8319A; Bericht des Rechtsausschusses zum Gesetz zur Erhöhung des Angebots an Mietwohnungen, BT-Drs. 09/2284; Beschlussempfehlung des Haushaltsausschusses zum Haushaltsbegleitgesetz 1983, BT-Drs. 9/2283; Bericht des Haushaltsausschusses zum Entwurf des Haushaltsgesetzes 1983, BT-Drs. 09/2298, S. 1.

258 Brief von Hans Breidenstein an Oskar Schneider vom 8. November 1982, BArch B 136/22997.

umzugehen. Als zwei Ingenieure vom Minister nachdrücklich die Beachtung eines von ihnen entwickelten Blockbausystems verlangten und damit an die Öffentlichkeit zu gehen drohten, begutachteten die Experten des Bauressorts das Konzept schließlich ausführlich und wiesen detailliert seine Unbrauchbarkeit nach.[259]

Auf die Entscheidungen der Ausschüsse wirkte sich die Einflussnahme von außen kaum aus. Die Abgeordneten stimmten den Gesetzentwürfen weitestgehend zu und beschlossen nur geringfügige Änderungen. Dabei wurden sowohl Beschlüsse der Regierung durch Ausnahmen verfeinert als auch verspätete Kompromisse auf Ministerebene in die Gesetze eingeflochten. So nahmen sie beispielsweise Wohnheime von der neuen Verzinsungspflicht der Mietkautionen aus und führten den nach Verhandlungen zwischen Arbeits- und Familienministerium beschlossenen modifizierten Einkommensteuerbegriff für die Berechnung Kindergeldes ein. Nur an zwei Stellen wichen die Abgeordneten maßgeblich von den Regierungsentscheidungen ab. Das war zunächst eine Besserstellung der Kriegswitwen beim Wohngeld, die insbesondere Alfred Dregger wichtig gewesen war. Daneben hoben die Ausschüsse auch die geplante Umstellung der Förderung der Aufstiegsfortbildung auf eine Ermessensleistung auf.[260]

Insgesamt verringerten die neuen Entscheidungen nach Schätzungen des Haushaltsausschusses die Konsolidierung des Bundesetats um etwa 48 Mio. DM. Darin waren Minderausgaben in Höhe von 162 Mio. DM durch eine Herabsetzung der Verzinsung von Ausgleichsforderungen der Bundesbank von 3 % auf 1 % bereits inbegriffen. Da sich dadurch der im Haushalt eingestellte Bundesbankgewinn um denselben Betrag verringern musste, handelte es sich hierbei in erster Linie um eine kosmetische Maßnahme.[261] Die Kassen der Länder und Gemeinden stellten die Abgeordneten um 50 Mio. DM, beziehungsweise 15 Mio. DM besser als zuvor.[262]

Im Laufe des Verfahrens stimmte der Haushaltsausschuss außerdem dem zweiten Nachtragshaushalt 1982 mit geringfügigen Änderungen zu, die unter anderem der Innenausschuss vorgeschlagen hatte. Dadurch verringerte sich die angepeilte Kreditaufnahme im Vergleich zum Regierungsentwurf um knappe 300 Mio. DM.[263] Gleichzeitig sprach er gegenüber dem Bundestag die Empfehlung aus, die meisten älteren Gesetzesvorhaben der sozialliberalen Koalition wie geplant für erledigt zu er-

---

259 Brief an Oskar Schneider vom 9. Oktober 1982, BArch B 136/22997; Brief von Hans Breidenstein an Oskar Schneider vom 8. November 1982, BArch B 136/22997.

260 Die einzelnen Ausschussentscheidungen werden später je nach thematischem Kontext ausführlich behandelt, siehe dazu Kap. 4.

261 So nennt es bspw. Zohlnhöfer, R., Wirtschaftspolitik der Ära Kohl, S. 80–81.

262 Bericht des Haushaltsausschusses zum Haushaltsbegleitgesetz 1983, BT-Drs. 09/2290, S. 33.

263 Beschlussempfehlung des Haushaltsausschusses zum 2. Nachtragshaushaltsgesetz 1982, BT-Drs. 09/2276, S. 2.

klären. Die jeweiligen Einsparvorschläge waren nun zum größten Teil in die Artikel des neuen Haushaltsbegleitgesetzes eingeflossen.[264]

Unmittelbar nachdem die Ausschüsse ihre Arbeit beendet hatten, begann der Bundestag mit der zweiten und dritten Beratung der Gesetze. Als erstes diskutierten die Abgeordneten am 10. Dezember über das Gesetz zur Erhöhung des Angebots an Mietwohnungen und stimmten darüber ab. Bei drei Enthaltungen sprachen sich 247 westdeutsche und zehn Berliner Abgeordnete für den Entwurf aus, 199 und neun dagegen. Die Enthaltungen kamen dabei ausschließlich aus der FDP. Die Fraktionslosen, unter ihnen die ehemaligen Liberalen Friedrich Hölscher und Helga Schuchardt, lehnten das Vorhaben geschlossen ab.[265]

Ab dem 14. Dezember stand der Haushalt 1983 und ab dem 15. Dezember mit dem Haushaltsbegleitgesetz 1983 auch das Kernstück des Sofortprogramms zur Debatte. Alfred Dregger bemühte sich im Vorfeld, die Disziplin seiner Abgeordneten sicherzustellen. Am Tag vor Beginn des Bundestagsmarathons erklärte er in seiner Fraktion: *„Ich möchte kurz daran erinnern, dass es alte Übung ist, dass die Kollegen, die der Fraktionsempfehlung nicht folgen wollen – und bei uns gibt es keinen Fraktionszwang, jeder hat seine eigene Entscheidung zu verantworten –, das dem Fraktionsvorsitzenden vorher mitteilen. Ich stehe ab morgen Mittag für solche Mitteilungen zur Verfügung. Allzu viele können es ja nicht sein.“*[266]

Bevor der Haushalt und das Haushaltsbegleitgesetz verabschiedet werden konnten, standen noch mehrere kleinere Beschlüsse an. Am 15. Dezember verabschiedete der Bundestag zunächst den zweiten Nachtragshaushalt 1982. Der Nachtrag hob das Volumen des Haushaltes von 1982 auf 246,6 Mrd. DM, was gegenüber 1981 eine Etatvergrößerung von 5,9 % bedeutete. Die Neuverschuldung war durch die Vorschläge der Ausschüsse noch mal leicht gedrückt worden, lag aber immer noch bei etwa 39,7 Mrd. DM.[267]

Einen Tag später folgte das Plenum den Empfehlungen der Ausschüsse und lehnte die mittlerweile überholten wirtschaftspolitischen Gesetzentwürfe der Vorgängerregierung und der SPD-Fraktion ab. Dazu gehörten unter anderem der Anfang Oktober von den Sozialdemokraten eingebrachte Entwurf eines Ergänzungsabgabegesetzes sowie ein Antrag auf Erweiterung des Haushaltsplanes 1983 um einen so genannten Beschäftigungshaushalt. Damit hatte die SPD einen konkreten Gegenentwurf zum Sofortprogramm vorgelegt. Der Beschäftigungshaushalt umfasste unter

264 Bericht des Haushaltsausschusses zum 2. Nachtragshaushalt 1982, BT-Drs. 09/2286; Bericht des Haushaltsausschusses zum Haushaltsbegleitgesetz 1983, BT-Drs. 09/2290, S. 2.

265 BT-PlPr. 09/137 (10.12.1982), S. 8548B-C.

266 Protokoll der Sitzung der CDU/CSU-Fraktion im Deutschen Bundestag Nr. 9/68 vom 13.12.1982, S. 2, ACDP 08-001:1070/1. Zu den Verhandlungen siehe BT-PlPr. 09/138 (14.12.1982), BT-PlPr. 09/139 (15.12.1982) und BT-PlPr. 09/140 (16.12.1982).

267 BT-PlPr. 09/140 (16.12.1982), S. 8918D-8921B. Zum zweiten Nachtragshaushalt siehe die Beschlussempfehlung des Haushaltsausschusses zum 2. Nachtragshaushaltsgesetz 1982, BT-Drs. 09/2276, S. 13 und Ullmann, H.-P., Schuldenstaat, S. 366.

anderem ein „Aktionsprogramm Wohnungsbau" im Umfang von 2,7 Mrd. DM, ebenso Maßnahmen zur Bekämpfung der Jugendarbeitslosigkeit durch eine Verbesserung der Ausbildungssituation sowie Ausgaben in Höhe von etwa 2,3 Mrd. DM für Zinsverbilligungen. Die Finanzierung sollte maßgeblich durch eine Umstellung der Zwangsanleihe auf eine nicht rückzahlbare Ergänzungsabgabe erfolgen.[268]

Während der Debatten zum Haushalts-, dem Miet- und dem Begleitgesetz sprachen von Kohl über Blüm, Genscher, Dregger, Stoltenberg bis Lambsdorff die meisten am Sofortprogramm maßgeblich beteiligten Vertreter der Koalition. Die SPD wiederholte ihre ganz grundsätzliche Ablehnung des Projekts. Das Land werde kaputtgespart, die Sozialsysteme abgebaut und eine Umverteilung von unten nach oben organisiert. Aber auch aus den Reihen der FDP-Fraktion und ihrer ehemaligen Mitglieder kam laute Kritik. Der Abgeordnete Friedrich Hölscher, der die liberale Fraktion im November verlassen hatte, unterstützte die Vorwürfe der SPD. Man Teile das Volk gerade in zwei Klassen ein, in diejenigen, die die Kosten zu tragen hätten und in die Besserverdienenden, bei denen man sich weigere, auf ihre Leistungsfähigkeit und Solidarität zurückzugreifen: *„Ich befürchte, der Sozialstaat, der ja nun weiß Gott keine Schönwetterveranstaltung ist, wird ausgerechnet in dem Moment in Frage gestellt, in dem er gebraucht wird."*[269] Blüm verteidigte als Sozialminister die Regierung und verwies auf die hohen Kosten der Schuldenfinanzierung. *„Diese 25 Milliarden Zinsen"*, so Blüm, *„die der Staat zahlen muss, kommen den Reicheren zugute. Damit haben Sie eine Umverteilung von unten nach oben organisiert, und die hinterlassen Sie uns!"*[270]

Karl-Heinz Hansen, der als linker Sozialdemokrat schon 1981 aus seiner Partei ausgeschlossen worden war, beließ es nicht bei bloßer Kritik am Sofortprogramm. Zwei Tage zuvor war es bei der Beratung des Bundeshaushaltes 1983 zu Verwirrung gekommen, als Hansen und der ebenfalls fraktionslose Manfred Coppik über verschiedene Teile eines Änderungsantrags der SPD zum Einzelplan 14, dem Geschäftsbereich des Bundesministers der Verteidigung, einzelne Abstimmungen gefordert hatten. Bundestagsvizepräsident Wurbs hatte dabei unbeabsichtigt nicht über den Änderungsantrag, sondern über die Vorlage der Koalition abstimmen lassen. Da die Abgeordneten das nicht bemerkten, stimmten sie wahrscheinlich versehentlich gegen den Teil des Entwurfs, statt gegen den Änderungsantrag der SPD.[271]

Diesen Umstand versuchte Hansen nun gegen die Koalition zu verwenden. Am 16. Dezember erhob er unter Berufung auf die Vorkommnisse nach § 84 der Ge-

268 Antrag der Fraktion der SPD zum Beschäftigungshaushalt 1983 bis 1985, BT-Drs. 09/2123, S. 1–2; BT-PlPr. 09/140 (16.12.1982), S. 8918D-8921B.

269 BT-PlPr. 09/140 (16.12.1982), S. 8846B-D.

270 BT-PlPr. 09/138 (14.12.1982), S. 8618C, hier das Zitat. Zu den Vorwürfen der SPD siehe bspw. die Rede von Eugen Glombig, BT-PlPr. 09/140 (16.12.1982), S. 8839D-8844D.

271 Im Bundestagsprotokoll ist das Abstimmungsergebnis an dieser Stelle nicht vermerkt, was sehr selten ist, BT-PlPr. 09/138 (14.12.1982), S. 8681D-8682C. Zu Hansen und Coppik vgl. u. a. Jäger, W., Innenpolitik, S. 215.

schäftsordnung des Bundestages Fristeinrede gegen die dritte Beratung des Haushaltsgesetzes. Diese Regelung sah vor, dass im Falle einer Veränderung des Entwurfs in der zweiten Lesung die dritte Beratung nicht unmittelbar auf die zweite folgen konnte. Im Falle des Sofortprogramms hätte das eine Verzögerung von mehreren Tagen bedeutet, was den Zeitplan der Bundesregierung ins Wanken gebracht hätte. Wolfgang Schäuble bezeichnete Hansens Behauptung daraufhin als falsch und verwies auf das Protokoll. Trotz Unruhe im Saal verfolgte Wurbs die Angelegenheit nicht weiter.[272]

Die folgenden Redner, allen voran der SPD-Abgeordnete Helmut Esters und Bundesminister Stoltenberg, bemühten sich um eine Harmonisierung der Lage. Esters lobte unter allgemeinem Beifall die zuverlässige und selbstständige Arbeit der Ausschüsse, Stoltenberg wies auf die in letzter Minute gelungenen Erfolge bei der Einbindung der Länderfragen in das Haushaltsbegleitgesetz und den fairen Umgang des Bundes mit den Gliedstaaten hin.[273] Im Anschluss wurde zunächst über das Haushaltsbegleitgesetz und dann über den Haushalt 1983 abgestimmt. 278 Abgeordnete, darunter zwölf Berliner, sprachen sich für den neuen Etat aus. 210 westdeutsche und acht Berliner Delegierte stimmten dagegen. Die beiden SPD-Rebellen Coppik und Hansen standen dabei ebenso auf der Seite der Sozialdemokraten wie die fraktionslosen ehemaligen Liberalen Hölscher und Schuchardt. Die FDP-Politiker Hildegard Hamm-Brücher, Hansheinrich Schmidt und Sibylle Engel sowie der fraktionslose vormalige Sozialdemokrat Karl Hofmann enthielten sich. Damit war die Abstimmung über Kohls Politik deutlich klarer zu seinen Gunsten ausgefallen als die Kanzlerwahl selbst. Am 17. Dezember stimmte auch der Bundesrat dem Haushaltsbegleitgesetz und dem neuen Mietrecht zu.[274] Die Länder SPD-geführten Länder Bremen, Hamburg, Hessen und Nordrhein-Westfalen hatten zuletzt noch die Einberufung eines Vermittlungsausschusses beantragt, waren damit aber an den Mehrheitsverhältnissen im Bundesrat gescheitert.[275] Am 20. Dezember unterzeichneten schließlich der Kanzler, der Bundespräsident und je nach Vorhaben die jeweils zuständigen Minister die beschlossenen Gesetze, die daraufhin im Bundesgesetzblatt verkündet wurden.[276]

---

272 BT-PlPr. 09/140 (16.12.1982), S. 8900A-B.

273 Dem Finanzminister zufolge stellte der Bundesrat *„mit Genugtuung fest, dass die neue Bundesregierung im Gegensatz zu der bisherigen darauf verzichtet, auf Kosten der übrigen Gebietskörperschaften zu einem ausgeglichenen Bundeshaushalt zu kommen"*, BT-PlPr. 09/140 (16.12.1982), S. 8908A.

274 BR-PlPr. 518 (17.12.1982), S. 489A, 496C-D.

275 Antrag der Länder Bremen, Hamburg, Hessen und Nordrhein-Westfalen zum Haushaltsbegleitgesetz 1983, BArch B 126/90586, vgl. auch den Antrag des Landes Hessen zum Haushaltsbegleitgesetz 1983, BArch B 126/90586.

276 BGBl. I 1982, S. 1912–1915 (Gesetz zur Erhöhung des Angebots an Mietwohnungen); BGBl. I 1982, S. 1857–1911 (Haushaltsbegleitgesetz 1983); BGBl. I 1982, S. 1811–1827 (Haushaltsgesetz 1983); Beschluss des Bundesrates in der BR-Drs. 488/82, BArch B 136/22544; BT-PlPr. 09/140 (16.12.1982), S. 8900B-8903C, 8907D-8910B. Hansheinrich Schmidt hatte seine Fraktion drei Tage

Seit sich die neue Koalition Ende September 1982 auf Neuwahlen geeinigt hatte, stand die Frage im Raum, wie diese zu erreichen seien. Das Verfassungsrecht sah eine Selbstauflösung des Bundestages, nicht zuletzt wegen der schlechten Erfahrungen aus der Weimarer Zeit, nicht vor. Vorgezogene Neuwahlen waren nur dann denkbar, wenn es im Parlament keine Kanzlermehrheit mehr gab. Für Kohl kamen daher nur zwei Wege in Betracht, Bundespräsident Carstens die Auflösung des Bundestages zu ermöglichen. Der erste war sein Rücktritt als Bundeskanzler. Diese Variante schien auf den ersten Blick die naheliegendste zu sein, da Kohl dabei sein unter fragwürdigen Umständen erlangtes Amt selbstständig wieder aufgab und sein Neuwahlversprechen erfüllte. Ende September war das für den CDU-Chef noch die überzeugendste Lösung.[277]

Bei näherer Betrachtung warf der Weg des Rücktritts allerdings einige Schwierigkeiten auf, die ihn in den Augen Kohls schließlich ungangbar machten. So war es verfassungsrechtlich nicht der Rücktritt des Kanzlers selbst, der dem Präsidenten die Möglichkeit zur Ansetzung vorgezogener Neuwahlen gab, sondern das mehrmalige Scheitern des Parlaments bei der Bestimmung seines Nachfolgers. Das Grundgesetz sah für die Kanzlerwahl drei aufeinander folgende Wahlgänge vor. Im ersten wählte der Bundestag mit der Mehrheit seiner gesetzlichen Mitglieder einen vom Bundespräsidenten vorgeschlagenen Kandidaten. Bisher waren alle Kanzler nach diesem Verfahren in ihr Amt gekommen. Für den Fall, dass das nicht gelang, sah die Verfassung einen zweiten Wahlgang vor. In diesem nominierte die große Parlamentskammer selbst Kandidaten. Erreichte davon binnen zwei Wochen keiner die Kanzlermehrheit, kam es zu einem dritten Durchlauf mit Kandidaten aus den Reihen des Parlaments. Scheiterten auch diese, konnte der Bundespräsident entweder den Kandidaten mit den meisten Stimmen ernennen oder nach einwöchiger Bedenkzeit den Bundestag auflösen. Um über einen Rücktritt zuverlässig zu Neuwahlen zu kommen, hätten die Abgeordneten also über mehrere Wochen hinweg mehrmals gegen ihren eigenen Kandidaten stimmen oder sich enthalten müssen. Dieses Spektakel wäre in der Öffentlichkeit möglicherweise auf Unverständnis gestoßen und hätte dem Ansehen des zukünftigen Kanzlerkandidaten bei den Bundestagswahlen geschadet. Hinzu kam, dass die Kanzlerwahlen laut Geschäftsordnung des Bundestages geheim abgehalten wurden, was den Kritikern aus Union und FDP die Möglichkeit gegeben hätte, das Vorgehen zu unterlaufen.[278]

Der zweite Weg zu Neuwahlen führte über eine negativ beantwortete Vertrauensfrage. Der Kanzler konnte den Bundestag dabei während einer laufenden Legislaturperiode auffordern, ihm seine Unterstützung zuzusichern. Die Vertrauensfrage

zuvor über sein Abstimmungsverhalten in Kenntnis gesetzt, Kurzprotokoll über die Sitzung des Fraktionsvorstandes am 13.12.1982, S. 1–2, AdL Mischnick, Wolfgang A 41–32.

277 Protokoll der Sitzung der CDU/CSU-Fraktion im Deutschen Bundestag Nr. 9/52 vom 21.09.1982, S. 3–4, ACDP 08-001:1068/1; Wirsching, A., Provisorium, S. 34.

278 Roßner, S., Mehrheitsbestimmung, S. 1306–1310.

durfte entweder an ein bestimmtes Gesetzesvorhaben geknüpft sein oder unabhängig davon gestellt werden. Versagte die Mehrheit der Mitglieder des Parlaments dem Kanzler das Vertrauen, konnte er ebenfalls den Präsidenten um die Auflösung des Bundestags bitten. Die einzige hierbei einzuhaltende Frist waren 48 Stunden, die zwischen dem Antrag zur Vertrauensfrage und der tatsächlichen Abstimmung liegen mussten. Danach blieben dem Staatsoberhaupt 21 Tage zur Auflösung des Parlamentes.[279]

Auch bei dieser zweiten Art, vorgezogene Neuwahlen zu ermöglichen, mussten sich die Fraktionen der CDU/CSU und FDP aber enthalten oder gegen ihren eigenen Regierungschef stimmen. Das war nicht nur deshalb brisant, weil Kohl sich im März erneut zum Kanzler wählen lassen wollte. Es bedeutete auch, dass sie den Art. 68 der Verfassung unter Umständen entgegen seinem ursprünglichen Sinn nutzten, denn das Vertrauen in die Person Helmut Kohls an sich war im Herbst und Winter 1982 gegeben. Dementsprechend groß waren die Zweifel an der Rechtmäßigkeit dieses Ansatzes.

In den letzten Septembertagen erklärte der damalige sozialdemokratische Justizminister Schmude, eine solche unechte Vertrauensfrage sei zweifellos verfassungswidrig. Der Regierung käme das aber wahrscheinlich ganz gelegen, da sie so in letzter Minute doch noch auf die Neuwahlen verzichten könne. Als gewählter Kanzler müsse Kohl stattdessen bis 1984 im Amt bleiben oder zurücktreten. Schmude stützte sich in seiner Argumentation auf die Expertenmeinungen verschiedener Staatsrechtler. Die Union, allen voran Waldemar Schreckenberger, wies diesen Vorwurf zurück und betonte die Verfassungsmäßigkeit, auf diesem Wege Neuwahlen herbeizuführen. Helmut Schmidt selbst habe ein solches Vorgehen in Absprache mit seinem Justizminister noch kurz zuvor von Kohl gefordert. Verfassungsrechtler wie der damalige baden-württembergische Innenminister Roman Herzog schlugen stattdessen eine Verfassungsänderung vor, durch die dem Bundestag die Möglichkeit gegeben würde, sich mit einer Zweidrittelmehrheit selbst aufzulösen. Dieses zeitaufwendige Verfahren konnte in der angespannten Situation der letzten Wochen des Jahres 1982 für Kohl aber nicht wirklich in Betracht kommen. Außerdem hätte es in einer demokratietheoretisch ohnehin schwierigen Lage das ungeschriebene Gesetz gebrochen, keine Verfassungsänderungen zu beschließen, die noch in derselben Legislaturperiode wirksam wurden.[280] Bundespräsident Karl Carstens hielt sich derweil bedeckt, ob er eine unechte Vertrauensfrage tolerieren würde.[281]

---

279 Lorz, R. A. – Richterich, M., Regierung im Parlament, S. 1084–1085. Alternativ hätten Bundeskanzler und -präsident bei einer negativ beantworteten Vertrauensfrage den Weg des Gesetzgebungsnotstandes nach Art. 81 GG gehen können. In Kohls Fall gab es dafür aber keinen Anlass.

280 Siehe dazu bspw. Wirsching, A., Provisorium, S. 36.

281 Ein Zug der sich schwer stoppen lässt, SZ vom 28.09.1982, ACDP Medienarchiv; Wieder einmal: Zieht München nun mit oder nicht, FAZ vom 28.09.1982, S. 3; Vertrauen auf Zeit ist legitim, Stuttgarter Nachrichten vom 29.09.1982, ACDP Medienarchiv; Schmude: Eine Vertrauensfrage Kohls wäre verfassungswidrig, FAZ vom 28.09.1982, S. 2; Schell, M., Kanzlermacher, S. 103.

Anfang Dezember fiel in der Union die Entscheidung zu Gunsten der Vertrauensfrage, die im Anschluss an die Verabschiedung des Sofortprogramms am 17. Dezember gestellt werden sollte. Vorausgegangen waren heftige Diskussionen in der konservativen Bundestagsfraktion. Ortwin Lowack verwies auf der Fraktionssitzung am 7. Dezember auf das hohe Risiko von Neuwahlen. Wenn die Abstimmung dazu führe, dass die FDP den Bundestag verlasse, die Grünen dafür einzögen und die Union keine absolute Mehrheit bekäme, hätte man sich *„vor der Geschichte in einem unglaublichen Umfang lächerlich gemacht"*.[282] Dass dieser Fall eintrat, war durchaus nicht unwahrscheinlich. In den Umfragen hatte sich die FDP zwar stabilisiert, lag aber immer noch knapp unter der Fünfprozenthürde. Bei den Grünen sah es ähnlich aus, die Union hatte mit 49,5 % der errechneten Wählerstimmen die absolute Mehrheit noch nicht erreicht. Geißler verwies aber auf das gegebene Versprechen und darauf, dass fast 80 % der Deutschen Neuwahlen wollten.[283]

Eine besondere Herausforderung für Fraktionschef Dregger waren diejenigen Abgeordneten, die eine negative Vertrauensfrage aus Gründen des Prinzips ablehnten. Dazu gehörte vor allem der engagierte Mittelstandspolitiker Peter von der Heydt. Dieser erklärte bei der Fraktionsbesprechung, in seinem Verständnis habe er Kohl am 1. Oktober seine Unterstützung *„für eine längere Zeit als nur eine Legislaturperiode"* zugesagt: *„Ich möchte sehr gerne am 17. Dezember, wenn das Vertrauensvotum zur Wahl ansteht, Herrn Kohl mein Vertrauen aussprechen dürfen – und bitte, das nicht als Illoyalität diesem Verfahren gegenüber zu betrachten."*[284] Die anderen Abgeordneten und der Fraktionsvorsitzende waren von dieser Einstellung sichtlich irritiert und versuchten, Heydt umzustimmen. Gerhard Reddemann bemerkte wenig später, wenn jemand Kohl vertraue, müsse er ihm auch in seinen Entscheidungen folgen, sonst misstraue er ihm ja doch. Heydt blieb trotzdem bei seiner Haltung und erhielt dafür Unterstützung von seinem Parteifreund Willi-Peter Sick.[285]

Am 8. Dezember legten sich die Parteiführungen von CDU, CSU und FDP in einem Koalitionsgespräch auf die Vertrauensfrage als Weg zu Neuwahlen fest. Deren Verfassungsmäßigkeit könne man damit begründen, dass die Abgeordneten dem Kanzler tatsächlich nicht zutrauten, die anstehenden Aufgaben in der verbleibenden Zeit der laufenden Legislaturperiode lösen zu können. Dafür brauche er eine volle neue Amtszeit. Die Delegierten der Koalitionsfraktionen sollten sich bei der Vertrau-

---

282 Protokoll der Sitzung der CDU/CSU-Fraktion im Deutschen Bundestag Nr. 9/65 vom 07.12.1982, S. 3, ACDP 08-001:1070/1.

283 Protokoll der Sitzung der CDU/CSU-Fraktion im Deutschen Bundestag Nr. 9/65 vom 07.12.1982, S. 1–3, 7–11, ACDP 08-001:1070/1.

284 Protokoll der Sitzung der CDU/CSU-Fraktion im Deutschen Bundestag Nr. 9/65 vom 07.12.1982, S. 5, ACDP 08-001:1070/1.

285 Protokoll der Sitzung der CDU/CSU-Fraktion im Deutschen Bundestag Nr. 9/65 vom 07.12.1982, S. 1–13, ACDP 08-001:1070/1. Vgl. zu Heydt und Sick Vierhaus, R. – Herbst, L. (Hrsgg.), Biographisches Handbuch I, S. 339 und Vierhaus, R. – Herbst, L. (Hrsgg.), Biographisches Handbuch II, S. 819.

ensfrage enthalten. Unter den FDP-Abgeordneten gab es auch jetzt noch erhebliche Bedenken zur Rechtmäßigkeit des Vorgehens. Dregger versuchte diese Zweifel bei seiner Partnerfraktion zu zerstreuen. Der stellvertretende FDP-Fraktionsvorsitzende Hans-Günter Hoppe berichtete seinen Abgeordneten beispielsweise von einem Gespräch mit Dregger, in dem dieser angedeutet habe, der Bundespräsident sei mit dem Vorgehen einverstanden.[286]

Am 17. Dezember stellte Helmut Kohl die Vertrauensfrage schließlich im Bundestag. In seiner Auftaktrede erklärte er, nach eingehender Prüfung sei er zu der Erkenntnis gekommen, dass es mit dem Grundgesetz vereinbar sei, die Vertrauensfrage zum Erreichen von Neuwahlen zu stellen. Brandt entgegnete ihm, er hätte schon viel früher zu Neuwahlen kommen müssen. Mit seinem jetzigen Vorgehen strapaziere er die Verfassung und ermögliche es in Zukunft jedem Kanzler mit einer Parlamentsmehrheit, eine Legislaturperiode nach eigenem Ermessen zu verkürzen. Der SPD-Vorsitzende erhielt dafür nicht nur Applaus von seiner Partei, sondern auch aus den Reihen der Liberalen. Die nun fraktionslose Helga Schuchardt rechnete später noch schärfer mit der neuen Koalition ab. Sie und der ebenfalls aus der FDP ausgetretene Friedrich Hölscher könnten dem Kanzler das Vertrauen wenigstens guten Gewissens versagen. Außerdem warf sie der der Regierung vor, das Parlament und den Bundespräsidenten nicht zu respektieren. Schließlich forderte sie Kohl stattdessen zum Rücktritt auf. Die Union, insbesondere der CSU-Abgeordnete und spätere Postminister Wolfgang Bötsch, unterbrach Schuchardts Rede dabei mit mehreren Zwischenrufen.[287]

In der Abstimmung über Kohls Antrag nach Art. 68 GG versagten ihm schließlich 218 westdeutsche und neun Berliner Abgeordnete das Vertrauen. Die Union und die FDP enthielten sich überwiegend. Drei Delegierte der Union, unter ihnen Heydt und Sick sowie fünf liberale Parlamentarier sprachen Kohl entgegen der Empfehlung ihrer Fraktionen das Vertrauen aus.[288]

3.4 Zwischenergebnis

Insgesamt betrachtet zeichneten sich die drei Entstehungsphasen des Maßnahmenpaketes durch unterschiedliche Beteiligte und Arbeitsschritte aus. In der ersten Phase, den Koalitionsverhandlungen, wurde der Grundstein für die Regierungsbildung gelegt. Die drei Parteien standen sich hier zunächst ohne detaillierte aktuelle Pro-

286 Kurz- und Beschlussprotokoll der Sitzung der Fraktion am 10. Dezember 1982, S. 3, AdL FDP-Fraktion im Deutschen Bundestag A 49–36; Protokoll der Fraktionssitzung vom 9. Dezember 1982, S. 3, AdL FDP-Fraktion im Deutschen Bundestag A 49–36; Wirsching, A., Provisorium, S. 36–37.
287 BT-PlPr. 09/141 (17.12.1982), S. 8938–8942, 8962C-8964D.
288 BT-PlPr. 09/141 (17.12.1982), S. 8971A-8973C.

gramme gegenüber, waren sich aber über die grundsätzliche Ausrichtung der neuen Wirtschaftspolitik weitestgehend einig.

Sobald die Frage vorgezogener Neuwahlen geklärt war, konnten CDU, CSU und FDP in relativ kurzer Zeit eine Koalitionsvereinbarung erarbeiten. Die Verhandlungen darüber wurden unter anderem von der Wahlniederlage der FDP und CDU in Hessen überschattet, die die neue Koalition zwar nicht bestätigte, die drei Parteien damit aber umso mehr aneinander band. Die Koalitionsvereinbarung orientierte sich an vielen Stellen an den schon vorbereiteten Projekten der Vorgängerregierung. Das ergab sich vor allem aus dem engen Zeitplan der Koalition, die die Aufstellung und Ausarbeitung völlig neuer Maßnahmen bis Mitte Dezember unmöglich machte. Man beschränkte sich daher oft auf eine leichte Anpassung beziehungsweise Verschärfung der sozialliberalen Beschlüsse. Die Koalitionsführung verteidigte die im Koalitionsvertrag gefundenen Einigungen anschließend gegenüber den an der Entscheidungsfindung bisher kaum beteiligten Abgeordneten und mahnte sie angesichts der besonderen Lage und Dringlichkeit zur Disziplin.

In der mit der Wahl Helmut Kohls zum Kanzler beginnenden zweiten Phase konkretisierte die neue Regierung die Vorgaben der Koalitionsvereinbarung und entwickelte sie weiter. Dafür stellte Kohl zunächst ein neues Kabinett zusammen. Dieses band die wichtigsten Gruppen der drei Parteien ein, vermied aber konfliktive Konstellationen, indem es weder den Anhängern von Franz Josef Strauß noch dem linken Flügel der FDP besonderes Gewicht gab.

In der Regierungserklärung bestätigte Kohl die Beschlüsse des Koalitionsvertrages und fügte trotz öffentlicher Kritik und Forderungen von Interessensgruppen kaum neue Aspekte hinzu. Im Laufe des Oktobers erarbeiteten die Ministerien darauf aufbauend unter anderem ein Haushaltsbegleitgesetz für das folgende Jahr und ein Gesetz zur Verbesserung des Angebots an Mietwohnungen. Der Haushalt 1983 selbst wurde aus organisatorischen Gründen formell von der Vorgängerregierung übernommen und lediglich ergänzt. Neben den Konkretisierungen der Koalitionsbeschlüsse legte sich das Kabinett auf eine Verschärfung des Sparkurses fest, da sich die wirtschaftlichen Aussichten weiter verschlechterten. Positive Signale kamen hingegen von der Bundesbank. Die hielt nicht nur an der schon zuvor begonnenen Zinssenkungspolitik fest, sondern hatte auch keine Bedenken hinsichtlich der Einstellung ihres Gewinns in den Bundeshaushalt. Ende Oktober stimmten die Minister den verschiedenen Vorlagen zu.

In der von November bis Dezember 1982 dauernden dritten Phase berieten der Bundestag und der Bundesrat parallel zueinander über das Haushaltsbegleitgesetz. Die Koalition hatte dafür aus Zeitgründen zwei identische Entwürfe eingebracht, die gleichzeitig in beiden Parlamentskammern debattiert und in ihrer zweiten Lesung schließlich wieder zusammengeführt wurden. Die Bundestagsausschüsse korrigierten dabei die Entwürfe der Regierung und ergänzten sie um einzelne Sonderregelungen. Das geschah teils auf Wunsch der Regierung selbst, teils aber auch auf Anregungen aus dem Parlament heraus. Bundestag und Bundesrat stimmten diesen

Fassungen schließlich zu. Die Länderkammer hatte in ihrer Stellungnahme zum Haushaltsbegleitgesetz zuvor einige Kritikpunkte aufgezeigt, auf die die Regierung aber nicht immer eingegangen war. Um die Zustimmung des Bundesrates trotzdem sicherzustellen, hatte die Koalition allerdings für die Länder vorteilhafte finanzielle Umstrukturierungen und wichtige Fragen des bundesstaatlichen Finanzausgleichs in das Sofortprogramm aufgenommen.

Nachdem das Parlament den zum Sofortprogramm gehörenden Gesetzentwürfen mit großer Mehrheit zugestimmt hatte, konnte Kohl am 17. Dezember im Bundestag die Vertrauensfrage stellen. Die Abgeordneten versagten ihm dabei wie erhofft formell ihre Unterstützung und schufen damit eine Voraussetzung für die für März angekündigten Neuwahlen. Abb. 6 gibt einen Überblick über die wichtigsten Entwicklungen im Untersuchungszeitraum:

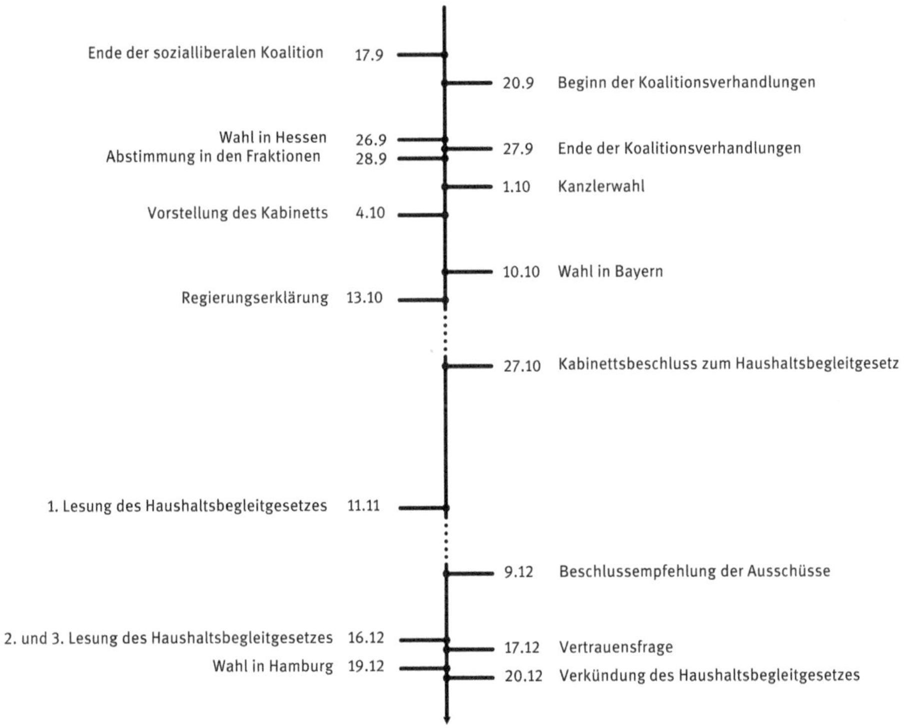

Abb. 6: Die Schlüsselereignisse in der Entwicklung des Sofortprogramms[289]

---

289 Eigene Arbeit.

4 Die Maßnahmen des Sofortprogramms

Im Folgenden soll ein näherer Blick auf die verschiedenen Teile des Sofortprogramms geworfen werden. Dabei ist unter anderem zu klären, welche Maßnahmen man im Herbst 1982 im Einzelnen diskutierte und welche davon man schließlich in das Gesamtpaket aufnahm. Daneben soll untersucht werden, welche koalitionsinternen Interessensgruppen Einfluss auf das wirtschaftspolitische Programm nahmen und welche Positionen sie dabei vertraten. Ferner muss festgestellt werden, wem die verschiedenen Projekte direkt zu Gute kommen und wie das Sofortprogramm insgesamt wirken sollte.

Obwohl die verschiedenen Maßnahmen in der jüngeren Forschungsliteratur präsenter sind als der Entstehungsprozess des Sofortprogramms, steht auch hier eine umfassende Untersuchung noch aus. So standen bisher etwa vor allem einzelne, besonders kontroverse Projekte wie die Zwangsanleihe im Mittelpunkt des Interesses, während kleinere Maßnahmen deutlich weniger oder gar keine Aufmerksamkeit bekommen haben. Das betrifft insbesondere diejenigen Maßnahmen, die zwar diskutiert, letztendlich aber nicht umgesetzt wurden. Wie später gezeigt werden soll, war aber auch der Verzicht auf manche Vorschläge die Voraussetzung dafür, dass andere überhaupt verwirklicht werden konnten.[1] Auch hinsichtlich der Positionen der verschiedenen koalitionsinternen Flügel und des Umgangs der Koalition mit Konflikten besteht Forschungsbedarf.[2]

An dieser Stelle sollen die verschiedenen Teile des Sofortprogramms nun erstmals umfassend und detailliert auf einer breiten Quellenbasis untersucht werden. Aufgrund der großen Zahl von Einzelprojekten muss auch hier eine Auswahl vorgenommen werden, die zwar fast, aber doch nicht alle Maßnahmen einschließt. Dabei werden diejenigen Projekte bevorzugt, die besonders einschneidende Auswirkungen haben mussten, in der Koalition und Öffentlichkeit kontrovers diskutiert wurden oder in sonstiger Weise für das Verständnis des Sofortprogramms wichtig sind. Ebenso wie die Darstellung des Entwicklungsprozesses des Sofortprogramms soll auch die Einzelbetrachtung der Maßnahmen außerdem die Grundlage für gleich mehrere weitergehende Forschungsfragen bilden. Es bietet sich daher eine möglichst neutrale Gliederung an, die sich an den angestrebten Zielen der Koalition orientiert und gleichzeitig Aufschluss über die Zusammenhänge zwischen den verschiedenen Projekten bietet. Insgesamt kann man die Maßnahmen des Sofortprogramms hier in solche einteilen, die primär der Konsolidierung der Sozialversiche-

1 Siehe dazu bspw. Kap. 5.3.

2 Auskunft über einzelne Maßnahmen und ihre jeweiligen Hintergründe geben bspw. Wirsching, A., Provisorium, S. 27–33, Schanetzky, T., Ernüchterung, S. 253–259 und Bökenkamp, G., Das Ende, S. 213–220. Zur Finanzpolitik siehe etwa Ullmann, H.-P., Schuldenstaat, S. 364–368. Reimut Zohlnhöfer setzt sich eingehender mit vielen derjenigen Projekte auseinander, die über das Haushaltsbegleitgesetz 1983 verwirklicht wurden, Zohlnhöfer, R., Wirtschaftspolitik der Ära Kohl, S. 70–82.

https://doi.org/10.1515/9783111004686-004

rung dienten, direkt dem Bundeshaushalt zu Gute kamen, die Länder begünstigten oder unmittelbar auf die Förderung der Wirtschaft abzielten.[3]

Die Zuordnung ist dabei nicht immer eindeutig. So entlastete etwa die Erhöhung der Mehrwertsteuer sowohl die Bundes- als auch die Länderkassen, während die Verschiebung der Rentenanpassung nicht nur der Rentenversicherung, sondern auch dem Bund zu Gute kam. Die hier nicht berücksichtigten mittelbaren Folgen sind noch weniger überschaubar. So konnte beispielsweise eine Senkung der Gewerbesteuer zu einer erhöhten Beschäftigung führen, die wiederum die Ausgaben der Arbeitslosenversicherung verringerte und Bonn einen niedrigeren Zuschuss zur Bundesanstalt ermöglichte.

4.1 Maßnahmen zur Konsolidierung der Sozialversicherung

Der mit Abstand bedeutendste und am meisten diskutierte Teil des wirtschaftspolitischen Sofortprogramms war die Konsolidierung der öffentlichen Haushalte. Hier ging es nicht nur direkt um den Bundesetat, sondern auch um die Kassen der Sozialversicherung. Die setzte sich im Kern aus der gesetzlichen Renten-, der Arbeitslosen-, Kranken- und Unfallversicherung zusammen. Die meisten dieser Teile waren von der Wirtschaftskrise nicht weniger betroffen als der Bundeshaushalt, da auch ihre Einkünfte zu einem großen Teil von der Konjunktur abhingen. Lediglich bei der Unfallversicherung war die Lage relativ stabil.[4]

Die Rentenversicherung setzte sich 1982 wiederum maßgeblich aus drei Zweigen zusammen, die im Verband Deutscher Rentenversicherungsträger zusammengeschlossen waren und unterschiedliche Berufsgruppen bedienten. Die ersten beiden Zweige, die Rentenversicherung der Arbeiter und die Rentenversicherung der Angestellten, waren bereits so eng miteinander verbunden, dass sie in der politischen Diskussion gewöhnlich gemeinsam behandelt wurden. Daneben stand als dritter wichtiger Teil die knappschaftliche Rentenversicherung, in der vor allem Beschäftigte des Bergbaus versichert waren. Hinzu kamen Sonderregelungen für einzelne Berufsgruppen wie beispielsweise die Landwirte, die etwa über die landwirtschaftliche Altershilfe abgesichert wurden.[5]

Die gesetzliche Rentenversicherung litt besonders stark unter der Krise. Neben den Altersruhegeldern zahlte sie noch Hinterbliebenenrenten und Unterstützungen bei Berufs- und Erwerbsunfähigkeit. Diese Ausgaben finanzierte sie teils über Beiträge, teils über Bundeszuschüsse. Je nach Zweig der Rentenversicherung unterschied sich die Art der Bundesleistungen. So bemaß sich der Zuschuss zur knappschaftlichen Rentenversicherung an deren Defiziten, was angesichts des ungünstigen Ver-

3 Eine ähnliche Einteilung nahm auch Stoltenberg vor, KabPr. vom 27.10.1982.
4 Krasney, O. E., Unfallversicherung, S. 443–444; Schmidt, M. G., Rahmenbedingungen, S. 29.
5 Richter, A., Grundlagen, S. 232–239, 242–251.

hältnisses zwischen Beitragszahlern und -empfängern dazu führte, dass der Bund 1982 etwa zwei Drittel ihrer Kosten übernahm.[6] Der Zuschuss zur Rentenversicherung der Arbeiter und Angestellten war hingegen nicht an die Haushaltslage der Versicherung, sondern an die Entwicklung der Bruttolöhne gekoppelt. Seine Rechtfertigung erhielt er aus denjenigen Aufgaben der Rentenversicherung, die nicht zur Alterssicherung gehörten und im Interesse des Bundes ausgeführt wurden. Das konnten beispielsweise Leistungen aus familienpolitischen Erwägungen sein. In der Praxis richtete sich die Höhe dieses per Gesetz festgelegten Zuschusses allerdings meist nach der Haushaltslage des Bundes.[7] Eine Konsolidierung der Rentenversicherung konnte also die Grundlage dafür schaffen, dass der Bund eben diesen Zuschuss kürzte und sich damit selbst entlastete. Einsparungen bei der Bundesknappschaft führten direkt zu Minderausgaben des Bundes. Der Bundeszuschuss zur Rentenversicherung der Arbeiter und Angestellten darf dabei nicht mit der parallel bestehenden Bundesgarantie verwechselt werden. Die legte lediglich fest, dass der Bund im Falle einer Zahlungsunfähigkeit die benötigten Mittel aufzubringen, beziehungsweise rückzahlbar bereitzustellen hatte.[8]

Der zweite große Teil der Einnahmen der Rentenversicherung stammte aus einkommensabhängigen Beiträgen, die von Arbeitnehmern und Arbeitgebern zu gleichen Teilen aufgebracht wurden. Die Arbeitgeber zahlten die Rentenversicherungsbeiträge zunächst an die zuständige Krankenkasse, die das Geld dann an die Rentenversicherung weiterreichte. Da sich die Beiträge der Mitglieder aus deren Einkommen errechneten, konnten die Einkünfte der Rentenversicherung in Zeiten hoher und mehrjähriger Arbeitslosigkeit stagnieren oder zurückgehen, obwohl ihre Ausgaben gleich blieben oder sogar noch wuchsen.[9]

Im Herbst 1982 war die finanzielle Lage der Rentenversicherung dementsprechend schlecht. Ihre Ausgaben waren im laufenden Jahr um 6,7 % gewachsen, während sich die Einkünfte aus den Beiträgen nur um 0,9 % erhöht hatten. Ein Grund für die angespannte Situation war auch, dass die Regierung Schmidt den Beitragssatz kurz zuvor von 18,5 % auf 18,0 %, den Stand von 1980, gesenkt hatte. Die Rentenversicherung lebte daher auf Kosten ihrer Rücklagen.[10]

---

6 Der Höhepunkt war 1980 mit 61,9 % erreicht worden, Rieger, M., Bundeszuschuss, S. 65.

7 Kolb, R., Gesetzliche Rentenversicherung, S. 110–111.

8 Die Bundesgarantie war in der Rentenversicherung der Arbeiter in § 1384 RVO und bei der der Angestellten in § 111 AVG verankert. Die Zuschüsse ergaben sich hingegen aus § 116 AVG und § 1389 RVO. Die Defizitdeckung der Knappschaft war in § 128 RKG festgeschrieben. Kolb, R., Gesetzliche Rentenversicherung, S. 110–112; Rieger, M., Bundeszuschuss, S. 66–67; Jochem, S., Reformpolitik, S. 194; BfA, Sozialversicherung, S. 60, 66–67; Schmähl, W., Zuschussrente, S. 306–307.

9 BfA, Sozialversicherung, S. 60.

10 Die Zahlen beziehen sich auf den Verband deutscher Rentenversicherungsträger. Je nach Versicherungsträger und Finanzierungsstruktur gab es hier noch Unterschiede. Zur Lage der Rentenversicherung 1982 insgesamt siehe ausführlich Schmähl, W., Alterssicherungspolitik, S. 737; Zöllner, D., Landesbericht, S. 163–165. Zur Entwicklung der Beitragssätze vgl. Abb. 7.

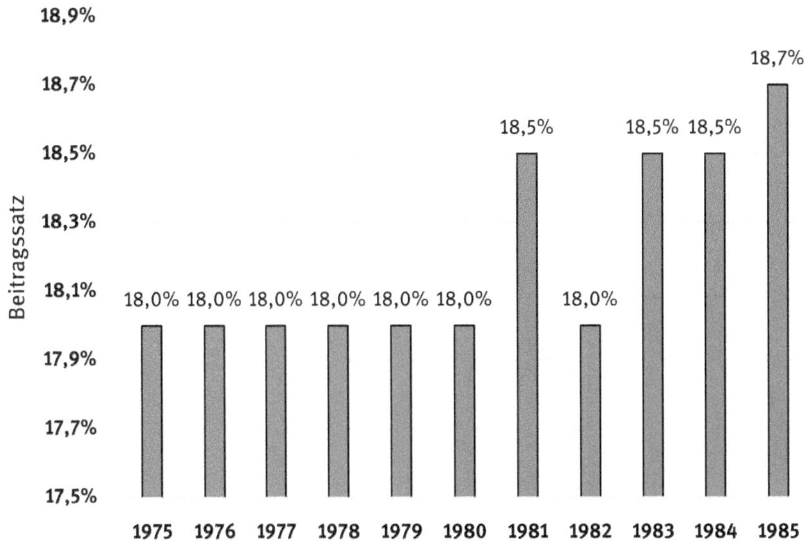

Abb. 7: Die Beitragssätze der Rentenversicherung der Arbeiter und Angestellten[11]

Neben der Renten- war auch die Arbeitslosenversicherung von der Wirtschaftskrise betroffen. Hier war die Belastung umso größer, als dass durch die hohe Arbeitslosigkeit nicht nur Beiträge ausblieben, sondern auch in großer Menge zusätzliche Ausgleichs- und Entgeltersatzleistungen gezahlt werden mussten. Die umfassten unter anderem das Kurzarbeiter-, das Schlechtwetter- und das reguläre Arbeitslosengeld.[12] Die Aufgaben der Arbeitslosenversicherung gingen aber weit über die passive Arbeitsmarktpolitik hinaus. Mit dem Arbeitsförderungsgesetz von 1969 waren der Nürnberger Bundesanstalt auch eine Reihe anderer Zuständigkeiten übertragen worden. Dazu gehörten unter anderem die Beratung und Beschäftigungsvermittlung, die Arbeitsmarktforschung sowie die Förderung der beruflichen Qualifikation und Rehabilitation. Letztere umfasste die Berufsförderung der körperlich, geistig oder seelisch Behinderten mittels Aus- und Fortbildungen sowie Umschulungen. Mit dem Ansteigen der Arbeitslosigkeit von annähernder Vollbeschäftigung hin zur Zweimillionengrenze und den daraus resultierenden Zahlungsverpflichtungen der Bundes-

---

11 Eigene Berechnungen nach Bundesminister für Arbeit und Sozialordnung (Hrsg.), Statistische Übersichten, S. 146 (Tab. 113). Man beachte die vergrößernde Darstellung. Die Beitragssätze der knappschaftlichen Rentenversicherung waren in dieser Zeit zuerst etwas niedriger, ab 1984 dann gleich hoch.

12 Kurzarbeitergeld wurde dann gezahlt, wenn Arbeitnehmer aufgrund von Arbeitsausfällen in ihrem Betrieb ein vermindertes Entgelt bezogen. Der Anspruch auf Kurzarbeitergeld war dabei an verschiedene zusätzliche Bedingungen geknüpft und zeitlich befristet. Schlechtwettergeld gewährte die Bundesanstalt den Arbeitern des Baugewerbes bei witterungsbedingtem Arbeitsausfall zwischen November und März, Richter, A., Grundlagen, S. 261–264.

anstalt drohte dieser aktive Teil der Arbeitsmarktpolitik nun zunehmend vernachlässigt zu werden.[13]

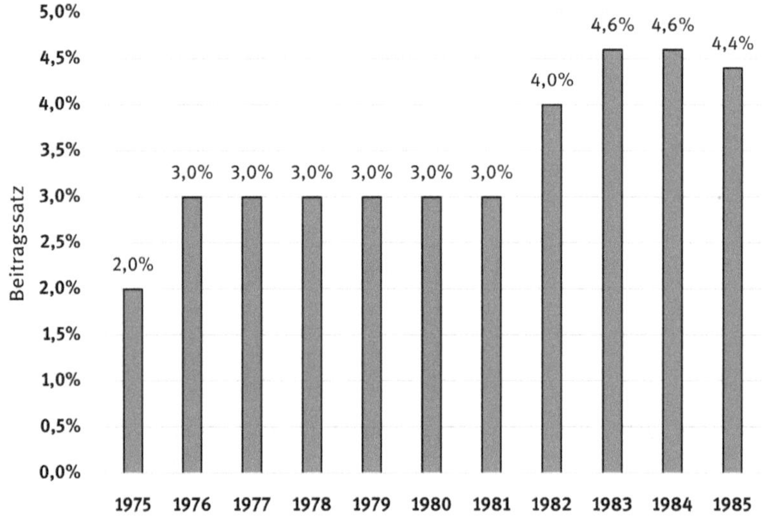

Abb. 8: Die Beitragssätze der Arbeitslosenversicherung[14]

Die Arbeitslosenversicherung finanzierte sich ebenso wie die Rentenversicherung vor allem über einen zu gleichen Teilen von den Arbeitnehmern und -gebern geleisteten Beitrag. Der Beitragssatz war dabei seit Mitte der 1970er Jahre stabil bei 3 % geblieben. Zum Jahresbeginn 1982 hatte ihn die Bundesregierung zunächst für zwei Jahre auf 4 % erhöht.[15] Bei Bedarf konnte die Bundesanstalt außerdem auf Bundesdarlehen bis zur Höhe ihrer Rücklage zurückgreifen. Wenn diese Darlehen nicht ausreichten, gewährte der Bund der Versicherung ferner einen Zuschuss. Letzterer war seit 1980 jedes Jahr fällig geworden und hatte im Vorjahr seinen bisherigen Höhepunkt erreicht.[16] Eine Konsolidierung der Arbeitslosenversicherung bedeutete unter diesen Umständen gleichzeitig auch eine Sanierung des Bundeshaushalts. Einzelne Sonderleistungen wie Maßnahmen der Winterbauförderung[17] wurden auch mit Umlagen der Arbeitgeber der jeweiligen Branche oder auf andere Weise gedeckt. Die

13 Sondergutachten des SVR 1982, BT-Drs. 09/2118, S. 232–233 (Tz. 87–88); BfA, Sozialversicherung, S. 20, 24–31.

14 Eigene Berechnungen nach Bundesminister für Arbeit und Sozialordnung (Hrsg.), Statistische Übersichten, S. 146 (Tab. 113).

15 Vgl. dazu Abb. 8.

16 Bruche, G. – Reissert, B., Finanzierung, S. 50–51, 54. Siehe ergänzend auch die Arbeits- und Sozialstatistik 1982: Bundesminister für Arbeit und Sozialordnung (Hrsg.), Arbeits- und Sozialstatistik 1982, S. 160.

17 Die umfasste Mittel, um den Betrieb am Bau auch bei schlechter Witterung aufrecht zu erhalten, bspw. die Förderung besonderer Maschinen oder Lohnzuschüsse, Richter, A., Grundlagen, S. 263.

Bundesanstalt für Arbeit hatte neben ihrem Hauptsitz in Nürnberg zahlreiche Landes- und lokale Arbeitsämter. Anders als bei der Renten- und Krankenversicherung wurden die Mitglieder ihrer Selbstverwaltungsorgane nicht gewählt, sondern über Vorschlagslisten der Gewerkschaften, Arbeitgeberverbände und aus öffentlichen Körperschaften für sechs Jahre berufen.[18]

Auch die gesetzliche Krankenversicherung hatte im Herbst 1982 Geldsorgen. Spätestens seit Mitte der 1970er Jahre zeichnete sich in der Bundesrepublik eine Entwicklung ab, die als „*Kostenexplosion im Gesundheitswesen*"[19] bekannt wurde. Leistungserweiterungen der Krankenkassen, die Verteuerung medizinischer Dienstleistungen, das zunehmende Gewicht der Apparatemedizin sowie ein steigendes Durchschnittsalter und erhöhtes Gesundheitsbewusstsein ließen die Ausgaben der gesetzlichen Krankenversicherung, der 1982 der ganz überwiegende Teil der Erwerbstätigen angehörte,[20] stetig steigen. Hatten sie 1971 noch 31,1 Mrd. DM betragen, waren es 1981 schon 95,9 Mrd. DM.[21] Die sozialliberale Koalition war sich dieses Problems bewusst und versuchte ihm Mitte der 1970er Jahre entgegenzusteuern. Der Widerstand der jeweiligen Interessensgruppen war dabei aber so groß, dass die angedachten Kürzungen immer wieder verschoben wurden. Erst 1977 verabschiedete der Bundestag schließlich das Krankenversicherungs-Kostendämpfungsgesetz, das die Expansion der Gesundheitsausgaben bremsen sollte. Außerdem richtete die sozialliberale Koalition eine konzertierte Aktion der meisten am Gesundheitswesen im weitesten Sinne beteiligten Akteure ein. Das so geschaffene Gremium sprach Empfehlungen aus, deren Auswirkungen auf die Gesundheitspolitik aber begrenzt blieben.[22]

In der Krise von 1982 waren nun weitere Einschnitte unausweichlich. Die Haushalte der Krankenkassen litten dabei nicht nur unter konjunkturell bedingt niedrigen Einkünften, sondern auch unter den nicht absehbaren Folgen der anderen Beschlüsse des Haushaltsbegleitgesetzes 1983. So konnte sich beispielsweise die Verschiebung der Rentenerhöhungen negativ auf die Etats auswirken. Da die Renten in der ersten Jahreshälfte nicht steigen sollten, würde auch die Rentenversicherung dem Gesundheitswesen weniger Geld pro Rentner überweisen als bisher geplant. Für die Kassen bedeutete das einen Ausfall von rund 370 Mio. DM. Außerdem fehlten weitere 1,2 Mrd. DM, welche die Rentenversicherung als pauschalen Ausgleich für

18 BfA, Sozialversicherung, S. 31–32; Richter, A., Grundlagen, S. 276.

19 Mittel zur Abkürzung der Belegzeiten, FAZ vom 02.03.1974, S. 9.

20 Axel Murswieck geht für April 1982 davon aus, dass 60,7 % der Versicherten einer gesetzlichen Krankenkasse im engeren Sinne, 28,5 % einer Ersatzkasse und nur 8,3 % einer privaten Krankenversicherung angehörten, Murswieck, A., Steuerung, S. 152.

21 AdG 25770.

22 Zur Entwicklung der Gesundheitskosten siehe bspw. Zöllner, D., Landesbericht, S. 162–163, Manow, P. – Seils, E., Adjusting Badly, S. 278, Greß, S. – Wasem, J., Gesundheitswesen, S. 399–400 und Murswieck, A., Steuerung, S. 169–170.

eine noch nicht umgesetzte Rentenversicherungsbeitragspflicht des Krankengeldes einbehalten sollte.[23]

Die Struktur und Finanzierung der gesetzlichen Krankenversicherung unterschied sich von der der Renten- und Arbeitslosenversicherung. Die Leistungen wurden von einer Vielzahl einzelner Kassen erbracht, die sich selbst verwalteten. Dazu zählten die allgemeinen Ortskrankenkassen, die Betriebskrankenkassen, Innungskrankenkassen, Ersatzkassen, die Bundesknappschaft, die See- oder die Landwirtschaftliche Krankenkasse. Die Organe der Kassen wurden dabei jeweils zur Hälfte mit ehrenamtlichen Repräsentanten der Versicherten und der Arbeitgeber besetzt. Zu den Leistungen gehörten neben der Krankenhilfe auch die Früherkennung von Krankheiten, die Mutterschaftshilfe sowie das Sterbegeld. Die Finanzierung der Krankenversicherung erfolgte maßgeblich über Beiträge. Im Lauf der vorangegangenen Jahre hatten sich die immer weiter erhöht. 1982 sollten sie mit durchschnittlich etwa 12 % ihren bis dahin höchsten Stand erreichen.[24] Hinzu kamen je nach Aufgabe der Versicherung noch spezifische Zuwendungen des Bundes.[25]

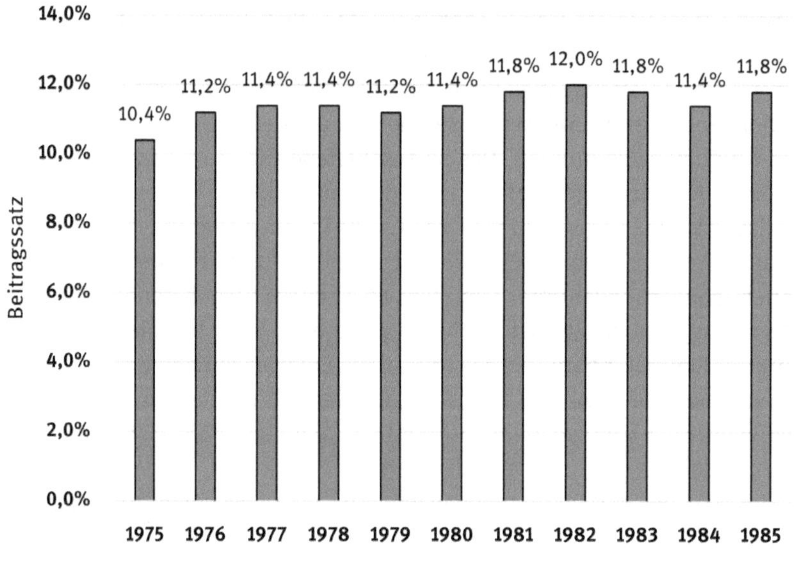

Abb. 9: Die Beitragssätze der Krankenversicherung[26]

23 Diese Minderzahlung sowie die Zusammenhänge des Krankenversicherungsbeitrags für Rentner werden in Kap. 4.1.1.2 näher betrachtet. Siehe ferner den Entwurf des Haushaltsbegleitgesetzes 1983, BT-Drs. 09/2140, S. 94.

24 Siehe dazu Abb. 9.

25 Jochem, S., Reformpolitik, S. 194; BfA, Sozialversicherung, S. 36–45; Richter, A., Grundlagen, S. 161.

26 Durchschnittlicher Beitragssatz für Mitglieder mit Entgeltfortzahlungsanspruch für mindestens sechs Wochen. Eigene Berechnungen nach Bundesminister für Arbeit und Sozialordnung (Hrsg.), Statistische Übersichten, S. 146 (Tab. 113).

Da die Krankenkassen unabhängig voneinander wirtschafteten, unterschieden sie sich auch hinsichtlich ihrer Haushaltslage. Als Alternative zu einer Sanierung der Krankenversicherung insgesamt stand daher die Idee eines Finanzausgleichs zwischen den Kassen im Raum. Dieses Konzept, das letztendlich ein Schritt in Richtung einer Einheitsversicherung gewesen wäre, lehnten FDP und Union aber überwiegend ab. Umso größer war dementsprechend der Druck, die finanziellen Bedingungen der Krankenkassen grundsätzlich zu verbessern.[27]

4.1.1 Die Rentenversicherung

4.1.1.1 Die Atempause

Mit Blick auf die Rentenversicherung standen der neuen Koalition mehrere Möglichkeiten zur Stabilisierung der Lage offen. Die erste, eine Erhöhung des Bundeszuschusses, hätte den Bundeshaushalt belastet und schied damit aus. Die zweite, die Anhebung der Versicherungsbeiträge, erhöhte die Lohnnebenkosten und verschlechterte damit die Produktionsbedingungen der Unternehmen und die Einkünfte der Arbeitnehmer. Attraktiver erschien daher eine dritte Art der Konsolidierung über die Senkung der Ausgaben der Rentenversicherung. Das bot sich auch insoweit an, als dass die Renten in den letzten Jahren im Vergleich zu den Nettolöhnen deutlich gestiegen waren. Im Oktober 1982 errechnete die Bundesregierung, die Renten hätten sich seit 1969 real um 43 % erhöht, während die Arbeitnehmereinkommen nur um etwa 28 % gewachsen seien.[28] Den Grundstein dieser Entwicklung hatte die große Rentenreform von 1957 gelegt. Damals änderte der Bund die Zielsetzung der deutschen Alterssicherungspolitik: Anders als bisher sollten die Renten nicht mehr ein Zuschuss zur Finanzierung des Lebensunterhalts sein, sondern zunehmend das bisherige Einkommen ersetzen.[29] In Zukunft sollten die Leistungsempfänger außerdem mit ihrer gesetzlichen Rente in höherem Maße an der gesamtwirtschaftlichen Entwicklung teilhaben. Dafür musste das Leistungsniveau angehoben und mit der allgemeinen Lohnentwicklung verknüpft werden.[30]

Die neue Rentenformel machte die Höhe von Neurenten dafür von einer allgemeinen Bemessungsgrundlage abhängig, die sich aus dem durchschnittlichen Brutto-Jahresarbeitsverdienst der Mehrzahl der Versicherten ergab. Die bereits laufenden

---

27 Protokoll der Sitzung der CDU/CSU-Fraktion im Deutschen Bundestag Nr. 9/53 vom 28.09.1982, S. 18, ACDP 08-001:1068/1; Union und FDP für eine Pause in der Sozialpolitik, FAZ vom 27.09.1982, S. 1.

28 Entwurf des Haushaltsbegleitgesetzes 1983, BT-Drs. 09/2074, S. 104.

29 Die Rentenversicherung folgte hier dem Grundgedanken der Lebensstandardsicherung, von dem man sich nicht zuletzt eine stabilisierende soziale Wirkung erhoffte. In anderen Ländern wie Frankreich gab es ähnliche Regelungen, Raphael, L., Kohle und Stahl, S. 238.

30 Schmähl, W., Zuschussrente, S. 306–307; Zöllner, D., Landesbericht, S. 165; Brück, G. W., Sozialpolitik, S. 151.

Renten wurden ebenfalls jährlich an die Lohnentwicklung angeglichen. Die Anpassung erfolgte jedes Jahr manuell per Gesetz auf Grundlage der Einschätzung des Sozialbeirats der Bundesregierung. Hier gab es für die neue Regierung also Handlungsspielraum.[31]

Der spätere Arbeits- und Sozialminister Norbert Blüm brachte in diesem Zusammenhang Ende September 1982 eine Atempause in der Sozialpolitik in die Koalitionsverhandlungen ein. Statt Leistungen grundsätzlich zu beschneiden, wollte er die zum 1. Januar 1983 vorgesehene Erhöhung der Renten um sechs Monate verschieben. Die Regelung sollte nicht nur die allgemeinen Alters-, sondern auch die Unfall- und Kriegsopferrenten sowie den Lastenausgleich einschließen. Die landwirtschaftliche Altershilfe und die Beamtenpensionen waren ebenfalls betroffen. Parallel dazu sollte unter anderem die Erhöhung der Sozialhilfe und der Beamtenbesoldung ein halbes Jahr später stattfinden als gewöhnlich. Ohne diese Maßnahmen, rechtfertigte Blüm das Vorhaben später im Bundestag, drohe der Rentenversicherung im Spätsommer 1983 die Zahlungsunfähigkeit.[32]

Die Idee der Atempause fand schon während der Koalitionsverhandlungen große Zustimmung unter den Unterhändlern. Sie war nicht nur eine relativ simple Lösung für die akuten Probleme, sondern hatte auch einige positive Nebeneffekte, die erst auf den zweiten Blick deutlich werden. Zwar wurden die Renten am 1. Juli um die für das Jahr 1983 angedachten 5,59 % erhöht,[33] durch die gleich bleibenden Auszahlungen in der ersten Jahreshälfte erhielten die Bezieher 1983 insgesamt aber deutlich weniger Geld als zunächst gedacht. Außerdem sollte es auch in den Folgejahren beim Anpassungstermin im Sommer bleiben. Das verschaffte der Rentenversicherung nicht nur ein finanzielles Polster, sondern ebnete auch den Weg für eine zügigere Anpassung der Renten an die Lohnentwicklung. Bisher hatten die dafür notwendigen Zahlen zum früheren Termin noch nicht vorgelegen, bei einer Rentenerhöhung im Juli konnte man hingegen bereits darauf zurückgreifen. Da die Atempause nicht nur die Renten-, sondern in geringerem Maße beispielsweise auch die Gebietskörperschaften und die Unfallversicherung betraf, waren auch an diesen Stellen Entlastungen zu erwarten.[34]

Außerdem erhoffte sich der Arbeitsminister eine Ausstrahlung der Atempause auf die Lohnforderungen der Privatwirtschaft. Verzichteten die Gewerkschaften aus

31 Brück, G. W., Sozialpolitik, S. 151–154.

32 BT-PlPr. 09/127 (11.11.1982), S. 7791C-7794A. Eine Zahlungsunfähigkeit hätte schließlich wieder den Bundeshaushalt belastet. Siehe auch das Ergebnis der Koalitionsgespräche vom 29. September 1982. Wirtschafts- und Sozialpolitik, S. 5–7, ACDP Medienarchiv; Union und FDP für eine Pause in der Sozialpolitik, FAZ vom 27.09.1982, S. 1; Eine halbjährige Atempause bei den Sozialleistungen, KR vom 27.09.1982, ACDP Medienarchiv.

33 Vgl. dazu Abb. 10.

34 Entwurf des Haushaltsbegleitgesetzes 1983, BT-Drs. 09/2074, S. 95, 119–120; Protokoll der Sitzung der CDU/CSU-Fraktion im Deutschen Bundestag Nr. 9/53 vom 28.09.1982, S. 19, ACDP 08-001:1068/1; Helberger, C. u. a., Atempause, S. 530; Jäger, W., Innenpolitik, S. 189.

Solidarität mit den Rentnern und Beamten auf ambitionierte Ziele bei den Tarifverhandlungen, konnte das die Wirtschaft zusätzlich entlasten. Der Wirtschaftsexperte Christof Helberger unterstellte Blüm hier, mit der Lohn- und Transferpause eine gesamtwirtschaftliche Einkommenspolitik zu betreiben. Durch den langsameren Anstieg der Arbeits- sollten die Gewinneinkommen gehoben werden, wovon man sich mittelfristig mehr Investitionen und Arbeitsplätze erhoffe.[35] Zwar schlossen sich einzelne Ärzteverbände freiwillig der Initiative an, insgesamt standen die Arbeitnehmervertreter der Atempause allerdings so verhalten gegenüber, dass mit einer nennenswerten Beeinflussung der privatwirtschaftlichen Arbeitsentgelte kaum gerechnet werden konnte. Otto Graf Lambsdorff bezweifelte als Wirtschaftsminister daher, dass die Atempause wirklich die gewünschte Wirkung zeigen würde, auch wenn sie an sich in die richtige Richtung gehe.[36]

Obwohl die Atempause während der Koalitionsverhandlungen breite Zustimmung fand, war die Diskussion über sie mit der Verabschiedung des Koalitionspapieres noch nicht beendet. Die FDP, die innerhalb des Bündnisses besonderen Wert auf die Entlastung der Unternehmen legte, wünschte sich teils eine Ausweitung der Maßnahmen. Nicht nur die Rentner, sondern auch die Arbeitnehmer müssten vermehrt an der Pause beteiligt werden. Da Blüms Appell anscheinend nicht das gewünschte Ergebnis brachte,[37] forderten einzelne Liberale, die Union müsse nun den Druck auf die Arbeitnehmerverbände erhöhen. Daneben wurde auch eine Verlängerung der Atempause bis Ende 1983 diskutiert.[38]

---

35 Helberger, C. u. a., Atempause, S. 529.

36 Protokoll der Sitzung der CDU/CSU-Fraktion im Deutschen Bundestag Nr. 9/60 vom 26.10.1982, S. 3–14, ACDP 08-001:1068/2. Man beachte hier, dass die Mediziner schon im Vorfeld des 1977 verabschiedeten Krankenversicherungs-Kostendämpfungsgesetz ihre Honorarforderungen zurückgestellt hatten um den Staat keinen Anlass zu gesetzgeberischem Eingreifen zu geben. Inwieweit solche Erwägungen auch 1982 eine Rolle spielten, lässt sich schwer abschätzen. Siehe hierzu und zum Kostendämpfungsgesetz bspw. Murswieck, A., Steuerung, S. 169 und Zöllner, D., Landesbericht, S. 163, zu den Gewerkschaften kurz Eine halbjährige Atempause bei den Sozialleistungen, KR vom 27.09.1982, ACDP Medienarchiv, Blüms Vorschlag einer Lohnpause stößt bei den Gewerkschaften auf Ablehnung, FAZ vom 07.10.1982, S. 1 und Schmähl, W., Alterssicherungspolitik, S. 738. Zu Lambsdorff siehe BT-PlPr. 09/127 (11.11.1982), S. 7782A. Vgl. auch den Brief Norbert Blüms an Günther Metzinger vom 2. Dezember 1982, ACDP 01-504:035.

37 *„Es wird keine Lohnpause geben"*, verkündete bspw. der Vorsitzende der IG Metall, Eugen Loderer, im Oktober in Nürnberg, während Sprechchöre den Ausschluss Blüms aus der Gewerkschaft forderten, 200.000 demonstrieren gegen einen Abbau sozialer Leistungen, FAZ vom 25.10.1982, S. 2. Lothar Zimmermann, Mitglied im Bundesvorstand des DGB, erklärte sogar, statt einer Lohnpause *„sollte eine Denkpause zur Vermeidung unsinniger Vorschläge empfohlen werden"*, Lohnpause erhöht die Arbeitslosigkeit, NDDGB 221/82, 1982.

38 Hinweis von Vielhaber an Schmidt (Kempten) und Cronenberg vom 8. Oktober 1982 bzgl. eines Gesprächs mit Blüm am 11. Oktober 1982, AdL Cronenberg, Dieter-Julius N 58–334. Man beachte die Randnotiz *„Union muss drohen"*. Siehe auch Protokoll der Sitzung der CDU/CSU-Fraktion im Deutschen Bundestag Nr. 9/60 vom 26.10.1982, S. 2–3, ACDP 08-001:1068/2.

Die SPD griff das Vorhaben erwartungsgemäß scharf an. Horst Ehmke bezeichnete die Anpassungsverschiebung in der Aussprache zur Regierungserklärung als „*Rosstäuschertrick*"[39], bei dem der Erhöhungssatz in Wirklichkeit halbiert werde. Wehner bemerkte an anderer Stelle, kämen nun noch die Inflation und der neue Krankenversicherungsbeitrag für Rentner dazu, ständen diese am Ende mit weniger da als vorher. Auch in der Öffentlichkeit fand der Gedanke der Atempause nicht nur Unterstützer. Der Verband der Kriegsbeschädigten, dessen Klientel von den Beschlüssen oft unmittelbar betroffen war, beklagte beispielsweise, dass nicht alle gesellschaftlichen Gruppen gleichermaßen belastet würden. Der DGB-Vorsitzende Ernst Breit nannte die Atempause auf einer Kundgebung vor fast 60.000 Menschen in Frankfurt sogar einen „*Dummenfang von der übelsten Sorte*".[40]

Blüm entgegnete solchen Vorwürfen, die teils durchaus auch aus der unruhigen CDA stammen konnten, die Atempause sei mit Blick auf die Alternativen das kleinere Übel. Andere Kürzungen hätten möglicherweise bedeutet, dass das derzeitige Rentensystem als ganzes in Frage gestellt worden wäre. Das wäre beispielsweise dann geschehen, wenn man die Renten von der Lohnentwicklung völlig abgekoppelt hätte. In diese Richtung gehende Überlegungen stießen aber Parteiübergreifend auf Ablehnung.[41]

Die größte Leistung der Atempause lag im Verständnis des Arbeitsministers insofern darin, dass sie das Überleben des Sozialleistungssystems in seiner derzeitigen Form sicherte. Eine Verständigung auf ein vorübergehendes Aussetzen der Erhöhungen verhinderte, dass die Koalition in einer Krisensituation übereilte Grundsatzentscheidungen traf. Das war besonders im Interesse der Sozialausschüsse, kam aber auch dem linken Flügel der FDP entgegen. Am 28. September erklärte Blüm vor seiner Fraktion: „*Wir zerstören nicht das System, wir stellen nicht alles auf den Kopf, wir sagen: Die Hektik der Sozialpolitik ist jetzt zu Ende. Wir brauchen zur Neubesinnung und um Geld zu sparen eine Atempause.*"[42]

---

39 BT-PlPr. 09/121 (13.10.1982), S. 7232C.

40 Eine machtvolle Demonstration, FAZ vom 25.10.1982, S. 3, hier das Zitat; VdK verlangt Korrektur der Koalitionsvereinbarung, SZ vom 11.10.1982, ACDP Medienarchiv; BT-PlPr. 09/121 (13.10.1982), S. 7232C; CDU/CSU/FDP-Koalitionsvereinbarungen, Informationen der sozialdemokratischen Bundestagsfraktion vom 10.10.1982, ACDP Medienarchiv.

41 Brief an Burkhard Hirsch vom 21.09.1982, AdL Baum, Gerhart R. ÜP 26/2014-29a; Kurz- und Beschlussprotokoll der Sitzung der Fraktion am 26. Oktober 1982, S. 2, AdL FDP-Fraktion im Deutschen Bundestag A 49–35; Protokoll der Sitzung der CDU/CSU-Fraktion im Deutschen Bundestag Nr. 9/61 vom 28.10.1982, S. 5, ACDP 08-001:1068/2. Auch einzelne Sozialdemokraten hätten, so betonte es die CDA später zur Rechtfertigung, ihre Bereitschaft erklärt, „*die bruttolohnbezogene Rentenformel auf dem Altar der sozialliberalen Koalition zu opfern*", Wende zum Wiederaufschwung, Arbeitnehmer-Info vom 29.09.1982, S. 1, ACDP Medienarchiv.

42 Protokoll der Sitzung der CDU/CSU-Fraktion im Deutschen Bundestag Nr. 9/53 vom 28.09.1982, S. 17, ACDP 08-001:1068/1. Vgl. auch das Ergebnisprotokoll der Sitzung des Bundesvorstandes der CDA am 24. und 25. September in Essen, ACDP 04-013:092/1.

Trotzdem gab es auch in Blüms eigener Fraktion nicht nur Unterstützung für seinen Vorschlag. Am 20. Oktober diskutierten die Abgeordneten der CDU und CSU über eine Äußerung, die Franz Josef Strauß kurz zuvor in einem Interview mit der Illustrierten Quick gegeben hatte. Darin, so der Vorwurf, habe er die Atempause in Frage gestellt. Sie sei zwar gut gemeint, die ausländischen Erfahrungen seien aber nicht ermutigend, da später meist große Einkommenssprünge gefordert würden. Dregger versuchte die Situation zu beruhigen und relativierte die Aussagen des CSU-Chefs. Außerdem stellte er sich unter Beifall der Delegierten hinter Blüm. Christian Schwarz-Schilling, Postminister und stellvertretender Bundesvorsitzender der Mittelstandsvereinigung der CDU/CSU, erklärte im Anschluss, die Post werde die Atempause dadurch abfedern, dass sie die Porto- und Telefongebühren 1983 nicht anheben werde. Der Fraktionsvorsitzende ermahnte die Abgeordneten in derselben Sitzung, das Konsolidierungsvorhaben auch durch den richtigen Umgang mit den Begrifflichkeiten zu unterstützen. Man solle etwa mit Blick auf die Erwartungen an die Privatwirtschaft nicht von einer Lohnpause, sondern einer Lohnerhöhungspause sprechen und darauf hinweisen, dass auch die Bundestagsabgeordneten seit einigen Jahren eine Diätenpause eingelegt hätten. Ein Zurufer aus der Fraktion korrigierte ihn an dieser Stelle unverzüglich, es handele sich nicht um eine Diäten-, sondern um eine Diätenerhöhungspause.[43]

Für den größten Teil der Rentner war die Atempause ohnehin nichts Neues. Erst 1978 hatte die damalige Bundesregierung mit dem 21. Rentenanpassungsgesetz die Steigerung um ein halbes Jahr verschoben und gleichzeitig die Erhöhungssätze bis 1981 auf verhältnismäßig niedrige 4,5 % im Jahr 1979 und 4,0 % in den Jahren 1980 und 1981 festgelegt.[44] Sie hatte durch diesen Eingriff das Rentenniveau wieder in den Zugriffsbereich des Staates geholt, nachdem hohe Steigerungsraten in den Jahren zuvor kaum noch in Frage gestellt worden waren.[45] Die SPD erklärte in den Bundestagsdebatten später regelmäßig, in Folge ihrer Kürzungen sei zumindest die Kaufkraft der Rentner nicht gesunken.[46]

Im Gesetzentwurf rechnete die neue Regierung mit erheblichen Einsparungen durch die Atempause. Die Rentenversicherung der Arbeiter durfte von etwa 2,2 Mrd. DM, die der Angestellten von 1,6 Mrd. DM ausgehen. Für die knappschaftliche Rentenversicherung erwartete man Ersparnisse in Höhe von etwa 0,25 Mrd. DM.

---

43 Protokoll der Sitzung der CDU/CSU-Fraktion im Deutschen Bundestag Nr. 9/60 vom 26.10.1982, S. 2–14, ACDP 08-001:1068/2.

44 Vgl. Abb. 10.

45 Zöllner, D., Landesbericht, S. 165. Von 1975 bis 1977 waren Rentenerhöhungen von zwischen 9,9 % und 11,1 % üblich, Jäger, W., Innenpolitik, S. 189.Vgl. auch Abb. 10.

46 BT-PlPr. 09/127 (11.11.1982), S. 7791C-7794A; Protokoll der Sitzung der CDU/CSU-Fraktion im Deutschen Bundestag Nr. 9/61 vom 28.10.1982, S. 5, ACDP 08-001:1068/2.

Auch die Unfallversicherung sowie die Gebietskörperschaften profitierten, wenn auch in geringerem Maße, von der Regelung.[47]

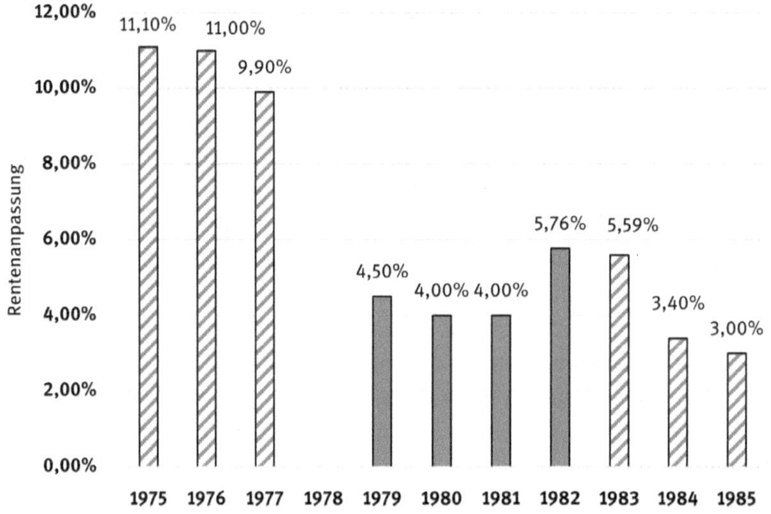

Abb. 10: Die Rentenanpassungen in der Rentenversicherung der Arbeiter und Angestellten[48]

Die Ausschüsse stimmten der Atempause in Anbetracht der finanziellen Lage ohne größere Änderungen zu. Der mitberatende Arbeitsausschuss trug die Initiative allerdings nur mit Unwillen und unter Verweis darauf mit, dass so zumindest das System an sich bestehen bliebe und die Lohnbezogenheit der Renten nicht entfalle. Ein FDP-Mitglied enthielt sich bei der Abstimmung über die Verschiebung des Anpassungstermins seiner Stimme. Die Maßnahme sei sozial nicht ausgewogen und lasse außer Acht, dass es zu bisher unberücksichtigten Steuerausfällen kommen könne, falls in Folge der Pause die Löhne und Gehälter in der Privatwirtschaft tatsächlich langsamer stiegen.[49]

4.1.1.2 Der Krankenversicherungsbeitrag der Rentner

Ein weiteres Argument gegen die Atempause bei den Renten war, dass die Leistungsempfänger schon durch die Einführung eines Krankenversicherungsbeitrages für

---

47 Wobei bei den Zahlen zur Rentenversicherung auch eingesparte Ausgaben für die Krankenversicherung der Rentner schon mit inbegriffen sind, Entwurf des Haushaltsbegleitgesetzes 1983, BT-Drs. 09/2140, S. 116–120.

48 In Jahren mit schraffierten Säulen wurden die Renten zum 1. Juli, ansonsten zum 1. Januar angepasst. 1978 gab es wegen der Umstellung von Juli auf Januar des Folgejahres keine Anpassung. Eigene Arbeit nach Bundesminister für Arbeit und Sozialordnung (Hrsg.), Statistische Übersichten, S. 149 (Tab. 115).

49 Bericht des Haushaltsausschusses zum Haushaltsbegleitgesetz 1983, BT-Drs. 09/2290, S. 12–13.

Rentner belastet werden sollten. Das Konzept einer Beteiligung der Rentner an den Gesundheitskosten war nicht neu. Bis Anfang der 1970er Jahre hatten sie einen Beitrag von 2 % für ihre Krankenversicherung zahlen müssen. In der damaligen Wachstumseuphorie einigte sich die Regierung dann darauf, diese Zahlungen auf die Rentenversicherung übergehen zu lassen. Im März 1972 wurde sogar die Rückzahlung der 1968 und 1969 einbehaltenen Krankenversicherungsbeiträge gesetzlich festgeschrieben.[50] Die Rentner hatten fortan, mit Ausnahme des Krankengeldes, Ansprüche auf dieselben Leistungen wie die anderen Versicherten, obwohl die Rentenversicherung für sie nur einen ermäßigten Beitrag überwies. Auch die Beitragszahler der Krankenversicherung finanzierten somit in einem gewissen Maße die Gesundheitskosten der Rentner mit.[51]

Später machte die sozialliberale Koalition einen Schritt zurück. Zunächst kündigte sie eine Wiedereinführung des Krankenversicherungsbeitrages für Rentner zum 1. Januar 1985 an. Während der Gemeinschaftsoffensive Anfang 1982 verlegte sie den Termin dafür dann um ein Jahr vor. Bis 1986 sollte der Beitragssatz der Rentner nun auf 4 % steigen. Angesichts der besonderen Lage im Herbst 1982 lag es nahe, mit der Wiedereinführung des Beitrages noch früher zu beginnen. Der Krankenversicherungsbeitrag für Rentner hatte, so vertrat es die Regierung später in der Öffentlichkeit, mehrere Vorteile. Zum einen würde die Rentenversicherung entlastet, da sie nun von den Zahlungen an die Krankenkassen befreit sei. Dann beseitige der Beitrag eine Begünstigung der Leistungsempfänger gegenüber den Berufstätigen, was einer Gleichbehandlung beider Gruppen entgegen komme. Außerdem nähmen die Rentner im Durchschnitt auch höhere Gesundheitskosten in Anspruch und könnten folglich auch stärker belastet werden. Otto Graf Lambsdorff schlug in seinem Papier eine Erhöhung um weitere zwei Prozentpunkte auf 6 % vor, was in etwa dem Arbeitnehmeranteil der durchschnittlichen Beiträge der gesetzlichen Krankenkassen entsprach.[52]

Dieser Vorschlag wurde, anders als viele andere Teile des Lambsdorffpapieres, in den Koalitionsverhandlungen auch von den sozialen Flügeln der drei Parteien offen aufgenommen und diskutiert. Es war aber im allgemeinen Interesse, dass die Einführung nicht zu schlagartig verlief. Sonst wären die schon durch die Atempause geforderten Leistungsempfänger zu stark belastet worden. Der Beitragssatz musste also in sozialverträglichen Schritten erhöht werden. Der linke Flügel der FDP hielt diese von der Union geforderte stufenweise Erhöhung für allgemein konsensfähig.[53]

50 BGBl. I 1972, S. 433–435 (Beiträge-Rückzahlungsgesetz vom 15. März 1972).

51 Bökenkamp, G., Das Ende, S. 51; BfA, Sozialversicherung, S. 41, 75. Siehe auch Zöllner, D., Landesbericht, S. 164.

52 Jäger, W., Innenpolitik, S. 214; Lambsdorff, O. G., Konzept, S. 8; KabPr. vom 03.02.1982. Siehe zu den Beiträgen die Übersicht bei Murswieck, A., Steuerung, S. 154.

53 Schmähl, W., Alterssicherungspolitik, S. 744, 738; Brief an Burkhard Hirsch vom 21.09.1982, AdL Baum, Gerhart R. ÜP 26/2014-29a; Protokoll der Sitzung der CDU/CSU-Fraktion im Deutschen Bun-

Obwohl es eine grundsätzliche Übereinstimmung über das Vorhaben gab, diskutierten die Unterhändler Ende September noch verschiedene Modelle. Einigkeit bestand darüber, dass der Krankenversicherungsbeitrag erst ab dem 1. Juli 1983 erhoben und dadurch mit der Atempause gleichgeschaltet werden sollte. Eine Beitragserhebung ab dem 1. Januar 1984 hätte die Rentenversicherung nicht ausreichend ent-, ein Beginn etwa am 1. Januar 1983 die Rentner zu stark belastet. Im letzten Fall wären die Renten bis zum neuen Anpassungstermin im Sommer vorübergehend praktisch sogar gesunken. Hinsichtlich der Steigerungsraten wurde zunächst diskutiert, die Beiträge jedes Jahr um 1,5 Prozentpunkte zu erhöhen, bis sie das Niveau der Arbeitnehmer erreichten. Im Laufe der Verhandlungen wich man davon allerdings ab und verständigte sich auf einen geringeren Anstieg. Das Koalitionspapier legte schließlich eine Einführung in Höhe von 1% ab dem 1. Juli fest und ließ die weitere Entwicklung offen.[54]

Während der Besprechung des Koalitionspapieres am 28. September zeigte sich die CDU/CSU-Fraktion über die Ausgestaltung von Krankenversicherungsbeitrag und Atempause überrascht. Agnes Hürland-Büning, die damalige stellvertretende Vorsitzende des CDU-Landesverbandes Westfalen-Lippe, erklärte, die Haushaltsentlastung werde nun anscheinend auf Kosten der Rentner vollzogen, obwohl die Union das doch immer abgelehnt habe.[55] Trotz dieser Einwände beschloss die Koalition im Laufe des Oktobers sogar noch zusätzliche Belastungen für die Senioren. Am 28. Oktober verkündete der Sozialminister seiner Fraktion, die Steigerung solle nun schneller ablaufen als in den Koalitionsgesprächen diskutiert. Es bleibe zwar bei dem festgeschriebenen Einführungssatz von 1% ab Juli 1983, im Folgejahr würden die Beiträge aber zunächst sprunghaft auf 3% und 1985 dann auf 5% angehoben. Eine Härtefallregelung, auch die war im Vorfeld diskutiert worden, schien angesichts des niedrigen Satzes von 1% für das erste Jahr zunächst nicht dringend notwendig. Der Gesetzentwurf stellte sie in seiner Begründung aber für die Zukunft in Aussicht.[56]

---

destag Nr. 9/61 vom 28.10.1982, S. 5–6, ACDP 08-001:1068/2; Entwurf des Haushaltsbegleitgesetzes 1983, BT-Drs. 09/2074, S. 104.

54 Ergebnis der Koalitionsgespräche vom 29. September 1982. Wirtschafts- und Sozialpolitik, S. 6, ACDP Medienarchiv; Union und FDP für eine Pause in der Sozialpolitik, FAZ vom 27.09.1982, S. 1; Ergänzungsabgabe ist vom Tisch, Die Welt vom 24.09.1982, ACDP Medienarchiv; Wunsch nach Zeitgewinn, FR vom 24.09.1982, ACDP Medienarchiv.

55 Protokoll der Sitzung der CDU/CSU-Fraktion im Deutschen Bundestag Nr. 9/53 vom 28.09.1982, S. 36, ACDP 08-001:1068/1. Der Vorwurf der Haushaltsentlastung nimmt darauf Bezug, dass erhöhte Einkünfte der Rentenversicherung es dem Bund ermöglichten, seine Zuschüsse zu senken und damit Geld zu sparen, vgl. Kap. 4.2.1. Zu Agnes Hürland-Büning siehe Vierhaus, R. – Herbst, L. (Hrsgg.), Biographisches Handbuch I, S. 369.

56 Protokoll der Sitzung der CDU/CSU-Fraktion im Deutschen Bundestag Nr. 9/61 vom 28.10.1982, S. 5–6, ACDP 08-001:1068/2. Zur Härtefallregelung siehe den Vermerk an Cronenberg vom 20. Oktober 1982 bzgl. Sachstand der Ressortgespräche über die Umsetzung der Koalitionsvereinbarung bzgl. der Sozialpolitik, AdL Cronenberg, Dieter-Julius N 58–334.

Im Entwurf des Haushaltsbegleitgesetzes wurde das genaue Verfahren zur Einführung des Krankenversicherungsbeitrags für Rentner festgelegt. Bei dieser Gelegenheit senkte die Regierung unter anderem die Unterhaltshilfe aus dem Lastenausgleich um den Betrag der Beitragserhöhung. Unterhaltshilfe und Renten waren seit 1973 miteinander gekoppelt, eine einseitige Belastung der Rentner hätte hier zu einem Ungleichgewicht geführt. Außerdem sollten die Zahlungen der Rentenversicherung an die Krankenkassen schon ab dem 1. Januar 1983 individuell nach der Rente der Leistungsempfänger berechnet werden. Formell zahlten die Rentner damit schon ab Jahresbeginn ihren Beitrag, der ihnen jedoch bis Juni vollständig von der Rentenversicherung erstattet wurde. Danach verringerte sich die Erstattung mit jeder Beitragserhöhung. Zusatzeinkommen wie beispielsweise Versorgungsbezüge aus Betriebsrenten waren von der Erstattung ausgenommen, sodass über sie bereits ab Januar Geld von den Rentnern zur Krankenversicherung floss.[57]

Die Ausschüsse stimmten den Vorschlägen zu. Der Arbeitsausschuss betonte bei dieser Gelegenheit allerdings, dass man lieber eine langsamere Steigerung gehabt, wenn die wirtschaftliche Lage das zugelassen hätte. Zumindest führe die Regelung dazu, dass sich Rentner- und Arbeitnehmereinkünfte in Zukunft eher parallel zueinander entwickelten.[58]

Durch die Wiedereinführung der Krankenversicherungsbeiträge für Rentner wurde die Rentenversicherung der Arbeiter und Angestellten 1983 um etwa 0,66 Mrd. DM, die knappschaftliche um ungefähr 0,06 Mrd. DM entlastet. Zu diesen Minderausgaben kam im Laufe des Gesetzgebungsprozesses eine weitere Kürzung der Zahlungen von der Renten- zur Krankenversicherung. Für das Jahr 1983, so erklärte Blüm am 8. November dem CDU-Bundesvorstand, sollten beim Zuschuss der Rentenversicherung an die Krankenversicherung für die Versicherungskosten der Rentner pauschal 1,2 Mrd. DM weniger überwiesen werden. Hintergrund war ein geplantes Gesetzesvorhaben, das eine Rentenversicherungsbeitragspflicht des Krankengeldes in Aussicht stellte. Krankengeld wurde dann gezahlt, wenn jemand wegen einer Erkrankung arbeitsunfähig war und kein anderes Einkommen hatte. Die Initiatoren begründeten die geplante Rentenversicherungsbeitragspflicht damit, dass das Krankengeld in seiner Funktion dem Arbeitsentgelt entspräche und dementsprechend behandelt werden musste. Der pauschale Betrag ergab sich daraus, dass man die zugehörige Regelung in der Kürze der Zeit nicht verabschieden konnte.[59]

57 Auch Rentner müssen für die Krankenversicherung zahlen, FAZ vom 30.12.1982, S. 12; Entwurf des Haushaltsbegleitgesetzes 1983, BT-Drs. 09/2074, S. 33, 119.

58 Bericht des Haushaltsausschusses zum Haushaltsbegleitgesetz 1983, BT-Drs. 09/2290, S. 14, 24–25.

59 Auszug aus der Sitzung des erweiterten CDU-Bundesvorstandes vom 8. November 1982, S. 3, ACDP 07-001:1039; Schmähl, W., Alterssicherungspolitik, S. 740–742; BfA, Sozialversicherung, S. 43; Blüm fehlen drei Milliarden Mark, FAZ vom 22.10.1982, S. 12.

4.1.1.3 Der Beitrag zur Rentenversicherung

Neben der Entlastung der Rentenversicherung über die Ausgabenseite stand auch eine Anhebung des Rentenversicherungsbeitrags zur Diskussion. Die sozialliberale Koalition hatte bereits eine Wiedererhöhung von den 1982 gültigen 18,0 % auf 18,5 % ab dem 1. Januar 1984 beschlossen.[60] Während der Koalitionsverhandlungen war unklar, ob man an diesem Vorhaben festhalten wollte. Dafür sprachen die höheren Einnahmen, durch die man unter anderem den Bundeszuschuss zur Rentenversicherung senken und so die Haushaltskonsolidierung des Bundesetats vorantreiben konnte. Auf der anderen Seite vergrößerte ein erhöhter Beitrag aber auch die Belastung der Arbeitnehmer und Arbeitgeber. Letztere konnten im wirtschaftspolitisch schlimmsten Fall sogar doppelt getroffen werden, wenn die Beitragsanhebung etwa zu erhöhten Lohnforderungen führte. Der FDP-Sozialexperte Dieter-Julius Cronenberg sprach sich daher im Zuge der Koalitionsverhandlungen dafür aus, auf die von der Vorgängerregierung beschlossene Erhöhung zu verzichten. Nicht zuletzt aufgrund der angespannten Finanzlage im Bund und der Aussicht auf eine umfassende Zuschusskürzung lehnten die Unterhändler diesen Schritt allerdings ab. Das Koalitionspapier legte stattdessen fest, dass die Anhebung auf 18,5 % zum 1. Januar 1984 beibehalten werden sollte.[61]

Nach der Regierungsbildung verschlechterten sich die Aussichten für die Rentenversicherung massiv. Als Gerhard Stoltenberg am 26. Oktober seiner Fraktion die Kabinettsvorlage zum Haushaltsbegleitgesetz vorstellte, kündigte er daher an, von der Koalitionsvereinbarung abweichen zu wollen. Die Beitragserhöhung sollte zur Stabilisierung der Finanzausstattung der Rentenversicherung um vier Monate auf den 1. September 1983 vorgezogen werden. Im Bundeskabinett erhielt er dafür Zuspruch. Der in der Regierungssitzung am 27. Oktober ebenfalls anwesende Bundesbankvizepräsident Schlesinger regte in diesem Zusammenhang an, die Beitragserhöhung schon zum Jahresbeginn durchzuführen, um der Versicherung den Aufbau einer Reserve zu ermöglichen. Stoltenberg und Blüm lehnten das allerdings ab. Eine so frühe Anhebung belaste die Lohnrunden des Jahres 1983 zusätzlich und verringere die Gewinnaussichten der Unternehmen. An dieser Stelle müsse man zu Gunsten einer schnellen wirtschaftlichen Erholung das Risiko eingehen, der Rentenversicherung im Laufe des Jahres mit einem Nachtragshaushalt aushelfen zu müssen. Immerhin sollte die vorgezogene Beitragserhöhung die Einkünfte der Rentenversi-

---

60 Der Satz hatte 1981 bereits 18,5 % betragen nachdem er zuvor seit 1973 stabil auf 18,0 % gewesen war, Murswieck, A., Steuerung, S. 154, vgl. Abb. 7.

61 Ergebnis der Koalitionsgespräche vom 29. September 1982. Wirtschafts- und Sozialpolitik, S. 6, ACDP Medienarchiv; Stellungnahme von Cronenberg vom 27. September 1982 zu den Ergebnissen der sozialpolitischen Gesprächsrunde am 23. September 1982, AdL Cronenberg, Dieter-Julius N 58–334; Eine halbjährige Atempause bei den Sozialleistungen, KR vom 27.09.1982, ACDP Medienarchiv; Zohlnhöfer, R., Wirtschaftspolitik der Ära Kohl, S. 77; Schmähl, W., Alterssicherungspolitik, S. 740.

cherung der Arbeiter und Angestellten 1983 um 830 Mio. DM und die der Bundesknappschaft um 20 Mio. DM erhöhen.[62]

Die Bundestagsausschüsse erkannten die Notwendigkeit der Erhöhungsvorziehung an. Lediglich unter den Sozialpolitikern der Koalitionsfraktionen gab es Unruhe. Sie unterstützten teils einen Vorschlag der SPD, nach dem der Beitrag der Arbeitslosenversicherung auf 4,8 % angehoben werden sollte. Das hätte es der Bundesregierung unter anderem ermöglicht, auf die Vorziehung der Beitragserhöhung auf den 1. September zu verzichten. Diese Position fand im Kabinett und den Fraktionsführungen aber keine Unterstützung.[63] Schließlich stimmten die Ausschüsse dem Gesetzentwurf zu.[64]

4.1.2 Die Arbeitslosenversicherung

4.1.2.1 Leistungskürzungen beim Arbeitslosengeld

Wie bei der Rentenversicherung kamen auch im Bereich der Arbeitslosenversicherung Leistungskürzungen als Mittel der Haushaltskonsolidierung in Betracht. Im Gegensatz zu Beitragserhöhungen hatten Einschnitte hier zudem den Vorzug, dass sich ihre Wirkung bei steigenden Arbeitslosenzahlen noch verstärkte: Bei jedem zusätzlichen Arbeitslosen machte sich eine Leistungskürzung im Haushalt der Bundesanstalt positiv bemerkbar, während ein höherer Beitrag bei einer abnehmenden Zahl von Beschäftigen tendenziell an Gewicht verlor. Außerdem, so erhofften es sich die Befürworter einer Leistungssenkung, würden dadurch mehr Arbeitsunwillige zur Aufnahme einer Beschäftigung motiviert.[65]

Die naheliegendste Kürzung im Bereich der Arbeitslosenversicherung war eine Verringerung des Arbeitslosengeldes. Das betrug 1982 68 % des letzten Nettoverdienstes des Versicherten und wurde zeitlich begrenzt für ungefähr ein Jahr ausgegeben. Nach Ablauf der Bezugszeit konnten Arbeitslose auf die unbefristete, aber mit 58 % des letzten Nettogehalts niedrigere Arbeitslosenhilfe zurückgreifen, die vom Bund finanziert wurde. Für den Bezug des Arbeitslosengeldes galt, dass man eine Mindestzahl von Wochen gearbeitet haben musste. Um die Förderhöchstdauer zu erreichen, musste man außerdem mindestens zwei Jahre beschäftigt gewesen sein. Die Vorschriften sahen dafür eine Rahmenfrist von drei Jahren vor. Daraus er-

---

62 Entwurf des Haushaltsbegleitgesetzes 1983, BT-Drs. 09/2074, S. 61a; Protokoll der Sitzung der CDU/CSU-Fraktion im Deutschen Bundestag Nr. 9/60 vom 26.10.1982, S. 17, ACDP 08-001:1068/2; KabPr. vom 27.10.1982. Vgl. auch kurz Ullmann, H.-P., Schuldenstaat, S. 367 und Bökenkamp, G., Das Ende, S. 219.

63 Auf den Vorschlag zur Erhöhung des Beitrages zur Arbeitslosenversicherung wird in Kap. 4.1.2.4 genauer eingegangen.

64 Bericht des Haushaltsausschusses zum Haushaltsbegleitgesetz 1983, BT-Drs. 09/2290, S. 15. Siehe auch Schmähl, W., Sicherung bei Alter, S. 325 und Schmähl, W., Alterssicherungspolitik, S. 742.

65 Vgl. dazu das Jahresgutachten des SVR 1981/82, BT-Drs. 09/1061, S. 178.

gab sich, dass der Anspruch auch bei einer Unterbrechung der Tätigkeit von bis zu einem Jahr bestehen blieb.[66]

Eine Absenkung des Arbeitslosengeldes wurde seit Beginn der Wirtschaftskrise intensiv diskutiert. Der Sachverständigenrat überschlug in seinem Jahresgutachten 1981/1982, dass man, um bei einer Arbeitslosenzahl von ungefähr 1,5 Millionen eine Ersparnis von 1 Mrd. DM zu erwirtschaften, das Arbeitslosengeld auf 60 % des vormaligen Nettolohnes herabsetzen müsste. In den Diskussionen um die Operation '82 griff vor allem die FDP die Forderung nach einer Kürzung auf. Helmut Schmidt lehnte das allerdings ab, sodass die Entscheidung darüber zunächst ausgeklammert wurde.[67]

Als Otto Graf Lambsdorff im Sommer 1982 sein Konzeptpapier aufstellte, sprach er erneut eine Kürzung des Arbeitslosengeldes an. Er empfahl sogar eine Verringerung auf 50 % des Nettolohnes, allerdings nur für die ersten drei Monate der Arbeitslosigkeit. Hier hielt er auch eine Mehrstufenregelung für denkbar. Außerdem zog er eine generelle Absenkung der Lohnersatzleistung für Alleinstehende sowie Karenztage beim Bezug des Geldes in Betracht. Sonderregelungen wie eine Verlängerung der Empfangsdauer über ein Jahr hinaus durch Krankheitsphasen oder die Teilnahme an Fortbildungs- oder Umschulungsmaßnahmen könne man ebenfalls abschaffen.[68]

Nach der Veröffentlichung des Lambsdorffpapieres diskutierten die Sozialpolitiker der FDP die Vorschläge ihres Wirtschaftsministers. Obwohl die Liberalen einer Absenkung des Arbeitslosengeldes grundsätzlich wohlwollend gegenüberstanden, fand eine Kürzung auf 50 % keine Zustimmung. Friedrich Hölscher, der seine Partei einen Monat später aus Protest gegen den Koalitionswechsel verlassen sollte, stellte stattdessen ein eigenes Programm vor. Nach dem sollte der Leistungssatz nach einem Beitragsjahr 30 % des Lohnes betragen und dann mit jedem Jahr kontinuierlich steigen, bis er nach 25 Jahren den Höchstsatz von 68 % erreichte. Nach einer gewissen Beschäftigungszeit könne man auch die Bezugsdauer auf zwei oder drei Jahre erhöhen. Auch gegen Hölschers Vorschlag, der vor allem junge Arbeitslose schlechter gestellt hätte als Lambsdorffs Konzept, gab es aber zahlreiche Bedenken.[69]

In der Union waren die Vorbehalte gegen eine Kürzung ebenfalls groß. Selbst Stoltenberg, für den sonst Einsparungen meist die höchste Priorität hatten, lehnte Lambsdorffs Idee einer Verringerung des Arbeitslosengeldes auf 50 % des letzten Gehalts ab. Die CDA erklärte während der Koalitionsverhandlungen, Kürzungen beim Arbeitslosengeld verschöben die Kosten nur zu anderen Leistungen wie der Sozial-

---

66 BfA, Sozialversicherung, S. 26–31; Schmähl, W., Alterssicherungspolitik, S. 738–739; Entwurf des Haushaltsbegleitgesetzes 1983, BT-Drs. 09/2074, S. 112–113.

67 Jahresgutachten des SVR 1981/82, BT-Drs. 09/1061, S. 178; Jäger, W., Innenpolitik, S. 209; Ullmann, H.-P., Schuldenstaat, S. 336.

68 Lambsdorff, O. G., Konzept, S. 7.

69 Kurzprotokoll der Sitzung des AK III am 16. September 1982, S. 2, AdL Schmidt, Hansheinrich N 100–25.

hilfe. Das Problem der Kostenverlagerung war schon von früheren Sparanstrengungen bekannt. Bezogen wegen der verringerten Leistungen mehr Menschen Sozialhilfe, verringerten sich zwar die Ausgaben für den Bund, stiegen jedoch für die Träger dieser Grundsicherung. Das waren vor allem die Gemeinden, die aber selbst mit den Auswirkungen der Krise zu kämpfen hatten. Ein zusätzlicher Konflikt mit den untergeordneten Gebietskörperschaften war angesichts der ambitionierten Zeitplanung nicht im Interesse der Bundesregierung.[70]

In den Koalitionsverhandlungen einigten sich die Unterhändler auf eine Kompromisslösung. Statt die Leistung direkt abzusenken, verständigten sie sich auf die breitere Differenzierung der Leistungsdauer nach Beitragsdauer. Damit sollten etwa 500 Mio. DM eingespart werden. Die genaue Ausgestaltung dieses Vorhabens zog sich bis in den Oktober hinein hin. Zwischen Kanzlerwahl und Regierungserklärung wurden aus den Reihen der FDP noch Kritik und Veränderungswünsche an den Arbeitsminister herangetragen. Auf diesem Wege die Ausgaben um eine halbe Milliarde DM zu verringern, sei nicht realistisch, da Unbeschäftigte ohne Leistungsanspruch für die nicht gedeckte Zeit ihrer Arbeitslosigkeit dann stattdessen Arbeitslosenhilfe erhielten. Vielmehr solle man überlegen, ob man nicht doch zumindest den Satz für Versicherte ohne Kinder auf 62,5 % herabsetzen könne.[71]

Blüm lehnte diesen Vorschlag ab. Das konkrete Konzept der Regierung sah, den Warnungen über die Belastung der Arbeitslosenhilfe und damit des Bundes zum Trotz, dafür eine Veränderung des Zusammenhangs zwischen Beschäftigungs- und Bezugszeiten vor. Bisher bekam man für zwei Beschäftigungsjahre innerhalb der Rahmenfrist von drei Jahren für die Förderungshöchstdauer von einem knappen Jahr Arbeitslosengeld. Dieses Verhältnis sollte nun von 2 : 1 auf 3 : 1 bei einer Rahmenfrist von vier Jahren verändert werden. Zwölf Monate Arbeit führten damit in Zukunft zu vier Monaten Arbeitslosengeld. Um die Versicherungsleistung ein Jahr zu bekommen, musste man dementsprechend jetzt in einem Vierjahreszeitraum drei Jahre lang beschäftigt gewesen sein. Für Saisonarbeitnehmer enthielt der Entwurf zum Haushaltsbegleitgesetz eine Sonderregelung. Die erwarteten Einsparungen für die Bundesanstalt und damit den Bund bezifferte der Entwurf auf nur noch etwa 100 Mio. DM.[72]

---

70 Ergebnisprotokoll der Sitzung des Bundesvorstandes der CDA am 24. und 25. September in Essen; Sofortprogramm gegen Arbeitslosigkeit und Eingriffe bei den Leistungsgesetzen, Handelsblatt vom 20.09.1982, ACDP Medienarchiv; Willing, M., Sozialhilfe, S. 481. Auch der Vorsitzende der Arbeitsgruppe Arbeit und Soziales der CDU/CSU-Bundestagsfraktion und ehemalige Bundesgeschäftsführer des Wirtschaftsrates der CDU, Haimo George, meinte laut Welt, eine Senkung des Arbeitslosengeldes auf 50 % sei *„nicht zu machen"*, Ergänzungsabgabe ist vom Tisch, Die Welt vom 24.09.1982, ACDP Medienarchiv.

71 Hinweis von Vielhaber an Schmidt (Kempten) und Cronenberg vom 8. Oktober 1982 bzgl. eines Gesprächs mit Blüm am 11. Oktober 1982, AdL Cronenberg, Dieter-Julius N 58–334. Vgl. auch Zohlnhöfer, R., Wirtschaftspolitik der Ära Kohl, S. 73.

72 Entwurf des Haushaltsbegleitgesetzes 1983, BT-Drs. 09/2074, S. 61, 112–113.

Der Sozialminister war mit der Lösung zufrieden und vertrat sie offensiv gegenüber den Abgeordneten und der Öffentlichkeit. Man senke das Geld nicht ab, sondern gebe denen mehr, die länger eingezahlt hätten. Das, so Blüm, liege *„im Sinne unseres Versicherungs-Gedankens: Leistung für Gegenleistung"*.[73] Die jüngeren Berufseinsteiger, die von dieser Regelung eher betroffen waren, seien auf dem Arbeitsmarkt besser zu vermitteln, weshalb eine kürzere Bezugszeit für sie hinnehmbar sei. Der Wirtschaftsjournalist Hans-Henning Zencke wertete diesen Schritt auch als Maßnahme gegen jugendliche Aussteiger aus dem Sozialsystem, gegen die die Union seit Längerem vorgehen wollte.[74] Die Ausschüsse Stimmten dem Vorhaben unter dem üblichen Protest der sozialdemokratischen Abgeordneten ebenfalls zu.[75]

4.1.2.2 Die berufliche Bildung

Einen weiteren Raum für Leistungskürzungen sah die Koalition bei den Maßnahmen der Bundesanstalt, die nicht der passiven, sondern der aktiven Arbeitsmarktpolitik dienten. Während die passive Arbeitsmarktpolitik die Arbeitslosen bis zur Annahme einer neuen Beschäftigung vorrangig durch Zahlungen unterstützte, förderte die aktive Arbeitsmarktpolitik gezielt die Funktionsfähigkeit des Arbeitsmarktes. Das geschah unter anderem dadurch, dass die Bundesanstalt Mittel für die berufliche Aus- und Fortbildung, Umschulung und Rehabilitation bereitstellte. Um den Betroffenen die Teilnahme an den jeweiligen Maßnahmen zu ermöglichen und sie dazu zu motivieren, waren diese oft mit einer zusätzlichen Unterstützung wie beispielsweise einem Unterhalts- oder Übergangsgeld verbunden.[76]

Der Gesetzentwurf sah für diesen Bereich schließlich zwei zentrale Maßnahmen vor. Die erste legte das das Übergangsgeld im Bereich der beruflichen Rehabilitation auf maximal 70 % des früheren Nettoentgelts fest. Die vorher üblichen 80 % erhielten nur noch diejenigen Betroffenen, die ein Kind hatten oder aufgrund von eigener Pflegebedürftigkeit oder der des Ehegatten keine Erwerbstätigkeit ausüben konnten. Diese Maßnahme sollte 20 Mio. DM einsparen und auch finanzielle Verbesserungen

73 Protokoll der Sitzung der CDU/CSU-Fraktion im Deutschen Bundestag Nr. 9/53 vom 28.09.1982, S. 21–22, ACDP 08-001:1068/1.

74 Eine halbjährige Atempause bei den Sozialleistungen, KR vom 27.09.1982, ACDP Medienarchiv.

75 Bericht des Haushaltsausschusses zum Haushaltsbegleitgesetz 1983, BT-Drs. 09/2290, S. 17; Protokoll der Sitzung der CDU/CSU-Fraktion im Deutschen Bundestag Nr. 9/53 vom 28.09.1982, S. 21–22, ACDP 08-001:1068/1; Bökenkamp, G., Das Ende, S. 214. Zu den Aussteigern vgl. auch Kohls kritischen Kommentar zu Beginn der Koalitionsgespräche: Protokoll der Sitzung der CDU/CSU-Fraktion im Deutschen Bundestag Nr. 9/52 vom 21.09.1982, S. 6, ACDP 08-001:1068/1.

76 Ein Unterhaltsgeld konnten bspw. und neben anderen Leistungen die Teilnehmer an Fortbildungsmaßnahmen beziehen. Das Übergangsgeld stellte den Lebensunterhalt von Rehabilitanden während der Durchführung der Maßnahmen sicher, Richter, A., Grundlagen, S. 259–262, 299. Bei den Fortbildungen und Umschulungen war die Zahl der Teilnehmer seit 1979 jährlich mit zweistelligen Prozentzahlen gewachsen, Bundesminister für Arbeit und Sozialordnung (Hrsg.), Arbeits- und Sozialstatistik 1982, S. 38.

für die Renten- und für die Unfallversicherung zur Folge haben.[77] Zweitens räumte die Vorlage den Arbeitsämtern das Recht ein, im Bereich der beruflichen Bildung die Aufstiegsfortbildung nur noch dann zu fördern, wenn es ihr nach Maßgabe der Haushaltslage und arbeitsmarktpolitischer Gesichtspunkte sinnvoll erschien. Damit wurde der bis dahin bestehende Rechtsanspruch auf eine Unterstützung weitgehend eingeschränkt.[78]

Insbesondere die letzte, in den Koalitionsverhandlungen nicht explizit festgeschriebene Regelung stieß unter den Abgeordneten der Koalitionsparteien auf Widerstand. Erst Anfang Oktober hatte der Sachverständigenrat in seinem Sondergutachten die in der gegenwärtigen Lage besondere Bedeutung von beruflichen Fortbildungen und Umschulungen hervorgehoben. Nicht zuletzt wegen der zahlreichen zu erwartenden technischen Entwicklungen sei es nötig, die Arbeitnehmer an den sich wandelnden Arbeitsmarkt anzupassen. Die Wirtschaftsweisen forderten daher sogar einen Ausbau des Weiterbildungsangebots und brachten zusätzliche finanzielle Anreize für Interessenten in die Diskussion ein.[79]

Das geplante Abrücken vom Rechtsanspruch auf die Förderung solcher Maßnahmen stand dem entgegen. Der Arbeitsausschuss des Bundestages empfahl daher, die im Gesetzentwurf vorgesehene Umstellung auf eine Ermessensleistung zu streichen. Der federführende Haushaltsausschuss nahm diese Anregung auf und änderte die Vorlage dementsprechend ab. Die Mindereinsparungen durch diese Änderung waren mit 60 Mio. DM überschaubar, sodass sich im Anschluss kein nennenswerter Widerstand gegen die Ausschussentscheidung formierte und die Leistungskürzung nicht in die Endfassung des Haushaltsbegleitgesetzes aufgenommen wurde.[80]

4.1.2.3 Die Rentenversicherungsbeiträge der Arbeitslosen

Wurde ein Versicherter arbeitslos, zahlte die Nürnberger Bundesanstalt nicht nur sein Arbeitslosengeld, sondern auch seine Beiträge in der Renten- und Krankenversicherung. Beide Abgaben richteten sich bis 1982 nach dem letzten Bruttoverdienst des Arbeitslosen. Dadurch entstanden für die Arbeitslosenversicherung in Krisenzeiten große Ausgaben. Die sozialliberale Koalition hatte daher im Sommer 1982 für die Zeit ab Januar des nächsten Jahres eine Absenkung der Zahlungen an die Rentenversicherung auf 70 % der Bemessungsgrundlage vorbereitet, obwohl sich der Sozial-

77 Die hatten allerdings ein sehr geringes Volumen im unteren einstelligen Millionenbereich, Entwurf des Haushaltsbegleitgesetzes 1983, BT-Drs. 09/2074, S. 118–120.

78 Ergebnis der Koalitionsgespräche vom 29. September 1982. Wirtschafts- und Sozialpolitik, S. 8, ACDP Medienarchiv. Parallel zu den berufsfördernden Rehabilitationsmaßnahmen wurde auch bei medizinischen Maßnahmen der Rehabilitation das Übergangsgeld auf 90 % bzw. 75 % festgelegt. Ähnlich verfuhr man bei der Unfallversicherung, Entwurf des Haushaltsbegleitgesetzes 1983, BT-Drs. 09/2074, S. 37, 96, 119–120.

79 Sondergutachten des SVR 1982, BT-Drs. 09/2118, S. 233 (Tz. 89–91).

80 Bericht des Haushaltsausschusses zum Haushaltsbegleitgesetz 1983, BT-Drs. 09/2290, S. 22, 33.

beirat des Arbeitsministeriums dagegen ausgesprochen hatte. Das wichtigste Argument gegen eine Umstellung war, dass die neue Regelung die Rentenversicherung stärker von den Entwicklungen am Arbeitsmarkt abhängig machte und somit Kalkulationen erschwerte.[81]

Die neue Koalition beschloss während der Verhandlungen Ende September, die Verschiebung vom einen Teil der Sozialversicherung zum anderen noch weiter zu verringern. Der Prozentsatz sollte zwar wieder auf 100 % gesetzt werden, statt des letzten Bruttoentgelts sollte nun aber das Arbeitslosengeld selbst als Bemessungsgrundlage dienen, da es während der Arbeitslosigkeit das Einkommen der Betroffenen darstelle. Das Arbeitslosengeld entsprach in der Regel 68 % des vorherigen Nettoverdienstes. Dadurch, so bemerkten Beobachter während der Koalitionsverhandlungen, werde nicht nur die Bundesanstalt entlastet, sondern langfristig auch die Rentenversicherung, da auf diesem Wege möglicherweise auch die Rentenansprüche der Arbeitslosen sänken. Blüm sah diese Schlechterstellung der Arbeitslosen als vernachlässigbar an. Seiner Fraktion gegenüber erklärte er bei der Vorstellung des Koalitionspapieres, auf diese Vorhaltung würde er Antworten: *„Natürlich, die Rente spiegelt auch das Lebensschicksal wieder. Gegen alles kann ich nicht versichert sein."*[82]

Die neue Regierung begründete ihren Entschluss mit dem Anspruch, die einzelnen Teile der Sozialversicherung und den Bund schrittweise entflechten zu wollen. In den zurückliegenden Jahren hatte die Politik je nach Bedarf Lasten von einer der Versicherungen zur anderen verschoben oder über die Bundeszuschüsse ausgeglichen. Diese Praxis, der so genannte Verschiebebahnhof, wurde nicht zuletzt vom Sachverständigenrat getadelt.[83]

Da die Umstellung der Bemessungsgrundlage auf den ersten Blick nicht wie ein Schritt hin zur Abschaffung des Verschiebebahnhofs aussah, bemühte sich Blüm, den Abgeordneten seiner Fraktion den Unterschied zwischen dem alten und neuen System für den anstehenden Wahlkampf zu erklären. Es gehe darum, sachlich unbegründete Zahlungen zwischen den Teilen der Sozialversicherung zu vermeiden. Die von Schmidt vorgesehene Festlegung der Rentenbeiträge auf 70 % sei aus der Luft gegriffen, die Umstellung der Bemessungsgrundlage hingegen in sich schlüssig. Statt eines Verschiebebahnhofs wollte der Arbeitsminister einen *„Wettbewerb der Sparsamkeit"*[84] erreichen. Dafür, so erklärte er im Bundestag bei der Debatte zur Regierungserklärung, müssten auch die Ausgleichszahlungen verringert werden: *„Ein*

81 Schmähl, W., Alterssicherungspolitik, S. 741; Union und FDP für eine Pause in der Sozialpolitik, FAZ vom 27.09.1982, S. 1.

82 Protokoll der Sitzung der CDU/CSU-Fraktion im Deutschen Bundestag Nr. 9/53 vom 28.09.1982, S. 17, ACDP 08-001:1068/1; Union und FDP für eine Pause in der Sozialpolitik, FAZ vom 27.09.1982, S. 1; Kohl biegt ein in die Via Crucis, Der Spiegel 39/82, S. 22; Ergebnis der Koalitionsgespräche vom 29. September 1982. Wirtschafts- und Sozialpolitik, S. 5, ACDP Medienarchiv.

83 Jahresgutachten des SVR 1982/83, BT-Drs. 09/2118, S. 12 (Tz. 49*).

84 BT-PlPr. 09/123 (15.10.1982), S. 7423D.

überdimensionierter Finanzausgleich zwischen verschiedenen Kassen nimmt der Selbstverwaltung den Spaß am Sparen; denn sollte sie gespart haben, ist der Finanzklau nicht weit, nimmt das Geld und trägt es zu einer anderen Kasse.“[85]

Im Laufe des Oktobers verfeinerte das Arbeitsministerium den Koalitionsbeschluss zu einem Artikel des Haushaltsbegleitgesetzes. Die Sozialpolitiker der FDP wiesen Blüm darauf hin, dass gegenüber dem Koalitionspapier klargestellt werden müsse, dass die Umstellung der Bemessungsgrundlage nicht nur für Empfänger von Arbeitslosengeld gelten sollte. Auch die Zahlungen für die Bezieher von Arbeitslosenhilfe, Unterhaltsgeld und Übergangsgeld sollten fortan an der Lohnersatzleistung bemessen werden. Der Gesetzentwurf wandte die Regelung schließlich für alle Lohnersatzleistungen nach dem Arbeitsförderungsgesetz an. Nun waren auch Kurzarbeiter- und Schlechtwettergeld betroffen. Der Entwurf sah ferner vor, dass die Zeiten des Leistungsbezugs in der Rentenversicherung als Ausfallzeiten angerechnet wurden. Dadurch sollten langfristige Nachteile für die Versicherten bei ihren Rentenansprüchen vermieden werden.[86] Durch die Umstellung der Bemessungsgrundlage wurde die angeschlagene Bundesanstalt laut Gesetzentwurf um 4.418 Mio. DM beim Arbeitslosen- und Unterhaltsgeld sowie der Arbeitslosenhilfe und um 384 Mio. DM beim Kurzarbeiter- und Schlechtwettergeld entlastet, der Rentenversicherung entfielen dafür erhebliche Einkünfte.[87]

Bei den Beschlüssen hatte die Bundesregierung den Segen des Sachverständigenrates, der schon in seinem letzten Jahresgutachten die Vorteile einer derartigen Regelung herausgearbeitet hatte. Aus der SPD kam hingegen lautstarke Ablehnung. Herbert Wehner rechnete vor, seine Koalition habe statt 100 % immerhin noch 70 % vom Bruttoeinkommen vorgeschlagen, Kohl wolle nun aber faktisch 45 %. Dadurch bekäme die Rentenversicherung erhebliche Liquiditätsprobleme. Der Haushaltsausschuss fasste die Sicht der Koalition in seinem Abschlussbericht prägnant zusammen. Um ein schlüssiges System zu schaffen, habe es nur zwei Wege gegeben: Entweder hätten sich die Beiträge der Arbeitslosenversicherung voll am ehemaligen Bruttolohn orientieren müssen, oder an der Lohnersatzleistung. Der zweite Weg sei wegen der Haushaltslage der Bundesanstalt der einzig vertretbare gewesen.[88]

---

85 BT-PlPr. 09/123 (15.10.1982), S. 7423D-7424A, hier auch das Zitat; Protokoll der Sitzung der CDU/CSU-Fraktion im Deutschen Bundestag Nr. 9/53 vom 28.09.1982, S. 17, ACDP 08-001:1068/1; Auszug aus der Sitzung des erweiterten CDU-Bundesvorstandes vom 8. November 1982, S. 2–3, ACDP 07-001:1039.

86 Siehe dazu Schmähl, W., Alterssicherungspolitik, S. 740 und Die Kabinettsbeschlüsse, Soziale Ordnung 35 XII, 1982, S. II.

87 Hinweis von Vielhaber an Schmidt (Kempten) und Cronenberg vom 8. Oktober 1982 bzgl. eines Gesprächs mit Blüm am 11. Oktober 1982, AdL Cronenberg, Dieter-Julius N 58–334; Entwurf des Haushaltsbegleitgesetzes 1983, BT-Drs. 09/2074, S. 61a-61b, 96; Schmähl, W., Alterssicherungspolitik, S. 738–739.

88 Bericht des Haushaltsausschusses zum Haushaltsbegleitgesetz 1983, BT-Drs. 09/2290, S. 14; CDU/CSU/FDP-Koalitionsvereinbarungen, Informationen der sozialdemokratischen Bundestagsfrak-

Manche Experten wie der Berliner Wirtschaftswissenschaftler Christof Helberger bewerteten die Entscheidung kritischer und sahen noch keine Abkehr vom Verschiebebahnhof. Helberger zufolge bestand der Sinn der Maßnahmen weiterhin vor allem darin, *„denjenigen Sozialhaushalt, bei dem gerade Überschüsse anfallen, zu erleichtern, unter der Nebenbedingung, hierfür jeweils eine möglichst plausible sozialpolitische Begründung zu finden"*.[89]

4.1.2.4 Der Beitrag zur Arbeitslosenversicherung

Der zweite Weg zur Konsolidierung der Arbeitslosenversicherung war, parallel zur Rentenversicherung, die Anhebung der Beiträge. Dieser Ansatz wies im Vergleich zu den Leistungskürzungen die Schwäche auf, dass dadurch die Arbeitnehmer und Arbeitgeber inmitten der Krise zusätzlich belastet wurden. Außerdem fielen bei einem Anstieg der Arbeitslosigkeit auch immer mehr Beitragszahler aus. Trotzdem beschloss die sozialliberale Koalition 1981 zumindest eine auf zwei Jahre befristete Anhebung der Abgabe auf 4 %. Später einigten sich SPD und FDP sogar auf eine Erhöhung auf 4,5 % ab Anfang 1983.[90] Die Union stand einer Anhebung der Abgabe ablehnend gegenüber. Noch Ende August 1982 sprach sich Stoltenberg in einer Sitzung des CDU-Parteipräsidiums gegen eine Konsolidierung der Sozialversicherung auf diesem Weg aus, die Sozialausschüsse äußerten sich ähnlich.[91]

Lambsdorff lehnte Beitragserhöhungen ebenso wie weite Teile der Union und seiner eigenen Partei an sich ab und brachte das in seinem Papier zum Ausdruck. Um die angestrebte Haushaltskonsolidierung nicht zu gefährden, hielten CDU, CSU und FDP in ihrer Koalitionsvereinbarung dennoch an der von Schmidt initiierten Erhöhung auf 4,5 % ab 1983 fest. Der CDU-Abgeordnete und Bürgermeister von Warstein, Hermann Kroll-Schlüter, kritisierte diese Entscheidung am Tag vor der Regierungserklärung in seiner Fraktion. Ebenso wie die verfrühte Erhöhung des Rentenversicherungsbeitrages steigere die Abgabe die Lohnnebenkosten, schwäche damit die Wirtschaft und passe folglich nicht ins Koalitionskonzept. Stoltenberg erklärte das Vorgehen mit der besonderen Lage. Die Koalition müsse das Haus mit der Architektur übernehmen. Auch wenn sie die Anhebung aus der Opposition heraus kritisiert hätten, könnten sie diese tragende Säule nun nicht entfernen, bis sie nicht eine

---

tion vom 10.10.1982, ACDP Medienarchiv. Zum Sachverständigenrat siehe bspw. das Jahresgutachten des SVR 1981/82, BT-Drs. 09/1061, S. 178.

89 Helberger, C. u. a., Atempause, S. 529.

90 Vgl. Abb. 8.

91 Soziale Demontage wird fortgesetzt, Soziale Ordnung 35 VIII/IX, 1982, S. 6; Ergebnisprotokoll der Sitzung des Präsidiums der CDU vom 30. August 1982, ACDP 07-001:1415; Jahresgutachten des SVR 1981/82, BT-Drs. 09/1061, S. 165, 176, 178; Kohl biegt ein in die Via Crucis, Der Spiegel 39/82, S. 22; Kleinmann, H.-O., CDU, S. 448; AdG 25770. Vgl. auch Zohlnhöfer, R., Wirtschaftspolitik der Ära Kohl, S. 77.

neue gebaut hätten. Der gesamte Umgestaltungsprozess könne sogar mehrere Jahre dauern.[92]

Mit den neuen Erkenntnissen über die tatsächliche wirtschaftliche Lage stieg innerhalb der Koalition im Oktober die Bereitschaft, den Beitragssatz noch über die Pläne der alten Regierung hinaus zu erhöhen. Die Parteiführungen einigten sich schließlich im Vorfeld der Kabinettssitzung vom 27. Oktober darauf, die Abgabe nicht nur wie ursprünglich geplant von 4,0 % auf 4,5 %, sondern sogar auf 4,6 % ansteigen zu lassen. Die Sozialausschüsse, die die Beitragsanhebung der alten Regierung noch scharf kritisiert hatten, konnten sich als Ausgleich dafür Zugeständnisse beim Bundeszuschuss an die Rentenversicherung der Arbeiter und Angestellten erhoffen. Seiner Fraktion gegenüber erläuterte Blüm einen Tag später, durch die Beitragserhöhung könne man den Bundeszuschuss zur Arbeitslosenversicherung um 600 Mio. DM senken und mit den Einsparungen die Rentenversicherung entlasten.[93]

Die Fraktionen stützten diesen Vorstoß. Sie folgten damit dem Gedanken, dass die sich nun abzeichnenden Mehrkosten möglichst in demjenigen Bereich der Sozialversicherung gedeckt werden sollten, in dem sie entstanden. Manche Abgeordnete gingen mit ihren Vorschlägen teils sogar noch über Blüms 4,6 % hinaus. Sowohl die Union als auch die FDP diskutierten beispielsweise mehrere Gegenentwürfe, die eine Beitragsanhebung auf 4,7 %, oder 4,8 % vorsahen. In Folge dessen würde dann der Bundeszuschuss zur Arbeitslosenversicherung noch stärker sinken und das Geld der Rentenversicherung zugeleitet werden. Die wäre damit in die Lage versetzt worden, auf die vorzeitige Erhöhung ihrer Beiträge auf den 1. September 1983 zu verzichten. Die beteiligten Politiker schätzten, dass die Belastung der Wirtschaft bei diesem Modell insgesamt in etwa gleich bliebe. Wolfgang Mischnick schlug schließlich sogar eine Erhöhung des Beitrages auf 5,0 % vor, wobei mit den zusätzlichen Einkünften die Neuverschuldung verringert werden sollte.[94]

Auch unter Fachleuten und in der Öffentlichkeit gab es Sympathien für eine weitere Anhebung des Beitragssatzes. Einzelne Interessensgruppen bemühten sich daher darum, die Politik der Regierung in die in ihren Augen richtige Richtung zu len-

---

92 Protokoll der Sitzung der CDU/CSU-Fraktion im Deutschen Bundestag Nr. 9/58 vom 12.10.1982, S. 17, 37, ACDP 08-001:1068/2; Lambsdorff, O. G., Konzept, S. 8; Ergebnis der Koalitionsgespräche vom 29. September 1982. Wirtschafts- und Sozialpolitik, S. 8, ACDP Medienarchiv. Zu Kroll-Schlüter siehe Vierhaus, R. – Herbst, L. (Hrsgg.), Biographisches Handbuch I, S. 459.

93 Protokoll der Sitzung der CDU/CSU-Fraktion im Deutschen Bundestag Nr. 9/61 vom 28.10.1982, S. 9, ACDP 08-001:1068/2; Soziale Demontage wird fortgesetzt, Soziale Ordnung 35 VIII/IX, 1982, S. 6; Die SPD nennt den Etat-Entwurf ein Dokument der Prinzipienlosigkeit und des Zynismus, FAZ vom 29.10.1982, S. 1–2.

94 KabPr. vom 27.10.1982; Kurz- und Beschlussprotokoll der Sitzung der Fraktion am 26. Oktober 1982, S. 2–3, AdL FDP-Fraktion im Deutschen Bundestag A 49–35; Protokoll der Fraktionssitzung vom 30. November 1982, S. 7, AdL FDP-Fraktion im Deutschen Bundestag A 49–35; Werden die Beiträge zur Arbeitslosenversicherung stärker erhöht, FAZ vom 18.11.1982, S. 1; Protokoll der Sitzung der CSU-Landesgruppe im Deutschen Bundestag vom 08.11.1982, ACSP LG 1982:19. Vgl. auch Zohlnhöfer, R., Wirtschaftspolitik der Ära Kohl, S. 80.

ken. Während der späteren Beratungen in den Bundestagsausschüssen schickte beispielsweise die Gesellschaft für Versicherungswissenschaft und -gestaltung e. V. ein Schreiben ins Kanzleramt, in dem sie in diese Richtung gehende Schritte anmahnte. Da der Brief gleichzeitig auch der Presse übergeben wurde, wertete man ihn in der Verwaltung aber als einen *„reichlich naiven Versuch, den Bundeskanzler unter Druck zu setzen“*.[95] Der DGB und die Arbeitgeberverbände sahen den Vorschlag hingegen kritisch.[96]

Obwohl es auch unter den Sozialpolitikern der Union zahlreiche Befürworter einer weitergehenden Beitragserhöhung zu Gunsten der Rentenversicherung gab, konnte sich die Idee einer über die 4,6 % hinausgehenden Beitragserhöhung nicht durchsetzen. Nicht zuletzt Stoltenberg stellte sich gegen den Vorschlag, noch weiter von der Koalitionsvereinbarung abzuweichen und Arbeitnehmer und Arbeitgeber in der Krise zusätzlich zu belasten. Auch Kohl selbst lehnte das Konzept ab. In den Ausschüssen unterstützte die SPD eine weitere Steigerung der Abgabenbelastung bei der Arbeitslosenversicherung. Dennoch entschieden sich am Ende auch diese Gremien gegen eine Veränderung des Entwurfs. Durch die beschlossene Anhebung der Beiträge wurden der Arbeitslosenversicherung Zuflüsse in Höhe von 3,6 Mrd. DM in Aussicht gestellt.[97]

4.1.2.5 Die Förderung der Rückkehr von Ausländern

Neben den Leistungsverringerungen und der Beitragserhöhung gab es noch eine dritte Möglichkeit, den Haushalt der Arbeitslosenversicherung zu konsolidieren. Dafür musste die Zahl der Arbeitslosen insgesamt abgesenkt werden. Weniger Arbeitslose bedeuteten auch geringere Ausgaben beim Arbeitslosengeld. Blüm betonte seiner Fraktion gegenüber daher immer wieder die große Bedeutung des Kampfes gegen die Arbeitslosigkeit an sich. Dabei klangen noch die Erinnerungen an das vorangegangene Jahrzehnt mit: *„Ohne Vollbeschäftigung“*, meinte der spätere Arbeitsminister Ende September 1982, *„ist das System nicht zu halten“*.[98]

Die Bekämpfung der Arbeitslosigkeit konnte einerseits durch eine erfolgreiche Wirtschaftspolitik erfolgen, andererseits durch unterstützende arbeitsmarktpoliti-

---

95 Schreiben von Referat 43 an Jenninger vom 29. November 1982, BArch B 136/35852.

96 Deckungslücke bei der Rentenversicherung, FAZ vom 26.11.1982, S. 4; Brief der Gesellschaft für Versicherungswissenschaft und -gestaltung e. V. an Kohl vom 18.11.1982, BArch B 136/35852.

97 Entwurf des Haushaltsbegleitgesetzes 1983, BT-Drs. 09/2074, S. 61a; Protokoll der Fraktionssitzung vom 30. November 1982, S. 7, AdL FDP-Fraktion im Deutschen Bundestag A 49–35; Protokoll der Sitzung der CDU/CSU-Fraktion im Deutschen Bundestag Nr. 9/60 vom 26.10.1982, S. 17, ACDP 08-001:1068/2; KabPr. vom 27.10.1982; Bericht des Haushaltsausschusses zum Haushaltsbegleitgesetz 1983, BT-Drs. 09/2290, S. 15, 18; Stoltenberg gegen 4,8 %, FAZ vom 18.11.1982, S. 13: Vgl. auch Schmähl, W., Alterssicherungspolitik, S. 745 und Ullmann, H.-P., Schuldenstaat, S. 367.

98 Protokoll der Sitzung der CDU/CSU-Fraktion im Deutschen Bundestag Nr. 9/53 vom 28.09.1982, S. 16, ACDP 08-001:1068/1, hier das Zitat. Vgl. zur Bedeutung der Arbeitslosigkeit für die Bundesanstalt auch das Jahresgutachten des SVR 1981/82, BT-Drs. 09/1061, S. 176.

sche Maßnahmen. Letztere hielten auch zahlreiche Wirtschaftsexperten für notwendig. Der Sachverständigenrat ging davon aus, dass auch mit wachstumsfördernden Maßnahmen nur allmähliche Fortschritte bei der Beschäftigung zu erreichen seien. Eine Stärkung der aktiven Arbeitsmarktpolitik, der Sachverständigenrat dachte hier vor allem an Weiterbildungsmaßnahmen, sei daher wünschenswert.[99] Während der Regierungsbildung wurden mehrere in diese Richtung gehende Ansätze diskutiert. Fast alle Vorschläge zur Verringerung der Arbeitslosigkeit durch Eingriffe in den Arbeitsmarkt setzten voraus, dass der Staat dafür zusätzliche Mittel bereitstellte. Damit standen diese Konzepte potentiell im Gegensatz zum Ziel der Haushaltskonsolidierung. Ein Eingriff konnte sich in Bezug auf dem Haushalt folglich nur lohnen, wenn man die Arbeitslosenversicherung in ihrem Etat dadurch mittelbar stärker ent- als die Staatskassen insgesamt belastete.

Verhältnismäßig kostenneutral war der Gedanke einer Ausbildungspflicht für Unternehmen. Damit hätte man kurzfristig gegen die Jugendarbeitslosigkeit angehen können, wenn auch das Beschäftigungsproblem in vielen Fällen nur um einige Jahre verschoben worden wäre. Lambsdorff lehnte eine solche Auflage aber ab. Damit, so befürchtete er, würde man die Stimmung in der Wirtschaft verschlechtern, die Unternehmen belasten und die bestehende freiwillige Bereitschaft zur Ausbildung untergraben.[100] Der Wirtschaftsminister beließ es daher bei einem Appell, die Ertragserwartungen einmal aus gesellschaftlicher Verantwortung zurückzustellen. Blüm schloss sich dieser unverbindlichen Aufforderung an und ergänzte, wenn für die Auszubildenden auch gerade auch keine Stellen in Aussicht seien, so könne man doch auf Vorrat ausbilden.[101]

Eine zweite Möglichkeit zur Entspannung der Beschäftigungslage durch einen Eingriff in den Arbeitsmarkt war eine den wirtschaftlichen Bedürfnissen angepasste Ausländerpolitik. Gelang es, die Zahl der ausländischen Arbeitnehmer, der arbeitslosen ebenso wie der beschäftigten, zu verringern oder zumindest weniger schnell ansteigen zu lassen, konnte das die Situation etwas entspannen. Dass die neue Regierung diesem Gedanken offen gegenüberstand, verdeutlicht, so sieht es etwa Günther Schmid, nicht zuletzt die Regierungserklärung. Das Vollbeschäftigungsziel für Frauen, Ausländer und alte Menschen schien dort nur noch von nachrangiger Bedeutung zu sein. Zielführender mutete eine teilweise Entfernung dieser Gruppen aus dem Arbeitsmarkt oder wenigstens eine Begrenzung ihres Wachstums an. Denkbare

---

99 Sondergutachten des SVR 1982, BT-Drs. 09/2118, S. 232–233 (Tz. 87–93).

100 Man denke hier auch an die in Kap. 3.2 genannten Zusagen der Wirtschaftsverbände, die Regierung Kohl durch die Bereitstellung neuer Ausbildungsplätze im Wahlkampf zu unterstützen.

101 BT-PlPr. 09/127 (11.11.1982), S. 7779A-B, 7797C. Die Bundesregierung diskutierte auch noch nach Verabschiedung der Sofortmaßnahmen durch das Parlament über weitere Schritte, die Zahl der Ausbildungsplätze im Jahr 1983 möglichst schnell zu erhöhen, siehe dazu KabPr. vom 19.01.1983.

Wege dahin waren neben der Rückkehrförderung bei Ausländern auch die Stärkung der häuslichen Bindung bei Frauen und die Frühverrentung bei Senioren.[102]

Der Gedanke, die Lage auf dem Arbeitsmarkt und in der Sozialversicherung über die Ausländerpolitik zu verbessern oder zumindest zu stabilisieren, hatte Unterstützer bis in die Reihen der Sozialausschüsse. Die CDA hatte sich in der Vergangenheit zwar mehr noch als der rechte Flügel der Union entschieden für eine engagierte und respektvolle Integrationspolitik eingesetzt, sah aber auch Probleme. Erst zu Beginn des Jahres hatten die CDU/CSU-Fraktion und der CDA-Bundesvorstand gefordert, den Zuzug von Ausländern zu bremsen, gegen illegale Beschäftigung und Wirtschaftsflüchtlinge vorzugehen und die Rückwanderung zu unterstützen. Das sei unter anderem deswegen nötig, da die Belastbarkeitsgrenze des Arbeitsmarktes erreicht werde.[103]

Dieser arbeitsmarktpolitische Ansatz war im Jahr 1982 nicht neu. Als sich im November 1973 die Folgen der ersten Ölpreiskrise für die Beschäftigungslage andeuteten, erließ etwa der damalige Arbeitsminister Walter Arendt einen Anwerbestop, der den Zustrom ausländischer Arbeitskräfte bremsen sollte. Das konnte die nun aufziehenden Probleme nicht völlig kompensieren, wirkte auf den Arbeitsmarkt aber zumindest teilweise entlastend. Die sozialliberale Koalition stand bis zuletzt mehrheitlich hinter dem Anwerbestop und leistete damit anderslautenden Forderungen aus der Wirtschaft Widerstand. Teile der Regierungsparteien und selbst die Ausländerbeauftragte Liselotte Funcke (FDP) sprachen sich Anfang 1982 daneben für eine *„sinnvolle Rückkehrförderung“* aus.[104] Auch die genaue Ausgestaltung des Familiennachzugs wurde in der späten Ära Schmidt immer wieder kritisch hinterfragt.[105] Die wachsende Ausländerfeindlichkeit in der Bevölkerung bestärkte diese Tendenz. Fremde Arbeitnehmer, so hörte man immer wieder, nähmen den einheimischen ihre Arbeitsplätze weg.[106]

Im Vorfeld der Koalitionsverhandlungen kam es zu zahlreichen Spekulationen über die zukünftige Ausländerpolitik. Insbesondere der CSU-Unterhändler und spä-

---

102 Schmid, G., Vollbeschäftigung, S. 189.

103 Grau, A., Integrationspolitik, S. 110–123; Ausländische Kollegen – Unsere Mitbürger, Soziale Ordnung 35 III, 1982, S. 10–11, vgl. auch ACDP 01-347:039/4. Siehe auch das Zeitzeugengespräch mit Rainer Funke am 12. Oktober 2020, S. 2.

104 Brief von Liselotte Funcke an Helmut Schmidt vom 4. März 1982, BArch B 136/15029.

105 Vgl. zur Ausländerpolitik der späten sozialliberalen Koalition u. a. den Antrag der FDP und SPD zur Ausländerpolitik vom 9. Dezember 1981, BT-Drs. 09/1154 und den Entwurf eines Papieres zu Aktivitäten des Kanzlers in der Ausländerpolitik vom 26. Februar 1982, BArch B 136/15029.

106 In Umfragen gewann die Forderung, Gastarbeiter sollten in ihre Heimatländer zurückkehren, kurz vor der Wende von 1982 massiv an Zustimmung. 1978 hatten sich nur 39 % der Befragen dafür ausgesprochen, im Juni 1982 waren es schon 77 %, Herbert, U. – Hunn, K., Ausländer, S. 628. Die Bundesregierung erreichten gleichzeitig immer wieder Briefe, die eine stärkere Rückführung der Ausländer forderten, Entwurf eines Papieres zu Aktivitäten des Kanzlers in der Ausländerpolitik vom 26. Februar 1982, Anlage 8, BArch B 136/15029; Jäger, W., Innenpolitik, S. 198–199; Zöllner, D., Landesbericht, S. 161–162. Vgl. auch Manow, P. – Seils, E., Adjusting Badly, S. 273–274.

tere Innenminister Friedrich Zimmermann war für seine harten Positionen auf diesem Gebiet bekannt. Die Süddeutsche Zeitung vermutete, dass man den Zuzug von Ausländern wahrscheinlich stark einschränken und auch Asylsuchende möglichst nicht mehr ins Land lassen werde. Außerdem werde die neue Bundesregierung wohl tatsächlich versuchen, fremde Arbeitskräfte wo möglich zurück in ihre Herkunftsländer zu schicken.[107]

In der Tat kündigte das Koalitionspapier eine harte Gangart gegenüber den in Deutschland lebenden Ausländern an. Nach wenigen einleitenden Worten hielten die Verhandlungsführer dort fest: *„Die Bundesregierung wird sofort eine Reihe von Maßnahmen beschließen, die Anreize bieten für die Rückkehrbereitschaft von Ausländern."* Dafür kamen insbesondere die Kapitalisierung des Arbeitslosengeldes, die vereinfachte Beitragserstattung in der gesetzlichen Rentenversicherung für rückkehrwillige Ausländer sowie *„sonstige Fördermaßnahmen zur Familienzusammenführung in der Heimat"* in Frage. Ferner erklärten die Parteien: *„Die Bundesrepublik Deutschland ist kein Einwanderungsland. Es sind daher alle humanitär vertretbaren Maßnahmen zu ergreifen, um den Zuzug von Ausländern zu unterbinden."*[108] Daraus ergab sich unter anderem, dass der Anwerbestop beibehalten und illegale Einreisen und Beschäftigungen zu verhindern seien. Im Bereich des Asylrechts wurde vereinbart, dass Asylbewerbern Sozialhilfe nur in Form von Sachleistungen zu gewähren sei und ihnen für die Dauer ihres Asylverfahrens grundsätzlich keine Arbeitserlaubnis gegeben werde.[109]

Das Koalitionspapier trug an dieser Stelle vor allem die Handschrift der Union. Die FDP, deren bisheriger Innenminister Baum von den Verhandlungen ausgeschlossen war, hatte ihre Ziele im Vorfeld deutlich vorsichtiger formuliert: Die Zuwanderung sollte begrenzt, die Rückkehrbereitschaft gestärkt, der Familiennachzug sozialverantwortlich gesteuert werden. Den Kampfbegriff der Familienzusammenführung in der Heimat lehnten die Liberalen zu großen Teilen ab, stattdessen diskutierten sie sogar über Einbürgerungserleichterungen. Gerhart Baum war zwar kein fester Bestandteil der Verhandlungsrunde, verfolgte die Entwicklungen aber genau. Als ihm das fertige Koalitionspapier vorlag, kommentierte er besonders kritische Stellen. Dabei erhob er insbesondere Einspruch gegen die Formulierung, die Bundesrepublik sei kein Einwanderungsland, sowie den Vorschlag, die Asylbewerber sollten für die Dauer ihres Verfahrens keine Arbeitserlaubnis bekommen. Das sei so nicht haltbar, die jetzigen Zeiten seien schon zu lang. Als die FDP die Koalitionsvereinbarung Anfang Oktober ihren Anhängern vorstellte, hielt sie diese Kritik zurück

---

107 Eine neue Politik bringt auch neue Kontroversen, SZ vom 21.09.1982, ACDP Medienarchiv.

108 Ergebnis der Koalitionsgespräche vom 29. September 1982. Innenpolitik, S. 1–2, ACDP Medienarchiv, hier auch die Zitate.

109 Ergebnis der Koalitionsgespräche vom 29. September 1982. Innenpolitik, S. 1–2, ACDP Medienarchiv. Für Asylbewerber aus osteuropäischen Ländern sollten besondere Regelungen geschaffen werden. Daran wird deutlich, dass die Ausländerpolitik nicht nur beschäftigungs-, sondern auch andere, bspw. außenpolitische Ziele verfolgte.

und beugte sich der offiziellen Argumentation der Koalition. Die geltende Arbeitserlaubnissperre von zwei Jahren solle zu Lasten der Asylbewerber ausgedehnt werden, damit sich nur wirklich Verfolgte auf den Weg in die Bundesrepublik machten.[110]

Viele der diskutierten Maßnahmen waren nicht kostenlos zu haben. Die vorgesehenen einmaligen Zahlungen an rückkehrwillige Ausländer mussten die Haushalte kurzfristig stark belasten. Ob die erhofften Auswirkungen auf den Arbeitsmarkt ebenso schnell spürbar wurden, war dabei keinesfalls sicher. Die SPD warnte außerdem vor Mitnahmeeffekten. Auch barg dieser Politikbereich weiterhin ein erhebliches Konfliktpotential, sowohl mit den Gewerkschaften als auch zwischen den Koalitionsparteien selbst. Der DGB lehnte etwa eine Kapitalisierung des Arbeitslosengeldes ab, da das die Sicherungssysteme belaste, das Versicherungsprinzip aufbreche und das Geld den Rückwanderern in ihrer Heimat meist nicht zum Aufbau einer Existenz reiche.[111] Der Landesvorsitzender der FDP Nordrhein-Westfalen Burkhard Hirsch kündigte wiederum an, wenn Innenminister Zimmermann Politik gegen liberale Grundsätze mache, entziehe er ihm die Unterstützung.[112]

Die neue Regierung verwirklichte die Vereinbarungen des Koalitionspapieres zur Ausländerpolitik, so umfangreich sie auch waren, aus diesen Gründen nicht sofort, sondern nur schleppend.[113] Erst im November setzte sie eine Kommission ein, die sich bis März mit der zukünftigen Ausländerpolitik beschäftigen sollte. Auf eine Anfrage bezüglich der Finanzierung der angekündigten Rückkehranreize antwortete der Abgeordnete Heinrich Franke als Parlamentarischer Staatssekretär beim Arbeitsminister auch Anfang Dezember 1982 noch ausweichend. Die Bundesregierung habe bisher noch keinen Beschluss über eine eventuelle Rückkehrhilfe gefasst und dementsprechend auch noch nicht über die Finanzierung entschieden. Auch als die Kommission 1983 ihren Abschlussbericht vorlegte, waren zahlreiche Punkte aufgrund von Konflikten insbesondere zwischen der CSU und der erstarkenden FDP noch ungeklärt.[114] Für eine Einbindung der Vorschläge in das Sofortprogramm war es zu diesem Zeitpunkt ohnehin bereits zu spät. Zu einer Entlastung des Arbeits-

110 Vereinbarungen zwischen den Koalitionspartnern im Wortlaut, erläutert und kommentiert, AdL FDP-Bundesgeschäftsstelle 11808; Brief an Burkhard Hirsch vom 21.09.1982, AdL Baum, Gerhart R. ÜP 26/2014–29a; Notiz Gerhart Baums auf Entwurf der Koalitionsvereinbarung 1982, AdL Baum, Gerhart R. ÜP 26/2014–11b.

111 DGB lehnt Kapitalisierung des Arbeitslosengeldes als Rückkehrhilfe für ausländische Arbeitnehmer entschieden ab, NDDGB 225/82, 1982.

112 CDU/CSU/FDP-Koalitionsvereinbarungen, Informationen der sozialdemokratischen Bundestagsfraktion vom 10.10.1982, ACDP Medienarchiv; Dettling, B. – Geske, M., Helmut Kohl, S. 233.

113 Das führte teils zu Unruhe im Regierungslager. Norbert Blüm musste Lothar Späth Ende Oktober 1982 etwa versichern, dass auch er die Fragen der Rückkehrbereitschaft zügig entschieden haben wolle, Brief Norbert Blüms an Lothar Späth vom 28. Oktober 1982, ACDP 01-504:035.

114 Liselotte Funcke hatte schon am 8. November die Befürchtung geäußert, die Frist bis März sei viel zu kurz bemessen, Brief Lieslotte Funckes an Hans-Dietrich Genscher vom 8. November 1982, AdL Genscher, Hans-Dietrich N 52–376.

marktes auf dem Wege einer restriktiveren Ausländerpolitik kam es vor den Wahlen nicht mehr.[115]

4.1.2.6 Die Altersgrenze des Renteneintritts

Eine ähnliche Entwicklung wie in der Ausländerpolitik lässt sich auch bei Änderungsvorschlägen im Bereich der flexiblen Altersgrenze beim Rentenbezug beobachten. Bereits während des wirtschaftlichen Aufschwungs der 1960er Jahre hatte es Überlegungen gegeben, den Arbeitnehmern die Möglichkeit zu eröffnen, schon früher als bis dahin üblich mit dem Bezug der Altersrente zu beginnen. Die große Koalition lehnte derartige Regelungen damals allerdings ab, da sie die Rentenversicherung angesichts in Zukunft voraussichtlich steigender Empfängerzahlen nicht unnötig belasten wollte. Im Wahlkampf 1969 sprach sich die CDU ebenfalls gegen eine generelle und variable Senkung der Lebensarbeitszeit aus, um höhere Beiträge für die Versicherten zu vermeiden.[116]

Erst mit Beginn der sozialliberalen Phase nahmen die Planungen einer flexiblen Altersgrenze konkrete Formen an. Walter Arendt, der sich persönlich für das Projekt einsetzte, hatte hierbei zunächst weniger den Arbeitsmarkt als die Humanisierung des Arbeitslebens im Blick. Mit dem Rentenreformgesetz vom 16. Oktober 1972 gab die neue Regierung den Arbeitnehmern unter bestimmten Bedingungen schließlich die Möglichkeit, auf eigenen Wunsch hin schon ab dem 63. Lebensjahr Altersruhegeld zu beziehen.[117]

Mit der Krise ab Ende 1973 und den steigenden Arbeitslosenzahlen bekamen auch die arbeitsmarktpolitischen Vorteile der flexiblen Altersgrenze zunehmend Aufmerksamkeit. Je früher ein älterer Arbeitnehmer in Rente ging, umso eher konnte ein jüngerer seinen Platz einnehmen. Die durch den vorzeitigen Ruhestand entstehenden Kosten wurden zum Teil dadurch kompensiert, dass die Nürnberger Bundesanstalt geringere Ausgaben für die Versorgung der Arbeitslosen hatte. Die Politik griff diese Gedanken auf und förderte den flexiblen Renteneintritt zu Gunsten des Arbeitsmarktes. 1978 wurde aus beschäftigungspolitischen Erwägungen die flexible Altersgrenze für Schwerbehinderte von vorher 62 auf nun 60 Jahre gesenkt. Die Bundesrepublik war damit nicht allein. Die Bekämpfung der Arbeitslosigkeit durch einen flexiblen Renteneintritt entwickelte sich vielmehr zu einem weltweit beobachtbaren Phänomen.[118]

---

115 BT-PlPr. 09/133 (02.12.1982), S. 8215D; Herbert, U. – Hunn, K., Ausländer, S. 630–631.

116 Schmähl, W., Alterssicherungspolitik, S. 497–499.

117 Entwurf des Rentenreformgesetzes, BT-Drs. 06/2916; BT-PlPr. 06/198 (21.09.1972), S. 11703B-C; Schmähl, W., Alterssicherungspolitik, S. 499–503; Bökenkamp, G., Das Ende, S. 50–51. Siehe auch kurz Schmidt, M. G., Sozialpolitik in Deutschland, S. 94.

118 Ebbinghaus, B., Exit from Work, S. 511, 544; Manow, P. – Seils, E., Adjusting Badly, S. 274; Zöllner, D., Landesbericht, S. 166.

Als die Arbeitslosenzahlen nach einer kurzen Erholung Ende der 1970er Jahre erneut rasant anstiegen, befeuerte das die Diskussion um eine flexible Altersgrenze und um Arbeitszeitverkürzungen im Allgemeinen erneut. Norbert Blüm entwarf als Vorsitzender der CDA etwa ein umfassendes Konzept zur Wiedererlangung der Vollbeschäftigung und griff darin auch Arbeitszeitverkürzungen auf. Heiner Geißler sagte seiner Partei 1980 ebenfalls, dass man die Problematik nicht mit Wachstum alleine lösen könne, sondern auch jeder Einzelne weniger arbeiten müsse. Die Mittelstandsvereinigung der Union lehnte Arbeitszeitverkürzungen hingegen mehrheitlich ab um Belastungen für die Unternehmen zu vermeiden.[119]

Die Gewerkschaften standen zwar überwiegend hinter Arbeitszeitverkürzungen, waren sich aber nicht über die genauen Modalitäten einig. So sprach sich ein großer Teil der Arbeitnehmerverbände wie etwa die IG Metall beispielsweise statt für eine Verringerung der Lebens-, für eine Senkung der Wochenarbeitszeit aus. Andere Gewerkschaften wie die IG Chemie bevorzugten stattdessen einen früheren Renteneintritt. Das blieb auch die Präferenz des späteren Arbeitsministers. Lambsdorff meinte in seinem Konzept vom Spätsommer 1982 hingegen, man werde das flexible Renteneintrittsalter im weiteren Verlauf der 1980er Jahre sogar anheben müssen um dem demografischen Wandel entgegenzutreten.[120]

Während der Koalitionsverhandlungen setzte sich Blüm mit seinem Ansatz durch. Die flexible Altersgrenze sollte von 63 auf 60 Jahre abgesenkt werden, wobei der Zeitpunkt des Inkrafttretens erst festzulegen war, wenn auch die Auswirkungen auf den Haushalt der Rentenversicherung abschätzbar waren. Der Bundesvorstand der CDA begrüßte diesen Schritt Ende September als flankierende Maßnahme zum Erreichen der Vollbeschäftigung. Die Mehrkosten sollten, das war Blüm wichtig, durch versicherungsmathematische Abschläge möglichst gering gehalten werden: Wer früher in Rente ging, konnte auch weniger Leistung erwarten. Auch wenn die Perspektivkommission der FDP selbst über eine Verkürzung der Lebensarbeitszeit nachgedacht hatte,[121] fürchteten die liberalen Sozialpolitiker nun doch eine zu hohe Belastung der Sicherungssysteme. Selbst bei den angedachten Abschlägen käme auf die Rentenversicherung, so schätzte Dieter-Julius Cronenberg Ende September, ein Mehrbedarf von mehreren Milliarden DM zu. Auch die Mittelstandsvereinigung der Union und verschiedene Wirtschafts- und Arbeitgeberverbände hatten Vorbehalte. Sie befürchteten, dass die Unternehmen am Ende die Kosten zu tragen hätten und

---

119 Kleinmann, H.-O., CDU, S. 469; Schell, M., Kanzlermacher, S. 110; Gerhard Zeitel warnte Kohl als Vorsitzender der Mittelstandsvereinigung später während der Koalitionsverhandlungen, Arbeitszeitverkürzungen seien schädlich für die Arbeitgebermoral, Vermerk für Kohl von Gerhard Zeitel bzgl. mittelstandspolitischer Akzente vom 23. September 1982, S. 2–7, ACDP 08-008:258/10. Siehe auch Gegen Arbeitszeitverkürzung, Mittelstandsmagazin 11/82, S. 6.

120 Lambsdorff, O.G., Konzept, S. 8; Schmähl, W., Alterssicherungspolitik, S. 743; Manow, P. – Seils, E., Adjusting Badly, S. 283.

121 Schröder, K., Standortdiskussion, S. 149–150.

zusätzlich noch ihre erfahrensten Fachkräfte verlören.[122] Blüms Argumentation war dennoch mitreißend: Wenn er schon Geld ausgebe, zahle er lieber einem 60-Jährigen die Rente als einem 20-Jährigen die Arbeitslosenunterstützung.[123]

Helmut Kohl griff den Beschluss in seiner Regierungserklärung auf: *„Wir wollen mehr Flexibilität im Arbeitsleben. Derjenige, der freiwillig früher aus dem Erwerbsleben ausscheiden will, soll dazu die Möglichkeiten erhalten, ohne dass dadurch die Rentenversicherung zusätzlich belastet wird.“*[124] Als die Ministerien die Gesetzentwürfe des Sofortprogramms erarbeiteten, stellten sie die Absenkung des flexiblen Renteneintrittsalters aber, möglicherweise aufgrund der Vielzahl konkurrierender Konzepte,[125] zunächst zurück. In den Regierungsvorlagen finden sich diesbezügliche Regelungen schon nicht mehr. Erst anderthalb Jahre später, am 13. April 1984 verabschiedete die zweite Regierung Kohl ein Vorruhestandsgesetz, das die Funktion der Altersgrenzenabsenkung in gewissem Maße übernahm. Die Regelung war bis Ende 1988 befristet und ermöglichte einzel- oder tarifvertragliche Bestimmungen zum Ausscheiden aus dem Berufsleben mit 58 Jahren. Die Übergangszeit bis zur Inanspruchnahme der flexiblen Altersgrenze mit 63 wurde damit staatlich gefördert.[126]

Insgesamt rechnete man im Bereich der Bundesanstalt für Arbeit aufgrund der Beschlüsse mit Mehreinnahmen und Minderausgaben in Höhe von gut 9 Mrd. DM. Da der Bund die Arbeitslosenversicherung aufgrund ihrer schlechten Haushaltslage auch 1983 mit Zuschüssen nach § 187 AFG würde unterstützen müssen, bedeuteten diese Einsparungen in Nürnberg gleichzeitig eine Ausgabensenkung im Bundeshaushalt in gleicher Höhe. Inwieweit sich der Zuschuss tatsächlich verringerte, hing aber auch von der Ausgabenentwicklung der Versicherung ab.[127]

---

122 In der Grundanlage richtig, Pressedienst der Deutschen Arbeitgeberverbände vom 29.09.1982, ACDP Medienarchiv; Verkürzung der Lebensarbeitszeit – Kein Krisenkonzept, Mittelstandsmagazin 12/82, S. 7.

123 So Blüm am 21. Februar 1983 im Generalanzeiger, AdL FDP-Bundesgeschäftsstelle 11808. Ergebnis der Koalitionsgespräche vom 29. September 1982. Wirtschafts- und Sozialpolitik, S. 6, ACDP Medienarchiv; Ergebnisprotokoll der Sitzung des Bundesvorstandes der CDA am 24. und 25. September in Essen, ACDP 04-013:092/1; Protokoll der Sitzung der CDU/CSU-Fraktion im Deutschen Bundestag Nr. 9/53 vom 28.09.1982, S. 19, ACDP 08-001:1068/1; Stellungnahme von Cronenberg vom 27. September 1982 zu den Ergebnissen der sozialpolitischen Gesprächsrunde am 23. September 1982, AdL Cronenberg, Dieter-Julius N 58–334. Siehe auch Schmähl, W., Alterssicherungspolitik, S. 743.

124 BT-PlPr. 09/121 (13.10.1982), S. 7219B-C.

125 Siehe dazu die ausführlichen Beratungen 1983, BArch B 149/65048.

126 Schmähl, W., Alterssicherungspolitik, S. 743. Man beachte auch die Parlamentsdebatte über die Senkung der flexiblen Altersgrenze im Anschluss an die Regierungserklärung, insbes. in BT-PlPr. 09/121 (13.10.1982) und BT-PlPr. 09/123 (15.10.1982). Siehe auch Kap. 6.

127 Entwurf des Haushaltsbegleitgesetzes 1983, BT-Drs. 09/2074, S. 59–61a; Bericht des Haushaltsausschusses zum Haushaltsbegleitgesetz 1983, BT-Drs. 09/2290, S. 33. Die Prognose zur Ausgabenentwicklung war krisenbedingt schlecht. Im Dezember ging die FAZ davon aus, dass 1983 Bundeszuschüsse in Höhe von knapp 5,4 Mrd. DM nötig werden würden: Erstmals wieder ohne Auflagen,

4.1.3 Die Krankenversicherung

4.1.3.1 Die Eigenbeteiligungen im Krankenhaus und bei Kuren

„Kosten einsparen im Gesundheitswesen ist Wassergymnastik im Haifischbecken“[128], so beschrieb Norbert Blüm zehn Jahre nach dem Regierungswechsel eine Aufgabe, die im Herbst 1982 unausweichlich schien. Um die Finanzlage der gesetzlichen Krankenversicherung zu verbessern, kamen wie bei der Renten- und Arbeitslosenversicherung vor allem Leistungskürzungen in Frage. Hier bot sich besonders der Kur- und Krankenhaussektor an, dessen Ausgaben kontinuierlich stiegen und die Etats der Kassen belasteten. Schon im Sommer 1982 hatten daher FDP und SPD über eine Eigenbeteiligung der Patienten an den Kosten ihrer Krankenhausaufenthalte gestritten. Die SPD war damals, der scharfen Kritik der Gewerkschaften zum Trotz, auf die Liberalen zugegangen und hatte einer Zuzahlung der Krankenhauspatienten von 5 DM pro Tag stationärer Versorgung zugestimmt. Die FDP forderte nun sogar noch darüber hinausgehende Maßnahmen. Otto Graf Lambsdorff schlug beispielsweise vor, neben einer generellen Ausweitung der finanziellen Selbstbeteiligungen auch die Erholungszeiten der Versicherten in die Berechnungen einzubeziehen. So sollte die Inanspruchnahme von Kuren fortan auf den Urlaub angerechnet werden. Das vorrangige Ziel dieser Regelungen war nicht, durch Patientenbeiträge die Kosten der stationären Krankenversorgung direkt zu decken oder die Arbeitgeber durch den Wegfall von bezahltem Urlaub zu entlasten. Stattdessen sollten die Versicherten von Anfang an von nicht notwendigen Krankenhaus- und Kurbesuchen abgehalten werden. Insbesondere letztere hatten unter den Arbeitnehmern teilweise den Ruf einer ärztlich verschriebenen Erweiterung der Ferienzeiten bekommen.[129]

Während der Koalitionsverhandlungen debattierten die Sozialexperten der drei Parteien über Lambsdorffs Vorschläge. Zur Diskussion stand, den sozialliberalen Beschluss zu übernehmen und die Phase privater Zuzahlungen auf zwei, vielleicht auch vier Wochen auszudehnen. Die CDA hatte Selbstbeteiligungen der Patienten im Krankenhaus aus Rücksicht auf die Kranken zuvor meist abgelehnt. In ihrem Ende September veröffentlichten gesundheitspolitischen Programm legten die Sozi-

---

FAZ vom 31.12.1982, S. 11. Die tatsächliche Entwicklung verlief allerdings etwas positiver, Bruche, G. – Reissert, B., Finanzierung, S. 54.

128 Zit. nach Schmidt, M. G., Handlungsfelder, S. 148.

129 Lambsdorff, O. G., Konzept, S. 8; Jäger, W., Bruch der Koalition, S. 171; CDU/CSU/FDP-Koalitionsvereinbarungen, Informationen der sozialdemokratischen Bundestagsfraktion vom 10.10.1982, ACDP Medienarchiv; Hinweis von Vielhaber an Schmidt (Kempten) und Cronenberg vom 8. Oktober 1982 bzgl. eines Gesprächs mit Blüm am 11. Oktober 1982, AdL Cronenberg, Dieter-Julius N 58–334; Vereinbarungen zwischen den Koalitionspartnern im Wortlaut, erläutert und kommentiert, AdL FDP-Bundesgeschäftsstelle 11808. Zur Lage der Krankenhäuser siehe knapp Behringer, A. – Vincenti, A., Krankenhauspolitik, S. 416–418.

alausschüsse aber auch Wert darauf, dass die Arbeitnehmer nicht durch höhere Beiträge belastet wurden.[130]

Die Entscheidung fiel letztendlich zu Gunsten der kleineren Lösung von 14 Tagen. Blüm begründete diesen Kompromiss unter anderem mit der durchschnittlichen Verweildauer eines Patienten im Krankenhaus. Der täglich zu entrichtende Betrag von 5 DM könne mit der Ersparnis gerechtfertigt werden, die der Versicherte in dieser Zeit zu Hause habe.[131]

Im Koalitionspapier schrieben die Parteien ihre Beschlüsse zur Eigenbeteiligung bei Krankenhausaufenthalten fest. Kinder unter 18 Jahren waren von der Sonderzahlung ausgenommen. Der CSU-Abgeordnete Stefan Höpfinger, ein führendes Mitglied der CSA, begründete das aus familienpolitischer Sicht. Es könne nicht sein, so sagte er bei der Besprechung des Koalitionspapieres in seiner Fraktion, dass einerseits Abtreibungen von der Kasse finanziert würden und andererseits Eltern für ihre Kinder im Krankenhaus zahlen müssten.[132]

Auch die Frage einer Selbstbeteiligung bei Kuraufenthalten stand während der Koalitionsverhandlungen zur Debatte. Hier waren 10 DM pro Tag vorgesehen. Außerdem stand Lambsdorffs Vorschlag einer Anrechnung von Kuren auf den Urlaub im Raum. Die Union erwog in diesem Fall eine Regelung auf freiwilliger Basis. Wer sich seinen Kuraufenthalt auf die bezahlte Urlaubszeit anrechnen ließ, sollte die Eigenbeteiligung von 10 DM erlassen bekommen. Bei der Unterzeichnung des Koalitionspapiers bestand darüber allerdings noch keine Einigkeit, sodass die Vereinbarung diese Frage zunächst ausklammerte. Blüm zeigte sich aber entschlossen, diese Idee in den nächsten Wochen weiter zu verfolgen. Auf diese Weise, so sagte der Arbeitsminister, könnten auch die während der Kur durch den Arbeitsausfall belasteten Arbeitgeber unterstützt werden.[133]

---

130 Der durchschnittliche Beitragssatz aller Pflichtversicherten betrug 1982 12,0 % mit steigender Tendenz, Murswieck, A., Steuerung, S. 154, siehe auch Abb. 9; Gesundheitspolitisches Programm der CDA, verabschiedet vom CDA-Bundesvorstand am 25. September 1982 in Essen, ACDP 04-013:092/1; Soziale Demontage wird fortgesetzt, Soziale Ordnung 35 VIII/IX, 1982, S. 6.

131 Protokoll der Sitzung der CDU/CSU-Fraktion im Deutschen Bundestag Nr. 9/53 vom 28.09.1982, S. 18, ACDP 08-001:1068/1; Ergänzungsabgabe ist vom Tisch, Die Welt vom 24.09.1982, ACDP Medienarchiv.

132 Ergebnis der Koalitionsgespräche vom 29. September 1982. Wirtschafts- und Sozialpolitik, S. 7, ACDP Medienarchiv; Protokoll der Sitzung der CDU/CSU-Fraktion im Deutschen Bundestag Nr. 9/53 vom 28.09.1982, S. 41, ACDP 08-001:1068/1. Auch die CDA sprach sich für eine Herausnahme der Kinder aus, Wende zum Wiederaufschwung, Arbeitnehmer-Info vom 29.09.1982, S. 3, ACDP Medienarchiv.

133 Ergebnis der Koalitionsgespräche vom 29. September 1982. Wirtschafts- und Sozialpolitik, S. 7, ACDP Medienarchiv; Protokoll der Sitzung der CDU/CSU-Fraktion im Deutschen Bundestag Nr. 9/53 vom 28.09.1982, S. 19, ACDP 08-001:1068/1; Eine halbjährige Atempause bei den Sozialleistungen, KR vom 27.09.1982, ACDP Medienarchiv; Protokoll der Sitzung der CDU/CSU-Fraktion im Deutschen Bundestag Nr. 9/61 vom 28.10.1982, S. 8, ACDP 08-001:1068/2.

Während der Erarbeitung des Gesetzentwurfs wurden die Kernregelungen zur Selbstbeteiligung bei Krankenhaus- und Kuraufenthalten um einige Ausnahmen ergänzt. Der CDU-Abgeordnete Alfred Neuhaus wies den Arbeits- und Sozialminister darauf hin, dass Kinder konsequenterweise auch von den Zuzahlungen bei Kuren ausgenommen werden müssten. Blüm griff diesen Vorschlag auf. Hinzu kamen einige Härtefallregelungen, die in Ausnahmefällen eine unzumutbare Belastung der Versicherten verhindern sollten. Das Vorhaben einer Anrechenbarkeit des Urlaubs konnte hingegen nicht weiter verfolgt werden. Die Regierung war nach genauerer Prüfung zu der Einschätzung gelangt, dass auf diesem Gebiet tarifrechtliche Bestimmungen Vorrang hatten.[134]

Außerdem einigte man sich im Herbst darauf, die für die Krankenversicherung entworfenen Regelungen zur Zuzahlung bei Kuraufenthalten auch auf andere Maßnahmen der medizinischen Rehabilitation zu übertragen.[135] Das kam unter anderem der Rentenversicherung zu Gute. Die Opposition verwies während des gesamten Gesetzgebungsprozesses, vor allem aber in den Ausschüssen, auf die offensichtlichen Schwächen des Selbstbeteiligungsprojektes. Durch die pro Kopf berechnete Zuzahlung würden arme Patienten besonders hart getroffen. Das ganze Vorhaben sei systemfremd und führe zu unsozialen Ergebnissen. Die erwartbaren Einsparungen ständen dazu in keinem Verhältnis. Die veranschlagten Erleichterungen hielten sich in der Tat in einem überschaubaren Rahmen. Bei der gesetzlichen Krankenversicherung rechnete die Regierung für das Jahr 1983 im Bereich der Kuren mit nur 20 Mio. DM Entlastung, bei der Krankenhauspflege immerhin mit 280 Mio. DM.[136]

In jedem Fall bedeutete die ebenfalls zu erwartende geringere Zahl von Kuren aber auch finanzielle Schwierigkeiten für die Kurorte. Der Bundesrat wies in seiner Stellungnahme zum Gesetzentwurf auf diese Problematik hin und betonte, die betroffenen Orte und Einrichtungen wären in den letzten Jahren schon mehrmals von verschärften Voraussetzungen für den Bezug von Erholungsleistungen getroffen worden.[137] Die Bundesregierung solle daher darüber nachdenken, ob man den jeweiligen Regionen nicht beispielsweise durch eine Rücknahme älterer Regelungen ent-

---

134 Vermerk an Cronenberg vom 20. Oktober 1982 bzgl. Sachstand der Ressortgespräche über die Umsetzung der Koalitionsvereinbarung bzgl. der Sozialpolitik, AdL Cronenberg, Dieter-Julius N 58–334; Protokoll der Sitzung der CDU/CSU-Fraktion im Deutschen Bundestag Nr. 9/61 vom 28.10.1982, S. 8, ACDP 08-001:1068/2; Protokoll der Sitzung der CDU/CSU-Fraktion im Deutschen Bundestag Nr. 9/58 vom 12.10.1982, S. 41, ACDP 08-001:1068/2. Zu den Härtefallregelungen siehe u. a. den Entwurf des Haushaltsbegleitgesetzes 1983, BT-Drs. 09/2140, S. 94.

135 Entwurf des Haushaltsbegleitgesetzes 1983, BT-Drs. 09/2074, S. 95, 118.

136 CDU/CSU/FDP-Koalitionsvereinbarungen, Informationen der sozialdemokratischen Bundestagsfraktion vom 10.10.1982, ACDP Medienarchiv; Bericht des Haushaltsausschusses zum Haushaltsbegleitgesetz 1983, BT-Drs. 09/2290, S. 16–17; Entwurf des Haushaltsbegleitgesetzes 1983, BT-Drs. 09/2140, S. 118–119.

137 Hier ging es vor allem um das 2. Haushaltsstrukturgesetz der Vorgängerregierung. Seit dem 1. Januar 1982 galten verschärfte Bedingungen für die Gewährung von Rehabilitationsmaßnahmen durch die Rentenversicherung, was laut Bundesrat in den ersten neun Monaten des Jahres zu einem

gegenkommen könne. Das Kabinett wies diese Forderung zunächst mit Verweis auf die Finanzlage der Sozialversicherung zurück. Im weiteren Verlauf des Gesetzgebungsprozesses erreichte allerdings der Arbeitsausschuss, dass zur Entlastung der Kurorte Versicherte zwischen 59 und 63 Jahren nicht mehr unter die einschränkenden Leistungsvoraussetzungen für medizinische Rehabilitationsmaßnahmen des 2. Haushaltsstrukturgesetzes fielen. Die so entstehenden Mehrkosten betrafen dabei vor allem die Rentenversicherung, die Konsolidierung der Krankenkassen wurde davon kaum berührt.[138]

4.1.3.2 Die Senkung der Medikamentenausgaben

Ein zweiter Kostenfaktor der gesetzlichen Krankenversicherung waren die Aufwendungen für Medikamente. Sie machten Anfang der 1980er Jahre immerhin etwa 15 % der Leistungsausgaben der Kassen aus.[139] Die steigenden Kosten führte man unter anderem auf einen schwächer werdenden Wettbewerb im Pharmabereich, vor allem aber auf das wachsende Angebot und die zunehmende Bewerbung von Medikamenten zurück. Die neue Koalition beabsichtige daher, auch hier zu sparen. Die Union und insbesondere der spätere Sozialminister Blüm setzten sich dafür in den Koalitionsverhandlungen für eine erweiterte Negativliste ein. Medizinisch entbehrliche Arzneien sollten leichter aus dem Leistungsspektrum der Kassen gestrichen werden können.[140] Man müsse, so vertrat er es gegenüber seiner Fraktion, in der Krankenversicherung von einem eingeschränkten Gesundheitsbegriff ausgehen, sonst sei am Ende alles versichert, *„vom Liebeskummer bis zu dem Hühnerauge“*.[141]

Die Union erreichte schließlich, dass ihre Forderung, den Leistungskatalog der gesetzlichen Krankenversicherung von *„Leistungen der Bagatell- und Luxusmedizin“*[142] zu befreien, in die Koalitionsvereinbarung aufgenommen wurde. In der FDP erfreute sich das Konzept allerdings geringerer Beliebtheit als bei den Konservativen. Lambsdorff wollte die Kosten im Medikamentensektor, ebenso wie bei der Krankenhausversorgung, lieber durch eine stärkere Eigenbeteiligung der Patienten drücken. Hierfür bot sich das Instrument der Rezeptgebühr an. Bis 1982 bezahlten

---

Antragsrückgang von 27 % geführt habe, Entwurf des Haushaltsbegleitgesetzes 1983, BT-Drs. 09/2140, S. 136. Vgl. auch Der Staat darf sich nicht kaputtsparen, FAZ vom 15.09.1982, S. 37.

138 Entwurf des Haushaltsbegleitgesetzes 1983, BT-Drs. 09/2140, S. 136; Bericht des Haushaltsausschusses zum Haushaltsbegleitgesetz 1983, BT-Drs. 09/2290, S. 15.

139 Murswieck, A., Steuerung, S. 158.

140 Eine ähnliche Regelung war bereits 1977 vorbereitet worden, siehe den Entwurf des Krankenversicherungs-Kostendämpfungsgesetzes, BT-Drs. 08/166, S. 29.

141 Protokoll der Sitzung der CDU/CSU-Fraktion im Deutschen Bundestag Nr. 9/53 vom 28.09.1982, S. 18, ACDP 08-001:1068/1, hier auch das Zitat. Zu den angenommenen Gründen für die steigenden Medikamentenausgaben der gesetzlichen Krankenversicherung siehe bspw. Brück, G. W., Sozialpolitik, S. 108.

142 Ergebnis der Koalitionsgespräche vom 29. September 1982. Wirtschafts- und Sozialpolitik, S. 7, ACDP Medienarchiv.

Versicherte für jedes verordnete Arzneimittel 1,5 DM aus der eigenen Tasche.[143] Dieser Beitrag sollte nach dem Willen der FDP nun angehoben werden. Die Liberalen hielten dabei eine Erhöhung auf 3 DM für erforderlich. Damit wäre die Bereinigung des Leistungskatalogs des Sozialministers aus finanzieller Sicht vorerst verzichtbar. Die CDA hatte hingegen auch bei den Medikamentenkosten schon vor dem Regierungswechsel davor gewarnt, dass höhere Eigenbeteiligungen vor allem die Kranken treffen würden. Abgeordnete der CSU schlugen später vor, zumindest Kinder nicht mit einer erhöhten Rezeptgebühr zu belasten.[144]

Der vollständige Durchbruch gelang den Kritikern der Negativliste nicht. Im Laufe des Oktobers zeichnete sich ab, dass es keine Änderung des Vorhabens geben würde. Die Koalitionsspitzen verständigten sich zwar auf eine Festlegung der Rezeptgebühr auf 2 DM, nahmen aber auch die Liste nicht erstattungsfähiger Medikamente in den Gesetzentwurf auf. Aus dem Leistungsspektrum sollten unter anderem Medikamente zur Bekämpfung von Erkältungskrankheiten, Abführmittel, Mund- und Rachentherapeutika sowie Arzneien gegen Reisekrankheit genommen werden. Ausnahmen waren für den Fall vorgesehen, dass ein gesperrtes Medikament im Einzelfall der Behandlung einer schweren Krankheit diente. Die Krankenkassen konnten ferner Medikamente der Negativliste weiter erstatten, wenn sonst eine unzumutbare Belastung entstünde. Der Bundesminister für Arbeit und Sozialordnung wurde gleichzeitig ermächtigt, im Einvernehmen mit anderen Ministerien und dem Bundesrat weitere Medikamente aus der Förderung zu nehmen. Durch die Erhöhung der Rezeptgebühr von 1,5 DM auf 2 DM erhoffte man sich Minderausgaben von etwa 300 Mio. DM, die neue Negativliste sollte Einsparungen in Höhe von 500 Mio. DM bringen. Die Ausschüsse billigten das Vorhaben ohne nennenswerten Widerstand.[145]

4.2 Maßnahmen zur Konsolidierung des Bundeshaushalts

Die Konsolidierung des Bundeshaushalts gehörte zu den dringendsten Zielen der neuen Koalition. Ohne ein ausgeglichenes Verhältnis von Einnahmen und Ausgaben wuchsen die Staatsverschuldung und damit die Zinslast für die öffentliche Hand

143 Dieser Betrag war im Laufe der Zeit angehoben worden. Mehrere Sonderregelungen nahmen schwächere Bevölkerungsgruppen davon aus, Richter, A., Grundlagen, S. 153.

144 Protokoll der Sitzung der CSU-Landesgruppe im Deutschen Bundestag vom 08.11.1982, ACSP LG 1982:19; Soziale Demontage wird fortgesetzt, Soziale Ordnung 35 VIII/IX, 1982, S. 6; Lambsdorff, O. G., Konzept, S. 7–8; Zohlnhöfer, R., Wirtschaftspolitik der Ära Kohl, S. 74–75; Hinweis von Vielhaber an Schmidt (Kempten) und Cronenberg vom 8. Oktober 1982 bzgl. eines Gesprächs mit Blüm am 11. Oktober 1982, AdL Cronenberg, Dieter-Julius N 58–334.

145 Bericht des Haushaltsausschusses zum Haushaltsbegleitgesetz 1983, BT-Drs. 09/2290, S. 16; Entwurf des Haushaltsbegleitgesetzes 1983, BT-Drs. 09/2140, S. 34–35, 94, 119; Vermerk an Cronenberg vom 20. Oktober 1982 bzgl. Sachstand der Ressortgespräche über die Umsetzung der Koalitionsvereinbarung bzgl. der Sozialpolitik, AdL Cronenberg, Dieter-Julius N 58–334.

ebenso wie für private Investoren. Verschleppte die Regierung die Ordnung ihrer Finanzen, drohte sie in einen Teufelskreis zu geraten. Dass sich der Staat überhaupt verschuldete, war dabei kein neues Phänomen. Seit der Nachkriegszeit hatte sich die Bundesrepublik immer wieder Geld geliehen. In der zweiten Hälfte der 1970er Jahre waren die Schulden des Bundes aber mit einer bis dahin unbekannten Geschwindigkeit angestiegen. Anders als früher wuchs nun auch die Schuldenquote, das Verhältnis von Verschuldung zur Wirtschaftskraft, immer stärker an und erreichte 1981 mit 17,4 % einen neuen Höchststand.[146]

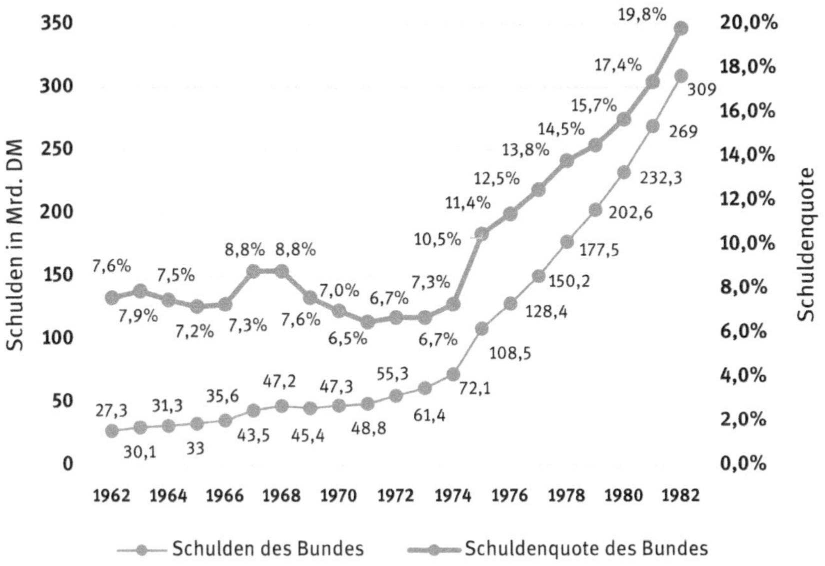

Abb. 11: Die Entwicklung der Schulden und der Schuldenquote des Bundes[147]

Die Aussichten waren auch Ende 1982 alles andere als gut. Während die Union im Sommer noch eine Neuverschuldung von 28 Mrd. DM als zu hoch bezeichnet hatte,[148] sah sie sich selbst nun mit Summen zwischen 40 Mrd. und 50 Mrd. konfrontiert. Im Laufe des Herbstes verschlechterten sich die Prognosen nochmals deutlich. Ein Grund dafür waren sinkende Steuereinnahmen, ein anderer die erhöhten Ausgaben insbesondere bei den Sozialleistungen.

146 Vgl. Abb. 11 und Ullmann, H.-P., Schuldenstaat, S. 241–243.

147 Schuldenstände in Mrd. DM, Schuldenquote als Anteil der Schulden am Bruttosozialprodukt. Eigene Arbeit auf Grundlage von Hansmeyer, K.-H., Kredit, S. 171–172 (Tab. 9).

148 CDU/CSU/FDP-Koalitionsvereinbarungen, Informationen der sozialdemokratischen Bundestagsfraktion vom 10.10.1982, ACDP Medienarchiv.

4.2.1 Die Zuschüsse zur Rentenversicherung

Eine Möglichkeit, den Bundeshaushalt zu entlasten, bestand darin, die Staatskasse an den Kürzungen und Mehreinnahmen im Bereich der Sozialversicherung zu beteiligen. Bei der Arbeitslosenversicherung und der Bundesknappschaft geschah das dadurch, dass sich die wegen der Defizithaftung geleisteten Teile der Bundeszuschüsse mit einer verbesserten Haushaltslage in den Parafisken von selbst verringerten. Daneben ließen sich im Bereich der Rentenversicherung der Arbeiter und Angestellten aber auch die Zuschüsse kürzen, die der Bund der Rentenversicherung für versicherungsfremde Leistungen oder als Abgeltung von Kriegsfolgelasten zahlte.[149]

Vor dem Hintergrund der Entlastung der Rentenversicherung vor allem durch die Atempause, die vorgezogene Beitragserhöhung, den wieder eingeführten Krankenversicherungsbeitrag der Rentner und die pauschale Minderzahlung an die Krankenkasse schien das für das Jahr 1983 ein gangbarer Weg zu sein. Im Vorfeld des Regierungswechsels hatte bereits das Kabinett Helmut Schmidts eine Kürzung des Zuschusses um 1,3 Mrd. DM in Betracht gezogen. Insbesondere Stoltenberg sah hier aber einen noch größeren Spielraum, während Lambsdorff in seinem Papier keine weitergehenden Einsparungen an diese Stelle empfohlen hatte, um die Sicherungssysteme nicht zu überlasten. In den Koalitionsverhandlungen einigten sich die Vertreter der drei Parteien schließlich darauf, diesen Zuschuss um weitere 1,7 Mrd. DM zu kürzen, sodass die Versicherungen im kommenden Jahr auf insgesamt 3 Mrd. DM verzichten sollten.[150]

Innerhalb der Koalition war diese Zahl keinesfalls unumstritten. Der soziale Flügel der Union sprach sich für eine geringere Kürzung aus und forderte Nachbesserungen. Die CDA wollte weder die Liquidität der Rentenversicherung gefährden noch den Bundeshaushalt überhaupt im großen Stil über die Sozialversicherung sanieren. Diese Tendenz hatten die Sozialausschüsse schon bei der Vorgängerregierung kritisiert. Wenn man einerseits die Beiträge anhebe, andererseits aber den Zuschuss kürze, müssten letztendlich die Beitragszahler Bundesaufgaben immer stärker mitfinanzieren. Die für die Beitragserhebung geltenden Regeln und insbe-

---

149 Siehe dazu bspw. Richter, A., Grundlagen, S. 237–238 und Kolb, R., Gesetzliche Rentenversicherung, S. 110–111.

150 Die Koalitionsvereinbarung hielt dabei allerdings die Möglichkeit offen, die Zuschusskürzung zu verringern, wenn dafür zusätzliche Mittel aus dem Bereich der Arbeitslosenversicherung in den Bundeshaushalt flossen, Ergebnis der Koalitionsgespräche vom 29. September 1982. Wirtschafts- und Sozialpolitik, S. 6, ACDP Medienarchiv; Protokoll der Sitzung der CDU/CSU-Fraktion im Deutschen Bundestag Nr. 9/61 vom 28.10.1982, S. 5, ACDP 08-001:1068/2; Schmähl, W., Alterssicherungspolitik, S. 740; Lambsdorff, O. G., Konzept, S. 8.

sondere die Beitragsbemessungsgrenzen[151] seien aber sozial weit weniger gerecht als beispielsweise die Einkommensteuer mit ihrer ausgeprägten Progression.[152]

Als sich die Aussichten für die Versicherung im Oktober deutlich verschlechterten, schienen schon die 1,3 Mrd. DM der Vorgängerregierung ambitioniert zu sein. Die Vorgaben der Koalitionsvereinbarung waren in den Augen des CDA und CSA hingegen völlig unrealistisch. Der linke Flügel der Union bekam dabei Unterstützung von den Sozialpolitikern der FDP. Angesichts der aus der wirtschaftlichen Lage erwachsenden hohen Risiken für die Versicherung schien auch ihnen eine solche Summe nicht vertretbar zu sein.[153]

Mit der Regierungsbildung übertrug sich die Meinungsverschiedenheit auf die Ministerien. Arbeitsminister Blüm bemühte sich um eine möglichst geringe Kürzung des Zuschusses, Finanzminister Stoltenberg um eine umfassende. Die neuen Wirtschaftsdaten und die Haushaltsentlastung des Bundes durch den verringerten Bundeszuschuss zur Arbeitslosenversicherung entschieden den Streit letztendlich zu Gunsten des Arbeitsministeriums. Statt der ursprünglich diskutierten 3 Mrd. DM verständigte man sich in der Koalition auf einen Einschnitt von nur 0,9 Mrd. DM bei der Rentenversicherung der Arbeiter und Angestellten.[154]

Seiner Fraktion gegenüber vertrat der Sozialminister die Ansicht, die verbliebene Kürzung der Bundeszuschüsse sei zwar nicht schön, aber immer noch weitaus besser als die ursprünglichen Pläne der SPD. Der Arbeitsausschuss teilte Blüms Einschätzung, sodass die Bundestagsgremien auch hier keinen dringenden Änderungsbedarf sahen. Einen auf den DGB zurückgehenden Vorschlag, den Zuschuss an die Ausgaben der Rentenversicherung zu koppeln, lehnten die Ausschüsse ab.[155]

---

151 Einkommensteile oberhalb der Beitragsbemessungsgrenzen wurden für die Berechnung der Beiträge nicht mehr berücksichtigt. 1982 lag das Limit in der Arbeitslosenversicherung und der Rentenversicherung der Arbeiter und Angestellten bei 4.700 DM im Monat. Bei der Knappschaft bewegte es sich mit 5.800 DM im Monat darüber und bei der Krankenversicherung mit 3.535 DM im Monat darunter. Für 1982 und 1983 war allerdings mit steigenden Grenzen zu rechnen, Bundesminister für Arbeit und Sozialordnung (Hrsg.), Arbeits- und Sozialstatistik 1984, S. 105–106.

152 Soziale Demontage wird fortgesetzt, Soziale Ordnung 35 VIII/IX, 1982, S. 6; Wende zum Wiederaufschwung, Soziale Ordnung 35 X, 1982, S. 6.

153 Hinweis von Vielhaber an Schmidt (Kempten) und Cronenberg vom 8. Oktober 1982 bzgl. eines Gesprächs mit Blüm am 11. Oktober 1982, AdL Cronenberg, Dieter-Julius N 58–334; Eine halbjährige Atempause bei den Sozialleistungen, KR vom 27.09.1982, ACDP Medienarchiv; Schmähl, W., Alterssicherungspolitik, S. 740. Vgl auch Zohlnhöfer, R., Wirtschaftspolitik der Ära Kohl, S. 75.

154 BT-PlPr. 09/127 (11.11.1982), S. 7791C-7794A; Schreiben des Bundesfinanzministers an den Chef des Kanzleramtes zum neuen Entwurf des Haushaltes und Haushaltsbegleitgesetzes 1983 vom 25. Oktober 1982, BArch B 136/22544; Entwurf des Haushaltsbegleitgesetzes 1983, BT-Drs. 09/2074, S. 45, 47, 61.

155 Protokoll der Sitzung der CDU/CSU-Fraktion im Deutschen Bundestag Nr. 9/61 vom 28.10.1982, S. 5, ACDP 08-001:1068/2; Schmähl, W., Alterssicherungspolitik, S. 740, 744–745; Bericht des Haushaltsausschusses zum Haushaltsbegleitgesetz 1983, BT-Drs. 09/2290, S. 15.

4.2.2 Das Wohngeld

Die Zuschusssenkungen reichten für die Sanierung des Bundeshaushalts bei Weitem nicht aus. Die neue Koalition beschloss daher neben der globalen Minderausgabe des Bundesetats eine Reihe von weiteren Konsolidierungsmaßnahmen. Dabei geriet unter anderem das Wohngeld in den Blick der drei Parteien. Der Ursprung dieser Sozialleistung lag in den steigenden Mieten am Ende der 1950er Jahre. Um die abzufedern zahlte der Staat ab 1960 bedürftigen Personengruppen Mietbeihilfen, die er in den folgenden Jahren ausweitete, vereinfachte und anpasste. Da das Wohngeld nicht nur wirtschaftlich schwache Mieter vor dem Verlust ihrer Unterkunft schützen sollte, gewährte es der Gesetzgeber in Form eines Lastenzuschusses auch bedürftigen Eigentümern. Die Kosten trugen sowohl der Bund als auch die Länder.[156]

Das Wohngeld war dabei ein Kernelement insbesondere der liberalen Sozialpolitik. Die FDP begrüßte vor allem, dass dadurch bedürftige Personen direkt gefördert wurden, was sehr viel treffsicherer zu sein schien als beispielsweise die Objektförderungen im sozialen Wohnungsbau. Ein ernstes Problem bestand bestenfalls darin, dass die verbesserte Ausstattung der Wohngeldberechtigten wiederum zu noch höheren Mieten führen konnte und der Staat dann mit Steuergeldern die Vermieter alimentierte.[157]

Trotz der Sympathien der FDP für das Wohngeld empfahl Lambsdorff im Sommer 1982 eine Reduzierung dieser Sozialleistung zu Gunsten der Haushaltskonsolidierung. Die Kürzung, so schrieb der Wirtschaftsminister in seinem Konzeptpapier, sei leicht durch eine Modifikation des wohngeldrechtlichen Einkommensbegriffes machbar. Rechne man den Empfängern mehr bisher nicht berücksichtige Einkünfte an, verringerten sich auch die staatlichen Ausgaben. Denkbar sei auch eine Reduzierung der bezuschussten Wohnfläche.[158]

Eine Kostensenkung beim Wohngeld war im Herbst 1982 aus verschiedenen Gründen attraktiv. So waren die diesbezüglichen Ausgaben des Bundes in den vorangegangenen Jahren tendenziell gestiegen und hatten sich allein 1981 von 912 Mio. DM im Vorjahr auf 1.211 Mio. DM erhöht.[159] Im laufenden Jahr drohten sie nun mindestens um weitere 100 Mio. DM anzuwachsen. Im Haushaltsjahr 1983 musste mit noch höheren Ausgaben gerechnet werden, da die vorgesehene Liberalisierung des Wohnungsmarktes sehr wahrscheinlich auch zu steigenden Mieten und

156 Die Auszahlungsmodalitäten richteten sich dabei nach Landesrecht. Der Verwaltungsaufwand konnte auf diesem Weg auch die Gemeinden belasten, Brück, G. W., Sozialpolitik, S. 311.

157 Brück, G. W., Sozialpolitik, S. 311; Heckelmann, S., Wohnungspolitik, S. 39; Peters, K.-H., Wohnungspolitik, S. 303–304. Hier ist auch zu bedenken, dass höhere Mieten in einem gewissen Rahmen wiederum zu höheren Wohngeldansprüchen führen konnten.

158 Lambsdorff, O. G., Konzept, S. 7.

159 Schulte, W., Länderaufgaben, S. 118. Der Entwurf des Haushaltsbegleitgesetzes nimmt für das Jahr 1980 hingegen Kosten in Höhe von 911 Mio. DM an, Entwurf des Haushaltsbegleitgesetzes 1983, BT-Drs. 09/2074, S. 86–87.

höheren Ansprüchen der Berechtigten führen würde. Außerdem profitierten von einer Absenkung des Wohngeldes nicht nur der Bund, sondern auch die Länder. Je stärker die an den Entlastungen des Sofortprogramms beteiligt wurden, umso größer musste auch die Bereitschaft der Ministerpräsidenten sein, das Haushaltsbegleitgesetz ohne Verzögerungen den Bundesrat passieren zu lassen.[160]

Trotzdem berührte eine Wohngeldreduzierung zwangsläufig dieselbe gesellschaftliche Gruppe, die auch schon durch die meisten anderen Kürzungsmaßnahmen getroffen wurde. Innerhalb der CDA regte sich daher Widerstand gegen zu harte Einschnitte bei den Geringverdienern. Die Koalitionsvereinbarung ließ die Frage des Wohngeldes deshalb weitestgehend offen. Weder nahmen die Unterhändler eine in den Medien schon als sicher bezeichnete Einbindung der Sozialleistung in die Atempause auf, noch einigten sie sich auf eine bestimmte Form des Vorgehens bei der Kürzung. Lediglich die angepeilte Einsparungssumme wurde mit 100 Mio. DM im Haushaltsjahr 1983 festgelegt. Dieser Betrag sollte entweder über Strukturbereinigungen beim Einkommensbegriff oder eine lineare Kürzung erwirtschaftet werden.[161]

Nach der Regierungsbildung wurde das Sparvorhaben konkreter. Die Finanz- und Sozialpolitiker erreichten schnell Einigkeit darüber, auf eine lineare Kürzung des Wohngeldes zu verzichten. Die hatten insbesondere die Sozialausschüsse strikt abgelehnt.[162] Die Wohngeldtabellen sollten lediglich insoweit angepasst werden, als dass Bagatellbeträge unter 20 DM entfielen, bei denen der Verwaltungsaufwand in keinem angemessenen Verhältnis zu den Auszahlungen stand. Stattdessen wollte man die Einsparungen vor allem durch den Abbau von Sondervergünstigungen und die von Lambsdorff vorgeschlagene Neubetrachtung des berücksichtigten Einkommens erreichen.[163]

Hier zog die Regierung mehrere Maßnahmen in Betracht. Zum einen sollten die Hinterbliebenengrundrenten nach dem Bundesversorgungsgesetz in Zukunft als Einkommen gewertet werden. Bisher war diese Sonderleistung, von der vor allem Kriegswitwen profitierten, explizit von der Berechnung des Wohngeldanspruchs ausgenommen. Nachdem das Bundesverfassungsgericht bereits 1963 die Unterhaltsfunktion dieser Zahlungen hervorgehoben hatte und es auch sonst keinen nachvollziehbaren Grund mehr gab, sie anders zu behandeln als beispielsweise die Hinterbliebenenrenten der gesetzlichen Rentenversicherung, fiel dieser Schritt nun zumindest aus systematischer Perspektive leicht. Um die davon betroffenen Wohn-

160 Entwurf des Haushaltsbegleitgesetzes 1983, BT-Drs. 09/2074, S. 60, 86–87; Wie die Union mit der „Erbschaft“ Haushalt fertig werden will, Die Welt vom 21.09.1982, ACDP Medienarchiv.

161 Ergebnis der Koalitionsgespräche vom 29. September 1982. Wirtschafts- und Sozialpolitik, S. 9; Kohl biegt ein in die Via Crucis, Der Spiegel 39/82, S. 22. Vgl. auch Zohlnhöfer, R., Wirtschaftspolitik der Ära Kohl, S. 75.

162 Wende zum Wiederaufschwung, Soziale Ordnung 35 X, 1982, S. 6.

163 Entwurf des Haushaltsbegleitgesetzes 1983, BT-Drs. 09/2074, S. 87; Bericht des Haushaltsausschusses zum Haushaltsbegleitgesetz 1983, BT-Drs. 09/2290, S. 27–28.

geldempfänger am Anfang nicht zu überlasten, sollte zunächst nur ein Drittel der Grundrente als Einkommen angerechnet werden.[164]

Zweitens beabsichtigte die christlich-liberale Regierung, einen Freibetrag von 1.200 DM für alleine mit Kindern lebende Antragsberechtigte nur noch dann zu gewähren, wenn sie wegen Erwerbstätigkeit oder Ausbildung längere Zeit nicht in der Wohnung verbrachten und die Kinder nicht älter als zwölf Jahre waren. Hier galt bisher eine Altersgrenze von sechzehn Jahren. Da der Freibetrag besondere Belastungen beispielsweise durch Tageskinderstätten oder Betreuungspersonen abfedern sollte, war er aus Sicht der Koalition für im Haushalt anwesende Erziehungsberechtigte entbehrlich.[165]

Drittens sah die Koalition Kürzungen für Schwerbehinderte vor. Bei einer Erwerbsminderung von unter 80 % sollte der bisher geltende Freibetrag von 1.500 DM ersatzlos wegfallen, da die Betroffenen bereits zahlreiche andere Leistungen erhielten. Bezieher von Ausbildungsförderungsdarlehen waren in Zukunft vollständig vom Wohngeldbezug ausgeschlossen.[166]

Hinzu kam eine Umstellung der vom wohngeldrelevanten Einkommen abgezogenen Pauschalen. Zur Kompensation der Steuerlast und der Beiträge zur Sozialversicherung verringerte die Verwaltung bei der Berechnung des Wohngeldes das zu berücksichtigende Einkommen regelmäßig um einen bestimmten Prozentsatz. Lag kein Erhöhungstatbestand vor, betrug dieser 12,5 %. Zahlte der Leistungsberechtigte Steuern oder Sozialversicherungsbeiträge, wurden 20 % veranschlagt. Kamen Steuern und mindestens ein Beitrag zusammen, wurde das zu berücksichtigende Einkommen pauschal um 30 % gekürzt. Mit der Einführung des Krankenversicherungsbeitrags für Rentner drohte diese Regelung zu erheblichen Mehrkosten zu führen, da zahlreiche wohngeldberechtigte Senioren in Zukunft eine höhere Pauschale würden beanspruchen können. Das zuständige CSU-geführte Ministerium für Raumordnung, Bauwesen und Städtebau unter Oskar Schneider beabsichtigte daher, die Pauschale der Rentner auf 12,5 % zu begrenzen.[167]

Diese Kürzungsansätze waren in der neuen Koalition nicht unumstritten. Stoltenberg beklagte beispielsweise Ende Oktober, durch den vorliegenden Entwurf des Bauministeriums komme man in den folgenden Jahren zwar auf 150 Mio. DM Minderausgaben, 1983 bleibe man wegen bestehender Rechtsverpflichtungen aber mit 60 Mio. DM hinter dem Ziel der Koalitionsverhandlungen zurück. Insgesamt sei davon auszugehen, dass die Einsparungen geringer seien als der erwartbare Anstieg der Wohngeldausgaben. Die problematische Entwicklung werde also nicht umge-

---

164 Entwurf des Haushaltsbegleitgesetzes 1983, BT-Drs. 09/2074, S. 87, 89.

165 Entwurf des Haushaltsbegleitgesetzes 1983, BT-Drs. 09/2074, S. 87, 89.

166 Entwurf des Haushaltsbegleitgesetzes 1983, BT-Drs. 09/2074, S. 87, 89; Protokoll der Sitzung der CDU/CSU-Fraktion im Deutschen Bundestag Nr. 9/60 vom 26.10.1982, S. 37, ACDP 08-001:1068/2.

167 Entwurf des Haushaltsbegleitgesetzes 1983, BT-Drs. 09/2074, S. 87, 89; Vermerk für die Kabinettssitzung am 27. Oktober 1982, BArch B 136/22539.

kehrt, sondern nur gebremst. Hinzu kam, dass im Augenblick nur ein Teil der Wohngeldberechtigten dieses auch beantragte. In Schleswig-Holstein, so berichtete der ehemalige Ministerpräsident etwas später, hätten nur etwa 65 % der Berechtigten die Unterstützung tatsächlich in Anspruch genommen. Je besser die Bevölkerung nun informiert werde, umso höher seien auch die erwartbaren Kosten für die Staatskasse.[168]

Auf der anderen Seite kritisierten die Sozialausschüsse der Union das Vorhaben. Der hessische Abgeordnete Helmut Link argumentierte beispielsweise, die 60 Mio. DM Einsparungen beim Wohngeld ständen in keinem Verhältnis zu der Kritik, die man sich damit zuzöge. Die Öffentlichkeit werde sagen, die Politik der CDU bedeute die Mieten steigen zu lassen und das Wohngeld zu senken, eine Leistung, die ohnehin vor allem Arbeitslose, Rentner und Kriegsopfer bekämen. Stoltenberg wies diese Kritik mit Verweis auf die Koalitionsvereinbarung und die daraus erwachsenden Verpflichtungen zurück.[169]

Der Konflikt zwischen entschlossenen Sparern auf der einen und der CDA auf der anderen Seite wirkte sich auch auf die Arbeit der Regierung aus. Während Finanz- und Bauministerium an den Kürzungen um mindestens 60 Mio. DM 1983 und 150 Mio. DM in den folgenden Jahren festhielten, forderte Blüms Arbeitsressort lediglich Einsparungen von 40 Mio. DM beziehungsweise 100 Mio. DM für die Zeit ab 1984. Diese Zahlen ergaben sich unter anderem daraus, dass das Ministerium für Arbeit und Sozialordnung für die Rentner einen pauschalen Abzug von 14 % statt der von Schneider eingeplanten 12,5 % forderte. Außerdem sperrte sich Blüm gegen die Streichung des Freibetrags für Schwerbehinderte mit einer Erwerbsbeeinträchtigung von unter 80 %.[170]

Das Arbeitsministerium legte am 27. Oktober schließlich einen Kompromissvorschlag vor. Darin wollte Blüm die Pauschale von 12,5 % für Rentner hinnehmen, dafür solle der Freibetrag für die weniger beeinträchtigten Behinderten nicht gestrichen, sondern lediglich auf 600 DM gekürzt werden. Außerdem erklärte sich der soziale Flügel der Union mit einer Kürzung des Freibetrags für mitverdienende Kinder von 2.400 DM auf 1.800 DM einverstanden. Stoltenberg stimmte den Vorschlä-

168 Protokoll der Sitzung der CDU/CSU-Fraktion im Deutschen Bundestag Nr. 9/60 vom 26.10.1982, S. 20, 32, ACDP 08-001:1068/2; Schreiben des Bundesfinanzministers an den Chef des Kanzleramtes zum neuen Entwurf des Haushaltes und Haushaltsbegleitgesetzes 1983 vom 25. Oktober 1982, BArch B 136/22544.

169 Protokoll der Sitzung der CDU/CSU-Fraktion im Deutschen Bundestag Nr. 9/60 vom 26.10.1982, S. 24, 32–33, ACDP 08-001:1068/2.

170 Schnellbrief des Finanzministers an den Chef des Bundeskanzleramtes vom 25. Oktober 1982, Anlage 4, BArch B 136/22539; Vermerk für die Kabinettssitzung am 27. Oktober 1982, BArch B 136/22539.

gen des Sozialministeriums unter der Bedingung zu, dass die bisher eingeplante Summe der Einsparungen beim Wohngeld insgesamt nicht unterschritten werde.[171]

Als der fertige Entwurf des Haushaltsbegleitgesetzes 1983 Anfang November an die beiden Parlamentskammern gegeben wurde, hatte der Kompromiss zwischen Arbeits-, Finanz- und Bauministerium Gestalt angenommen. Behinderte mit einem Grad von unter 80 % behielten einen reduzierten Freibetrag von 600 DM, dafür wurde das System der pauschalen Abzüge derart umgestaltet, dass die Rentner auch bei Zahlung von Krankenversicherungsbeiträgen in der Regel nicht über 12,5 % hinauskamen. Um das zu erreichen senkte die Koalition den immer gewährten Prozentsatz auf 6 % ab und gewährte im Anschluss bei einem, zwei oder drei Belastungsfaktoren einen Abzug von 12,5 %, 20 % oder 30 %. Der Bundeshaushalt des kommenden Haushaltsjahres wurde damit um 60 Mio. DM entlastet, die Länder um die gleiche Summe. Leidtragend waren vor allem die Gemeinden. Bei denen sorgten die Beschlüsse laut Entwurf der Bundesregierung für Mehrkosten in Höhe von etwa 30 Mio. DM, was sich nicht zuletzt auf voraussichtlich höhere Ausgaben bei der Sozialhilfe zurückführen lässt.[172]

Der Bundesrat fragte in seiner Stellungnahme zum Gesetzentwurf trotz der den Ländern zu Gute kommenden Einsparungen an, ob man den Freibetrag der Behinderten nicht noch weniger kürzen könne als von den Sozialausschüssen ausgehandelt. Die jetzige Verringerung belaste beeinträchtigte Menschen immer noch stark, insbesondere dann, wenn es sie nicht erwerbstätig seien und schon unter dem auf 6 % abgesenkten Basis-Pauschalbetrag zu leiden hätten. Die Bundesregierung lehnte diesen Einwand allerdings ohne nähere Begründung ab. Ähnlich verlief die unausweichliche Auseinandersetzung mit der Opposition. Der SPD-Politiker Peter Conradi kritisierte am 10. November im Bundestag, dass man die Voraussetzung für höhere Mieten schaffe und gleichzeitig das Wohngeld absenke. Das sei besonders ungerecht, da arme Familien schon jetzt anteilig mehr als drei Mal so viel für das Wohnen ausgeben müssten wie reiche. Dietmar Kansy beschwichtigte anschließend als Redner der CDU das Parlament und erklärte, die Wohngeldsenkung sei nur gering und längst nicht so schlimm wie immer gesagt werde.[173]

Zu einer Überraschung kam es schließlich noch in den Ausschüssen. Unter den Abgeordneten der CDU und CSU gab es gegen Ende der Sitzungen immer heftiger werdenden Widerstand gegen die Einbeziehung der Hinterbliebenenrenten nach

---

171 Vermerk für die Kabinettssitzung am 27. Oktober 1982, BArch B 136/22539; KabPr. vom 27.10.1982.

172 Entwurf des Haushaltsbegleitgesetzes 1983, BT-Drs. 09/2074, S. 60, 87–90.

173 Entwurf des Haushaltsbegleitgesetzes 1983, BT-Drs. 09/2140, S. 130–131; BT-PlPr. 09/126 (10.11.1982), S. 7714D-7715A, 7718D. Zur gegenläufigen Einschätzung der Sozialdemokraten siehe auch BT-PlPr. 09/129 (24.11.1982), S. 7938C-7939A. Sebastian Heckelmann geht davon aus, dass das untere Einkommensfünftel der Mieter zwischen 1978 und 1988 einen etwa doppelt so hohen Anteil seines Einkommens für die Miete ausgab wie das obere, Heckelmann, S., Wohnungspolitik, S. 59.

dem Bundesversorgungsgesetz in die Wohngeldberechnung. Dafür bekamen sie Unterstützung vom Vorsitzenden der Unionsfraktion. Nachdem der Ausschuss für Raumordnung, Bauwesen und Städtebau den Gesetzentwurf schon weitestgehend abgesegnet hatte, entschied sich der federführende Haushaltsausschuss in letzter Minute, die Einbeziehung der Hinterbliebenenrenten wieder zu streichen. Alfred Dregger erklärte dazu vor der CDU/CSU-Fraktion Anfang Dezember, es handele sich hier nicht um eine soziale Entscheidung, sondern um die Frage, ob der Staat bereit sei, denen die ihr Leben für das Land geopfert hätten und deren Witwen entsprechend zu begegnen.[174] Der Fraktionsvorsitzende setzte an dieser Stelle eine Forderung um, die auch die SPD erhoben hatte. Deren Abgeordnete vertraten während der Ausschussdebatten die Ansicht, eine Anrechnung sei schon deshalb verfehlt, weil es sich um eine Entschädigung für ein Sonderopfer handele. Die durch die Änderung entstehenden Kosten wollten die Delegierten der Koalition an anderer Stelle einsparen. Dafür beschloss der Haushaltsausschuss kurzfristig, die Freibeträge für mitverdienende Kinder und für Behinderte unter einem Grad von 80 % nun völlig zu streichen.[175]

4.2.3 Die Sprachförderung für Ausländer

Eine ähnliche Überraschung wie beim Wohngeld ereignete sich auch in den Ausschussberatungen zur Kürzung der Sprachförderung für Ausländer. In den späten 1970er Jahren zogen auf Grund des Anwerbestops zwar weniger Gastarbeiter in die Bundesrepublik, der Zustrom anderer Einwanderer ließ aber keinesfalls nach. Zu den Migranten gehörten einerseits deutsche Aussiedler aus dem Ostblock, andererseits Asylanten und Kontingentflüchtlinge. Letztere kamen meist aus Vietnam, die Aussiedler zu einem großen Teil aus Polen. Mit der Ausrufung des Kriegsrechts hatte sich die Sicherheitslage in der Volksrepublik am Ende 1981 nochmals verschärft, was die Wanderungsbewegungen weiter verstärkte.[176]

Die Zuwanderung von Ausländern, auf die die Konzepte der Rückkehrförderung nicht anwendbar waren, stellten Bund, Länder und Gemeinden vor erhebliche Herausforderungen. Besonders wichtig war es der Politik, der sozialen Isolation der Betroffenen und Tendenzen zur Ghettobildung in den Städten entgegenzuwirken. Damit sollte verhindert werden, dass der wegen der bestehenden und wachsenden Ausländerfeindlichkeit fragile gesellschaftliche Zusammenhalt in Gefahr geriet. In

174 Protokoll der Sitzung der CDU/CSU-Fraktion im Deutschen Bundestag Nr. 9/65 vom 07.12.1982, S. 2, ACDP 08-001:1070/1.

175 Bericht des Haushaltsausschusses zum Haushaltsbegleitgesetz 1983, BT-Drs. 09/2290, S. 27–28, 32. Die Presse hatte den Vorschlag, die Witwen auszuklammern, Ende November bereits für gescheitert gehalten: An den Spargesetzen der alten Koalition wird nur wenig geändert, FAZ vom 26.11.1982, S. 1–2.

176 Herbert, U. – Hunn, K., Ausländer, S. 643.

der Koalitionsvereinbarung einigten sich die Parteispitzen daher darauf, die Integration der in Deutschland lebenden Ausländer weiter zu fördern. Dazu sollte an Schulen verstärkt Deutschunterricht erteilt und Maßnahmen zur beruflichen Qualifikation weiterentwickelt werden. Union und FDP kamen damit Empfehlungen zuvor, die auch der Sachverständigenrat kurz nach der Regierungsbildung aussprechen sollte. Die Wirtschaftsweisen beklagten in ihrem Sondergutachten insbesondere, dass jugendliche Ausländer mangels ordentlicher Ausbildung keine Arbeitsplätze bekämen. Um diesem Umstand mit seinen negativen Folgen nicht zuletzt für die Sozialausgaben des Staates entgegenzuwirken, sollten Grund- und Berufsausbildung für Zuwanderer gezielt gefördert werden.[177]

Als sich die wirtschaftlichen Aussichten im Oktober 1982 abermals deutlich verschlechterten, wich dieser Anspruch hinter die Konsolidierungsbemühungen zurück. Der Entwurf des Haushaltsbegleitgesetzes sah keine gezielte Förderung der Integration mehr vor, sondern unterwarf sie im Gegenteil den allgemeinen Kürzungsanstrengungen. Zur Entlastung des Bundesetats sollte vor allem die Sprachförderung für Aussiedler, Kontingentflüchtlinge und Asylanten eingeschränkt werden. Bisher bekamen Teilnehmer von Deutschkursen aus diesen Gruppen auf Grundlage der „Verordnung über die Förderung der Teilnahme von Aussiedlern an Deutsch-Lehrgängen" vom 27. Juli 1976 eine finanzielle Unterstützung in Höhe von 68 % des um die gewöhnlichen gesetzlichen Abzüge verminderten durchschnittlichen Arbeitsentgelts der Bezieher von Arbeitslosengeld. Diese Leistung wollte man nun auf den entsprechenden Prozentsatz der Arbeitslosenhilfe, das waren 58 %, herabsetzen.[178] Außerdem sah der Gesetzentwurf vor, Doppelbezüge von Verheirateten auszuschließen. Waren beide Ehegatten anspruchsberechtigt, sollte fortan nur noch einer die Leistung erhalten.[179]

Helmut Schmidt hatte zwar 1976 gemäß § 3 Abs. 5 AFG die Bundesanstalt für Arbeit mit der Durchführung der Sprachförderung beauftragt, die Kosten dafür übernahm aufgrund von § 188 desselben Gesetzes aber der Bund. Die neue Koalition er-

---

177 Sondergutachten des SVR 1982, S. 233 (Tz. 92), BT-Drs. 09/2118; Ergebnis der Koalitionsgespräche vom 29. September 1982. Innenpolitik, S. 1, ACDP Medienarchiv.

178 Die Arbeitslosenhilfe selbst sollte im Rahmen des Sofortprogramms nicht gekürzt werden. Lambsdorff hatte sich zwar im Spätsommer noch für eine Zusammenlegung dieser Unterstützung mit der Sozialhilfe ausgesprochen, konnte diese Idee aber unter den gegebenen Umständen nicht durchsetzen. Eine einfache Absenkung der Arbeitslosenhilfe war am Widerstand der konservativen Sozialausschüsse gescheitert: Es reicht, GA vom 29.09.1982, ACDP Medienarchiv; Willing, M., Sozialhilfe, S. 481; Lambsdorff, O. G., Konzept, S. 9.

179 Entwurf des Haushaltsbegleitgesetzes 1983, BT-Drs. 09/2074, S. 96, 115. Zur bisherigen Gesetzeslage vgl. bspw. BGBl. I 1980, S. 87 (Zweite Verordnung zur Änderung der Verordnung über die Förderung der Teilnahme von Aussiedlern an Deutsch-Lehrgängen vom 22. Januar 1980).

hoffte sich von der Kürzung der Teilnehmerunterstützung nun Einsparungen in Höhe von 100 Mio. DM.[180]

Die Länder sprachen sich im Bundesrat entschieden gegen diese Einschnitte aus. Sie befürchteten vor allem, dass die Motivation zur Teilnahme an den Sprachkursen erheblich zurückgehen und zahlreiche Betroffene in Zukunft auf die Sozialhilfe angewiesen sein würden. In der Unionsfraktion lehnte der Präsident des Bundes der Vertriebenen und Vorsitzende der Gruppe der Vertriebenen- und Flüchtlingsabgeordneten der CDU/CSU-Fraktion, Herbert Czaja, insbesondere eine Kürzung der Leistungen für Aussiedler ab. Eine weitere Verringerung von deren Bezügen sei untragbar, da sie sich schon jetzt unterhalb des Existenzminimums bewegten. Die Flüchtlingsabgeordneten der CDU/CSU-Fraktion verwiesen außerdem darauf, dass die Aussiedlerzahlen 1982 deutlich geringer sein würden als im Vorjahr. Man könne unter diesen Umständen überlegen, die Aussiedler besser zu stellen als die anderen Zuwanderer.[181] Zuspruch erhielten die Kritiker der Kürzungen nicht zuletzt von Alfred Dregger. Der Fraktionsvorsitzende kündigte schließlich an, man werde in den Ausschüssen nochmals darüber reden.[182]

In den Ausschüssen kam man zu dem Ergebnis, dass der Gesetzentwurf an dieser Stelle nachgebessert werden musste. Die Gremien hoben die Beschlüsse der Bundesregierung allerdings nicht ersatzlos auf, sondern schufen gleichzeitig eine Möglichkeit für die Regierung, später doch noch Veränderungen an der Sprachförderung vorzunehmen. Anders als es der Name der Regelung nahelegt, waren umfassende Eingriffe in die Sprachförderung im Herbst 1982 dem direkten Zugriff der Regierung entzogen und bedurften einer Zustimmung des Gesetzgebers. Nach dem Beschluss der Bundestagsausschüsse wollte man nun bei der Sprachförderung zum einheitlichen Verordnungsrang der Sprachförderungsverordnung zurückkehren. Dem Kabinett sollte es damit ermöglicht werden, das Leistungsrecht der Verordnung den aktuellen Gegebenheiten und insbesondere der finanziellen Lage anzupassen. Die Unterhaltsverringerung war nun nicht mehr im Haushaltsbegleitgesetz verankert, der Haushaltsausschuss wies in seinem Bericht daher eine Mindereinsparung von 100 Mio. DM gegenüber dem ursprünglichen Gesetzentwurf aus. Die Ausschüsse hatten die Kürzungsfrage durch ihr Vorgehen allerdings keineswegs abschließend zu Gunsten der Leistungsempfänger entschieden, sondern lediglich vertagt.[183]

---

180 Entwurf des Haushaltsbegleitgesetzes 1983, BT-Drs. 09/2074, S. 120; BGBl. I 1969, S. 582–632 (Arbeitsförderungsgesetz vom 25. Juni 1969); BGBl. I 1976, S. 1949 (Verordnung über die Förderung der Teilnahme von Aussiedlern an Deutsch-Lehrgängen vom 27. Juli 1976).

181 Vermerk der Gruppe der Vertriebenen- und Flüchtlingsabgeordneten der CDU/CSU-Fraktion vom 29. November 1982, ACDP 08-001:769/2.

182 Protokoll der Sitzung der CDU/CSU-Fraktion im Deutschen Bundestag Nr. 9/61 vom 28.10.1982, S. 11, ACDP 08-001:1068/2; Entwurf des Haushaltsbegleitgesetzes 1983, BT-Drs. 09/2140, S. 136.

183 Bericht des Haushaltsausschusses zum Haushaltsbegleitgesetz 1983, BT-Drs. 09/2290, S. 18, 33; BGBl. I 1981, S. 1395–1396; BGBl. I 1982, S. 1910–1911.

Im Laufe des Dezembers verhandelte die Union erneut über das Unterhaltsgeld für Teilnehmer von Sprachkursen. Dregger unterstützte nun offensiv den Vorschlag, die Förderung für Aussiedler im Gegensatz zu der der anderen Einwanderer nicht zu verringern. Jemand, dem im Osten seine Sprache geraubt werde und der für sein Bekenntnis zum Deutschsein habe leiden müssen, solle hier besser behandelt werden als andere Ausländer. Blüm stimmte dem im Ansatz zu, gespart werden musste aus seiner Sicht aber trotzdem. Als Kompromiss einigte man sich darauf, die Sätze für Asylanten und Kontingentflüchtlinge wie geplant auf 58 % der Bemessungsgrundlage zu verringern, die Leistungen für Aussiedler aber nur auf 63 % abzusenken. Am 27. Dezember 1982 setzte die Regierung diese Übereinkunft mit der Dritten Verordnung zur Änderung der Sprachförderungsverordnung um.[184]

4.2.4 Das BAföG

Ähnlich wie in vielen anderen Politikbereichen beklagte das Finanzministerium auch bei der Bildungspolitik eine Kostenexplosion. Ein wichtiger Grund dafür war der starke Anstieg der Ausgaben für Leistungen nach dem Bundesausbildungsförderungsgesetz. Seit 1971 hatte die sozialliberale Regierung von Willy Brandt bedürftige Schüler und Studenten durch eine individuell angepasste finanzielle Förderung in ihrer Ausbildung unterstützt, um die berufliche Chancengleichheit der Jugendlichen zu stärken. Das führte zu hohen Kosten für die Staatskasse, die noch dadurch verstärkt wurden, dass die Zahl der Studenten im Laufe des Jahrzehnts immer weiter zunahm.[185] Als sich die wirtschaftliche Lage im Laufe des Jahrzehnts verschlechterte, wurde das BAföG Gegenstand erster Kürzungsmaßnahmen. Diese Schritte, zum Beispiel die teilweise Umstellung auf Darlehen, zeigten aber kaum die gewünschte Wirkung. Das lag nicht zuletzt an technischen Hürden. Der mit der Rückforderung der Beträge verbundene Verwaltungsaufwand war teilweise so hoch, dass nur ein knappes Drittel der gewährten Darlehenssummen tatsächlich zurückfloss.[186]

---

184 BGBl. I 1982, S. 2064 (Dritte Verordnung zur Änderung der Sprachförderungsverordnung vom 27. Dezember 1982); Protokoll der Sitzung der CDU/CSU-Fraktion im Deutschen Bundestag Nr. 9/65 vom 07.12.1982, S. 1–2, ACDP 08-001:1070/1; Protokoll der Sitzung der CDU/CSU-Fraktion im Deutschen Bundestag Nr. 9/67 vom 13.12.1982, S. 15, ACDP 08-001:1070/1.

185 Vgl. Abb. 12. Die Regierung antwortete auf die zunehmende Beliebtheit der universitären Ausbildung 1977 mit einem Öffnungsbeschluss, der den Zugang zu den Hochschulen noch weiter erleichterte, Doering-Manteuffel, A., Konturen, S. 430.

186 Anweiler, O., Bildungspolitik, S. 592–593; Führer, K. C., Gewerkschaftsmacht, S. 555; Vereinbarungen zwischen den Koalitionspartnern im Wortlaut, erläutert und kommentiert, AdL FDP-Bundesgeschäftsstelle 11808. Der Verwaltungsaufwand war oft soviel höher als die erwartbaren Einkünfte, dass der Staat in zahlreichen Fällen völlig von einer Einforderung absah, Protokoll der Sitzung der CDU/CSU-Fraktion im Deutschen Bundestag Nr. 9/60 vom 26.10.1982, S. 25–26, ACDP 08-001:1068/2.

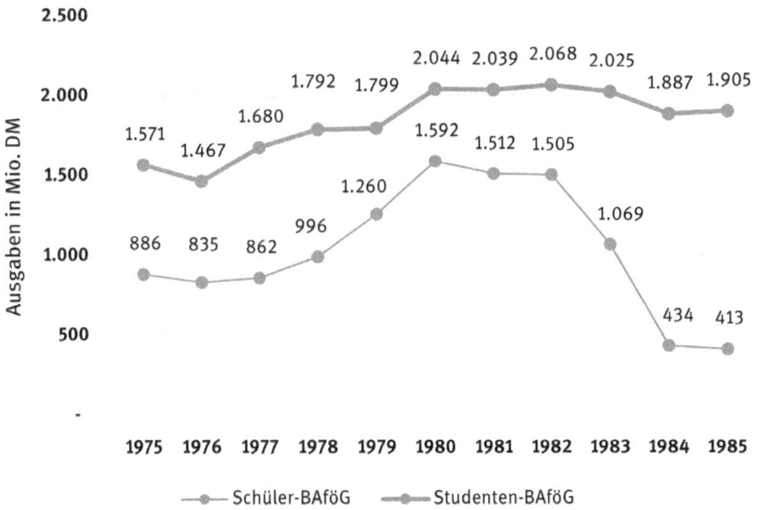

Abb. 12: Die Entwicklung der BAföG-Ausgaben[187]

Die FDP, die Maßnahmen der Haushaltskonsolidierung ansonsten meist offen gegenüberstand, war in der Frage des BAföGs uneinig. Teile der Liberalen forderten zur Zeit Helmut Schmidts mehr individuelle Leistungsbereitschaft, was sich mit einem möglichen Abbau der Unterstützung verbinden ließ. Zu dieser Gruppe zählte auch Otto Graf Lambsdorff, der eine Streichung des BAföGs für Schüler und eine vollständige Umstellung der Leistung auf Darlehen für Studenten vorschlug. Andere wollten das BAföG als Instrument der Chancengleichheit möglichst umfassend beibehalten. Als im Sommer 1982 tatsächlich ein Verzicht auf das BAföG für Schüler und eine Erhöhung des Darlehensanteils für Studenten zur Diskussion stand, verhinderte die FDP noch diese Einschnitte.[188] Angesichts der schlechten Rückforderungsquote des verliehenen Geldes zogen es die Liberalen sogar in Betracht, ganz auf die Darlehen zu verzichten.[189]

In den Koalitionsverhandlungen griff die Union das Einsparungspotential beim BAföG wieder auf. Die Unterhändler folgten dabei den Vorstellungen des Wirtschaftsministers. Die Förderung von Schülern sollte nur noch bei unzumutbaren

---

187 Ausgaben des Staates für das BAföG von Schülern und Studenten einschließlich Darlehen. Ab 1985 betrug die Darlehensquote beim Studenten-BAföG statt den bisherigen gut 30 % etwa 99 %, was für spätere Jahre deutliche Rückflüsse in Aussicht stellte. Eigene Arbeit nach Bundesminister für Arbeit und Sozialordnung (Hrsg.), Statistische Übersichten, S. 266–267 (Tab. 218).

188 Am Ende das alte Zahlenwerk, FR vom 25.09.1982, ACDP Medienarchiv; Auch der damalige Bildungsminister Björn Engholm sah eine Umstellung des Studenten-BAföGs auf Darlehen kritisch, vgl. BArch B 136/14742.

189 Lambsdorff, O. G., Konzept, S. 7; Anweiler, O., Bildungspolitik, S. 592–593; Vereinbarungen zwischen den Koalitionspartnern im Wortlaut, erläutert und kommentiert, AdL FDP-Bundesgeschäftsstelle 11808; Vgl. das Zeitzeugengespräch mit Rainer Funke am 12. Oktober 2020, S. 2.

Entfernungen zum Wohnort aufrechterhalten, Studenten nur noch mit Krediten unterstützt werden. Durch Letzteres, so rechtfertigte die FDP ihren Kurswechsel später unter anderem, ständen die Verwaltungskosten nicht mehr in einem so großen Gegensatz zur Rückflusssumme. Andere Überlegungen, wie eine von den Liberalen favorisierte Verknüpfung der Zahlungen mit den Leistungen der Studenten oder die Einführung eines Bildungssparens vergleichbar zum Bausparen, blieben zunächst unberücksichtigt.[190]

Da die Umstellung zur Vermeidung von Härten und aus technischen Gründen nur verzögert erfolgen konnte, rechnete Stoltenberg für das kommende Haushaltsjahr lediglich mit Einsparungen von etwa 200 Mio. DM. Diese ergaben sich fast ausschließlich aus der Reduzierung des BAföGs für Schüler.[191] Für diese überschaubaren kurzfristigen Auswirkungen auf den Bundesetat zahlte die Koalition einen hohen Preis im öffentlichen Diskurs. Herbert Wehner kritisierte, die Streichung des BAföGs für Schüler treffe vor allem Arbeiterkinder. Kohl selbst musste sich schon während der Koalitionsverhandlungen gegen Vorwürfe verteidigen, die Vorstellungen der Union zur Bildungspolitik seien grausam. Er selbst, so erklärte der Parteivorsitzende am 21. September vor seiner Fraktion, könne keine besondere Grausamkeit in einer Umstellung der Studentenförderung auf Darlehen sehen. So hätten beispielsweise Flüchtlinge nach dem Krieg auch nur Kredite bekommen und sie zurückzahlen müssen.[192] Die neue Bildungsministerin Dorothee Wilms verwies Mitte Oktober auf die Frage der Solidarität zwischen Studenten und Steuerzahlern. Es könne nicht gerecht sein, wenn diejenigen, die nicht studiert hätten, den Lebensunterhalt derjenigen bezahlten, die die Universität besuchten und dadurch später ein höheres Einkommen bekämen.[193]

Nach der Regierungsbildung versuchten aber auch Teile der Koalition, die Kürzungen bei der Ausbildungsförderung abzufedern. Die CDA sah zwar die Notwendigkeit von Einsparungen in diesem Bereich, kritisierte aber zusammen mit dem linken Flügel der FDP beispielsweise die umfassenden Kürzungen beim BAföG für Schüler.

---

190 Vereinbarungen zwischen den Koalitionspartnern im Wortlaut, erläutert und kommentiert, AdL FDP-Bundesgeschäftsstelle 11808; Ergebnis der Koalitionsgespräche vom 29. September 1982. Wirtschafts- und Sozialpolitik, S. 9, ACDP Medienarchiv; Union und FDP in der Steuerpolitik einig, FAZ vom 24.09.1982, S. 1.

191 Siehe dazu die Aufstellung im Gesetzentwurf des Haushaltsbegleitgesetzes, Entwurf des Haushaltsbegleitgesetzes 1983, BT-Drs. 09/2074, S. 60.

192 Eine Argumentation, die fast vierzig Jahre nach Kriegsende unter gänzlich geänderten wirtschaftlichen Bedingungen zweifellos nur noch bedingt überzeugen konnte, Protokoll der Sitzung der CDU/CSU-Fraktion im Deutschen Bundestag Nr. 9/52 vom 21.09.1982, S. 6, ACDP 08-001:1068/1.

193 CDU/CSU/FDP-Koalitionsvereinbarungen, Informationen der sozialdemokratischen Bundestagsfraktion vom 10.10.1982, ACDP Medienarchiv; Ergänzungsabgabe nicht in Form einer Steuer, Handelsblatt vom 27.09.1982, ACDP Medienarchiv; Ergebnis der Koalitionsgespräche vom 29. September 1982. Wirtschafts- und Sozialpolitik, S. 9, ACDP Medienarchiv; BT-PlPr. 09/122 (14.10.1982), S. 7401D-7402A.

Durch dessen Wegfall würden Kinder aus ärmeren Familien tendenziell in die Berufsausbildungen gedrängt, was dem Gedanken der Chancengleichheit widerspreche. Franz Josef Strauß sah das auch, bewertete es aber anders. Er dachte vor allem an die große Zahl ausgebildeter Akademiker, die auf dem Arbeitsmarkt im Augenblick keine Stellen fanden. In der Bundestagsdebatte zur Regierungserklärung berichtete er daher: *„Ich weiß noch sehr gut, wie Kollege Brandt als Bundeskanzler mir einmal zugerufen hat: In der Zeit, in der Sie an der Regierung waren, konnte ein Arbeitersohn nur Schlosser werden! Ich wollte, wir hätten heute wieder mehr Schlosser und auf gewissen Gebieten weniger Akademiker. Dann wäre es wahrscheinlich besser in unserem Land, denn dann wären Angebot und Nachfrage in Übereinstimmung."*[194]

Ähnlich dachte Alfred Dregger. In der CDU/CSU-Fraktion mahnte er, man müsse die Aufnahmefähigkeit des öffentlichen Dienstes und der Wirtschaft für Akademiker und der Hochschulen für Abiturienten beachten. Unter Beifall der Abgeordneten stellte er fest: *„[...] wir brauchen Facharbeiter, aber nicht unbedingt Hunderttausende von Akademikern, die Arbeitslos sind."*[195] Das Bildungsministerium bekannte sich zwar grundsätzlich zu den Kürzungen, sprach sich aber ebenso wie die linken Flügel der Koalitionsparteien für eine Ausdifferenzierung der Einschnitte aus. Dabei dachte Wilms sowohl an Ausnahmen für besonders Begabte als auch an Härtefallregelungen. Insbesondere Letzteres hielten auch die Sozialausschüsse für unentbehrlich.[196]

Mit dieser Haltung geriet das Ministerium für Bildung und Wissenschaft in Konflikt mit Gerhard Stoltenbergs Finanzressort. Strittig war vor allem die Frage, ob die Koalitionsvereinbarung bei der Kürzung des BAföGs für Schüler nur das Einsparziel oder auch den Einsparweg vorgebe. Wilms hielt den Weg für nicht abschließend festgelegt und entwickelte daher einen eigenen Plan, der eine Härtefallregelung und Begabtenförderung einschloss und die Schüler des zweiten Bildungswegs von den Einsparungen ausnahm. Die dadurch entstehenden Kosten von etwa 130 Mio. DM im Jahr 1983 sollten teilweise durch Ausnahmen beim Leistungsbezug kompensiert werden. So sah das Konzept des Bildungsministeriums beispielsweise vor, den Ferienmonat August nicht zu fördern, das auf die Schüler oder Studenten entfallende Kindergeld als ihr Einkommen zu werten und auf verschiedene Freibeträge zu verzichten. Die angestrebte Einsparsumme von 200 Mio. DM erreichte Wilms damit

---

194 BT-PlPr. 09/122 (14.10.1982), S. 7332D, hier das Zitat von Strauß. Zur Koalitionsinternen Kritik siehe Zohlnhöfer, R., Wirtschaftspolitik der Ära Kohl, S. 74. Manche Koalitionspolitiker forderten auch eine Verschärfung der Regelungen. So schlug bspw. der Landesvorsitzende der Jungen Union Bayern, Alfred Sauter, Ende Oktober den konservativen Abgeordneten vor, die Darlehen für Studenten zu verzinsen, um die Rückzahlung zu beschleunigen, Protokoll der Sitzung der CDU/CSU-Fraktion im Deutschen Bundestag Nr. 9/60 vom 26.10.1982, S. 26–27, ACDP 08-001:1068/2. Siehe ferner: Risse in der Christlich-Demokratischen Arbeitnehmerschaft, FAZ vom 16.10.1982, S. 4.

195 Protokoll der Sitzung der CDU/CSU-Fraktion im Deutschen Bundestag Nr. 9/63 vom 23.11.1982, S. 3, ACDP 08-001:1070/1.

196 Protokoll der Sitzung der CDU/CSU-Fraktion im Deutschen Bundestag Nr. 9/60 vom 26.10.1982, S. 9, ACDP 08-001:1068/2; Protokoll der Sitzung der CDU/CSU-Fraktion im Deutschen Bundestag Nr. 9/63 vom 23.11.1982, S. 3, ACDP 08-001:1070/1; BT-PlPr. 09/122 (14.10.1982), S. 7401A-C.

zwar nicht, konnte ihre Position aber mit Bezug auf die Regierungserklärung begründen. Der hier hervorgehobene Leistungsgedanke, so das Bildungsministerium, müsse sich auch in der Förderpolitik widerspiegeln. Insbesondere eine Begabtenförderung sei daher unumgänglich.[197]

Das Finanzministerium legte die Koalitionsvereinbarung strenger aus. Die Streichung des BAföGs für Schüler sei ohne so massive Einschränkungen beschlossen worden. Die Vorschläge des Bildungsressorts verbauten nun nicht nur den Weg für spätere Einsparungen im Bildungsbereich, sie verlagerten durch die Härtefallregelung auch Kosten von den Ländern und Gemeinden auf den Bund. Die BAföG-Berechtigten hätten nach dem Wegfall der Förderung oft Anspruch auf Leistungen nach dem Bundessozialhilfegesetz gehabt, auf die sie nach den Vorschlägen des Bildungsministeriums nicht mehr zurückgreifen müssten. Außerdem, so befürchtete Stoltenberg gemeinsam mit den Koalitionsspitzen, könne ein Abweichen vom Verhandlungsergebnis an dieser Stelle einen Präzedenzfall für andere Politikbereiche schaffen.[198]

Dissens gab es zwischen beiden Ressorts auch in der Frage, ob die Umstellung des BAföGs für Studenten auf Volldarlehen bereits im Haushaltsbegleitgesetz 1983 oder erst später festgeschrieben werden sollte. Das Bildungsministerium sah hier keinen Grund zur Eile, da das neue System im kommenden Jahr ohnehin noch keine konsolidierende Wirkung zeigen würde. Stoltenberg wollte die Einschnitte des Sofortprogramms lieber gleichzeitig bei allen Betroffenen durchführen, Planungssicherheit schaffen und die Umstellung daher nicht unnötig verzögern. Zur Klärung dieser Meinungsverschiedenheiten setzte die Koalition für den 20. Oktober ein Chefgespräch an, bei dem ein Kompromiss gefunden werden sollte.[199]

Nach zähen Verhandlungen kam die Regierung noch vor der Kabinettssitzung vom 27. Oktober zu einer Einigung. Wie im Koalitionspapier vorgesehen, sollte nur noch denjenigen Schülern Geld gewährt werden, deren Schule in unzumutbarer Entfernung zum Wohnort lag. Als Härteregelung sollten Schüler, die derzeit noch bei ihren Eltern lebten und gefördert wurden, bis zu ihrem Abschluss mit einem verringerten Bedarfssatz von 200 DM statt der bisherigen 275 DM unterstützt werden. Es handelte sich insofern nur um eine vorübergehende Regelung. Für Schüler des zweiten Bildungsweges sollte die Förderung in der Regel in alter Form bestehen bleiben. Zum Ausgleich der Mindereinsparungen sollten unter anderem an anderen Stellen

---

197 Tischvorlage zur Ressortbesprechung am 14. Oktober 1982, Vorschläge des Bildungsministeriums zu BAföG-Einsparungen, BArch B 136/22544; Schreiben vom Referat 321 bzgl. Lagebesprechung am 19. Oktober 1982, insbes. BAföG, BArch B 136/22544.

198 Schreiben vom Referat 321 bzgl. Lagebesprechung am 19. Oktober 1982, insbes. BAföG, BArch B 136/22544.

199 Schreiben vom Referat 321 bzgl. Lagebesprechung am 19. Oktober 1982, insbes. BAföG, BArch B 136/22544.

Freibeträge entfallen und der Ferienmonat August von der Förderung ausgenommen werden.[200]

Ende Oktober 1982 trug Dorothee Wilms den Kompromiss dem Kabinett vor. Demzufolge sollten 1983 im Bund die angestrebten 200 Mio. DM, ab 1984 dann etwa 600 Mio. DM eingespart werden. Während des Vortrags stellte die Ministerin abermals die Frage, ob es nicht auch eine mittelfristige Perspektive für die Förderung sozial schwacher Schüler durch den Bund sowie eine Begabtenförderung geben könne. Kohl und Stoltenberg lehnten das aber ab und verwiesen auf die Länder, die ihrerseits solche Schritte unternehmen könnten. Der Finanzminister hatte schon am Vortag seine Ablehnung gegenüber einer dauerhaften Härtefallregelung bekundet. Die sei nicht nur aus fiskalischen Gründen problematisch, sondern stelle auch die Verwaltung vor zusätzliche Herausforderungen und schaffe in Zeiten, in denen sogar Schulnoten vor den Verwaltungsgerichten eingeklagt würden, ein unnötiges Streitpotential.[201]

Das Vorgehen beim BAföG für Studenten klammerten die beteiligten Ministerien Ende Oktober noch aus. Bis zur Kabinettssitzung vom 3. November konnten sie aber auch hier eine Einigung erzielen. Zuschüsse sollten ab Sommer 1983 nur noch im Ausland Studierenden gezahlt, die anderen Studenten dafür durch zinsfreie Kredite unterstützt werden. Der Leistungsgedanke der Regierungserklärung kam in den Rückzahlungsmodalitäten zum Tragen. Wer sein Studium mindestens vier Monate vor Ende der Förderhöchstdauer abschloss, dem konnten nun 5.000 DM seiner Darlehensschuld erlassen werden. Bestand ein Student seine Abschlussprüfung als einer der besten 30 % der Geförderten, konnte er 25 % der ihm ab 1984 gezahlten Hilfe behalten.[202]

Die Reaktionen auf die Beschlüsse im Bildungssektor fielen unterschiedlich aus. Politiker der Union wie beispielsweise der niedersächsische Ministerpräsident Albrecht begrüßten die Maßnahmen. Der CDU-Abgeordnete Klaus Daweke hob im Bildungsausschuss hervor, es sei eine besondere Leistung des Bildungsministeriums gewesen, die Härtefallregelung durchzusetzen und noch weitergehende Kürzungen abzuwenden.[203] Die SPD, der DGB, zahlreiche Bildungspolitiker der FDP sowie eine Vielzahl von Studentenverbänden, einschließlich der konservativen, lehnten die

---

200 Vermerk für die Kabinettssitzung am 27. Oktober 1982, BArch B 136/22539; Kurz- und Beschlussprotokoll der Sitzung der Fraktion am 26. Oktober 1982, S. 7, AdL FDP-Fraktion im Deutschen Bundestag A 49–35; Entwurf des Haushaltsbegleitgesetzes 1983, BT-Drs. 09/2074, S. 92.

201 KabPr. vom 27.10.1982; Schreiben des Bundesfinanzministers an den Chef des Kanzleramtes zum neuen Entwurf des Haushaltes und Haushaltsbegleitgesetzes 1983 vom 25. Oktober 1982, BArch B 136/22544; Protokoll der Sitzung der CDU/CSU-Fraktion im Deutschen Bundestag Nr. 9/60 vom 26.10.1982, S. 19–20, ACDP 08-001:1068/2.

202 Vermerk für die Kabinettssitzung am 3. November 1982, BArch B 136/22539; KabPr. vom 03.11.1982; BT-PlPr. 09/138 (14.12.1982), S. 8598C-D.

203 Kurzprotokoll der 35. Sitzung des Ausschusses für Bildung und Wissenschaft vom 29. Oktober 1982, S. 29, BArch B 138/75561.

Schritte hingegen ab. Der RCDS kündigte etwa an, er werde *„mit allen ihm möglichen Mitteln diesen Sozialabbau zu verhindern versuchen"*.[204] Der Bundesrat schlug in seiner Stellungnahme vor, auf die Rückerstattungsvorteile bei guten Noten wegen des absehbaren bürokratischen Aufwands zu verzichten und stattdessen einen zweiten pauschalen Schuldenerlass von 5.000 DM zu gewähren, wenn ein Kreditnehmer sein Studium vor Ende der Förderhöchstdauer abschloss. Die Regierung wies das mit der Begründung zurück, eine prozentuale Regelung sei für die weniger wohlhabenden Studenten günstiger und trage damit zum sozialen Ausgleich bei.[205]

Die WRK erkannte nach einer Aussprache mit der Bildungsministerin die Notwendigkeit von Kürzungen und die bisherige Privilegierung der Studenten an. Dennoch baten die Vertreter der Hochschulen darum, das genaue Vorgehen noch einmal zu überdenken. Statt den Darlehensanteil an der Ausbildungsförderung zu vergrößern, solle man zunächst das Geld aus den bestehenden Krediten effektiv einziehen. Außerdem könnte man die Einführung des neuen Systems auch schrittweise erfolgen lassen und die Rückzahlungsmodalitäten mehr an die tatsächliche wirtschaftliche Lage des Absolventen koppeln. Ebenso sei eine Beteiligung der wohlhabenderen Studierenden an den Ausbildungskosten ihrer ärmeren Kommilitonen erwägenswert.[206]

Während die Bundestagsausschüsse bereits tagten, unternahmen die Bildungspolitiker der FDP einen letzten Anlauf, um die Einschnitte beim BAföG abzufedern. Das erschien den Liberalen nötig, um unvertretbare Härten von den Betroffenen abzuwehren. Die Anhörungen im Ausschuss für Bildung und Wissenschaft untermauerten dieses Bild. Die bildungspolitische Sprecherin der FDP-Fraktion, Carola von Braun-Stützer, schlug daher vor, den Komplex nochmals in einem Spitzengespräch zu behandeln, wenn die Abgeordneten der Union auch mit diesem Anliegen an ihre Fraktionsführung heranträten. Das geschah tatsächlich, sodass sich die führenden Koalitionspolitiker am 29. November erneut mit der Bildungspolitik befassten.[207]

Der FDP war dabei vor allem an einem Erhalt des BAföGs für Schüler gelegen. Das war in den Augen der Liberalen schon deshalb essenziell, weil sich viele Jugendliche sonst, statt sich weiterzubilden, auf die schwierige Suche nach einer Ausbildung machen würden. Die Bildungspolitiker der FDP legten den Parteispitzen daher

204 Brief des Landesverbands NRW des RCDS an Dorothee Wilms bzgl. Absage eines Vortrags, BArch B 138/28739.

205 Stellungnahme des Bundesrates zum Haushaltsbegleitgesetz 1983 vom 26. November 1982, S. 15–16, BArch B 136/22544; BR-PlPr. 518 (17.12.1982), S. 470C-D; BT-PlPr. 09/126 (10.11.1982), S. 7707B; Vermerk für die Kabinettssitzung am 27. Oktober 1982, BArch B 136/22539.

206 WRK, Stellungnahmen, S. 129–130.

207 Protokoll der Fraktionssitzung vom 30. November 1982, S. 6–7, AdL FDP-Fraktion im Deutschen Bundestag A 49–35; Kurz- und Beschlussprotokoll der Sitzung der Fraktion am 23. November 1982, S. 11, AdL FDP-Fraktion im Deutschen Bundestag A 49–35; Die Koalition hält an den Einsparungen beim Bafög fest, FAZ vom 30.11.1982, S. 1. Siehe zu Braun-Stützer etwa Vierhaus, R. – Herbst, L. (Hrsgg.), Biographisches Handbuch I, S. 95.

mehrere Alternativentwürfe vor. Einer sah eine pauschale Kürzung der Ausbildungsförderung für Schüler um 5 % bis 10 % und weitere Abstriche bei den Freibeträgen vor, ein anderer zog eine Kompensation durch eine stärkere Absenkung des Kindergeldes in Betracht. In dem anderthalbstündigen Gespräch konnte sich die FDP aber nicht durchsetzen. Die Kindergeldvariante scheiterte dabei nicht zuletzt am Widerstand der konservativen Familienpolitiker.[208]

Auch mit Blick auf die Umstellung des BAföGs für Studenten erhob sich unter den Freidemokraten Kritik, die sich jedoch auch nicht gegen die Union behaupten konnte. Die dem linken Flügel ihrer Partei nahe stehende liberale Abgeordnete Sibylle Engel erklärte dazu Mitte November vor dem Parlament, die FDP wolle nicht, dass Kinder aus ärmeren Familien durch die Aussicht auf einen Berufsstart mit 40.000 DM Schulden vom Studium abgehalten würden. Wilms hielt dem entgegen, die Auswirkungen seien überschaubar. So hätten nach Untersuchungen des Allensbacher Instituts für Demoskopie nur etwa 6 % der befragten geförderten Studenten erklärt, ihr Studium bei einer Umstellung auf ein Volldarlehen abbrechen zu müssen. 78 % der Bevölkerung seien zudem der Meinung, dass die Maßnahme gut sei oder zumindest gebilligt werden könne.[209] Auch Kohl verwies auf die grundsätzliche Zustimmung zu den Einschnitten im Bildungswesen. Die Regierung rechnete in Folge der Kürzung des Schüler-BAföGs nun mit Minderausgaben von 200 Mio. DM beim Bund und 110 Mio. DM bei den Ländern.[210] Die Umstellung des Studenten-BAföGs schlug sich 1983 noch nicht im Haushalt nieder. Die Bundestagsausschüsse nahmen den Gesetzentwurf schließlich ohne nennenswerte inhaltliche Änderungen an.[211]

Obwohl auch der Bundestag den Neuregelungen schließlich zustimmte, hoben die liberalen Bildungspolitiker in der Debatte doch ihre Bedenken hervor. Sibylle Engel erklärte, ihre Partei habe volles Verständnis für die Befürchtung, dass die Kürzungen beim BAföG die Entscheidung über den Bildungsweg wieder vom Einkommen der Eltern abhängig machten und damit einen bildungspolitischen Rückschritt

208 Schüler-Bafög um zehn Prozent kürzen, FAZ vom 29.11.1982, S. 5; Die Koalition hält an den Einsparungen beim Bafög fest, FAZ vom 30.11.1982, S. 1. Siehe auch Zohlnhöfer, R., Wirtschaftspolitik der Ära Kohl, S. 80.

209 Die Studie findet sich in BArch B 138/75562. Tatsächlich erklärten nur 70 % der 335 Befragten, dass sie ihr Studium bei einer Umstellung auf Darlehen wie geplant fortsetzen würden. 14 % waren unentschlossen, 16 % hielten dann Änderungen für nötig. Die letzte Gruppe umfasste dabei unter anderem die erwähnten 6 % der Befragten, die ihr Studium sicher oder vielleicht abbrechen wollten, sowie 3 %, die an eine Beschleunigung oder einen Fachwechsel dachten.

210 Entwurf des Haushaltsbegleitgesetzes 1983, BT-Drs. 09/2074, S. 60.

211 BT-PlPr. 09/139 (15.12.1982), S. 8772D; Bericht des Haushaltsausschusses zum Haushaltsbegleitgesetz 1983, BT-Drs. 09/2290, S. 29–30. Zur demoskopischen Umfrage siehe die Bundestagsrede von Dorothee Wilms am 15. November 1982 und Kohls Äußerungen im CDU-Präsidium Anfang Dezember, Ergebnisprotokoll der Sitzung des Präsidiums der CDU vom 6. Dezember 1982, S. 2, ACDP 07-001:1415; BT-PlPr. 09/139 (15.12.1982), S. 8775D-8777C.

bedeuteten. *„Dies allerdings“*, so Engel, *„wäre eine Wende, die wir nicht wollen können“*.[212]

Während Engels Ausführungen alles in allem ruhig verliefen und auch in der SPD auf Zustimmung stießen, wurde die sich anschließende Rede der Bildungsministerin Dorothee Wilms mehrfach von Zwischenrufen und Unruhe bei den Sozialdemokraten unterbrochen. Da man auch mit Krawallen auf der Zuschauertribüne gerechnet hatte, waren sogar die Saalwachen verstärkt worden.[213]

4.2.5 Das Mutterschaftsgeld

Eine weitere Möglichkeit, den Bund über eine Leistungssenkung zu entlasten, bot sich beim Mutterschaftsgeld. Diese staatliche Unterstützung bekamen Frauen, die eine bestimmte Zeit während ihrer Schwangerschaft berufstätig gewesen waren. Die Leistung war zunächst auf die Zeit von sechs Wochen vor bis acht Wochen nach der Entbindung begrenzt und sollte einen möglichen Verdienstausfall in diesen Schutzzeiten abmildern. Die Auszahlung lief in der Regel über die Krankenkassen. Zusätzlich dazu konnte die Mutter von ihrem Arbeitgeber einen Zuschuss einfordern, der die Lücke zwischen ihrem ehemaligen Einkommen und dem Mutterschaftsgeld verringern sollte. Mit dem Gesetz zur Einführung eines Mutterschaftsurlaubs vom 25. Juni 1979 erweiterte die Regierung Schmidt die Bezugszeiten des Mutterschaftsgeldes erheblich. Fortan hatten berufstätige Frauen Anspruch auf einen Mutterschaftsurlaub, der sich vom Ablauf der Schutzfrist bis zur Vollendung der ersten sechs Lebensmonate des Kindes erstreckte. Während des Urlaubs konnten sie weiterhin Mutterschaftsgeld beziehen und mussten dabei lediglich auf den Arbeitgeberzuschuss verzichten. Der Arbeitgeber war dafür aber verpflichtet, den Arbeitsplatz der Mutter bis zum Ende des Urlaubs für sie bereitzuhalten. Die Kosten der Krankenkassen für die Fortzahlung des Mutterschaftsgeldes in der Zeit des Mutterschaftsurlaubs übernahm der Bund.[214]

Die Regelungen zum Mutterschaftsgeld und insbesondere dessen Erweiterung auf die Zeit des Mutterschaftsurlaubes wurden schon vor dem Regierungswechsel von 1982 intensiv diskutiert. So sah man beispielsweise eine Benachteiligung der Frauen im Beruf, da etwa die Zuschusspflicht der Arbeitgeber während der Schutzzeiten die Beschäftigung von potentiellen Müttern unattraktiver machte. Die Union störte sich vor allem daran, dass das Mutterschaftsgeld nur werktätigen Frauen ausgezahlt wurde, was nicht zuletzt familienpolitischen Vorstellungen der Konservati-

212 BT-PlPr. 09/139 (15.12.1982), S. 8772D, hier auch das Zitat; Volles Verständnis der FDP, FAZ vom 17.12.1982, S. 4. Vgl. zu Sibylle Engel Vierhaus, R. – Herbst, L. (Hrsgg.), Biographisches Handbuch I, S. 180.

213 BT-PlPr. 09/139 (15.12.1982), S. 8774B-8778A; Volles Verständnis der FDP, FAZ vom 17.12.1982, S. 4.

214 Meisel, P. G., Mutterschaftsurlaub, S. 13, 33–35, 41–42; BfA, Sozialversicherung, S. 44.

ven entgegenlief. Auch die arbeitsmarktpolitischen Folgen waren zweischneidig. Zwar machten die jüngeren Mütter ihre Stellung nun für ein gutes halbes Jahr frei, aufgrund der Weiterbeschäftigungsgarantie konnte ihr Arbeitgeber den Platz aber bestenfalls mit einer Vertretung besetzen. Außerdem, so war zu befürchten, motivierte die Begrenzung der Zuwendung auf werktätige Frauen andere dazu, überhaupt eine Arbeit aufzunehmen.[215]

Zu diesen Erwägungen kamen spätestens mit Verschärfung der Krise Anfang der 1980er Jahre auch haushaltspolitische Einwände. 1981 beliefen sich die Kosten für das Mutterschaftsurlaubsgeld, so kalkulierte Otto Graf Lambsdorff in seinem Papier kurz vor dem Regierungswechsel, auf etwa 913 Mio. DM, die sich auf 320.000 Leistungsbezieherinnen verteilten. Er begründete damit die Forderung nach einer ersatzlosen Streichung oder zumindest mehrjährigen Aussetzung dieser konsumtiven und nicht wachstumsfördernden Ausgabe.[216]

Die Liberalen stützten ihren Wirtschaftsminister in dieser Frage nur bedingt. Der Arbeitskreis Sozialpolitik der FDP lehnte eine Streichung des Mutterschaftsgeldes schon vor dem Regierungswechsel tendenziell ab. Auch in der Union gab es wenig Zuspruch zu einer Aufhebung oder Aussetzung der Leistung. Obwohl die Konservativen das Grundkonzept des Mutterschaftsgeldes für problematisch hielten, waren sie doch eher an einer Umgestaltung und Erweiterung der Mütterförderung interessiert als an einem Abbau der Zuwendung. Die Unterstützung der Frauen sollte beibehalten werden, so die gängige Meinung in der Union, aber nicht mehr von der Berufstätigkeit der Mutter abhängen. Stattdessen sollte es mittelfristig ein Erziehungsgeld geben, das Frauen unabhängig von ihrer Beschäftigung zu Gute käme. Dafür, so erläuterte es Heiner Geißler wenig später im Bundestag, brauche man aber Mittel, die man in der Krise nicht habe. Das Projekt des Erziehungsgelds musste also auf die Zeit nach dem Wiederaufschwung verschoben werden.[217]

Dennoch erörterten Vertreter beider Parteien während der Koalitionsverhandlungen mögliche Kürzungen des Mutterschaftsgeldes. Zur Diskussion standen unter anderem eine Verringerung der ausgezahlten Beträge oder eine Verkürzung der Bezugszeit der Leistung während des Mutterschaftsurlaubes von vier auf zwei Monate. Die Sozialausschüsse der Union blieben aber bei ihrer ablehnenden Haltung und

---

215 Jakob, M., Familienbilder, S. 121–122; Butterwegge, C., Krise und Zukunft, S. 144–146.

216 Lambsdorff, O. G., Konzept, S. 7. Die von Lambsdorff gelieferten Zahlen müssen mit Vorsicht behandelt werden, da in seinem Konzeptpapier unklar bleibt, ob sich die Berechnungen auf das Mutterschaftsgeld als ganzes oder nur auf die Mehrkosten der vier zusätzlichen Monate beziehen. Festhalten lässt sich in jedem Fall, dass der Wirtschaftsminister mit sehr erheblichem Einsparpotential rechnete.

217 BT-PlPr. 09/127 (11.11.1982), S. 7815A-B; Kurzprotokoll der Sitzung des AK III am 16. September 1982, S. 5, AdL Schmidt, Hansheinrich N 100–25.

verhinderten damit, dass Kürzungen beim Mutterschaftsgeld in die Koalitionsverhandlungen aufgenommen wurden.[218]

Anders als bei anderen Vorgaben des Koalitionspapieres rückten die Parteien von dieser für die CDA prestigeträchtigen Entscheidung auch nach der Zuspitzung der Haushaltslage im Oktober nicht ab. Das ist umso bemerkenswerter, als die Diskussionen über das Mutterschaftsgeld und seine Auszahlung im Mutterschaftsurlaub auch im weiteren Verlauf des Jahres anhielten. Sowohl die Fraktion der FDP als auch die der CDU und CSU besprachen in den kommenden Wochen weiter die Vor- und Nachteile von Kürzungen auf diesem Gebiet. Der Abgeordnete Hermann Kroll-Schlüter meinte noch Anfang Oktober gegenüber seinen Parteifreunden aus der Union, ein Streichen des Geldes wäre gar nicht schlecht. Die Hälfte der Frauen nähme die Zuwendung während des Mutterschaftsurlaubes noch vier Monate lang mit und kündigte dann.[219] Während dieser Zeit blockierten sie außerdem ihren Arbeitsplatz. Besser wäre es auch, die Leistung zu halbieren und dafür allen Frauen zu geben. Das sei aber, so stellte Kroll-Schlüter abschließend fest, politisch nicht machbar.[220]

4.2.6 Der Subventionsabbau

Eine weitere Belastung für den Bundeshaushalt waren seine Ausgaben für Subventionen. Viele der Unterstützungen für einzelne Branchen oder Einrichtungen kosteten den Staat in den Augen der meisten Koalitionspolitiker nicht nur unnötig Geld, sondern hatten auch negative Auswirkungen auf die Wirtschaft insgesamt. Insbesondere in der FDP und den wirtschaftsnäheren Teilen der Union herrschte die Meinung vor, Subventionen störten die freie Entfaltung der Marktwirtschaft und könnten nötige Strukturwandelprozesse behindern. Das deckte sich mit den Ansichten der Wirtschaftsweisen. Der Sachverständigenrat warnte schon seit Jahren, insbesondere die Hilfen für den krisengeschüttelten Montansektor[221] seien ein Problem. Außerdem würden gut planende Unternehmen und Branchen durch Subventionen für ihre schwachen Konkurrenten bestraft.[222]

218 Ergänzungsabgabe ist vom Tisch, Die Welt vom 24.09.1982, ACDP Medienarchiv; Wunsch nach Zeitgewinn, FR vom 24.09.1982, ACDP Medienarchiv; Wende zum Wiederaufschwung, Arbeitnehmer-Info vom 29.09.1982, S. 1, ACDP Medienarchiv. Siehe auch Zohlnhöfer, R., Wirtschaftspolitik der Ära Kohl, S. 72 und Dettling, B. – Geske, M., Helmut Kohl, S. 234.

219 Das ergab sich auch aus Zahlen eines Erfahrungsberichts der Bundesregierung von Anfang des Jahres: Urlaub für erwerbstätige Mütter, Soziale Ordnung 35 III, 1982, S. V.

220 Protokoll der Sitzung der CDU/CSU-Fraktion im Deutschen Bundestag Nr. 9/58 vom 12.10.1982, S. 34, ACDP 08-001:1068/2; Kurz- und Beschlussprotokoll der Sitzung der Fraktion am 26. Oktober 1982, S. 2, AdL FDP-Fraktion im Deutschen Bundestag A 49–35.

221 Siehe zur Lage der Montanindustrie bspw. Kap. 4.4.7.

222 Jahresgutachten des SVR 1981/82, S. 178–179 (Tz. 428–430), BT-Drs. 09/1061.

Die sozialliberale Koalition hatte in den vergangenen Jahren ebenfalls versucht, die staatlichen Subventionen zu verringern und hatte dabei unter anderem über eine lineare Kürzung von 5 % diskutiert.[223] Der Umfang der tatsächlich beschlossenen Kürzungen war bisher aber überschaubar geblieben. Die FDP verlangte deshalb im Sommer 1982 eine Verstärkung der Anstrengungen. Lambsdorff übernahm diese Forderung in sein Konzept und schlug darin eine pauschale Verringerung der Subventionen um 5 % bis 10 % vor, von der einzelne Empfänger begründet ausgenommen werden könnten. Reine Erhaltssubventionen für sonst nicht überlebensfähige Unternehmen sollten nach Möglichkeit gar nicht gewährt werden.[224]

Während der Koalitionsverhandlungen griffen die Parteien Lambsdorffs Vorschlag wieder auf. Auch die Union und insbesondere die Mittelständler setzten sich für eine Revision der Hilfszahlungen ein. Hier stand vor allem der Wettbewerbsgedanke im Vordergrund. Die Konservativen diskutierten dabei eine globale Kürzung der Direktsubventionen um 10 %, von der man sich Einsparungen von deutlich über einer Milliarde DM versprach.[225] Es dauerte allerdings nicht lange, bis sich die Überzeugung durchsetzte, dass eine pauschale Verringerung nicht machbar sei. Die Finanzexperten von CDU, CSU und FDP befürchteten einen hohen bürokratischen Aufwand und verwiesen auf bestehende rechtliche Verpflichtungen für das Folgejahr. Außerdem sei keinesfalls sicher, ob die bisherigen Empfänger, insbesondere die Werften, der Bergbau, die Stahlindustrie und die Luftfahrt, einen solchen Einschnitt problemlos überstehen würden.[226]

Die Verhandlungsführer einigten sich schließlich darauf, statt der globalen Kürzung die Direktsubventionen nach noch auszuarbeitenden Einzelvorschlägen um insgesamt 500 Mio. DM zu verringern. Das war angesichts einer Gesamtmenge von etwa 13 Mrd. DM Direktsubventionen nicht viel, wie auch die CDA beklagte,[227] Stol-

---

223 Siehe dazu bspw. BArch B 126/95004.

224 Lambsdorff, O. G., Konzept, S. 7, 10; Ullmann, H.-P., Schuldenstaat, S. 354–355; Wirsching, A., Neoliberalismus, S. 147; Jahresgutachten des SVR 1982/83, S. 104 (Tz. 172), BT-Drs. 09/2118. Lothar Späth hatte sich schon im August für eine allgemeine Kürzung der Subventionen um 5 % ausgesprochen: Stoltenberg prophezeit für den Herbst den dritten Koalitionskrieg in zwölf Monaten, FAZ vom 21.08.1982, S. 1–2.

225 Protokoll der Sitzung der CDU/CSU-Fraktion im Deutschen Bundestag Nr. 9/58 vom 12.10.1982, S. 15–16, ACDP 08-001:1068/2.

226 Bei der Luftfahrt ist unter anderem an die Subventionierung der Flüge nach Berlin zu denken, die auch eine symbolische Bedeutung hatte: Unions-Zusage: Neue Regierung streicht keine Flugsubventionen, Die Welt vom 24.09.1982, ACDP Medienarchiv; Am Ende das alte Zahlenwerk, FR vom 25.09.1982, ACDP Medienarchiv; Bundesregierung strebt Ergänzungsabgabe an, GA vom 24.09.1982, ACDP Medienarchiv; Vermerk für Kohl von Gerhard Zeitel bzgl. mittelstandspolitischer Akzente vom 23. September 1982, S. 2, ACDP 08-008:258/10; Protokoll der Sitzung der CDU/CSU-Fraktion im Deutschen Bundestag Nr. 9/53 vom 28.09.1982, S. 11–12, ACDP 08-001:1068/1.

227 Risse in der Christlich-Demokratischen Arbeitnehmerschaft, FAZ vom 16.10.1982, S. 4.

tenberg betonte jedoch, dass in der gegenwärtigen Lage selbst das ein ambitioniertes Ziel sei.[228]

Mitte Oktober lag dem Kanzleramt eine erste Liste mit den Bereichen vor, die von den Kürzungen betroffen sein sollten. 150 Mio. DM wollte Stoltenberg bei den Bundeszuschüssen zu den landwirtschaftlichen Unfall- und Krankenversicherungen sowie zur landwirtschaftlichen Altershilfe sparen.[229] Die Personalkostenzuschüsse für den Bereich Forschung und Entwicklung sollten um 50 Mio. DM verringert werden, die Projektförderung des Bundesministeriums für Forschung und Technologie bekam 150 Mio. DM weniger. Die Subventionierung der Kokskohle sollte im Haushaltsjahr 1983 um 160 Mio. DM gekürzt werden. Insgesamt kam man damit sogar auf einen Gesamtbetrag von 510 Mio. DM eingesparter Direktsubventionen.[230]

Die erste Gruppe von Subventionskürzungen betraf die landwirtschaftliche Sozialpolitik. Die Landwirte waren als einzige größere Gruppe der Selbstständigen umfassend in die Sozialversicherung eingebunden. Bei der Kranken-, Unfall- und der Rentenversicherung hatten sie dabei eigene berufsständische Versicherungseinrichtungen. Das waren in den ersten beiden Bereichen die landwirtschaftlichen Krankenkassen sowie die landwirtschaftliche Unfallversicherung. Für die Altersversorgung kam seit 1957 die Altershilfe für Landwirte auf, die wiederum von den landwirtschaftlichen Alterskassen durchgeführt wurde. Insbesondere die Altershilfe hatte eine hohe strukturpolitische Bedeutung, da sie es den älteren Landwirten ermöglichte, ihre Höfe verhältnismäßig früh an die nächste Generation weiterzugeben.[231]

Der Bund bezuschusste die landwirtschaftlichen Versicherungsträger und vor allem die Unfallversicherung weit mehr, als es für ihren Erhalt notwendig gewesen wäre. Davon versprach man sich niedrige Beiträge für die Versicherten und damit eine Förderung des ländlichen Raumes. Mit dieser Art der Unterstützung umging die Bundesregierung nicht zuletzt die europäischen Einschränkungen für landwirtschaftliche Subventionen.[232]

Im Vorfeld des Kabinettsbeschlusses über das Haushaltsbegleitgesetz und den Haushalt kam es zu Diskussionen über den Bundeszuschuss zur Unfallversicherung der Landwirte. Das Finanzministerium hatte hier eine Kürzung um 60 Mio. DM ein-

228 Protokoll der Sitzung der CDU/CSU-Fraktion im Deutschen Bundestag Nr. 9/58 vom 12.10.1982, S. 15–16, ACDP 08-001:1068/2; Protokoll der Sitzung der CDU/CSU-Fraktion im Deutschen Bundestag Nr. 9/53 vom 28.09.1982, S. 11–12, ACDP 08-001:1068/1; Ergebnis der Koalitionsgespräche vom 29. September 1982. Wirtschafts- und Sozialpolitik, S. 5, ACDP Medienarchiv.

229 Der Anteil der Bundesmittel an den Gesamteinnahmen der landwirtschaftlichen Altershilfe sank in Folge dessen letztendlich von 83,6 % im Vorjahr auf 71,5 % 1983, Schmähl, W., Alterssicherungspolitik, S. 715.

230 Schreiben vom Referat 441 an den Chef des Bundeskanzleramtes vom 11. Oktober 1982, BArch B 136/22539.

231 BfA, Sozialversicherung, S. 36, 48–57, 90–92; Richter, A., Grundlagen, S. 242–251.

232 Krasney, O. E., Unfallversicherung, S. 443–444, 453.

geplant. Das vom FDP-Minister Ertl geführte Landwirtschaftsressort lehnte das allerdings ab. Ertl beklagte unter anderem, sein Etat sei auch so schon erheblich am Subventionsabbau beteiligt und die Kürzung des Bundeszuschusses bedeute insbesondere für strukturschwache Betriebe eine Härte. Stoltenberg hielt die Einschnitte hingegen für tragbar. Bei einem Betrieb von 20 ha Größe bedeute der gekürzte Zuschuss eine Beitragserhöhung von 30 DM monatlich. Während der Verhandlungen legten beide Seiten Kompromissvorschläge vor. Stoltenberg wollte als Ausgleich für Ertls Zustimmung die Zuschusshöhe für 1984 schon jetzt garantieren, Ertl bot zur Kompensation für eine Beibehaltung der Förderung einen Verzicht auf vorgesehene Erhöhungen für die Gemeinschaftsaufgaben[233] an. Am Ende verständigten sich beide Minister darauf, den Zuschuss zur Unfallversicherung nur um 30 Mio. DM zu senken, dafür die Gemeinschaftsaufgabe zur Förderung der Agrarstruktur und des Küstenschutzes weniger stark aufzustocken als geplant und gleichzeitig einen Minderbedarf von 20 Mio. bei der Altershilfe für Landwirte als Subventionsabbau auszuweisen.[234]

Politisch brisanter als die Kürzungen in der landwirtschaftlichen Sozialpolitik waren die Einschnitte für den Montansektor. Hier wollte die Bundesregierung die Subventionen für die Kokskohle um 160 Mio. DM zusammenstreichen. Hintergrund dieser Entscheidung war ein Vertrag zwischen der Ruhrkohle AG einer- und der deutschen Stahlindustrie andererseits. Die Vertragshütten hatten sich darin verpflichtet, ihren Bedarf an Brennstoffen für die Hochöfen ausschließlich aus der Förderung der deutschen Zechen und deren Kokereien zu decken. Das verschaffte beiden Akteuren Planungssicherheit und stärkte die heimische Wirtschaft, schnitt die beteiligten Stahlunternehmen aber auch von der oft günstigeren ausländischen Kohle ab. Die Differenz zwischen einem hypothetischen Preis für Importkohle und dem der teureren inländischen Brennstoffe glich die Bundesregierung teilweise durch Subventionen in Form einer Kokskohlebeihilfe aus. Damit verbesserte sie sowohl die Ertragslage sowohl des Bergbaus als auch der Stahlindustrie. Beide Wirtschaftsbereiche hatten seit Längerem mit großen Problemen zu kämpfen und konnten die Staatshilfe kaum entbehren. Kürzungen in diesem Bereich waren für den angeschlagenen Montansektor dementsprechend schmerzhaft.[235]

Ein ähnlicher Konflikt wie bei der landwirtschaftlichen Sozialpolitik ergab sich bei der Kürzung der Zuschüsse zu den Personalaufwendungen für Forschung und Entwicklung. Hier sollten 50 Mio. DM eingespart werden. Der zuständige Wirtschaftsminister Lambsdorff lehnte das aber mit dem Verweis darauf ab, dass es sich

---

233 Die Koalition hatte sich verpflichtet, mehr Mittel für von Bund und Ländern gemeinsam finanzierte Leistungen auszugeben. Ein großer Teil davon sollte die Agrarstruktur und den Küstenschutz unterstützen. Auf die Erhöhung der Gemeinschaftsaufgaben wird in Kap. 4.3.3 näher eingegangen.
234 Vermerk für die Kabinettssitzung am 27. Oktober 1982, BArch B 136/22539; KabPr. vom 27.10.1982.
235 Kokskohle-Beihilfe wird erhöht, FAZ vom 22.11.1982, S. 13; Uebbing, H., Stahl, S. 371–377; Wirsching, A., Provisorium, S. 230–232. Zu der Krise des Montansektors siehe auch Kap. 4.4.7.

um einen „*Kernpunkt der Mittelstandsförderung*“[236] handele. Stoltenberg bot ihm als Alternative an, die Summe aus anderen Titeln des Wirtschaftsetats aufzubringen. Das Kanzleramt warnte an dieser Stelle ausdrücklich davor, die Einsparungen im Bereich der Montanindustrie vorzunehmen. Im Kabinett schlug Lambsdorff dennoch vor, als Ausgleich für die Mindereinsparung der 50 Mio. DM den Stahltitel im Einzelplan 60, der allgemeinen Finanzverwaltung, entsprechend abzusenken. Das war insofern bedenklich, als dass er die Kürzung damit von seinem eigenen Ressortetat wegverlagerte und gleichzeitig einen unattraktiven, wenn nicht unrealistischen[237] Subventionsabbau vornahm. Stoltenberg äußerte im Kabinett Bedenken gegenüber Lambsdorffs Vorschlag, widersprach ihm aber nicht. Die Ausschüsse stimmten dem Abbau der Direktsubventionen mit geringen Änderungen zu.[238]

4.2.7 Die Kürzung des Kindergeldes

Auch beim Kindergeld sahen die Koalitionsparteien Spielräume für Kürzungen. Das Kindergeld bildete zusammen mit den Kinderfreibeträgen bei der Einkommensteuer den Kern des Familienlastenausgleichs. Nach Kriegsende sollten damit besonders kinderreiche Familien unterstützt werden. Als Anfang 1955 das erste Kindergeldgesetz der Bundesrepublik in Kraft trat, ließ es daher die ersten beiden Kinder einer Frau noch unberücksichtigt. Es richtete sich ferner ausschließlich an Erwerbstätige und wurde über eine die Arbeitgeber belastende Umlage finanziert. Dieses von der Union damals befürwortete Konzept sah sich von Anfang an großer Kritik ausgesetzt. Die SPD lehnte den Ansatz ab und forderte stattdessen ein umfassendes steuerfinanziertes Kindergeld, das bereits die zweiten Kinder einschloss. Auch innerhalb des konservativen Lagers sprachen sich zahlreiche Entscheidungsträger, unter anderem der damalige Familienminister Franz-Josef Wuermeling, für eine Ausweitung und Umgestaltung der Leistung aus.[239]

In den folgenden Jahren baute die Regierung Adenauer das Kindergeld um und erweiterte es. Sie vergrößerte nicht nur den Empfängerkreis der Zuwendung, sondern öffnete sie 1961, so hatte es Wuermeling gefordert, auch schon für den zweiten Sohn oder Tochter einer Familie. Die Regelungen zum Zweitkindergeld unterschieden sich dabei noch deutlich von denen zu den jüngeren Kindern. Um die Leistungserweiterung in Anspruch nehmen zu können, musste das Einkommen der jeweiligen Familie unter einer bestimmten Obergrenze liegen. Außerdem bestritt der Staat die

236 Vermerk für die Kabinettssitzung am 27. Oktober 1982, BArch B 136/22539.

237 So schätzte etwa die SPD einen Subventionsabbau im Stahlbereich ein, BT-PlPr. 09/126 (10.11.1982), S. 7673D.

238 KabPr. vom 27.10.1982, Vermerk für die Kabinettssitzung am 27. Oktober 1982, BArch B 136/22539; BT-PlPr. 09/139 (15.12.1982), S. 8797C-D, 8800A, 8802D; Bericht des Haushaltsausschusses zum Entwurf des Haushaltsgesetzes 1983, BT-Drs. 09/2298, S. 3.

239 Jakob, M., Familienbilder, S. 107–108.

Finanzierung des Zweitkindergeldes aus dem Bundeshaushalt und verhinderte damit, dass die schon jetzt protestierenden Arbeitgeber zusätzlich belastet wurden. Die Auszahlung der Leistung erfolgte über steuerfinanzierte Kindergeldkassen im Verwaltungsbereich der Arbeitsämter. Nachdem mehrere Jahre beide Kindergeldsysteme parallel zueinander bestanden hatten, übernahm der Bund im Bundeskindergeldgesetz vom 14. April 1964 die Kosten des Kindergeldes ganz. Dieser Schritt war unter anderem zur weiteren Entlastung der Arbeitgeber gedacht, auf die damals Mehrkosten aus anderen Projekten wie der Lohnfortzahlung im Krankheitsfall zuzukommen schienen.[240]

Während der Ausschussberatungen zum Bundeskindergeldgesetz schlugen dabei FDP und SPD vor, nicht mehr die Verwaltung der Bundesanstalt für Arbeit, sondern die Finanzämter mit der Auszahlung der Leistung zu beauftragen. Die Abgeordneten erhofften sich davon unter anderem einen Abbau überflüssiger Bürokratie. Für diese Anregung bekamen sie Unterstützung von den Gewerkschaften, die die Ansiedlung des Kindergeldes bei der Arbeitslosenversicherung ebenfalls kritisch sahen. Nicht zuletzt da eine Verlagerung zu den Finanzämtern zusätzliche Kosten für die Länder bedeutet hätte, konnte sich diese Initiative letztendlich allerdings nicht durchsetzen.[241]

Bis 1974 nahm die Empfängerzahl des Kindergeldes kaum zu. Das lag einerseits daran, dass die Geburten tendenziell abnahmen, andererseits aber auch die Einkommensgrenzen für das Zweitkindergeld nur zögerlich angehoben wurden. 1974 schaffte die sozialliberale Koalition die Grenzen dann aber schließlich ganz ab und ging damit einen Schritt in Richtung einer konzeptionellen Umgestaltung des Kindergelds, die in letzter Konsequenz die Gewährung der Leistung vom Einkommen der Eltern abkoppeln und die Schichtspezifität des Familienlastenausgleichs beenden sollte. Im gleichen Reformprojekt erweiterte die Regierung den Kindergeldanspruch auch auf das erste Kind und hob den zweiten wichtigen Teil des Familienlastenausgleichs, die Kinderfreibeträge bei der Einkommensteuer, auf.[242]

Ab Januar 1975 bekam man nun monatlich 50 DM für das erste, 70 DM für das zweite und 120 DM für jedes weitere Kind. Für eine fünfköpfige Familie bedeutete das eine monatliche Zuwendung von 240 DM. In den folgenden Jahren erhöhte die Regierung die Zuschüsse für die jüngeren Kinder mehrfach uns senkte sie erst ab 1982 für das zweite und dritte Kind wieder leicht ab. Der Satz für das erste Kind blieb

240 Bis zur tatsächlichen Umsetzung der Lohnfortzahlung dauerte es letztendlich aber noch mehrere Jahre, sodass die Kostenübernahme des Kindergeldes teils als Geschenk an die Arbeitgeber verstanden wurde, Jakob, M., Familienbilder, S. 109–112; Nelleßen-Strauch, D., Kindergeld, S. 165.
241 Nelleßen-Strauch, D., Kindergeld, S. 263–264; Jakob, M., Familienbilder, S. 111.
242 Jakob, M., Familienbilder, S. 113–116; Münch, U., Familien-, Jugend- und Altenpolitik, S. 660–661; Schmidt, M. G., Sozialpolitik in Deutschland, S. 95. Letzteres wurde überhaupt erst durch die Anhebung des Kindergeldes möglich, das fortan die Funktion der Kinderfreibeträge übernehmen sollte. Siehe zu den Kinderfreibeträgen auch Kap. 4.2.8 sowie das spätere Urteil des Bundesverfassungsgerichts vom 6. November 1984, BVerfGE 67, S. 256.

hingegen noch bis in die 1990er Jahre hinein gleich.[243] Die Vorstellung von 1964, mit zunehmender Kinderzahl wachse auch der Bedarf an Unterstützung, blieb damit im Gesetz auch über die sozialliberale Kindergeldreform hinaus erhalten.[244]

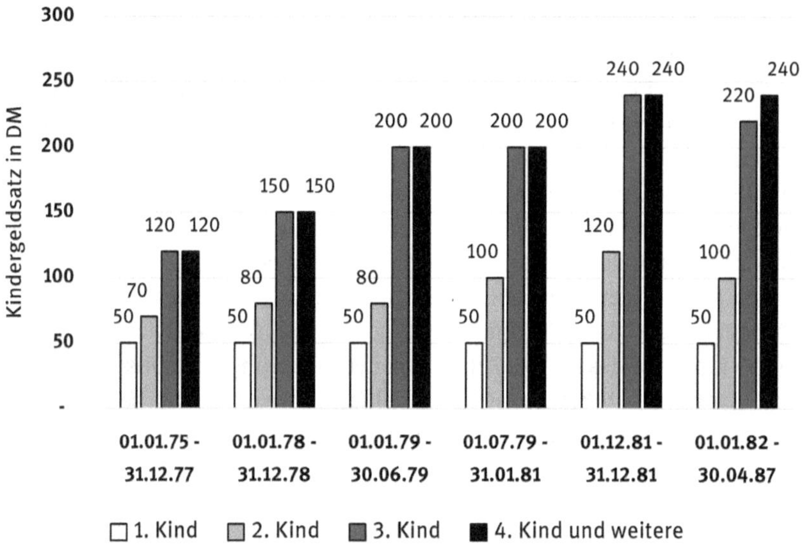

Abb. 13: Die Kindergeldsätze 1975–1987[245]

Die Union und insbesondere ihre Sozialausschüsse standen dem Kindergeldelement des Familienlastenausgleichs zu großen Teilen wohlwollend gegenüber. So stieß auch die sozialliberale Vereinheitlichung des Lastenausgleichs zu Gunsten der Zahlungen und auf Kosten der Steuerfreibeträge unter den Konservativen nicht nur auf Ablehnung. Als die Regierung Schmidt Anfang der 1980er Jahre ihre Sparbemühungen intensivierte, lehnte die CDU Kürzungen beim Kindergeld trotz mittlerweile beachtlicher Ausgaben ab.[246]

Im Herbst 1982 schienen Einsparungen dennoch unausweichlich. Die Verhandlungsführer der drei Parteien zogen während der Koalitionsverhandlungen verschiedene Ansätze in Betracht. Der Vorschlag einer globalen Kürzung der Kindergeldbe-

243 Vgl. Abb. 13 und Bundesminister für Arbeit und Sozialordnung (Hrsg.), Statistische Übersichten, S. 242 (Tab. 200).

244 Nelleßen-Strauch, D., Kindergeld, S. 270; Jakob, M., Familienbilder, S. 116.

245 In DM und aus der Perspektive einer Familie unterhalb aller Einkommensgrenzen. Die Kürzungen des Sofortprogramms sind daher nicht sichtbar. Ab Anfang 1986 bekamen Berechtigte, die den steuerlichen Kinderfreibetrag nicht vollständig nutzen konnten, außerdem weitere Zuschläge zum Kindergeld. Eigene Arbeit nach Bundesminister für Arbeit und Sozialordnung (Hrsg.), Statistische Übersichten, S. 242 (Tab. 200).

246 Kleinmann, H.-O., CDU, S. 448; Bökenkamp, G., Das Ende, S. 50–51; BT-PlPr. 09/127 (10.12.1981), S. 4261B. Zu den Ausgaben siehe die Übersicht bei Jakob, M., Familienbilder, S. 119.

träge *„mit der Heckenschere“*[247] wurde von den Sozialausschüssen bekämpft und fand ebenso wenig Zustimmung wie eine Steuerpflichtigkeit der Leistung. Stattdessen einigte man sich nach langen Diskussionen darauf, die Höhe des Kindergeldes in Zukunft wieder vom Einkommen der Empfänger abhängig zu machen. Konkret beschlossen die Unterhändler, bei Ehepaaren mit 42.000 DM jährlichem Nettoeinkommen[248] ab Januar 1983 die Leistung für das zweite Kind um 20 DM auf nun 80 DM und für das dritte und jedes weitere um 70 DM auf 150 DM zu senken. Für Familien mit mehr als zwei Kindern erhöhte sich die Einkommensgrenze für jeden Sohn oder Tochter um jeweils 7.800 DM. Mit dieser gestaffelten Kürzung des Kindergeldes sollte die soziale Ausgewogenheit des Eingriffs gewahrt werden. Sie war gleichzeitig ein Erfolg des linken Unionsflügels.[249] Der Bund erhoffte sich von den Kürzungen Einsparungen von etwa 1,3 Mrd. DM im Jahr 1983.[250]

Die Haushaltskonsolidierung über das Kindergeld gehörte zu den emotional aufgeladensten Themen des Sofortprogramms. Das zeigte sich vor allem unmittelbar nach den Koalitionsverhandlungen. Vielen nicht direkt an den Verhandlungen Beteiligten gingen die Beschlüsse ihrer Unterhändler nicht weit genug. Lothar Späth erklärte Anfang Oktober etwa im Bundesrat, wenn es keine verfassungsrechtlichen Bedenken gegen einen so starken Einschnitt gäbe, würde er sogar eine komplette Streichung des Kindergelds für die ersten beiden Kinder ab einem bestimmten Einkommen vorschlagen: *„Niemand versteht nämlich, warum wir bei den Schwachen Eingriffe vornehmen müssen, beispielsweise die Ministerpräsidenten aber für ihr erstes Kind Kindergeld bekommen. Das versteht niemand!“*[251] Andere forderten hingegen, einen Weg in die andere Richtung einzuschlagen. Der CDU-Abgeordnete und Unter-

---

247 So Blüm am 28. September, Protokoll der Sitzung der CDU/CSU-Fraktion im Deutschen Bundestag Nr. 9/53 vom 28.09.1982, S. 20, ACDP 08-001:1068/1.

248 Das durchschnittliche Nettoeinkommen eines Arbeitnehmers lag 1982 bei etwa 23.000 DM jährlich, Bundesminister für Arbeit und Sozialordnung (Hrsg.), Statistische Übersichten, S. 49 (Tab. 29).

249 Wobei Blüm am liebsten ganz auf die Einschnitte verzichtet hätte. *„Aber wenn das Wasser uns bis zum Halse steht“*, so sagte er gegenüber den konservativen Abgeordneten, sei das immer noch die erträglichste Lösung, Protokoll der Sitzung der CDU/CSU-Fraktion im Deutschen Bundestag Nr. 9/53 vom 28.09.1982, S. 20, ACDP 08-001:1068/1; Bundesvorstände-Konferenz der CDA, Soziale Ordnung 35 XI, 1982, S. 30.

250 CDU/CSU/FDP-Koalitionsvereinbarungen, Informationen der sozialdemokratischen Bundestagsfraktion vom 10.10.1982, ACDP Medienarchiv; Ergebnis der Koalitionsgespräche vom 29. September 1982. Wirtschafts- und Sozialpolitik, S. 8, ACDP Medienarchiv; Zohlnhöfer, R., Wirtschaftspolitik der Ära Kohl, S. 72; Union und FDP für eine Pause in der Sozialpolitik, FAZ vom 27.09.1982, S. 1. Zum Vorschlag der Steuerpflicht siehe kurz Eine halbjährige Atempause bei den Sozialleistungen, KR vom 27.09.1982, ACDP Medienarchiv.

251 BR-PlPr. 515 (08.10.1982), S. 324C; Späth hatte schon im Sommer 1982 eine Einkommensgrenze beim Kindergeldbezug gefordert: Stoltenberg prophezeit für den Herbst den dritten Koalitionskrieg in zwölf Monaten, FAZ vom 21.08.1982, S. 1–2.

nehmer Alfred Neuhaus schlug beispielsweise der Unionsfraktion vor, das Kindergeld ganz abzuschaffen und durch einen höheren Steuerfreibetrag zu ersetzen.[252]

Lebhafte Diskussionen gab es vor allem bei der Frage, ob auch das Erstkindergeld gekürzt werden solle. Folgte man dem ursprünglichen Gedanken des Familienlastenausgleichs, wäre das einer der naheliegendsten Ansatzpunkte für sozialverträgliche Einsparungen gewesen: Die Versorgung eines einzelnen Kindes sollte sich noch unschwer aus dem regulären Arbeitsentgelt bestreiten lassen. Überlegungen, das Geld für die oder den Erstgeborenen ganz entfallen zu lassen oder von 50 DM auf 30 DM zusammenzustreichen, waren Ende September zwar diskutiert, dann aber verworfen worden.[253]

Als die Fraktion das Koalitionspapier Ende des Monats im Eilverfahren absegnen sollte, brachten mehrere Abgeordnete Gegenvorschläge ein. Herbert Werner, selbst Vater von fünf Kindern, regte an, das Erstkindergeld wenigstens pauschal um 10 DM zu kürzen. Es gebe Leute, erklärte er seinen Parteifreunden, die schämten sich, das ungekürzte Kindergeld in Anspruch zu nehmen. Stefan Höpfinger widersprach dem, schlug stattdessen aber unter Beifall der anderen Delegierten auch hier eine Kürzung ab einer Einkommensobergrenze vor. An sich sei er gegen Einkommensgrenzen beim Kindergeld, wenn man die aber beim zweiten und dritten Kind einführe, könne man das auch hier tun.[254]

Zwei Wochen später zog auch Bernhard Friedmann, der spätere Präsident des Europäischen Rechnungshofes, eine Verringerung des Erstkindergelds um 10 % in Erwägung. Mit diesem 5 DM pro Kind hätte man immerhin Einsparungen von 500 Mio. DM und sorge gleichzeitig für mehr Gerechtigkeit. Der neue Familienminister Heiner Geißler widersprach unverzüglich. Das Erstkindergeld sei trotz Inflation seit 1975 nicht mehr erhöht worden. Wenn man hier nun den Rotstift ansetze, gerate man in Konflikt mit dem Bundesverfassungsgericht. Das beobachtete die niedrigen Beträge für die ältesten Kinder seit Längerem mit Unruhe, ein Argument, das auch Blüm regelmäßig gegen ein Abweichen vom Koalitionsbeschluss vorbrachte.[255]

---

252 Protokoll der Sitzung der CDU/CSU-Fraktion im Deutschen Bundestag Nr. 9/58 vom 12.10.1982, S. 40, ACDP 08-001:1068/2.

253 Ergänzungsabgabe ist vom Tisch, Die Welt vom 24.09.1982, ACDP Medienarchiv; Kohl biegt ein in die Via Crucis, Der Spiegel 39/82, S. 22; Eine halbjährige Atempause bei den Sozialleistungen, KR vom 27.09.1982, ACDP Medienarchiv.

254 Protokoll der Sitzung der CDU/CSU-Fraktion im Deutschen Bundestag Nr. 9/53 vom 28.09.1982, S. 35, 41, ACDP 08-001:1068/1.

255 Protokoll der Sitzung der CDU/CSU-Fraktion im Deutschen Bundestag Nr. 9/58 vom 12.10.1982, S. 21–33, 46, ACDP 08-001:1068/2. Die drohende Verfassungswidrigkeit einer stärkeren Kürzung fand auch Eingang in die Begründung des Gesetzentwurfs. Die Abgeordneten Gottfried Köster und Herbert Werner bezweifelten diese These. 1990 stellte das Bundesverfassungsgericht fest, dass die Kürzung des Kindergeldes von 1982 auch so schon verfassungswidrig war, Urteil des Bundesverfassungsgerichts vom 29. Mai 1990, BVerfGE 82, S. 60. Siehe dazu auch Kap. 6. Entwurf des Haushaltsbegleitgesetzes 1983, BT-Drs. 09/2140, S. 85.

Eine Ausweitung der Einkommensgrenze auf die Zuwendungen für die ältesten Kinder hielt Geißler aber für erwägenswert und bekam dafür Zuspruch vom Bundesvorsitzenden der Katholischen Arbeitnehmer-Bewegung, Alfons Müller und mehreren Abgeordneten seiner Fraktion.[256] Solange man über Einkommensgrenzen kürze, erläuterte Geißler, könne man zumindest darauf verweisen, dass man die Wohlhabenden zur Kasse bitte. Stoltenberg und Blüm zeigten sich hingegen weniger offen für diese Idee. Der Finanzminister verwies auf zusätzlichen bürokratischen Aufwand, der CDA-Vorsitzende darauf, dass man mit Einschränkungen beim Erstkindergeld nur zusätzlich Leute gegen sich aufbringe.[257]

Im Oktober kam es außerdem kurzfristig zu Spannungen zwischen der Union und der FDP hinsichtlich des Zweitkindergeldes. Schon bei der fraktionsinternen Besprechung des Verhandlungsergebnisses hatte Höpfinger darauf hingewiesen, dass die Formulierung des Koalitionspapiers dazu missverständlich sei. Dem Wortlaut könne man nicht eindeutig entnehmen, ob die Einkommensgrenze schon beim zweiten, oder erst ab dem dritten Kind gelten solle. Die FDP-Sozialpolitiker gingen davon aus, dass man beim zweiten Kind ohne Ansehen des Einkommens kürzen würde. Anders seien die beabsichtigten 1,3 Mrd. DM Einsparungen unmöglich aufzubringen, da eine Einkommensgrenze immer auch Verwaltungskosten mit sich bringe. *„Hier“*, stellten die Liberalen Anfang Oktober fest, *„zeichnet sich ein Konflikt Union/FDP ab“*.[258]

Trotz unterschiedlicher Vorstellungen kam es nicht zu einem Schlagabtausch zwischen den Koalitionspartnern. Stattdessen gaben die Liberalen bei der Einkommensgrenze der Zweitkindergeldsenkung bald nach. Aber auch Stoltenberg hatte Zweifel, ob die angepeilte Einsparsumme auf dem eingeschlagenen Weg zu erreichen war. Am 12. Oktober eröffnete er daher seiner Fraktion, dass es Änderungen geben werde. Er habe dafür mit Geißler mehrere Varianten durchgesprochen. Sie seien schließlich zu dem Ergebnis gekommen, dass das Geld für alle Kinder außer dem ersten bei Überschreiten der Einkommensgrenze um 10 DM mehr gekürzt werden solle, als es die Koalitionsvereinbarung vorsah. Damit käme man insgesamt zu etwa einer Milliarde DM. Die noch fehlenden 300 Mio. DM sollten im Bereich des Kinderbetreuungsbetrages bei der Einkommensteuer erwirtschaftet werden.[259]

---

256 Etwa aus der CSU-Landesgruppe. Hier diskutierte man daneben auch, ob man das Kindergeld für Einkinderfamilien oder Ausländer völlig wegfallen lassen könne, Protokoll der Sitzung der CSU-Landesgruppe im Deutschen Bundestag vom 11.10.1982, ACSP LG 1982:16.

257 Protokoll der Sitzung der CDU/CSU-Fraktion im Deutschen Bundestag Nr. 9/58 vom 12.10.1982, S. 21–33, 40, ACDP 08-001:1068/2.

258 Hinweis von Vielhaber an Schmidt (Kempten) und Cronenberg vom 8. Oktober 1982 bzgl. eines Gesprächs mit Blüm am 11. Oktober 1982, AdL Cronenberg, Dieter-Julius N 58–334, dort auch das Zitat; Protokoll der Sitzung der CDU/CSU-Fraktion im Deutschen Bundestag Nr. 9/53 vom 28.09.1982, S. 41, ACDP 08-001:1068/1; siehe auch Protokoll der Sitzung der CDU/CSU-Fraktion im Deutschen Bundestag Nr. 9/58 vom 12.10.1982, S. 24, ACDP 08-001:1068/2.

259 Protokoll der Sitzung der CDU/CSU-Fraktion im Deutschen Bundestag Nr. 9/58 vom 12.10.1982, S. 18–19, ACDP 08-001:1068/2; Schreiben des Bundesfinanzministers an den Chef des Kanzleramtes

Der Entwurf des Haushaltsbegleitgesetzes ergänzte die Kürzung des Kindergeldes um einige Sonderregelungen. So wurde beispielsweise eine Einkommensgrenze von 34.200 DM für Alleinerziehende festgelegt. Ferner beschloss die Koalition eine weitere Abstufung bei der Leistungsverringerung. Familien, deren Einkommen nur geringfügig über der Grenze lag, sollte weniger Geld abgezogen werden. Dabei galt, dass unter Berücksichtigung der festgelegten maximalen Kürzungsbeträge für je 480 DM Überschreitung monatlich 20 DM Kindergeld einbehalten wurden. Insgesamt versprach man sich nun Minderausgaben von 980 Mio. DM.[260]

Als die Ausschüsse schon tagten, kam es abermals zu Diskussionen um das genaue Vorgehen bei der Kindergeldkürzung. Ausgangspunkt war ein Brief des Präsidenten der Nürnberger Bundesanstalt, Josef Stingl, an den Arbeits- und Sozialminister vom 8. November. Stingl äußerte darin Befürchtungen, dass der für die Bestimmung der Kürzungsgrenze verwendete Einkommensbegriff zu erheblichem Verwaltungsaufwand führen werde. Dazu gehörten neben der zeitintensiven Einkommensprüfung an sich auch Schulungen für die Kindergeldsachbearbeiter in den Arbeitsämtern. Um das zu vermeiden, solle man den Einkommensbegriff nach § 2 Abs. 5 EStG verwenden und einen Datenaustausch zwischen Bundesamt und den Finanzverwaltungen organisieren.[261]

Blüm nahm diese Anregung auf und setzte den zuständigen Familienminister darüber in Kenntnis. Dessen Ministerium lehnte die Vorschläge aus Nürnberg aber ab. Der normale Einkommensbegriff sei ungeeignet, da es zu einfach sei, das zu versteuernde Einkommen zu manipulieren. Ein Beispiel dafür sei das Bauherrenmodell. Dabei beteiligten sich gutverdienende Steuerpflichtige an teuren Bauvorhaben, um in den Genuss der damit verbundenen Steuervergünstigungen zu kommen. Auf diesem Wege wurden jährlich etwa 30.000 neue Wohnungen geschaffen, die meist im oberen Preissegment lagen. Für den Staat war diese Form der Wohnungsbauförderung ungemein kostspielig. Der Verwaltungsmehraufwand durch den neuen Einkommensbegriff beim Kindergeld, so Geißler, sei im Übrigen zu vernachlässigen. Lediglich den Datenabgleich solle man tatsächlich durchführen.[262]

---

zum neuen Entwurf des Haushaltes und Haushaltsbegleitgesetzes 1983 vom 25. Oktober 1982, BArch B 136/22544. Der Komplex der Kinderbetreuungs- und Steuerfreibeträge wird in Kap. 4.2.8 ausführlich betrachtet.

260 Entwurf des Haushaltsbegleitgesetzes 1983, BT-Drs. 09/2140, S. 60, 85.

261 Schreiben von Norbert Blüm an Heiner Geißler vom 18. November 1982 bzgl. des Briefs von Josef Stingl vom 8. November 1982, BArch B 149/75942.

262 Mitte Dezember hoffte man, mit dem Datenabgleich etwa 700 Stellen bei der Bundesanstalt einsparen zu können. Unter den Experten der obersten Finanzbehörden gab es jedoch erhebliche Zweifel, in wie weit man ein solches Vorhaben würde zeitnah umsetzen können, Schreiben des Finanzministeriums vom 14. Dezember betr. Automation in der Steuerverwaltung, BArch B 126/110384. Schreiben von Norbert Blüm an Heiner Geißler vom 18. November 1982 bzgl. des Briefs von Josef Stingl vom 8. November 1982, BArch B 149/75942; Bericht von Referatsleiter Leder für Norbert Blüm bzgl. der Reaktion auf Blüms Schreiben vom 18. November 1982, BArch B 149/75942; Schreiben von Heiner Geißler an Josef Stingl vom 23. November 1982, BArch B 149/75942.

Der Präsident der Bundesanstalt war mit seinen Bedenken allerdings keineswegs allein. Auch im Bundesrat und bei mehreren Verbänden fürchtete man einen ausufernden Verwaltungsaufwand. Nachdem Blüm Geißler am Rande der Kabinettssitzung vom 24. November nochmals angesprochen hatte, schlug das Familienministerium Ende des Monats schließlich einen überarbeiteten Einkommensbegriff vor, der vom Arbeitsressort akzeptiert wurde. Die Berechnung sollte sich in Zukunft am Einkommensbegriff der Einkommensteuer orientieren, dabei aber manche Absetzungsmöglichkeiten ausschließen. Davon waren insbesondere verschiedene Ermäßigungen beim Wohnungsbau betroffen. Anfang Dezember brachte der Finanzausschuss diese Änderung erfolgreich in den Gesetzgebungsprozess ein. Trotzdem rechnete beispielsweise die FAZ beim Kindergeld mit einem zusätzlichen Verwaltungsaufwand in einer Größenordnung von 100 Mio. DM. Die SPD ging sogar von noch höheren Verwaltungsausgaben aus und bekräftige ihre schon in den Ausschüssen geäußerte Kritik.[263]

4.2.8 Die Freibeträge der Einkommensteuer

Ein anderer Weg zur Sanierung des Bundeshaushalts führte über Steuererhöhungen. Gegenüber einer Konsolidierung über die Ausgabenseite brachte das Schwierigkeiten mit sich. Problematisch waren insbesondere die möglichen Auswirkungen auf die Wirtschaft. Selbst wenn eine Abgabenerhöhung ein Unternehmen nicht direkt traf, konnte sie doch immer noch höhere Lohn- und Gehaltsforderungen der Betroffenen nach sich ziehen. Der Sachverständigenrat hatte daher in den vorangegangenen Jahren mehrfach vor einer Konsolidierung über die Einnahmenseite gewarnt.[264] Auch und insbesondere die Wirtschaftsflügel der Koalitionsparteien befürchteten im Fall von steigenden Steuern eine Überlastung der Unternehmen. In Anbetracht des sich abzeichnenden Haushaltsdefizits schienen Steuererhöhungen nun aber trotzdem unausweichlich.[265]

Siehe zum damaligen Einkommensbegriff der Einkommensteuer bspw. Tipke, K., Steuerrecht, S. 147–153. Zum Bauherrenmodell siehe Harlander, T., Wohnungspolitik, S. 692; BT-PlPr. 09/129 (24.11.1982), S. 7942A-B.

263 Die Neuverschuldung um 630 Millionen gegenüber der Regierungsvorlage gesenkt, FAZ vom 11.12.1982, S. 2; Bericht des Haushaltsausschusses zum Haushaltsbegleitgesetz 1983, BT-Drs. 09/2290, S. 6, 11–12; Bericht von Referatsleiter Leder für Norbert Blüm bzgl. der Reaktion auf Blüms Schreiben vom 18. November 1982, BArch B 149/75942; Mitzeichnungsvermerk zu der Ministervorlage der Abteilung I im Bundesministerium für Arbeit vom 29. November 1982, BArch B 149/75942; Zum Bundesrat siehe den Entwurf des Haushaltsbegleitgesetzes 1983, BT-Drs. 09/2140, S. 130.

264 So bspw. im vorangegangenen Jahresgutachten, Jahresgutachten des SVR 1981/82, BT-Drs. 09/1061, S. 166. Im Sondergutachten von 1982 sollten die Wirtschaftsweisen diese Mahnung wiederholen, Sondergutachten des SVR 1982, BT-Drs. 09/2118, S. 219 (Tz. 50).

265 So sah es bspw. auch Franz Josef Strauß, Protokoll der Sitzung der CDU/CSU-Fraktion im Deutschen Bundestag Nr. 9/52 vom 21.09.1982, S. 8, ACDP 08-001:1068/1; Zohlnhöfer, R., Wirtschaftspo-

Ein Feld für solche Einnahmeerhöhungen war die Einkommensteuer. Da diese sowohl dem Bund als auch den Ländern und in geringerem Maße den Gemeinden zu Gute kam, unterstützte eine Konsolidierung an dieser Stelle auch die unteren Gebietskörperschaften. Die Einkommensteuer rückte vor allem im Oktober 1982 ins Blickfeld der Koalition, als sich abzeichnete, dass das angestrebte Konsolidierungsvolumen beim Kindergeld nicht zu erreichen war. Stoltenberg und Geißler verständigten sich daher darauf, den Fehlbetrag stattdessen bei den Kinderbetreuungsbeträgen der Einkommensteuer zu erwirtschaften. Nachdem sie zuerst eine Halbierung der Beträge in Erwägung gezogen hatten, beschlossen sie schließlich Mitte Oktober einen noch weiter gehenden Schritt. Die Kinderbetreuungsbeträge sollten vollständig abgebaut und durch Kinderfreibeträge im Sinne des dualen Familienlastenausgleichs von vor 1975 ersetzt werden. Von dieser weit über die Koalitionsvereinbarung hinausgehenden Umstellung versprachen sich die Minister sowohl höhere Steuereinnahmen als auch einen Bürokratieabbau.[266]

Um welche Freibeträge ging es und wie unterschieden sie sich? Vor seiner Reform von 1974 bestand der Familienlastenausgleich aus zwei Kernelementen. Das waren einerseits das Kindergeld, andererseits kinderbezogene Freibeträge bei der Einkommensteuer. Das Kindergeld kam vor allem den größeren und schlechter verdienenden Familien zu Gute und hatte damit eine besondere schichtenspezifische Umverteilungsfunktion. Die Freibeträge garantierten hingegen, dass der für den Unterhalt der Kinder notwendige Grundbedarf nicht steuerlich belastet wurde. Die Kinderfreibeträge standen dabei häufig in der Kritik. Da auch die Abgabenlast in Folge der Steuerprogression mit zunehmendem zu versteuernden Einkommen immer schneller zunahm, begünstigten Freibeträge vor allem die wohlhabenden Familien. Bei einem sehr geringen Einkommen waren die Einsparmöglichkeiten nur noch minimal.[267]

Als die sozialliberale Koalition 1974 den Lastenausgleich überarbeitete, fielen die Freibeträge nicht zuletzt deshalb zu Gunsten des Kindergeldes weg. Das vormalige duale System wurde in ein vereinfachtes einspuriges umgewandelt. Damit stellte die Reform niedrige Einkommen besser als zuvor. Diese Vereinheitlichung hatte auch unter den Konservativen zahlreiche Befürworter.[268] Später ging die Regierung

---

litik der Ära Kohl, S. 71; Wirsching, A., Provisorium, S. 264–265; Haushaltslöcher nicht mit höheren Steuern stopfen, Mittelstandsmagazin 11/82, S. 6.

266 Protokoll der Sitzung der CDU/CSU-Fraktion im Deutschen Bundestag Nr. 9/58 vom 12.10.1982, S. 18–19, 27, ACDP 08-001:1068/2; Schreiben des Bundesfinanzministers an den Chef des Kanzleramtes zum neuen Entwurf des Haushaltes und Haushaltsbegleitgesetzes 1983 vom 25. Oktober 1982, BArch B 136/22544; Wendemanöver, Handelsblatt vom 29.09.1982, ACDP Medienarchiv.

267 Das Problem der Niedrigverdiener war schon in den 1960er Jahren öffentlich diskutiert, aber nicht befriedigend gelöst worden, Jakob, M., Familienbilder, S. 102, 114–116.

268 Wobei auch der Widerstand nicht zu unterschätzen ist, siehe dazu etwa Münch, U., Familien-, Jugend- und Altenpolitik, S. 660–663; Jakob, M., Familienbilder, S. 116. Vgl. auch Butterwegge, C., Krise und Zukunft, S. 145.

Schmidt einen ersten Schritt zurück in Richtung des dualen Systems. Dafür konkretisierte sie eine Vorschrift der Einkommensteuer zu absetzbaren außergewöhnlichen Belastungen des Steuerpflichtigen. Unter Berufung auf § 33a Abs. 3 EStG konnten Eltern fortan bis zu 1.200 DM steuerlich wirksam machen, wenn bei der Beaufsichtigung oder Betreuung ihres Kindes besondere Kosten anfielen. Die Regelung ließ für ihre genaue Auslegung allerdings so viel Spielraum, dass es teils zu starken Besteuerungsunterschieden bei den Kinderbetreuungsbeträgen kam. Außerdem mussten die Antragsteller ihren Anspruch auf Abgabenermäßigung teilweise nachweisen, was für Verwaltungsaufwand sorgte.[269]

Als Stoltenberg und Geißler die Abschaffung der Betreuungsbeträge und die Einrichtung von Kinderfreibeträgen beschlossen, führten sie das duale System wieder ein. Der Kinderfreibetrag sollte allerdings auf den niedrigen Wert von 432 DM festgelegt werden. Die Umstellung würde zwar erst in den Folgehaushalten ihre volle Wirkung entfalten, dann war aber mit ansehnlichen Mehreinnahmen zu rechnen. Hinzu kamen erhebliche Einsparungen bei der Verwaltung dadurch, dass in Zukunft die Nachweispflicht für die Steuerermäßigung entfiel.[270]

Die Umstellung von den Kinderbetreuungsbeträgen zu echten Freibeträgen stieß in der Unionsfraktion auf offene Ohren. Das ist umso erstaunlicher, als sich auch zahlreiche Konservative eigentlich eine Senkung der Einkommensteuer wünschten. Die Abgabe hatte mit ihrem progressiven Tarif in den Augen vieler Koalitionäre den Nachteil, dass sie leistungshemmend wirkte. Das widersprach dem in der Koalitionsvereinbarung festgelegten Gedanken, das Steuersystem leistungsfreundlich umzugestalten. Auch der Sachverständigenrat hatte ein knappes Jahr zuvor noch eine Verringerung der Einkommensteuer zur Diskussion gestellt. An sich solle zwar nach Möglichkeit gar nicht über Abgaben konsolidiert werden, wenn es aber unausweichlich sei, dann bestenfalls über die Mehrwertsteuer. In dem Fall solle man aber auch eine Entlastung bei der Einkommensteuer in Erwägung ziehen.[271]

Zahlreiche Politiker der Koalitionsparteien mahnten daher eine große Reform der Einkommensteuer an. Die Progression solle dabei, so forderte es beispielsweise Herbert Werner in der Fraktion, zügig überarbeitet werden. Am besten lege man sich

269 Jakob, M., Familienbilder, S. 102; Tipke, K., Steuerrecht, S. 281–282. Zur variierenden Besteuerungspraxis siehe die Begründung der Regierung Kohl für die Abschaffung der Option, Entwurf des Haushaltsbegleitgesetzes 1983, BT-Drs. 09/2140, S. 67.

270 Siehe zur zeitlichen Verzögerung die Annahmen im Entwurf zum Haushaltsbegleitgesetz 1983, Entwurf des Haushaltsbegleitgesetzes 1983, BT-Drs. 09/2140, S. 76–77; Protokoll der Sitzung der CDU/CSU-Fraktion im Deutschen Bundestag Nr. 9/60 vom 26.10.1982, S. 18, ACDP 08-001:1068/2; Protokoll der Sitzung der CDU/CSU-Fraktion im Deutschen Bundestag Nr. 9/58 vom 12.10.1982, S. 19, ACDP 08-001:1068/2.

271 Jahresgutachten des SVR 1981/82, BT-Drs. 09/1061, S. 166, 170–171; Ergebnis der Koalitionsgespräche vom 29. September 1982. Wirtschafts- und Sozialpolitik, S. 2, ACDP Medienarchiv. Vgl. auch die in die selbe Richtung zielenden Forderungen des bayerischen Finanzministers Streibl zur Senkung der Körperschaftsteuer: Streibl: Für den Mittelstand, Handelsblatt vom 21.09.1982, ACDP Medienarchiv.

schon jetzt verbindlich darauf fest, die Einkommensteuer linear abzuflachen. Stoltenberg bremste diesen Enthusiasmus und verwies auf die hohen Kosten einer solchen Reform und Steuersenkung. *„Unter einer Größenordnung eines zweistelligen Milliardenbetrages"*[272] sei diese Aufgabe kaum zu lösen und müsse daher in die mittelfristige Perspektive verschoben werden. Mit der Perspektive auf eine große Reform war die Umstellung der Freibeträge für die Abgeordneten weit mehr als eine versteckte Steuererhöhung. Sie war vielmehr eine grundlegende Richtungsentscheidung hin zu einem langfristigen Umbau der Abgabe.[273]

Eine solche Steuerreform konnte auch das Ehegattensplitting mit einbeziehen. Diese Regelung erlaubte es verheirateten Paaren seit 1958, sich ihr Einkommen in einem gewissen Maße gegenseitig steuerlich anzurechnen. Je näher sich die Ehepartner in ihrem Einkommen standen, umso geringer war ihre damit Ersparnis. Auf diese Weise wurden, so die oft vorgebrachte Kritik, insbesondere traditionelle Ehen mit nicht werktätigen Frauen begünstigt. Um die steuerlichen Vorteile des Ehegattensplittings zu Gunsten der Staatskasse zu beschneiden, hatte die sozialliberale Koalition kurz vor dem Machtwechsel noch eine Kappung des Splittingvorteils auf 10.000 DM beschlossen.[274]

Die Union lehnte diese Maßnahme ab und übernahm sie nicht in ihr Sofortprogramm, obwohl die Haushalte von Bund Ländern und Gemeinden damit im nächsten Jahr um insgesamt etwa 300 Mio. DM hätten entlastet werden können. Ein Grund dafür war, neben rechtlichen Bedenken, die Idee, das Ehegatten- in ein Familiensplitting zu überführen, bei dem man auch die Kinder in die Berechnung der Steuerschuld einbezog. Je nach Ausgestaltung dieses Vorhabens wurden manche bisherige Leistungen des Familienlastenausgleichs dann überflüssig. In seiner ersten Regierungserklärung kündigte Kohl an, das Familiensplitting schon mit Wirkung vom 1. Januar 1984 einführen zu wollen. Die Rückkehr zu Kinderfreibeträgen bei gleichzeitiger Kürzung von Kindergeld und Betreuungsbeträgen galt als ein erster Schritt auf dem Weg zu diesem Ziel.[275]

Die Koalition erhöhte durch die Umstellung von einer Ermäßigung auf die andere also das Steueraufkommen und versicherte sich gleichzeitig der Unterstützung derer, die sich eine Reform und Senkung der Einkommensteuer oder das Familien-

---

272 Protokoll der Sitzung der CDU/CSU-Fraktion im Deutschen Bundestag Nr. 9/53 vom 28.09.1982, S. 42–43, ACDP 08-001:1068/1.

273 Protokoll der Sitzung der CDU/CSU-Fraktion im Deutschen Bundestag Nr. 9/53 vom 28.09.1982, S. 35–43, ACDP 08-001:1068/1; Protokoll der Sitzung der CDU/CSU-Fraktion im Deutschen Bundestag Nr. 9/58 vom 12.10.1982, S. 40, ACDP 08-001:1068/2.

274 Jakob, M., Familienbilder, S. 120; Entwurf des Einkommensteueränderungsgesetzes 1983, BT-Drs. 09/1956, S. 4. Eine ausführliche Darstellung bietet Wersig, M., Hausfrauenehe, S. 137, 150–155.

275 Protokoll der Sitzung der CDU/CSU-Fraktion im Deutschen Bundestag Nr. 9/58 vom 12.10.1982, S. 19, ACDP 08-001:1068/2; Entwurf des Einkommensteueränderungsgesetzes 1983, BT-Drs. 09/1956, S. 36; Protokoll der Sitzung der CDU/CSU-Fraktion im Deutschen Bundestag Nr. 9/62 vom 09.11.1982, S. 21, ACDP 08-001:1070/1; Ergebnis der Koalitionsgespräche vom 29. September 1982. Wirtschafts- und Sozialpolitik, S. 1, ACDP Medienarchiv.

splitting wünschten. Auch die Länder, deren Einbeziehung in die Entscheidungsfindung hatte insbesondere Höpfinger angemahnt, unterstützten das Vorgehen. Trotzdem verlief der Gesetzgebungsprozess nicht reibungslos. Die Karlsruher Richter kamen Anfang November unter anderem zu dem Schluss, dass das Einkommensteuerrecht zumindest bei berufstätigen Alleinstehenden mit Kindern nicht außer Acht lassen dürfe, dass ihre wirtschaftliche Leistungsfähigkeit durch zusätzlichen Betreuungsaufwand gemindert sein könne.[276] Das stellte nun die Abschaffung des Kinderbetreuungsbetrags in Frage. Dregger zog daher Ende des Monats in Erwägung, die alte Regelung noch bis zur Einführung des Familiensplittings im nächsten Jahr beizubehalten. Damit würde man auch die Bürger und Behörden entlasten, die sich sonst zwei Mal umstellen müssten. Stoltenberg hielt es sogar für denkbar, dass man den Betreuungsbetrag erhöhen müsse. Ob man das Risiko eines Konflikts mit dem Gericht eingehe oder nicht, wolle er noch mit der FDP besprechen.[277]

Kohl maß dem Urteil des Bundesverfassungsgerichts ebenfalls Bedeutung zu. Am 22. November beschlossen Union und FDP in einem Koalitionsgespräch beim Kanzler, eine Kommission einzusetzen, die die rechtlichen Bedenken bewerten solle. Die drei Tage später stattfindenden Anhörungen im Finanzausschuss machten eine Entscheidung für oder gegen die Freibetragsumstellung nicht einfacher. Gruppen aus der Wirtschaft, der Bund der Steuerzahler sowie der Familienbund deutscher Katholiken begrüßten die Reaktivierung des dualen Systems als Übergang zu einem Familiensplitting. Die Gewerkschaften lehnten die wieder eingeführten Steuerfreibeträge hingegen ab und bekamen dafür unter anderem Unterstützung von der Evangelischen Aktionsgemeinschaft für Familienfragen. Es gab dabei nicht nur Kritik an der grundsätzlichen Umgestaltung des Systems, sondern auch an der geringen Höhe der neuen Freibeträge.[278]

Auch die SPD griff die Pläne der Bundesregierung zum Familienlastenausgleich scharf an. Herbert Wehner und Horst Gobrecht, der Obmann der sozialdemokratischen Bundestagsfraktion im Finanzausschuss, verwiesen etwa darauf, dass die Regelungen Kinder gut verdienender Eltern begünstigten. Der Umbau des Familienlas-

---

276 Urteil des Bundesverfassungsgerichts vom 3. November 1986, BVerfGE 61, S. 319. Unter dem Eindruck des Verfahrens hatte die Koalition schon vorher eine nachträgliche Korrektur bei der Berechnung der Kinderbetreuungsbeträge für Alleinerziehende für die Jahre 1980–1982 in das Haushaltsbegleitgesetz 1983 aufgenommen. Alleinstehenden war bisher nur ein geringerer Abzugsbetrag zugestanden worden als Ehepaaren, Bericht des Haushaltsausschusses zum Haushaltsbegleitgesetz 1983, BT-Drs. 09/2290, S. 9; Entwurf des Haushaltsbegleitgesetzes 1983, BT-Drs. 09/2140, S. 68.

277 Protokoll der Sitzung der CDU/CSU-Fraktion im Deutschen Bundestag Nr. 9/63 vom 23.11.1982, S. 4, 19, ACDP 08-001:1070/1; Protokoll der Sitzung der CDU/CSU-Fraktion im Deutschen Bundestag Nr. 9/58 vom 12.10.1982, S. 22–23, ACDP 08-001:1068/2; Entwurf des Haushaltsbegleitgesetzes 1983, BT-Drs. 09/2140, S. 122–123.

278 Kurzprotokoll über die Sitzung des Fraktionsvorstandes am 22.11.1982, S. 3, AdL Mischnick, Wolfgang A 41–32; Bericht des Haushaltsausschusses zum Haushaltsbegleitgesetz 1983, BT-Drs. 09/2290, S. 6.

tenausgleichs sei insofern eine Reform zu Lasten des kleinen Mannes.[279] Unter dem Eindruck des Karlsruher Urteils schlug das Finanzministerium schließlich vor, den Kinderbetreuungsbetrag nicht ganz abzuschaffen, sondern lediglich deutlich zu senken. Das stieß allerdings auf großen Widerstand bei den Ländern und in der Unionsfraktion. Die Länder befürchteten unter anderem einen zusätzlichen Verwaltungsaufwand.[280]

Auf das Sofortprogramm hatten zunächst weder der Gerichtsbeschluss noch die Kritik von Verbänden oder Opposition eine spürbare Auswirkung. Der Kinderbetreuungsbetrag entfiel mit dem Haushaltsbegleitgesetz 1983 zu Gunsten geringerer aber unbürokratischerer Kinderfreibeträge. Nach den Schätzungen des nach dem Urteil datierten Gesetzentwurfs würden die erwarteten Mehreinnahmen von 684 Mio. DM 1983 zwar noch von den voraussichtlichen Steuerausfällen durch die Freibeträge in Höhe von 680 Mio. DM fast völlig kompensiert werden, in den folgenden Jahren waren dann aber Gewinne im Bereich von etwa 200 Mio. DM zu erwarten. Die Länder profitierten von der Neuregelung ebenfalls.[281]

4.2.9 Die Mehrwertsteuererhöhung

Eine weitere Möglichkeit, die öffentlichen Kassen über die Einnahmenseite zu konsolidieren, war eine Erhöhung der Mehrwertsteuer. Die Mehrwertsteuer hatte 1982 bereits eine wechselhafte Entwicklung hinter sich. 1918 führte man erstmals auf Reichsebene eine Bruttoumsatzsteuer von 0,5 % ein. Die damalige Regelung wies allerdings die bereits unmittelbar nach ihrer Einführung diskutierte Schwäche auf, dass die Steuer beispielsweise auch dann anfiel, wenn ein Zulieferer einem weiterverarbeitenden Betrieb ein Zwischenprodukt verkaufte. Damit begünstigte sie allem große Unternehmen, die viele Wirtschaftsstufen unter einem Dach vereinen konnten.[282]

Als der Steuersatz 1951 auf 4 % erhöht wurde, rückte dieses Problem wieder in den Mittelpunkt der Aufmerksamkeit und wurde schließlich vom Bundesverfassungsgericht zur Lösung angemahnt. Auch die Europäische Wirtschaftsgemein-

279 CDU/CSU/FDP-Koalitionsvereinbarungen, Informationen der sozialdemokratischen Bundestagsfraktion vom 10.10.1982, ACDP Medienarchiv; Koalitionsverhandlungen Steuerpolitik, Informationen der sozialdemokratischen Bundestagsfraktion vom 29.09.1982, ACDP Medienarchiv; Auch Dieter Spöri bezeichnete die Wiedereinführung des dualen Systems als Rückschritt, Protokoll der 42. Sitzung des Finanzausschusses vom 9. Dezember 1982, BArch B 126 90585.

280 An den Spargesetzen der alten Koalition wird nur wenig geändert, FAZ vom 26.11.1982, S. 1–2.

281 Entwurf des Haushaltsbegleitgesetzes 1983, BT-Drs. 09/2074, S. 76–77 bzw. BGBl. I 1982, S. 1860. Vgl. auch Butterwegge, C., Krise und Zukunft, S. 145. Parallel dazu sollten ab 1984 auch die Ausbildungsfreibeträge nach § 33a Abs. 2 EStG halbiert werden, Entwurf des Haushaltsbegleitgesetzes 1983, BT-Drs. 09/2074, S. 59.

282 Tipke, K., Steuerrecht, S. 58, 390; Lippross, O.-G., Umsatzsteuer, S. 31.

schaft setzte sich für eine Harmonisierung der Umsatzsteuern ein. Die Bundesregierung gestaltete die deutsche Umsatzsteuer daher in den folgenden Jahren nach dem Vorbild der französischen Taxe sur la Valeur Ajoutée in Richtung einer Mehrwertsteuer um. Zwar war die Bemessungsgrundlage immer noch nicht der Mehrwert, sondern weiterhin das jeweilige Gesamtentgelt für eine Leistung, allerdings konnten die Steuerschuldner die ihnen zuvor überwälzte Steuer nun über einen Vorsteuerabzug absetzen. Die so entstandene und ab dem 1. Januar 1968 angewandte Allphasen-Netto-Umsatzsteuer mit Vorsteuerabzug hatte insofern zwar dieselbe Wirkung, war aber streng genommen noch keine echte Mehrwertsteuer. Im damaligen bundesdeutschen politischen Diskurs wurden beide Begriffe dennoch meist synonym verwendet. Dieser Praxis soll hier zur Vereinfachung gefolgt werden.[283]

Bis 1982 war der reguläre Satz der Umsatzsteuer auf 13 % angewachsen, der ermäßigte Satz betrug 6,5 %. Im europäischen Vergleich stellte die Bundesrepublik damit verhältnismäßig niedrige Forderungen: In den meisten Nachbarstaaten bewegten sich die Mehrwertsteuersätze knapp unter der Schwelle von 20 %, in Skandinavien lagen sie teils sogar darüber. Die sozialliberale Koalition entschloss sich daher Anfang Februar 1982 im Rahmen der Verhandlungen zur Gemeinschaftsinitiative, die Abgabe auf 14 % anzuheben. Die Union lehnte Steuererhöhungen jeglicher Art allerdings ab. Erst 1981 hatte sie sich gegen eine Erweiterung der Abgaben auf Branntwein und Mineralöl ausgesprochen. Nun ließ sie den sozialliberalen Vorschlag zur Mehrwertsteuererhöhung im Bundesrat scheitern.[284]

Während der Koalitionsverhandlungen stellte sich für die neue Koalition die Frage, ob sie das Vorhaben des Kabinetts Schmidt wieder aufgreifen wollte. Dabei bildeten sich in der Koalition zwei Lager. Der soziale Flügel der Union lehnte eine Erhöhung der Abgabe ab. Die Mehrwertsteuer belaste, so die gängige Argumentation, vor allem die unteren Bevölkerungsschichten im Verhältnis zu ihrer Leistungsfähigkeit überdurchschnittlich stark. Angesichts der angestrebten sozialen Ausgewogenheit des Sofortprogramms sei das nicht hinnehmbar. Unterstützung erhielt die CDA vom finanzpolitischen Sprecher der CDU/CSU-Fraktion. Dieser kritisierte, eine Steuererhöhung stände klar im Widerspruch zur programmatischen Festlegung und zum bisherigen politischen Auftreten der Fraktion.[285]

Auf der anderen Seite standen die FDP sowie Franz Josef Strauß und Gerhard Stoltenberg. Der Finanzminister hielt zur Finanzierung des Haushalts teils sogar eine Erhöhung um zwei Prozentpunkte für denkbar. In der Presse kursierten Berechnungen, nach denen der Staat damit Mehreinnahmen von 5–10 Mrd. DM erreichen könnte. Wolfgang Mischnick erklärte während der Koalitionsverhandlungen im Hes-

283 Tipke, K., Steuerrecht, S. 391–392; Lippross, O.-G., Umsatzsteuer, S. 31–32.

284 CDU/CSU/FDP-Koalitionsvereinbarungen, Informationen der sozialdemokratischen Bundestagsfraktion vom 10.10.1982, ACDP Medienarchiv; Kleinmann, H.-O., CDU, S. 448; Jäger, W., Innenpolitik, S. 214. Zu den verschiedenen europäischen Steuersätzen siehe Tipke, K., Steuerrecht, S. 421.

285 Zohlnhöfer, R., Wirtschaftspolitik der Ära Kohl, S. 72; Schwarz, H. P., Helmut Kohl, S. 337; Wirsching, A., Provisorium, S. 270.

sischen Rundfunk, die Liberalen hätten immer schon die Umstrukturierung des Steuerwesens von den direkten hin zu den indirekten Abgaben gefordert. Mischnicks Parteifreund Friedhelm Rentrop erläuterte diese Haltung später als Vorsitzender des Finanzausschusses des Bundestags ausführlich im Parlament. Auf der einen Seite ständen die Steuern, die die Leistung unmittelbar träfen und deren Gewicht tendenziell zunehme, auf der anderen Seite die für die Wirtschaft harmloseren Abgaben wie die Verbrauchsteuern. Auch Lambsdorff hatte in seinem Papier eine Anhebung der Mehrwertsteuer nicht ausgeschlossen, solange die Bürger dafür an anderer Stelle steuerlich entlastet würden.[286]

Die FDP konnte sich in ihrer Haltung auf das letzte Jahresgutachten des Sachverständigenrats berufen. Dieser hatte ein knappes Jahr zuvor erklärt, wenn es Steuererhöhungen geben solle, dann eigne sich dafür die Mehrwertsteuer am besten. Das ergab sich unter anderem daraus, dass die Unternehmen zwar die Steuerschuldner waren, der Staat allerdings sicherstellte, dass sie die Kosten über die Preise auf die Konsumenten überwälzen konnten.[287] Außerdem, so erläuterte es die Regierung später im Gesetzentwurf, verschlechtere die Anhebung auch nicht die Exportbedingungen der Wirtschaft. Die umsatzsteuerliche Exportentlastung sorge hinreichend dafür, dass den deutschen Unternehmen kein Wettbewerbsnachteil entstehe.[288]

Für eine Erhöhung der Mehrwertsteuer sprach aus Sicht der Befürworter noch ein weiteres Argument. Das Umsatzsteueraufkommen kam 1982 zwar mit 67,5 % zum überwiegenden Teil dem Bund zu Gute, die übrigen 32,5 % flossen aber an die Bundesländer. Ab dem kommenden Jahr sollte sich diese Verteilung um einen weiteren Prozentpunkt zu Gunsten der Länder verschieben. Eine Erhöhung der Abgabe diente daher nicht nur der Bundeskasse, sondern half, anders als manche andere Verbrauchsteuer, auch den unteren Gebietskörperschaften bei der Konsolidierung ihrer Etats. Da die Koalition auf die Zustimmung des Bundesrats angewiesen war, bot es sich durchaus an, die Länder auf diesem Wege an dem Vorhaben zu beteiligen. Dieser Vorteil wurde nur dadurch begrenzt, dass auch manche Ministerpräsi-

---

286 Lambsdorff, O. G., Konzept, S. 8; BT-PlPr. 09/126 (10.11.1982), S. 7712C-D; Symphonie für Streicher, Stern 39/82, ACDP Medienarchiv; Interview mit Wolfgang Mischnick vom 24. September 1982, ACDP Medienarchiv; Zohlnhöfer, R., Wirtschaftspolitik der Ära Kohl, S. 72; Strauß klar gegen Ergänzungsabgabe, WAZ vom 24.09.1982, ACDP Medienarchiv. Es gab sogar Stimmen in der FDP, die bspw. mit einem sozialen Ausgleich die Einkommensteuer ganz zu Gunsten der Mehrwertsteuer abschaffen wollten, so z. B. Peter Fröhlich, Fröhlich, P., Indirekte Steuern, S. 738–741.

287 Scheiterte ein Unternehmen mit der Überwälzung, kam nach dem Umsatzsteuerrecht im Einzelfall etwa ein Billigkeitserlass der Steuer in Betracht, Tipke, K., Steuerrecht, S. 390, 543–544.

288 Ausfuhren waren in der Regeln nicht von der deutschen Umsatzsteuer, sondern von der des Ziellandes betroffen, Tipke, K., Steuerrecht, S. 413; Entwurf des Haushaltsbegleitgesetzes 1983, BT-Drs. 09/2140, S. 69; Jahresgutachten des SVR 1981/82, BT-Drs. 09/1061, S. 170–171. Man bedenke auch, dass die absehbare Steuererhöhung in Einzelfällen auch einen Anreiz darstellen konnte, für die zweite Jahreshälfte vorgesehene Geschäfte in die erste zu verlegen. Das hätte der Wirtschaft einen zusätzlichen Impuls verschafft. Da die Steuer letztendlich aber nur um einen Prozentpunkt erhöht werden sollte, darf dieser Anreiz aber auch nicht überschätzt werden.

denten Steuererhöhungen jeglicher Art zuvor kritisch gesehen hatten und eine Erhöhung der Mehrwertsteuer damit nicht nur positiv bewerteten.[289]

Während der Koalitionsverhandlungen erreichten beide Lager einen Kompromiss, der sowohl für die CDA als auch für die FDP akzeptabel war. Das Koalitionspapier sah vor, dass die Mehrwertsteuer zwar angehoben werden, jedoch nur um einen Prozentpunkt beim vollen, beziehungsweise um einen halben Prozentpunkt beim ermäßigten Satz steigen sollte. Außerdem legte die Vereinbarung nicht den Jahresanfang, sondern den 1. Juli als Umstellungstermin fest. Die Mehrwertsteuererhöhung berücksichtigte damit die Atempause der Sozialversicherung und verhinderte Preissteigerungen und einen Nachfragerückgang unmittelbar vor der Bundestagswahl. Für das Jahr 1983 blieben damit noch erwartbare zusätzliche Einkünfte von etwa 2,2 Mrd. DM.[290]

Schließlich bestimmte das Koalitionspapier *„Steuerentlastungen zur Verbesserung der Rahmenbedingungen für Investitionen, insbesondere des Mittelstandes"*[291] als Verwendungszweck des zusätzlichen Steueraufkommens. Während der Verhandlungen war hier vor allem eine Unterstützung des Wohnungsbaus im Gespräch. So sollte beispielsweise der Eigenheimbau durch einen verbesserten Schuldzinsenabzug bei Neubauten gefördert werden. Außerdem waren steuerliche Erleichterungen bei der Übernahme insolventer oder insolvenzbedrohter Unternehmen, Fördermaßnahmen zur Existenzgründung sowie Vergünstigungen bei der Gewerbeertrags- und Gewerbekapitalsteuer angedacht. Aus der FDP hatte es auch Forderungen gegeben, den Bürgern das Geld auf dem Wege einer Abflachung der Einkommensteuerprogression wiederzugeben. Mit diesem Vorhaben waren die Liberalen allerdings am Widerstand der Koalitionsführung gescheitert.[292]

Die Bindung der zusätzlichen Einnahmen an verschiedene ausgabenintensive Einzelprojekte behielt im späteren Gesetzgebungsverfahren einen informellen Charakter ohne die Verfügungsmöglichkeiten des Bundes über die Mehreinnahmen tatsächlich nennenswert einzuschränken. Sie darf daher nicht darüber hinwegtäuschen, dass es sich bei der Steuererhöhung immer noch um eine Maßnahme der Haushaltskonsolidierung handelte. So ist es beispielsweise schwer vorstellbar, dass

---

289 Vermerk für die Kabinettssitzung am 27. Oktober 1982, BArch B 136/22539. Siehe hierzu auch Kap. 4.3.4.

290 Ergebnis der Koalitionsgespräche vom 29. September 1982. Wirtschafts- und Sozialpolitik, S. 1, ACDP Medienarchiv; Zohlnhöfer, R., Wirtschaftspolitik der Ära Kohl, S. 72; Eine halbjährige Atempause bei den Sozialleistungen, KR vom 27.09.1982, ACDP Medienarchiv. Trotzdem beklagte die CDA auch im November noch, dass es überhaupt eine Erhöhung gab, Bundesvorstände-Konferenz der CDA, Soziale Ordnung 35 XI, 1982, S. 30.

291 Ergebnis der Koalitionsgespräche vom 29. September 1982. Wirtschafts- und Sozialpolitik, S. 1, ACDP Medienarchiv.

292 Ergebnis der Koalitionsgespräche vom 29. September 1982. Wirtschafts- und Sozialpolitik, S. 1–2, ACDP Medienarchiv; Bökenkamp, G., Das Ende, S. 214; Bohnsack, K., Die Koalitionskrise, S. 28; Ergänzungsabgabe nicht in Form einer Steuer, Handelsblatt vom 27.09.1982, ACDP Medienarchiv; Zohlnhöfer, R., Wirtschaftspolitik der Ära Kohl, S. 72.

manche der mit dem Aufkommen finanzierten Projekte nicht auch sonst zumindest in ähnlicher Form umgesetzt worden wären. Hier ist etwa an die allgemein befürwortete Senkung der Gewerbesteuer oder den steuerlichen Impuls zur Förderung des Eigenheimbaus zu denken.[293] Die Finanzierung hätte dann über eine Erhöhung der Neuverschuldung erfolgen müssen und musste das auch bei der nun gefundenen Lösung noch, wenn das erhöhte Steueraufkommen hinter den neuen Verpflichtungen zurückbleiben sollte. Die zusätzlichen Einnahmen aus der höheren Umsatzsteuer dienten insofern vor allem der Entlastung des Bundeshaushalts.[294]

Nach Abschluss der Koalitionsvereinbarungen wurde von vielen Seiten Kritik an den Plänen laut. Teile der Unionsfraktion wollten das Vorhaben erneut verhandeln, was Stoltenberg aber unterbinden konnte. Die Opposition verwies darauf, dass die Mehrwertsteuererhöhung auch Arbeitslose, Rentner und Sozialhilfeempfänger belaste und für diese einer zusätzlichen Leistungssenkung gleichkäme. Die SPD legte damit den Finger in eine bei den konservativen Sozialausschüssen zweifellos noch offenen Wunde. Gleichzeitig bemerkte der Hamburger Sozialdemokrat Horst Gobrecht, die Mehrwertsteuererhöhung in der Mitte des Jahres sorge für zusätzlichen bürokratischen Aufwand.[295]

Brisanter als die Vorwürfe der SPD war die Stellungnahme des Sachverständigenrats. In seinem Anfang Oktober erschienenem Sondergutachten stellte er die bisher befürwortete Mehrwertsteuererhöhung auf einmal in Frage. Man solle vielmehr überlegen, ob man nicht stattdessen die vorgesehene Zwangsanleihe auf größere Bevölkerungsschichten ausweiten wolle. Auf jeden Fall sei der angepeilte Termin im Juli 1983 zu früh. Durch ihn würden zunächst die Lohnforderungen steigen, die private Nachfrage aber gedämpft. Dadurch würden möglicherweise die Investitionen der Unternehmen schneller ausgebremst als die geplanten Investitionsfördermaßnahmen greifen könnten. Besser wäre eine Erhöhung zu einem späteren Zeitpunkt, beispielsweise im Jahr 1984.[296]

Im Oktober bereiteten die zuständigen Ministerien auf Grundlage der Koalitionsvereinbarung eine Änderung des Umsatzsteuergesetzes vor, die als eigener Artikel in das Haushaltsbegleitgesetz aufgenommen werden sollte. Dabei kam es zu keinen

293 Vgl. Kap. 4.4.3 und Kap. 4.4.5.

294 Ferner war bspw. beim Zinsenabzug das zu bezahlende Projekt befristet, während die Mehrwertsteuer dauerhaft angehoben wurde. Lambsdorff bezweifelte im Bundestag hingegen, dass man die Wachstumsimpulse auch ohne Steuererhöhungen hätte haben können, BT-PlPr. 09/127 (11.11.1982), S. 7782D.

295 BT-PlPr. 09/126 (10.11.1982), S. 7702D, 7707B; Koalitionsverhandlungen Steuerpolitik, Informationen der sozialdemokratischen Bundestagsfraktion vom 29.09.1982, ACDP Medienarchiv; Protokoll der Sitzung der CDU/CSU-Fraktion im Deutschen Bundestag Nr. 9/53 vom 28.09.1982, S. 35, 42, ACDP 08-001:1068/1. Zu Gobrecht siehe Vierhaus, R. – Herbst, L. (Hrsgg.), Biographisches Handbuch I, S. 266.

296 Sondergutachten des SVR 1982, BT-Drs. 09/2118, S. 226–227 (Tz. 67–72).

relevanten inhaltlichen Veränderungen.[297] Auch das Gros der Wirtschaft war bereit, die Steuererhöhung in der beschlossenen Form mitzutragen. Als der Finanzausschuss des Bundestages Ende November 1982 eine öffentliche Anhörung zum Haushaltsbegleitgesetz durchführte, stellte sich lediglich der Einzelhandel erklärt gegen das Vorhaben. Die Preise seien in der gegenwärtigen Lage kaum auf die Kunden übertragbar und die Umstellung zur Jahresmitte stelle sie vor große organisatorische Herausforderungen.[298]

Die Einbeziehung des Bundesrates gestaltete sich zwar schwieriger als zunächst gedacht, blieb aber dennoch eine lösbare Aufgabe. Lothar Späth betonte gegenüber seinem ehemaligen Kollegen Stoltenberg mehrmals, der Bundesrat lehne an sich weiterhin konsequent eine Steuererhöhung ab. Eine Haushaltssanierung dürfe nicht auf diesem Wege geschehen. Eine Erhöhung der Mehrwertsteuer sei nur dann akzeptabel, wenn der Bund die Bürger gleichzeitig an anderer Stelle entlaste. Stoltenberg bekräftigte seine Absicht, genau das durchzuführen und versicherte sich damit der Unterstützung durch die zweite Parlamentskammer. Auch die Bundestagsausschüsse verzichteten auf Änderungsvorschläge, sodass das Parlament Mitte Dezember die Anhebung des Steuersatzes um einen beziehungsweise einen halben Prozentpunkt ab dem 1. Juli 1983 wie vorgesehen beschließen konnte.[299]

4.2.10 Die Zwangsanleihe

Eine andere Möglichkeit zur Sanierung der Bundesfinanzen war die Einführung neuer Abgaben. Die SPD hatte in diesem Zusammenhang in den zurückliegenden Monaten eine Ergänzungsabgabe zur Einkommensteuer diskutiert. Diese sollte nur von den Besserverdienern gezahlt werden und damit einen Beitrag zur sozialen Ausgewogenheit der Sparanstrengungen leisten. Die FDP lehnte eine solche zusätzliche Steuer, die leistungshemmend gewirkt und möglicherweise einen einflussreichen Teil ihrer Wählerschaft getroffen hätte, damals aber strikt ab und verhinderte damit das Vorhaben. Schmidt konnte mit dieser Entscheidung leben. Er versprach sich von der Ergänzungsabgabe zwar mehr soziale Gerechtigkeit, eine unverzichtbare Rolle in seiner Konjunkturpolitik hätte sie aber ohnehin nicht spielen sollen. Dennoch wurden die Diskussionen über die Ergänzungsabgabe im Sommer 1982 so emotional

297 Man nahm zur Wahrung des Gesamtkonzeptes lediglich einige kleinere Anpassungen im Bereich der Umsatzsteuer für Land- und forstwirtschaftliche Betriebe vor, Entwurf des Haushaltsbegleitgesetzes 1983, BT-Drs. 09/2074, S. 70.

298 Bericht des Haushaltsausschusses zum Haushaltsbegleitgesetz 1983, BT-Drs. 09/2290, S. 4.

299 BR-PlPr. 515 (08.10.1982), S. 321, 324A, 426B; BT-PlPr. 09/140 (16.12.1982), S. 8909. Man bedenke mit Blick auf den Bundesrat, dass auch die Länder von der Mehrwertsteuererhöhung profitierten. Vgl. ferner Kap. 4.3.4.

geführt, dass viele Kommentatoren in ihr einen der wichtigsten Gründe für die Trennung der beiden Parteien sahen.[300]

Nach dem Koalitionsbruch begann die sozialdemokratische Minderheitsregierung, das Projekt alleine fortzuführen. Während Union und FDP über das Programm der neuen Koalition verhandelten, arbeitete der noch amtierende Finanzminister Lahnstein ein fertiges Konzept einer Ergänzungsabgabe aus, die das Kabinett noch in den letzten Septembertagen beschließen sollte. Der Entwurf sah vor, Steuerpflichtige ab einem zu versteuernden jährlichen Einkommen von 48.000 DM bei Ledigen, beziehungsweise 96.000 DM bei Eheleuten, um weitere 5 % ihrer Steuerschuld zu belasten. Damit diese Abgabe keine Auswirkungen auf die Investitionstätigkeit der Betroffenen hatte, sollten investierende Steuerschuldner von der Regelung ausgenommen werden. Dafür waren unter anderem Steuergutscheine im Gespräch.[301] Von der Abgabe versprach sich die Regierung Mehreinnahmen von 3,2 Mrd. DM, bei einer Einbeziehung der Körperschaftsteuer sogar von über 4 Mrd. DM. Die Einkünfte sollten ausschließlich in die Bundeskasse fließen und dort anschließend zur Entlastung des Arbeitsmarktes und zur Förderung anderer Investitionen eingesetzt werden. Manfred Lahnstein knüpfte mit seiner Ergänzungsabgabe an eine ähnliche Abgabe an, die die Bundesregierung schon ab 1968 für mehrere Jahre auf die Einkommen- und Körperschaftsteuer erhoben hatte.[302]

Mit seiner Initiative beeinflusste das sozialdemokratische Kabinett in seinen letzten Regierungstagen auch den Verlauf der Koalitionsverhandlungen. Lahnsteins Ansatz konnte einen Beitrag zur Haushaltskonsolidierung leisten und gleichzeitig ein Zeichen des sozialen Ausgleichs bei den Sparanstrengungen setzen. Andererseits hatte die Union in ihrer Sieben-Punkte-Offensive Steuererhöhungen, für die Betroffenen machte die genaue Einordnung kaum einen Unterschied, zuvor noch kategorisch ausgeschlossen. Auch die konjunkturellen Folgen einer zusätzlichen Abgabe waren schwer abzuschätzen. Die Bruchlinien verliefen in dieser Frage daher quer durch CDU, CSU und FDP. Der bayerische Finanzminister Max Streibl bezeichnete Lahnsteins Projekt als *„bürokratischen Irrweg“* und warnte davor, die Selbstheilungskräfte des Marktes durch unnötige Eingriffe zu blockieren.[303] Er sah in der Ergänzungsabgabe nicht zuletzt den Versuch, die Progression der Einkommensteuer

300 Wunsch nach Zeitgewinn, FR vom 24.09.1982, ACDP Medienarchiv; Jäger, W., Bruch der Koalition, S. 170.

301 Der Sachverständigenrat hatte Anfang des Jahres ebenfalls betont, gewerbliche Investitionen dürften aufgrund ihrer arbeitsplatzschaffenden Wirkung nicht besteuert werden. Dafür hatten die Wirtschaftsweisen ähnliche Schritte vorgeschlagen. So zogen sie bspw. die Absetzbarkeit eines pauschalierten Freibetrags für getätigte Investitionen von der Einkommen- und Körperschaftsteuer in Betracht, Jahresgutachten des SVR 1981/82, BT-Drs. 09/1061, S. 167, 170.

302 Bundesregierung strebt Ergänzungsabgabe an, GA vom 24.09.1982, ACDP Medienarchiv; Strauß klar gegen Ergänzungsabgabe, WAZ vom 24.09.1982, ACDP Medienarchiv; Union und FDP in der Steuerpolitik einig, FAZ vom 24.09.1982, S. 1.

303 Union und FDP in der Steuerpolitik einig, FAZ vom 24.09.1982, S. 1, hier auch das Zitat.

zu verschärfen. Das müsse auf jeden Fall verhindert werden. Unterstützung bekam Streibl von seinem Parteivorsitzenden. Strauß sprach sich entschieden gegen eine Ergänzungsabgabe aus, obwohl die bayerischen Landtagswahlen anstanden und die Wähler der Christsozialen das Konzept mehrheitlich befürworteten. Auch Genscher und Stoltenberg zeigten sich mit Blick auf eine einkommensbezogene Ergänzungsabgabe skeptisch. Um auf diesem Wege Mittel in einer relevanten Größenordnung zu gewinnen, befürchtete der spätere Finanzminister, müsse man die Menschen bis hin zum Facharbeiter besteuern. Das bedeute nur eine Mehrbelastung für den Mittelstand. Lothar Späth hielt es als einer der einflussreichsten konservativen Ministerpräsidenten ebenfalls für unsinnig, etwa den Unternehmern Geld abzunehmen, mit dem man sie später wieder unterstützen wollte.[304]

Anders sahen es die Sozialausschüsse der Union. Insbesondere Heiner Geißler forderte nach dem Bruch der sozialliberalen Koalition, deren Konzept einer Ergänzungsabgabe zumindest im Grundansatz zu übernehmen. Unterstützung bekam er dafür von Norbert Blüm, der immer wieder betonte, die Sparanstrengungen müssten sozial ausgewogen sein. Der Bundesvorstand der CDA erklärte schließlich am 24. und 25. September in Essen, ohne einen Beitrag der Besserverdienenden seien die unvermeidlichen Opfer der kleinen Leute unzumutbar.[305]

Auch in den Ländern gab es nicht nur Gegner einer Ergänzungsabgabe. Die CDU-Ministerpräsidenten Ernst Albrecht und Bernhard Vogel hielten eine solche Regelung ebenso wie der Hamburger Spitzenkandidat Walther Leisler Kiep für durchaus diskutabel. Alfred Dregger erklärte kurz vor seiner überraschenden Wahlniederlage in Hessen, er habe nichts gegen einen Solidaritätsbeitrag der Besserverdienenden, solange gewährleistet sei, dass die Unternehmer davon nicht belastet würden.[306]

Auch der linke Flügel der FDP sympathisierte mit einer Einbeziehung der Reichen in die Konsolidierungsbemühungen. Insbesondere im Umfeld Gerhart Baums und Burkhard Hirschs gab es Zustimmung zum sozialdemokratischen Projekt. Am Prinzip der sozialen Symmetrie sollte auf jeden Fall festgehalten werden, was eine Regelung wie die Ergänzungsabgabe attraktiv machte. Selbst wenn eine Einbeziehung der Reichen auf diesem Wege keinen wirklich relevanten Beitrag zur Haus-

---

304 Wenn nur die FDP nicht wieder reinkommt, Der Spiegel 38/82, S. 25; Bundesregierung strebt Ergänzungsabgabe an, GA vom 24.09.1982, ACDP Medienarchiv; Union und FDP in der Steuerpolitik einig, FAZ vom 24.09.1982, S. 1–2. Zur Stimmung unter den CSU-Wählern siehe Falter, J., Die bayerische Landtagswahl, S. 92.

305 Ergebnisprotokoll der Sitzung des Bundesvorstandes der CDA am 24. und 25. September in Essen, ACDP 04-013:092/1; Auf dieser Regierung liegt kein Segen, Der Spiegel 40/82, S. 19; Stoltenberg, G., Wendepunkte, S. 282.

306 Bundesregierung strebt Ergänzungsabgabe an, GA vom 24.09.1982, ACDP Medienarchiv; Wunsch nach Zeitgewinn, FR vom 24.09.1982, ACDP Medienarchiv; Symphonie für Streicher, Stern 39/82, ACDP Medienarchiv; Albrecht: Ergänzungsabgabe nicht ausgeschlossen, FAZ vom 10.09.1982, S. 4.

haltskonsolidierung brächte, so überlegten Teile der Liberalen schon Anfang September, wäre sie doch auch nicht schädlich. Eine Mehrbelastung im Rahmen der von der SPD vorgeschlagenen zusätzlichen 5 % bei der Einkommensteuer würde das Konsumverhalten kaum derart beeinflussen, dass mit einem spürbaren Nachfragerückgang zu rechnen wäre.[307]

Otto Graf Lambsdorff war in dieser Frage unentschlossen. Unter Helmut Schmidt hatte sich der Wirtschaftsminister noch gegen eine Ergänzungsabgabe ausgesprochen. Zu Beginn der Koalitionsgespräche zog er die Einführung einer Sonderabgabe dann zumindest für den Fall in Erwägung, dass man für Investitionen genutzte Einkommen tatsächlichausspare. Ähnlich äußerte sich Dieter-Julius Cronenberg als stellvertretender Fraktionsvorsitzender der FDP. Im Deutschlandfunk erkläre dieser am 24. September, es sei keine Frage, dass Besserverdienende ihren Beitrag leisten müssten. Dabei müsse aber darauf geachtet werden, dass die Unternehmen nicht zusätzlich belastet würden.[308]

Am Donnerstag dem 23. September schienen die Gegner des Projektes trotzdem die Oberhand gewonnen zu haben. Lambsdorff verkündete abends im ZDF, eine Ergänzungsabgabe werde es nicht geben. Er habe als Minister nochmals darüber nachgedacht und sei zu dem Ergebnis gekommen, dass man keine solche Sondersteuer entwickeln solle. Damit deckte sich seine Haltung nun mit der von Franz Josef Strauß, dem die Kommentatoren einen wichtigen Beitrag an dieser Entscheidung zuschrieben.[309]

Trotzdem war die Frage einer Beteiligung der Besserverdiener für die Unterhändler noch nicht völlig vom Tisch. Die Befürworter der Abgabe stellten einen neuen Entwurf zur Diskussion, der auf die von den Gegnern des Vorhabens beklagten Schwächen einging. Insbesondere sollte sichergestellt werden, dass für Investitionen genutzte Einkommen nicht belastet und die Abgaben nicht endgültig in die Staatskasse fließen, sondern nach Überwindung der Krise zurückgezahlt würden. Es ging nun also weniger um eine Abgabe, als um eine zinslose obligatorische Anleihe des Staates. Die Gegner der Ergänzungsabgabe gingen am Ende der Koalitionsverhandlungen auf diesen Vorschlag ein. Diese Entscheidung war bemerkenswert, bedeutete die Zwangsanleihe doch letztendlich nichts anderes als eine versteckte höhere Neuverschuldung, wie sie die FDP noch unter Schmidt abgelehnt hatte. Stoltenberg konnte sich mit dem neuen Konzept ebenfalls anfreunden, zeigte sich

---

307 Brief an Burkhard Hirsch vom 21.09.1982, AdL Baum, Gerhart R. ÜP 26/2014–29a; Brief vom 13.09.1982, AdL Baum, Gerhart R. ÜP 26/2014–29a; Zohlnhöfer, R., Wirtschaftspolitik der Ära Kohl, S. 71.

308 Die Bonner Verhandlungspartner machen eine Pause und warten auf Wiesbaden, FAZ vom 25.09.1982, S. 1; Bundesregierung strebt Ergänzungsabgabe an, GA vom 24.09.1982, ACDP Medienarchiv; Wunsch nach Zeitgewinn, FR vom 24.09.1982, ACDP Medienarchiv; Brief vom 13.09.1982, AdL Baum, Gerhart R. ÜP 26/2014–29a.

309 Strauß klar gegen Ergänzungsabgabe, WAZ vom 24.09.1982, ACDP Medienarchiv; Lambsdorff: Es gibt keine Ergänzungsabgabe, KStA vom 24.09.1982, ACDP Medienarchiv.

aber über die plötzliche Zustimmung von Strauß und den Liberalen überrascht. Bei einem Vortrag vor Unternehmern in Bielefeld kündigte er schließlich an, die Ergänzungsabgabe werde zwar nicht in Form einer Steuer kommen und Investitionen nicht beeinträchtigen, die Berücksichtigung der sozialen Symmetrie sei aber im Grundsatz unausweichlich.[310]

Die Zustimmung zur Zwangsanleihe war für weite Teile der Koalition ein Zugeständnis insbesondere an den sozialen Flügel der Union.[311] Durch diesen Schritt zur Wahrung der sozialen Balance der Belastungen konnte man nun Einschnitte an anderen Stellen leichter rechtfertigen. Außerdem verhalf er dem Finanzminister immerhin zu einem etwas größeren Handlungsspielraum. Sowohl die FDP als auch große Teile des konservativen Wirtschaftsflügels betrachteten das Projekt aber weiterhin kritisch.[312]

Die Koalitionsvereinbarung sah schließlich vor, dass die Bezieher steuerpflichtiger Einkommen von mehr als 50.000 DM, beziehungsweise 100.000 DM bei Ehepaaren, in den Jahren 1983 und 1984 eine obligatorische und unverzinste Anleihe in Höhe von 5 % ihrer Steuerschuld zahlen mussten. Davon waren diejenigen Steuerpflichtigen ausgenommen, die mindestens den fünffachen Betrag der Anleihe in ihrem eigenen Unternehmen für Investitionen aufwendeten. Die Rückzahlung sollte in den Jahren 1987 bis 1989 erfolgen, jedoch nicht früher als drei Jahre nach der Zahlung des Betrages. Die Rückzahlungsfristen hatten bis zuletzt für Diskussionen gesorgt. Nachdem das Geld zunächst schon nach zwei Jahren zurückgegeben werden sollte, entschied man sich schließlich für die für den Bundeshaushalt vorteilhaftere längere Laufzeit von drei Jahren. Die Einnahmen aus der Anleihe sollten für die Förderung des sozialen Wohnungsbaus eingesetzt werden. Hier waren ein Programm zur Zinsverbilligung von Zwischenkrediten für Bausparer, eines zur Förderung des Mietwohnungsbaus in Verdichtungsräumen und eine Initiative zu Gunsten selbstgenutzten Wohneigentums vorgesehen.[313]

Die Zwangsanleihe der christlich-liberalen Regierung unterschied sich insofern, abgesehen von der Rückzahlbarkeit, nur in Details von den Ansätzen der SPD. Die Einkommensgrenze lag etwas höher als in Lahnsteins Modell, die Entlastung der Unternehmen sollte technisch anders durchgeführt und die Verwendung der Mittel strenger an konkrete Vorhaben geknüpft werden. Bei Letzterem darf man selbstver-

---

310 Stoltenberg, G., Wendepunkte, S. 282; Ergänzungsabgabe nicht in Form einer Steuer, Handelsblatt vom 27.09.1982, ACDP Medienarchiv; Kohl biegt ein in die Via Crucis, Der Spiegel 39/82, S. 22–23.

311 Vgl. dazu das Zeitzeugengespräch mit Jürgen Merkes am 12. Oktober 2020, S. 2.

312 Zeitzeugengespräch mit Manfred Carstens am 29. September 2020, S. 2; Zeitzeugengespräch mit Rainer Funke am 12. Oktober 2020, S. 2; Dank an Alfred Dregger, Mittelstandsmagazin 11/82, S. 34.

313 Protokoll der Sitzung der CDU/CSU-Fraktion im Deutschen Bundestag Nr. 9/53 vom 28.09.1982, S. 10, ACDP 08-001:1068/1; Ergebnis der Koalitionsgespräche vom 29. September 1982. Wirtschafts- und Sozialpolitik, S. 2, ACDP Medienarchiv. Vgl. auch Zohlnhöfer, R., Wirtschaftspolitik der Ära Kohl, S. 77.

ständlich nicht aus den Augen verlieren, dass durch die Einführung der Zwangsanleihe weniger reguläre Haushaltsmittel für diesen Zweck aufgewendet werden mussten. Auch der Beitrag der Besserverdienenden entlastete also ebenso wie die Mehrwertsteuererhöhung wieder vor allem den Bundesetat.

Nachdem die vieldiskutierte Ergänzungsabgabe nun in Form einer Zwangsanleihe doch Eingang in das Koalitionsprogramm gefunden hatte, mussten die Parteien noch ihre Abgeordneten auf die neue Linie einschwören. Lambsdorff, Cronenberg und Mischnick erläuterten ihrer Fraktion daher ausführlich die Unterschiede zwischen altem und neuem Konzept und warum letzteres erträglicher sei als das Vorhaben der SPD. So habe man mit der Anleihe die von den konservativen Sozialausschüssen eingeforderte gesellschaftliche Ausgewogenheit berücksichtigt, ohne die Wirtschaft dabei übermäßig zu belasten.[314]

In der Unionsfraktion bemühte man sich auch darum, eine einheitliche Sprachregelung zur Zwangsanleihe zu finden. Da der Begriff der Ergänzungsabgabe von der SPD belegt und der Ausdruck „Zwangsanleihe" negativ konnotiert war,[315] kursierten zahlreiche alternative Bezeichnungen für die neue Regelung, vom Solidarbeitrag über die Pflichtanleihe, das Stabilitätsopfer bis hin zum Beschäftigungsbeitrag oder der Investitionsanleihe. Stoltenberg sprach sich schließlich unter allgemeiner Zustimmung für das Wort „Investitionshilfe" aus, das sich an einer gleich lautenden Unterstützung des Ruhrgebietes im Jahre 1952 orientierte. Im öffentlichen Diskurs blieben aber auch die anderen Ausdrücke üblich. Gleichzeitig beschloss die Union, gegenüber der Presse fortan auch auf die im Sprachgebrauch der Sozialdemokraten häufige Bezeichnung „Besserverdienende" zu verzichten und die erwartbaren Einkünfte der Zwangsanleihe für die kommenden zwei Jahre mit der *„politischen Zahl"*[316] von 2,5 Mrd. DM zu beziffern.[317]

Die Reaktionen auf den Koalitionsbeschluss fielen überwiegend ablehnend aus. Herbert Wehner und Horst Gobrecht bezeichneten die Zwangsanleihe als Tarnung für eine Erhöhung der Staatsschulden um weitere 2 Mrd. DM. Ausgerechnet die geringe Belastung, die den Spitzenverdienern zugemutet werde, solle rückerstattet

314 Kurz- und Beschlussprotokoll der Sitzung der Fraktion am 26. Oktober 1982, S. 3–5, AdL FDP-Fraktion im Deutschen Bundestag A 49–35; Vereinbarungen zwischen den Koalitionspartnern im Wortlaut, erläutert und kommentiert, AdL FDP-Bundesgeschäftsstelle 11808.

315 Was aber zahlreiche Koalitionspolitiker wie Heiner Geißler nicht davon abhielt, die Abgabe in der Fraktion so zu nennen, Protokoll der Sitzung der CDU/CSU-Fraktion im Deutschen Bundestag Nr. 9/58 vom 12.10.1982, S. 28, ACDP 08-001:1068/2. Auch die CDA verwendete teils diesen Ausdruck: Wende zum Wiederaufschwung, Soziale Ordnung 35 X, 1982, S. 6.

316 Protokoll der Sitzung der CDU/CSU-Fraktion im Deutschen Bundestag Nr. 9/58 vom 12.10.1982, S. 20, ACDP 08-001:1068/2.

317 Protokoll der Sitzung der CDU/CSU-Fraktion im Deutschen Bundestag Nr. 9/53 vom 28.09.1982, S. 10, 43, 45, ACDP 08-001:1068/1; Symphonie für Streicher, Stern 39/82, ACDP Medienarchiv; Sondergutachten des SVR 1982, BT-Drs. 09/2118, S. 227 (Tz. 72).

werden. Das sei ein *„Hohn auf die Rentner und Sozialhilfeempfänger“*.[318] Außerdem könne man der Anleihe durch die Gegenrechnung routinemäßiger Investitionen einfach entgehen. Der bürokratische Aufwand der Rückzahlung dürfe ferner auch nicht unterschätzt werden.[319]

Der Spiegel zweifelte die erwarteten Einnahmen an, der bekannte Wirtschaftsjournalist Hans-Henning Zencke hatte schon während der Koalitionsverhandlungen verlauten lassen, für eine Abgabenerhöhung sei die Krise nicht der richtige Zeitpunkt. Das Handelsblatt sah in der Investitionshilfe schlichtweg eine *„Fortsetzung der bisherigen Politik nicht einmal mit anderen Mitteln“*[320] und überlegte, ob denn privates Geld, das auf der Bank liege und von dieser weiter verliehen werde, tatsächlich so unnütz sei.[321]

Der Sachverständigenrat gehörte zu den wenigen Beobachtern, die die Anleihe ausdrücklich guthießen. Zwar seien zur Schaffung einer sozialen Balance in der Bevölkerung andere Maßnahmen wie eine Gewinnbeteiligung der Arbeitnehmer oder Anstrengungen zu deren Vermögensbildung vielversprechender, die Investitionshilfeabgabe habe allerdings ein gewisses Potential. So sei beispielsweise vorstellbar, die Zwangsanleihe noch auf alle Einkommen über 20.000 DM beziehungsweise 40.000 DM auszuweiten und gleichzeitig auf die Mehrwertsteuererhöhung zu verzichten. Die Rückzahlung der Abgabe könne im Übrigen recht einfach über Steuergutscheine auf die Einkommensteuer erfolgen.[322]

Ähnlich wie die Kommentatoren der Presse und Zivilgesellschaft hatten auch viele an den Koalitionsverhandlungen nicht direkt beteiligte Abgeordnete noch zahlreiche Vorbehalte gegenüber der Zwangsanleihe. Besonders kontrovers war die Frage der Rückzahlbarkeit. Herbert Werner schlug dazu am 28. September in der CDU/CSU-Fraktion vor, sich die Erstattung der Investitionsabgabe je nach Haushaltslage offen zu halten. Stoltenberg widersprach dem vehement. Man könne die Rückzahlbarkeit nicht offen lassen, da es dann keine Rechtssicherheit mehr gebe. Die jetzigen Beschlüsse seien im Übrigen bereits das Ergebnis einer langen Debatte. Man könne bestenfalls nochmals über den Rückzahlungszeitpunkt reden.[323]

---

318 CDU/CSU/FDP-Koalitionsvereinbarungen, Informationen der sozialdemokratischen Bundestagsfraktion vom 10.10.1982, ACDP Medienarchiv.

319 Das befürchtete auch das Handelsblatt: Wendemanöver, Handelsblatt vom 29.09.1982, ACDP Medienarchiv; Koalitionsverhandlungen Steuerpolitik, Informationen der sozialdemokratischen Bundestagsfraktion vom 29.09.1982, ACDP Medienarchiv; CDU/CSU/FDP-Koalitionsvereinbarungen, Informationen der sozialdemokratischen Bundestagsfraktion vom 10.10.1982, ACDP Medienarchiv; BT-PlPr. 09/126 (10.11.1982), S. 7707A.

320 Keine Tabus, Handelsblatt vom 24.09.1982, ACDP Medienarchiv.

321 Was gilt nun, Rheinische Post vom 24.09.1982, ACDP Medienarchiv; Keine Tabus, Handelsblatt vom 24.09.1982, ACDP Medienarchiv; Auf dieser Regierung liegt kein Segen, Der Spiegel 40/82, S. 21.

322 Sondergutachten des SVR 1982, BT-Drs. 09/2118, S. 220–221 (Tz. 53), 226–228 (Tz. 67–74).

323 Protokoll der Sitzung der CDU/CSU-Fraktion im Deutschen Bundestag Nr. 9/53 vom 28.09.1982, S. 35, 43, ACDP 08-001:1068/1.

Herbert Werner war nicht der einzige, der die Erstattung der Anleihe in Frage stellte. Sogar die Fraktionsführung unter dem neu gewählten Alfred Dregger und dem stellvertretenden Fraktionsvorsitzenden Adolf Müller sprachen sich für einen Einbehalt der Gelder aus. Namhafte Vertreter des konservativen Arbeitnehmerflügels wie der Hauptgeschäftsführer der CDA, Heribert Scharrenbroich, argumentierten, der Verlust der Zinsen für drei Jahre sei ein sehr kleines Opfer im Verhältnis zu den dauerhaften Einkommensverlusten der von den Kürzungen betroffenen Bürger. Der CDU-Abgeordnete und CDA-Politiker Bernhard Friedmann rechnete das seinen Parteifreunden in der Fraktion an einem Beispiel vor: Wer als Verheirateter 100.00 DM verdiene, müsse davon 30.000 DM Steuern bezahlen und nun durch die Zwangsanleihe 1.500 DM zusätzlich abgeben. Da er aber nur auf die Zinsen verzichte, hätte er lediglich Einbußen von etwa 60 DM im Jahr.[324]

Ein nachträglicher Verzicht auf die Rückzahlbarkeit kam aber für die CSU und große Teile der FDP nicht in Frage. Unter den liberalen Abgeordneten hatten sich zwar einzelne Delegierte wie Friedrich Hölscher gegen eine Erstattung ausgesprochen, zahlreiche andere hatten die Anleihe aber auch ganz in Frage gestellt. Mischnick war darum zu dem Schluss gekommen, dass man sich schon aus Gründen des Friedens in der Koalition an die jetzt mit der Union getroffene Vereinbarung halten solle.[325]

Die Erstattungsdiskussion neu aufleben zu lassen, schien der Koalitionsführung unter diesen Umständen aussichtslos, wenn nicht sogar gefährlich für den Zeitplan der Regierung. Der Finanzminister bekam daher für seine abwehrende Haltung Rückendeckung von Helmut Kohl. Obwohl der Bundeskanzler später im Wahlkampf erklären sollte, er sei immer schon gegen eine Rückzahlbarkeit gewesen und habe sich in den Koalitionsgesprächen lediglich nicht gegen die FDP durchsetzen können, schloss er nun Nachverhandlungen zur Wahrung des Koalitionsfriedens aus.[326]

Heiner Geißler, der als Mitglied des sozialen Flügels der CDU ebenfalls ein Einbehalten der Gelder bevorzugt hatte, gab sich daher bis auf Weiteres mit der gefundenen Lösung zufrieden. Im Wahlkampf, so stellte er Mitte Oktober fest, müsse diese Ungerechtigkeit aber wieder thematisiert werden. Auch Dregger akzeptierte die Entscheidung der Koalitionsführung und brachte Ende des Monats einige Argumente für eine Rückzahlbarkeit vor. Stelle man die nicht in Aussicht, drohe möglicherweise

---

324 Protokoll der Sitzung der CDU/CSU-Fraktion im Deutschen Bundestag Nr. 9/60 vom 26.10.1982, S. 10, ACDP 08-001:1068/2, wobei hier selbstverständlich positive Annahmen zu Grunde gelegt wurden. Zohlnhöfer, R., Wirtschaftspolitik der Ära Kohl, S. 74; Vierhaus, R. – Herbst, L. (Hrsgg.), Biographisches Handbuch I, S. 227–228; Vierhaus, R. – Herbst, L. (Hrsgg.), Biographisches Handbuch II, S. 729.

325 Kurz- und Beschlussprotokoll der Sitzung der Fraktion am 26. Oktober 1982, S. 3–4, AdL FDP-Fraktion im Deutschen Bundestag A 49–35, Zohlnhöfer, R., Wirtschaftspolitik der Ära Kohl, S. 74.

326 Zohlnhöfer, R., Wirtschaftspolitik der Ära Kohl, S. 74; Bökenkamp, G., Das Ende, S. 221.

eine Kapitalflucht ins Ausland. Ferner dauerten Provisorien häufig länger als zunächst erwartet, diese Gefahr bestehe auch bei einer Solidarabgabe.[327]

Obwohl das Thema der Erstattungsfähigkeit den Gesetzgebungsprozess ununterbrochen begleitete, blieben die Koalitionsparteien bei ihren ursprünglichen Beschlüssen. Zwischen Oktober und Dezember wurden lediglich Detailfragen geklärt und technische Änderungen an der Zwangsanleihe vorgenommen. Der Gesetzentwurf konkretisierte beispielsweise die Koalitionsvereinbarung dahingehend, dass nun auch explizit die Körperschaftsteuer in die Regelung der Investitionshilfeabgabe einbezogen wurde. Das Papier von Ende September hatte das nicht eindeutig festgelegt.[328]

Außerdem musste bestimmt werden, welche Investitionen bei der Zwangsanleihe befreiend wirken sollten. Das Bundesministerium für Finanzen dachte hier vor allem an neue abnutzbare Wirtschaftsgüter, die ausschließlich oder fast ausschließlich betrieblich genutzt wurden. Geringwertige Wirtschaftsgüter sollten davon ausgenommen sein. Das Bauministerium von Oskar Schneider forderte darüber hinausgehend einen stärkeren Einbezug von Investitionen in Wohngebäude, konnte sich damit aber nicht durchsetzen. Die SPD bemerkte später in den Ausschüssen, das führe zu der absurden Lage, dass der Staat ausgerechnet den Wirtschaftszweig von der Abgabenbefreiung ausnehme, den er anschließend mit dem zusätzlich eingenommenen Geld wieder fördern wolle.[329]

Umstritten war auch, inwieweit die Anschaffung zumindest teilweise privat genutzter Fahrzeuge als Investition im Sinne der Zwangsanleihe gelten sollte. Wirtschaftsvertreter regten an, zumindest den betrieblichen Anteil der betroffenen Wagen als anrechenbare Investition zuzulassen. Stoltenberg lehnte das aber nicht zuletzt aus Gründen der Außenwirkung ab, sodass Aufwendungen für Fahrzeuge nicht als Ermäßigungsgrund anerkannt wurden. Der Entwurf des Haushaltsbegleitgesetzes schätzte die später zurückzuzahlenden Einnahmen für das Jahr 1983 auf etwa 1 Mrd. DM.[330]

Auch die Anhörungen und Beratungen der Bundestagsausschüsse führten nur zu kleineren technischen Veränderungen, die weder das Gesamtkonzept in Frage stellten, noch erfassbare finanzielle Auswirkungen hatten. Damit prallten mehrere

---

327 Protokoll der Sitzung der CDU/CSU-Fraktion im Deutschen Bundestag Nr. 9/58 vom 12.10.1982, S. 28, ACDP 08-001:1068/2; Protokoll der Sitzung der CDU/CSU-Fraktion im Deutschen Bundestag Nr. 9/60 vom 26.10.1982, S. 4, ACDP 08-001:1068/2.

328 Entwurf des Haushaltsbegleitgesetzes 1983, BT-Drs. 09/2140, S. 11.

329 Bericht des Haushaltsausschusses zum Haushaltsbegleitgesetz 1983, BT-Drs. 09/2290, S. 23; Schnellbrief des Finanzministers an den Chef des Bundeskanzleramtes vom 25. Oktober 1982, Anlage 4, BArch B 136/22539.

330 Entwurf des Haushaltsbegleitgesetzes 1983, BT-Drs. 09/2074, S. 60; Protokoll der Sitzung der CDU/CSU-Fraktion im Deutschen Bundestag Nr. 9/60 vom 26.10.1982, S. 15, 22, ACDP 08-001:1068/2; Bericht des Haushaltsausschusses zum Haushaltsbegleitgesetz 1983, BT-Drs. 09/2290, S. 4; KabPr. vom 27.10.1982.

Einwände zivilgesellschaftlicher Organisationen an den Abgeordneten ab. So hatten beispielsweise die angehörten Familienverbände beklagt, Kinder seien bei der Berechnung der Anleiheschuld nicht ausreichend berücksichtigt worden. Die Ausschüsse sprachen sich ferner auch dafür aus, den Anfang Oktober von der SPD eingebrachten konkurrierenden Entwurf eines Ergänzungsabgabegesetzes[331] abzulehnen. Am 16. Dezember scheiterte das sozialdemokratische Projekt erwartungsgemäß im Bundestag.[332]

Seit der Regierungsbildung überschattete außerdem eine bis dahin eher vernachlässigte Frage die Diskussionen zur Zwangsanleihe. Justizminister Hans Engelhard erläuterte der Regierung in einem Schreiben vom 22. Oktober, es beständen erhebliche verfassungsrechtliche Bedenken gegen die Investitionshilfeabgabe in ihrer derzeitigen Ausgestaltung. Problematisch sei vor allem, so erklärte der Minister später vor dem Kabinett, dass die Abgabe unmittelbar in die Staatskasse fließen sollte.[333]

Hinzu kamen eine Reihe weiterer Umstände, die das Missfallen der Karlsruher Richter erregen konnten. Da die Abgabe zurückgezahlt werden sollte, handelte es sich offensichtlich nicht um eine Steuer, sondern um eine Sonderabgabe. An diese stellte die Rechtsprechung des obersten Gerichtes aber besondere Anforderungen. Zahlreiche Sachverständige befürchteten bei der näheren Beschäftigung mit dem Regierungsvorhaben, dass die Investitionshilfe in ihrer derzeitigen Form diesen Ansprüchen nicht gerecht würde. Bedenklich war vor allem, dass die Abgabe von einer sehr heterogenen Gruppe erhoben wurde, die lediglich bedingt in den Genuss des mit ihrem Geld geförderten Wohnungsbaus kommen sollte. Außerdem legte der Gesetzentwurf die Verwendung der Einnahmen anders als bei älteren Investitionsabgaben nur sehr grob fest. Klare Regelungen zum Zweck der Einnahme seien aber wichtig, so die Rechtsexperten, um den Anschein zu vermeiden, der Bund wolle mit den zusätzlichen Mitteln lediglich den Haushalt sanieren. Im jetzigen Zustand sei es sehr fraglich, wie man die Gesetzgebungskompetenz des Bundes in diesem Fall rechtfertigen könne. Eine Ableitung aus dem wirtschafts- oder wohnungspolitischen Gestaltungsspielraum aus Art. 74 Abs. 1 Nr. 11 oder Nr. 18 GG sei bei dem noch recht unverbindlich festgelegten Verwendungszweck der Einnahmen beispielsweise nicht unproblematisch.[334]

Bedenken kamen dabei nicht nur aus den Reihen der Koalitionsparteien, sondern auch und besonders aus der Opposition. Horst Gobrecht brachte die Einschätzung der SPD in aller Deutlichkeit zum Ausdruck. Als der Liberale Friedhelm Ren-

---

331 Entwurf eines Gesetzes über eine Ergänzungsabgabe zur Einkommensteuer und zur Körperschaftsteuer, BT-Drs. 09/2016.

332 Bericht des Haushaltsausschusses zum Haushaltsbegleitgesetz 1983, BT-Drs. 09/2290, S. 4, 10–11, 23; BT-PlPr. 09/140 (16.12.1982), S. 8919C-D.

333 KabPr. vom 27.10.1982.

334 Rechtsausschuss des deutschen Bundestages (Hrsg.), Protokoll 09/42 vom 12.11.1982, S. 56–66; Bökenkamp, G., Das Ende, S. 214–215.

trop als Vorsitzender des Finanzausschusses Mitte Dezember die Investitionshilfeabgabe im Bundestag verteidigte, unterbrach ihn der Sozialdemokrat erbost mit dem Worten *„Die Zwangsanleihe wird Ihnen Karlsruhe in den Orkus schmeißen!"*.[335]

Innenminister Zimmermann antwortete Engelhard Ende Oktober, sein Ressort habe die Frage der Verfassungsmäßigkeit ebenfalls geprüft. Er verkenne nicht, dass es gewisse Risiken gebe, halte sie aber für vernachlässigbar. Stoltenberg zeigte sich noch optimistischer. Nach sorgfältiger finanzverfassungsrechtlicher Prüfung sehe sein Ministerium kein Restrisiko. Die Zweifel des Justizressorts könne sein Ministerium nicht teilen.[336] Kohl regte dennoch an, alle Möglichkeiten zur Minderung des Risikos zu prüfen.[337]

Im Umgang mit den Abgeordneten und der Öffentlichkeit entschied sich die Regierung trotz der Zweifel aus dem Justizressort, der Linie von Stoltenberg und Zimmermann zu folgen und von einer Verfassungsmäßigkeit der Regelung auszugehen. Gegenüber den Finanzexperten der Ausschüsse erklärte der neu ernannte Staatssekretär im Justizministerium Klaus Kinkel, auch wenn bei einem Novum wie der neuen Investitionshilfeabgabe eine gewisse Unsicherheit bestehe, sei das Risiko doch zu tragen. Bruno Schmidt-Bleibtreu zeigte sich als Ministerialdirektor im Finanzressort noch zuversichtlicher. Das Grundgesetz beinhalte keine klaren Regelungen zu Sonderabgaben und Zwangsanleihen, das Gebiet sei daher allein der Entwicklung der verfassungsrechtlichen Rechtsprechung unterworfen. Diese habe in der Vergangenheit schon zahlreiche andere Abgaben zugelassen, sodass man auch hier optimistisch sein könne. Dass die Einnahmen über den Bundeshaushalt flössen und keine bedeutende Verbindung zwischen belastetem und begünstigtem Personenkreis bestehe, sei dabei zu vernachlässigen. Mitte Dezember 1982 verabschiedeten die Koalitionsfraktionen die Investitionshilfeabgabe schließlich trotz aller Bedenken im Bundestag. Knappe zwei Jahre danach erklärte das Bundesverfassungsgericht die Zwangsanleihe tatsächlich maßgeblich aus den schon 1982 angeführten Gründen für nichtig.[338]

Unklar bleibt an dieser Stelle, inwieweit die zahlreichen Gegner der Zwangsanleihe deren Verfassungswidrigkeit billigend in Kauf nahmen oder sogar erhofften.

---

335 BT-PlPr. 09/140 (16.12.1982), S. 8905A. Zu Rentrop siehe Vierhaus, R. – Herbst, L. (Hrsgg.), Biographisches Handbuch III, S. 682–683.

336 Rückblickend äußerte sich Stoltenberg anders. Lange nachdem das Bundesverfassungsgericht die Zwangsanleihe 1984 gekippt hatte schrieb er, nach der Übernahme des Ministeriums sei ihm schnell klar geworden, dass bei dem Vorhaben ein erhebliches verfassungsrechtliches Risiko bestand, Stoltenberg, G., Wendepunkte, S. 282.

337 KabPr. vom 27.10.1982.

338 Auf die genauen Zusammenhänge dieser Entscheidung wird in Kap. 6 im Detail eingegangen. BT-PlPr. 09/140 (16.12.1982), S. 8909–8911; Rechtsausschuss des deutschen Bundestages (Hrsg.), Protokoll 09/42 vom 12.11.1982, S. 56–66. Zum Auftreten der Regierung im Bundestag siehe bspw. die Äußerungen des Parlamentarischen Staatssekretärs Friedrich Voss Anfang Dezember, BT-PlPr. 09/135 (08.12.1982), S. 8345A-C. Zu Kinkel siehe Vierhaus, R. – Herbst, L. (Hrsgg.), Biographisches Handbuch I, S. 418.

Zumindest die befragten Zeitzeugen, die alle zu den Kritikern der Abgabe zählten, sind sich in dieser Frage einig. Es könne sein, dass einzelne Abgeordnete so gedacht hätten, die allgemeine Stimmung sei aber anders gewesen. Die Fraktion, so stellt beispielsweise Manfred Carstens im Nachhinein fest, hätte dem Projekt nie zugestimmt, „*wenn jemand überzeugend argumentiert hätte, dass wir das vor dem Bundesverfassungsgericht nicht durchhalten*".[339]

4.3 Maßnahmen zur Unterstützung von Ländern und Gemeinden

Das Sofortprogramm der ersten Regierung Kohl zielte nicht nur auf eine Entlastung der Haushalte von Bund und Sozialversicherung ab, sondern nahm auch die Interessen der unteren Gebietskörperschaften in den Blick. Die Koalition hatte dafür gute Gründe. So konnte die Konsolidierung der Kassen von Ländern und Gemeinden ebenfalls beim Überwinden der Krise helfen und gleichzeitig die Bereitschaft der Bundesländer erhöhen, das Sofortprogramm nicht im Bundesrat zu verzögern. Den dort vertretenen Ländern war nicht nur an ihrem eigenen Wohlergehen gelegen, sondern auch an dem ihrer Kommunen. Das ergab sich nicht zuletzt aus den finanzverfassungsrechtlichen Verpflichtungen der unteren Gebietskörperschaften untereinander. Bundesländer und Gemeinden deckten ihre Ausgaben zunächst aus den Einnahmen der Länder-, beziehungsweise Gemeinde-, sowie ihren Anteilen an den Gemeinschaftssteuern. Hinzu kamen Mittel aus dem bundesstaatlichen Finanzausgleich oder zweckgebundene Zahlungen des Bundes beispielsweise im Rahmen des Art. 104a GG sowie weitere Einkünfte aus anderen Quellen.[340] Die Einkünfte der Gemeinden konnten dabei allerdings nur einen Teil ihres Finanzbedarfs decken. Die Lücke hin zu einer angemessenen Finanzausstattung mussten die Länder im Rahmen des kommunalen Finanzausgleichs schließen. Wie genau diese Umverteilung im Einzelnen gestaltet war, unterschied sich von Bundesland zu Bundesland. In jedem Fall hatten die Länder aber ein großes Interesse daran, dass die Gemeinden nicht durch Entscheidungen auf Bundesebene übermäßig belastet wurden.[341]

4.3.1 Die Kürzung der Sozialhilfe

Von zahlreichen Maßnahmen des Sofortprogramms konnten Länder und Gemeinden anteilig profitieren. Dazu gehörten beispielsweise die Erhöhung der Mehrwertsteuer

339 Zeitzeugengespräch mit Manfred Carstens am 29. September 2020, S. 3; Zeitzeugengespräch mit Rainer Funke am 12. Oktober 2020, S. 2.

340 Bspw. aus der bergrechtlichen Förderabgabe, vgl. dazu Kap. 4.3.4. Eine Übersicht der Zahlungen aus Art. 104a GG findet sich für die Jahre 1970–1981 bspw. bei Schulte, W., Länderaufgaben, S. 118–120.

341 Zum kommunalen Finanzausgleich siehe bspw. Frey, D., Finanzverfassung, S. 70–71.

und die Kürzungen beim BAföG sowie nicht zuletzt der erhoffte Wirtschaftsaufschwung in Folge des Gesamtpaketes. Manche Vorhaben der Koalition zielten aber auch direkt auf eine Verbesserung der Lage in den unteren Gebietskörperschaften ab. Dazu gehörten unter anderem Kürzungen bei der Sozialhilfe. Die Ausgaben für die Sozialhilfe zählten zu den prominentesten regelmäßigen Kosten der Gemeinden. Sie bestand im Wesentlichen aus Leistungen im Rahmen der „Hilfe zum Lebensunterhalt" und der „Hilfe in besonderen Lebenslagen". Der zweite Teil ergänzte dabei die regulären Leistungen der Sozialhilfe beispielsweise durch besondere Unterstützungen für Blinde und Pflegebedürftige.[342]

Die 1970er Jahre hatten für die Sozialhilfe mehrere Veränderungen gebracht. Anfang des Jahrzehnts erhöhte die Politik noch die Leistungssätze. Als in Folge der Krise von 1973/1974 die Empfängerzahlen stiegen, geriet die Sozialhilfe dann verstärkt in den Blick der sparwilligen Regierungen Helmut Schmidts. Der Bund stand dabei unter massivem Druck aus den unteren Gebietskörperschaften, die sich immer größer werdenden Belastungen ausgesetzt sahen. Die wurden noch dadurch verstärkt, dass sich die Sozialhilfe mit ihren Teilbereichen zunehmend zum Auffangbecken für die Opfer von Kürzungsmaßnahmen in den übrigen Sozialsystemen entwickelte. Dabei nahm sie einerseits die Funktion eines Lückenbüßers für Unachtsamkeiten bei den Haushaltskonsolidierungen ein, war andererseits aber auch bewusster Adressat von Problemverschiebungen hin zu den Gemeinden.[343]

Im Rahmen der Operation '82 versuchte die sozialliberale Regierung erstmals, die Sozialhilfe in großem Stil in die Konsolidierungspolitik einzubeziehen. Das am 22. Dezember 1981 verabschiedete 2. Haushaltsstrukturgesetz sah dafür starke Einsparungen bei der Unterstützungsleistung vor. Die wichtigste Maßnahme war eine Deckelung der Regelsatzsteigerung auf 3 % für die Jahre 1982 und 1983. Angesichts der erwartbaren Inflation bedeutete das für die Betroffenen im Ergebnis eine Kürzung der Sozialhilfe.[344]

Trotzdem wuchsen die Ausgaben weiter an.[345] Besonders betroffen war davon der Teilbereich der Hilfe zur Pflege, was nicht zuletzt daran lag, dass die Bundesregierung dieses Gebiet auf den anderen Ebenen der Sozialversicherung vernachlässigt hatte. Die Sozialhilfeempfänger wurden außerdem durch einen immer größer werdenden Zustrom von Asylanten ergänzt. Trotz lauter Kritik an den Einschnitten bei der Armenversorgung forderten die Interessensvertreter der Sozialhilfeträger wie

342 Richter, A., Grundlagen, S. 290–294.

343 Trenk-Hinterberger, P., Sozialhilfe, S. 632; Willing, M., Sozialhilfe, S. 481; Tesic, D., Sozialhilfe, S. 4–5.

344 Trenk-Hinterberger, P., Sozialhilfe, S. 625–626; Ullmann, H.-P., Schuldenstaat, S. 344.

345 Vgl. dazu Bundesminister für Arbeit und Sozialordnung (Hrsg.), Statistische Übersichten, S. 221 (Tab. 182).

der Deutsche Städtetag oder der Deutsche Landkreistag daher noch weitergehende Leistungskürzungen.[346]

Unterstützung bekamen sie dafür im Spätsommer 1982 vom Bundeswirtschaftsminister. Lambsdorff forderte eine weitergehende mehrjährige Minderanpassung oder ein Einfrieren der Regelsätze. Das diene nicht nur den Gemeinden, sondern auch den an deren Kosten über den kommunalen Finanzausgleich beteiligten Ländern. Außerdem könne man überlegen, die Sozial- langfristig mit der vom Bund gezahlten Arbeitslosenhilfe zusammenzulegen.[347]

Anders als in manchen anderen Bereichen konnte sich der Wirtschaftsminister bei der Sozialhilfe in den Koalitionsverhandlungen weitestgehend gegen die kritische CDA durchsetzen. Das Abschlusspapier sah zunächst eine Festlegung des Steigerungssatzes für das Jahr 1983 auf den niedrigen Wert von 2% vor. Gleichzeitig sollte die Anpassung aber zusammen mit der Atempause in der Rentenversicherung um ein halbes Jahr verschoben werden. Über das weitere Vorgehen wollte man dann nach der Bundestagswahl beraten.[348]

Während der folgenden Wochen distanzierten sich viele Politiker der Koalitionsparteien öffentlich von den beschlossenen Kürzungen. Der zuständige Familienminister Geißler kündigte an, die Maßnahmen zwar umzusetzen, in Zukunft aber mehr auf die soziale Ausgewogenheit achten zu wollen. Die FDP, deren Wirtschaftsminister kurz vorher noch viel heftigere Einschnitte gefordert hatte, erklärte Anfang Oktober, die nun angepeilte Sozialhilfehöhe sei die Untergrenze dessen, was die Liberalen zu tragen bereit seien.[349]

Stoltenberg betonte hingegen, die Sozialhilfebegrenzung spare den Gemeinden dringend benötigtes Geld. Die Regierung schätzte dazu Ende des Monats, dass bei den örtlichen und überörtlichen Trägern Minderausgaben von etwa 100 Mio. DM zu Stande kommen würden.[350] Die Gemeinden mussten, so befürchtete der Finanzminister mit Blick auf Zahlen der alten Bundesregierung, außerdem mit Mehrkosten durch eine verbesserte Aufklärung zur Sozialhilfe rechnen. Bisher hätten nur etwa 55% der berechtigten Sozialhilfeempfänger diese Leistung überhaupt in Anspruch

---

346 Tesic, D., Sozialhilfe, S. 333; Willing, M., Sozialhilfe, S. 481–484; Trenk-Hinterberger, P., Sozialhilfe, S. 611, 631; Schmidt, M. G., Sozialpolitik in Deutschland, S. 98.

347 Lambsdorff, O. G., Konzept, S. 9.

348 Ergebnis der Koalitionsgespräche vom 29. September 1982. Wirtschafts- und Sozialpolitik, S. 7, ACDP Medienarchiv; Kohl biegt ein in die Via Crucis, Der Spiegel 39/82, S. 22; Zohlnhöfer, R., Wirtschaftspolitik der Ära Kohl, S. 7.5

349 Vereinbarungen zwischen den Koalitionspartnern im Wortlaut, erläutert und kommentiert, AdL FDP-Bundesgeschäftsstelle 11808. Hier bleibt unklar, ob es sich um die tatsächliche Mehrheitsmeinung der Liberalen oder um eine wahltaktische Aussage handelt. Siehe ferner Zohlnhöfer, R., Wirtschaftspolitik der Ära Kohl, S. 75.

350 Der Gesetzentwurf bewertete die Ersparnisse später ähnlich und schlüsselte sie zwischen den Gebietskörperschaften auf. Die Gemeinden konnten 1983 etwa 90 Mio. DM mehr behalten, die Länder 11 Mio. DM und der Bund 2 Mio. DM, Entwurf des Haushaltsbegleitgesetzes 1983, BT-Drs. 09/2140, S. 60.

genommen. Das werde sich nun ändern, da die in den Städten und Gemeinden vermehrt neu eingestellten Sozialarbeiter Hilfestellungen bei der Beantragung gäben.[351]

Die von Stoltenberg beschriebene Entwicklung wurde dabei nicht nur durch die wachsende Zahl von Sozialarbeitern beschleunigt, sondern auch durch die öffentlichen Diskussionen über die Sozialhilfe selbst. Nach den Leistungskürzungen der Vorgängerregierung hatte es Proteste gegeben, deren Unterstützer sich oft in Interessensgruppen zusammenschlossen. Diese Vereinigungen informierten seitdem Betroffene über ihre Rechte, indem sie beispielsweise Leitfäden druckten und bundesweit in großen Stückzahlen verteilten. Die nun neu entbrennende Debatte über die Kürzungen bei der Sozialhilfe konnte damit weitere Kosten nach sich ziehen.[352]

Auch die SPD griff die Beschlüsse an. Herbert Wehner rechnete beispielsweise öffentlich vor, dass die Anpassungsverschiebung und -festsetzung zusammen mit der voraussichtlichen Inflation das reale Einkommen der Ärmsten um 3,5 % verringern würden. Ende November lehnten ferner alle vom Bundestagsausschuss für Jugend, Familie und Gesundheit angehörten Sachverständigen und Interessensgruppen das Vorhaben ab. Bei der Sozialhilfe handle es sich, so argumentierten sie, um eine bedarfsorientierte Leistung, bei der ein Inflationsausgleich notwendig sei. Die jetzt beschlossenen Schritte brächten einzelne Gruppen von Sozialhilfeempfängern möglicherweise an den Rand der Existenzsicherung.[353]

Trotzdem verringerten die Ausschüsse die Einschnitte nicht, sondern erweiterten sie sogar noch. Auf Anregung des Bundesrates sollten die Teilbereiche der Blindenhilfe und des Pflegegeldes fortan nicht mehr an die Entwicklung der Rentenversicherung, sondern an die der Versorgungsbezüge des Bundes gebunden sein. Dadurch sparten die Gemeinden im Haushaltsjahr 1983 weitere 15 Mio. DM. Die christlich-liberale Ausschussmehrheit begründete diesen Schritt nicht nur mit dem Sparzwang, sondern auch mit den Forderungen des Bundesrates.[354]

4.3.2 Die Gehaltsfestsetzung im öffentlichen Dienst

Eine große Belastung der Haushalte insbesondere von Ländern und Gemeinden waren ihre hohen Personalausgaben. Die neue Koalition wollte in ihrer Konsolidierungspolitik daher auch an dieser Stelle ansetzen und die Personalkosten des Staa-

---

351 Protokoll der Sitzung der CDU/CSU-Fraktion im Deutschen Bundestag Nr. 9/60 vom 26.10.1982, S. 32, ACDP 08-001:1068/2; Stellungnahme des Referats 132 vom 25. Oktober 1982 bzgl. Einsparungen im Bereich der Sozialhilfe, BArch B 136/22539.

352 Trenk-Hinterberger, P., Sozialhilfe, S. 631–632.

353 Bericht des Haushaltsausschusses zum Haushaltsbegleitgesetz 1983, BT-Drs. 09/2290, S. 25; CDU/CSU/FDP-Koalitionsvereinbarungen, Informationen der sozialdemokratischen Bundestagsfraktion vom 10.10.1982, ACDP Medienarchiv.

354 Bericht des Haushaltsausschusses zum Haushaltsbegleitgesetz 1983, BT-Drs. 09/2290, S. 25, 32; BGBl. I 1982, S. 1883.

tes senken. Lambsdorff hatte dazu schon in seinem wirtschaftspolitischen Konzept eine für drei Jahre im Voraus festgelegte Begrenzung des Anstiegs der Beamtenbesoldung vorgeschlagen. Für jeden eingesparten Prozentpunkt rechnete er pro Jahr mit Minderausgaben von rund 1,23 Mrd. DM, von denen der überwiegende Teil von 0,73 Mrd. DM auf Länder und Gemeinden, 0,24 Mrd. DM auf den Bund und 0,27 Mrd. DM auf Post und Bahn entfielen.[355]

Während der Koalitionsgespräche griffen die Unterhändler diese Idee auf. Sie beschlossen nicht zuletzt auf Anraten des Finanzministers, die Beamtenbesoldung in einem *„neuen und kühnen Schritt“*[356] zumindest für das Jahr 1983 vorab durch ein Bundesgesetz zu regeln und ihren Anstieg dabei, ebenso wie bei der Sozialhilfe, auf 2% zu begrenzen. Der Steigerungszeitpunkt wurde im Gleichklang mit der Atempause in der Sozialversicherung auf den 1. Juli 1983 festgelegt. Hinzu kamen weitere anderthalb Prozentpunkte, die sich aus verschiedenen anderen Regelungen ergaben und schon ab Januar wirksam wurden. Für die beiden folgenden Jahre sollte der Erhöhungsrahmen durch eine politische Erklärung abgesteckt, aber bis auf Weiteres noch offen gelassen werden.[357]

Die Vorfestlegung der Beamtenbezüge hatte für die christlich-liberale Koalition mehrere Vorteile. Der Bund erhoffte sich davon einschließlich weiterer kleinerer Einsparungen bei den Beamten nun eine Ausgabenverringerung von etwa 700 Mio. DM. Die Länder und Gemeinden konnten auf noch größere Kostensenkungen hoffen. Für sie veranschlagte der Gesetzentwurf Ende Oktober Minderausgaben von 1.520 Mio. DM und 1.280 Mio. DM. Diese hohen Summen ergaben sich nicht zuletzt daraus, dass die unteren Gebietskörperschaften einen erheblichen Teil der Personalkosten des Staates trugen.[358]

Neben den direkten Einsparungen vor allem zu Gunsten der Länder und Kommunen konnte die Regierung auch auf eine ausstrahlende Wirkung der Bezügefestlegung auf die Tarifverhandlungen des folgenden Jahres hoffen. Bisher war der Erhöhungssatz der Beamtenbesoldung erst nach den Verhandlungen im Tarifsektor des öffentlichen Dienstes festgelegt worden und hatte sich daran orientiert. Das erschien schon insofern angebracht, als dass man große Diskrepanzen zwischen den verschiedenen Gruppen der Staatsbediensteten vermeiden und nicht die sich aus dem Streikverbot ergebende Schwäche der Beamten ausnutzen wollte. Legte man die Bezügeerhöhung der Beamten vor den Tarifverhandlungen fest, konnte man hof-

---

355 Lambsdorff, O. G., Konzept, S. 6; Funk, A., Föderalismus, S. 333.

356 So nannte es Stoltenberg am 28. September vor den Unionsabgeordneten, Protokoll der Sitzung der CDU/CSU-Fraktion im Deutschen Bundestag Nr. 9/53 vom 28.09.1982, S. 12, ACDP 08-001:1068/1.

357 Ergebnis der Koalitionsgespräche vom 29. September 1982. Wirtschafts- und Sozialpolitik, S. 5, ACDP Medienarchiv; Protokoll der Sitzung der CDU/CSU-Fraktion im Deutschen Bundestag Nr. 9/53 vom 28.09.1982, S. 12–13, ACDP 08-001:1068/1.

358 Entwurf des Haushaltsbegleitgesetzes 1983, BT-Drs. 09/2074, S. 60; BT-PlPr. 09/128 (12.11.1982), S. 7902B.

fen, dass sich die Lohnabschlüsse nun ihrerseits an der Vorfestlegung orientierten. Das konnte nicht nur die Personalkosten insbesondere der Gemeinden mit ihren zahlreichen Tarifbeschäftigten drücken, sondern auch im privaten Sektor zu geringeren Lohnsteigerungen führen. Die wiederum schufen günstige Bedingungen für die Unternehmer, was in letzter Konsequenz ein höheres Wirtschaftswachstum und mehr Arbeitsplätze bedeutete. Für den Fall, dass die Vorfestlegung der Besoldungserhöhung keine zufriedenstellenden Auswirkungen auf die Verhandlungen im öffentlichen Dienst hatte, sah das Koalitionspapier außerdem Einsparungen bei freiwerdenden Stellen im Tarifbereich vor.[359]

Der Gesetzentwurf konkretisierte die Vorgaben des Koalitionspapieres dahingehend, dass auch Richter und Soldaten von der Vorfestlegung betroffen sein sollen. Die Kürzungen für die Beamten wurden lediglich dadurch leicht abgefedert, dass Kohl in eine Sparmaßnahme der Vorgängerregierung eingriff. Das Kabinett Schmidt hatte veranlasst, dass die Besoldung im Jahr 1982 drei Monate später angepasst wurde als die Gehälter des Tarifbereichs. Das, so vertrat es die neue Koalition, widerspreche dem Grundsatz der Gleichbehandlung der Staatsbediensteten. Sie wollte die Bezüge daher rückwirkend zumindest einen Monat früher erhöhen als bisher geplant. Diese Entscheidung musste zwangsläufig zu Mehrausgaben führen. Da die aber in den Haushalt 1982 und damit in die politische Bilanz der Vorgängerregierung einflossen, war das politische Risiko überschaubar.[360]

Im Kanzleramt sah man nicht nur die oben genannten Vorteile, sondern auch die Gefahren der Bezügefestlegung für das Jahr 1983. Im zuständigen Referat befürchtete man unter anderem Unruhen unter den Betroffenen. Ob die Maßnahme überhaupt den gewünschten Erfolg haben werde, würden erst die Tarifabschlüsse im öffentlichen Dienst zeigen. Die Opposition bezeichnete den Schritt als Versuch, die Autonomie der Tarifparteien zu untergraben. Dieser Vorwurf wog umso schwerer, als dass sich die Union in ihrem Grundsatzprogramm von 1978 noch ausdrücklich zur Tarifautonomie bekannt hatte.[361] Friedrich Zimmermann berichtete seiner Fraktion am 26. Oktober dazu von einem Treffen mit den Spitzenorganisationen der Beamten- und Richtervereinigungen sowie dem DGB. Dessen stellvertretender Vorsitzender Gustav Fehrenbach habe nach seinem Vortrag nicht auf eine Antwort ge-

---

359 Ergebnis der Koalitionsgespräche vom 29. September 1982. Wirtschafts- und Sozialpolitik, S. 5, ACDP Medienarchiv; Streit um die Besoldung der Beamten, FAZ vom 27.10.1982, S. 7; Neumann, L. F. – Schaper, K., Sozialordnung, S. 112; Protokoll der Sitzung der CDU/CSU-Fraktion im Deutschen Bundestag Nr. 9/53 vom 28.09.1982, S. 16, ACDP 08-001:1068/1; Im öffentlichen Dienst droht der DGB mit Streiks, FAZ vom 23.11.1982, S. 1; Müller-Jentsch, W., Tarifautonomie, S. 4.

360 BT-PlPr. 09/128 (12.11.1982), S. 7902D-7903C; Deutsche Bundesbank, Monatsbericht November 1982, S. 29; Beschlussempfehlung und Bericht des Innenausschusses zum Bundesbesoldungs- und -versorgungsanpassungsgesetz 1982, BT-Drs. 09/2193; Entwurf des Haushaltsbegleitgesetzes 1983, BT-Drs. 09/2074, S. 83. Die Union hatte sich im Sommer auf die Seite der protestierenden Beamten gestellt, sodass sich eine Rücknahme der sozialliberalen Regelung hier anbot, vgl. das Schreiben Wolfgang Bötschs an den Bayerischen Beamtenbund vom 20. Juli 1982, ACSP LG 9. WP 293.

361 Sarcinelli, U., Grundsatzprogramm, S. 67.

wartet, sondern mit seinen Leuten demonstrativ den Raum verlassen. Vorher habe der Gewerkschaftsbund verlangt, als Zeichen dafür, dass die Regierung Kohl die Tarifautonomie achte, den Gesetzentwurf zurückzunehmen. Kam es zu keiner Einigung, drohten Arbeitskämpfe in einem Ausmaß, das den sozialen Frieden gefährden konnte.[362]

Die empfindliche Reaktion der Gewerkschaften war nicht zuletzt eine Folge der politischen Entwicklungen des vorangegangenen Jahrzehnts. Spätestens seit Willy Brandt 1974 versucht hatte, die Lohnerhöhung im öffentlichen Dienst durch politischen Druck auf 10 % zu begrenzen, beobachteten die Gewerkschaften jede staatliche Einmischung in die Tarifverhandlungen mit Argwohn. Die Gewerkschaftsführer hatten damals noch verkündet, der Bundeskanzler sei keine Tarifpartei und habe auch kein Recht zu dekretieren. Das Grundgesetz bot aber durchaus Spielraum auch für weitreichende Eingriffe in die Tarifautonomie, wenn Gemeinwohlbelange mit Verfassungsrang betroffen waren. Die verfrühte Festlegung der Beamtenbezüge für das Jahr 1983 blieb hier damit noch hinter den rechtlichen Möglichkeiten der Bundesregierung zurück. Umso wichtiger war es für die Gewerkschaften, schon jetzt scharf zu protestieren. Erst Anfang 1982 hatte sich die ÖTV dabei in einem ähnlichen Fall gegen die Bundesregierung durchsetzen können. Damals wollte die sozialliberale Koalition den Beamten die Ortszuschläge kürzen, welche wiederum vertraglich mit denen der Angestellten gekoppelt waren. Der Staat drohte damit über einen Umweg in den Einflussbereich der Gewerkschaften einzugreifen. Nach zähen Verhandlungen standen die Arbeitnehmervertreter am Ende als Sieger da.[363]

Trotz dieser Erfolge befanden sich die deutschen Gewerkschaften 1982 in einer Krise. Angesichts der hohen Arbeitslosigkeit war eine Politik der konstant steigenden Löhne und Gehälter kaum noch möglich. Viele Unternehmen verhandelten zudem vermehrt mit den stärker werdenden Betriebsräten.[364] Das hatte für die Arbeitnehmer den Vorteil, dass sich die Übereinkünfte eher nach den individuellen Interessen ihres Betriebs richteten. Die Betriebsräte wiederum standen teils in offener Konfrontation zu den Gewerkschaften. Hinzu kam, dass viele Arbeitnehmer mit der Arbeit der Verbände unzufrieden waren und sie nicht unterstützten, wohl aber

---

362 DGB-Vertreter verließen Beteiligungsgespräch unter Protest, NDDGB 242/82, 1982; Im öffentlichen Dienst droht der DGB mit Streiks, FAZ vom 23.11.1982, S. 1; Streit um die Besoldung der Beamten, FAZ vom 27.10.1982, S. 7; Protokoll der Sitzung der CDU/CSU-Fraktion im Deutschen Bundestag Nr. 9/60 vom 26.10.1982, S. 12–13, ACDP 08-001:1068/2; Stellungnahme des Referats 132 vom 15. Oktober 1982 bzgl. des Besoldungsanpassungsgesetzes 1983, BArch B 136/22539; CDU/CSU/FDP-Koalitionsvereinbarungen, Informationen der sozialdemokratischen Bundestagsfraktion vom 10.10.1982, ACDP Medienarchiv; Protokoll der Sitzung der CSU-Landesgruppe im Deutschen Bundestag vom 07.09.1982, ACSP LG 1982:12.

363 Führer, K. C., Gewerkschaftsmacht, S. 340, 347, 554–561, 575; Jansen, J.-C., Tarifautonomie, S. 151–152, 238. Siehe zum Hintergrund der Tarifautonomie auch Müller-Jentsch, W., Tarifautonomie, S. 3–4 und Jansen, J.-C., Tarifautonomie, S. 130–132.

364 Mitte der 1970er Jahre waren die Mitbestimmungsrechte der Betriebsräte mehrfach erweitert worden, Raphael, L., Kohle und Stahl, S. 222–223.

von ihren Errungenschaften profitierten. Konflikte zwischen den einzelnen Arbeitnehmervertretungen und Probleme wie der Skandal um die Wohnungsgesellschaft Neue Heimat[365] des DGB belasteten die Gewerkschaften ebenfalls. Wollten die Verbände nicht weiter an Ansehen verlieren, mussten sie nun mit aller Härte gegen die Maßnahmen der Regierung vorgehen.[366]

Während der Ausschussverhandlungen lehnten die Arbeitnehmervertreter die Bezügefestlegung daher sowohl öffentlich als auch in den Anhörungen des Innenausschusses entschieden ab. Dabei ging es nicht nur um einen möglichen Eingriff in die Tarifautonomie, sondern auch um die Lage der unmittelbar Betroffenen. Die befragten Gewerkschaftler befürchteten, nicht zuletzt mit Blick auf die Inflation, erhebliche Einbußen insbesondere bei Beamten des einfachen und mittleren Dienstes. Ähnlich äußerten sich auch Vertreter des linken Flügels der FDP wie Burkhard Hirsch. Diejenigen, die kein Streikrecht hätten, dürften nicht auf Dauer durch Kürzungen benachteiligt werden. Lambsdorff hielt die Begrenzung des Einkommenszuwachses hingegen für vertretbar, da die Beamten dafür immerhin sichere Arbeitsplätze hätten. Der DGB organisierte derweil zahlreiche Kundgebungen gegen den mutmaßlichen Eingriff in die Tarifautonomie und die neue Wirtschaftspolitik insgesamt. Trotz der Proteste hielten die Ausschüsse an den beschlossenen Einschnitten fest.[367]

4.3.3 Die Gemeinschaftsaufgaben

Eine sehr direkte Möglichkeit zur Unterstützung der Länder bestand darin, die Bundesmittel für diejenigen Vorhaben zu erhöhen, die der Bund und die Länder gemeinsam durchführten. Bereits seit der Frühphase der Bundesrepublik half Bonn den Teilstaaten bei besonderen Projekten mit Geldern aus der Staatskasse und sicherte sich dadurch Möglichkeiten zur Einflussnahme auf die Länderpolitik. In den späten 1960er und den 1970er Jahren verstand man das als notwendigen Schritt hin zu einem effektiveren Gesamtstaat. Auch die Globalsteuerung der Wirtschaftspolitik ließ

---

365 Die dem DGB gehörende Neue Heimat war Anfang 1982 in die Schlagzeilen geraten, weil sich einzelne Manager teils auf Kosten der Mieter bereichert hatten, Führer, K. C., Gewerkschaftsmacht, S. 578–582.

366 Lorenz, R., Gewerkschaftsdämmerung, S. 57–60; Neumann, L. F. – Schaper, K., Sozialordnung, S. 104–105, 117–118; Führer, K. C., Gewerkschaftsmacht, S. 575–582; Schneider, M., Gewerkschaften, S. 375; Die Krise der Gewerkschaften war nicht auf die Bundesrepublik beschränkt, sondern ein auch in anderen Industrienationen beobachtbares Phänomen. Deutschland war davon sogar weniger betroffen als viele andere Länder, Raphael, L., Kohle und Stahl, S. 213–219.

367 Bericht des Haushaltsausschusses zum Haushaltsbegleitgesetz 1983, BT-Drs. 09/2290, S. 17, 24; BT-PlPr. 09/127 (11.11.1982), S. 7785C; BT-PlPr. 09/128 (12.11.1982), S. 7902C-D; Schneider, M., Gewerkschaften, S. 377.

sich weitaus besser umsetzen, wenn sich die einzelnen Akteure des deutschen Föderalismus koordinierten.[368]

1969 verankerten Bund und Länder im Rahmen einer Föderalismusreform die Mitfinanzierung von Länderaufgaben durch den Bund fest im Grundgesetz. Im Laufe des sich anschließenden Jahrzehnts griff die Bonner Regierung häufig auf dieses Werkzeug zurück und entwickelte die Kooperation mit den Ländern weiter. Dabei lassen sich vor allem zwei Arten der Mitfinanzierung unterscheiden. Nach Art. 91a GG konnte der Bund im Rahmen der Gemeinschaftsaufgaben an der Erfüllung von Länderaufgaben mitwirken. Dazu gehörten insbesondere der Bau von Hochschulen und Hochschulkliniken, die Entwicklung der regionalen Infrastruktur und die Verbesserung der Agrarstruktur und des Küstenschutzes. Zur Verwirklichung der Gemeinschaftsaufgaben steuerten Bund und Länder meist jeweils zu ähnlichen Teilen Mittel bei und stimmten sich über eine Rahmenplanung hinsichtlich der Details der Umsetzung ab.[369]

Neben diesen Gemeinschaftsaufgaben im engeren Sinne hatte der Bund die Möglichkeit, den Ländern über Art. 104a Abs. 4 Sz. 1 GG Finanzhilfen zukommen zu lassen. Die konnten beispielsweise konjunkturpolitischen Zwecken dienen, strukturpolitisch begründet sein oder sich aus allgemeinwirtschaftlichen Wachstumszielen ergeben. 1982 wurden Unterstützungen beispielsweise beim Krankenhausbau, dem Verkehrswesen oder dem sozialen Wohnungsbau geleistet. Ob und inwieweit solche Hilfen gewährt wurden, entschied der Bund. Die Zweckbindung der Mittel musste aber insoweit mit den Ländern koordiniert werden, als dass sie eines zustimmungspflichtigen Bundesgesetzes oder einer Verwaltungsvereinbarung bedurfte.[370]

Der vermehrte Rückgriff auf die Gemeinschaftsaufgaben und die Finanzhilfen nach Art. 104a GG wurde Anfang der 1980er Jahre zunehmend kritisch gesehen. Das lag vor allem daran, dass die Mischfinanzierungen zwischen Bund und Ländern zu häufigen Konflikten und einem hohen bürokratischen Aufwand führten. Die Länder nahmen zwar das Geld, bekämpften aber aus Sorge vor einem zu großen Einfluss Bonns die Vorgaben zu dessen Verwendung. Der Bund befürchtete, letztendlich nur noch reine Länderprojekte mitzufinanzieren. Helmut Schmidt kündigte daher zu Beginn seiner letzten Amtszeit unter Protest vieler Interessensverbände an, sich schrittweise aus den Mischfinanzierungen zurückziehen und die Gemeinschaftsaufgaben auf den notwendigen Kern begrenzen zu wollen. Dafür wollte der Bund zunächst seine Ausgaben kürzen. Das brachte allerdings die Länder in Schwierigkeiten, da sie nun die Ausfälle des Bundes teils durch eigene Anstrengungen kompensieren mussten. Die Ministerpräsidenten befürworteten zwar ebenfalls den Abbau der Mischfi-

368 Weichlein, S., Föderalismus, S. 81–82; Funk, A., Föderalismus, S. 324; 328–329; 331.

369 Je nach Gemeinschaftsaufgabe gab es aber auch deutliche Abweichungen. So finanzierte der Bund 1982 bei der Verbesserung der Agrarstruktur 60 %, beim Küstenschutz 70 % der Kosten, Schulte, W., Länderaufgaben, S. 96, siehe hier insgesamt S. 90–102; Weichlein, S., Föderalismus, S. 81–82; BT-PlPr. 09/122 (14.10.1982), S. 7330C-D.

370 Schulte, W., Länderaufgaben, S. 107.

nanzierungen, forderten jedoch gleichzeitig eine Kompensation durch einen höheren Anteil am Umsatzsteueraufkommen. Das wiederum lehnte die Regierung Schmidt entschieden ab.[371]

Auch in den Reihen der neuen Koalition herrschte die Ansicht vor, dass langfristig Mischfinanzierungen abgebaut und Bund und Länder an dieser Stelle stärker voneinander getrennt werden müssten. Diese Forderung kam nicht zuletzt von Franz Josef Strauß, der an der Finanzreform von 1969 maßgeblich beteiligt gewesen war. Lothar Späth schlug als Ministerpräsident Baden-Württembergs im Bundesrat vor, insbesondere im Bereich von Bildung und Städtebau mit der Entflechtung zu beginnen.[372]

Diese weit verbreitete Abneigung gegenüber Mischfinanzierungen macht es umso bemerkenswerter, dass sich CDU/CSU und FDP während der Koalitionsverhandlungen sogar auf eine Ausweitung der Bundesmittel für die Gemeinschaftsaufgaben und Finanzhilfen verständigten. Der Impuls dafür kam ebenfalls aus den Ländern. Nicht zuletzt konservative Ministerpräsidenten wie Späth, Strauß und der Mainzer Regierungschef Bernhard Vogel hielten in der gegenwärtigen Krise keinen Abbau, sondern sogar eine Erhöhung der Mittel für angebracht. Der Bund dürfe sie jetzt nicht mit den Kosten alleine lassen.[373] Unterstützung bekamen sie von Josef Ertl. Da zahlreiche Gemeinschaftsaufgaben in besonderem Maße bäuerlich geprägte Gegenden förderten, erhoffte sich der FDP-Landwirtschaftsminister auch einen strukturpolitischen Effekt zu Gunsten der Landbevölkerung.[374]

Als sich der scheidende Ministerpräsident und werdende Finanzminister Stoltenberg Anfang Oktober im Bundesrat vorstellte, verwies er gegenüber den unruhigen Landeschefs explizit auf die geplante Mittelerhöhung. Deren endgültiger Umfang war dabei noch bis Ende des Monats Gegenstand von Überlegungen im Kabinett und den Ministerien. Bis zur Kabinettssitzung vom 27. Oktober stand fest, dass der Bund im kommenden Haushaltsjahr etwa eine halbe Milliarde DM zusätzlich bereitstellen wollte. 50 Mio. DM sollten davon der Gemeinschaftsaufgabe zur Förderung der regionalen Wirtschaftsstruktur zu Gute kommen, dem Hochschulbau 230 Mio. DM und der Verbesserung der Agrarstruktur und des Küstenschutzes

---

371 Schulte, W., Länderaufgaben, S. 98–110. Der rheinland-pfälzische Ministerpräsident Vogel beklagte unter anderem 1982 im Bundesrat, dass der Hochschulbau durch den langsamen Rückzug aus den Gemeinschaftsausgaben beeinträchtigt sei, BR-PlPr. 515 (08.10.1982), S. 329C; Weichlein, S., Föderalismus, S. 175; Funk, A., Föderalismus, S. 336.

372 Protokoll der Sitzung der CSU-Landesgruppe im Deutschen Bundestag vom 21.09.1982, ACSP LG 1982:13; BR-PlPr. 515 (08.10.1982), S. 325A-B. Aber auch Landesparteien aus der Opposition wie die bayerische FDP sprachen sich seit Jahren für einen Abbau der Gemeinschaftsaufgaben aus, FDP-Landtagsfraktion, Fakten und Argumente, AdL Ertl, Josef N 51–40.

373 Das, so Stoltenberg, habe der Bund bisher teils getan, Rede Gerhard Stoltenbergs auf dem Landesparteitag der CDU Schleswig-Holstein am 23. Oktober 1982, S. 6, ACDP 01-626:013/1.

374 BT-PlPr. 09/139 (15.12.1982), S. 8805A; BR-PlPr. 515 (08.10.1982), S. 325A-B; BT-PlPr. 09/122 (14.10.1982), S. 7330C-7333C; Ergebnis der Koalitionsgespräche vom 29. September 1982. Wirtschafts- und Sozialpolitik, S. 10, ACDP Medienarchiv.

130 Mio. DM. Für die letztgenannte Aufgabe hatte die Regierung zunächst einen höheren Betrag vorgesehen, als Gegenleistung für eine geringere Absenkung des Bundeszuschusses zur landwirtschaftlichen Unfallversicherung verzichtete Landwirtschaftsminister Ertl aber auf einen Teil der Summe.[375] Hinzu kamen im Bereich der Finanzhilfen unter anderem 20 Mio. DM für den Städtebau und 50 Mio. DM zu Gunsten von Investitionen im Krankenhausbereich.[376]

In der Fraktion gab es nicht nur Zustimmung zu den erhöhten Mitteln für die Gemeinschaftsaufgaben. So kritisierte der CSU-Abgeordnete und Vorsitzende des Verkehrsausschusses Karl Heinz Lemmrich den Schritt beispielsweise als Geschenk an die Länder, die ihre eigenen Ausgaben in den Bereichen dadurch teils kürzen könnten. Stattdessen solle der Bund mehr in die Fernstraßen und die Bundesbahn investieren.[377]

Die Ausschüsse verzichteten dennoch auf nennenswerte Eingriffe in das Vorhaben. Nahmen sie Änderungen vor, dann meist zur Verbesserung der praktischen Durchführbarkeit. So griffen sie unter anderem eine Anregung des Bundesrats auf, nach der die für die Krankenhausinvestitionen vorgesehenen 50 Mio. DM den Projekten durch einen Einschub in das Krankenhausfinanzierungsgesetz zugeteilt werden sollten. Dadurch vermied die Koalition, für diese Sonderzahlung mit den Ländern eine eigene Vereinbarung mit dem damit verbundenen Verwaltungsaufwand abschließen zu müssen.[378]

4.3.4 Der bundesstaatliche Finanzausgleich

Als der Bundesrat über den Entwurf des Haushaltsbegleitgesetzes 1983 beriet, diskutierten die Ländervertreter parallel dazu auch über eine Reform des bundesstaatlichen Finanzausgleichs. Dazu zählten der horizontale und vertikale Länderfinanzausgleich ebenso wie die Aufteilung des gemeinsamen Steueraufkommens zwischen Bund, Ländern und Gemeinden.

Seit der Regierung Adenauers gab es regelmäßige Zahlungen der wohlhabenderen an die wirtschaftlich schwächeren Länder. Im Laufe der Zeit weitete der Bund

---

375 Vgl. dazu Kap. 4.2.6.

376 KabPr. vom 27.10.1982; BR-PlPr. 515 (08.10.1982), S. 320; Protokoll der Sitzung der CDU/CSU-Fraktion im Deutschen Bundestag Nr. 9/60 vom 26.10.1982, S. 35, ACDP 08-001:1068/2; Protokoll der Sitzung der CDU/CSU-Fraktion im Deutschen Bundestag Nr. 9/61 vom 28.10.1982, S. 3, ACDP 08-001:1068/2. Auch die Förderung des sozialen Wohnungsbaus aus dem Aufkommen der Zwangsanleihe fällt unter die Mitfinanzierung von Länderaufgaben durch den Bund, kam aber weniger den Ländern als der Bauwirtschaft zu Gute. Auf diese Entscheidung wird in Kap. 4.4.6 ausführlich eingegangen.

377 ACDP Protokoll der Sitzung der CDU/CSU-Fraktion im Deutschen Bundestag Nr. 9/61 vom 28.10.1982, S. 12, 15, ACDP 08-001:1068/2. Siehe zu Lemmrich: Vierhaus, R. – Herbst, L. (Hrsgg.), Biographisches Handbuch I, S. 494.

378 Bericht des Haushaltsausschusses zum Haushaltsbegleitgesetz 1983, BT-Drs. 09/2290, S. 20.

diese finanzielle Korrektur immer weiter aus, nicht zuletzt um sicherzustellen, dass alle Teilstaaten die Bundesgesetze einheitlich umsetzen konnten. Die große Koalition stellte schließlich das Finanzverhältnis zwischen Bund und Ländern sowie der Länder untereinander auf eine neue Grundlage. Zusätzlich zu der schon 1955 vereinbarten gemeinsamen Nutzung der Einkommen- und Körperschaftsteuer bekamen die Länder im Rahmen des großen Steuerverbundes nun auch einen Anteil am Umsatzsteueraufkommen.[379] Neben dem bestehenden horizontalen Finanzausgleich wurde mit den Bundesergänzungszuweisungen ferner ein vertikales Element fest im System der Bundesrepublik verankert. Mit diesen Zahlungen konnte der Bund besonders finanzschwache Länder zusätzlich unterstützen. Die Bundesergänzungszuweisungen stiegen nach ihrer Einführung immer weiter und umfassten 1982 ein Volumen von 1,5 % des Umsatzsteueraufkommens. Die Aufteilung auf die begünstigten Länder erfolgte nach einem gelegentlich angepassten Schlüssel.[380]

Im Herbst 1982 beschäftigten die Ministerpräsidenten drei zentrale Fragen. Erstens war unklar, in welcher Höhe die Ergänzungszuweisungen in Zukunft erfolgen würden und welche Länder davon in welchem Maße profitieren sollten. Zweitens forderten die Länder angesichts der Krise einen höheren Anteil am Umsatzsteueraufkommen.[381] Drittens gab es insbesondere zwischen Niedersachsen und Baden-Württemberg einen Streit um die Bemessungsgrundlage des horizontalen Finanzausgleichs. Die Reform von 1969 hatte sich dafür am Steueraufkommen der Länder orientiert, andere Einkommen aber außer Acht gelassen. In Folge der zunehmenden Ölförderung in Niedersachsen und der steigenden Preise für den Rohstoff flossen dem norddeutschen Bundesland nun aber große Summen aus der bergrechtlichen Förderabgabe[382] zu. Niedersachsen blieb damit einer der wichtigsten Empfänger des horizontalen Länderfinanzausgleichs, obwohl es dank seiner Ölvorkommen keinen entsprechenden Finanzbedarf hatte.[383]

Die ungeklärten Fragen im Umfeld des bundesstaatlichen Finanzausgleichs drängten ungemein. Bei der Umsatzsteuer und den Ergänzungszuweisungen war die Politik soweit in Regelungsverzug, dass selbst die Gelderverteilung für die Jahre 1981 und 1982 noch nicht abschließend geklärt war. Weder der Bund noch die Län-

379 Hintergrund dieser Entscheidung war u. a., dass die Einkommen- und die Körperschaftsteuer konjunkturabhängiger waren als die Umsatzsteuer. Die Länderhaushalte, in welche diese Einkünfte ursprünglich flossen, waren wegen ihres hohen Anteils an Personalausgaben aber deutlich unflexibler als der Bundeshaushalt. Um diesen Widerspruch auszugleichen, gestalteten Franz Josef Strauß als Finanz- und Karl Schiller als Wirtschaftsminister die großen Steuern 1969 zu Gemeinschaftssteuern um, Funk, A., Föderalismus, S. 330.

380 Weichlein, S., Föderalismus, S. 81–82, 176; Funk, A., Föderalismus, S. 322–323, 331.

381 Die sozialliberale Regierung hatte das zuvor selbst für den Fall abgelehnt, dass sich der Bund als Ausgleich aus Mischfinanzierungen zurückzog, Schulte, W., Länderaufgaben, S. 110.

382 Nach dem Bundesberggesetz mussten die Förderunternehmen das Bundesland an den Erträgen beim Abbau von Bodenschätzen beteiligen, vgl. § 31 BBergG, etwa in BGBl. I 1980, S. 1320.

383 Weichlein, S., Föderalismus, S. 176; BR-PlPr. 516 (29.10.1982), S. 373C, 384C; Vermerk für die Kabinettssitzung am 27. Oktober 1982, BArch B 136/22539.

der konnten aber ohne die Ordnung ihrer Finanzbeziehungen sicher planen. Die Bundesregierung bemühte sich daher, die Anliegen der Länder möglichst in den Prozess des wirtschaftspolitischen Sofortprogrammes einzubinden. Hinsichtlich der Ergänzungszuweisungen entschied sich das Kabinett im Oktober, die Zahlungen nicht abzusenken, sondern weiterhin in Höhe von 1,5 % des Umsatzsteueraufkommens zu leisten. Das war mehr, als die alte Bundesregierung den Ländern angeboten hatte.[384] Bis 1982 sollte dabei der bestehende Verteilungsschlüssel gelten. Für die Zeit ab 1983 war ein neuer Schlüssel vorgesehen, der aber noch in Verhandlungen mit den Ländern erarbeitet werden musste. Außerdem sollten die Teilstaaten ab 1983 vorübergehend einen zusätzlichen Prozentpunkt des Umsatzsteueraufkommens erhalten. Damit stieg der Anteil der Länder an der Mehrwertsteuer auf 33,5 %, was eine Besserstellung von etwa einer Milliarde DM pro Jahr entsprach.[385]

Mit beiden Maßnahmen, dem Beibehalt der Zuweisungshöhe sowie dem zusätzlichen Mehrwertsteuerpunkt, kam die Bundesregierung den Ländern finanziell entgegen. Das war allein schon deshalb bemerkenswert, als dass sich ihr eigener Etat bekanntlich ebenfalls in einer schwierigen Lage befand. Obwohl die Länder insgesamt die großzügige Haltung des Bundes begrüßten, gab es unter ihnen noch Konflikte um die genaue Ausgestaltung der Bundeshilfen. Lothar Späth drängte beispielsweise gemeinsam mit dem nordrhein-westfälischen Ministerpräsidenten Johannes Rau darauf, den Umsatzsteueranteil um zwei Prozentpunkte zu erhöhen und dafür bei den Ergänzungszuweisungen zu sparen. Davon hätten vor allem die Geberländer profitiert, die selbst keinen Anspruch auf Ergänzungszahlungen hatten. Bei der Mehrheit der Empfängerländer fand Späth für seine Forderung daher keine Unterstützung. Letztendlich zeigte er sich auch mit dem Erreichten zufrieden, immerhin überstiegen die Zugeständnisse aus Bonn auch hier bereits bei Weitem das, was die Vorgängerregierung in Aussicht gestellt hatte. Die Koalition nahm beide Punkte unter Vorbehalt weiterer Verhandlungen in den Entwurf des Haushaltsbegleitgesetzes auf.[386]

Länger als die Abwägung zwischen Umsatzsteueranteil oder Ergänzungszuweisungen dauerte die Debatte um die Aufteilung der Sonderzahlungen. Hier beklagten mehrere Länder, dass sie besondere Lasten zu tragen hätten und ihnen deswegen auch einen höheren Anteil an den Bundeszahlungen zustehe. Die daraus erwachsende Diskussion wurde nicht nur von den Empfängern des horizontalen Finanzausgleichs geführt, sondern schloss auch Geberländer wie Nordrhein-Westfalen ein.[387]

Am 22. November erreichte eine für diese Fragen eingesetzte Arbeitsgruppe eine erste Teileinigung, gegen die Bremen und Nordrhein-Westfalen aber noch Einsprü-

384 Das hob auch Lothar Späth im Bundesrat hervor, BR-PlPr. 516 (29.10.1982), S. 373B.

385 Vermerk für die Kabinettssitzung am 27. Oktober 1982, BArch B 136/22539.

386 Entwurf des Haushaltsbegleitgesetzes 1983, BT-Drs. 09/2074, S. 70–71; BR-PlPr. 516 (29.10.1982), S. 373B, 384C-D; BR-PlPr. 517 (26.11.1982), S. 425C-426A.

387 BT-PlPr. 09/134 (03.12.1982), S. 8277C-D; KabPr. vom 24.11.1982.

che erhoben. Erst später lag eine Lösung vor, die von allen Ländern zumindest gebilligt wurde. Die Anteile der Empfängerländer Bayern, Niedersachsen, Rheinland-Pfalz und Schleswig-Holstein sollten dabei im Vergleich zum bisherigen Schlüssel sinken, der des krisengeschüttelten Saarlands dafür deutlich steigen. Für die Jahre 1984 und 1985 sahen die Länder dieselbe Tendenz vor, lediglich die Kieler Regierung bekam in diesem Zeitraum einen Prozentpunkt mehr zugesprochen als 1983.[388] Das Bundeskabinett, dem eigentlich ein Mitspracherecht bei der Verteilung zugestanden hätte, griff kaum in den Verhandlungsprozess ein. Im Bundesrat verkündete Stoltenberg Ende November, er werde sich bei der Entscheidung über den Verteilungsschlüssel nach der Mehrheitsmeinung des Bundesrats richten. In Anbetracht der Lage könne sich die Regierung nicht gegen die Mehrheit in der Länderkammer stellen und Zeit mit der Lösungsfindung verlieren.[389]

Ähnlich intensiv waren die Debatten über den horizontalen Länderfinanzausgleich, bei denen die Unterhändler auch von Drohungen mit dem Bundesverfassungsgericht nicht zurückschreckten. Anders als beim Verteilungsschlüssel der Ergänzungszuweisungen kamen die Länder, insbesondere die konservativen Hauptkontrahenten Späth und Albrecht, hier allerdings schon im Oktober zu einem Kompromiss. Demnach sollte die bergrechtliche Förderabgabe weder ganz, wie es Baden-Württemberg gefordert hatte, noch Niedersachsen folgend gar nicht in den Länderfinanzausgleich einbezogen werden. Stattdessen sah die Einigung vor, die zusätzlichen Einkünfte ab 1983 zu einem Drittel und ab 1986 zur Hälfte zu berücksichtigen. Außerdem beschlossen die Ministerpräsidenten Sonderregelungen für das Saarland und Schleswig-Holstein. Beide erhielten einen Freibetrag von 55 Mio. DM, beziehungsweise 30 Mio. DM, wobei die absetzbare Summe des von der Krise im Montanbereich besonders betroffenen jüngsten Bundeslands sich 1984 nochmals um 10 Mio. DM erhöhen sollte.[390]

Die Einigung bedeutete im Ergebnis, dass jährlich Beträge in der Größenordnung von 500–600 Mio. DM von Niedersachsen auf die anderen Bundesländer umgeschichtet werden sollten. Das Saarland profitierte dank des hohen Freibetrages besonders von der Neuordnung. Das sorgte vor allem in Düsseldorf für Unmut. Obwohl Nordrhein-Westfalen wirtschaftlich besser dastand als das Saarland, gab es

388 Siehe dazu die Auflistung im Haushaltsbegleitgesetz 1983, BGBl. I 1982, S. 1867.

389 BR-PlPr. 517 (26.11.1982), S. 419B und 443D. Stoltenberg musste vor allem befürchten, dass die Länder das Haushaltsbegleitgesetz 1983 dann an den Vermittlungsausschuss verwiesen hätten, wofür Kohls Zeitplan keinen Raum bot. Diese Haltung wurde später vom Bundesverfassungsgericht kritisiert. Die Karlsruher Richter betonten 1986, der Bund müsse über die Bundesergänzungszuweisungen den normativen Anforderungen des Grundgesetzes entsprechend entscheiden und dürfe die Beschlüsse über Zuweisungen nicht der Ländermehrheit überlassen, Urteil des Bundesverfassungsgerichts vom 24. Juni 1986, BVerfGE 72, S. 330; KabPr. vom 24.11.1982; BT-PlPr. 09/134 (03.12.1982), S. 8277D-8278B, 8282A-B; Protokoll der Sitzung der CDU/CSU-Fraktion im Deutschen Bundestag Nr. 9/63 vom 23.11.1982, S. 19–20, ACDP 08-001:1070/1.

390 BR-PlPr. 516 (29.10.1982), S. 373C; BT-PlPr. 09/134 (03.12.1982), S. 8281C.

auch hier große Schwierigkeiten mit der kriselnden Kohle- und Stahlindustrie. Burkhard Hirsch kritisierte als Landesvorsitzender der FDP Nordrhein-Westfalen den Kompromiss vor diesem Hintergrund, konnte aber keine Änderung erwirken.[391]

Mitte November fasste der Bundesrat die Einigung zum horizontalen Länderfinanzausgleich in einem Gesetzentwurf zusammen und brachte ihn im Bundestag ein. Die Bundesregierung akzeptierte auch hier die Beschlüsse der Länder ohne nennenswerte Einwände. Kohl war lediglich daran gelegen, dass die Neuordnung des bundesstaatlichen Finanzausgleichs möglichst einheitlich im Haushaltsbegleitgesetz verankert wurde. Stoltenbergs Parlamentarischer Staatssekretär Hansjörg Häfele erklärte dazu Anfang Dezember im Bundestag, die augenblicklich noch bestehende Abkopplung des horizontalen Finanzausgleichs von der Umsatzsteuerneuverteilung und den Ergänzungszuweisungen sei sachlich nicht vertretbar und würde auch dem Bundesrat die Zustimmung zum Haushaltsbegleitgesetz erschweren.[392]

Die Ausschüsse übernahmen die Vorlage des Bundesrates schließlich als sechsten Artikel in das Haushaltsbegleitgesetz. Die vom Rechtsausschuss befragten Sachverständigen hatten zuvor mehrheitlich erklärt, die Änderungen der drei Säulen des bundesstaatlichen Finanzausgleichs seien verfassungsrechtlich unbedenklich. Der niedersächsische Ministerpräsident Ernst Albrecht kündigte dennoch an, dass die Frage der Förderabgabe eines Tages gerichtlich geklärt werden würde. Immerhin handele es sich beim Bergbau um Gewinne aus Substanzverzehr, die nicht beständig flössen. Vor dem Bundesverfassungsgericht müsse dann auch hinterfragt werden, wie beispielsweise die Kohlesubventionen Nordrhein-Westfalens zu bewerten seien. Bis zur Klärung wollte Niedersachsen den Kompromiss aber unterstützen. Die SPD lehnte die Regelungen zum horizontalen und vertikalen Länderfinanzausgleich ab, begrüßte aber die Erhöhung des Länderanteils an der Umsatzsteuer.[393]

4.4 Maßnahmen zur Förderung der Wirtschaft

Schon während der Koalitionsverhandlungen herrschte unter den Unterhändlern die Meinung vor, dass die Konsolidierung der Staatsfinanzen nicht alleine durch Einsparungen und Abgabenerhöhungen gelingen könne. Zu stark litten der Bundeshaushalts und insbesondere die Sozialversicherung unter der schlechten konjunkturellen Lage. Die neue Koalition hoffte daher auf einen baldigen Aufschwung und versuchte, ihn durch eine wirtschaftsfreundliche Politik zu unterstützen. Dieser Gedanke führte einerseits dazu, dass man unternehmensfeindliche Entwicklungen wie

---

391 Protokoll der Fraktionssitzung vom 30. November 1982, S. 4, AdL FDP-Fraktion im Deutschen Bundestag A 49–35; BT-PlPr. 09/134 (03.12.1982), S. 8276D-8277B.

392 BT-PlPr. 09/134 (03.12.1982), S. 8281 A-B; Entwurf eines Siebenten Gesetzes zur Änderung des Gesetzes über den Finanzausgleich zwischen Bund und Ländern, BT-Drs. 09/2110, S. 7.

393 BR-PlPr. 518 (17.12.1982), S. 471B-472C; Bericht des Haushaltsausschusses zum Haushaltsbegleitgesetz 1983, BT-Drs. 09/2290, S. 7–8, 11–12.

beispielsweise Zins-, Steuer- oder Beitragserhöhungen in der Sozialversicherung nach Möglichkeit vermeiden wollte. Andererseits legte er aber auch Maßnahmen nahe, die sich direkt zu Gunsten der Unternehmen auswirken sollten.

4.4.1 Die Liberalisierung des Mietrechts

Neben der investitionsfördernden Wirkung von Zinssenkungen in Folge einer gelungenen Konsolidierungspolitik selbst kamen hier mehrere weitere Ansätze in Frage. Einerseits konnte man die Nachfrage steigern, indem man die öffentlichen Ausgaben in bestimmten Wirtschaftsbereichen erhöhte, andererseits konnte der Staat aber auch auf der Angebotsseite Belastungen für die Arbeitgeber abbauen. Eine solche Belastung ergab sich im Wohnungssektor aus dem verhältnismäßig starren Mietrecht. Die hier geltenden mieterfreundlichen Regelungen führten dazu, so hatte es etwa der Sachverständigenrat in seinem letzten Jahresgutachten beklagt, dass sich Investitionen in diesem Bereich kaum noch lohnten und daher ausblieben.[394]

Baute der Staat dieses Investitionshindernis nun ab, konnte er damit gleich mehrere Ziele auf einmal erreichen. So bedeuteten günstigere Rahmenbedingungen im Immobilienwesen nicht nur mehr Investitionen in Wohngebäude, sondern auch eine höhere Auslastung der Baubranche. Das Baugewerbe galt dabei als Schlüsselsektor in der frühen Phase des Aufschwungs. Jede Investition an dieser Stelle würde, so hoffte man, zahlreiche weitere wirtschaftliche Aktivitäten anstoßen und andere Bereiche bis hin zur Stahlindustrie entlasten.[395] Die Baubranche litt außerdem besonders stark unter der Wirtschaftskrise. Nach einer verheerenden Bilanz 1981 waren die Bauanträge in den ersten sieben Monaten des Jahres 1982 um weitere 10 %, bei Ein- und bei Zweifamilienhäusern sogar um knappe 30 % im Vergleich zum Vorjahr zurückgegangen.[396] In Folge dessen sank auch die Zahl der Baugenehmigungen und setzte damit einen seit 1978 anhaltenden Abwärtstrend fort.[397] Die Bauunternehmen sahen sich aufgrund der schwachen Nachfrage zu einem Abbau von Kapazitäten gezwungen, die nach Ansicht des Sachverständigenrats nach dem Wiederaufschwung fehlen würden. Gleichzeitig befeuerte der Nachfragerückgang die Arbeitslosigkeit. So gab es Mitte 1982 bereits mehr als 110.000 unbeschäftigte Bauarbeiter. Eine schnelle Besserung war zu diesem Zeitpunkt nicht in Sicht.[398]

---

394 Jahresgutachten des SVR 1981/82, BT-Drs. 09/1061, S. 53 (Tz. 103).

395 Die Stahlbranche litt unter erheblichen Absatzschwierigkeiten, was durch die Krise im Baugewerbe noch verstärkt wurde, siehe dazu bspw. Aufzeichnung des Wirtschaftsministeriums bzgl. ARBED Saarstahl vom 5. Oktober 1982, BArch B 102/289420.

396 Sondergutachten des SVR 1982, BT-Drs. 09/2118, S. 232 (Tz. 86).

397 Vgl. dazu Abb. 14.

398 Jahresgutachten des SVR 1982/83, BT-Drs. 09/2118, S. 4 (Tz. 20*-21*), 104 (Tz. 175); Zohlnhöfer, R., Wirtschaftspolitik der Ära Kohl, S. 79; Harlander, T., Wohnungspolitik, S. 686.

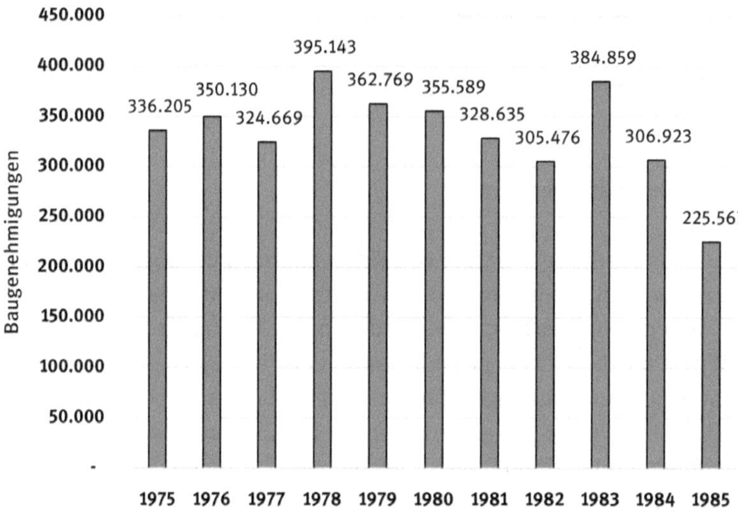

Abb. 14: Die Baugenehmigungen im Wohnungsbau[399]

Das Mietrecht hatte 1982 bereits mehrere wechselhafte Entwicklungen durchlaufen. Nach der Wohnraumbewirtschaftung der Nachkriegszeit und einer relativ liberalen Phase vor Beginn der sozialliberalen Koalition hatte die Regierung Anfang der 1970er Jahre den Kündigungsschutz wieder ausgebaut und die Rechte der Mieter erweitert. Mieter mussten einer Mieterhöhung seitdem lediglich bis zum Niveau einer ortsüblichen Vergleichsmiete zustimmen. Die ergab sich aus dem Durchschnitt der Zahlungen für Wohnungen vergleichbarer Größe, Qualität und Lage. Bei neuen Vertragsabschlüssen galt diese Einschränkung nicht, weshalb die Neumieten den Bestandsmieten in ihrer Preisentwicklung tendenziell voraus waren. Damit der Vermieter das Vergleichsmietensystem nicht durch eine Kündigung und eine anschließende teurere Neuvermietung umging, wurden die Mieter durch einen umfassenden Kündigungsschutz gestärkt.[400]

In der Wissenschaft stieß das Vergleichsmietensystem auf Kritik. So zwang es beispielsweise die Vermieter dazu, bei einer Neuvermietung einen hohen Aufschlag zu verlangen, um die für die Folgezeit erwarteten Ausfälle durch ausbleibende Erhöhungen zu kompensieren. Das benachteiligte Personen, die oft umziehen und dementsprechend oft überteuerte Neumieten zahlen mussten. Andere Wohnungseigentümer mussten sich angesichts des Kündigungsschutzes überlegen, ob sie ihre Räume Fremden überhaupt überlassen wollten. Selbst vorübergehende Mietverhältnisse brachten das Risiko mit sich, den Wohnungsnehmer später nicht wieder loszu-

---

399 Baugenehmigungen für neu zu errichtende Wohnungen einschließlich Eigentumswohnungen. Eigene Arbeit nach Bundesminister für Arbeit und Sozialordnung (Hrsg.), Statistische Übersichten, S. 296 (Tab. 244).

400 Heckelmann, S., Wohnungspolitik, S. 94.

werden. Hier sorgten mehrere Regelungen beispielsweise dafür, dass Vermieter auch am Ende eines befristeten Mietverhältnisses ein berechtigtes Interesse an einer Nichtverlängerung vorweisen mussten.[401]

Mitte des Jahrzehnts regte sich zunehmender Widerstand gegen die Mietrechtspolitik des starken Kündigungsschutzes. Insbesondere in der FDP gab es Forderungen, den Wohnungsmarkt wieder an die marktwirtschaftliche Realität heranzuführen. Aus sozialen Gründen sollte das aber nicht auf einen Schlag, sondern schrittweise geschehen.[402] Als sich in den folgenden Jahren die Wohnungsnot vergrößerte, griff die Bundesregierung die marktliberalen Ideen auf. In seiner Regierungserklärung vom 24. November 1980 kündigte Helmut Schmidt unter Protest des linken Parteiflügels der SPD an, das Vergleichsmietensystem vereinfachen und durch die begrenzte Zulassung von im Vorfeld festgelegten Mieterhöhungen, so genannten Staffelmieten, Investitionen im Wohnungsbau fördern zu wollen. 1981 legte der Kanzler schließlich einen Entwurf zur Liberalisierung des Mietrechts vor. Staffelmieten sollten in Zukunft bei Neubauwohnungen für eine Dauer von zehn Jahren nach Vertragsabschluss zulässig sein. Problematisch war bei diesem Konzept allerdings, dass weder der Mieter seine Einkommensentwicklung, noch der Vermieter die Situation auf dem Wohnungsmarkt für die nächsten Jahre sicher vorhersehen konnte.[403] Daneben fasste die Regierung noch mehrere kleinere Veränderungen ins Auge, die die Position der Mieter stärken sollten. So wollte sie etwa die Höhe der Mietkaution auf drei Monatsmieten begrenzen und eine Verzinsungspflicht dafür einführen.[404]

Die Vorstellungen großer Teile der Union, aber vor allem der FDP gingen noch weit über Schmidts Liberalisierungsvorstoß hinaus. Die Konservativen wie auch die Liberalen wollten Staffelmieten nicht nur bei Neubauten, sondern auch im Bestand zulassen. Bei der Union sprach sich vor allem der Wirtschaftsflügel dafür aus. Daneben sollte es echte Zeitmietverträge geben, bei denen der Vermieter sich zum Ende der Laufzeit tatsächlich auf eine leere Wohnung verlassen konnte. Außerdem befürworteten CDU und CSU ein neues Verfahren zur Berechnung der Vergleichsmieten. Diese sollten in Zukunft auf Grundlage der letzten vier Jahre ermittelt werden. Lambsdorff konnte sich sogar vorstellen, die Vergleichsmieten nur noch anhand der Neuvermietungen zu berechnen und den Kündigungsschutz durch die Zulassung

---

401 Allen voran Art. 2 Abs. 1 des Zweiten Wohnraumkündigungsschutzgesetzes und § 556b BGB, siehe dazu den Entwurf eines Gesetzes zur Erhöhung des Angebots an Mietwohnungen, BT-Drs. 09/2079, S. 7–8; Heckelmann, S., Wohnungspolitik, S. 95–99.

402 So erklärte es Lambsdorff noch 1982 auf einem FDP-Fachkongress zur Wohnungspolitik, Peters, K.-H., Wohnungspolitik, S. 302–303.

403 Manche Experten wie der ehemalige Vorstandsvorsitzende der GEHAG, Karl-Heinz Peters, hielten dieses Instrument daher für verfehlt, Peters, K.-H., Wohnungspolitik, S. 234–235.

404 Heckelmann, S., Wohnungspolitik, S. 35–36, 95: Harlander, T., Wohnungspolitik, S. 685, 689; Jäger, W., Innenpolitik, S. 214; Entwurf des Mietrechtsänderungsgesetzes 1981, BT-Drs. 09/791; Peters, K.-H., Wohnungspolitik, S. 223.

von Änderungskündigungen noch weiter zu lockern.[405] Der unionsdominierte Bundesrat brachte die Forderungen von CDU und CSU schließlich in Form eines eigenen Gesetzentwurfes in die parlamentarische Diskussion ein. Die Bundesregierung zeigte sich daraufhin kompromissbereit und nahm weitere Änderungen vor, die allerdings vor dem zerbrechen der Koalition nicht mehr umgesetzt werden konnten.[406]

Die ähnlichen Vorstellungen von den überwiegenden Teilen der CDU, CSU und FDP ermöglichten es den drei Parteien, während der Koalitionsverhandlungen zügig zu einem Einvernehmen über die zukünftige Wohnungspolitik zu kommen.[407] Deren erklärtes Ziel war es, über eine Verbesserung der Ertragsmöglichkeiten aus Mietwohnungen private Investitionen in diesem Bereich zu fördern. Die Unterhändler verständigten sich darauf, den alten Gesetzentwurf der Regierung Schmidt im Bundesrat scheitern zu lassen und ihn sofort mit einigen Neuerungen wieder einzubringen. Dazu sollte unter anderem gehören, Staffelmieten auch im Bestand zuzulassen, unkomplizierte Zeitmietverträge zu ermöglichen und die Vergleichsmieten fortan auf Grundlage des Datenmaterials der letzten drei Jahre zu berechnen. Dafür sollten nun auch Immobilien des Vermieters selbst herangezogen werden können. Die sozialliberale Koalition hatte außerdem im Spätsommer 1981 ein Gesetz auf den Weg gebracht, das die größeren Gemeinden zur Aufstellung von Mietspiegeln verpflichtete. Damit sollte die Ermittlung der Vergleichsmieten vereinfacht und objektiviert werden. Während der Koalitionsverhandlungen einigten sich die Parteien aber darauf, das Mietspiegelgesetz im Bundesrat auslaufen zu lassen und nicht zu ersetzen.[408] Es blieben allerdings auch einige mieterfreundliche Regelungen bestehen, so zum Beispiel zur Verzinsung und Begrenzung der Kaution.[409]

Die neue Koalition war damit insgesamt zu einem Ergebnis gekommen, mit dem die Mittelständler der Union wie auch der Wirtschaftsflügel der FDP zufrieden sein konnten. Lediglich die Sozialausschüsse hatten während der Koalitionsverhandlung Bedenken angemeldet, sie aber hinter die gemeinsamen Interessen der Koalition zurückgestellt. Die CDA beklagte, gleichzeitig sowohl das Mietrecht zu liberalisieren als auch das Wohngeld zu senken, könne für viele Mieter eine unverhältnismäßig große Belastung bedeuten. Insbesondere die Staffelmieten im Bestand und die Aus-

---

405 Lambsdorff, O. G., Konzept, S. 10.

406 Heckelmann, S., Wohnungspolitik, S. 38; 95–96; Harlander, T., Wohnungspolitik, S. 689.

407 Stoltenberg zeigte sich hier schon zu Beginn der Verhandlungen optimistisch, Protokoll der Sitzung der CDU/CSU-Fraktion im Deutschen Bundestag Nr. 9/52 vom 21.09.1982, S. 12, ACDP 08-001:1068/1.

408 Ergebnis der Koalitionsgespräche vom 29. September 1982. Wirtschafts- und Sozialpolitik, S. 3, ACDP Medienarchiv; Entwurf des Mietspiegelgesetzes, BT-Drs. 09/745.

409 Ergebnis der Koalitionsgespräche vom 29. September 1982. Wirtschafts- und Sozialpolitik, S. 3–4, ACDP Medienarchiv; Heckelmann, S., Wohnungspolitik, S. 96; Vereinbarungen zwischen den Koalitionspartnern im Wortlaut, erläutert und kommentiert, AdL FDP-Bundesgeschäftsstelle 11808; Einer Lockerung des Mietrechts steht fast nichts mehr im Wege, KStA vom 21.09.1982, ACDP Medienarchiv; Vermerk für Kohl von Gerhard Zeitel bzgl. mittelstandspolitischer Akzente vom 23. September 1982, S. 2, ACDP 08-008:258/10; Stoltenberg, G., Gesamtentwicklung, S. 16.

weisung von Wohnungen des Vermieters als Vergleichsobjekte stießen im sozialen Flügel der Union auf Widerstand, da sie zu einer spürbaren Erhöhung der Mieten führen konnten.[410]

Noch weniger zufrieden zeigte sich die SPD. Wehner beklagte ebenfalls, dass gleichzeitig Staffelmieten eingeführt und das Wohngeld abgesenkt werde. Dass die Vergleichsmiete auch mit Hilfe von Immobilien des Vermieters ermittelt werden sollte, war für den sozialdemokratischen Abgeordneten Peter Conradi eine *„Aufforderung zur Manipulation"*.[411] Der Journalist Peter Gillies befürchtete außerdem, die Liberalisierung würde nicht nur zu höheren Mieten, sondern auch zu höheren Wohngeldansprüchen führen.[412] Der Präsident des Deutschen Mieterbundes, der SPD-Abgeordnete Gerhard Jahn, nannte das Koalitionspapier im Deutschlandfunk einen *„Frontalangriff gegen die Mieter"*.[413] Die weit verbreitete Behauptung, dass die Vermieter ihre höheren Einnahmen wieder in die Wohnungen investieren würden, sei angesichts anderer noch rentablerer Anlagemöglichkeiten kaum haltbar. Immerhin lobten die Wirtschaftsweisen die Änderung des Mietrechts. Der Sachverständigenrat hielt eine marktwirtschaftliche Reform des Wohnsektors für sinnvoll und wünschte sich sogar noch weitergehende Schritte.[414]

Anfang November legte die neue Koalition den Entwurf ihres „Gesetzes zur Erhöhung des Angebots an Mietwohnungen" vor. Der Bundestag überwies es wenige Tage später an die Ausschüsse, wobei dem Rechtsausschuss die Federführung zukam. Der Entwurf griff die wichtigsten Bestimmungen der Koalitionsvereinbarung auf und erweiterte sie an einzelnen Stellen. Befristete Mietverträge wurden unter vermieterfreundlichen Bedingungen für fünf Jahre ermöglicht, wobei verschiedene Zusatzregelungen Ausnahmefällen zu Gunsten der Mieter Rechnung trugen. Erklärtes Ziel dieser Maßnahme war es, Immobilieneigentümer auch in den Fällen zur vorübergehenden Bereitstellung von Wohnraum zu veranlassen, in denen sie das bisher aus Sorge um das tatsächliche Auslaufen des Mietverhältnisses nicht getan hätten.[415]

---

410 Risse in der Christlich-Demokratischen Arbeitnehmerschaft, FAZ vom 16.10.1982, S. 4; Wohnungsbau sozial gestalten, Soziale Ordnung 36 I, 1983, S. 8.

411 BT-PlPr. 09/126 (10.11.1982), S. 7714A.

412 Wie die Union mit der „Erbschaft" Haushalt fertig werden will, Die Welt vom 21.09.1982, ACDP Medienarchiv.

413 Interview mit Gerhard Jahn vom 30.9.1982, ACDP Medienarchiv.

414 CDU/CSU/FDP-Koalitionsvereinbarungen, Informationen der sozialdemokratischen Bundestagsfraktion vom 10.10.1982, ACDP Medienarchiv; Wie die Union mit der „Erbschaft" Haushalt fertig werden will, Die Welt vom 21.09.1982, ACDP Medienarchiv; Interview mit Gerhard Jahn vom 30.9.1982, ACDP Medienarchiv; Sondergutachten des SVR 1982, BT-Drs. 09/2118, S. 230 (Tz. 82); Zu Conradi und Jahn siehe Vierhaus, R. – Herbst, L. (Hrsgg.), Biographisches Handbuch I, S. 124 und 258.

415 Entwurf eines Gesetzes zur Erhöhung des Angebots an Mietwohnungen, BT-Drs. 09/2079, S. 7–8.

Die Ermittlung der Vergleichsmieten wurde wie vereinbart dahingehend geändert, dass nun nur noch Vertragsabschlüsse der letzten drei Jahre herangezogen werden sollten. Dafür reichten fortan drei vergleichbare Objekte aus, die auch aus dem Bestand desselben Vermieters stammen konnten. Die Koalition rechtfertigte das unter anderem mit den erwartbaren Verfahrensvereinfachungen im Mieterhöhungsprozess. Anders als die Koalitionsvereinbarungen sah der Gesetzentwurf auch eine Kappungsgrenze für Mieterhöhungen vor, wie sie vor allem die SPD in der Vergangenheit gefordert hatte. Die Höchstzuwachsraten waren mit 30 % in drei Jahren allerdings großzügig angesetzt. Den Gemeinden empfahl die Koalition, zur Vereinfachung des Mieterhöhungsprozesses Mietspiegel zu erstellen. Die Bundesregierung wurde ermächtigt, durch Rechtsverordnungen weitere Schritte in diese Richtung zu veranlassen. Von einer generellen gesetzlichen Verpflichtung zum Erstellen von Mietspiegeln sahen die Parteien aber aus Rücksicht auf die Entscheidungsfreiheit der Kommunen ab.[416]

Staffelmieten sollten ferner nun auch im Bestand möglich sein und, wenn beide Vertragsparteien damit einverstanden waren, auch in bestehende Mietverhältnisse eingebunden werden. Die Mieterhöhungen im Vorfeld festzulegen, brachte nach Ansicht der Koalition sowohl Wohnungsgebern als auch -nehmern Vorteile. Die einen waren vor überraschenden Mieterhöhungen auf dem Weg der Vergleichsmieten geschützt, die anderen hatten bei ihren Einkünften und Investitionen mehr Planungssicherheit.[417]

Die Lage der Mieter wurde auf der anderen Seite durch einen besseren Schutz vor Luxusmodernisierungen und eine gesetzliche Regelung der Mietkaution verbessert. Das Stellen von Mietsicherheiten war zwar bereits allgemein üblich, existierte aber noch nicht als eigenständige rechtliche Figur. Der Gesetzentwurf schloss nun diese Lücke und erhöhte damit die Sicherheit der Mieter. Die Kaution sollte wie vereinbart nicht mehr als drei Monatsmieten betragen und vom Vermieter zu Gunsten seines Vertragspartners auf einem verzinsten Sparkonto angelegt werden. War der Vermieter selbst Schuldner gegenüber einer dritten Partei, war dieser der Zugriff auf die Kaution verwehrt.[418]

Auf diese Verbesserung des Mieterschutzes kamen die Abgeordnete der Union und FDP während der anhaltenden Debatten über das neue Mietrecht regelmäßig zurück und verteidigten das Maßnahmenpaket damit gegen die Angriffe der Opposition. Außerdem stellten sie fest, es müsse nicht nur die soziale Ungleichheit zwischen Armen und Reichen, sondern auch die zwischen Wohnungslosen und Wohnungseigentümern beziehungsweise -mietern angegangen werden. Dafür brauche

416 Entwurf des Mietspiegelgesetzes, BT-Drs. 09/745, S. 2; Entwurf eines Gesetzes zur Erhöhung des Angebots an Mietwohnungen, BT-Drs. 09/2079, S. 4, 8.

417 Entwurf eines Gesetzes zur Erhöhung des Angebots an Mietwohnungen, BT-Drs. 09/2079, S. 9.

418 Entwurf eines Gesetzes zur Erhöhung des Angebots an Mietwohnungen, BT-Drs. 09/2079, S. 10–11.

man schlichtweg mehr Wohnungen, deren Bau man auf diesem Wege fördere. Die oft vorgebrachte Kritik an den Staffelmieten sei außerdem übertrieben, da man als Mieter einen derartigen Vertrag schließlich nicht abschließen müsse, sondern sich auch eine andere Unterkunft suchen könne.[419]

Während die Ausschüsse tagten, gingen die Diskussionen über die Mietrechtsliberalisierung weiter. Einzelne Interessensvertreter wie beispielsweise die Westdeutsche Rektorenkonferenz forderten Nachbesserungen für die von ihnen vertretenen Gruppen. So sollten unter anderem Studentenwohnheime stärker als bisher von den Neuregelungen ausgenommen werden. Innerhalb der Koalition riss derweil die Kritik an der Staffelmiete nicht ab. Bauminister Schneider zog als Alternativmodell dazu in Betracht, Mieterhöhungen über eine Anpassungsklausel zuzulassen. Dabei wäre der Mietzins an die Preise von anderen Gütern und Leistungen, die Entwicklung der Lebenshaltungskosten oder das Einkommen gekoppelt worden. Ähnliche Regelungen gab es bereits im Erbbaurecht. Eine solche Anpassungsklausel hatte sowohl im Deutschen Mieterbund als auch im Zentralverband der deutschen Haus-, Wohnungs- und Grundeigentümer zahlreiche Befürworter. Immerhin hätte sie die Schwäche der Staffelmiete gemildert, der gesamtwirtschaftlichen Entwicklung nicht Rechnung zu tragen und den Vermieter im schlimmsten Fall auf stark steigenden Kosten bei verhältnismäßig niedrigen Mieterhöhungen sitzen zu lassen. Andere Experten wie der ehemalige Vorstandsvorsitzende der GEHAG, Karl-Heinz Peters, sahen eine Anpassungsklausel hingegen kritisch.[420] Die FDP stand der Klausel ebenfalls gespalten gegenüber. Unter den Liberalen gab es die Befürchtung, dass man sich damit auf den Weg zu einer Mietpreisindexierung mache. Das wiederum wollte die FDP vermeiden und unterstützte daher die Staffelmiete in der zuvor beschlossenen Form. Die Gedankenspiele im Bauressort erschienen Justizminister Engelhard dabei so bedenklich, dass er die liberalen Abgeordneten in einer Fraktionssitzung Anfang November ausdrücklich um Unterstützung bat. Schneider gab den Druck letztendlich nach und verzichtete auf eine Anpassungsklausel.[421]

Die von den Ausschüssen angehörten Verbände forderten beim Mietgesetz je nach Interessenslage entweder Nachbesserungen in die eine oder andere Richtung. Die Gewerkschaften und der Mieterbund sahen das Gesamtvorhaben dabei eher kritisch, der Wohnungswirtschaft und den kommunalen Spitzenverbänden gingen die Beschlüsse hingegen nicht weit genug. Der Rechtsausschuss entschloss sich, nur kleine Veränderungen vorzunehmen. Dabei befreite er unter anderem Studenten-

419 Eine These, die angesichts der Wohnungsnot auf Unverständnis bei der SPD, insbesondere bei Franz Müntefering stieß, BT-PlPr. 09/129 (24.11.1982), S. 7934D-7935C, 7940, 7942A-B.

420 Peters, K.-H., Wohnungspolitik, S. 235–236.

421 Abschied von der Staffelmiete, FAZ vom 22.10.1982, S. 14; Kurzprotokoll der Sitzung der Fraktion am 8. November 1982, S. 4, AdL FDP-Fraktion im Deutschen Bundestag A 49–35; Kurz- und Beschlussprotokoll der Sitzung der Fraktion am 23. November 1982, S. 3, AdL FDP-Fraktion im Deutschen Bundestag A 49–35; WRK, Stellungnahmen, S. 127. Die Indexmiete wurde schließlich erst 1993 unter bestimmten Auflagen umfassend zugelassen, Bohnert, J., Staffelmiete, S. 609.

und Jugendwohnheime aus verwaltungstechnischen Gründen von der Verzinsungspflicht für Kautionen. Am 10. Dezember nahm der Bundestag das Gesetz zur Erhöhung des Angebots an Mietwohnungen dann in der neuen Fassung an.[422]

4.4.2 Die Lohnfortzahlung im Krankheitsfall

Ein anderer denkbarer Weg zur Unterstützung der Wirtschaft führte über Veränderungen bei der Lohnfortzahlung im Krankheitsfall. Nach mehreren teils tarifvertraglichen Vorläufermodellen hatte die Bundesregierung Mitte 1969 eine umfassende gesetzliche Regelung erlassen, die Arbeitgeber verpflichtete, kranken Arbeitnehmern für eine bestimmte Zeit ihr Arbeitsentgelt weiter auszuzahlen. Kleinere Unternehmen profitierten hier von einem Umlageverfahren unter der Regie der Krankenversicherung. Gegen regelmäßige Abgaben erwarben dabei Betriebe bis zu einer bestimmten Größe das Anrecht auf eine Teilkompensation ihrer Lohnfortzahlungskosten. Die Einführung der Lohnfortzahlung im Krankheitsfall ging nicht zuletzt auf den damaligen Minister für Arbeit und Sozialordnung, Hans Katzer zurück. Katzer war als Vorsitzender der CDA der unmittelbare Vorgänger Norbert Blüms, seine Sozialausschüsse unterstützten die verbesserte Absicherung der Arbeitnehmer. Die FDP hatte dem Projekt gegenüber Vorbehalte. So bevorzugten die Liberalen statt der gewählten arbeits- eine versicherungsrechtliche Regelung der Lohnfortzahlung. Dabei hätten statt der Arbeitgeber beispielsweise die Krankenkassen für die Lohnfortzahlung aufkommen können.[423]

Die Arbeitgeber kritisierten die Lohnfortzahlung scharf. Die Regelung sei in höchstem Maße missbrauchsanfällig, kritisierte beispielsweise der Bund Junger Unternehmer 1981. Man könne seit der Einführung eindeutig einen Anstieg der Krankmeldungen nachweisen, wobei überdurchschnittlich viele Erkrankungen montags begännen und freitags endeten. Dadurch entstehe ein erheblicher wirtschaftlicher Schaden, der die Unternehmen belaste und ihre Wettbewerbsfähigkeit beeinträchtige. Die größten Schwächen der damaligen Lohnfortzahlung bestanden in den Augen

422 BT-PlPr. 09/137 (10.12.1982), S. 8548; Bericht des Rechtsausschusses zum Gesetz zur Erhöhung des Angebots an Mietwohnungen, BT-Drs. 09/2284, S. 1–4; Beschlussempfehlung des Rechtsausschusses zum Gesetz zur Erhöhung des Angebots an Mietwohnungen, BT-Drs. 9/2248, S. 3.

423 BGBl. I 1969, S. 948–949 (Gesetz über die Fortzahlung des Arbeitsentgelts im Krankheitsfalle und über Änderungen des Rechts der gesetzlichen Krankenversicherung); Murswieck, A., Steuerung, S. 168; Müller-Jentsch, W., Tarifautonomie, S. 9; Bökenkamp, G., Das Ende, S. 50. Die Krankenkassen profitierten kurzfristig von der Neuregelung, da die Arbeitgeber nun für Leistungen aufkommen mussten, die sonst teilweise in ähnlicher Form von den Kassen erbracht worden wären. Die Beiträge der Kassen sanken daher zwischenzeitlich von durchschnittlich 10,4 % auf 8,2 %, Zöllner, D., Landesbericht, S. 162.

des BJU in der fehlenden Eigenbeteiligung der Arbeitnehmer und den unzureichenden Kontrollmöglichkeiten der Arbeitgeber.[424]

Als die sozialliberale Koalition über die Operation '82 beriet, sah die FDP bei der Lohnfortzahlung Reformpotential. Ein vieldiskutierter Vorschlag war dabei die Einführung von Karenztagen. Kranke Arbeitnehmer sollten hier die Kosten für die ersten Tage ihrer Erkrankung selbst übernehmen. Gesunden Arbeitnehmern sollte es so erschwert werden, sich zusätzliche bezahlte Urlaubstage zu verschaffen. Schwere Krankheiten wären davon weniger berührt worden, da die Betroffenen dabei für eine längere Zeit arbeitsunfähig waren. Solche und ähnliche Vorgaben hatte es schon früher vorübergehend gegeben, sich damals aber nicht gegen den Widerstand der Gewerkschaften halten können. Die SPD stellte sich in den Haushaltsgesprächen nun auch gegen ihren kleinen Koalitionspartner und verhinderte die Einführung von Karenztagen.[425]

Zahlreiche Liberale einschließlich vieler Sozialpolitiker wie Dieter-Julius Cronenberg hielten dennoch an den Karenztagen fest und betrachteten sie nur als zurückgestellt. Lambsdorff sah sie als weitere Ausprägung der erwünschten Selbstbeteiligungen, wie sie die neue Koalition beispielsweise später im Bereich der Kur- und Krankenhausaufenthalte verwirklichte. Dem Wirtschaftsminister waren aber auch mögliche Schwierigkeiten bewusst, die sich bei einer Einführung von Karenztagen stellen würden. Beispielsweise konnte an manchen Stellen der Vorrang tarifvertraglicher Regelungen Reformen ins Leere laufen lassen. Teile des linken Parteiflügels wie Gerhart Baum verwahrten sich sogar öffentlich gegen die Einführung von Karenztagen.[426]

Während der Koalitionsgespräche stießen die Vorschläge der FDP auf heftigen Widerstand der CDA. Bereits nach den ersten Verhandlungstagen war klar, dass die Sozialausschüsse Karenztage mit aller Kraft bekämpfen würden. Auch Lohnabschläge, wie sie der saarländische Finanzminister und Bundesvorsitzender der Mittelstandvereinigung der Union, Gerhard Zeitel, vorschlug, hatten keine Aussicht auf Erfolg. Einschnitte bei der Lohnfortzahlung im Krankheitsfall wurden daher nicht in das Koalitionspapier aufgenommen, was Blüm der Öffentlichkeit als großen Erfolg der CDA präsentierte. Noch im November nahm der Sozialpolitiker auf diesen Sieg

---

424 Selter, T., 130 Milliarden, S. 6–8, 25. Sozialdemokratische Politiker wie der hessische Sozialminister Armin Clauss wiesen diese Kritik zurück. Clauss erklärte im September 1982, der Krankenstand habe sich seit der Einführung der Lohnfortzahlung sogar verringert: Der Staat darf sich nicht kaputtsparen, FAZ vom 15.09.1982, S. 37.

425 Jäger, W., Innenpolitik, S. 209; Ullmann, H.-P., Schuldenstaat, S. 336. Auch bei den Unternehmern gab es Zweifel an der Wirksamkeit von Karenztagen. Der Bundesverband Junger Unternehmer befürchtete bspw., dass eine solche Regelung dazu motiviere, möglichst über die Karenzfrist hinaus krank zu bleiben, Selter, T., 130 Milliarden, S. 24; Der Staat darf sich nicht kaputtsparen, FAZ vom 15.09.1982, S. 37.

426 Lambsdorff, O. G., Konzept, S. 8–9; BT-PlPr. 09/123 (15.10.1982), S. 7440C-D; Ein Wechsel zur Kontinuität, FAZ vom 13.09.1982, S. 1.

Bezug und erklärte im Bundestag: „*Karenztage wird es mit dem Arbeitsminister Norbert Blüm nicht geben.*“[427]

Obwohl die Abgeordneten der FDP auch nach Annahme des Koalitionspapiers noch über Karenztage diskutierten, richtete sich die Aufmerksamkeit der neuen Regierung nun zunehmend auf ein anderes Werkzeug im Kampf gegen Missbrauch im System der sozialen Sicherung. Schon Lambsdorff hatte im Spätsommer mehrere Alternativen und Ergänzungen zu Karenztagen aufgeführt. Eine davon war die Ausweitung des vertrauensärztlichen Dienstes der Krankenversicherung. Der vertrauensärztliche Dienst bestand aus medizinischen Fachleuten, die im Auftrag der Landesversicherungsanstalten der Krankenversicherung die Arbeitsunfähigkeit kranker Versicherter sowie von anderen Ärzten ausgestellte Gutachten überprüfen konnten. Die Idee, diesen Dienst umfassender zur Kontrolle einzusetzen, hatte auch in den Sozialausschüssen zahlreiche Unterstützer und war wegen der parteiübergreifenden Zustimmung im Gegensatz zu den Karenztagen in das Koalitionspapier aufgenommen worden. Die Vereinbarung sah dazu zwei Maßnahmen vor. So sollte erstens die Krankenversicherung in Zukunft über jede Krankschreibung benachrichtigt werden. Die medizinischen Fachleute der Versicherung oder von ihr beauftragte Ärzte konnten dann bei Bedarf prüfen, ob ein Missbrauch vorlag. Zeigte sich auf diesem Wege, dass ein Arzt ein Gefälligkeitsgutachten erstellt hatte, sollte er dafür dann zweitens mit einem erhöhten Bußgeld[428] belegt werden können.[429]

Die Sozialausschüsse warben während der Koalitionsverhandlungen intensiv für die Stärkung des vertrauensärztlichen Dienstes. Auch Blüm betonte, wie wichtig der Kampf gegen Missbrauch sei. Man wolle aber nicht wie bei den Karenztagen alle über einen Kamm scheren, sondern den Missbrauch treffsicher bekämpfen.[430] Die FDP stimmte der Vertrauensarztlösung zwar zu, sah in Bezug auf ihre konkrete Umsetzung aber noch Verbesserungsvorschläge. Als die Regierung Anfang Oktober mit der Arbeit am Haushaltsbegleitgesetz 1983 begann, wandten sich die liberalen Sozi-

---

427 BT-PlPr. 09/127 (11.11.1982), S. 7798C, hier auch das Zitat; Es reicht, GA vom 29.09.1982, ACDP Medienarchiv; Ergebnisprotokoll der Sitzung des Bundesvorstandes der CDA am 24. und 25. September in Essen, ACDP 04-013:092/1; Protokoll der Sitzung der CDU/CSU-Fraktion im Deutschen Bundestag Nr. 9/53 vom 28.09.1982, S. 20, ACDP 08-001:1068/1; Wunsch nach Zeitgewinn, FR vom 24.09.1982, ACDP Medienarchiv; Vermerk für Kohl von Gerhard Zeitel bzgl. mittelstandspolitischer Akzente vom 23. September 1982, S. 2, ACDP 08-008:258/10.

428 Die CDA verkündete Anfang Dezember, die Bußgelder würden auf bis zu 20.000 DM festgesetzt, Die Kabinettsbeschlüsse, Soziale Ordnung 35 XII, 1982, S. II.

429 Ergebnis der Koalitionsgespräche vom 29. September 1982. Wirtschafts- und Sozialpolitik, S. 7, ACDP Medienarchiv; Kurz- und Beschlussprotokoll der Sitzung der Fraktion am 26. Oktober 1982, S. 2, AdL FDP-Fraktion im Deutschen Bundestag A 49–35; Lambsdorff, O. G., Konzept, S. 8–9; Wunsch nach Zeitgewinn, FR vom 24.09.1982, ACDP Medienarchiv; Den Menschen nicht den Apparaten ausliefern, Soziale Ordnung 35 XI, 1982, S. 27; Richter, A., Grundlagen, S. 164.

430 Zur Haltung Blüms und der CDA siehe bspw. das Ergebnisprotokoll der Sitzung des Bundesvorstandes der CDA am 24. und 25. September in Essen, ACDP 04-013:092/1 und BT-PlPr. 09/123 (15.10.1982), S. 7424B.

alpolitiker Dieter-Julius Cronenberg und Hansheinrich Schmidt an Blüm, um ihn auf einige Schwächen der vereinbarten Regeln hinzuweisen. So bemängelten sie, dass man in der Praxis nur schwer ermitteln könne, ob ein Gefälligkeitsattest vorliege oder nicht. Außerdem befürchtete die FDP, dass die vorgesehene Benachrichtigung des vertrauensärztlichen Dienstes von jeder Krankmeldung die Verwaltung überlasten und damit Missbrauchskontrollen sogar erschweren würde. Die SPD sah das ähnlich. Für Herbert Wehner war die Weiterleitung an Vertrauensärzte ein sinnloses Aufblähen der Bürokratie.[431]

Bis Ende des Monats fanden Union und FDP eine Lösung für dieses Problem. Laut Gesetzentwurf sollte die Krankenversicherung nur dann zu einer Begutachtung der Arbeitsunfähigkeit verpflichtet werden, wenn der Arbeitgeber das wegen begründeter Zweifel an der Arbeitsunfähigkeit des Betroffenen verlangte. Damit konzentrierte die Koalition die Missbrauchskontrolle auf diejenigen Fälle, in denen die Arbeitgeber durch den Betrug eines Arbeitnehmers einen wirtschaftlichen Schaden erwarteten. Die Ausschüsse stimmten der Regelung unter Protest der Sozialdemokraten zu.[432]

4.4.3 Die Senkung der Gewerbesteuer

Eine weitere Möglichkeit, die Wirtschaft zu unterstützen, war eine Reform der Gewerbesteuer. Diese Abgabe stand Anfang der 1980er Jahre unter so großer Kritik, dass zahlreiche Experten einschließlich des Wirtschaftsministers mittelfristig ihre vollständige Abschaffung forderten. Die Gewerbesteuer wies dabei gleich mehrere Schwächen auf. So sorgte sie beispielsweise in Zusammenspiel mit der Einkommensteuer für eine Doppelberücksichtigung des Gewerbeertrags. Außerdem beinhaltete sie ertragsunabhängige Elemente wie die Gewerbekapitalsteuer, die auch bei Verlusten des Unternehmens fällig wurde und damit dessen Substanz belasten konnte. Hinzu kamen mehrere Sonderregelungen, durch die Unternehmen ihre Steuerschuld bei geschicktem Vorgehen deutlich verringern konnten. Das hatte zur Folge, dass im

---

431 CDU/CSU/FDP-Koalitionsvereinbarungen, Informationen der sozialdemokratischen Bundestagsfraktion vom 10.10.1982, ACDP Medienarchiv; Hinweis von Vielhaber an Schmidt (Kempten) und Cronenberg vom 8. Oktober 1982 bzgl. eines Gesprächs mit Blüm am 11. Oktober 1982, AdL Cronenberg, Dieter-Julius N 58–334; Wunsch nach Zeitgewinn, FR vom 24.09.1982, ACDP Medienarchiv.

432 Bericht des Haushaltsausschusses zum Haushaltsbegleitgesetz 1983, BT-Drs. 09/2290, S. 17; Entwurf des Haushaltsbegleitgesetzes 1983, BT-Drs. 09/2074, S. 100; BT-PlPr. 09/125 (28.10.1982), S. 7630D-7631A; Vermerk an Cronenberg vom 20. Oktober 1982 bzgl. Sachstand der Ressortgespräche über die Umsetzung der Koalitionsvereinbarung bzgl. der Sozialpolitik, AdL Cronenberg, Dieter-Julius N 58–334.

Jahr 1981 nur noch etwa 35 % der Unternehmen überhaupt Gewerbesteuer zahlen mussten.[433]

Auch der Sachverständigenrat warb seit Langem für eine Reform der Regelung. Die Wirtschaftsweisen hatten dabei auch die Auswirkungen der Steuer auf die Kommunen vor Augen. Da die Gewerbesteuer den Gemeinden zufloss und diese auch den Hebesatz festlegen konnten, begünstigte sie Gebiete mit einer hohen Dichte an Betrieben. Das hatte einen, zum Teil auch gewünschten, Wettbewerb zur Folge, dem manche Kommunen aber allein auf Grund ihrer Struktur nicht standhalten konnten. Das traf vor allem auf Wohnstädte zu, in denen zwar zahlreiche Menschen lebten und Lasten verursachten, nicht aber arbeiteten. Außerdem, so stellte der Sachverständigenrat im Herbst 1982 erneut fest, seien die Einnahmen aus der Gewerbesteuer stark konjunkturabhängig und verleiteten die Gemeinden zu prozyklischem Ausgeben.[434]

Trotz der zahlreichen Nachteile der Gewerbesteuer war die christlich-liberale Koalition nicht bereit, sie im Herbst 1983 vollständig abzuschaffen. Dagegen sperrten sich nicht zuletzt Kohl und Stoltenberg. Ein Ende der prominentesten Gemeindesteuer hätte entweder die unteren Gebietskörperschaften gegen die neue Regierung aufgebracht oder untragbare Ausgleichszahlungen aus Bonn vorausgesetzt. Dieses Problem sah auch Lambsdorff. Obwohl der Wirtschaftsminister für eine Abschaffung der Steuer plädierte, wollte er das doch nur im Rahmen einer größeren Neuordnung der bundesstaatlichen Finanzbeziehungen umsetzen. Für die Zeit bis dahin schlug Lambsdorff eine halbe Anrechenbarkeit der Gewerbe- auf die Mehrwertsteuer vor. Gleichzeitig müsse selbstverständlich die Freiheit der Kommunen beschnitten werden, den Hebesatz festzulegen, da die Gemeinden sonst das Mehrwertsteueraufkommen des Bundes und der Länder beeinflussen könnten.[435]

Auch Lambsdorffs Vorschlag einer halben Anrechenbarkeit ging der Koalitionsmehrheit zu weit. Die Unterhändler der drei Parteien einigten sich Ende September aber auf eine begrenzte Verringerung der Gewerbesteuerlast. Beim ertragsabhängigen Teil der Gewerbesteuer sollten Dauerschuldzinsen nur noch beschränkt hinzurechenbar sein. Parallel sollten die Dauerschulden nur noch begrenzt in die Berechnung der Gewerbekapitalsteuer einfließen. Für die Gemeinden war ein Ausgleich für die erwartbaren Steuerausfälle vorgesehen. Den genauen Weg dahin ließen die Unterhändler aber noch offen.[436]

433 Die Zahl der steuerpflichtigen Betriebe sagt allerdings nichts über die wirtschaftliche Bedeutung der Gewerbesteuer aus. So profitierten bspw. vor allem kleine Unternehmen von den Ermäßigungen, Tipke, K., Steuerrecht, S. 371, 380; Lambsdorff, O. G., Konzept, S. 7–8.

434 Jahresgutachten des SVR 1981/82, BT-Drs. 09/1061, S. 169; Sondergutachten des SVR 1982, BT-Drs. 09/2118, S. 229 (Tz. 79); Tipke, K., Steuerrecht, S. 370.

435 Lambsdorff, O. G., Konzept, S. 7–8; Symphonie für Streicher, Stern 39/82, ACDP Medienarchiv.

436 Ergebnis der Koalitionsgespräche vom 29. September 1982. Wirtschafts- und Sozialpolitik, S. 2, ACDP Medienarchiv.

Dauerschulden bezeichneten dabei das Fremdkapital eines Unternehmens, das nicht nur der vorübergehenden Verstärkung des Betriebskapitals diente. Davon ging man in der Regel bei Schulden mit einer Laufzeit von mehr als einem Jahr aus. Nach dem Gedanken des Gewerbesteuergesetzes sollte es nicht darauf ankommen, ob ein Unternehmen mit Eigen- oder Fremdkapital wirtschaftete. Daraus ergab sich, dass Dauerschulden bei der Berechnung der Gewerbekapitalsteuer und die zugehörigen Zinsen bei der Gewerbeertragsteuer berücksichtigt wurden.[437]

Die FDP feierte das Ergebnis der Koalitionsverhandlungen als Erfolg. Damit, so die Liberalen, würde die Steuerentlastungspolitik fortgesetzt, die sie schon seit Jahren befürworteten. Es sei etwa ein Gebot der ökonomischen Vernunft, die ohnehin schwierige Kreditaufnahme der Unternehmen nicht noch über die Gewerbesteuer zu belasten. Friedhelm Rentrop sah die Koalitionsbeschlüsse als Vorsitzender des Finanzausschusses Anfang November als wichtigen Schritt in Richtung einer vollständigen Abschaffung der Gewerbesteuer.[438]

Aber auch die Union konnte darauf verweisen, dass sich der Bundesrat schon 1979 bemüht hatte, insbesondere gegen die ertragsunabhängige Gewerbekapitalsteuer vorzugehen.[439] Stoltenberg zeigte sich ebenfalls zufrieden. Es sei besser, so erklärte der um die Haushaltsdisziplin besorgte Finanzminister im CDU-Bundesvorstand, schrittweise die steuerlichen Rahmenbedingungen für die gewerbliche Wirtschaft zu verbessern, als einen Subventionsfall nach dem anderen zu bekommen. Die Wirtschaftsweisen waren von der Einigung weniger angetan. Sie bemängelten unter anderem, das Ergebnis würde einer Sonderabgabe auf Eigenkapital nahekommen. Außerdem würden die Gemeinden weiter mit den unbeständigen Einnahmen aus der Gewerbesteuer alleingelassen. Besser wäre aus Sicht des Sachverständigenrats eine beherzte Reform gewesen, die die Abgabe in eine allgemeine Wertschöpfungsteuer mit einer breiteren Bemessungsgrundlage überführt hätte.[440]

Die SPD verwies derweil auf die bestehenden Freibeträge und die geringe Relevanz der Gewerbesteuer für kleine Unternehmen. Die neue Koalition begünstige damit vor allem Großunternehmer. Aus den Reihen des Bundesrats kam die Mahnung, die Länder und Gemeinden nicht zu vergessen. Für die entstehenden Kosten müsse ein Ausgleich geschaffen werden. Strauß dachte vor allem an eine Modifizierung der

437 Tipke, K., Steuerrecht, S. 377–380.

438 BT-PlPr. 09/126 (10.11.1982), S. 7713A-B; Vereinbarungen zwischen den Koalitionspartnern im Wortlaut, erläutert und kommentiert, AdL FDP-Bundesgeschäftsstelle 11808.

439 Entwurf des Steueränderungsgesetzes, BT-Drs. 08/2118, S. 69; Tipke, K., Steuerrecht, S. 371.

440 Sondergutachten des SVR 1982, BT-Drs. 09/2118, S. 229–230 (Tz. 79–80). Das Problem der schwankenden Einkünfte aus dem ertragsabhängigen Teil der Gewerbesteuer hatte der Sachverständigenrat bereits in seinem letzten Jahresgutachten thematisiert, Jahresgutachten des SVR 1981/82, BT-Drs. 09/1061, S. 169. Zu Stoltenberg den Auszug aus der Sitzung des erweiterten CDU-Bundesvorstandes vom 8. November 1982, S. 4, ACDP 07-001:1039. Vgl. auch die Ausführungen von Strauß in Bundestag, BT-PlPr. 09/122 (14.10.1982), S. 7328B-D.

Gewerbesteuerumlage, also der Beträge, die die Gemeinden aus ihrem Steueraufkommen an den Bund und die Länder abführten.[441]

Der Gesetzentwurf des Haushaltsbegleitgesetzes legte schließlich die genaue Höhe der Gewerbesteuerentlastung fest. Im Jahr 1983 sollten Dauerschulden und Dauerschuldzinsen demnach nur noch zu 60 % berücksichtigt werden, 1984 fiel dieser Anteil weiter auf 50 % ab. Für den Ausgleich der Gemeinden wählte die Koalition den Weg der Gewerbesteuerumlage. Seit 1969 zahlten die Gemeinden einen Teil ihrer Gewerbesteuereinnahmen an den Bund und die Länder. Die Kommunen wurden dafür an der Einkommensteuer beteiligt, was ihre Einkommen verstetigen und Ungleichgewichte zwischen Wohn- und Gewerbegemeinden abmildern sollte. Das Haushaltsbegleitgesetz 1983 ordnete diese Umlage nun neu. Ebenso wie die Gewerbesteuer in zwei Stufen gesenkt wurde, sollten auch die Gemeinden schrittweise entlastet werden. Für das Jahr 1983 bedeutete das eine Haushaltsentlastung der Kommunen von 1.520 Mio. DM auf Kosten von Bund und Ländern, der zunächst nur Mindereinnahmen in Höhe von etwa 1.042 Mio. DM gegenüberstanden.[442]

In den Anhörungen des Finanzausschusses zeigten sich die Vertreter des Städtetages trotzdem skeptisch. Durch die eingeleitete Abschaffung der Gewerbesteuer werde den Gemeinden die Finanzautonomie genommen, ohne dass ein Ersatz dafür in Sicht sei. Auch sei keinesfalls sicher, dass die unterschiedlich hohen Einbußen der Kommunen wirklich gerecht ausgeglichen würden. Die Gewerkschaften kritisierten den Schritt ebenfalls. Die SPD forderte, keine Änderung bei der Gewerbesteuer vorzunehmen, konnte sich damit aber nicht durchsetzen.[443]

4.4.4 Die Anreize für die Übernahme insolvenzbedrohter Betriebe

Während die Gewerbesteuersenkung vor allem eine Entlastung für die größeren Betriebe versprach, wandte sich die neue Koalition mit einer anderen Maßnahme ausdrücklich an den Mittelstand. Insbesondere die große Zahl der Unternehmenszusammenbrüche bereitete der Politik hier Sorgen. So waren schon 1981 knapp 8.500

441 BT-PlPr. 09/122 (14.10.1982), S. 7328B-D; BR-PlPr. 515 (08.10.1982), S. 323C; CDU/CSU/FDP-Koalitionsvereinbarungen, Informationen der sozialdemokratischen Bundestagsfraktion vom 10.10.1982, ACDP Medienarchiv.

442 Entwurf des Haushaltsbegleitgesetzes 1983, BT-Drs. 09/2074, S. 58, 69, 72, 78–81; Gerhard Stoltenberg warb mit diesem Ungleichgewicht offensiv für die Politik der Bundesregierung. So stellte er auf dem 35. Landesparteitag der CDU am 20. November 1982 in Kiel fest, 1983 fließe den Kommunen fast eine halbe Milliarde DM mehr zu, als ihnen an Gewerbesteuer ausfalle, Jahresbericht Gerhard Stoltenbergs als Landesvorsitzendem der CDU Schleswig Holstein auf dem 35. Landesparteitag am 20. November 1982 in Kiel, S. 14, ACDP 01-626:013/1. Tipke, K., Steuerrecht, S. 371; KabPr. vom 27.10.1982; Vermerk für die Kabinettssitzung am 27. Oktober 1982, BArch B 136/22539; Protokoll der Sitzung der CDU/CSU-Fraktion im Deutschen Bundestag Nr. 9/61 vom 28.10.1982, S. 4, ACDP 08-001:1068/2.

443 Bericht des Haushaltsausschusses zum Haushaltsbegleitgesetz 1983, BT-Drs. 09/2290, S. 5, 11.

Unternehmen zahlungsunfähig geworden, deutlich mehr als noch im Jahresdurchschnitt von 1975 bis 1980. Insolvenzen bedeuteten nicht nur eine Schwächung des Wettbewerbs, sondern unter Umständen auch den Verlust von Arbeitsplätzen und die Aufgabe von teils noch verwendbaren Produktionskapazitäten. Zudem gefährdeten zahlreiche Insolvenzen indirekt auch das Fortbestehen von anderen Unternehmen. Fiel beispielsweise der Zulieferer oder Abnehmer eines Produkts weg, konnte das Auswirkungen auf die gesamte Produktionskette haben. Nach weiteren 5.676 Zusammenbrüchen allein im ersten Halbjahr 1982 schien nun dringender Handlungsbedarf gegeben.[444]

In den Koalitionsverhandlungen einigten sich CDU, CSU und FDP schließlich auf einen Ansatz, den schon Otto Graf Lambsdorff in seinem Papier zur Diskussion gestellt hatte. Demzufolge sollten diejenigen Unternehmen steuerlich begünstigt werden, die insolvente oder von der Insolvenz bedrohte Betriebe übernahmen. Dadurch wollte man mit nur verhältnismäßig geringen Ausgaben für die Staatskassen zahlreiche Arbeitsplätze retten.[445]

Der zugehörige Gesetzentwurf konkretisierte die Vereinbarung des Koalitionspapieres und griff dabei den überwiegenden Teil von Lambsdorffs Vorstellungen auf. Wollte ein Unternehmen vor dem 1. Januar 1987 ein anderes übernehmen, das insolvent oder von der Zahlungsunfähigkeit bedroht war, sollte der Käufer dafür eine den zu versteuernden Gewinn mindernde Rücklage bilden können. Zu den förderungsfähigen Kapitalanlagen gehörte nicht nur der Kauf des ganzen Unternehmens, sondern auch die Übernahme von Teilen. Die Regelung galt dabei nur für Käufer mit Umsatzerlösen von weniger als 200 Mio. DM. Die Größe der Rücklage war ferner auf 30 % der Anschaffungskosten beschränkt, kleinere Betriebe mit weniger als 50 Mio. DM Umsatzerlösen konnten sogar Mittel in Höhe von 40 % steuerfrei zurücklegen. Spätestens sechs Jahre nach ihrer Bildung musste das Unternehmen die Rücklage wieder auflösen. Dafür sollten jährlich mindestens 20 % der Mittel gewinnerhöhend entnommen werden.[446]

Um überhaupt in den Genuss der Steuerermäßigung zu kommen, benötigten die investierenden Unternehmen eine Bescheinigung der jeweiligen obersten Landeswirtschaftsbehörde. Damit sollte sichergestellt werden, dass die Übernahme tatsächlich für das angestrebte primäre Ziel, den Erhalt von Arbeitsplätzen, geeignet war. Die Abgeordneten der Union diskutierten an dieser Stelle teilweise darüber, ob alle Arbeitsplätze bestehen bleiben mussten oder nur mehr, als bei einer Insolvenz verloren gehen würden. Die Entscheidung fiel letztendlich zu Gunsten der Unternehmen.

---

444 Entwurf des Haushaltsbegleitgesetzes 1983, BT-Drs. 09/2074, S. 62–63.

445 Vereinbarungen zwischen den Koalitionspartnern im Wortlaut, erläutert und kommentiert, AdL FDP-Bundesgeschäftsstelle 11808; Ergebnis der Koalitionsgespräche vom 29. September 1982. Wirtschafts- und Sozialpolitik, S. 2, ACDP Medienarchiv; Lambsdorff, O. G., Konzept, S. 10; Vermerk vom 26. Oktober 1982 für die Kabinettssitzung am 27. Oktober 1982, BArch B 136/22544.

446 Entwurf des Haushaltsbegleitgesetzes 1983, BT-Drs. 09/2074, S. 62–65; Steuervorteile bei Übernahme gefährdeter Betriebe, FAZ vom 21.10.1982, S. 13.

So sollte es ausreichen, wenn durch eine Übernahme zumindest ein nicht unerheblicher Teil der Arbeitsplätze auf Dauer gesichert werden konnte.[447]

Die Kosten der steuerfreien Rücklage belasteten über die Einkommen-, Körperschaft- und Gewerbesteuer sowohl den Bund als auch die Länder und Gemeinden. Hier rechnete man im Entwurf des Haushaltsbegleitgesetzes zunächst mit Mindereinnahmen von 76 Mio. DM, 78 Mio. DM und 36 Mio. DM. Auch wenn es sich lediglich um eine Steuerverschiebung handelte, fehlten diese Mittel doch im Haushalt des nächsten Jahres. Während der Ausschussberatungen warnten die SPD und die Deutsche Steuer-Gewerkschaft außerdem vor erhöhtem Verwaltungsaufwand. Die Wirtschaftsverbände befürchteten ferner, dass die Maßnahme ordnungspolitisch verfehlt sei, da sie den Abbau von Überkapazitäten störe. Der Finanzausschuss entschied sich trotzdem sogar noch für eine Ausweitung des Projekts. Die Vergünstigung sollte nun auch schon denjenigen Unternehmen zu Gute kommen, die nach dem 30. September 1982 einen insolventen Betrieb übernommen hatten.[448]

4.4.5 Die Förderung des Eigenheimbaus

Neben der Liberalisierung des Mietrechts gab es noch weitere Wege, die Bauwirtschaft zu unterstützten. Einer davon führte über befristete Steuererleichterungen für Bauherren. Da solche Maßnahmen die Staatskasse belasteten und die freie Entfaltung der Marktkräfte stören konnten, gab es von Anfang an kritische Stimmen zu dieser Form der Wirtschaftsstimulation. Der Sachverständigenrat wie auch der wissenschaftliche Beirat des Wirtschaftsministeriums lehnten derartige Schritte ab und auch in Lambsdorffs Konzeptpapier fand sich keine entsprechende Forderung. Der Wirtschaftsminister hielt solche nachfrageorientierten Programme in Zeiten einer pessimistischen Grundstimmung und bei einer Finanzierung durch neue Schulden für verfehlt, schloss sie aber auch nicht kategorisch aus.[449]

Dem stand ein in allen Koalitionsparteien verbreiteter Wunsch gegenüber, den Eigenheimbau zu stärken.[450] Die CDU hatte sich schon in den Diskussionen über ihr Grundsatzprogramm in den 1970er Jahren für eine Förderung des Privateigentums

447 Entwurf des Haushaltsbegleitgesetzes 1983, BT-Drs. 09/2074, S. 62–65; Steuervorteile bei Übernahme gefährdeter Betriebe, FAZ vom 21.10.1982, S. 13; KabPr. vom 27.10.1982.

448 Bericht des Haushaltsausschusses zum Haushaltsbegleitgesetz 1983, BT-Drs. 09/2290, S. 4–5, 8–9; BGBl. I 1982, S. 1858; BT-PlPr. 09/126 (10.11.1982), S. 7706C; Entwurf des Haushaltsbegleitgesetzes 1983, BT-Drs. 09/2074, S. 59.

449 Heckelmann, S., Wohnungspolitik, S. 38–39, 104–106; Sondergutachten des SVR 1982, BT-Drs. 09/2118, S. 223 (Tz. 58–59); Kleinmann, H.-O., CDU, S. 496–470; Lambsdorff, O. G., Konzept, S. 5.

450 Heckelmann, S., Wohnungspolitik, S. 38–39. Eine ähnliche Prioritätensetzung gab es in Margaret Thatchers Großbritannien. Dort hoffte man durch die Steigerung von Wohneigentum unter anderem auf eine Verbürgerlichung der Arbeiterschaft, was wiederum der regierenden Partei zu Gute kommen sollte, Winkler, H. A., Geschichte des Westens, S. 829–832.

ausgesprochen. Das sollte auch im Wohnungssektor gelten. Der Mannheimer Bundesparteitag im März 1981 hatte diese Politik dann nochmals besonders hervorgehoben. Dass man nun an dieser Stelle Akzente setzen wollte, stand für die Konservativen außer Frage. Während der Koalitionsvereinbarungen einigten sich die Parteien daher darauf, unter anderem den Neubau von Eigenheimen durch einen verbesserten Schuldzinsenabzug bei der Einkommensteuer zu fördern. Die dadurch entstehenden Kosten sollten aus dem Aufkommen der Mehrwertsteuererhöhung gedeckt werden.[451]

Die Hintergründe des verbesserten Schuldzinsenabzugs ergeben sich aus dem Rechtslage der frühen 1980er Jahre. Das Steuerrecht behandelte Eigentümer von alleine bewohnten und von zumindest teilweise vermieteten Immobilien unterschiedlich. Vermietete ein Hauseigentümer zumindest einen Teil des Gebäudes, in dem er lebte, wurde auch seine eigene Wohnung nach der „Investitionsgutlösung" wie ein Mietobjekt behandelt. Das bedeutete, dass er Abschreibungen, Schuldzinsen, Betriebskosten und Instandhaltungsaufwendungen als Werbungskosten geltend machen konnte. Andererseits musste er die Ersparnis einer fiktiven Miete im Rahmen der Einkommensteuer versteuern. Die angenommene fiktive Miete lag dabei allerdings meist deutlich unter den realen Mieten für vergleichbare Objekte.[452]

Bewohnte der Eigentümer sein Haus alleine, berechnete sich die Steuerschuld in Orientierung am „Konsumgutmodell" anhand eines pauschalierten Nutzungswertes in Abhängigkeit vom Einheitswert des Gebäudes. Werbungskosten und damit auch Kosten für Schuldzinsen waren hier nur sehr eingeschränkt beispielsweise nach § 21a Abs. 3 Sz. 1 EStG bis zu einer bestimmten Höhe in Abhängigkeit vom Wert der Immobilie absetzbar. Das sorgte dafür, dass Eigentümer von vermieteten Wohnungen gegenüber Eigenheimbesitzern insbesondere in den schuldzinsintensiven ersten Jahren nach einem Hausbau steuerlich im Vorteil waren.[453]

An dieser Stelle sollte der von der Koalition geplante Schuldzinsenabzug für den Eigenheimbau einsetzen. Gestattete man den Eigentümern von nach dem Konsumgutmodell besteuerten Immobilien, die Zinsen ihrer baubedingten Schulden in höherem Maße von der Einkommensteuer abzusetzen, schuf man einen zusätzlichen Anreiz zum Eigenheimbau. Davon erhoffte man sich wiederum, große Mengen

451 Ergebnis der Koalitionsgespräche vom 29. September 1982. Wirtschafts- und Sozialpolitik, S. 2, ACDP Medienarchiv; Peters, K.-H., Wohnungspolitik, S. 39, 299; Zeitzeugengespräch mit Manfred Carstens am 29. September 2020, S. 3.

452 Der Sachverständigenrat erklärte sich das damit, dass die Finanzämter gerichtliche Auseinandersetzungen mit den Steuerschuldnern vermeiden wollten, Jahresgutachten des SVR 1982/83, BT-Drs. 09/2118, S. 231 (Tz. 84); Tipke, K., Steuerrecht, S. 271–272; Heckelmann, S., Wohnungspolitik, S. 111–112.

453 Tipke, K., Steuerrecht, S. 271–272; Heckelmann, S., Wohnungspolitik, S. 111–112. Die Wirtschaftsweisen lehnten das gegenwärtige Besteuerungssystem ab und sprachen sich für eine Ausweitung des Investitionsmodells aus, Jahresgutachten des SVR 1982/83, BT-Drs. 09/2118, S. 231 (Tz. 83–84).

brachliegenden privaten Kapitals zu mobilisieren und der Baubranche damit kostengünstig zu einem Impuls zu verhelfen. Daneben erwartete die Koalition aber auch positive soziale Effekte. Einerseits war zwar absehbar, dass vor allem Wohlhabende vom Schuldzinsenabzug profitieren würden, andererseits räumten viele in ein Eigenheim ziehende Besserverdiener eine andere Wohnung, die dann den weniger vermögenden Bevölkerungsschichten offen stand.[454]

Die Reaktionen der Baubranche bestärkten die Koalition in ihrem Vorhaben. Der Präsident des Zentralverbandes des Deutschen Baugewerbes, Fritz Eichbauer, begrüßte den Schuldzinsenabzug und erklärte auf der Jahrestagung des Verbandes in Hannover, potentielle Bauherren würden darauf sofort reagieren.[455] Die Wirtschaftsweisen sahen das Projekt kritischer. Die Wirtschaft habe sich an stimulative Impulse gewöhnt, derartige Anstrengungen zeigten kaum noch Wirkungen. Außerdem werde der Wohnungsbau schon durch andere Maßnahmen in *„massiver und konzeptionell kaum vertretbarer Weise“*[456] gefördert. Stattdessen solle die Regierung sich eher auf die Mobilisierung anderer Investitionen konzentrieren. Außerdem werfe der Schuldzinsenabzug verteilungspolitische Fragen auf. Geringverdiener könnten sich beispielsweise einen Hausbau gar nicht leisten und somit kaum in den Genuss der Förderung kommen. Für den Staat sei der gewählte Weg ferner sehr teuer. Stoltenberg hielt dem entgegen, die Sofortmaßnahmen müssten eine *„schnell wirkende Initialzündung mit einem Ausstrahlungseffekt auch in andere Wirtschaftsbereiche darstellen“*[457], die massive Förderung des Wohnungssektors sei daher nicht übertrieben. Diese Argumentation wurde auch von der FDP mitgetragen. Immerhin sollte die Finanzierung jetzt nicht mehr über Schulden, sondern über eine steuerliche Umschichtung erfolgen.[458]

---

454 Diese *„Filtering Theorie“* hatte teils schon die Denkweise in Helmut Schmidts Bauministerium beeinflusst, Heckelmann, S., Wohnungspolitik, S. 35; Vereinbarungen zwischen den Koalitionspartnern im Wortlaut, erläutert und kommentiert, AdL FDP-Bundesgeschäftsstelle 11808; BT-PlPr. 09/126 (10.11.1982), S. 7664D. Die faktische Beschränkung auf die vermögenden gesellschaftlichen Schichten stieß in der CDU/CSU-Fraktion teils auf Unverständnis, Protokoll der Sitzung der CDU/CSU-Fraktion im Deutschen Bundestag Nr. 9/61 vom 28.10.1982, S. 10, ACDP 08-001:1068/2. Otto Graf Lambsdorff vertrat diese Maßnahme aus dem *„Instrumentenkasten des Lord Keynes“* im November ebenfalls offensiv und verwies auf die umfassende Ausstrahlung eines Nachfrageimpulses für die Bauwirtschaft. Mittelfristig müsse man aber auch die daran vorgebrachte Kritik beachten, BT-PlPr. 09/127 (11.11.1982), S. 7782C.

455 Bauwirtschaft erwartet Wende, FAZ vom 22.10.1982, S. 13.

456 Sondergutachten des SVR 1982, BT-Drs. 09/2118, S. 226 (Tz. 67).

457 Protokoll der Sitzung der CDU/CSU-Fraktion im Deutschen Bundestag Nr. 9/58 vom 12.10.1982, S. 20, ACDP 08-001:1068/2.

458 BT-PlPr. 09/127 (11.11.1982), S. 7782C; BT-PlPr. 09/126 (10.11.1982), S. 7664D, 7712A; Sondergutachten des SVR 1982, BT-Drs. 09/2118, S. 223 (Tz. 58–59), 226 (Tz. 67), 230–231 (Tz. 82–84); Protokoll der Sitzung der CDU/CSU-Fraktion im Deutschen Bundestag Nr. 9/58 vom 12.10.1982, S. 20, ACDP 08-001:1068/2.

Obwohl schon während der Koalitionsverhandlungen über die Rahmenbedingungen des Schuldzinsenabzugs diskutiert wurde, beließen es die Unterhändler im Abschlusspapier bei einer grundsätzlichen Absichtserklärung. Im Lauf des Oktobers erarbeiteten die Ministerien daraus ein einheitliches Konzept. Bis zum Ende des Monats blieb aber unklar, ab wann die Regelung greifen, wie lange sie gelten und welche Gebäude sie umfassen sollte. Das Finanzministerium beabsichtigte, bei Neubauten von Eigenheimen mit einem Bauantrag nach dem 30. September 1982 innerhalb von drei Jahren jährlich jeweils Schuldzinsen bis zu einer Höhe von 10.000 DM zusätzlich absetzbar zu machen. Das sollte für vier Baujahrgänge gelten. Oskar Schneider war bereit, nur drei Jahrgänge zu fördern, den Abzug dafür aber zehn Jahre lang zu gewähren.[459] Außerdem wollte der Bauminister auch solche Vorhaben unterstützen, deren Bauantrag zwar vor dem Stichtag gestellt, deren Bau aber erst danach begonnen worden war. Ferner sprach er sich für eine Einbeziehung der Anschaffung von bereits erstellten oder im Bau befindlichen Eigenheimen aus, sofern man erst nach dem 30. September mit der Errichtung begonnen hatte.[460]

Als das Kabinett am 27. Oktober zur Besprechung des Gesetzentwurfs zusammenkam, fiel die Entscheidung in den wichtigsten Punkten zu Gunsten des Finanzministers. Vor dem Stichtag fertiggestellte oder begonnene Gebäude waren vom Schuldzinsenabzug ausgenommen. Die Förderungsdauer sollte, wie von Stoltenberg gefordert, drei Jahre betragen. Der verbesserte Schuldzinsenabzug umfasste pro Jahr 10.000 DM, die bei der Besteuerung des Nutzungswertes nach dem Konsumgutmodell über die bisher geltenden Beträge hinaus unberücksichtigt bleiben konnten. Das Bauministerium konnte sich insofern durchsetzen, als dass nicht das Datum des Bauantrags, sondern das des Baubeginns ausschlaggebend sein sollte. Dadurch wurden auch manche vor Ende September beantragte Häuser in die Vergünstigung aufgenommen. Das Finanzministerium hatte hier zuvor die Befürchtung geäußert, eine großzügige Regelung würde am Förderziel vorbeigehen und zu Mitnahmeeffekten führen.[461] Gefördert werden sollten nun explizit nicht nur die Bauherren selbst, sondern auch die Käufer eines Hauses, sofern sie die Immobilie im Jahr ihrer Fertigstellung erwarben. Die geförderten Jahrgänge wurden dadurch eingeschränkt, dass die Gebäude bis Ende des Jahres 1986 fertiggestellt sein mussten. Ausbauten und Erweiterungen wurden ebenfalls begünstigt. Die Kosten schätzte die Regierung im Haushaltsjahr 1983 auf jeweils etwa 170 Mio. DM für Bund und Länder sowie auf 56 Mio. DM für die Gemeinden. Das waren Summen, die auch für die Befürworter

---

459 Von einer zehnjährigen Förderungszeit ging auch die FDP nach Abschluss der Koalitionsverhandlungen noch aus, Vereinbarungen zwischen den Koalitionspartnern im Wortlaut, erläutert und kommentiert, AdL FDP-Bundesgeschäftsstelle 11808.

460 Schnellbrief des Finanzministers an den Chef des Bundeskanzleramtes vom 25. Oktober 1982, Anlage 4, BArch B 136/22539; Vereinbarungen zwischen den Koalitionspartnern im Wortlaut, erläutert und kommentiert, AdL FDP-Bundesgeschäftsstelle 11808.

461 Siehe dazu das Schreiben des Finanzministeriums vom 12. Oktober betr. Steueränderungsgesetz 1983, Anlage 2, BArch B 126/90586.

eines strengen Konsolidierungskurses nicht unannehmbar hoch waren. In den folgenden Jahren würden diese Ausgaben aber steigen.[462]

Heiner Geißlers Ministerium versuchte während der Entwurfserarbeitung, der neuen Eigenheimförderung auch einen familienpolitischen Akzent zu geben. Aus § 34 f EStG hatten Bauherren mit Kindern für jeden Sohn oder Tochter bereits Anspruch auf einen Steuerabzug von 600 DM. Diesen Betrag wollte Geißler nun für kinderreiche Bauherren von Eigenheimen auf 1.000 DM erhöhen. Die geschätzten Mehrausgaben sollten durch eine eingeschränkte Abzugsfähigkeit von Erweiterungsbauten kompensiert werden. Stoltenberg und Lambsdorff sprachen sich im Kabinett allerdings dagegen aus, Kohl stellte den Vorschlag daher bis auf Weiteres zurück.[463]

In den Anhörungen der Bundestagsausschüsse schlugen die Vertreter der Wohnungswirtschaft noch einige Korrekturen des Gesetzes vor. Sie regten beispielsweise an, dass steuerliche Absetzungen, die man wegen eines späten Einzugs im ersten Förderjahr nicht wahrnehmen könne, später nachholbar sein sollten. Außerdem erhoben sie die auch von Schneider und Lambsdorff unterstützte Forderung, den unverkauften Wohnungsbestand der Bauwirtschaft stärker in die Förderung einzubeziehen. Während die Ausschüsse den ersten Vorschlag zusammen mit einigen Korrekturen zur Missbrauchsvermeidung bei Anbauten in das Gesetz aufnahmen, lehnten sie die Förderung von fertigen Gebäuden aufgrund der erwartbaren Belastung des Bundeshaushalts weiter ab.[464]

4.4.6 Der soziale Wohnungsbau

Während sich der aus der Mehrwertsteuererhöhung finanzierte Schuldzinsenabzug bei Eigenheimen vor allem an die wohlhabenderen Bevölkerungsteile richtete, sollten die Einnahmen aus der Zwangsanleihe zu Gunsten des Wohnungsbaus für einkommensschwächere Gruppen verwendet werden. Das kam vor allem der CDA entgegen, die besonderen Wert auf die soziale Balance des Sofortprogramms legte. Mit Blick auf den sozialen Wohnungsbau als Mittel der Sozialpolitik lagen Union und

---

462 Entwurf des Haushaltsbegleitgesetzes 1983, BT-Drs. 09/2074, S. 59, 66, 76–77; Kurz- und Beschlussprotokoll der Sitzung der Fraktion am 26. Oktober 1982, S. 4, AdL FDP-Fraktion im Deutschen Bundestag A 49–35; KabPr. vom 27.10.1982; Protokoll der Sitzung der CDU/CSU-Fraktion im Deutschen Bundestag Nr. 9/61 vom 28.10.1982, S. 4, ACDP 08-001:1068/2; Protokoll der Sitzung der CSU-Landesgruppe im Deutschen Bundestag vom 08.11.1982, ACSP LG 1982:19. Vgl. auch das Zeitzeugengespräch mit Jürgen Merkes am 12. Oktober 2020, S. 3.

463 KabPr. vom 27.10.1982; Schnellbrief des Finanzministers an den Chef des Bundeskanzleramtes vom 25. Oktober 1982, Anlage 4, BArch B 136/22539.

464 Bericht des Haushaltsausschusses zum Haushaltsbegleitgesetz 1983, BT-Drs. 09/2290, S. 6, 9; Kurz- und Beschlussprotokoll der Sitzung der Fraktion am 26. Oktober 1982, S. 4, AdL FDP-Fraktion im Deutschen Bundestag A 49–35.

FDP nicht weit auseinander. Alle drei Parteien hielten ihn als einen von mehreren Ansätzen für sinnvoll, wobei er für die Liberalen eine geringere Bedeutung hatte als für die Konservativen. So erschien der FDP beispielsweise das Wohngeld für die Unterstützung der wirtschaftlich schwächeren Gruppen auf dem Wohnungsmarkt geeigneter zu sein. Dieses sei weitaus treffsicherer und weniger bürokratisch. Als langfristiges Ziel müsse man außerdem, so Lambsdorff, eine Überwindung der Marktspaltung zwischen sozialem und frei finanziertem Wohnungsbau verfolgen.[465]

Die Koalitionsvereinbarung sah für die Unterstützung des sozialen Wohnungsbaus drei Programme vor. Hier sollte zunächst die Zwischenfinanzierung von Immobilienprojekten gefördert werden. Daneben war eine Initiative zu Gunsten des Mietwohnungsbaus in Verdichtungsräumen geplant. Das dritte Programm nahm abermals das selbstgenutzte Wohneigentum in den Blick. Ebenso wie beim Schuldzinsenabzug versprach sich die neue Koalition auch von diesen Maßnahmen nicht zuletzt einen Nachfrageimpuls für die Bauwirtschaft.[466]

Der soziale Wohnungsbau gehörte überwiegend zum Verantwortungsbereich der Länder. Der Bund konnte den Teilstaaten aber beispielsweise im Rahmen der Finanzhilfen nach Art. 104a GG zusätzliche Mittel zur Verfügung stellen und deren Verwendung durch Verwaltungsvereinbarungen regeln.[467] Das Kabinett ermächtigte den Minister für Raumordnung, Bauwesen und Städtebau am 27. Oktober, ein solches Übereinkommen mit den Ländern abzuschließen. Anfang Dezember unterzeichneten Vertreter der Bundes- und der Länderregierungen schließlich die erste Verwaltungsvereinbarung.[468]

Die Regierung rechnete für den Mietwohnungsbau in Ballungsräumen und die Eigentumsmaßnahmen im sozialen Wohnungsbau über die nächsten Jahre hinweg mit Ausgaben von jeweils etwa 1 Mrd. DM. Für das Programm zur Zinsverbilligung von Zwischenkrediten beim Bausparen stellte der Bund insgesamt 500 Mio. DM zur Verfügung. Bis der Etat für die Zwischenkreditförderung ausgeschöpft war, konnten förderungswürdige Bausparer vorübergehend und unter bestimmten Bedingungen eine Zinsvergünstigung von zweieinhalb Prozentpunkten für einen Zwischenkredit beantragen, um früher bauen zu können. Dadurch sollte nicht nur mehr günstiger

---

465 Kleinmann, H.-O., CDU, S. 496–470; Peters, K.-H., Wohnungspolitik, S. 303–304; Heckelmann, S., Wohnungspolitik, S. 38–39.

466 So rechtfertigte bspw. der Wirtschaftsminister die Projekte im November, BT-PlPr. 09/127 (11.11.1982), S. 7782C; Ergebnis der Koalitionsgespräche vom 29. September 1982. Wirtschafts- und Sozialpolitik, S. 2, ACDP Medienarchiv.

467 Das Zusammenspiel zwischen Bund und Ländern funktionierte dabei wie an vielen anderen Stellen meist nicht reibungslos. Ebenso wie schon Helmut Schmidt befürwortete daher auch Oskar Schneider mittelfristig einen Rückzug des Bundes aus dem sozialen Wohnungsbau, Heckelmann, S., Wohnungspolitik, S. 36, 38; Harlander, T., Wohnungspolitik, S. 687, 693.

468 Die einschlägige Verwaltungsvereinbarung findet sich in aktualisierter Fassung in Bundesminister für Raumordnung, Bauwesen und Städtebau, Rundschreiben; KabPr. vom 27.10.1982; Wohnungsbau-Programm soll am 10. Dezember beginnen, FAZ vom 03.12.1982, S. 4. Zu den Anforderungen an eine Verwaltungsvereinbarung vgl. bspw. Schulte, W., Länderaufgaben, S. 109.

Wohnraum entstehen, sondern auch privates Kapital kurzfristig mobilisiert und die Bauwirtschaft angeschoben werden. Die Länder sollten sich mit einem geringeren Anteil ebenfalls an den Projekten beteiligen.[469]

Die Sozialausschüsse begrüßten die Förderprogramme ausdrücklich und verwiesen auch auf die Arbeitsplätze, die man damit durch die Krise bringe. Während der Sachverständigenrat die Zinsverbilligung für sinnvoll hielt, lehnte er die Förderung des Wohnungsbaus in Ballungsräumen ab, weil dadurch der Standortvorteil des offenen Landes ausgehebelt würde. Anders als der Schuldzinsenabzug für Eigenheime erfuhren die Zwischenkredite und die Ballungsraumförderung auch Zuspruch aus der SPD.[470]

Problematisch war hingegen, dass schwer überschaubar war, inwieweit auf diesem Weg tatsächlich zusätzliches Geld in den sozialen Wohnungsbau floss. Es war durchaus denkbar, dass sich die Länder angesichts der neuen Mittel aus Bonn mit eigenen Anstrengungen an anderer Stelle zurückhielten. Im Haushaltsausschuss zweifelte die Opposition schließlich daran, ob die Zweckbindung der Mittel aus der Zwangsanleihe überhaupt eingehalten werden würde. Die Abgeordneten Manfred Carstens und Wolf-Dieter Zumpfort erklärten dazu als Vertreter der CDU und der FDP, dass die Förderprogramme noch ein paar Jahre laufen würden und man sich mit er abschließenden Bewertung bis dahin gedulden solle.[471]

4.4.7 Die Verlängerung des Kurzarbeitergeldes

So wie im Baugewerbe sah die Koalition auch im Bereich der Montanindustrie akuten Handlungsbedarf. Hier litt besonders die deutsche Stahlindustrie unter seit Jahren anhaltenden Absatzschwierigkeiten. Das lag einerseits an der zunehmenden Substitution des Stahls durch Materialien wie Kunststoff oder Aluminium, andererseits am Subventionsverhalten anderer Industrieländer.[472] Trotz internationaler Koordinierungsbemühungen bezuschussten insbesondere Großbritannien und Frank-

469 Wohnungsbau sozial gestalten, Soziale Ordnung 36 I, 1983, S. 8; Sonderprogramm Bauspar-zwischenfinanzierung, Mittelstandsmagazin 12/82, S. 13. Ende September war auch eine Zinsverbilligung von 3,5 % im Gespräch gewesen, Union und Liberale wollen Wohnungspolitik ändern, FAZ vom 29.09.1982, S. 13.

470 BT-PlPr. 09/121 (13.10.1982), S. 7237D; Harlander, T., Wohnungspolitik, S. 688; Jahresgutachten des SVR 1982/83, BT-Drs. 09/2118, S. 126 (Tz. 198); Sondergutachten des SVR 1982, BT-Drs. 09/2118, S. 232 (Tz. 85–86); So wird die Wirtschaft angekurbelt, Soziale Ordnung 36 I, 1983, S. 13.

471 Die Neuverschuldung um 630 Millionen gegenüber der Regierungsvorlage gesenkt, FAZ vom 11.12.1982, S. 2. Zu Carstens und Zumpfort siehe Vierhaus, R. – Herbst, L. (Hrsgg.), Biographisches Handbuch I, S. 121 und S. 992.

472 Die Probleme des Montansektors lassen sich dabei in eine allgemeine Schwächephase der Industrie mit erheblichen Auswirkungen auf den Arbeitsmarkt einordnen. So gingen in der Bundesrepublik etwa zwischen 1972 und 1982 gut 1,2 Millionen Arbeitsplätze im Industriesektor verloren. Anderen europäischen Ländern ging es nicht anders, Raphael, L., Gewinner und Verlierer, S. 60–61;

reich ihre eigene Stahlindustrie massiv. Die Bundesrepublik konnte damit weder mithalten, noch wollte sie als Exportnation Tendenzen des Protektionismus ein Vorbild bieten. Eine Besserung war aber auch nicht in Sicht.[473]

Anfang der 1980er Jahre verschlimmerte sich die Lage nochmals massiv. Die Stahlpreise sanken und in Regionen mit ausgeprägter Montanindustrie wie dem Ruhrgebiet oder dem Saarland drohte die Arbeitslosigkeit durch Betriebsschließungen sprunghaft anzusteigen. Besonders dramatisch war die Lage bei der ARBED Saarstahl GmbH, einem in der Bundesrepublik ansässigen Teil der luxemburgischen Aciéries Réunies de Burbach-Eich-Dudelange. Im Herbst 1982 befand sich die ARBED Saarstahl am Rand der Zahlungsunfähigkeit und bat dringend um staatliche Hilfe.[474]

Ein staatlicher Eingriff hätte allerdings zusätzliche Subventionen bedeutet, was der in der Koalition vorherrschenden Ansicht widersprach, dass solche Leistungen möglichst abgebaut werden sollten. Gerade im Bereich der Montanindustrie war offensichtlich, dass Subventionen bei falscher Vergabe einen längst überfälligen Strukturwandel weiter verzögerten und damit die Lage nur verschlimmerten. Auch auf europäischer Ebene beurteilte man umfassende nationale Hilfen für die Stahlindustrie überwiegend kritisch.[475] Auf der anderen Seite drohte beim Zusammenbruch eines großen Industriebetriebs die Arbeitslosigkeit lokal massiv anzusteigen, was schwer absehbare Folgen für die Region und die Sozialversicherung haben musste. So betraf eine Werksschließung nicht nur deren entlassene Arbeiter und Angestellten selbst, sondern durch den darauf fast zwangsläufig folgenden Konsumeinbruch und die Störung der Produktionsketten auch zahlreiche Arbeitsplätze in deren Umgebung. Dazu gehörte nicht zuletzt der ebenfalls schwache Kohlebergbau. Insbesondere die betroffenen Landespolitiker und die Gewerkschaften übten daher Druck auf die Regierung aus, die Wirtschaft zumindest im Falle der Stahlindustrie auch direkt weiter zu unterstützen.[476]

Sowohl die Union als auch die FDP waren der Ansicht, dass der Staat in der aktuellen Lage nicht untätig bleiben könne. Wenn die Stahlbranche auch Kapazitäten abbauen müsse und Subventionen kein Dauerzustand sein könnten, so vertraten es beispielsweise die Abgeordneten Norbert Lammert und Klaus Beckmann, ließen sie

---

Raphael, L., Kohle und Stahl, S. 35–36. Doering-Manteuffel sieht in den Problemen der Stahlbranche den *„spektakulärsten Fall“* dieser Strukturkrise, Doering-Manteuffel, A., Konturen, S. 424.

473 Wirsching, A., Provisorium, S. 229–235, 246; Raphael, L., Kohle und Stahl, S. 69; Jahresgutachten des SVR 1982/83, BT-Drs. 09/2118, S. 2–3 (Tz. 12*); BT-PlPr. 09/125 (28.10.1982), S. 7519, 7521.

474 Wirsching, A., Provisorium, S. 247–248; BT-PlPr. 09/125 (28.10.1982), S. 7513, 7525–7526. Auch an anderen Stellen, bspw. bei Krupp in Rheinhausen, zeichneten sich Ende 1982 Einschnitte ab.

475 Siehe dazu bspw. die Aufzeichnung des Wirtschaftsministeriums bzgl. ARBED Saarstahl vom 5. Oktober 1982, BArch B 102/289420.

476 BT-PlPr. 09/125 (28.10.1982), S. 524–7532; Wirsching, A., Provisorium, S. 247–248; Protokoll der Sitzung der CDU/CSU-Fraktion im Deutschen Bundestag Nr. 9/65 vom 07.12.1982, S. 9–10, ACDP 08-001:1070/1. Man bedenke auch, dass das bereits investierte Geld dann wahrscheinlich größtenteils verloren gewesen wäre.

sich doch im Augenblick nicht vermeiden.[477] Die Bundesregierung entschied sich daher, der Stahlbranche weiter zu helfen. Die Unterstützung sollte aber sowohl stärker an Bedingungen geknüpft werden als auch im Haushalt weniger offensichtlich als Subvention erkennbar sein.

Im Falle der ARBED Saarstahl bemühte sich Kohl zunächst darum, andere potentielle Geldgeber in den Hilfsprozess einzubeziehen. Eine Rettung von Einzelbetrieben allein auf Kosten von Einsparungen bei Gruppen wie den Kriegsopfern und Rentnern, so erklärte auch Gerhard Stoltenberg, sei nicht diskutabel.[478] Die wichtigsten Ansprechpartner waren an dieser Stelle einerseits die Gläubiger des Unternehmens, andererseits die in den Gewerkschaften organisierten Arbeitnehmer. Letztere wehrten sich bis zuletzt gegen die Forderung, der ARBED Saarstahl die Hälfte ihres Weihnachtsgeldes als zinslosen Kredit zu überlassen. Auch die Banken sollten auf Teile ihrer Zinsansprüche verzichten. Die luxemburgischen Eigentümer der ARBED befanden sich ebenfalls in einer so schwierigen finanziellen Situation, dass von dieser Seite nicht mit nennenswerter Hilfe zu rechnen war. Erst nachdem sich die Lage nochmals verschlechtert[479] und das Wirtschaftsministerium Gelder hatte bereitstellen müssen, um Zeit für Verhandlungen zu gewinnen, erreichten die Parteien Anfang Dezember eine Einigung. Am 8. Dezember stimmte die Bundesregierung einer großen Finanzhilfe zu und wandte die Zahlungsunfähigkeit des Stahlbetriebs damit zumindest vorübergehend ab.[480]

Mit diesem Schritt hatte die Koalition im Fall der ARBED Saarstahl Zeit gewonnen und möglicherweise zehntausende[481] Entlassungen vor der Bundestagswahl 1983 verhindert. In anderen Betrieben der Stahlindustrie war die Lage allerdings nicht viel besser. Von dort gab es daher zunehmend Beschwerden über die Hilfen für die ARBED. So hatte etwa die Korf-Stahl AG schon Ende Oktober beklagt, die Un-

---

477 BT-PlPr. 09/125 (28.10.1982), S. 7515, 7519, 7521.

478 Rede Gerhard Stoltenbergs auf dem Landesparteitag der CDU Schleswig-Holstein am 23. Oktober 1982, S. 10, ACDP 01-626:013/1.

479 Das lag auch an der öffentlichen Debatte über einen möglichen Konkurs. Die Zulieferer des Unternehmens bestanden mittlerweile auf sofortiger Bezahlung und die Gläubiger des Unternehmens versuchten, ihre Kredite nach Möglichkeit zurückzuziehen, Protokoll der Sitzung der CDU/CSU-Fraktion im Deutschen Bundestag Nr. 9/65 vom 07.12.1982, S. 6–9, ACDP 08-001:1070/1.

480 Protokoll der Sitzung der CDU/CSU-Fraktion im Deutschen Bundestag Nr. 9/65 vom 07.12.1982, S. 6–9, ACDP 08-001:1070/1; Wirsching, A., Provisorium, S. 247–248; Protokoll der Sitzung der CDU/CSU-Fraktion im Deutschen Bundestag Nr. 9/62 vom 09.11.1982, S. 13–14, ACDP 08-001:1070/1; Kab-Pr. vom 08.12.1982.

481 Laut Informationen des Saarlouiser Abgeordneten Hans-Werner Müller bedeutete ein Konkurs der ARBED Saarstahl insgesamt einen Verlust von etwa 40.000 Arbeitsplätzen, Protokoll der Sitzung der CDU/CSU-Fraktion im Deutschen Bundestag Nr. 9/65 vom 07.12.1982, S. 11, ACDP 08-001:1070/1.

terstützung des Unternehmens bedeute für sie einen Wettbewerbsnachteil, der finanziell ausgeglichen werden müsse.[482]

Unter dem Eindruck des wankenden saarländischen Stahlriesen und der aus der Branche kommenden Forderungen[483] schlug die Union daher vor, eine Unterstützung der Stahlindustrie in das Sofortprogramm aufzunehmen. Das sollte durch eine Verlängerung der Bezugszeit des Kurzarbeitergeldes geschehen. Bisher konnten Arbeitgeber ihre Arbeitnehmer für sechs und unter bestimmten Bedingungen für maximal 24 Monate mit Unterstützung der Nürnberger Bundesanstalt mit einer begrenzten Stundenzahl arbeiten lassen. Diese Option sollte es Unternehmen ermöglichen, ihre Belegschaft mit möglichst wenigen Kündigungen durch eine konjunkturelle Schwächephase zu führen.[484]

Mitte Oktober sprach sich das Arbeitsministerium dafür aus, die Bezugszeit des Kurzarbeitergeldes für den Stahlsektor auf 36 Monate auszuweiten. Das sei wahrscheinlich günstiger oder zumindest nicht teurer als die Hilfen, die man ansonsten würde leisten müssen, oder die Versorgung der Arbeitslosen im Falle eines Firmenzusammenbruches. Immerhin beteiligten sich bei der Kurzarbeit auch die Arbeitgeber noch in einem gewissen Maße an den entstehenden Kosten. Eine Begrenzung auf den Stahlsektor solle die Ausgaben begrenzen und sei wegen des Wettbewerbsvorteils der stärker subventionierten ausländischen Konkurrenz und der besonderen Lage in der Montanindustrie zu rechtfertigen. Eine Alternative dazu sei, die dreimonatige Sperrfrist zu verkürzen, nach der erneut Kurzarbeitergeld beantragt werden könne. Das sei allerdings aufwendiger und berge schwerer abschätzbare Risiken.[485]

Die FDP und Otto Graf Lambsdorff sahen die Verlängerung des Kurzarbeitergeldes kritischer. Am 10. November vermerkte man im Arbeits- nach einem Telefonat mit dem Wirtschaftsministerium, der *„BMWi kann heute weder ja noch nein sagen, tendiert jedoch zu nein. Bundesminister Graf Lambsdorff habe erhebliche Bedenken, wolle sich die Sache gründlich überlegen, ggf. mit Bundesminister Dr. Blüm sprechen"*.[486] Stoltenberg regte in Anbetracht dieses Konfliktes eine Kabinettsentscheidung an. Am 24. November trug Lambsdorff seine Kritik im Kabinett nochmals vor, stimmte dann aber einer zunächst auf die Jahre 1983 und 1984 begrenzten Regelung zu.[487]

---

482 Brief der Korf-Stahl Aktiengesellschaft an den Wirtschaftsminister vom 30. Oktober 1982 sowie das Antwortschreiben des Ministeriums vom 29. November 1982, BArch B 102/235999.

483 So wandte sich bspw. der Gesamtbetriebsrat der Thyssen AG mit einer Ausführung zum Kurzarbeitergeld an den Arbeitsminister, vgl. den Brief Norbert Blüms an den Gesamtbetriebsrat der Thyssen AG vom 9. Dezember 1982, ACDP 01-504:035.

484 Bericht des Haushaltsausschusses zum Haushaltsbegleitgesetz 1983, BT-Drs. 09/2290, S. 22; Richter, A., Grundlagen, S. 261–263.

485 Schreiben der Abteilung II des Arbeitsministeriums an Norbert Blüm bzgl. Verlängerung des Kurzarbeitergeldes, BArch B 149/98736.

486 Vermerk vom 10. November 1982 betr. Telefonat mit BMWi bzgl. Kurzarbeitergeld, BArch B 149/98736.

487 KabPr. vom 24.11.1982; Vermerk vom 11. November 1982 betr. Telefonat mit BMF bzgl. Kurzarbeitergeld, BArch B 149/98736.

Ebenso wie beim Wirtschaftsminister stieß die Verlängerung der Bezugszeit für den Stahlbereich auch bei den Abgeordneten der FDP auf Widerspruch, die diesen Nachtrag zum Sofortprogramm über die Ausschüsse in das Haushaltsbegleitgesetz einfügen sollten. Die Fraktion hielt die Entscheidung ordnungspolitisch für falsch, manche Abgeordnete sahen sich nicht an den Kabinettsbeschluss gebunden. Dieter-Julius Cronenberg erklärte am 2. Dezember in einer Sitzung des Ausschusses für Arbeit und Sozialordnung, eigentlich handele es sich um eine Erhaltssubvention auf Kosten der Bundesanstalt für Arbeit. Obwohl man den Betroffenen helfen müsse, frage er sich, ob hier dafür die richtige Kasse genutzt werde.[488] Es wurde sogar in Erwägung gezogen, die Union den entsprechenden Antrag alleine in die Ausschüsse einbringen zu lassen. Angesichts der gegenwärtigen Notsituation wollten die liberalen Abgeordneten das Projekt letztendlich aber doch mittragen. Insbesondere ging man in der FDP davon aus, dass die Union ohnehin nicht von ihrer Forderung abrücken würde. Die Liberalen mussten dabei befürchten, dass Union und SPD in dieser Frage zu einer Einigung kamen. Die Sozialdemokraten standen einer Verlängerung des Kurzarbeitergeldes offen gegenüber, obwohl sie sich eine Ausweitung auf alle Branchen wünschten. Wenn das nicht zu erreichen sei, so hatte die SPD zuvor erklärt, würde sie in den Ausschüssen aber auch einer reinen Stahllösung zustimmen.[489] Hans-Hermann Gattermann, Mitglied der FDP-Bundestagsfraktion und selbst ein Kritiker des Kabinettsbeschlusses, warnte in dieser Situation davor, unnötiges Konfliktpotential aufzubauen.[490]

Die Ausschüsse nahmen die Verlängerung der Bezugszeit des Kurzarbeitergeldes in der Stahlindustrie schließlich mit den Stimmen aller Parteien an. Der Haushaltsausschuss ging dabei ebenfalls davon aus, dass man die dadurch entstehenden Mehrausgaben der Bundesanstalt mit ihren Einsparungen beim Arbeitslosengeld verrechnen könne und im Ergebnis praktisch keine Kosten entständen.[491]

Die Beschränkung auf den Stahlsektor rief unter Außenstehenden Kritik hervor. Bald schon forderte die Gewerkschaft Textil-Bekleidung die Bundesregierung auf, das Kurzarbeitergeld auch in ihrer Branche auf 36 Monate auszudehnen. Diese Haltung war nachvollziehbar, immerhin ging es auch der Textilindustrie nicht gut. Die FAZ zog daraus den Schluss, dass sich das Instrument der ursprünglich nur auf sechs Monate ausgelegten Kurzarbeit in den Händen der Regierung zu einer *„neuen*

488 Kurzprotokoll der 51. Sitzung des Ausschusses für Arbeit und Sozialordnung vom 2. Dezember 1982, S. 15–16, BArch B 126 90585.

489 Kurzprotokoll der 51. Sitzung des Ausschusses für Arbeit und Sozialordnung vom 2. Dezember 1982, S. 15–16, BArch B 126 90585.

490 Siehe dazu auch Kap. 5.2. Protokoll der Fraktionssitzung vom 30. November 1982, S. 12, AdL FDP-Fraktion im Deutschen Bundestag A 49–35; Protokoll der Fraktionssondersitzung vom 2. Dezember 1982, S. 1–3, AdL FDP-Fraktion im Deutschen Bundestag A 49–36. Zu Gattermann vgl. Vierhaus, R. – Herbst, L. (Hrsgg.), Biographisches Handbuch I, S. 244.

491 Bericht des Haushaltsausschusses zum Haushaltsbegleitgesetz 1983, BT-Drs. 09/2290, S. 18, 33.

Art von Subventionen" entwickelt habe.[492] Der ursprüngliche Grundgedanke des Kurzarbeitergeldes, Unternehmen in vorübergehenden Schwächephasen einen Erhalt ihres Personals zu ermöglichen, schien angesichts der nun dreijährigen Förderzeit und den finsteren Zukunftsperspektiven der Stahlbranche mehr und mehr in den Hintergrund getreten zu sein. Als der Sachverständigenrat wenig später sein Jahresgutachten veröffentlichte, bewertete er die Politik der Bundesregierung ähnlich. Diese habe dem Drängen nach Subventionen nachgegeben und damit einen riskanten Weg beschritten.[493]

4.5 Zwischenergebnis

Insgesamt betrachtet kann man die Maßnahmen des Sofortprogramms in vier Gruppen teilen, die sich hinsichtlich ihrer unmittelbaren Zielsetzung unterscheiden. So gab es sowohl Schritte zu Gunsten einer Konsolidierung der Sozialversicherung als auch des Bundeshaushalts, der Länderfinanzen und der Unternehmen.

Im Bereich der Sozialversicherung kann wiederum zwischen denjenigen Projekten unterschieden werden, die in erster Linie die Renten-, die Arbeitslosen- oder die Krankenversicherung betrafen. Der Haushalt der Rentenversicherung wurde sowohl über Leistungskürzungen als auch eine Erhöhung der Versichertenbeiträge konsolidiert. Der Schwerpunkt lag dabei auf dem Leistungsabbau. Durch die Ausrufung einer Atempause reduzierte die Koalition insbesondere die Rentenzahlungen des Jahres 1983 im Verhältnis zu den bisherigen Planungen deutlich. Der Arbeitnehmerflügel der Union nahm das billigend in Kauf, um einen weitergehenden Umbau der Rentenversicherung sowie höhere Beiträge für die Arbeitnehmer zu verhindern.

Der Rückverlagerung des Krankenversicherungsbeitrags für Rentner von der Rentenversicherung hin zu den Versicherten stimmten die CDA und der linke Flügel der FDP ebenfalls zu, erstritten aber einen verhältnismäßig langsamen Anstieg der Abgaben. Außerdem verschob die Koalition die erstmalige Erhebung des Beitrages um ein halbes Jahr, damit sich die Bezüge der Rentner nicht Anfang 1983 absolut verringerten. Als die Wirtschaftszahlen während der Erarbeitung des Gesetzentwurfs schlechter wurden, wich der Sozialminister vom langsamen Anstieg des Krankenversicherungsbeitrags ab und erklärte sich mit einer deutlich zügigeren Steigerung einverstanden.

Die sozialliberale Koalition hatte auch eine Erhöhung des Rentenversicherungsbeitrags ab Anfang 1984 vorgesehen. Teile der Wirtschaftsflügel von FDP und Union

492 Die neue Art von Subventionen, FAZ vom 02.12.1982, S. 13.

493 Bericht des Haushaltsausschusses zum Haushaltsbegleitgesetz 1983, BT-Drs. 09/2290, S. 18, 22, 33; BT-PlPr. 09/140 (16.12.1982), S. 8843D; Jahresgutachten des SVR 1982/83, BT-Drs. 09/2118, S. 158 (Tz. 272); Die neue Art von Subventionen, FAZ vom 02.12.1982, S. 13; Protokoll der Fraktionssondersitzung vom 2. Dezember 1982, S. 1–3, AdL FDP-Fraktion im Deutschen Bundestag A 49–36.

regten nun an, darauf zur Entlastung der Unternehmen zu verzichten. In den Koalitionsverhandlungen konnten sie sich damit allerdings nicht durchsetzen. Im Oktober zog Stoltenberg diese Erhöhung stattdessen noch um vier Monate vor. Er erhielt dafür Unterstützung von der Bundesbank, die sich sogar einen Beginn ab Anfang 1983 vorstellen konnte. Fruchtloser Widerstand kam auch von den Sozialpolitikern der Koalitionsparteien. Sie bevorzugten die ursprünglich vorgesehene Erhöhung ab 1984, die zu deckenden Kosten sollten eher im Bereich der Arbeitslosenversicherung durch eine Anhebung von deren Beitrag bestritten werden.

Eine weitere kleine Entlastung erfuhren die Haushalte durch eine Ausweitung der Selbstbeteiligung an Kuren auf die entsprechenden medizinischen Rehabilitationsmaßnahmen der Rentenversicherung. Außerdem entlastete sie eine pauschale Minderzahlung von 1,2 Mrd. DM an die Krankenkassen als Ausgleich für die noch nicht umgesetzte Versicherungspflicht des Krankengeldes.

Insgesamt war die Konsolidierung der Rentenversicherung im Verständnis der neuen Regierung unausweichlich. So erklärte Norbert Blüm Anfang November 1982 im Bundestag, ohne die beschlossenen Maßnahmen würde die Versicherung der Arbeiter und Angestellten im Spätsommer 1983 wahrscheinlich zahlungsunfähig werden. Daneben schufen sie aber auch die Voraussetzung für eine Entlastung des Bundes, der in Folge dessen seine Zuschüsse senken konnte.

Blickt man auf die Haushaltskonsolidierung der Bundesanstalt für Arbeit, lassen sich ähnliche Tendenzen ausmachen wie bei der Rentenversicherung. Auch in Nürnberg setzten die wichtigsten Maßnahmen bei Leistungskürzungen an. Zwar vermied die Koalition eine offensichtliche Senkung des Arbeitslosengeldes, verschärfte aber die Bedingungen für dessen Bezug. Erwerbslose bekamen denselben Leistungssatz wie bisher, in vielen Fällen aber nur noch für eine kürzere Zeit. Damit erreichten die Parteien einen Kompromiss zwischen den insbesondere in der FDP beheimateten Befürwortern einer Kürzung und deren Gegnern vor allem aus der CDA.

Im Bereich der Aufstiegsförderung durch die Bundesanstalt verhinderten die Sozialpolitiker der drei Parteien hingegen in den Ausschüssen eine Leistungssenkung. Anders als es der Gesetzentwurf unabhängig von den Koalitionsbeschlüssen vorgesehen hatte, sollte es auch hier weiterhin einen Rechtsanspruch auf Unterstützung geben. Eine besondere Entlastung der Arbeitslosenversicherung ergab sich aus einer Umstellung der Bemessungsgrundlage für die Rentenbeiträge der Versicherten. Während die Regierung Schmidt die Zahlungen der Bundesanstalt an die Rentenversicherung von 100 % auf 70 % des letzten Bruttolohnes der Arbeitslosen hatte umstellen wollen, entschied sich das Kabinett Kohl, die Überweisungen in Zukunft nicht mehr anhand des vormaligen Einkommens, sondern der gegenwärtigen Ersatzleistung zu bemessen. Diese Änderung systematisiere, so die Argumentation der Befürworter, die Zahlungsflüsse zwischen den Versicherungen und trage damit zum Abbau des so genannten Verschiebebahnhofs bei. Da die Umstellung zunächst keine nennenswerten Auswirkungen auf die Versicherten hatte, wurde sie von den meisten politischen Gruppen ohne großen Widerstand mitgetragen.

Auf der Einnahmenseite unterstützte die Koalition die Bundesanstalt durch eine Anhebung der Beiträge. Obwohl die Union eine solche Maßnahme in der Oppositionszeit aus wirtschaftspolitischen Erwägungen abgelehnt hatte, sah sie sich nun durch die Haushaltslage dazu gezwungen, zumindest die von Helmut Schmidt beschlossene Erhöhung auf 4,5 % der Einkommen zu übernehmen. Die Verantwortung für diesen Schritt schrieb sie der SPD zu. Als sich die Aussichten im Herbst 1982 verschlechterten, gingen Blüm und Stoltenberg über diesen Beschluss hinaus und leiteten eine Anhebung auf 4,6 % in die Wege. Da nun ohnehin von der Koalitionsvereinbarung abgewichen worden war, kam es zu parteiübergreifenden Forderungen, den Satz weiter anzuheben und damit den Bundeszuschuss zu senken. Außerdem sollte es dann an anderen Stellen, vor allem bei der Rentenversicherung, zu Entlastungen kommen. Die zuständigen Ressortminister und die Parteiführungen lehnten weitere Eingriffe hier aber ab.

Im Bereich der aktiven Beschäftigungspolitik beschloss die Koalition während der Regierungsbildung mehrere Projekte, setzte sie aber anschließend nicht um. Die Koalitionsvereinbarung, an der der linke Flügel der FDP nur bedingt mitwirkte, sah beispielsweise die Schaffung neuer finanzieller Anreize zur Steigerung der Rückkehrbereitschaft von Ausländern vor. Bis Dezember hatte die Regierung aber, trotz der sonst an den Tag gelegten Eile, keine weitergehenden Beschlüsse in diese Richtung gefasst.

Ähnlich verlief es bei der Absenkung der flexiblen Altersgrenze bei den Renten. Sozialpolitiker insbesondere der CDU setzten sich aus arbeitsmarktpolitischen Gründen für eine Verringerung des freiwilligen Renteneintrittsalters ein. In der FDP herrschte hingegen Skepsis vor, die Regelung könne auch bei vorsichtiger Durchführung zu schwer überschaubaren Mehrkosten führen. Der Wirtschaftsminister wollte die Altersgrenze aus demografischen Gründen langfristig sogar anheben. Obwohl der linke Koalitionsflügel eine Absenkung im Konzeptpapier des Bündnisses festschrieb und auch der Kanzler sie in seiner Regierungserklärung erwähnte, wurde sie im wirtschaftspolitischen Sofortprogramm noch nicht verwirklicht.

Ebenso wie bei der Rentenversicherung wurde also auch die Arbeitslosenversicherung damit hauptsächlich über die Ausgabenseite konsolidiert. Die Beiträge hob die Koalition mit Rücksicht auf die Wirtschaft nur begrenzt an. Erst mittelfristig rentable arbeitsmarktpolitische Experimente wie Rückkehranreize für Gastarbeiter beschloss die Koalition zwar zunächst, setzte sie aber nicht mehr um. Da die Bundesanstalt für Arbeit über die Zuschüsse des Bundes mit diesem verknüpft war, bedeuteten die Einsparungen hier gleichzeitig eine Entlastung des Bundeshaushalts.

Auch im Bereich der gesetzlichen Krankenversicherung versuchten CDU, CSU und FDP, weiter steigende Beitragssätze mit den damit einhergehenden Belastungen für Arbeitnehmer und Unternehmen zu vermeiden. Dafür setzten sie vor allem auf den Ausbau von Selbstbeteiligungen der Patienten an ihren Gesundheitskosten. Die waren in den vergangenen Jahren erheblich gestiegen und belasteten damit die

Haushalte der Krankenkassen. Mit den Selbstbeteiligungen sollten nicht nur die Ausgaben der Versicherungsträger sinken, sondern Versicherte auch von der Inanspruchnahme von Leistungen abgehalten werden. Man einigte sich dafür unter anderem auf Zuzahlungen für Krankenhausbesuche und Kuren sowie eine Erhöhung der Rezeptgebühr für Medikamente. Auch die bereits ab Anfang 1983 wirksame Krankenversicherungspflicht für Zusatzeinkommen von Rentnern kam den Krankenkassen zu Gute. Daneben sollte Arzneien der Bagatell- und Luxusmedizin in Zukunft mittels einer Negativliste einfacher ihre Erstattungsfähigkeit aberkannt werden können. Insbesondere die Sozialausschüsse der Union setzten sich bei den Beschlüssen meist erfolgreich für zahlreiche Sonderregelungen ein, die die schwächeren gesellschaftlichen Gruppen und Familien entlasteten.

Die Unfallversicherung hatte weit geringere finanzielle Probleme als die anderen großen Teile der Sozialversicherung. Sie wurde daher kaum von den Konsolidierungsbemühungen berührt. Dennoch profitierte auch sie in gewissem Maße vom Sofortprogramm, insbesondere durch die Verschiebung der Rentenanpassung im Rahmen der Atempause und die geänderte Bemessung des Übergangsgeldes für Maßnahmen der beruflichen Rehabilitation.

Wie die Sozialversicherung versuchte die neue Koalition auch den Bundeshaushalt hauptsächlich über Ausgabensenkungen zu sanieren. Dazu zählten insbesondere Leistungsverringerungen beim Wohngeld, der Sprachförderung für Ausländer, dem BAföG, dem Mutterschafts- und dem Kindergeld. Hinzu kamen Kürzungen bei verschiedenen Direktsubventionen. Eine Erhöhung der Einnahmen versprach man sich von der Umstellung der einkommensteuerrechtlichen Kinderbetreuungsfreibeträge auf vereinfachte Kinderfreibeträge, einer Erhöhung der Mehrwertsteuer sowie einer rückzahlbaren Zwangsanleihe.

Im Bereich des Wohngeldes verzichtete man auf eine lineare Senkung, sondern versuchte stattdessen mit mäßigem Erfolg, über den Abbau von Freibeträgen und Sondervorteilen die Staatsausgaben zu senken. Während der Finanzminister über das durchwachsene Sparergebnis klagte, sah Blüm in den Maßnahmen eine Bedrohung für die soziale Ausgewogenheit des Sofortprogramms. Beide Seiten verständigten sich schließlich auf einen Kompromiss, der zwar an der Sparsumme weitestgehend festhielt, die Kürzungen aber möglichst sozialverträglich gestaltete. Diese Bemühung wurde zumindest teilweise dadurch unterlaufen, dass die Bundestagsausschüsse unter Mitwirkung Alfred Dreggers schließlich überraschend die Kriegswitwen auf Kosten der Freibeträge für mitverdienende Kinder und für mäßig Behinderte entlasteten.

Eine ähnliche Entwicklung vollzog sich bei den begleitenden Leistungen der Sprachförderung für Aussiedler, Kontingentflüchtlinge und Asylanten. Nachdem die Regierung bereits starke Einschnitte beschlossen hatte, setzten die Abgeordneten durch, dass das Kabinett in Zukunft auch ohne den Gesetzgeber kurzfristig Veränderungen an der Sprachförderungsverordnung vornehmen konnte. Auf diesem Weg erreichte Dregger bald darauf, dass die Förderung für Aussiedler weniger stark abgesenkt wurde als die für Kontingentflüchtlinge und Asylanten.

Im Bildungssektor verringerten die Koalitionäre den Empfängerkreis des Schüler-BAföGs massiv und bereiteten die vollständige Umstellung des Studenten-BAföGs auf Darlehen vor. Dagegen protestierten Bildungspolitiker der FDP, in gewissem Maße aber auch die neue Bildungsministerin Dorothee Wilms. In Auseinandersetzungen mit Stoltenberg setzte sie unter anderem zeitlich befristete Härtefallregelungen bei den Schülern durch. Beim Studenten-BAföG verankerte die Koalition den Leistungsgedanken in den Rückzahlungsmodalitäten der Darlehen. Besonders schnelle oder gute Studenten sollten hier Ermäßigungen bekommen.

Das Mutterschaftsgeld sollte nach den Vorstellungen Lambsdorffs gestrichen oder zumindest ausgesetzt werden. Dieser Vorschlag wurde innerhalb der Parteien kontrovers diskutiert, scheiterte aber schließlich an der ablehnenden Haltung der konservativen Sozialausschüsse. Beim Subventionsabbau zog man zunächst eine pauschale Kürzung der Direktsubventionen in Erwägung. Da sich das aufgrund bestehender Verpflichtungen kaum umsetzen ließ, verständigten sich die Koalitionsparteien auf Einsparungen nach Einzelvorschlägen. Die betrafen letztendlich die Zuschüsse zu den landwirtschaftlichen Unfall- und Krankenversicherungen sowie der landwirtschaftlichen Altershilfe, die Personalkosten im Bereich Forschung und Entwicklung, die Projektförderung des Bundesministeriums für Forschung und Technologie und die Subventionierung der Kokskohle. Meinungsverschiedenheiten zwischen Stoltenberg und Landwirtschaftsminister Ertl sowie zwischen dem Finanz- und dem Wirtschaftsministerium wurden durch Kompromisse beigelegt.

Auch das Kindergeld für die jüngeren Kinder einer Familie wurde zu Gunsten des Haushalts gekürzt. Hier konnten die Sozialausschüsse allerdings erreichen, dass man Bezieher kleinerer Einkommen von den Einsparungen ausnahm. Dabei gelang es dem Arbeits- und dem Familienministerium, unnötig hohe Verwaltungskosten durch den für die Berechnung notwendigen Einkommensbegriff mit einer Kompromisslösung abzuwenden. Eine Verringerung des mit Blick auf die Sozialverträglichkeit unproblematischsten Erstkindergeldes scheiterte an verfassungspolitischen Bedenken.

Bei der Einkommensteuer ersetzte die Koalition die bis dahin bestehenden Kinderbetreuungsfreibeträge der Einkommensteuer durch herkömmliche Kinderfreibeträge. Bei denen waren nicht nur der Verwaltungsaufwand geringer, sondern auch die erwarteten Mindereinnahmen durch steuerliche Absetzungen. An diesem ersten Schritt in Richtung eines grundsätzlichen Umbaus des Familienlastenausgleichs hielt die Regierung auch noch fest, als das Bundesverfassungsgericht Anfang November die Einschränkung der Betreuungsbeträge in Frage stellte.

Eine Erhöhung der Mehrwertsteuer hatte insbesondere die Union Anfang 1982 noch entschieden bekämpft. Dieser Linie folgten ihre Sozialausschüsse auch noch im Oktober, während sich Stoltenberg in Anbetracht der Haushaltslage mittlerweile dafür aussprach. Die FDP unterstützte eine Anhebung, forderte aber, die Einnahmen direkt wieder zurück in die Wirtschaft zu leiten. Auf diesen Weg verständigte man sich schließlich. Die erwartbare Schwächung der Nachfrage und die sozialen Belastungen sollten dadurch gemildert werden, dass man parallel zur Atempause in der Sozialversicherung auch die Steuererhöhung auf den 1. Juli 1983 verschob.

Die sozialdemokratischen Pläne zur Einführung einer Ergänzungsabgabe zur Einkommensteuer übernahm die neue Koalition in Form einer Zwangsanleihe. Insbesondere die linken Flügel der Parteien hatten sich für eine größere Beteiligung der Besserverdienenden am Sofortprogramm ausgesprochen. Anders als die zuerst diskutierte Ergänzungsabgabe sollte die Zwangsanleihe allerdings nach einigen Jahren zurückgezahlt werden und weniger Menschen treffen. Unverzichtbar für die Zustimmung der wirtschaftsfreundlichen Parteiflügel war auch die Möglichkeit, sich von der Anleihe befreien zu lassen, wenn man selbst investierte. Verfassungsrechtliche Bedenken wies die Regierung größtenteils zurück.

Eine besondere Erwähnung verdient die Kürzung des Bundeszuschusses zur Rentenversicherung der Arbeiter und Angestellten. Ebenso wie bei den Maßnahmen zu Gunsten der Bundesknappschaft und der Arbeitslosenversicherung profitierte der Bund auch hier mittelbar von den dortigen Konsolidierungsinitiativen. Da der Rentenversicherung wiederum über den pauschalen Ausgleich für die ausstehende Rentenversicherungsbeitragspflicht des Krankengeldes Mittel aus den Kürzungen im Gesundheitswesen zuströmten, konnte auch die Krankenversicherung in die Konsolidierung des Bundeshaushaltes einbezogen werden.

Für die Stabilisierung der Gemeinde- und Länderfinanzen setzte die neue Koalition unter anderem den Anpassungssatz von Sozialhilfe und Beamtenbesoldung auf einen Wert unterhalb der erwartbaren Inflationsrate fest, erhöhte die Bundesmittel für die Gemeinschaftsaufgaben, gewährte den Ländern einen zusätzlichen Prozentpunkt des Umsatzsteueraufkommens und verzichtete auf eine Absenkung der Ergänzungszuweisungen.

Die Regelsätze der Sozialhilfe sollten in diesem Zusammenhang 1983 nur um 2 % und erst ab Mitte des Jahres angehoben werden. Obwohl die linken Flügel der Parteien die Koalitionsführung für diese Entscheidung heftig angriffen, wurden die Einsparungen in den Ausschüssen sogar noch ausgeweitet. Die Befürworter verwiesen zur Begründung vor allem auf Forderungen aus den Ländern.

Ähnlich verhielt es sich bei der Beamtenbesoldung. Auch hier legte man den Erhöhungssatz für das kommende Jahr auf 2 % ab dem 1. Juli fest. Da die Koalition damit auf die gewohnte Orientierung an den Ergebnissen der Tarifverhandlungen verzichtete, fiel der Protest an dieser Stelle noch heftiger aus. Statt nachzugeben, schloss die Regierung im Laufe des Herbstes auch noch Richter und Soldaten in das Kürzungsvorhaben ein. Auch eine rückwirkende Vorziehung der Besoldungsanpassung des laufenden Jahres um einen Monat entspannte den Konflikt nicht maßgeblich.

Zusätzlich zu den länderfreundlichen Eingriffen in die Sozialhilfe und Beamtenbesoldung stellte der Bund den unteren Gebietskörperschaften zusätzlich etwa

500 Mio. DM vor allem für die Gemeinschaftsaufgaben zur Verfügung. Sie gab damit Forderungen aus dem Bundesrat nach. Stoltenberg trat als ehemaliger Ministerpräsident den Ländern gegenüber gemäßigt auf, nennenswerte Kritik an der mit diesen Schritten verbundenen Belastung des Bundeshaushalts kam lediglich aus den Fraktionen.

Auch beim Länderfinanzausgleich ging die Bundesregierung auf die unteren Gebietskörperschaften zu. Auf eine im Raume stehende Kürzung der Bundesergänzungszuweisungen verzichtete das Kabinett, stattdessen erhielten die Länder vorübergehend einen zusätzlichen Prozentpunkt vom Umsatzsteueraufkommen. Um die Zustimmung des Bundesrates zum Sofortprogramm zu sichern, setzte die Koalition in der Endphase des Gesetzgebungsprozesses durch, dass die Vereinbarungen sowie eine Übereinkunft der Länder zum horizontalen Finanzausgleich in das Haushaltsbegleitgesetz 1983 übernommen wurden. Die Regierung richtete sich dabei bei Streitfragen zwischen den Ländern nach der Mehrheitsmeinung in der kleinen Parlamentskammer.

Die vierte Gruppe von Maßnahmen richtete sich an die Unternehmen. Trotz des Sparwillens der Regierung unterstützte sie die Wirtschaft durch Ermäßigungen bei der Gewerbesteuer, die erweiterte Bereitstellung des vertrauensärztlichen Dienstes für die Missbrauchsbekämpfung bei der Lohnfortzahlung im Krankheitsfall sowie durch Vergünstigungen bei der Übernahme insolventer oder insolvenzbedrohter Unternehmen. Dabei ging die neue Koalition branchenspezifisch vor. Durch die Förderung des Eigenheim- und des sozialen Wohnungsbaus verbesserte sie kurzfristig die Nachfragebedingungen für die Bauwirtschaft oder leitete entsprechende Schritte zumindest in die Wege. Hinzu kam eine Verlängerung des Kurzarbeitergeldes zu Gunsten der angeschlagenen Stahlindustrie. Die Regierung förderte die Wirtschaft dabei nicht nur mit Haushaltsmitteln, sondern auch durch eine investitionsfreundliche Reform des Mietrechts. Die Koalition folgte dabei insgesamt der Überzeugung, dass eine konsequente Konsolidierungspolitik alleine nicht zur Überwindung der Krise ausreiche.

Im Bereich des Mietrechts verständigten sich die Unterhändler in den Koalitionsverhandlungen unter anderem darauf, Staffelmieten auch im Wohnungsbestand zuzulassen, unkomplizierte Zeitmietverträge zu ermöglichen und die Berechnung der Vergleichsmieten im Sinne der Wohnungsgeber zu vereinfachen. Diese Regelungen entsprachen vor allem den Vorstellungen der FDP und des konservativen Wirtschaftsflügels. Im Laufe des Gesetzgebungsprozesses nahm die neue Koalition auch mehrere mieterfreundliche Detailregelungen auf, die das Gesamtbild aber nicht nennenswert veränderten. Trotz Zustimmung vor allem aus den Reihen der Union konnte Bauminister Schneider die Staffelmiete nicht durch die Zulassung einer Anpassungsklausel ergänzen oder ersetzen.

Bei der Lohnfortzahlung im Krankheitsfall verhinderten insbesondere die konservativen Sozialausschüsse die Einführung von Karenztagen. Stattdessen einigte man sich darauf, dass Arbeitgeber im Verdachtsfall eine Krankmeldung durch den vertrauensärztlichen Dienst der Krankenkassen prüfen lassen konnten. Die vor allem von Lambsdorff und Strauß geforderte Senkung beziehungsweise der Abbau der Gewerbesteuer kam in gemäßigter Form. Dauerschulden sollten zukünftig nicht mehr vollständig bei der Gewerbekapitalsteuer, Dauerschuldzinsen nur noch begrenzt bei der Gewerbeertragsteuer gewichtet werden. Die Gemeinden erhielten für ihre Ausfälle einen großzügigen Ausgleich.

Außerdem einigten sich die drei Parteien darauf, dass gesunde Unternehmen, die insolvente oder insolvenzbedrohte übernahmen, für einen begrenzten Zeitraum eine steuerfreie Rücklage bilden können sollten. Diese Regelung wurde vor allem von der FDP begrüßt, aber auch Stoltenberg erkannte ihre Notwendigkeit angesichts der hohen Zahl von Zahlungsunfähigkeiten mit mittelbaren Folgen für die Sozialversicherung und den Bundeshaushalt an. Der Gesetzentwurf begrenzte diese Form der Wirtschaftsförderung auf kleine und mittelständische Unternehmen, die Ausschüsse bezogen auch Zusammenbrüche seit dem 30. September in das Vorhaben ein.

Daneben unterstützte die Bundesregierung die Baubranche gezielt durch zusätzliche Maßnahmen. Das erklärte sie unter anderem damit, dass eine Stimulation in diesem Wirtschaftsbereich viel privates Kapital aktiviere und auch auf andere Bereiche ausstrahle. Der erste Weg dahin führte über Anreize für den Bau von Eigenheimen über einen verbesserten Schuldzinsenabzug bei der Einkommensteuer. Stoltenberg bevorzugte hier eine kürzere Förderungsdauer und wollte den Zeitpunkt des Bauantrages als Kriterium für den Förderungsbeginn festsetzen. Schneider sprach sich als Fachminister für eine längere Förderzeit aus und schlug außerdem vor, auch Immobilien mit früherem Bauantrag zu begünstigen, sofern der Bau innerhalb des Förderzeitraumes begonnen wurde.

Im Kompromiss konnte sich Schneider mit letzterer Forderung durchsetzen, musste aber hinsichtlich der Förderdauer auf den Finanzminister zukommen. Ein Vorschlag von Familienminister Geißler zur verstärkten Unterstützung kinderreicher Bauherren scheiterte am Widerstand von Stoltenberg und Lambsdorff. Die Koalition plante für den verbesserten Schuldzinsenabzug die Mittel aus der Erhöhung der Mehrwertsteuer ein. Die Einkünfte aus der Zwangsanleihe sollten parallel dazu in die Förderung des sozialen Wohnungsbaus fließen, wofür eine Verwaltungsvereinbarung mit den Bundesländern abgeschlossen wurde.

Die dramatische Lage in der Stahlindustrie veranlasste die Koalition, auch diesen Bereich gesondert zu fördern. Blüm schlug dafür eine Verlängerung der Bezugsdauer des Kurzarbeitergeldes von bisher höchstens zwei auf nun drei Jahre vor. Das Kabinett einschließlich des erst skeptischen Wirtschaftsministers stimmte dem unter der Vorgabe zu, die Regel auf die Jahre 1983 und 1984 zu beschränken. Die FDP-Fraktion lehnte das ab, stellte ihre Interessen aber mit Rücksicht auf den Koalitionsfrieden zurück.

Die beabsichtigte Wirkungsweise des Sofortprogramms im Ganzen lässt sich, vereinfacht und ohne Berücksichtigung der Hilfen für die Länder, an Abb. 15 verdeutlichen:

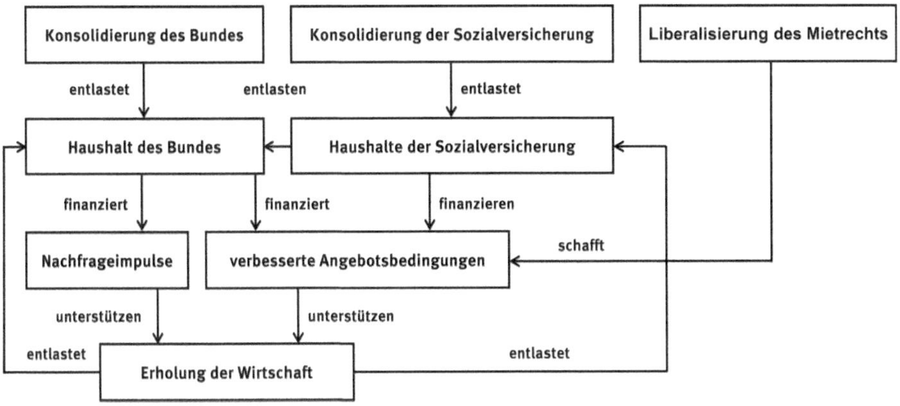

Abb. 15: Die beabsichtigte Wirkungsweise des Sofortprogramms[494]

Die Konsolidierungsbemühungen bei der Sozialversicherung sollten gemeinsam mit denen im Bereich des Bundes dem Bundeshaushalt zu Gute kommen. Aus diesem wollte man einerseits Nachfrageimpulse finanzieren, andererseits aber auch die Angebotsbedingungen der Wirtschaft verbessern. Das sollte sowohl über Steuersenkungen als auch über in Folge der Konsolidierung sinkende Zinsen geschehen. Daneben beabsichtigte man, über die Konsolidierung der Sozialversicherung beispielsweise mit den Maßnahmen im Gesundheitswesen den Anstieg der Krankenversicherungsbeiträge zu dämpfen. Hinzu kam die weitestgehend kostenneutrale Liberalisierung des Wohnungsmarktes, die sich ebenfalls positiv auf die Angebotsbedingungen der Wirtschaft auswirken musste. Die Nachfrageimpulse und die verbesserte Angebotslage sollten dann über den erhofften Wirtschaftsaufschwung wieder zu einer Entlastung der Kassen von Bund und Sozialversicherung führen.

Während der überwiegende Teil des Koalitionspapieres tatsächlich bis Ende des Jahres umgesetzt wurde, verzögerten sich Beschlüsse etwa im Bereich der flexiblen Altersgrenze für den Renteneintritt oder in der Ausländerpolitik noch über den Jahreswechsel hinaus. Viele Maßnahmen des Sofortprogramms wurden dabei zwar schon im Herbst 1982 angekündigt und im Haushalt 1983 berücksichtigt, entfalteten ihre Wirksamkeit aber erst ab Mitte des folgenden Jahres. Damit konnte die Koalition eine Belastung der Bürger im Vorfeld der Wahlen verhindern und gleichzeitig zu Beginn des Jahres ein Zeitfenster schaffen, in dem bereits Vertrauen auf einen Politikwechsel bestand und gleichzeitig die Nachfrage noch nicht durch Leistungskürzungen verringert wurde.[495]

494 Eigene Arbeit.

495 Dieser Umstand, so legt es etwa Wolfgang Merz nahe, begünstigte letztendlich auch den Aufschwung, Merz, W., Beitrag, S. 121–122. Vgl. auch Kap. 6.

Bei der Entscheidungsfindung konnte sich insgesamt kein Flügel der Koalition klar gegen einen anderen durchsetzen. Viele von Lambsdorffs Forderungen fanden Eingang in das Koalitionspapier, was sich weniger auf die Stärke der FDP als auf ähnliche Überzeugungen im Wirtschaftsflügel der Union zurückführen lässt. Andere Vorschläge des Wirtschaftsministers konnten die konservativen Sozialausschüsse hingegen erfolgreich abwehren. Auch wenn der direkte Einfluss der Liberalen auf das Sofortprogramm insgesamt geringer war als der der Union, darf man nicht vergessen, dass der Kurs der Konservativen selbst im Vorfeld maßgeblich von den Aussichten auf ein Bündnis mit der FDP bestimmt worden war.

5 Zwischen Angebotspolitik und sozialer Balance

Die Ergebnisse der vorangegangenen Kapitel können als Grundlage für weiterführende Untersuchungen zum wirtschaftspolitischen Sofortprogramm genutzt werden. Im Folgenden sollen darauf aufbauend drei grundsätzliche Forschungsfragen beantwortet werden, die ihrerseits Ausgangspunkte für spätere Vergleiche und Einordnungen bilden können. Im Einzelnen soll geklärt werden, inwieweit die Sofortmaßnahmen tatsächlich ein Konsolidierungsprogramm für den Bundeshaushalt darstellten, angebotspolitische Züge aufwiesen und die Belastungen sozial symmetrisch verteilten. Innerhalb der folgenden Kapitel werden dafür jeweils nach einer Klärung der Begrifflichkeiten und des Forschungskontextes die einschlägigen Elemente des Sofortprogramms einander gegenübergestellt und schließlich die wichtigsten Gründe für die verschiedenen erkennbaren Tendenzen einzeln untersucht.

Da das Sofortprogramm eine Vielzahl von Maßnahmen umfasst, deren Zustandekommen oft ähnliche Abläufe zu Grunde liegen, reicht es an dieser Stelle aus, einzelne Fallbeispiele näher zu betrachten. Hier ist zu beachten, dass die verschiedenen Projekte meist eine über mehrere Stufen führende Entwicklung von den Koalitionsverhandlungen über den Gesetzentwurf, die Bundestagsausschüsse, das Bundestagsplenum und den Bundesrat bis hin zum Bundespräsidenten durchliefen. Jede in einem Entwicklungsschritt getroffene Entscheidung beeinflusste dabei die Abläufe in den folgenden. Als Fallbeispiele kommen daher nicht nur ganze Maßnahmen, sondern auch einzelne Entscheidungsfindungsprozesse auf einer Stufe in Frage, so lange man die Beschlüsse schließlich im Rahmen des Sofortprogramms umsetzte. Da die wichtigsten Entscheidungen in der Regel bereits während der Koalitionsverhandlungen getroffen wurden, beziehen sich auch die meisten Fallbeispiele auf diese Phase.

5.1 Das Sofort- als Konsolidierungsprogramm

Als Helmut Kohl im Oktober 1982 im Bundestag seine erste Regierungserklärung abgab, kündigte er an, die zerrütteten Bundesfinanzen neu ordnen zu wollen. Vorrangig mit „*strenger Haushaltsdisziplin*“[1] wolle man die öffentliche Neuverschuldung wieder unter Kontrolle bringen. Inwieweit erfüllte das Sofortprogramm diesen Anspruch? In der Literatur wird diese Frage bisher meist nur kurz im Zusammenhang größerer Darstellungen und auf einer kleineren Quellenbasis angesprochen.[2] Auch mögliche Erklärungen bleiben dabei oft auf einer zusammenfassenden Ebene. Eine

---

1 BT-PlPr. 09/121 (13.10.1982).

2 Gute grundlegende Analysen finden sich aber bspw. bei Bökenkamp, G., Das Ende, S. 213–220, Ullmann, H.-P., Schuldenstaat, S. 364–368 und Zohlnhöfer, R., Wirtschaftspolitik der Ära Kohl, S. 70–82.

https://doi.org/10.1515/9783111004686-005

Erweiterung der bestehenden Perspektiven ist hier schon insofern sinnvoll, als dass zuverlässige Erkenntnisse über die Haushaltskonsolidierung im Sofortprogramm auch die Grundlage für fundierte Vergleiche mit der vorangegangenen sozial- und der nachfolgenden christlich-liberalen Politik darstellen müssen. Die Forschung betont hier, anders als es etwa die Regierungen Helmut Kohls selbst taten, mehrheitlich die haushaltspolitische Kontinuität zwischen der alten und der neuen Koalition. Die neue Regierung habe, so sieht es beispielsweise Hans-Peter Ullmann, die Politik ihrer Vorgängerinnen an sich fortgesetzt, *„wenn auch mit mehr Nachdruck und unterstützt von Wissenschaft, Medien und Wählern“.*[3]

Im Folgenden werden zunächst die konsolidierenden den haushaltsbelastenden Elementen des Sofortprogramms gegenübergestellt. Dazu zählen in diesem Zusammenhang die direkten Mehr- und Mindereinnahmen sowie -ausgaben, nicht aber die kaum abschätzbaren mittelbaren Folgen der investitionsfördernden Maßnahmen. Vorteilhaft für die Konsolidierung des Haushaltes waren zweifellos die Einsparbemühungen im Bereich der Sozialversicherung. Da große Teile davon über Zuschüsse an den Bundeshaushalt gekoppelt waren, konnten Sparmaßnahmen und Einkommenserhöhungen in der Sozialversicherung gleichzeitig auch den Weg für eine Entlastung des Bundes ebnen. Bei der Rentenversicherung waren das vor allem die Atempause, der wieder eingeführte Krankenversicherungsbeitrag der Rentner mit der entsprechenden Entlastung der Rentenkassen, die vorgezogene Beitragserhöhung und die Minderüberweisungen an die Krankenversicherung als pauschaler Ausgleich für die ausstehende Rentenversicherungsbeitragspflicht des Krankengeldes.

Während die Einsparungen bei der Bundesknappschaft direkt in den Bundeshaushalt flossen, musste die Koalition über die Höhe der Zuschusskürzung bei der Rentenversicherung der Arbeiter und Angestellten einzeln entscheiden. Hier legte man sich auf eine Verringerung von 900 Mio. DM fest. Das war weniger, als man zuvor erwirtschaftet hatte, trug aber den verschlechterten Prognosen für die Rentenversicherung selbst Rechnung.

Die Sparmaßnahmen im Bereich der Bundesanstalt für Arbeit gingen über diese Beträge hinaus. Hier beabsichtigte die neue Koalition, die Situation durch veränderte Bedingungen beim Bezug des Arbeitslosengeldes, Einschnitte bei der beruflichen Bildung und eine letztendlich deutliche Erhöhung des Versicherungsbeitrages zu verbessern. Hinzu kamen verringerte Zahlungen der Bundesanstalt an die Rentenversicherung durch die Umstellung der Bemessungsgrundlage auf die Lohnersatzleistung. Zusammen bedeutete das eine erwartbare Entlastung für den Bund in Höhe von etwa 9 Mrd. DM.

Ferner sparte der Bund im Bereich des Wohngeldes, der Sprachförderung für Ausländer und beim BAföG. Der, wenn auch zaghafte, Subventionsabbau, die Kürzung des Kindergeldes und die Festsetzung der Versorgungsbezüge für Beamte wirk-

3 Ullmann, H.-P., Schuldenstaat, S. 365.

ten ebenfalls entlastend. Dazu kam eine globale Minderausgabe im Haushalt in Höhe von etwa 500 Mio. DM.

Diese Einsparungen wurden außerdem durch einzelne Steuererhöhungen ergänzt. Hier ist vor allem die Anhebung der Mehrwertsteuer hervorzuheben, in gewissem Maße auch die langfristig für den Bund vorteilhafte Umstellung der Freibeträge bei der Einkommensteuer im Rahmen des Familienlastenausgleichs. Eine Sonderrolle nimmt die rückzahlbare Zwangsanleihe ein. Da es sich streng genommen um eine verdeckte Kreditaufnahme handelte, lassen sich nur die dem Bund ersparten Zinsen tatsächlich als Konsolidierungselement werten. Zusammen mit anderen kleineren Maßnahmen kommt man bis hierhin auf eine Haushaltsentlastung durch das Sofortprogramm in Höhe von etwa 15–16 Mrd. DM.[4]

Auf der anderen Seite erhöhte der Bund aber auch an einzelnen Stellen seine Ausgaben. Hier ist vor allem an diejenigen Zugeständnisse zu denken, die er den Ländern und Gemeinden machte. Dazu zählen der größere Anteil am Umsatzsteueraufkommen ebenso wie die zusätzlichen Mittel für die Gemeinschaftsaufgaben und die neue Kompensation für die Ausfälle der Gemeinden durch die Gewerbesteuersenkung.

Daneben litt der Bund in geringerem Maße[5] auch direkt an der verringerten Anrechenbarkeit der Dauerschulden und -zinsen der Unternehmen bei der Gewerbesteuer. Die befristeten Steuervergünstigungen bei der Rücklage beim Erwerb gefährdeter Betriebe wirkten sich ebenfalls negativ auf die Haushaltskonsolidierung aus. Hinzu kamen die Programme im Bereich des sozialen Wohnungsbaus und die Wohnungsbauförderung durch den verbesserten Schuldzinsenabzug.

Insgesamt kommt man so auf neue Belastungen für den Haushalt im Bereich von etwa 4 Mrd. DM.[6] Das Sofortprogramm zeichnete sich damit tatsächlich vor allem durch seine Konsolidierungsbemühungen aus. Daneben standen aber auch zusätzliche Ausgaben in einer Größenordnung von immerhin etwa einem Drittel der geschätzten Konsolidierungssumme. Das wirtschaftspolitische Sofort- war insofern zwar durchaus ein Konsolidierungsprogramm, allerdings kein konsequentes.

Auskunft über mögliche Erklärungen geben die Fallbeispiele der Koalitionsverhandlungen über die Mehrwertsteueranhebung, die Erweiterung der Mittel für die Gemeinschaftsaufgaben und die Absenkung der Gewerbesteuer. Die erste Entschei-

4 Es muss an dieser Stelle bei einer groben Schätzung bleiben, da die zur Verfügung stehenden Quellen, insbesondere die Prognosen des Haushaltsbegleitgesetzes und die Beschlüsse des Haushaltsausschusses, weder alle Elemente des Sofortprogramms einschließen, noch für sich genommen uneingeschränkt zuverlässig sind. Man denke hier bspw. an die von den Abgeordneten beschlossene Herabsetzung der Verzinsung von Ausgleichsforderungen, der nicht die dadurch zu erwartenden Mindereinnahmen beim Bundesbankgewinn gegengerechnet wurden, vgl. Kap. 3.3.

5 182 Mio. DM laut Schätzung im Entwurf des Haushaltsbegleitgesetzes 1983, BT-Drs. 09/2074, S. 78.

6 Auch hier gelten die oben angesprochenen Unsicherheiten, die eine genauere Festlegung irreführend erscheinen lassen.

dung auf dem Weg zur Verwirklichung der Mehrwertsteuererhöhung wurde während der Koalitionsverhandlungen getroffen. Hier ging es um die Frage, welche Programmatik in den Entwurf der Koalitionsvereinbarung aufgenommen werden sollte. Der wiederum sollte anschließend den Fraktionen vorgelegt werden und nach der erwartbaren Zustimmung den Orientierungsrahmen für die folgende Erarbeitung der Gesetze bilden. Die Beschlüsse während der Koalitionsgespräche waren daher von entscheidender Bedeutung für das gesamte Vorhaben.[7]

Auch wenn die Koalitionsverhandlungen formell von den Parteien geführt wurden, standen sich in der Frage der Mehrwertsteuererhöhung tatsächlich zwei parteiübergreifende Lager gegenüber. Auf der einen Seite war das eine Gruppe im Umfeld der konservativen Sozialausschüsse, die während der Verhandlungen vor allem von Norbert Blüm vertreten wurden. Die CDA befürwortete an sich eine stärkere Haushaltskonsolidierung sowohl aus zinspolitischen Gründen als auch um das Vertrauen der Bürger in die Stabilität und Handlungsfähigkeit des Staates zu verbessern.[8] Letzteres war nicht zuletzt eine Voraussetzung für neue Investitionen. Trotzdem lehnte sie es ab, dieses Ziel über eine Erhöhung der Mehrwertsteuer zu erreichen. Sie wollte eine solche Regelung daher nicht in die Koalitionsvereinbarung aufnehmen und konnte dabei auf die bisherige Haltung der Union verweisen. Abgesehen davon, dass die Konservativen bisher überhaupt meist Vorbehalte gegenüber Steuererhöhungen geäußert hatten, senkte eine höhere Mehrwertsteuer die Nachfrage[9] und traf vor allem die ärmeren Bevölkerungsteile hart. Anders als etwa die Einkommensteuer berücksichtigte die Mehrwertsteuer beispielsweise kaum die unterschiedliche Leistungsfähigkeit der verschiedenen Gruppen. Daneben war allgemein bekannt, dass auch viele Abgeordnete der Fraktion, die dem Koalitionsvertrag später würde zustimmen müssen, wenig Verständnis für einen Kurswechsel bei den Steuererhöhungen hatten.

Den Sozialausschüssen gegenüber standen Politiker vor allem aus der FDP und dem wirtschaftsnäheren Flügel der Union. Das waren insbesondere Mitglieder der Mittelstandsvereinigung und Haushaltsexperten.[10] In der FDP befürworteten sowohl Lambsdorff als auch Mischnick eine Mehrwertsteuererhöhung um mindestens einen Prozentpunkt. Das Ziel war auch hier nicht zuletzt eine Ordnung der Staatsfinanzen,[11] einschließlich der dadurch erwartbaren Zinssenkungen und verbesserten Planungssicherheit, was letztendlich auch den Angebotsbedingungen der Wirtschaft zu

7 Siehe zur Mehrwertsteuererhöhung nochmals Kap. 4.2.9.

8 Man denke hier an Blüms These, ein Prozentpunkt weniger Zinsen bringe mehr als alle Beschäftigungsprogramme der SPD, BT-PlPr. 09/127 (11.11.1982), S. 7795D.

9 Andreas Wirsching bezeichnet die Mehrwertsteuererhöhung sogar als *„unbestritten konsum- und konjunkturhemmende Maßnahme“*, Wirsching, A., Provisorium, S. 29.

10 Jürgen Merkes beschreibt das als eine häufige Konstellation innerhalb der Union, Zeitzeugengespräch mit Jürgen Merkes am 12. Oktober 2020, S. 1–2.

11 Zur eher deklaratorischen Zweckbindung des Aufkommens aus der Steuererhöhung an Steuersenkungen an anderen Stellen vgl. nochmals Kap. 4.2.9.

Gute kommen sollte. Strauß und Stoltenberg hielten eine Anhebung aus denselben Gründen ebenfalls für unverzichtbar.[12] Der designierte Finanzminister zog sogar eine Erhöhung um zwei Prozentpunkte in Erwägung. Die beiden Ministerpräsidenten konnten dabei auch darauf verweisen, dass die Länder davon ebenfalls profitieren würden. Da diese das Sofortprogramm im Bundesrat ausbremsen konnten, musste das für die Koalition von Vorteil sein.[13]

Am wünschenswertesten war in dieser Situation für beide Gruppen der Fall, dass die andere nachgab, während man selbst an seiner Position festhielt. Die CDA hätte dann eine Aufnahme der Mehrwertsteuererhöhung in das Grundsatzpapier verhindert, die Befürworter der Steuererhöhung hätten sie im umgekehrten Fall hingegen festgeschrieben und zu einem Teil des Regierungsprogramms gemacht. Die schlechteste Lösung wäre sowohl für die Befürworter als auch für die Gegner der Steuererhöhung aber ein beiderseitiges Beharren auf den jeweiligen Positionen gewesen. Da der Entwurf des Koalitionspapieres nur im Konsens zumindest der wichtigsten Parteiflügel verabschiedet werden konnte, um später von den Fraktionen akzeptiert zu werden, hätte das den von allen angestrebten Regierungswechsel in Frage gestellt. Angesichts der Tatsache, dass die Union nach über einem Jahrzehnt der Opposition wieder regieren wollte[14] und der FDP im Fall eines Scheiterns sofortige Neuwahlen und damit wahrscheinlich ein Ausscheiden aus dem Parlament drohten, konnte keinem der beiden Lager an diesem Szenario gelegen sein. Selbst ein einseitiges Nachgeben musste demnach vorteilhafter als eine Konfrontation erscheinen, da man damit zumindest nicht die Koalition insgesamt gefährdete. Besser noch war es aus Sicht beider Seiten, einen Kompromiss abzuschließen und damit zumindest Teile der eigenen Vorstellungen im Koalitionspapier festzuschreiben. Spieltheoretisch betrachtet standen Gegner und Befürworter der Mehrwertsteuererhöhung damit in einer so genannten „Chicken-Game"-Konstellation zueinander.[15]

Das letztendlich feststellbare Ergebnis, eine moderate Anhebung der Mehrwertsteuer um einen Prozentpunkt und zu einem späteren Zeitpunkt, deutet auf einen Kompromiss zwischen beiden Seiten hin. Die wichtigste Bedingung dafür, das gegenseitige Vertrauen darauf, dass das Gegenüber die Vereinbarung auch einhalten würde, wurde schon durch die Perspektive der Beteiligten auf eine längerfristige Zu-

---

12 Zur Bedeutung einer Vertrauen schaffenden Politik für Stoltenberg siehe bspw. Stoltenberg, G., Gesamtentwicklung, S. 16.

13 Auch bei vielen anderen Streitpunkten verlief die wichtigste Konfliktlinie zwischen den Sozialausschüssen einerseits und dem Wirtschaftsflügel und der FDP andererseits, so etwa bei Fragen der Mietrechtsliberalisierung. Dieser Bruch hatte auch in den folgenden Jahren noch Bestand, siehe dazu bspw. Schmidt, M. G., Handlungsfelder, S. 117.

14 Hier sei nochmals auf die Schilderungen von Manfred Carstens verwiesen, Zeitzeugengespräch mit Manfred Carstens am 29. September 2020, S. 2.

15 Das klassische Beispiel dieser Konstellation sind zwei Fahrzeuge, die auf einer engen Straße aufeinander zufahren. Es ist für beide vorteilhafter, wenn der jeweils andere die Straße verlässt. Im ungünstigsten Fall stoßen sie jedoch zusammen. Siehe zum „Chicken Game" und vergleichbaren Konstellationen auch Bruns, B., 2x2 Games.

sammenarbeit erfüllt. Die Unterhändler beider Gruppen konnten angesichts der zahlreichen noch ausstehenden Verhandlungen über andere Fragen kein Interesse daran haben, ihre Glaubwürdigkeit durch einen Vertragsbruch bei der Mehrwertsteuer zu verringern. Außerdem hätte jede Seite letztendlich ohnehin nachgeben müssen, wollte sie ein Platzen der Koalitionsgespräche sicher verhindern. Es war damit im Interesse sowohl der Gegner als auch der Befürworter der Mehrwertsteuererhöhung, sich auf einen Kompromiss einzulassen.

Die begrenzte Erhöhung der Mehrwertsteuer wurde schließlich in das Koalitionspapier aufgenommen und im Gesetzgebungsprozess umgesetzt. Obwohl es also bei der Frage der Mehrwertsteuererhöhung Differenzen zwischen dem auf soziale Ausgewogenheit achtenden linken Flügel der Union einerseits und einer Koalition aus dem konservativen Wirtschaftsflügel und dem überwiegenden Teil der FDP anderseits gab, waren diese doch nicht so groß, als dass man nicht im Angesicht eines drohenden Scheiterns des Regierungswechsels zu einem Kompromiss hätte kommen können. Der Abschluss dieser Übereinkunft wurde dadurch ermöglicht, dass die beiden Lager mit Blick auf die angestrebte längerfristige Zusammenarbeit kein Interesse daran haben konnten, ihre Glaubwürdigkeit an dieser Stelle zu verspielen. Auch wenn das Ergebnis des Kompromisses im Fall der Mehrwertsteuererhöhung den Maximalforderungen der Befürworter zurückblieb, konnte die Haushaltskonsolidierung an sich doch auf diese Art in die Wege geleitet werden.[16] Wie später gezeigt werden soll, griffen die verschiedenen Interessensgruppen innerhalb der neuen Koalition in anderen Fällen auch auf Kompromisse in Form von Paketlösungen zurück, bei denen eine Seite bei einer Maßnahme auf ihren Widerstand verzichtete, um dadurch ein Entgegenkommen an einer anderen Stelle zu erreichen.[17]

Es gab aber auch Fälle, in denen ein weitgehender Konsens über Maßnahmen herrschte, die die Staatsausgaben sogar noch in einem gewissen Maß erhöhen sollten. Ein Beispiel dafür sind die Entscheidungen zu den Gemeinschaftsaufgaben von Bund und Ländern.[18] Während der Koalitionsverhandlungen verständigten sich die verschiedenen Interessensgruppen darauf, dass der Bund hier einen größeren Beitrag leisten sollte. Ein wichtiger Impuls dafür kam von den Ministerpräsidenten. Obwohl die an sich eine Entflechtung der Finanzbeziehungen zwischen den verschiedenen Gebietskörperschaften wünschten, hielten sie doch in der angespannten Situation im Herbst 1982 eine Ausweitung der Mittel für die Gemeinschaftsaufgaben für notwendig. Ohne diese bestand die Gefahr, dass die Länder unausweichliche Maßnahmen unter Umständen alleine tragen mussten. Um die Forderung nach zusätzlichem Bundesgeld zu unterstreichen, konnten die Länder darauf verweisen, dass sie das Sofortprogramm an anderen Stellen belastete. Man musste beispielswei-

16 Ähnliche Fälle finden sich mit wechselnden Bündnissen an zahlreichen Stellen, u. a. bei der Wohngeldkürzung oder der Leistungsverringerung beim Arbeitslosengeld.

17 So etwa bei der eingeschränkten Kürzung des Kindergeldes, siehe dazu Kap. 5.2 und Kap. 5.3.

18 Siehe hierzu Kap. 4.3.3.

se davon ausgehen, dass die Kürzungen im Gesundheitswesen Auswirkungen auf die unteren Gebietskörperschaften haben würden. So drohte etwa den oft von den Ländern getragenen Krankenhäusern nun ein Rückgang der Behandlungen, während Kurorte einen Einbruch der Gästezahlen befürchteten.[19]

Die Forderungen der Ministerpräsidenten waren für die neue Koalition insofern relevant, als dass man zum Einhalten des Zeitplans die sofortige Zustimmung des Bundesrates zum Haushaltsbegleitgesetz brauchte. Schloss das Sofortprogramm höhere Mittel für die Länder ein, war es wahrscheinlicher, dass der Rat das Gesamtvorhaben ohne Nachforderungen unterstützte. Den Politikern der Koalition musste insofern schon deshalb daran gelegen sein, einer Anhebung der Gelder zuzustimmen. Sogar Stoltenberg, der ansonsten ein entschiedener Verfechter der Haushaltskonsolidierung war, hielt diesen Schritt für sinnvoll. Der designierte Finanzminister hatte als scheidender Ministerpräsident Schleswig-Holsteins darüber hinaus auch ein Interesse, seine eigene Glaubwürdigkeit zu erhalten.[20] In der öffentlichen Wahrnehmung und in den Fraktionen gab es allerdings auch Kritik daran, dass man einerseits massive Kürzungen vornahm, andererseits aber die Länder beschenkte.[21]

Das bestmögliche Ergebnis konnten alle Beteiligten bei diesem „Assurance"-Spiel[22] erwarten, wenn sie die Forderung der jeweils anderen Seite, die in diesem Fall auch ihre eigene war, unterstützten und der Erhöhung der Gemeinschaftsaufgaben zustimmten. Die zweitbeste Variante war jeweils, wenn sich beide Lager gegen das eigentlich von allen gewünschte Projekt aussprachen. Dann wären die Mittel der Gemeinschaftsaufgaben zwar nicht erhöht worden, es hätte aber zumindest auch keinen Konflikt in der Koalition gegeben, der den Machtwechsel in Frage gestellt

---

19 Das betraf vor allem Länder mit einem hohen Anteil von Kurorten wie das CSU-geführte Bayern. Siehe dazu bspw. Schmidt, M. G., Handlungsfelder, S. 134–135, die Stellungnahme des Bundesrats zum Entwurf des Haushaltsbegleitgesetzes 1983, BT-Drs. 09/2140, S. 136 sowie Kap. 4.1.3.1.

20 Mit Blick darauf, dass die Koalitionsvereinbarung neben den erhöhten Gemeinschaftsaufgaben auch noch ankündigte, den Ländern ein *„faires Angebot"* bei der Umsatzsteuerneuverteilung zu machen, erklärte Lothar Späth am 8. Oktober gegenüber Stoltenberg, unter *„fair"* verstehe er das, *„was Sie bisher mit uns zusammen vertreten haben"*. Wenig später ermahnte er den Minister: *„Ein gewisser Abschlag für den Wechsel auf die andere Seite wird zugebilligt. Aber er darf nicht allzu groß sein, wenn er die Kontinuität nicht gefährden soll"*, BR-PlPr. 515 (08.10.1982), S. 325A; Ergebnis der Koalitionsgespräche vom 29. September 1982. Wirtschafts- und Sozialpolitik, S. 10, ACDP Medienarchiv.

21 Hier sei nochmals auf die Position des christsozialen Vorsitzenden des Verkehrsausschusses Karl Heinz Lemmrich verwiesen, Kap. 4.3.3. Für die FDP gab es daneben noch ein zweites wichtiges Argument, sich für eine Erhöhung der Gemeinschaftsaufgaben einzusetzen. Da sie wahrscheinlich wieder das Landwirtschaftsministerium übernehmen würde, hätte das immerhin eine direkte Unterstützung der Arbeit ihres Ministers bedeutet. Hier sei daran erinnert, dass die FDP schon unter Helmut Schmidt ihre Ressorts gegen die sonst von den Liberalen befürworteten Sparmaßnahmen verteidigt hatte, vgl. Kap. 2.1.

22 So nennt etwa Bryan Bruns diese spieltheoretische Konstellation, Bruns, B., 2x2 Games, S. 4. Andere Autoren wie Fritz W. Scharpf verwenden den Begriff des „Assurance"-Spiels hingegen anders und bezeichnen damit die „Hirschjagd", Scharpf, F. W., Interaktionsformen, S. 131.

hätte. Das drittbeste Ergebnis konnte man immerhin noch dann erreichen, wenn man sich als einziger gegen das unattraktive Geschenk an die Länder aussprach.[23]

Auch in dieser Frage kann davon ausgegangen werden, dass die Unterhändler ihr Vorgehen durch den Abschluss einer Vereinbarung koordinierten. Die Voraussetzungen dafür waren durch das Vertrauens- und Abhängigkeitsverhältnis der Parteien erfüllt. Daneben musste es allen Beteiligten sinnvoll erscheinen, die für beide Seiten beste Lösung abzusichern, damit nicht eine Seite aus Sorge um ihre öffentliche Reputation die Erhöhung der Mittel ablehnte.

Die Regelung wurde schließlich in den Entwurf des Koalitionspapieres aufgenommen. Während der Erarbeitung des Gesetzentwurfs legten sich die beteiligten Ministerien später auch auf die Höhe der zusätzlichen Ausgaben fest. Dabei gab es einzelne Meinungsverschiedenheiten, das Gesamtprojekt wurde aber hier wie auch später nicht mehr ernsthaft in Frage gestellt. Das Sofortprogramm war insofern auch deswegen kein reines Programm zur Konsolidierung des Haushaltes, weil die beteiligten Akteure aus Rücksicht auf die im Bundesrat stimmberechtigten Länder in einem gewissen Maß zusätzliche Ausgaben in Kauf nahmen und sich diesbezüglich koordinieren konnten.[24]

Auch an anderen Stellen einigten sich die Unterhändler der Koalitionsgespräche darauf, neue Ausgabenerhöhungen in den Entwurf des Papieres aufzunehmen. Dafür war unter anderem die Frage ausschlaggebend, inwieweit man die Wirtschaft während der Krise entlasten wollte. Ein Beispiel dafür ist die Senkung der Gewerbesteuer.[25] Während der Koalitionsverhandlungen einigten sich die Vertreter der Parteien und ihrer Flügel darauf, die Steuerbelastung der Unternehmen an dieser Stelle durch zwei Eingriffe zu verringern. So sollte bei der Gewerbeertragsteuer die Zurechenbarkeit der Dauerschuldzinsen, bei der Gewerbekapitalsteuer die der Dauerschulden beschränkt werden. Für die Gemeinden war dafür ein finanzieller Ausgleich vorgesehen. Die Mittel sollten aus den erwarteten Einnahmen der Mehrwertsteuererhöhung aufgebracht werden.

Für die Erklärung dieser Beobachtung bietet es sich auch hier an, sich ein Bild über die an der Entscheidungsfindung beteiligten Akteure und ihre Konstellation zueinander zu machen. Vertreter aller Koalitionsflügel waren im Herbst 1982 der Ansicht, dass eine Senkung der Gewerbesteuer sinnvoll wäre. Die FDP hatte sich schon

---

23 Diese Annahme setzt voraus, dass die Verhandlungen nicht völlig geheim abliefen und die Positionen unter Umständen an die Öffentlichkeit gelangen konnten. Davon mussten die Unterhändler angesichts des großen Medieninteresses an den Koalitionsverhandlungen ausgehen. Andernfalls wäre es möglicherweise vorteilhafter gewesen, der Maßnahme als einziger zuzustimmen, um damit Kooperationsbereitschaft zu zeigen. In diesem Fall müsste man eine „Coordination"-Konstellation annehmen. Auf die Erklärung der letztendlich getroffenen Entscheidung hat diese Frage allerdings keine Auswirkung. Siehe zu dieser Konstellation ausführlicher Kap. 5.2.

24 Ähnlich lässt sich auch die Erhöhung des Länderanteils am Umsatzsteueraufkommen erklären, vgl. Kap. 4.3.4.

25 Siehe dazu Kap. 4.4.3.

seit Langem für eine Abschwächung der nicht zuletzt konjunkturpolitisch problematischen Gemeindesteuer ausgesprochen. Stoltenberg beunruhigte außerdem die zunehmende Zahl von Unternehmenszusammenbrüchen, die zu Folgekosten für den Staat führen konnten.

Uneinigkeit bestand allerdings in der Frage, wie weit die Entlastungen bei der Gewerbesteuer gehen sollten. Hier stand eine von der FDP dominierte Gruppe von Unterhändlern einem hauptsächlich konservativen Bündnis gegenüber. Die Liberalen zogen unter anderem eine halbe Anrechenbarkeit der Gewerbesteuer auf die Umsatzsteuer in Betracht. Das bedeutete eine Verbesserung der Angebotsbedingungen, was die wirtschaftliche Lage entspannen konnte. Der anderen Seite gingen diese Forderungen vor allem aus haushaltspolitischen Gesichtspunkten zu weit. Wenn man auch die Unternehmen in der Krise stärken wollte, hätte eine geringere Einsparsumme auf dem Weg über höhere Zinsen und ein schwächeres Vertrauen in die Entschlossenheit der Regierung der Wirtschaft ihrer Ansicht nach vielleicht sogar mehr geschadet als genutzt.

Die Konstellation und Abläufe ähnelten an dieser Stelle denen bei der Mehrwertsteuererhöhung. Beide Seiten wünschten sich bei diesem „Chicken-Game" ein Nachgeben der jeweils anderen, mussten aber auch befürchten, dass es zu gar keiner Einigung und damit zum für alle Beteiligten schlechtesten Ergebnis kam, wenn man nicht einseitig nachgab. Auch hier boten sich daher Verhandlungen und ein Kompromiss an, dessen Implementierung durch die Perspektive auf eine langfristige Kooperation sichergestellt wurde. Ebenso wie bei der Mehrwertsteuererhöhung liegt auch das bei der Gewerbesteuersenkung beobachtbare Ergebnis in etwa in der Mitte zwischen den Maximalforderungen. Die Übereinkunft wurde schließlich in das Koalitionspapier aufgenommen und später über das Haushaltsbegleitgesetz 1983 verwirklicht. Die Konsolidierung des Bundeshaushalts wurde insofern auch dadurch gemindert, dass unter den Unterhändlern der Koalitionsgespräche soweit Einigkeit über die Unterstützung der Unternehmen herrschte, dass sie einen Kompromiss einer Konfrontation vorzogen.[26]

5.2 Die Angebotspolitik im Sofortprogramm

Die Koalitionsvereinbarung von CDU, CSU und FDP hob drei mittelfristige Ziele besonders hervor. Das war die bereits angesprochene Rückführung struktureller Defizite, dann eine weitere Umgestaltung des Steuersystems zur Förderung von Investitionen und Beschäftigung sowie drittens die Verringerung der Gesamtbelastung der

26 Ähnliche Fälle finden sich unter anderem bei den Ausgaben der wenigen nachfrageorientierten Teile des Sofortprogramms, auf die in Kapitel 6.2 näher eingegangen wird.

Unternehmen und Arbeitnehmer mit Steuern und Abgaben.[27] Statt also wie manche Vorgängerregierungen die konjunkturellen Schwankungen insbesondere durch eine vorübergehende Beeinflussung der Nachfrage dämpfen zu wollen, kündigte die neue Koalition damit einen vorrangig angebotsorientierten Kurs an.

Inwieweit dieser in der Ära Kohl insgesamt und im Rahmen des Sofortprogramms im Besonderen tatsächlich umgesetzt wurde, ist in der Forschung allerdings umstritten. Für Peter Graf Kielmansegg etwa war die keynesianische Epoche der deutschen Wirtschaftspolitik mit dem Wechsel von 1982 definitiv beendet.[28] Zu Recht hat aber Reimut Zohlnhöfer hervorgehoben, dass es sich beispielsweise beim verbesserten Schuldzinsenabzug für Neubauten *„eindeutig um ein Programm zur Stabilisierung der Nachfrage handelte“*[29], was auch Lambsdorff nicht abstritt.[30] Die zeitgenössische Presse hielt das Sofortprogramm sogar für einen *„Mischmasch ohne scharfe Konturen“* und die Vereinbarungen für ein *„Dokument der Unentschlossenheit“*.[31]

Eine besondere Relevanz bekommt die Frage nach der Angebotspolitik im Sofortprogramm durch die Diskussion darüber, ob der Machtwechsel von 1982 gleichzeitig eine Zäsur in der wirtschaftspolitischen Geschichte der Bundesrepublik darstellt. Für eine ausführliche Einschätzung dazu, die an dieser Stelle selbst nicht geleistet werden kann, ist eine genaue Kenntnis der Maßnahmen von 1982 und ihrer Hintergründe eine unerlässliche Voraussetzung.[32] Im Folgenden soll daher untersucht werden, inwieweit das Sofortprogramm von 1982 nachfrage- und angebotspolitische Elemente enthielt und wie sich der diesbezügliche Befund erklären lässt.

In der Literatur und im zeitgenössischen politischen Diskurs wird der Begriff der Angebotspolitik teils unterschiedlich gebraucht. Im Folgenden sollen darunter diejenigen Maßnahmen verstanden werden, die die wirtschaftlichen Bedingungen der Unternehmen verbessern sollten, ohne dabei den Weg über eine Erhöhung der Nach-

---

27 Ergebnis der Koalitionsgespräche vom 29. September 1982. Wirtschafts- und Sozialpolitik, S. 3, ACDP Medienarchiv.

28 Kielmansegg, P. G., Katastrophe, S. 474.

29 Zohlnhöfer, R., Wirtschaftspolitik der Ära Kohl, S. 79.

30 BT-PlPr. 09/127 (11.11.1982), S. 7782C.

31 Zit. nach Wirsching, A., Provisorium, S. 33.

32 Eine Übersicht über die verschiedenen Positionen in der Forschung bietet hier bspw. Schulz, G., Zäsur, S. 11–13. Die herrschende und überzeugendste Meinung ist dabei, dass die Kontinuitäten die Neuerungen deutlich überwiegen. So verlor die Nachfragepolitik der schillerschen Globalsteuerung schon ab 1973 an Attraktivität und wurde in der Ära Schmidt im Wechsel mit angebotspolitischen Maßnahmen angewandt. Ab 1975, spätestens aber seit 1981, verfolgte auch die sozialliberale Koalition tendenziell einen Sparkurs. Andererseits zeigt nicht zuletzt das Sofortprogramm von 1982, dass angebots- und nachfragepolitische Elemente auch zu Beginn der Regierungszeit Helmut Kohls noch nebeneinander standen, vgl. dazu u. a. Zohlnhöfer, W. – Zohlnhöfer, R., Wende, S. 30–31, Manow, P. – Seils, E., Adjusting Badly, S. 276–277, Gohr, A., Sozialpolitik der SPD, S. 265–266, Wirsching, A., Die mediale Konstruktion, S. 136, Schmidt, M. G., Rahmenbedingungen, S. 15, Scholtyseck, J., Die FDP, S. 219, Jäger, W., Bruch der Koalition, S. 174–175, Schanetzky, T., Ernüchterung, S. 274, Werding, M., Wende, S. und Kap. 2.

frage zu gehen. Das schließt insbesondere die Verfügbarkeit von Kapital, einen funktionierenden Wettbewerb, langfristige Planbarkeit, geringe rechtliche Auflagen sowie niedrige Lohnkosten und Abgaben ein. Der Anspruch der Planbarkeit setzt dabei eine Verstetigung der Wirtschaftspolitik voraus, wie sie sich nur bedingt mit einer Konjunkturpolitik in Sinne von John Maynard Keynes verbinden lässt.[33]

Vergleicht man diejenigen Maßnahmen, die eher den Anforderungen einer angebotsorientierten Wirtschaftspolitik entsprechen, mit den dem entgegenlaufenden Elementen des Sofortprogramms, zeigt sich ein überraschend gemischtes Bild. Eine mittelbare Entlastung für die Unternehmen konnte man von den oben angesprochenen Maßnahmen zur Haushaltskonsolidierung erwarten. Die Sanierung der öffentlichen Finanzen bremste immerhin die Neuverschuldung und wirkte sich damit positiv auf die Zinsen aus. Niedrige Zinsen wiederum machten Investitionen attraktiver, was eine Verbesserung der Angebotsbedingungen bedeutete.

Die Senkung der Gewerbesteuer vergrößerte die Gewinnaussichten der Unternehmer ebenfalls. Dass hier unter anderem die Gewerbekapitalsteuer verringert wurde, war in Zeiten einer niedrigen Produktionsauslastung und geringer Erträge eine besonders große Entlastung für die Wirtschaft. Für den Wohnungssektor war auch die Liberalisierung des Mietrechts vorteilhaft. Der Wegfall von restriktiven Regelungen ermöglichte einfachere Mieterhöhungen, die bessere Zwischennutzung leerstehenden Wohnraums und eine größere Planungssicherheit. Mittelbar konnte das auch zu einem Nachfrageimpuls für das Baugewerbe führen, was aber den primär angebotspolitischen Charakter der Mietrechtsliberalisierung nicht in Frage stellt.

Eine Maßnahme mit mittlerer bis mäßiger Tragweite war die Festlegung der Erhöhung der Beamtenbesoldung auf niedrige 2%. Der Staat entlastete damit nicht nur sich selbst, sondern versuchte auch, die Tarifabschlüsse des folgenden Jahres zu beeinflussen. Ein schwaches Ansteigen der Löhne und Gehälter bedeutete eine direkte Verbesserung der Angebotsbedingungen. Hier blieben allerdings nennenswerte Erfolge aus, was beispielsweise Otto Graf Lambsdorff schon in Vorfeld befürchtet hatte.[34]

Daneben sollten auch die Maßnahmen gegen den Missbrauch der Lohnfortzahlung im Krankheitsfall die Angebotsbedingungen verbessern. Die Möglichkeit, den vertrauensärztlichen Dienst der Krankenversicherung bei Zweifeln hinzuzuziehen und Gefälligkeitsgutachten stärker als bisher zu sanktionieren, sollte die Zahl der Krankschreibungen verringern. Das reduzierte wiederum die Arbeitsausfälle bei den Arbeitgebern, was sich positiv auf deren Personalkosten auswirken musste. Auch bei der Zwangsanleihe können zumindest insofern gewisse angebotspolitische Züge

33 Siehe dazu auch bspw. Lenk, T. – Sesselmeier, W., Konjunkturpolitik, S. 468, 480, das Jahresgutachten des SVR 1982/83, BT-Drs. 09/2118, S. 13 (Tz. 58*), 191–192 (Tz. 340) und insbes. das Jahresgutachten des SVR 1981/82, BT-Drs. 09/1061, S. 143 (Tz. 300).

34 BT-PlPr. 09/127 (11.11.1982), S. 7782A. Letztendlich stiegen die Löhne und Gehälter 1983 nur geringfügig langsamer als in den Jahren zuvor, Statistisches Bundesamt (Hrsg.), Statistisches Jahrbuch 1986, S. 482–483.

festgestellt werden, als dass man sich davon befreien lassen konnte, wenn man mindestens den fünffachen Betrag in seinem eigenen Unternehmen investierte. Damit wurden ein weiterer Anreiz zur Förderung wirtschaftlicher Tätigkeit geschaffen und die Unternehmen mit zusätzlichen Mitteln versorgt. Ebenso entlastete auch der Subventionsabbau den Haushalt und verbesserte das Funktionieren des Marktes, weshalb man ihn ebenfalls zu den angebotspolitischen Elementen des Sofortprogramms rechnen kann.

Der Subventionsabbau war in seinem Volumen allerdings eher überschaubar und wurde auch dadurch unterlaufen, dass die Bundesregierung das Sofortprogramm im November um Sonderregelungen für die Kurzarbeit in der Stahlbranche ergänzte. Diese neuen Subventionen trugen zwar zur Stabilisierung der krisengeschüttelten Montanindustrie bei, verzerrten aber auch den Markt und störten den Wettbewerb.[35]

Die Zwangsanleihe selbst war für sich genommen ebenfalls kein Beispiel *„angebotspolitischer Orthodoxie“*.[36] Dass das Überschreiten einer bestimmten Einkommensgrenze zusätzliche Belastungen mit sich brachte, war nicht nur leistungsfeindlich, sondern konnte über höhere Gehaltsforderungen im schlimmsten Fall Rückwirkungen auf die Personalkosten haben. Ähnlich verhielt es sich mit der faktischen Erhöhung der Einkommensteuer über die Umstellung der Freibeträge, auch wenn deren erwartbare Auswirkungen für das Jahr 1983 noch begrenzt waren.

Ebenso belasteten die Anhebung beziehungsweise die schnellere Erhöhung mancher Sozialabgaben die Unternehmer. Insbesondere die neuen Beitragssätze zur Arbeitslosen- und zur Rentenversicherung erhöhten die Lohnnebenkosten und trafen damit auch die Arbeitgeber. Daneben standen weitere Maßnahmen, die klare nachfragepolitische Züge aufwiesen. Dazu zählen insbesondere der vorübergehende verbesserte Zinsenabzug bei Neubauten, aber auch die Schritte zur Unterstützung des sozialen Wohnungsbaus sowie die erhöhten Ausgaben für die Gemeinschaftsaufgaben, sofern sie die Nachfrage insgesamt steigern konnten. Dass durch die Atempause auch mehrere Konsolidierungsmaßnahmen erst mit einer sechsmonatigen Verzögerung greifen sollten, lässt sich in gewissem Maße ebenfalls als nachfragepolitischer Schritt verstehen. Diese Projekte waren aus angebotspolitischer Sicht schon deshalb problematisch, weil sie die Haushaltskonsolidierung ausbremsten.

Obwohl also insgesamt eine angebotspolitische Grundausrichtung erkennbar ist, lassen sich dennoch auch zahlreiche dieser entgegenlaufende Elemente feststellen. Das Sofortprogramm folgte insofern nicht konsequent einer Linie, sondern ver-

---

35 Hier muss nicht zuletzt an die Kunststoffindustrie gedacht werden, die auf einigen Gebieten mit der Stahlbranche in Konkurrenz stand, vgl. Wirsching, A., Provisorium, S. 230–231.
36 Zohlnhöfer, R., Wirtschaftspolitik der Ära Kohl, S. 81.

einte, wie die Wirtschaftspolitik der letzten Regierungen Helmut Schmidts, noch verschiedene wirtschaftspolitische Ansätze.[37]

Hinweise auf mögliche Erklärungen für diese Beobachtung geben hier die Fallbeispiele der Koalitionsverhandlungen zur Lohnfortzahlung im Krankheitsfall, zum verbesserten Schuldzinsenabzug bei Eigenheimen und zur Anhebung des Beitrags der Arbeitslosenversicherung sowie das Beispiel des Ausschussbeschlusses zur längeren Bezugsdauer des Kurzarbeitergeldes.

Ein Grund für den angebotspolitischen Schwerpunkt des Sofortprogramms ergibt sich aus der allgemeinen Zustimmung, die eine angebotsorientierte Wirtschaftspolitik an sich in der Koalition genoss. Statt schwer kalkulierbare kreditfinanzierte Nachfragepakete auf den Weg zu bringen, sollte vor allem die Ertragslage der Unternehmen langfristig verbessert werden. Diese gemeinsame Haltung ermöglichte es der Koalition in vielen Fällen, schnell zu Einigungen zu kommen.[38]

Ein Beispiel dafür ist, neben den Maßnahmen zur Konsolidierung des Bundeshaushalts, die Lohnfortzahlung im Krankheitsfall.[39] Seit 1969 waren die Arbeitgeber verpflichtet, kranken Arbeitnehmern ihr Arbeitsentgelt für eine bestimmte Zeit weiter auszuzahlen. Die Arbeitnehmer konnten diese Regel bisher leicht missbrauchen und sich durch falsche Krankmeldungen mit Hilfe eines Gefälligkeitsgutachtens eines Arztes zusätzliche bezahlte Urlaubstage erschleichen. Dieser Missbrauch belastete die Unternehmer und verschlechterte die Angebotsbedingungen. Um dieses Problem zu lösen, schlugen die konservativen Sozialausschüsse in den Koalitionsverhandlungen vor, eine Verbesserung der Kontrollmöglichkeiten durch den vertrauensärztlichen Dienst der Krankenversicherung in das Papier aufzunehmen. Der Dienst sollte in Zukunft eine Meldung jeder Krankschreibung erhalten, mit Hilfe derer er verdächtige Fälle prüfen konnte. War ein Gefälligkeitsgutachten des krankschreibenden Arztes feststellbar, sollte der mit einem hohen Bußgeld belegt werden können.

Ebenso wie die Sozialausschüsse unterstützten auch die anderen Flügel der Koalition weitestgehend die verstärkte Einbeziehung des vertrauensärztlichen Dienstes in die Missbrauchsbekämpfung, um damit die Bedingungen für die Unternehmen zu verbessern. Lambsdorff hatte schon im Spätsommer in seinem Konzept auf die Möglichkeit einer stärkeren Kontrolle durch die Vertrauensärzte hingewiesen. Anders als die Erhöhung der Mittel für die Gemeinschaftsaufgaben war eine verbesserte Missbrauchsbekämpfung auch in der Außendarstellung weitestgehend unproblematisch, sodass es kaum einen Grund gab, das Vorhaben auszubremsen. Spieltheoretisch

---

37 So hat es bspw. auch der damalige Staatssekretär im Wirtschaftsministerium Otto Schlecht beschrieben und für die zukünftige Wirtschaftspolitik gefordert, Schanetzky, T., Ernüchterung, S. 259–260. Dieser *„Policy Mix“* sollte sich auch in den folgenden Jahren durchsetzen, Abelshauser, W., Deutsche Wirtschaftsgeschichte, S. 502.

38 Vgl. dazu auch das Zeitzeugengespräch mit Jürgen Merkes am 12. Oktober 2020, S. 2.

39 Siehe dazu Kap. 4.4.2.

lässt sich die Konstellation damit als „Coordination“[40] beschreiben. Die an der Entscheidungsfindung beteiligten Akteure konnten ihr bestes Ergebnis dann erwarten, wenn alle der Regelung zustimmten. Das Vertrauensverhältnis ermöglichte es ihnen, dieses Verhalten durch eine bindende Vereinbarung abzusichern.

Im Verlauf der folgenden Monate verbesserte die Regierung das Konzept noch dahingehend, dass die Übermittlung von ärztlichen Befunden nicht automatisch, sondern nur auf Antrag des Arbeitgebers erfolgen sollte. Damit wollte man eine Überlastung der Verwaltung in der Krankenversicherung vermeiden. Die fertige Regelung floss in den 19. Artikel des Haushaltsbegleitgesetzes ein und wurde damit Teil des Sofortprogramms.

Man kann insofern festhalten, dass die angebotspolitische Grundlinie des Sofortprogramms unter anderem auf einen allgemeinen partei- und flügelübergreifenden Konsens darüber zurückgeführt werden kann, dass man die Wirtschaft damit unterstützen könne und solle. Das später näher betrachtete Fallbeispiel der Mietrechtsliberalisierung zeigt allerdings, dass sich die angebotspolitischen Elemente in Einzelfällen auch auf komplexe Kompromisse zurückführen lassen.[41]

Es gab für die Koalitionsparteien aber auch wichtige Gründe, von der angebotspolitischen Grundrichtung abzuweichen. Die zeigen sich nicht zuletzt in den oben angesprochenen Schritten, die die angebotsfreundliche Haushaltskonsolidierung in Frage stellten. Das Beispiel des verbesserten Schuldzinsenabzugs bei Neubauten weist außerdem darauf hin, dass daneben auch konjunkturpolitische Argumente gegen eine reine Angebotspolitik die Ausrichtung des Sofortprogramms bestimmten.[42]

Die Unterhändler von CDU, CSU und FDP einigten sich während der Koalitionsverhandlungen darauf, den Neubau von Eigenheimen vorübergehend durch einen verbesserten Schuldzinsenabzug von der Einkommensteuer zu fördern. Insbesondere Politiker der Union einschließlich des Finanzministers erhofften sich davon eine *„Initialzündung mit Ausstrahlungseffekt“*[43], durch die die Wirtschaft einen Anfangsimpuls für den Aufschwung bekommen sollte. Im besten Fall konnten auf diesem Wege schon vor den Wahlen im März erste politische Erfolge sichtbar gemacht werden.[44]

Der verbesserte Schuldzinsenabzug beim Eigenheimbau bot sich dafür aus Sicht der Union aus mehreren Gründen an. Erstens litt das Baugewerbe besonders unter der gegenwärtigen Krise. Steuerliche Erleichterungen konnten die Nachfrage nach Gebäuden kurzfristig erhöhen, wodurch die ungenutzten Kapazitäten der Bauunternehmen ausgelastet wurden. Zweitens war das Baugewerbe eng mit anderen Wirt-

---

40 Vgl. Bruns, B., 2x2 Games, S. 4.

41 Vgl. Kap. 5.3.

42 Siehe dazu Kap. 4.4.5.

43 Protokoll der Sitzung der CDU/CSU-Fraktion im Deutschen Bundestag Nr. 9/58 vom 12.10.1982, S. 20, ACDP 08-001:1068/2.

44 Der Wahlkampf überschattete letztendlich alle Entscheidungen der christlich-liberalen Koalition, vgl. das Zeitzeugengespräch mit Jürgen Merkes am 12. Oktober 2020, S. 3.

schaftszweigen verknüpft, sodass Verbesserungen in diesem Bereich beispielsweise auch die Zulieferer wie die subventionsbedürftige Stahlbranche entlasteten. Drittens durfte man hoffen, mit den steuerlichen Anreizen für den Eigenheimbau große Mengen privater Mittel aktivieren zu können. Mit diesem Multiplikatoreffekt konnte man eine größere Wirkung entfalten, als es beispielsweise durch staatliche Aufträge an die Unternehmen möglich gewesen wäre.

Ein viertes Argument war die Förderung von Eigenheimen an sich. Die hatten die Konservativen bereits in der Vergangenheit mehrfach unter anderem aus gesellschafts- und familienpolitischen Gründen gefordert und auch in den Diskussionen über ihr Grundsatzprogramm hervorgehoben. Ein verbesserter Schuldzinsenabzug konnte hier einen als ungerecht wahrgenommenen Besteuerungsunterschied zwischen selbst genutzten und vermieteten Immobilien abmildern. Dass das Programm zumindest für das folgende Jahr ferner nur eine Belastung des Bundeshaushalts von knapp 200 Mio. DM bedeutete, musste daneben auch die Befürworter einer strengen Konsolidierungspolitik beruhigen.[45] Kritik konnte das Projekt bestenfalls in den Reihen der Sozialausschüsse auslösen, da sich Anreize für Bauherren zwangsläufig überwiegend an diejenigen privilegierten Gruppen richteten, die sich den Bau eines Hauses überhaupt leisten konnten. Laut Aussage des CDU-Bauexperten Dietmar Kansy waren davon aber immer noch etwa 80 % Arbeitnehmer.[46]

Die Liberalen maßen dieser nachfrageorientierten Maßnahme weniger Bedeutung zu, lehnten sie aber auch nicht ab. Otto Graf Lambsdorff hatte sich zwar in seinem Konzeptpapier gegen solche Schritte ausgesprochen, dabei aber unterstellt, dass die Mittel dafür zu neuen Schulden führen und die Wirkung angesichts der pessimistischen Stimmung in der Wirtschaft verpuffen würde. Diese Einschränkungen sah er mit dem Regierungswechsel nicht mehr gegeben. Ein erklärtes Ziel der neuen Koalition war es schließlich, die Unternehmer durch das Ordnen der Staatsfinanzen zuversichtlicher zu stimmen. Ab Oktober 1982 bewertete die Wirtschaft die Lage tatsächlich zunehmend optimistischer.[47] Außerdem sollten die Maßnahmen formell nicht durch eine höhere Neuverschuldung, sondern durch zusätzliche Einnahmen finanziert werden. Dafür kamen vor allem die Gewinne aus der Mehrwertsteuererhöhung in Frage.

Daneben teilten die Liberalen die Hoffnungen auf einen konjunkturellen Impuls bei einer gleichzeitigen Stärkung des Wohneigentums. Angesichts der schwierigen Lage überwogen für sie die Vorteile die beispielsweise vom Sachverständigenrat vorgebrachten Bedenken. Lambsdorff befürwortete daher die Maßnahme im Bundestag

45 Vgl. das Zeitzeugengespräch mit Jürgen Merkes am 12. Oktober 2020, S. 3.
46 BT-PlPr. 09/129 (24.11.1982), S. 7943A-B. Zu Kansy siehe Vierhaus, R. – Herbst, L. (Hrsgg.), Biographisches Handbuch I, S. 404.
47 Merz, W., Beitrag, S. 24, 121.

und wunderte sich, dass ihm die SPD diese klassische Nachfragepolitik *„nicht unter die Nase gehalten“*[48] habe.

Wie in der Frage des vertrauensärztlichen Dienstes herrschte also auch hier weitestgehend Einigkeit innerhalb der Koalition, was die Entscheidungsfindung deutlich vereinfachen musste.[49] Im Kabinett und in den Ausschüssen kam es später noch zu einzelnen Diskussionen über die genaue Umsetzung der Maßnahmen, der Kern des Vorhabens wurde aber nicht mehr verändert. Man kann daher festhalten, dass das Sofortprogramm auch deshalb keiner reinen angebotspolitischen Linie folgte, weil alle Parteien unter den besonderen Bedingungen der Krise, des Regierungswechsels und der anstehenden Wahl auch nachfrageorientierte Maßnahmen befürworteten oder zumindest akzeptierten.[50]

Ein ähnlicher Grund für den Verzicht auf eine reine Angebotspolitik findet sich in den Ausschussdiskussionen über eine Verlängerung des Kurzarbeitergeldes in der Stahlbranche. Hier ging es allerdings nicht darum, einen positiven Wirtschaftsimpuls zu erreichen, sondern darum, einen negativen zu verhindern.[51] Im Herbst 1982 hatte sich die seit Jahren angespannte Situation der großen Montanunternehmen und insbesondere der ARBED Saarstahl weiter verschärft. Die verschiedenen Unternehmen beschäftigten ihre Arbeitnehmer dabei teilweise schon seit etwa zwei Jahren in Kurzarbeit. Da dieses Instrument zur Vermeidung von Entlassungen gesetzlich auch in Ausnahmefällen auf 24 Monate begrenzt war, drohte nun eine Welle von Kündigungen mit Folgen nicht zuletzt für den Haushalt der Bundesanstalt für Arbeit. Das Bundeskabinett einigte sich daher unter Bedenken, aber mit Zustimmung Lambsdorffs, darauf, die Bezugszeit für das Kurzarbeitergeld in der Stahlbranche befristet auf zwei Jahre um weitere zwölf Monate zu verlängern.

Diese über die Koalitionsvereinbarung hinausgehende Entscheidung sollte danach über die Bundestagsausschüsse in das Haushaltsbegleitgesetz eingebracht werden. Hier kam es allerdings zu Spannungen insbesondere zwischen den Abgeordneten der FDP und denen der Union. Die Konservativen unterstützten dabei den neuen Kabinettsbeschluss. Auf diese Weise könne man ohne oder mit sehr geringen Mehrkosten für die Arbeitslosenversicherung Massenentlassungen während des Wahlkampfes verhindern. Die Liberalen lehnten die Verlängerung des Kurzarbeitergeldes für die Stahlbranche hingegen aus ordnungspolitischen Gründen ab. Immerhin handelte es sich bei dem längeren Kurzarbeitergeld letztendlich um verdeckte Subventionen, mit denen ein bestimmter Wirtschaftszweig vor einem Personalabbau

48 BT-PlPr. 09/127 (11.11.1982), S. 7782C.

49 Die spieltheoretische Konstellation lässt sich insofern abermals als „Coordination“ beschreiben. Je nachdem, ob man eine einseitige Kooperation oder eine einseitige Blockade als für den Akteur vorteilhafter bewertet, kann es sich auch um ein „Assurance“-Spiel handeln, vgl. Bruns, B., 2x2 Games, S. 4. Im Fall des Schuldzinsenabzuges lässt die Quellenlage darüber kein eindeutiges Urteil zu, was aber auf die Erklärung der Entscheidung keine Auswirkung hat

50 Ähnlich verhält es sich bspw. bei den Programmen zum sozialen Wohnungsbau, vgl. Kap. 5.3.

51 Siehe zum Hintergrund Kap. 4.4.7.

geschützt werden sollte. Dadurch wäre ein notwendiger Strukturwandel verzögert worden. Trotzdem stimmten die Delegierten der FDP der Neuerung in den Ausschüssen letztendlich zu.

Für die Erklärung muss ein Blick auf die SPD geworfen werden. Neben der Union befürworteten auch die Sozialdemokraten eine Verlängerung des Kurzarbeitergeldes, auch wenn sie die Begrenzung auf die Stahlbranche kritisch sahen. Die Fraktionen der FDP und der Union befanden sich hier daher spieltheoretisch nicht wie etwa bei der Mehrwert- oder Gewerbesteuer in einer „Chicken“-, sondern in einer „Bully“-Konstellation[52] zueinander. Für die Konservativen gab es keinen Grund, auf die Forderungen der FDP einzugehen oder einen Kompromiss zu schließen, da sie das Projekt auf jeden Fall durchgesetzt hätten. Notfalls wäre das mit der SPD geschehen. Das wäre zwar weniger erstrebenswert gewesen als ein gemeinsamer Beschluss mit dem dann vielleicht verärgerten Koalitionspartner, aber immer noch besser als auch nur ein teilweiser Verzicht auf die Regelung. Für die Liberalen hatte ein Nachgeben zumindest noch den Vorteil, dass damit die Harmonie in der Koalition vor der Wahl gewahrt blieb. Daran musste der FDP gelegen sein, da das Bündnis mit der Union unmittelbar nach dem Koalitionswechsel für die Liberalen alternativlos war.[53]

Die Verlängerung der Bezugszeit für Kurzarbeitergeld floss schließlich in das Haushaltsbegleitgesetz ein. Man kann damit festhalten, dass die Koalition auch deswegen keine reine Angebotspolitik verfolgte, weil insbesondere die Abgeordneten der Union in den Ausschüssen Unternehmenszusammenbrüche verhindern wollten und dafür Rückendeckung von den Sozialdemokraten bekamen. Insofern hatte, was die Forschung bisher kaum berücksichtigt hat, auch die SPD einen Anteil am Zustandekommen des Sofortprogramms von 1982.[54]

Manche auf den ersten Blick angebotspolitisch unvorteilhaft erscheinende Maßnahmen wurden auch deshalb beschlossen, weil weitestgehend Einigkeit darüber herrschte, dass man die Angebotslage auf diese Weise insgesamt am effektivsten verbesserte. Ein Beispiel dafür ist die Anhebung des Beitrags zur Arbeitslosenversicherung.[55]

Sowohl die Union als auch die FDP hatten von Helmut Schmidt im Vorfeld des Koalitionswechsels gefordert, die Arbeitslosenversicherung nicht über höhere Beiträge zu konsolidieren. Höhere Beiträge bedeuteten sowohl eine Belastung der Ar-

---

52 Vgl. dazu Bruns, B., 2x2 Games, S. 4.

53 Eine in diese Richtung gehende Argumentation lässt sich auch bei den Abgeordneten der FDP feststellten. So warnte bspw. Hans-Hermann Gattermann davor, unnötiges Konfliktpotential aufzubauen, Protokoll der Fraktionssitzung vom 30. November 1982, S. 12, AdL FDP-Fraktion im Deutschen Bundestag A 49–35.

54 Mit Blick auf das gesamte Sofortprogramm handelt es sich hierbei um eine Ausnahme. Ein dem verlängerten Kurzarbeitergeld ähnlicher Fall ist die befristete Steuerermäßigung für Rücklagen bei der Übernahme insolvenzbedrohter Unternehmen. Auch hier ging es nicht zuletzt darum, Massenentlassungen zu verhindern, vgl. Kap. 4.4.4.

55 Siehe dazu Kap. 4.1.2.4.

beitgeber als auch der Arbeitnehmer, die ihr verringertes Nettoeinkommen wiederum zum Anlass für höhere Lohnforderungen nehmen konnten.

Während der Koalitionsverhandlungen verständigten sich Konservative und Liberale dennoch darauf, eine von Schmidt geplante Beitragserhöhung von 4,0 % auf 4,5 % in das Sofortprogramm zu übernehmen. Hätte man diesen Schritt unterlassen, hätte das die Konsolidierungsleistung der Koalition um mehrere Milliarden DM verringert. Das hätte die Glaubwürdigkeit der Haushaltskonsolidierung an sich in Frage gestellt. Die Unterhändler waren sich daher weitestgehend einig, dass man die sozialliberale Beitragserhöhung übernehmen müsse, bis man eine bessere Lösung gefunden habe. Die Konstellation glich hier abermals dem „Coordination"-Spiel bei der Lohnfortzahlung im Krankheitsfall.

Im weiteren Verlauf erhöhte das Kabinett die Beitragsanhebung angesichts der schlechten Haushaltslage nochmals auf nun 4,6 %. Darüber hinausgehende Forderungen aus den Fraktionen scheiterten am Widerstand von Stoltenberg, Blüm und Kohl. Die höhere Abgabenbelastung wurde schließlich über das Haushaltsbegleitgesetz verwirklicht. Die Koalition stimmte somit deshalb auch Maßnahmen mit angebotspolitisch unvorteilhaften Auswirkungen zu, weil sie sich davon an anderer Stelle eine darüber hinausgehende Verbesserung der Angebotsbedingungen erhoffte.[56]

5.3 Die soziale Symmetrie des Sofortprogramms

„Gesellschaftspolitisch ist die vielgefeierte Wende allerdings eindeutig: Es ist die Wende zum Klassenkampf von oben nach unten und zur Umverteilung von unten nach oben."[57] Als Horst Ehmke am 13. Oktober 1982 im Bundestag für die SPD die soziale Symmetrie des Sofortprogramms angriff, legte er den Finger in eine Wunde, deren Existenz selbst die Koalitionspolitiker nicht immer abstreiten konnten.[58] Bis heute gehen die Einschätzungen darüber auseinander, inwieweit die Maßnahmen der ersten Regierung Kohl sozial ausgewogen waren. Christoph Butterwegge sieht es etwa als gemeinsames Merkmal der Haushaltsbegleitgesetze 1983 und 1984, dass sie *„in erster Linie sozial Benachteiligte trafen, Besserverdienende und Begüterte hingegen eher begünstigten"*. Demgegenüber hält beispielsweise Reimut Zohlnhöfer das So-

56 Ähnlich kann man die vorgezogene Anhebung der Beiträge zur Rentenversicherung und m. E. auch die Erhöhung der Mehrwertsteuer und die Zwangsanleihe bewerten.

57 BT-PlPr. 09/121 (13.10.1982), S. 7236C.

58 Der liberale Abgeordnete Friedhelm Rentrop wich bspw. darauf aus, dass eine *„ausschließlich auf die soziale Ausgewogenheit abgestellte Steuerpolitik"* unter Umständen zu unsozialeren Ergebnissen führen könne, als eine andere, BT-PlPr. 09/126 (10.11.1982), S. 7711D-7712A. Auch Dieter-Julius Cronenberg gestand ein, dass man das Ziel sozialer Ausgewogenheit kurzfristig wohl nicht werde erreichen können, BT-PlPr. 09/123 (15.10.1982), S. 7442A. Ludolf von Wartenberg (CDU) betonte hingegen, es finde keine Umverteilung von unten nach oben statt, BT-PlPr. 09/126 (10.11.1982), S. 7708.

fortprogramm zumindest für ausgewogener als die ein Jahr später im Haushaltsbegleitgesetz 1984 beschlossenen Schritte und führt das unter anderem auf den Parteienwettbewerb vor der Bundestagswahl 1983 zurück. Die Regierung sei bemüht gewesen, die soziale Balance ihrer Austeritätspolitik nicht zu verletzen.[59]

Im Folgenden soll untersucht werden, inwieweit das Gesamtpaket die soziale Symmetrie zwischen den wirtschaftlich stärkeren und schwächeren Bevölkerungsteilen tatsächlich berücksichtigte. Dabei kann es nicht um die kaum abschätzbaren langfristigen Folgen der Wirtschaftspolitik für die einzelnen gesellschaftlichen Gruppen gehen, sondern nur um die Vor- und Nachteile, die sich unmittelbar aus dem Sofortprogramm ergaben. Unter sozialer Symmetrie ist hier ferner nicht eine gleichmäßige, sondern eine Belastung im Verhältnis zur Leistungsfähigkeit der jeweils Betroffenen zu verstehen. Wie bei den vorangegangenen Fragen muss auch diese Untersuchung auf die wichtigsten Faktoren beschränkt bleiben. Auch hier kann die Beantwortung dieser Frage die Grundlage für eine fundiertere Beurteilung der Kontinuitäten und Diskontinuitäten beim Übergang von der sozialliberalen zur Ära Kohl bilden, welche selbst nicht zentraler Gegenstand dieser Arbeit sein können.[60]

Die offensichtlichste einseitige Belastung schwächerer Bevölkerungsschichten ergibt sich aus den umfangreichen Kürzungen in der Sozialpolitik. Hierzu zählen insbesondere die Verringerung der Sozialhilfe, die Korrekturen beim Wohngeld, der Kompromiss bei der Sprachförderung für Ausländer und in weiten Teilen auch die Atempause in der Sozialversicherung. Diese Maßnahmen verbindet, dass sie Leistungen beschnitten, die überhaupt nur Bedürftigen oder Gruppen mit unterdurchschnittlichem Einkommen zu Gute kamen. Die Verschiebung der Rentenanpassung und die Wiedereinführung des Krankenversicherungsbeitrags für Rentner passt insofern in dieses Bild, als dass das Einkommen der Rentner um etwa 25 % niedriger war als das vergleichbarer Arbeiter und Angestellten,[61] während viele Lebenshaltungskosten altersbedingt oft darüber lagen.

Auch die Kürzungen beim BAföG und die Selbstbeteiligungen im Gesundheitswesen trafen besonders wirtschaftlich schlechter aufgestellte Gruppen. So bedeutete die Selbstbeteiligung an Kur- und Krankenhausaufenthalten beispielsweise für Empfänger niedrigerer Einkommen anteilsmäßig eine weitaus höhere Belastung als für Besserverdiener. Eine ähnliche Tendenz lässt sich bei den zusätzlichen Abgaben

---

59 Zohlnhöfer, R., Wirtschaftswunder, S. 299; Zohlnhöfer, R., Wirtschaftspolitik der Ära Kohl, S. 82; Butterwegge, C., Krise und Zukunft, S. 116. Soziale Ungleichheit. Obwohl die soziale Ungleichheit in Europa seit Ende des Krieges tendenziell abgenommen hatte, handelte es sich immer noch um ein Thema von hoher politischer Brisanz, Kaelble, H., Ungleichheit, S. 99–101. Siehe als Übersicht zur Entwicklung der Einkommen in Deutschland auch Bartels, C., Top Incomes. Die oberen 10 % verfügten 1982 etwa über weit mehr Einkommen als die unteren 50 %, Bartels, C., Top Incomes, S. 686.
60 Gleiches gilt für die Frage, inwieweit man das Sofortprogramm als gerecht bezeichnen kann. Dafür müssten, je nach Definition von Gerechtigkeit, u. U. auch die Gewinneinbußen der Unternehmer in den vorangegangenen Jahren berücksichtigt werden.
61 Schmähl, W., Alterssicherungspolitik, S. 671–672.

feststellen. Die Erhöhung der Beiträge zur Arbeitslosen- und Rentenversicherung trafen wegen der jeweiligen Beitragsbemessungsgrenzen die Bezieher mittlerer und geringerer Arbeitsentgelte überdurchschnittlich stark. Auch die Anhebung der Mehrwertsteuer berücksichtigte nicht die unterschiedliche Leistungsfähigkeit der einzelnen gesellschaftlichen Gruppen.

Daneben richteten sich Projekte wie der verbesserte Schuldzinsenabzug bei Neubauten gezielt an potentielle Bauherren. Diese Ausrichtung war zwar zum Erreichen eines möglichst hohen Multiplikatoreffekts sinnvoll, begünstigte aber auch vor allem wohlhabendere Bevölkerungsteile. Ähnlich kann man die Liberalisierung des Mietrechts bewerten. Angesichts der angespannten Lage auf dem Wohnungsmarkt kam die Deregulierung vor allem den Eigentümern von Mietwohnungen zu Gute.[62]

Auf der anderen Seite gab es aber auch Maßnahmen im Sofortprogramm, die dieses Ungleichgewicht abfedern konnten. Das war neben den Projekten des sozialen Wohnungsbaus insbesondere die Zwangsanleihe, die explizit auf die Besserverdienenden abzielte. Auch die Kürzung des Kindergeldes war aufgrund der dort angewandten Einkommensgrenze eine Sonderbelastung für den wohlhabenderen Teil der Bevölkerung. Geht man davon aus, dass das Ignorieren der kalten Progression einer verdeckten Steuererhöhung entspricht, kann man auch diesen Aspekt als einen Sonderbeitrag der Besserverdienenden werten.[63]

Vergleicht man diese mit den oben genannten Maßnahmen auch hinsichtlich ihres Volumens[64], lässt sich ein deutliches Übergewicht bei den Belastungen der schwächeren Bevölkerungsschichten feststellen. Eine soziale Symmetrie war damit nur im Ansatz vorhanden.

Diese Beobachtung ist schon deshalb bemerkenswert, weil die Koalition insbesondere mit den Sozialausschüssen der Union über einen Flügel verfügte, für den die soziale Ausgewogenheit des Programms von besonderer Bedeutung war.[65] Auskunft über die Hintergründe der begrenzten sozialen Symmetrie des Sofortprogramms geben unter anderem die Beispiele der Koalitionsverhandlungen zur Miet-

---

62 So konnte bspw. ein Mieter bei einer Neuvermietung und hoher Konkurrenz auf dem Wohnungsmarkt faktisch zur Annahme einer Staffelmiete gezwungen werden, vgl. dazu die Diskussion im Bundestag BT-PlPr. 09/129 (24.11.1982), S. 7935A-B.

63 Der stellvertretende Vorsitzende der MIT-Steuerkommission Ludolf von Wartenberg hob im Herbst 1982 eben diesen Verzicht auf eine Korrektur der kalten Progression als wenig gewürdigten Schritt zur Einbeziehung leistungsfähiger Gesellschaftsteile hervor, Zwangsanleihe oder Ergänzungsabgabe, Mittelstandsmagazin 11/82, S. 20.

64 Die Zwangsanleihe belastete die Abgabepflichtigen lediglich mit den ihnen entgehenden Zinsen und war verhältnismäßig leicht zu umgehen, die Kindergeldkürzung hatte ein Volumen von nur einer knappen Milliarde DM im folgenden Jahr, Entwurf des Haushaltsbegleitgesetzes 1983, BT-Drs. 09/2074, S. 60.

65 Auch gegenüber seiner Fraktion betonte Blüm regelmäßig, die Sparanstrengungen müssten sozial ausgewogen sein. Siehe dazu bspw. das Protokoll der Sitzung der CDU/CSU-Fraktion im Deutschen Bundestag Nr. 9/53 vom 28.09.1982, S. 16, ACDP 08-001:1068/1.

rechtsliberalisierung, der Kürzung des Kindergeldes, der Zwangsanleihe und des sozialen Wohnungsbaus.

Eine Ursache für die bedingte soziale Unausgewogenheit ist bereits am Beispiel der Mehrwertsteuererhöhung hervorgetreten.[66] Eine vor allem aus Unterhändlern der FDP und des konservativen Wirtschaftsflügels bestehende Allianz hatte dort eine Anhebung der für das soziale Gleichgewicht problematischen Steuer gefordert, um damit unter anderem Einnahmen für den Bundeshaushalt zu generieren.[67] Die CDA hatte diesen Schritt aus Gründen der sozialen Balance zunächst abgelehnt, sich dann aber auf einen Kompromiss mit den Befürwortern eingelassen. Aus Sicht der Gegner war das besser gewesen, als entweder vollständig nachzugeben oder aber durch eine Blockade den Regierungswechsel zu gefährden.

Ähnliche Fälle finden sich bei zahlreichen Sparprojekten wie etwa im Bereich des Wohngeldes oder des BAföGs. Einschnitte bei diesen Leistungen trafen schon wegen ihres Charakters als Unterstützung fast ausschließlich schwächere Bevölkerungsgruppen, boten sich aber aufgrund der guten Zugriffsmöglichkeiten des Staates als Mittel zur Haushaltskonsolidierung an. Lambsdorff hielt dieses Ungleichgewicht auch insofern für gerechtfertigt, als dass die Bezieher von Sozialleistungen dafür schließlich nicht arbeiteten.[68]

Alternativen dazu gab es kaum. Zu den wenigen Leistungen, die auch Wohlhabende beantragen konnten, zählten bestenfalls Zahlungen wie das Kindergeld. Da das aber auch 1982 noch die Funktion des Familienlastenausgleichs praktisch alleine übernahm, gab es hier verfassungsmäßige Hürden, die Kürzungen auf diesem Gebiet Grenzen setzten.[69] Hätte die Koalition hingegen einkommensabhängige Steuern erhöht, hätte sie dafür von ihrem angebotspolitischen Kurs abweichen müssen. Die anteilig erhöhte Belastung der wirtschaftlich schwächeren Bevölkerungsgruppen im Sofortprogramm ergibt sich insofern nicht zuletzt daraus, dass sich die Koalition zum Zweck der Haushaltskonsolidierung unter anderem auf sozial unausgewogene Maßnahmen einigte.

Ein weiterer Grund für Maßnahmen, die die wohlhabenderen Bevölkerungsteile bevorzugt behandelten, zeigt sich an dem oben angesprochenen Schuldzinsenabzug für neu gebaute Eigentumswohnungen.[70] Um einen möglichst großen Multiplikatoreffekt zu erzielen, mussten sich derartige Initiativen an diejenigen richten, die selbst einen Teil zum erhofften Wirtschaftsimpuls beitragen konnten. Die Koalition konnte

---

66 Siehe dazu Kap. 5.1.

67 Wie bereits an anderer Stelle angesprochen, wäre es verfehlt, die dauerhafte Erhöhung der Mehrwertsteuer nicht als Form der Haushaltskonsolidierung zu verstehen. So konzentrierte sich die unverbindliche Zweckbindung der Steuererhöhung auf zeitlich begrenzte Maßnahmen, die sonst möglicherweise über eine erhöhte Neuverschuldung finanziert worden wären, vgl. Kap. 4.2.9.

68 BT-PlPr. 09/127 (11.11.1982), S. 7785C-D.

69 Die führten letztendlich auch dazu, dass die dennoch erfolgte Kürzung des Kindergeldes später für nichtig erklärt wurde, siehe dazu Kap. 6.

70 Vgl. Kap. 5.2.

zumindest hoffen, dass über den so ausgelösten Aufschwung in der Baubranche ein Teil der in Kauf genommenen Schieflage wieder ausgeglichen würde.[71] Manche soziale Ungleichgewichte des Sofortprogramms ergeben sich folglich auch daraus, dass die Koalition einen Nachfrageimpuls mit hohem Multiplikatoreffekt erreichen wollte.

An manchen Stellen kamen mit dem Sofortprogramm aber auch einseitige Belastungen auf schwächere Bevölkerungsgruppen zu, die direkt die Angebotssituation auf einzelnen Märkten verbessern sollten. Ein Beispiel dafür sind die Koalitionsverhandlungen über die Zulassung von Staffelmieten im Wohnungsbestand.[72] Nachdem schon Helmut Schmidt Vermietern von Neubauten die Möglichkeit hatte einräumen wollen, mit den Mietern im Vorfeld festgelegte Mieterhöhungen zu beschließen, forderte insbesondere die FDP in den Koalitionsverhandlungen, diese Regelung nicht nur zu übernehmen, sondern auch auf den Wohnungsbestand auszuweiten. Die Liberalen bekamen dafür Unterstützung vom Wirtschaftsflügel der Union. Auf der anderen Seite standen die konservativen Sozialausschüsse, die ein sozial unverträgliches Steigen der Mieten befürchteten. Eine solche Entwicklung schien der CDA nicht zuletzt deswegen problematisch, weil gleichzeitig Einsparungen beim Wohngeld zur Debatte standen. Eine doppelte Belastung wäre für viele Haushalte schwer zu verkraften gewesen. Trotz dieser lauten Kritik aus dem linken Flügel der Union stimmten die Unterhändler für die Zulassung von Staffelmieten im Bestand, was letztendlich zur Folge hatte, dass die Regelung Eingang in das Sofortprogramm fand und sich die CDA in den folgenden Monaten zahlreichen Vorwürfen aus der Opposition und der Presse aussetzte.

Die spieltheoretische Konstellation entsprach hier abermals einem „Chicken-Game“, bei dem es sich für beide Seiten anbot, sich verbindlich auf eine gegenseitige Kooperation festzulegen. Viel zu verlieren hatten beide Seiten auch hier nicht. Ohne einen Vertrag blieb Befürwortern wie Gegnern der Staffelmiete im Bestand nur ein einseitiges Nachgeben, wenn sie nicht die Regierungsübernahme selbst aufs Spiel setzten wollten. Die Voraussetzungen für eine Übereinkunft waren durch das Vertrauensverhältnis der Parteien zueinander ebenfalls gegeben.

Trotzdem muss das Verhalten der CDA überraschen, war sie doch fast uneingeschränkt auf die Forderungen des anderen Lagers eingegangen. Da sich dieses in der gleichen Situation befand wie die Sozialausschüsse selbst, wäre ein weitaus vorteilhafteres Verhandlungsergebnis für den Kreis um Norbert Blüm zu erwarten gewesen. Die Suche nach einer Erklärung führt zu mehreren anderen Initiativen der FDP und des konservativen Wirtschaftsflügels, die nicht in das Sofortprogramm aufge-

---

71 Bspw. rechtfertigte der liberale Sozialpolitiker Dieter-Julius Cronenberg die fehlende soziale Ausgewogenheit des Sofortprogramms damit, dass auch der Sachverständigenrat die für die Allgemeinheit vorteilhaften Wirkungen von Investitionen hervorgehoben habe. Investitionen zu fördern, so Cronenberg *„heißt Geld ausgeben, das in der ersten Runde, erste unterstrichen, vor allem den besser Verdienenden zu Gute kommt“*, BT-PlPr. 09/123 (15.10.1982), S. 7442A.

72 Siehe zur Mietrechtsliberalisierung Kap. 4.4.1.

nommen wurden und deswegen auch bisher kaum Aufmerksamkeit in der Forschung bekommen haben. Ein Beispiel dafür ist die Einführung von Karenztagen bei der Lohnfortzahlung im Krankheitsfall. Die Liberalen hatten, mit Ausnahme einzelner Politiker ihres linken Flügels,[73] schon gegenüber Helmut Schmidt gefordert, die Lohnfortzahlung für die ersten Tage einer Krankheit auszusetzen. Große Teile des Wirtschaftsflügels der Union unterstützten diesen Vorschlag. Die CDA hatte das in den Koalitionsverhandlungen allerdings strikt abgelehnt und sich damit durchgesetzt. Ähnliche Beobachtungen kann man beim Mutterschaftsurlaubsgeld machen. Dessen Kürzung war auch insbesondere von den Liberalen gefordert, dann aber maßgeblich von den Sozialausschüssen verhindert worden.[74]

Das legt nahe, dass nicht nur in den jeweiligen Einzelfragen Kompromisse geschlossen wurden, sondern es auch einen Ausgleich zwischen den Projekten untereinander gab. Dabei musste nicht eine spezifische Maßnahme genau einer anderen gegenüber stehen. Das Sofortprogramm wurde vielmehr von den Akteuren im Ganzen bewertet.[75] Das Nachgeben der CDA bei den Staffelmieten im Bestand kann insofern auch dadurch erklärt werden, dass die Sozialausschüsse projektübergreifende Kompromisse mit anderen Akteuren schlossen, um noch einschneidendere Maßnahmen wie Karenztage bei der Lohnfortzahlung im Krankheitsfall oder eine Kürzung des Mutterschaftsurlaubsgeldes abzuwehren.[76]

In den folgenden Monaten ebbten die Diskussionen über die Staffelmiete trotz der Beschlüsse des Koalitionsvertrages nicht ab, konnten eine Umsetzung des Vorhabens letztendlich aber nicht verhindern. Das Sofortprogramm umfasste also auch deswegen Elemente, die die schwächeren Bevölkerungsgruppen benachteiligten, weil sich die Unterhändler vor dem Hintergrund eines drohenden Scheiterns der Machtübernahme auf themenübergreifende Kompromisse zu Gunsten einer angebotsorientierten Wirtschaftspolitik einigen konnten.[77]

Andererseits gab es aber im Sofortprogramm auch Projekte, mit denen vor allem die Besserverdienenden belastet wurden. Ein Beispiel dafür ist die einkommensab-

---

73 So bspw. Gerhart Baum, Ein Wechsel zur Kontinuität, FAZ vom 13.09.1982, S. 1.

74 Vgl. Kap. 4.2.5 und Kap. 4.4.2.

75 So sieht es u. a. auch Manfred Carstens, Zeitzeugengespräch mit Manfred Carstens am 29. September 2020, S. 2.

76 Mit Blick auf die Deregulierungspolitik der Jahre 1982–1989 insgesamt stellt auch Manfred G. Schmidt fest, man könne die Deregulierung *„als den Preis werten, den der sozialstaatsfreundliche Flügel der Unionsparteien dem Wirtschafts- und Mittelstandsflügel für die relativ sanfte Konsolidierung zahlen musste“*, Schmidt, M. G., Handlungsfelder, S. 154.

77 Ein ähnlicher Fall ist die Selbstbeteiligung der Patienten an ihren Krankenhaus- und Kuraufenthalten. Hier schloss eine diesen Schritt befürwortende und vornehmlich liberale Interessensgruppe einen Kompromiss mit einem Bündnis im Umfeld der Sozialausschüsse, der eine auf zwei Wochen begrenzte Selbstbeteiligung vorsah. Damit sollte unter anderem ein Ansteigen der Krankenversicherungsbeiträge und damit auch der Belastungen für Arbeitnehmer und -geber verhindert werden, vgl. Kap. 4.1.3.1. Indem die CDA verschiedene Forderungen insbesondere der FDP abwehrte, verhinderte sie teilweise auch, dass die soziale Balance noch stärker gestört wurde.

hängige Kürzung des Kindergeldes.[78] Die sozialliberale Koalition hatte das Kindergeld für die zweiten und jüngeren Kinder einer Familie in den 1970er Jahren soweit angehoben, dass sowohl die Konservativen als auch die Liberalen hier Einsparungsmöglichkeiten sahen. Während der Koalitionsverhandlungen einigten sich die Unterhändler auf eine Kürzung des Kindergeldes, von der allerdings Familien mit einem Nettoeinkommen von unter 42.000 DM ausgenommen werden sollten.

Unter den Unterhändlern herrschte hier zwar Einigkeit über die Notwendigkeit von Einschnitten auch beim Kindergeld, nicht aber über den genauen Weg dorthin. Eine pauschale Verringerung der Leistung hätte ärmere Familien besonders belastet, da bei ihnen das Kindergeld einen größeren Anteil des zur Verfügung stehenden Einkommens ausmachte. Das ließ sich durch eine Einkommensgrenze für den Kindergeldbezug verhindern, weshalb insbesondere die Union, und hier vor allem die CDA, sich für eine solche Grenze einsetzte. Das Kindergeld gehörte immerhin zu den wenigen staatlichen Leistungen, die auch an Besserverdiener gezahlt wurden und damit überhaupt die Möglichkeit boten, die wohlhabenderen Bevölkerungsteile an Leistungskürzungen zu beteiligen. Mit einer Einkommensgrenze konnte man nicht nur die geringere Leistungskraft der schwächeren Schichten berücksichtigen, sondern sie sogar ganz davon ausnehmen und damit Ungleichgewichte in anderen Maßnahmen kompensieren.

Die FDP hatte ein einkommensbezogenes Kindergeld auf der anderen Seite schon gegenüber Helmut Schmidt abgelehnt und blieb auch während der Koalitionsverhandlungen überwiegend bei dieser Haltung. Selbst als das Gründungspapier schon von den Fraktionen beschlossen worden war, versuchten liberale Sozialpolitiker den Wortlaut noch erfolglos dahingehend umzudeuten, dass die Einkommensgrenze zumindest nicht für die Kürzung des Zweitkindergeldes gelte. Anders, so die Befürchtung der FDP, ließe sich das Einsparziel nicht erreichen.

Die Konstellation der beiden Lager zueinander glich wieder einem „Chicken-Game", bei dem sich beide einen Rückzug des anderen wünschten, am meisten aber den Fall fürchteten, in dem keiner nachgab. Auch hier bot sich ein Kompromiss zwischen beiden Seiten an. Ebenso wie bei der Liberalisierung des Mietrechts ist das letztendlich beobachtbare Ergebnis aber auf den ersten Blick für eine Seite deutlich vorteilhafter als für die andere. Während bei den Staffelmieten die Sozialausschüsse auf den größten Teil ihrer Forderungen verzichteten, machte ihnen nun die FDP Zugeständnisse. Es bietet sich daher auch an dieser Stelle an, die Erklärung bei anderen Projekten zu suchen, die zusammen mit der Einkommensgrenze der Kindergeldkürzung in das Gesamtpaket des Sofortprogramms einflossen. Hier kommt insbesondere, aber nicht nur, das Mietrecht in Frage. Dadurch, dass die Liberalen bei der Einkommensgrenze nachgaben, erlangten sie somit wahrscheinlich ein Entgegenkommen der Konservativen an anderer Stelle.

---

78 Siehe dazu Kap. 4.2.7.

In den folgenden Wochen passten die Ministerien den Umfang der Kindergeldkürzung den verschlechterten Haushaltszahlen an, hielten aber an der Einkommensgrenze fest. Die Schlechterstellung der Besserverdienenden wurde lediglich insoweit abgemildert, als dass man die Abzüge für diejenigen Familien leicht senkte, die nur knapp über der Grenze lagen. Hinsichtlich der organisatorischen Umsetzung fanden das Sozial- und das Arbeitsministerium schließlich eine Lösung, bei der durch eine teilweise Nutzung des einkommensteuerrechtlichen Einkommensbegriffes die erwarteten Verwaltungskosten begrenzt wurden. Die soziale Balance des Sofortprogramms wurde insofern dadurch begünstigt, dass die Unterhändler sich an einigen Stellen mit Kompromissen darauf einigen konnten, die wirtschaftlich Schwächeren wo möglich nicht nur in Relation zu ihrer Leistungskraft zu berücksichtigen, sondern teils sogar ganz von den Kürzungen auszunehmen.

Ein ähnlicher Grund für Maßnahmen zu Gunsten einer sozialen Symmetrie wird am Beispiel der Koalitionsverhandlungen über die Zwangsanleihe deutlich.[79] Die Idee einer Ergänzungsabgabe in Höhe von 5 % der Einkommen- oder Körperschaftsteuerschuld für Besserverdiener hatte bereits im Sommer 1982 für heftige Auseinandersetzungen zwischen der SPD und den Liberalen gesorgt. Während der Koalitionsverhandlungen setzten die Unterhändler der CDU, CSU und FDP diese Diskussion fort, lehnten eine reine Abgabe allerdings schließlich ab. Stattdessen konnten sie sich darauf einigen, eine abgewandelte Form des sozialliberalen Konzepts zu übernehmen. Die wichtigste Neuerung bestand, neben einer etwas höheren Einkommensgrenze, darin, dass die Einnahmen aus der Zwangsanleihe nach einigen Jahren zurückgezahlt werden sollten. Auf die Abgabepflichtigen kamen insofern nur die entgangenen Zinseinnahmen als Kosten zu. Investierte ein Betroffener großzügig, konnte er sich sogar gänzlich von der Anleihe befreien lassen.

Zu den Befürwortern einer nicht rückzahlbaren Ergänzungsabgabe zählten vor allem Vertreter der CDA wie Norbert Blüm und Heiner Geißler, die von Ernst Albrecht, Bernhard Vogel, Walther Leisler Kiep und Alfred Dregger zumindest im Wesentlichen auch Rückendeckung aus mehreren Bundesländern bekamen. In der FDP sympathisierten unter anderem Gerhart Baum und Burkhard Hirsch mit dem Projekt, wobei beide, wie der gesamte linke Parteiflügel der Liberalen, nur begrenzt Einfluss auf die Koalitionsgespräche hatten. Die Befürworter erhofften sich zusätzliche Mittel, vor allem aber ein klares Bekenntnis der Koalition, dass man nicht nur die Leistungen der wirtschaftlich Schwachen kürzen, sondern auch die Starken explizit an der Überwindung der Krise beteiligen wolle.

Eine andere Interessensgruppe lehnte eine Ergänzungsabgabe im Verständnis des zunächst diskutierten SPD-nahen Entwurfs ab. Zu diesem Lager gehörten unter anderem Strauß, Stoltenberg, Genscher und Lothar Späth. Hier stand der Gedanke im Vordergrund, dass zusätzliche Abgaben, und insbesondere solche, die das Einkommen betrafen, nicht in das angebotspolitische Grundkonzept des Regierungs-

---

79 Siehe dazu Kap. 4.2.10.

wechsels passten. Leistung solle nicht bestraft und Investitionen nicht behindert werden.

Die Konstellation der Akteure zueinander entsprach aus spieltheoretischer Sicht wieder einem „Chicken-Game", das am besten über eine Vereinbarung gelöst werden konnte. Auch das beobachtbare Ergebnis spricht hier für einen Kompromiss, bei dem die Gegner die Rückzahlbarkeit der Mittel durchsetzten, dafür aber die Hülle der Ergänzungsabgabe in Form der unverzinslichen Zwangsanleihe bestehen blieb. Das war für sie akzeptabel, da der Verlust der Zinsen keine große Belastung für die Betroffenen und Investitionen durch die Freistellungsmöglichkeit ohnehin kaum gefährdet waren. Beteiligte wie Beobachter hielten den Kompromiss aber schon wegen der hohen symbolischen[80] Bedeutung des Projektes für unausgeglichen und für ein Zugeständnis an die CDA. *„Damit"*, so erinnert sich Manfred Carstens, selbst ein Kritiker der Zwangsanleihe, *„konnte man aber gegenüber dem linken Flügel, den Sozialpolitikern, vielleicht das ein oder andere erledigen"*.[81] Die soziale Symmetrie des Sofortprogramms wurde somit auch dadurch verbessert, dass sich die Flügel der Koalition in einem Kompromiss darauf einigen konnten, Besserverdiener durch eine unverzinsliche Zwangsanleihe besonders an der Haushaltskonsolidierung zu beteiligen.

Die wirtschaftlich schwächeren Bevölkerungsteile wurden ferner nicht nur von manchen Kürzungen und zusätzlichen Abgaben ausgenommen, sondern kamen, wie das Beispiel des sozialen Wohnungsbaus zeigt,[82] teils auch in den Genuss besonderer Förderung. Im Zuge der Koalitionsverhandlungen einigten sich die Vertreter der drei Parteien darauf, das Aufkommen der Zwangsanleihe für Maßnahmen zur Förderung des selbstgenutzten Wohneigentums, des Mietwohnungsbaus in Ballungsräumen und der Zwischenfinanzierung beim Bausparen einzusetzen. Die dafür bis 1986 eingeplanten Bundesmittel entsprachen mit etwa 2,5 Mrd. DM ungefähr denen, die für diese Zeit für den Schuldzinsenabzug vorgesehen waren.[83]

Diese Entscheidung lässt sich ähnlich der Beschlüsse zum Schuldzinsenabzug erklären. Für die Union wie für die FDP standen auch beim sozialen Wohnungsbau wieder die konjunkturpolitischen Ziele im Vordergrund. Die neue Koalition versprach sich von den Programmen vor allem eine Stärkung der Bauindustrie und der von ihr abhängigen Wirtschaftszweige. Anders als beim Schuldzinsenabzug legte

---

80 Auch Reimut und Werner Zohlnhöfer heben den Symbolcharakter der Zwangsanleihe hervor, Zohlnhöfer, W. – Zohlnhöfer, R., Wende, S. 31; Zohlnhöfer, R., Wirtschaftspolitik der Ära Kohl, S. 71.

81 Zeitzeugengespräch mit Manfred Carstens am 29. September 2020, S. 2. Vgl. auch das Zeitzeugengespräch mit Jürgen Merkes am 12. Oktober 2020, S. 2. Hier kann wieder an das Sofortprogramm als Gesamtpaket gedacht werden, bei dem gemachte Zugeständnisse auch in einem anderen Projekt ausgeglichen werden konnten.

82 Siehe dazu Kap. 4.4.6.

83 Hinzu kamen die Mittel der Länder. Die Zahlen ergeben sich aus dem Gesetzentwurf, zumindest ihre Größenordnung dürfte aber auch schon während der Koalitionsverhandlungen bekannt gewesen sein, Entwurf des Haushaltsbegleitgesetzes 1983, BT-Drs. 09/2074, S. 76–77.

man nun aber weniger Wert auf einen hohen Multiplikatoreffekt[84] als auf einen sozialpolitischen Akzent. Da alle Parteien, wenn auch in unterschiedlichem Maße, den sozialen Wohnungsbau und insbesondere die Förderung des Wohneigentums befürworteten, war es auch hier nicht schwer, eine Einigung zu erzielen.[85] Der Konsens über die Notwendigkeit eines Nachfrageimpulses wirkte sich insofern nicht nur negativ, sondern auch ausgleichend auf die soziale Balance des Sofortprogramms aus. Anders als die meisten Teile des Sofortprogramms wurde die Förderung des sozialen Wohnungsbaus nicht über das Haushaltsbegleitgesetz oder das Gesetz zur Erhöhung des Angebots an Mietwohnungen umgesetzt, sondern über Verwaltungsvereinbarungen mit den Bundesländern.

5.4 Zwischenergebnis

Zusammenfassend ergibt sich bei den Fragen nach der Konsolidierung des Bundeshaushalts, nach der konjunkturpolitischen Ausrichtung und nach der sozialen Symmetrie des Sofortprogramms jeweils ein gemischtes Bild. So strengte die christlich-liberale Koalition vor allem im sozialen Bereich teils erhebliche Einsparungen zu Gunsten des Bundes an und ergänzte diese unter anderem durch eine Erhöhung der Mehrwertsteuer sowie eine Zwangsanleihe für Bezieher hoher Einkommen. Daneben erhöhte sie aber auch ihre Ausgaben in einer Größenordnung von immerhin etwa einem Drittel der neu erwirtschafteten Summe, um damit die angeschlagene Wirtschaft und die Bundesländer zu unterstützen.

Es lassen sich verschiedene Gründe dafür erkennen, dass das Sofortprogramm zwar starke Konsolidierungselemente aufwies, den Konsolidierungskurs aber nicht an allen Stellen konsequent verfolgte. Der Fall der Mehrwertsteuererhöhung zeigt, dass es in der Koalition trotz allgemeiner Zustimmung zum Ziel der Haushaltskonsolidierung teils unterschiedliche Meinungen über den Weg dorthin gab. Die Positionen der verschiedenen Gruppen lagen aber in diesen Fällen nicht so weit auseinander, als dass man im Angesicht eines möglichen Scheiterns des Machtwechsels nicht zu Kompromissen hätte kommen können. Der Abschluss solcher Vereinbarungen wurde dadurch erleichtert, dass sich die jeweiligen Akteure mit Blick auf eine zukünftige Zusammenarbeit vertrauten.

Weitgehende Einigkeit bestand aber auch darüber, dass die Haushaltskonsolidierung nicht das einzige Ziel der Koalition sein konnte. So war es etwa im Interesse

84 Der war aber bspw. bei der Kreditverbilligung immer noch gegeben. Auch die Mobilisierung von Ländermitteln sollte die Wirkung der Maßnahmen verstärken.

85 Man kann die Konstellation dementsprechend wieder als „Coordination" beschreiben. Es ist aber auch durchaus denkbar, dass die Vereinbarung zur Förderung des sozialen Wohnungsbaus wegen des sozialen Akzents auf Kosten der Einbeziehung privater Gelder eher im Interesse der CDA als in dem der der FDP und des konservativen Wirtschaftsflügels lag. Die Quellen geben über diese Frage aber bisher keinen eindeutigen Aufschluss.

aller Gruppen, auf die im Bundesrat vertretenen Länder zuzugehen und dafür auch zusätzliche Ausgaben in Kauf zu nehmen. Daneben stand ebenfalls größtenteils außer Frage, dass zur Dämpfung der Krise die Unternehmen an einzelnen Stellen entlastet werden sollten. Die inhaltlichen Differenzen über die Art und den Umfang dieser Maßnahmen waren auch hier kleiner als die Furcht vor einem möglichen Scheitern des Regierungswechsels, sodass Meinungsverschiedenheiten unter anderem durch Kompromisse gelöst werden konnten.

Beispiele für Mehrausgaben zur Wahrung des sozialen Gleichgewichts gibt es hingegen kaum. Die Programme des sozialen Wohnungsbaus richteten sich zwar an die wirtschaftlich schwächeren Bevölkerungsteile, zielten aber in erster Linie auf die Schaffung eines Konjunkturimpulses ab.[86] Dennoch hatten, wie das Beispiel der Mehrwertsteuer zeigt, sozialpolitische Erwägungen zumindest insoweit Einfluss auf die Konsolidierungspolitik, als dass sie noch massivere Kürzungen verhinderten.[87]

Auch mit Blick auf die Konjunkturpolitik lässt sich keine ausschließlich angebotspolitische Ausrichtung feststellen. Obwohl die neue Koalition mit der Konsolidierung der öffentlichen Kassen, vereinzelten Steuersenkungen und der Liberalisierung des Wohnungsmarktes die Angebotsbedingungen für die Unternehmen verbesserte, setzte sie gleichzeitig auch auf einen Nachfrageimpuls insbesondere zu Gunsten der Bauwirtschaft. Die Subventionen wurden nicht nur lediglich in geringem Maße gekürzt, sondern etwa mit der Verlängerung des Kurzarbeitergeldes für die Stahlbranche teils sogar noch erweitert.

Dabei ergeben sich verschiedene Gründe, weshalb das Sofortprogramm somit zwar einer angebotspolitischen Grundrichtung folgte, von dieser aber an mehreren Stellen abwich. Insgesamt bestand weitestgehend Einigkeit in der Koalition, dass die Politik der neuen Regierung zur Überwindung der Krise insbesondere die Angebotsbedingungen der Wirtschaft verbessern sollte. In manchen Einzelfragen, wie etwa der der stärkeren Einschaltung des vertrauensärztlichen Dienstes zur Missbrauchsbekämpfung, lassen sich die getroffenen Entscheidungen schon damit erklären, dass die Akteure dieselben Ziele verfolgten und ihr Verhalten lediglich koordinieren mussten. An anderen Stellen, wie der über die Haushaltskonsolidierung mittelbar auch der Verbesserung der Angebotslage dienenden Mehrwertsteuererhöhung, erklärt sich die Grundrichtung der Politik zumindest mit ihrer Fähigkeit, im Angesicht eines drohenden Scheiterns des Regierungswechsels Kompromisse zu schließen.

Andererseits gab es allerdings auch insbesondere von der Union ausgehende und von der FDP mitgetragene Anstrengungen, die Wirtschaft als Initialzündung des Aufschwungs mit einem vorübergehenden Nachfrageimpuls zu unterstützen. Damit distanzierte sich die Koalition bewusst von einer reinen Angebotslinie und

---

86 Vgl. Kap. 5.3.

87 Das belegen u. a. auch die Diskussionen über die Kürzung des Mutterschaftsurlaubsgeldes, siehe Kap. 4.2.5.

verfolgte vielmehr eine gemischte Politik. Manche die Angebotsseite an einzelnen Stellen schwächende Maßnahmen fanden außerdem die allgemeine Unterstützung der Koalition, weil man sich davon insgesamt eine Verbesserung der Angebotslage versprach. Das Beispiel der verlängerten Bezugsdauer des Kurzarbeitergeldes weist ferner darauf hin, dass einige Beschlüsse nicht nur durch Konsens oder Kompromisse der Koalitionsparteien zu Stande kamen, sondern möglicherweise auch dadurch, dass sich die Union in Einzelfällen durch Rückendeckung aus der SPD in einer besseren Position befand als ihr Koalitionspartner. Beim Kurzarbeitergeld konnte sie so durchsetzen, dass die Koalition der Bekämpfung von Massenentlassungen eine höhere Bedeutung zumaß als ordnungspolitischen Prinzipien. Hinzu kamen die oben angesprochenen Einschränkungen der Haushaltskonsolidierung beispielsweise durch die Geschenke an die Länder, die sich über die Zinsen unter Umständen auch negativ auf die Angebotslage auswirken konnten.

Wie bei der Frage nach der Sanierung des Bundesetats gibt es, abgesehen von der Zwangsanleihe, nur wenige Beispiele dafür, dass man zur Förderung der sozialen Balance von der angebotspolitischen Linie abgewichen wäre. An einzelnen Stellen, etwa im Bereich der Haushaltskonsolidierung oder bei der Diskussion über die Einführung von Karenztagen bei der Lohnfortzahlung im Krankheitsfall, verhinderte insbesondere die CDA allerdings mit Blick auf die Sozialpolitik zumindest, dass das Sofortprogramm eine noch akzentuiertere angebotspolitische Ausrichtung erhielt.[88]

Hinsichtlich der sozialen Balance ergibt sich ebenfalls kein eindeutiges Bild. Viele der Maßnahmen des Sofortprogramms mussten schon aus praktischen Gründen besonders die wirtschaftlich schwächeren Bevölkerungsgruppen treffen. So konzentrierte sich die neue Koalition für die Haushaltskonsolidierung beispielsweise auf Leistungskürzungen im sozialen Bereich, um damit angebotspolitisch problematische Steuererhöhungen zu vermeiden. Ebenso nahm man für eine möglichst erfolgreiche Wirtschaftspolitik auch in Kauf, dass Projekte wie die Mietrechtsliberalisierung und der verbesserte Schuldzinsenabzug beim Eigenheimbau vor allem Wohlhabendere begünstigten.

Dem standen unter anderem die hinsichtlich ihres Volumens umfassende Förderung des sozialen Wohnungsbaus gegenüber, die erst ab einer bestimmten Einkommensgrenze wirksamen Kürzungen beim Kindergeld und die Zwangsanleihe. Besonders die Anleihe verliert allerdings dadurch an Gewicht, dass sie für die Betroffenen lediglich den Verlust der ihnen entgehenden Zinsen bedeutete und man sich unter bestimmten Umständen von ihr befreien lassen konnte. Da das für alle Empfänger gleiche Kindergeld für Bezieher hoher Einkommen meist ohnehin nur eine nachrangige Bedeutung hatte, stellte auch seine Kürzung nur eine verhältnismäßig geringe Schlechterstellung dar.

Insgesamt gesehen lassen sich mehrere Gründe ausmachen, weshalb die soziale Symmetrie zwar einerseits bei vielen Maßnahmen kaum gewahrt, andererseits aber

88 Vgl. Kap. 4.4.2.

auch nicht völlig außer Acht gelassen wurde. An vielen Stellen, beispielsweise bei der Erhöhung der Mehrwertsteuer, nahmen die Koalitionäre bewusst ein soziales Ungleichgewicht in Kauf. Das ergab sich unter anderem aus dem allgemeinen Konsens, den Haushalt konsolidieren zu wollen. Da Besserverdiener kaum Leistungen bezogen, die man hätte kürzen können, und Erhöhungen einkommensabhängiger Steuern der angebotspolitischen Grundlinie widersprachen, erschien eine besondere Belastung der wirtschaftlich Schwächeren hier in vielen Fällen alternativlos. Die konservativen Sozialausschüsse verhinderten zwar teils noch weitergehende Einschnitte, kamen den Wirtschaftsflügeln von Union und FDP angesichts einer drohenden Konfrontation an anderen Stellen aber auch entgegen.

Ähnlich verhielt es sich bei denjenigen Maßnahmen zur Schaffung eines Nachfrageimpulses, die auch private Mittel mobilisieren sollten. Hier nahm die Koalition eine Förderung Wohlhabender in Kauf, um die konjunkturelle Initialzündung besonders wirkungsvoll zu gestalten.

Auch die angebotspolitischen Maßnahmen konnten die soziale Balance des Sofortprogramms zu Lasten der schwächeren Gruppen beeinflussen. Hier trug etwa die CDA wahrscheinlich auch deswegen sozial unausgewogene Schritte mit, um dafür an anderer Stelle Zugeständnisse einfordern zu können. Das nutzte sie unter anderem dafür, noch weitergehende Pläne der FDP und des konservativen Wirtschaftsflügels abzuwehren. Manche Beschlüsse des Sofortprogramms sind demnach nicht unbedingt auf eine Schwäche der Sozialausschüsse zurückzuführen, sondern auf die in der Forschung bisher kaum berücksichtigten umfassenden Forderungen anderer Koalitionsteile.

Auf der anderen Seite einigte man sich aber auch auf Projekte, die das Ungleichgewicht des Sofortprogramms zumindest teilweise kompensieren konnten. So setzte die Union gegenüber der FDP etwa durch, dass schwächere Familien von den Kürzungen beim Kindergeld ausgenommen wurden. Damit wollten die Konservativen zumindest bei denjenigen Kürzungen die unterschiedliche Leistungsfähigkeit verschiedener Gruppen berücksichtigen, bei denen Einsparungen überhaupt alle Bevölkerungsschichten trafen. Die Einkommensgrenze der Kindergeldkürzung ging dabei sogar noch über dieses Ziel hinaus, indem sie Empfänger mit niedrigerem Einkommen gänzlich von Einschnitten befreite. Auch hier ist davon auszugehen, dass die Liberalen für ihre Zustimmung auf Zugeständnisse an anderen Stellen hoffen konnten.

In einem ähnlichen Fall einigten sich die Unterhändler während der Koalitionsgespräche darauf, die Wohlhabenden auch gezielt zu belasten. In der Frage der Ergänzungsabgabe waren die Übereinstimmungen zwischen deren Befürwortern und Gegnern zumindest so groß, dass sie sich im Angesicht eines sonst gefährdeten Regierungswechsels darauf einigen konnten, auch eine Zwangsanleihe für Bezieher hoher Einkommen in das Koalitionspapier aufzunehmen. Damit kamen auf die Betroffenen zwar nur Kosten in Höhe der entgangenen Zinsen zu, der linke Flügel der

Union erreichte aber auch, dass die Koalition ein Zeichen für eine besondere Einbeziehung der Besserverdiener setzte.

Daneben profitierte die soziale Balance teils auch vom allgemeinen Konsens über die vereinzelten nachfragepolitischen Maßnahmen. Projekte wie die Programme zur Förderung des sozialen Wohnungsbaus zielten zwar in erster Linie auf die Schaffung eines Konjunkturimpulses ab, glichen in ihrer konkreten Ausgestaltung aber auch die vorherrschende Belastung der leistungsschwächeren Gruppen in gewissem Maße aus.

Blickt man auf die Fragen nach der Haushaltskonsolidierung, der Angebotspolitik und der sozialen Balance zusammen, fallen einige häufig wiederkehrende Elemente auf, die die einzelnen Richtungsentscheidungen des Sofortprogramms beeinflusst haben. In vielen Fällen herrschte, soweit es sich aus den Quellen nachvollziehen lässt, weitestgehend Konsens zwischen allen Flügeln der Koalitionsparteien. Trafen hinsichtlich einer Maßnahme verschiedene Meinungen aufeinander, bewerteten alle Beteiligten das Risiko eines Scheiterns der Machtübernahme in Folge einer Konfrontation zumindest als schwerwiegender als ihre eigene Position in der konkreten Streitfrage. Dieses Damoklesschwert schwebte über der FDP deutlich tiefer als bei den letzten Verhandlungen mit der SPD und ermöglichte damit zügige Kompromisse an Stellen, an denen die sozialliberale Koalition vielleicht zerbrochen wäre.

Genauso wie die besondere Situation im Herbst 1982 Konservative und Liberale zur Kooperation zwang, schuf sie auch die Voraussetzungen dafür, dass diese Zusammenarbeit nicht scheiterte. Da Union und FDP zur Umsetzung ihrer Politik aufeinander angewiesen waren, konnte man es sich nicht leisten, die eigene Glaubwürdigkeit durch einen Wortbruch dauerhaft zu beschädigen. Das ermöglichte es den Unterhändlern schon während der Koalitionsgespräche, ihr Verhalten erfolgreich zum Vorteil aller zu koordinieren. Bei ihren Kompromissen verzichteten die verschiedenen Interessensgruppen der Koalition nicht nur auf ihre Maximalforderungen bezüglich einer spezifischen Maßnahme, sondern glichen auch Zugeständnisse an einer Stelle des Sofortprogramms mit einem Entgegenkommen an anderen aus.

6 Ausblick

Das Sofortprogramm der neuen Koalition war der Auftakt zu Helmut Kohls sechzehnjähriger Kanzlerschaft. Die Beschlüsse von 1982 beeinflussten diese Ära Kohl zumindest in ihrer Anfangszeit noch stark. Im Folgenden soll daher ein kurzer Ausblick auf die weiteren Entwicklungen und die Auswirkungen der einzelnen Projekte in den folgenden Jahren gegeben werden.

Nachdem der Bundestag dem Kanzler am 17. Dezember formell das Vertrauen entzogen hatte, löste Karl Carstens die große Parlamentskammer am 6. Januar auf. Am Tag danach erklärte der Bundespräsident über Rundfunk und Fernsehen diesen Schritt. Er betonte dabei, sich seine Entscheidung nicht leicht gemacht zu haben. Der Druck auf Carstens war groß gewesen: Bis Anfang Januar hatte er unzählige Zuschriften erhalten, die ihn aus den verschiedensten Gründen zur Zurückhaltung aufgefordert hatten. In der öffentlichen Diskussion hatten sich nicht nur die die Gegner Kohls, sondern auch Carstens Vorgänger Walter Scheel gegen Neuwahlen auf diesem Wege ausgesprochen. Andererseits hatte die Union und insbesondere Alfred Dregger den Bundespräsidenten von der Rechtmäßigkeit der Vertrauensfrage zu überzeugen versucht.[1]

Bis zur endgültigen Entscheidung über die Neuwahlen sollte es trotzdem noch bis Mitte Februar dauern. Vier Bundestagsabgeordnete, zwei davon aus der FDP und einer aus der Union, reichten in Karlsruhe Klage gegen Carstens Entscheidung ein. Das Bundesverfassungsgericht wies die Klage allerdings am 16. Februar mehrheitlich unter Verweis auf die unsichere Handlungsfähigkeit der Regierung zurück und orientierte sich damit an der Argumentation der Regierung.[2]

Die Vorfreude der Union auf die nun sicheren Wahlen im März war allerdings begrenzt. Am 19. Dezember hatte Walther Leisler Kiep als konservativer Spitzenkandidat in Hamburg gegen seinen sozialdemokratischen Kontrahenten Klaus von Dohnanyi herbe Verluste hinnehmen müssen. Die Stimmenzahl der FDP wurde fast halbiert, wobei sich die Liberalen in der Hansestadt schon seit Langem unter der Fünfprozenthürde bewegten. Die SPD hingegen erreichte die absolute Mehrheit. Kohl interpretierte das Ergebnis als einen Sieg Helmut Schmidts, auch wenn der gar nicht zur Wahl gestanden habe.[3]

Die wirtschaftliche Entwicklung und insbesondere die Lage auf dem Arbeitsmarkt verbesserten die Aussichten der neuen Koalition Anfang 1983 kaum. Zwar ließen die jüngsten Meldungen aus der Wirtschaft einen vorsichtigen Aufschwung erahnen, auf die Beschäftigungslage schlug dieser aber noch nicht durch. Stattdessen

---

1 Schell, M., Kanzlermacher, S. 278–279, 281; Weirich, D., Dregger, S. 182; Wirsching, A., Provisorium, S. 38–39.

2 Lorz, R. A. – Richterich, M., Regierung im Parlament, S. 1083–1084; Schell, M., Kanzlermacher, S. 285; Wirsching, A., Provisorium, S. 39.

3 Kohl, H., Erinnerungen II, S. 78; Köhler, H., Helmut Kohl, S. 373; Schmidt, M. G., Handlungsfelder, S. 148.

https://doi.org/10.1515/9783111004686-006

stieg die Zahl der Arbeitslosen weiter und überschritt im Februar die symbolische Marke von 2,5 Millionen. Die Bundesregierung musste sich darauf beschränken, der Witterung eine Mitschuld an der Entwicklung zu geben und zu erklären, immerhin sei die Arbeitslosigkeit zwischen Oktober und Januar etwas langsamer gestiegen als zuvor.[4] Die hohe Anzahl von Kurzarbeitern, 1.148.200 im Februar, wertete man im Kanzleramt als Zeichen dafür, dass die Unternehmen im Vertrauen auf die Konjunkturwende weniger entließen, als man es in dieser Lage erwarten könne.[5]

Gute Nachrichten gab es auch vom Haushaltsabschluss des vorangegangenen Jahres. Wegen Minderausgaben etwa beim Zinsdienst oder dem Kindergeld in Höhe von 1,7 Mrd. DM und Steuermehreinnahmen von 0,8 Mrd. DM hatte der Bund den vom 2. Nachtragshaushalt 1982 erweiterten Kreditrahmen nicht voll ausschöpfen müssen. Dadurch hatte sich die Neuverschuldung um ungefähr 2,5 Mrd. DM verringert. Das wiederum bot allerdings der SPD Raum für Angriffe gegen die Regierung. Mit dem zu viel veranschlagten Geld hätte man immerhin Mittel zur Förderung von Investitionen bereitstellen können, was wiederum die Arbeitslosigkeit gesenkt hätte.[6]

Der Wahlkampf für die Bundestagswahl 1983 wurde nach der Verabschiedung des Sofortprogramms im Parlament intensiver. Die Parteien griffen dabei die beiden zentralen Themen der öffentlichen Diskussion auf. Das waren einerseits die immer noch nicht geklärte Nachrüstungsfrage,[7] andererseits der Umgang mit der Wirtschaftskrise.[8]

Die SPD rückte in beiden Fragen nach links und lehnte beispielsweise die Stationierung der neuen amerikanischen Raketen nun geschlossen ab. Nicht zuletzt aus gesundheitlichen Gründen trat auch Helmut Schmidt nicht mehr als Spitzenkandidat an. Auf ihrem Wahlparteitag am 21. Januar 1983 nominierten die Sozialdemokraten stattdessen Hans-Jochen Vogel. Der hatte als ehemaliger Bau- und Justizminister sowie als Oberbürgermeister von München und Regierender Bürgermeister von Berlin langjährige Regierungserfahrung. Gleichzeitig stand er für den erwarteten Linksschwenk innerhalb der Partei, ohne zu den extremen Vertretern des linken Flügels zu gehören. Für die Union waren seine Positionen in der Sicherheits- und in der

---

4 Nach interner Einschätzung des Kanzleramtes war die Witterung zumindest im Januar keineswegs schlecht, Kurzkommentar zur Lage auf dem Arbeitsmarkt im Januar 1983 vom 3. Februar 1983, BArch B 136/24172; Bericht bzgl. der Arbeitsmarktlage Ende Januar 1983, BArch B 136/24172.

5 Bericht bzgl. der Arbeitsmarktlage Ende Februar 1983, BArch B 136/24172; Sprechunterlage für Helmut Kohl vom 2. März 1983, BArch B 136/24172; Presseinformationen der Bundesanstalt für Arbeit, Arbeitsmarktzahlen für Februar 1983, BArch B 136/24172. Vgl. auch die optimistische Einschätzung der wirtschaftlichen Aussichten im Kabinett, KabPr. vom 26.01.1983.

6 Bökenkamp, G., Das Ende, S. 220; Jahresgutachten des SVR 1983/84, BT-Drs. 10/669, S. 121 (Tab. 28).

7 Tim Geiger spricht hier sogar von einem „*Raketenwahlkampf*", Geiger, T., Der NATO-Doppelbeschluss, S. 67.

8 Wirsching, A., Provisorium, S. 40–43.

Wirtschaftspolitik aber immer noch so nah an denen der Grünen, dass sie die Anhänger des alten Kanzlers aufrief, sich den Konservativen zuzuwenden.[9]

Auch die FDP versuchte, in der Wirtschaftspolitik eigene Akzente gegenüber ihrem voraussichtlichen konservativen Koalitionspartner zu setzen. Auf steuerlicher Ebene wollten die Liberalen, falls es der Haushalt erlaubte, ertragsunabhängige Abgaben wie die Vermögens- oder Gewerbekapitalsteuer weiter abbauen. Gleiches sollte für die Einkommensteuer gelten. Außerdem forderte die FDP die Unternehmen auf, auf tarifvertraglicher Ebene Regelungen zu treffen, die eine freiwillige, rücknehmbare und gesamtwirtschaftlich kostenneutrale Arbeitszeitverkürzung ermöglichten. Im Sozialwesen mahnte die FDP Strukturreformen und die Zurückdrängung des staatlichen Einflusses an. Stattdessen setzte man auf Maßnahmen zur Vermögensbildung. Immerhin bekannten sich die Liberalen zum Wohngeld und hielten auch einen Erhalt des BAföGs in seiner Substanz für sinnvoll.[10]

In der CDU legte der Bundesvorstand schon Anfang November die Richtlinien für den Wahlkampf fest. Zentrale Themen sollten die Schuldzuweisung für die wirtschaftspolitische Erblast an die SPD sowie die Gefahr eines rot-grünen Bündnisses sein. Als sich Anfang des Jahres noch keine spürbare Besserung auf dem Arbeitsmarkt einstellte, ergänzte Kohl dieses Konzept verstärkt durch eine Aufschwungkampagne, bei der er erklärte, die Lage werde sich schon bald zum Besseren wenden.[11]

In ihrer wirtschaftspolitischen Programmatik überschnitten sich Konservative und Liberale in vielen Punkten. Ebenso wie die FDP forderte die Union einen Abbau der ertragsunabhängigen Steuern sowie eine Verringerung der Steuerlast insgesamt insbesondere durch eine Senkung der Einkommensteuer. Eigene Akzente setzten die Konservativen unter anderem bei der Sozial- und Konsolidierungspolitik. Hier legte die Union weiterhin großen Wert auf einen Abbau der Neuverschuldung. Dafür schloss sie auch neue Kürzungen im Sozialbereich nicht aus und forderte, nur noch die wirklich Hilfsbedürftigen zu unterstützen.[12]

Auch die Frage nach Arbeitszeitverkürzungen griffen CDU und CSU auf. Eine Verkürzung der Lebensarbeitszeit sollte freiwillig und kostenneutral möglich sein. Die CDA brachte an dieser Stelle auch eine Vorruhestandsrente vom 58. bis zum 60. Lebensjahr in die Diskussion ein, an die sich dann eine vorgezogene Altersrente anschließen sollte. Bei der Finanzierung wollte man auch die Unternehmen mit einbeziehen. Ferner sprach sich die Union für ein familienfreundlicheres Steuerrecht durch die Einführung des Familiensplittings aus.[13]

---

9 Möller, H., Strauß, S. 590; Wirsching, A., Provisorium, S. 40–41; Faulenbach, B., Jahrzehnt, S. 759; Kohl, H., Erinnerungen II, S. 80, 89–91.

10 Übersicht über die Wahlprogramme, AdL FDP-Bundesgeschäftsstelle 11808.

11 Protokoll der Sitzung des erweiterten CDU-Bundesvorstandes vom 8. November 1982, S. 3, ACDP 07-001:1039; Schwarz, H. P., Helmut Kohl, S. 322.

12 Übersicht über die Wahlprogramme, AdL FDP-Bundesgeschäftsstelle 11808.

13 Übersicht über die Wahlprogramme, AdL FDP-Bundesgeschäftsstelle 11808.

Norbert Blüm, der im Wahlkampf den linken Flügel der Konservativen deckte, brachte auch eine Anhebung des Spitzensteuersatzes von 56 % auf 60 % ins Spiel. Sowohl FDP als auch CSU protestierten allerdings dagegen. Stattdessen wollte der CDU-Vorstand dem linken Parteiflügel bei der Zwangsanleihe entgegenkommen. Die sollte nun nicht mehr zurückgezahlt, sondern in einen reinen Solidarbeitrag der Besserverdienenden umgewandelt werden. Hinsichtlich des neuen Mietrechts mahnte Alfred Dregger seine Abgeordneten zur Geschlossenheit. Auch wenn jemand die Liberalisierung eigentlich für falsch halte, solle er sie bis zum 6. März öffentlich als richtig vertreten.[14]

Schon während der ersten Überlegungen im November des Vorjahres legte Kohl großen Wert darauf, in Zeiten eines Sparsamkeit predigenden Sofortprogrammes keine große Materialschlacht zu veranstalten. So sollte beispielsweise der Wahlkampfetat der CDU mit knapp 30 Mio. DM deutlich niedriger sein als es üblich war.[15] Auch die kurze Zeit bis zum Urnengang und die erwartbare kalte Witterung wirkten sich auf die Planungen der CDU aus. Statt auf der Straße zu werben, setzte die Partei nun vermehrt auf das Fernsehen, Zeitungsannoncen und Auftritte in Hallen.[16]

Die FDP befand sich in der besonderen Lage, dass mehrere ihrer Spitzenpolitiker im Rahmen des Koalitionswechsels zur SPD übergelaufen waren. Günter Verheugen kandidierte sogar schon 1983 für die Sozialdemokraten im fränkischen Kulmbach und drohte, einen Teil der liberalen Wähler zur SPD mitzunehmen. Die örtlichen Parteiverbände baten daher um zusätzliche Unterstützung aus Bonn und griffen den *„Karriere-Sozialisten"* im Wahlkampf verstärkt an.[17]

Der Wahlkampf von Union und FDP zeigte bald erste Erfolge. Während die SPD im Dezember ihre Umfragewerte noch auf Kosten der neuen Koalition ausbauen konnte, kehrten sich Anfang 1983 die Sympathien um. Insbesondere die Wendeentscheidung der FDP geriet wie erhofft mehr und mehr in Vergessenheit. Auch wenn der Regierungswechsel viele liberale Wähler verärgert hatte, rückten die meisten doch nicht grundsätzlich von ihrer Partei ab.[18]

Die Bundestagswahl am 6. März bestätigte die Hoffnungen von Union und FDP. Die SPD musste mit 38,2 % hingegen ihr schlechtestes Abschneiden seit 1961 beklagen. Die Liberalen erhielten 7 % und blieben damit im Bundestag. Dieses akzeptable

14 Protokoll der Sitzung der CDU/CSU-Fraktion im Deutschen Bundestag Nr. 9/69 vom 20.01.1983, S. 2, ACDP 08-001:1070/1; Bökenkamp, G., Das Ende, S. 220–221.

15 Das kam auch den Parteikassen zugute, auf denen Schulden von etwa 23 Mio. DM lasteten, Protokoll der Sitzung des erweiterten CDU-Bundesvorstandes vom 8. November 1982, S. 2, ACDP 07-001:1039.

16 Protokoll der Sitzung des erweiterten CDU-Bundesvorstandes vom 8. November 1982, S. 2, ACDP 07-001:1039; Kohl, H., Erinnerungen II, S. 77.

17 Brief Karl Gerstners an die Redaktion der Bayerischen Rundschau vom 27. November 1982, AdL Lambsdorff, Otto Graf N 103–592, hier auch das Zitat. Siehe auch den Brief Manfred Jenkes an Otto Graf Lambsdorff vom 5. Dezember 1982, AdL Lambsdorff, Otto Graf N 103–592.

18 Diese Beobachtung machte Jürgen Falter schon nach der Bayernwahl im Dezember 1982, Falter, J., Die bayerische Landtagswahl, S. 93; Wirsching, A., Provisorium, S. 40–41, 44.

Ergebnis verdankten sie nicht zuletzt der einmaligen Unterstützung von konservativen Wählern, auf Landesebene sollte die FDP später noch mehrere Male scheitern. Die Union erreichte mit 48,8 % ihr bestes Resultat seit 1957. Dass sie die absolute Mehrheit knapp verfehlte, musste Strauß mehr schmerzen als Kohl. Ein noch durchschlagenderer Sieg hätte die FDP überflüssig gemacht und der CSU damit mehr Einfluss auf die Koalition gegeben. Die Union verdankte ihren Erfolg vor allem der Schicht der unteren und mittleren Angestellten sowie der Beamten. Eine nennenswerte Wanderung der Arbeiter zur Union fand nicht statt. Auch die Grünen feierten die Wahl 1983 als einen Erfolg. Mit 5,6 % zogen sie erstmals in den Bundestag ein.[19]

Nach der Wahl wiederholte sich in groben Zügen der Ablauf der Regierungsübernahme ein halbes Jahr zuvor. Zunächst nahmen CDU, CSU und FDP Koalitionsverhandlungen auf, die diesmal sogar innerhalb von nur zwei Tagen abgeschlossen werden konnten. Stoltenberg legte dabei eine *„Steinbruchliste"*[20] vor, in der er weitere Einsparungen forderte. So wie schon im Haushalt 1983 sollte auch im kommenden Jahr möglichst ohne eine erhöhte Abgabenbelastung konsolidiert werden. Kürzen wollte der Finanzminister vor allem im sozialen Bereich, unter anderem beim Arbeitslosen- und Mutterschaftsgeld. Außerdem sollte die Rentenversicherung ihren bestehenden Finanzbedarf außerhalb des Bundeshaushalts decken, was weitere erhebliche Belastungen für die Rentner bedeuten konnte.[21]

Stoltenberg gab ferner vor, wie sehr der Bundesetat in Zukunft überhaupt wachsen durfte. Für das Jahr 1984 waren das 2 %, danach 3 % pro Jahr. Als Zugeständnis an die FDP bestätigte Kohl die im Wahlkampf in Frage gestellte Rückzahlbarkeit der Zwangsanleihe. Zuletzt hatte sich auch die CSU für die Rückzahlbarkeit einer nun zeitlich etwas ausgeweiteten Investitionshilfeabgabe ausgesprochen. Die FDP kam den Bayern dafür beim umstrittenen Rhein-Main-Donau-Kanal entgegen.[22] Zusammen mit den massiven neuen Einsparungen im Sozialbereich führte die Rückzahlbarkeit zu scharfem Protest Norbert Blüms. Der wurde seinerseits von den Gewerkschaften hart angegangen und drohte zwischenzeitlich sogar mit seinem Rücktritt, gab schließlich aber nach. Am 22. März waren die Koalitionsverhandlungen abgeschlossen. In der Außenpolitik hatten sich die Liberalen halten können, in der Rechts- und Innenpolitik hatte Genscher hingegen zahlreiche Zugeständnisse an seine Koalitionspartner gemacht.[23]

Gleichzeitig debattierten die Parteispitzen von CDU, CSU und FDP auch über die Zusammensetzung des neuen Kabinetts. Die FDP musste hier wegen ihres im Vergleich zu 1980 schlechten Wahlergebnisses das Landwirtschaftsressort an die Union

---

19 Wirsching, A., Provisorium, S. 44–46, 117–119, 173; Dittberner, J., Die FDP, S. 59.

20 Etwas zu weit, Der Spiegel 13/83, S. 21.

21 Etwas zu weit, Der Spiegel 13/83, S. 21–22.

22 Bökenkamp, G., Das Ende, S. 222.

23 Wirsching, A., Provisorium, S. 29–31; Bökenkamp, G., Das Ende, S. 222–224; Etwas zu weit, Der Spiegel 13/83, S. 21–22; Strauß hat eine Spielwiese behalten, Der Spiegel 13/83, S. 19–20.

abgeben. Genscher, Lambsdorff und Engelhard wurden in ihren Ministerien bestätigt.[24]

Unter den Konservativen stellte sich vor allem die Frage, ob Franz Josef Strauß nun tatsächlich wieder nach Bonn wechseln würde. Kohl war nicht daran gelegen, seinen Konkurrenten ins Kabinett zu holen und verwies darauf, dass kein attraktiver Ministerposten offen sei. In der Tat waren drei der wichtigsten Ministerien von der FDP besetzt und das Finanzministerium hatte Kohl erneut Stoltenberg zugesprochen. Das Verteidigungsressort schloss Strauß von sich aus aus und wollte er das Innenministerium übernehmen, musste er dafür in eine Auseinandersetzung mit seinem Parteifreund Zimmermann gehen. Die endgültige Entscheidung fiel, als Kohl der CSU das Angebot machte, entweder mit Strauß und weiteren drei, oder insgesamt mit fünf Ministern an der Regierung beteiligt zu sein. Der CSU-Chef zog seine Ambitionen daraufhin zurück und beschränkte sich darauf, von München aus hin und wieder in die Regierungspolitik einzugreifen. Die CDU gestand das frei gewordene Landwirtschaftsministerium den Christsozialen zu, Ressortleiter wurde Ignaz Kiechle.[25]

Die Minister der Schlüsselressorts blieben meist noch bis 1989 in der Regierung. Blüm deckte dabei weiter mit Kohls Billigung die linke Flanke. Eine Ausnahme bildete Otto Graf Lambsdorff. Die immer noch über dem Wirtschaftsminister hängende Parteispendenaffäre zwang ihn Ende Juni 1984 zum Rücktritt. Die Bemühungen um eine Amnestieregelung waren letztendlich am Widerstand der FDP-Basis gescheitert. Sein Nachfolger wurde Martin Bangemann.[26]

Am 29. März wählte der Bundestag Helmut Kohl mit 271 von 486 Stimmen erneut zum Kanzler. Einen Tag später wurden die Minister vereidigt. Anders als im Jahr zuvor dauerte es 1983 aber über einen Monat, bis Kohl am 4. Mai seine erste Regierungserklärung abgab. Auch dieses Mal setzte der Kanzler für die Ausarbeitung auf einen kleinen und eher informellen Kreis von Mitarbeitern, auch wenn er die Ministerien nun aktiver beteiligte als ein halbes Jahr zuvor. Ende des Monats stellte er dem Kabinett bei einem Abendessen den Entwurf vor, der deutlich länger war als der von 1982. Gegen Änderungsversuche wehrte sich der Kanzler energisch. Stoltenberg hatte schon im Vorfeld genau darauf geachtet, dass keine Aussagen in die Rede aufgenommen wurden, aus denen man zusätzliche finanzielle Verpflichtungen hätte ableiten können. Das betraf nicht zuletzt Norbert Blüm, der die während der Koalitionsverhandlungen in Frage gestellte pünktliche Rentenanpassung 1984 in die Erklärung aufnehmen wollte.[27] Inhaltlich bestätigte Kohl am 4. Mai den seit dem Regierungswechsel eingeschlagenen Kurs. Anders als im Vorjahr verzichtete er dieses Mal

24 Wirsching, A., Provisorium, S. 48.

25 Wirsching, A., Provisorium, S. 47; Schell, M., Kanzlermacher, S. 129–130; Stickler, M., Die CSU und der Bonner Regierungswechsel, S. 191–193; Schwarz, H. P., Helmut Kohl, S. 311.

26 Wirsching, A., Provisorium, S. 65–75; Schwarz, H. P., Helmut Kohl, S. 309–310.

27 Stüwe, K., Die Rede des Kanzlers, S. 85–86; Bökenkamp, G., Das Ende, S. 223–224.

allerdings weitestgehend auf Kritik an der SPD. Die Bild-Zeitung und die Welt lobten die Rede, die Neue Rhein-Zeitung hielt sie hingegen für zu unverbindlich. Aus dem neu gewählten Bundestag kam nun auch Kritik von den Grünen, die Kohls Pläne als eine Politik der Zerstörung bezeichneten.[28]

Die Bedingungen für die Umsetzung der neuen Politik waren gut. Die Koalition hatte in den folgenden Jahren nicht nur eine stabile Mehrheit im Bundestag, sondern auch im Bundesrat. Die Bundesbank stand ebenfalls auf der Seite von Kohl und Stoltenberg. Zumindest bis 1984 gab es auch in der Bevölkerung eine breite Mehrheit für die Politik der Haushaltskonsolidierung.[29]

Auch das Verhältnis der drei Koalitionsparteien zueinander bremste die Regierungspolitik weniger aus, als man es nach den letzten Jahren der sozialliberalen Koalition hätte befürchten können. Zwar gab es einige Reibungspunkte zwischen FDP und Union,[30] insgesamt kooperierten die Liberalen aber besser mit den Konservativen, als sie es zuletzt mit den Sozialdemokraten getan hatten. Das lag nicht zuletzt daran, dass die FDP in der nächsten Zeit nicht mehr glaubhaft mit einem erneuten Koalitionswechsel drohen konnte. Die Mitgliederzahl der CDU erreichte nach dem Wahlsieg mit knapp 735.000 einen Höchststand. Auch das Verhältnis zwischen Kohl und Strauß war weitestgehend harmonisch. Die konservativen Abgeordneten bestanden in den folgenden Jahren zwar auf einer stärkeren Einbeziehung, konnten sich damit aber nur eingeschränkt durchsetzen.[31]

Auch die wirtschaftliche Entwicklung stützte die neue Regierung und ihre Politik. Die ersten Anzeichen des nun beginnenden Aufschwungs ließen sich schon Ende 1982 feststellen. Ab Oktober 1982 verbesserte sich die Stimmung unter den Unternehmern leicht, im ersten Quartal 1983 dann mit erhöhter Geschwindigkeit. Im letzten Quartal 1982 stieg auch die Produktionsauslastung wieder auf immerhin 75,5 % um dann im Spätsommer des nächsten Jahres 78,8 % zu erreichen.[32] Der nun einsetzende Aufschwung ging zwar weniger zügig vonstatten als nach den Krisen der vorangegangenen Jahrzehnte, hielt dafür aber ungewöhnlich lange an. Für das Haushaltsjahr 1983 bedeutete das, dass, anders als es Stoltenberg zuvor noch befürchtet hatte, kein Nachtragshaushalt nötig wurde.[33]

---

28 Dettling, B. – Geske, M., Helmut Kohl, S. 230, 242; Stüwe, K., Die Rede des Kanzlers, S. 85–86.

29 Jochem, S., Reformpolitik, S. 199; Zohlnhöfer, R., Rückzug, S. 232, 235, 240.

30 Insbesondere zwischen FDP und CSU in der Rechtspolitik. Die Liberalen wehrten sich meist erfolgreich dagegen, sozialliberale Beschlüsse wieder aufzuheben. Von diesen Konflikten profitierten letztendlich beide Parteien, da es ihnen die Möglichkeit zur Profilierung bot, Wirsching, A., Provisorium, S. 49, 107–114. Weitere Auseinandersetzungen zwischen der FDP und Teilen der Union gab es später bei den Diskussionen über Steuersenkungen und deren Finanzierung, Bökenkamp, G., Das Ende, S. 248–259.

31 Kleinmann, H.-O., CDU, S. 459–460; Wirsching, A., Provisorium, S. 159–161, 173, 177.

32 Die Auslastung des Nahrungs- und Genussmittelgewerbes ist hier nicht inbegriffen, Merz, W., Beitrag, S. 24.

33 Bökenkamp, G., Das Ende, S. 220, 228; Merz, W., Beitrag, S. 23–28.

Das Sofortprogramm von 1982 hatte zumindest am Anfang dieses Aufschwungs großen Anteil. Allein die glaubhafte Ankündigung einer konsolidierungsorientierten Haushaltspolitik verbesserte die Stimmung und Ausgabenbereitschaft im privaten Sektor schnell und deutlich. Viele der nachfragehemmenden Maßnahmen traten hingegen erst im Laufe des folgenden Jahres in Kraft und bremsten die Entwicklung erst mit einiger Verzögerung. Hinzu kamen auch durch die Sparbemühungen bedingte weitere Zinssenkungen der Bundesbank.[34] Ferner begünstigten sinkende Rohstoffpreise auf dem Weltmarkt[35] und abnehmende Lohnstückkosten in Folge einer moderaten Lohnpolitik den Aufschwung.[36]

Im Spätsommer 1983 drohte die Konjunktur wieder einzubrechen, nicht zuletzt, da die Bauinvestitionen nach einem Zwischenhoch wieder zurückgingen. Dass die Bundesrepublik nicht zurück in die Krise fiel, verdankte sie vor allem einer kurz darauf steigenden Exportnachfrage in Folge der konjunkturellen Erholung ihrer wichtigsten Handelspartner. Insbesondere die Entwicklungen in den USA kamen dabei der deutschen Wirtschaft zu Gute. Ende 1985 ließ das Exportgeschäft wegen erneuter Schwierigkeiten etwa in Amerika und dem ungünstigen Wechselkurs wieder nach. Nun sorgten aber Abgabensenkungen und sinkende Energiekosten sowie eine geringe Inflation dafür, dass die inländische Nachfrage anstieg.[37]

Auf den Arbeitsmarkt schlug der Aufschwung auch nach der Wahl nur langsam durch. Im Kanzleramt musste man feststellen, dass die Zahl der Unbeschäftigten im Frühsommer saisonbereinigt sogar noch stieg. Insbesondere schlecht qualifizierte, alte und ausländische Arbeitnehmer waren weiter erwerbslos, wobei die Lage im strukturschwächeren Norden schlechter war als im Süden. Hinzu kamen diejenigen, die aufgrund der Sparbeschlüsse ihre Stellung verloren. Eine deutliche Verbesserung war zumindest bei den Kurzarbeitern zu sehen. Allein im März sank die Zahl der Geförderten um etwa 125.300.[38]

Die Koalitionsparteien versuchten in den Jahren nach der Wahl, sich programmatisch neu aufzustellen. Union und FDP hatten das Sofortprogramm ohne größere parteiinterne Diskussionen beschlossen und waren auch im Wahlkampf in vielen Punkten einem wirtschaftspolitischen Provisorium gefolgt. Nach dem Sieg forderten nun nicht zuletzt diejenigen Gehör, die ihre Anliegen bisher hinter das Gelingen des Machtwechsels zurückgestellt hatten. Die CDU setzte für die Erarbeitung eines neuen wirtschaftspolitischen Profils eine Programmkommission ein. Zu dieser Gruppe

34 Vgl. Abb. 4.

35 Die dürften über eine geringere Inflation auch der Zentralbank ihre Zinssenkungsentscheidungen erleichtert haben, Merz, W., Beitrag, S. 124.

36 So beschreibt es ausführlich bspw. Merz, W., Beitrag, S. 121–124; Siehe zu der tatsächlichen Zinsentwicklung u. a. Scharpf, F. W., Krisenpolitik, S. 303.

37 Merz, W., Beitrag, S. 26–27; Rödder, A., Bundesrepublik, S. 86.

38 Bericht bzgl. der Arbeitsmarktlage Ende März 1983, BArch B 136/24172; Bericht bzgl. der Arbeitsmarktlage Ende April 1983, BArch B 136/24172; Bericht bzgl. der Arbeitsmarktlage Ende Mai 1983, BArch B 136/24172.

gehörten sowohl Stoltenberg, Blüm, Geißler und der ehemalige CDU-Generalsekretär Kurt Biedenkopf als auch die Ministerpräsidenten Späth und Albrecht. Während man Stoltenberg und Biedenkopf eine wirtschaftsliberale Position zusprach, vertraten Geißler und Blüm den Flügel der Sozialausschüsse. Als der Bundesparteitag Anfang 1984 die so entstandenen „Stuttgarter Leitsätze“ beschloss, hatten die marktorientierten Strömungen innerhalb der Partei zahlreiche Zugeständnisse an die andere Seite machen müssen.[39]

Die FDP verfuhr ähnlich. Die liberale Programmkommission, der unter anderem Baum, Lambsdorff und Bangemann angehörten, versuchte, die Partei stärker von der Union abzugrenzen. Die Wirtschaftspolitik und insbesondere die kontroversen Konzepte Lambsdorffs traten hier zurück. Stattdessen griff die Partei in vielen Punkten auf die sozialliberalen Freiburger Thesen zurück. Ferner hob sie den Umweltschutz hervor, nicht zuletzt eine Folge der zunehmenden Konkurrenz durch die Grünen. Ende Februar 1985 verabschiedeten die Delegierten das „Liberale Manifest für eine Gesellschaft im Umbruch“ auf dem Parteitag der FDP in Saarbrücken.[40]

Im Bereich der Arbeitslosenversicherung brachte das Haushaltsbegleitgesetz 1984 neue Kürzungen. Anders als 1982 beschloss die Regierung nun unter anderem eine Absenkung des Arbeitslosengeldes von 68 % auf 63 % des letzten Nettoverdienstes des Versicherten.[41] Ähnliche Einschnitte erfolgten auch beim Schlechtwetter- und Kurzarbeitergeld, waren aber jeweils auf die kinderlosen Betroffenen beschränkt.[42]

Bei der beruflichen Weiterbildung ging die Regierung ebenfalls über die Maßnahmen des Vorjahres hinaus. So kürzte sie beispielsweise das Unterhaltsgeld für Teilnehmer von Bildungsmaßnahmen und formte die Unterstützung bei weniger wichtigen Weiterbildungen zu einer Kann-Leistung um. Die Nutzerzahlen stiegen dennoch an, da die Verdienstmöglichkeiten immer noch über denen des Arbeitslosengeldes lagen und die Teilnehmer auf diesem Wege auch weiterhin neue Ansprüche erwerben konnten. Insgesamt betrachtet gewann die aktive Arbeitsmarktpolitik in den folgenden Jahren an Gewicht und lag Ende des Jahrzehnts deutlich über dem sozialliberalen Niveau. In diesem Zusammenhang baute die Regierung auch die Weiterbildungsmaßnahmen wieder aus.[43]

In der ebenfalls zumindest teilweise arbeitsmarktpolitisch motivierten Ausländerpolitik begann Kohl 1983 damit, die Beschlüsse des Vorjahres umzusetzen. Auf Grundlage des Berichts der im Vorjahr eingesetzten Kommission erarbeitete die Regierung bis September 1983 den Entwurf eines Gesetzes zur Förderung der Rückkehrbereitschaft von Ausländern. Die Politik sah nun eine zeitlich begrenzte Regelung

39 Zohlnhöfer, R., Wirtschaftspolitik der Ära Kohl, S. 49.
40 Wirsching, A., Provisorium, S. 160.
41 Vorher waren auch 62 % im Gespräch gewesen, Etwas zu weit, Der Spiegel 13/83, S. 21.
42 Entwurf des Haushaltsbegleitgesetzes 1984, BT-Drs. 10/335, S. 31.
43 Zohlnhöfer, W. – Zohlnhöfer, R., Wende, S. 34; Schmid, G. – Oschmiansky, F., Arbeitsmarktpolitik, S. 269; Entwurf des Haushaltsbegleitgesetzes 1984, BT-Drs. 10/335, S. 62.

vor, nach der Rückkehrwilligen unter bestimmten Bedingungen über 10.000 DM zugesprochen werden konnten. Hinzu kamen Zahlungen für Kinder und Frauen, wenn sie Deutschland bis September 1984 dauerhaft verließen. Außerdem konnten sich auswandernde Ausländer zahlreiche andere Beträge beispielsweise aus Bausparverträgen oder der Rentenversicherung auszahlen lassen. Ende November wurde das neue Gesetz verkündet. Die Ausschüsse hatten zuletzt noch einige Änderungen vorgenommen und insbesondere die Beratung der Ausländer deutlich ausgeweitet.[44]

Die neue Ausländerpolitik stand von Anfang an unter scharfer Kritik aus verschiedenen Richtungen. Das Kabinett musste sich dabei unter anderem vorhalten lassen, die Zahlungen seien zu hoch. Blüm verwies an dieser Stelle auf die großen erwartbaren Einsparungen beim Kinder-, Arbeitslosen- und Wohngeld sowie bei anderen staatlichen Leistungen. Tatsächlich führten die Maßnahmen zunächst zu Minderausgaben in den Sozialsystemen. Langfristig kosteten die Projekte aber doch so viel, dass die Regierung sie in dieser Form nicht wiederholte.[45]

Das 1982 zunächst ebenfalls nicht umgesetzte Projekt einer Absenkung der flexiblen Altersgrenze beim Renteneintritt nahm nun, nach intensiven Diskussionen[46] und in abgewandelter Form, Gestalt an. Am 1. Mai 1984 trat schließlich das Vorruhestandsgesetz in Kraft, das es Arbeitnehmern unter bestimmten Bedingungen ermöglichen sollte, mit 58 Jahren das Arbeitsverhältnis zu lösen und bis zum Renteneintritt ein Vorruhestandsgeld vom Arbeitgeber zu beziehen. Stellte der Arbeitgeber dann statt des Vorruheständlers einen Arbeitslosen oder Jugendlichen ohne Ausbildung ein, beteiligte sich die Bundesanstalt mit 35 % an den Zahlungen für den ausscheidenden Arbeitnehmer. Die erwartete Entlastung des Arbeitsmarktes blieb aber aus.[47] Die Gewerkschaften verfolgten gleichzeitig auch das Alternativziel einer Verringerung der Wochenarbeits- statt der Lebensarbeitszeit weiter. Im Durchschnitt sank die Wochenarbeitszeit bis 1988 dadurch um knapp eine auf 39 Stunden. In der Metallindustrie verkürzten sich die Arbeitszeiten noch stärker.[48]

Weder die Vorruhestandsregelung noch die Ausländerpolitik oder der Wirtschaftsaufschwung führten zu einem signifikanten Rückgang der Arbeitslosigkeit. Freiwerdende oder neu entstehende Stellen, die Zahl der Erwerbstätigen stieg allein zwischen 1985 und 1987 um eine knappe halbe Million, wurden durch die gleichzeitig steigende Nachfrage nach Arbeit ausgeglichen. Hier übten vor allem die geburtenstarken Jahrgänge und eine immer größer werdende Zahl berufstätiger Frauen

44 Herbert, U. – Hunn, K., Ausländer, S. 630–632. Vgl. den Entwurf des Gesetzes zur Förderung der Rückkehrbereitschaft von Ausländern, BT-Drs. 10/351.

45 Herbert, U. – Hunn, K., Ausländer, S. 633–634.

46 Vgl. dazu bspw. BArch B 149/65048.

47 Wirsching, A., Provisorium, S. 259.

48 Rödder, A., Bundesrepublik, S. 87–88; Günther Schmid stellt hierzu überzeichnend fest, die blümsche Arbeitsmarktpolitik habe unbeschäftigte Arbeitnehmer nicht in den Arbeitsmarkt, sondern in die Frühverrentung, Inaktivität und Aufbewahrungsmaßnahmen mit Drehtüreffekten geführt, Schmid, G., Vollbeschäftigung, S. 189.

Druck auf den Arbeitsmarkt aus. Bis zum Ende des Jahrzehnts blieb die Zahl der Arbeitslosen im Jahresmittel über der symbolischen Marke von zwei Millionen.[49] Trotzdem verbesserte sich die Haushaltslage der Bundesanstalt schnell. 1984 konnte man in Nürnberg bereits einen deutlichen Überschuss ausweisen. Ab 1985 gab es wieder Leistungsverbesserungen, während die Beiträge gesenkt wurden.[50]

Bei der Rentenversicherung hatte Stoltenberg während der Koalitionsgespräche eine zweite Verschiebung der Rentenerhöhung gefordert. Nachdem die Anpassung 1983 in Folge der Atempause auf den 1. Juli verlegt worden war, sollte sie 1984 ganz ausbleiben und dann am 1. Januar 1985 wieder im normalen Rhythmus einsetzen. Blüm wehrte sich mit aller Kraft gegen diesen Schritt, der nicht zuletzt seine Glaubwürdigkeit unterlaufen hätte. Auf dem Bundesparteitag der CDU am 25. und 26. Mai 1983 stützten Blüm sowohl Dregger als auch Strauß, sodass der Sozialminister die Rentenanpassung schließlich doch durchsetzen konnte. Die CDA musste dafür allerdings Einschnitte an anderer Stelle hinnehmen. Insgesamt gestaltete sich die Konsolidierung der Rentenkasse schwieriger als die der Bundesanstalt.[51]

Die angestrebte Kostendämpfung im Gesundheitswesen gelang zunächst ebenfalls kaum.[52] Ab Mitte der 1980er Jahre begann die Regierung daher mit dem Gesundheitsreformgesetz ein groß angelegtes Reformvorhaben, das Ende des Jahrzehnts schließlich in Kraft trat.[53]

In der Bildungspolitik setzte die Koalition ihren Kürzungskurs bis zum Ende des Jahrzehnts fort. Mehrere Änderungsgesetze schränkten den Kreis der Anspruchsberechtigten beim Studenten-BAföG ein, verringerten die Leistungen und erschwerten Fach- und Ortswechsel. In Folge dessen ging die Zahl der Geförderten zurück. Oberhalb der Anspruchsberechtigten entwickelte sich ein „*Mittelstandsloch*".[54] Eine spürbare Verbesserung der Lage trat erst mit dem 12. BAföG-Änderungsgesetz vom 22. Mai 1990 ein. Im Bereich des Schüler-BAföGs mussten die Länder den Rückzug des Bundes kompensieren, was in den verschiedenen Teilstaaten in unterschiedlichem Maße geschah.[55]

---

49 Andreas Wirsching spricht hier von einem „*Aufschwung ohne Arbeit*", Wirsching, A., Provisorium, S. 237. Vgl. zur Entwicklung der Arbeitslosenquote auch nochmal Abb. 2.

50 Schmid, G. – Oschmiansky, F., Arbeitsmarktpolitik, S. 262–265, 275; Rödder, A., Bundesrepublik, S. 86–87. Vgl. auch Jochem, S., Reformpolitik, S. 200.

51 Bökenkamp, G., Das Ende, S. 224–225; Etwas zu weit, Der Spiegel 13/83, S. 22.

52 Schmähl, W., Sicherung bei Alter, S. 323.

53 Greß, S. – Wasem, J., Gesundheitswesen, S. 400–411.

54 Anweiler, O., Bildungspolitik, S. 594.

55 Anweiler, O., Bildungspolitik, S. 593–594. Hier zeichnete sich schon Ende 1982 ein Wettbewerb zwischen Union und SPD ab. Der CDU-Abgeordnete Klaus Daweke wies Alfred Dregger am 2. Dezember darauf hin, es dürfe nicht passieren, dass ein sozialdemokratischer Ministerpräsident als erster eine Zusage für den Aufbau einer bundeseinheitlichen Förderung für begabte Schüler aus sozial bedürftigen Familien gebe, Brief Klaus Dawekes an Alfred Dregger vom 2. Dezember 1982, ACDP 01-626:093/2. Vgl. auch Abb. 12.

Ebenso wie beim Arbeitslosengeld mussten die Sozialausschüsse 1983 auch beim Mutterschaftsgeld Einschnitte hinnehmen, die sie im Herbst zuvor noch hatten verhindern können. Nach Stoltenbergs Vorschlägen sollte hier die Bezugszeit der Leistung von vier auf drei Monate verringert werden. Immerhin bekam die CDA in dieser Frage Unterstützung aus München. Strauß war nach einem schlechten Ergebnis bei seiner Wiederwahl auf dem CSU-Parteitag im Juli geschwächt und ging nun in die Offensive. Die Kürzung der Bezugszeit sei gerade mit Blick auf die sinkende Geburtenrate verfehlt, sonst übergebe man am Ende einem sterbenden Volk konsolidierte Haushalte. Obwohl beim Mutterschaftsgeld gespart wurde, verzichtete die Koalition letztendlich auf die Verringerung des Mutterschaftsurlaubs in der noch im Gesetzentwurf vorgesehenen Form.[56]

Beim Subventionsabbau blieben die Regierungen Kohl der 1980er Jahre weit hinter ihren Versprechungen aus der Oppositionszeit zurück. Bis 1985 wuchsen die Subventionen sowohl absolut als auch anteilig am Bruttoinlandsprodukt. In der zweiten Hälfte des Jahrzehnts stiegen sie zumindest in absoluten Zahlen weiter. Das zögerliche Vorgehen ergab sich vor allem aus der Mehrheitsmeinung der Union. Während die FDP und manche konservative Wirtschaftspolitiker den Subventionsabbau gerne engagierter betrieben hätten, fürchteten große Teile der CDU und CSU die Konsequenzen fehlender staatlicher Unterstützung für einzelne Unternehmen und Branchen. Vor allem die Montanindustrie und die Werften waren weiterhin auf Hilfen und Vergünstigungen angewiesen. Hinzu kam die konservative Landwirtschaftspolitik, die die bestehenden familiären Strukturen erhalten wollte. Mit Blick auf die alten Industrien setzte Kohl die Politik seines Vorgängers fort. Er gewährte zwar Subventionen, forderte im gleichen Zug aber auch Veränderungen ein. Die Erfolge blieben allerdings überschaubar.[57]

Die Entwicklungen bei der ARBED machten die Bemühungen zum Subventionsabbau nicht einfacher. Schon Mitte 1983 stand der Konzern erneut kurz vor der Zahlungsunfähigkeit. Die Bundesregierung half auch jetzt wieder, verordnete der ARBED aber einen harten Sparplan. Der machte auch vor den Arbeitnehmern nicht Halt und schloss unter anderem eine Nullrunde bei den Tarifverhandlungen ein. Mitte der 1980er Jahre entschärfte die gute Wirtschaftslage die Situation in der Stahlbranche etwas, ab 1987 kam es dann zu erneuten Protesten im Umfeld der geplanten Stilllegung des Stahlwerks Duisburg-Rheinhausen.[58]

---

56 Siehe BGBl. I 1983, S. 1532, 1553, 1558 (Haushaltsbegleitgesetz 1984) im Vergleich zum Entwurf des Haushaltsbegleitgesetzes 1984, BT-Drs. 10/335, S. 33; Bökenkamp, G., Das Ende, S. 224–227; Etwas zu weit, Der Spiegel 13/83, S. 21.

57 Zohlnhöfer, W. – Zohlnhöfer, R., Wende, S. 31. In der späten sozialliberalen Phase hatte es beim Subventionsabbau zuletzt leichte Verbesserungen gegeben, was dem Sachverständigenrat aber nicht genügt hatte, Jahresgutachten des SVR 1982/83, BT-Drs. 09/2118, S. 104 (Tz. 172); Wirsching, A., Neoliberalismus, S. 147; Bökenkamp, G., Das Ende, S. 229–230; Wirsching, A., Provisorium, S. 251–254.

58 Wirsching, A., Provisorium, S. 248–251.

Die Maßnahmen des Sofortprogramms beim Familienlastenausgleich und darin insbesondere beim Kindergeld hatten ein spätes, aber doch bemerkenswertes Nachspiel. 1990 stellte das Bundesverfassungsgericht fest, dass die Minderung des Kindergeldes von 1983 bis zur Erhöhung der Freibeträge 1985 verfassungswidrig gewesen war. Die Karlsruher Richter begründeten das mit der doppelten Funktion des Kindergeldes seit Mitte der 1970er Jahre. Als die sozialliberale Koalition damals die Kinderfreibeträge bei der Einkommensteuer abgeschafft habe, habe das Kindergeld deren Funktion, die steuerliche Freistellung eines Existenzminimums, mit übernommen. Die 1983 wieder eingeführten Freibeträge seien zunächst so niedrig gewesen, dass sie dieser Anforderung nicht gerecht wurden. Eine so starke Absenkung des somit immer noch beide Funktionen ausübenden Kindergeldes sei vor diesem Hintergrund unzulässig gewesen. Auch die Ausnahmen für niedrigere Einkommen änderten daran nichts.[59]

Die Regierung Kohl hatte zum Zeitpunkt der Urteilsverkündung ihre Politik bereits angepasst und die Leistungen und Freibeträge erhöht. Hinzu kamen ab 1986 außerdem weitere Reformen im Bereich der Familienpolitik wie die Einführung eines Bundeserziehungsgeldes und später die Anrechnung von Erziehungszeiten in der Rentenversicherung. Stoltenberg sträubte sich vergeblich gegen die damit einhergehende Haushaltsbelastung.[60]

Die Zwangsanleihe erlitt ein ähnliches Schicksal wie das Kindergeld. Zunächst verlängerte die Koalition die nun bestätigt rückzahlbare Investitionshilfeabgabe auf das Jahr 1985 und schob ihre Erstattung auf die Zeit von 1990 bis 1992 hinaus. Gleichzeitig begannen aber auch Verhandlungen in Karlsruhe, da die Verfassungsmäßigkeit der Regelung weiterhin umstritten war. Am 6. November 1984 erklärte der 2. Senat des Bundesverfassungsgerichts das Projekt für verfassungswidrig. Das Investitionshilfegesetz, so kritisierten die Richter unter anderem, genüge nicht den Anforderungen an eine Sonderabgabe, da es nicht genug konkretisiere, was mit dem Geld letztendlich gemacht werden solle. Stattdessen diene es der vorübergehenden Gewinnung von Mitteln für den Finanzbedarf des Bundes. Auch stehe die Gruppe der Zahlungspflichtigen in keinem relevanten Zusammenhang zum Verwendungszweck.[61]

Für Stoltenberg, der die Anleihe als Kredit kategorisiert hatte, fielen formell lediglich höhere Zinsausgaben von etwa 150 Mio. DM im Jahr an. Die politischen Folgen waren schwerwiegender. Die Zwangsanleihe hatte immerhin zu den wenigen Bestandteilen des Sofortprogramms gehört, die explizit zur Wahrung der sozialen Symmetrie gedacht gewesen waren. Der linke Flügel der CDU forderte gemeinsam

---

59 Urteil des Bundesverfassungsgerichts vom 29. Mai 1990, BVerfGE 82, S. 60; Zohlnhöfer, R., Wirtschaftspolitik der Ära Kohl, S. 82; Jakob, M., Familienbilder, S. 104.

60 Rödder, A., Bundesrepublik, S. 85–86; Schwarz, H. P., Helmut Kohl, S. 336.

61 Urteil des Bundesverfassungsgerichts vom 6. November 1984, BVerfGE 67, S. 256; Bökenkamp, G., Das Ende, S. 230.

mit dem Kanzler nun einen Ausgleich für die fehlende Belastung der Reichen. Die FDP hingegen begrüßte das Urteil und sperrte sich gegen eine *„Neidsteuer“*.[62] Da auch die CSU eine zusätzliche Belastung für die Besserverdienenden ablehnte, mussten Kohl und die Sozialausschüsse kurz vor Weihnachten 1984 aufgeben.[63]

Bei der Ausgabensenkung im Bereich der Sozialhilfe gelang den Regierungen Kohl der folgenden Jahre kein Durchbruch. Zwar nahm die Koalition beispielsweise im Haushaltsbegleitgesetz noch leichte Einsparungen vor, die Ausgaben stiegen im Laufe der 1980er Jahre aber dennoch weiter und belasteten die Länder und Gemeinden. Im Januar 1988 regte Ernst Albrecht daher mit Unterstützung anderer norddeutscher Länder an, der Bund solle die Hälfte der hier entstehenden Kosten übernehmen. Im Gegenzug sollten die unteren Gebietskörperschaften dann an anderer Stelle, beispielsweise bei der Umsatzsteuer, weniger erhalten als zuvor. Die Albrecht-Initiative, die erhebliche Mehrkosten für Bonn bedeutet hätte, scheiterte schließlich zu Gunsten eines anderen, auf Lothar Späth zurückgehenden Konzeptes. Eine grundlegende Strukturreform blieb aber noch aus. Weitere Kürzungen gab es auch bei der Arbeitslosenhilfe und dem Wohngeld. Bei Letzterem sanken die Leistungen aus Haushaltsgründen noch bis Mitte des Jahrzehnts und stiegen erst danach wieder an.[64]

Die Deregulierungsbemühungen setzte die neue Bundesregierung in den folgenden Jahren energischer durch. Hier war insbesondere der Einfluss der FDP zu spüren. Zum Ende des Jahrzehnts kamen dann vermehrt Privatisierungsanstrengungen dazu. Im Wohnungsbereich zeigten sich Ende 1983 die ersten Ergebnisse, durch die sich vor allem der Mieterbund in seiner Position bestätigt sah. Die Mieten stiegen in der Tat schneller als die Lebenshaltungskosten insgesamt, die befürchtete Mietpreisexplosion blieb aber aus.[65]

Die Liberalisierung des Arbeitsmarkts brachte die Koalition 1985 in Konflikt mit den Gewerkschaften. Das damals entwickelte Beschäftigungsförderungsgesetz schloss neben mehreren kleineren deregulierenden Änderungen im Arbeitsrecht auch einen direkten Angriff auf die Aktionsstrukturen der Arbeitnehmervertreter ein. 1984 hatten die Gewerkschaften im Metallarbeiterstreik gezielt Zulieferbetriebe stillgelegt, was mittelbar auch eine Unterbrechung der Produktion in den weiterverarbeiteten Betrieben zur Folge hatte. Die Nürnberger Bundesanstalt hatte den dort betroffenen Arbeitern daraufhin Lohnersatzleistungen gezahlt. In Bonn sah man nun die Gefahr, dass die Arbeitslosenversicherung als erweiterte Streikkasse genutzt werden könnte. Dieses Vorgehen sollte eine Änderung des § 116 AFG nun unmöglich

62 Der Ausdruck der Neidsteuer geht an dieser Stelle wahrscheinlich auf Genscher zurück, Bökenkamp, G., Das Ende, S. 231.

63 Bökenkamp, G., Das Ende, S. 231–232; Zohlnhöfer, R., Wirtschaftspolitik der Ära Kohl, S. 82

64 Willing, M., Sozialhilfe, S. 490–492; Harlander, T., Wohnungspolitik, S. 695; Entwurf des Haushaltsbegleitgesetzes 1984, BT-Drs. 10/335, S. 31.

65 Jahresgutachten des SVR 1983/84, BT-Drs. 10/669, S. 82 (Tz. 137); Wirsching, A., Provisorium, S. 255–256; Harlander, T., Wohnungspolitik, S. 689–690.

machen, was erhebliche Auseinandersetzungen zwischen Regierung und Gewerkschaften zur Folge hatte. Insgesamt betrachtet blieb die Deregulierungspolitik der Kabinette Kohl aber weit hinter dem zurück, was in anderen Ländern, allen voran Großbritannien, zu beobachten war. Das ließ sich einerseits auf den immer noch mächtigen linken Flügel der Union zurückführen, andererseits bremsten aber auch die Bundesländer in den späteren Jahren zunehmend.[66]

Im Steuerrecht blieb die Ende 1982 angekündigte Einführung eines Familiensplittings aus.[67] Diese Entscheidung ging in erster Linie auf die erwarteten hohen Kosten dieses Projekts zurück. Hinzu kam, dass sich die Entlastung bei steigender Kinderzahl anteilig verringert und Besserverdiener überdurchschnittlich vom Splitting profitiert hätten. Stattdessen hoben die Regierungen Kohl die Kinderfreibeträge bei der Einkommensteuer mehrfach an. Das geschah in den folgenden Jahren im Zusammenhang größerer Steuerreformen, die die Abgabenlast der Steuerzahler senken sollten. Im Rahmen dieser Maßnahmen senkte die Regierung nicht nur auf Druck von FDP und CSU den Spitzensteuersatz, sondern erweiterte vor allem bestehende Freibeträge. Die Liberalen profilierten sich durch ihr Engagement bei diesen Reformen zunehmend als Steuersenkungspartei.[68]

Die Bauwirtschaft profitierte vom Sofortprogramm spürbar. Schon Ende 1982 hatte es hier erste Anzeichen einer Erholung gegeben,[69] Anfang des folgenden Jahres stieg die Nachfrage erheblich. Insbesondere der kurzfristig geförderte Wohnungsbau wuchs stark. Die Bau- und Wohnungswirtschaft hielt das allerdings nur für ein *„Strohfeuer“*[70], das den Abwärtstrend der Branche langfristig nicht würde aufhalten können. Tatsächlich verschlechterte sich die Baukonjunktur Ende 1983 wieder. Dieser Trend sollte sich bis zum Ende des Jahrzehnts tendenziell fortsetzen. 1988 erreichte die Zahl fertiggestellter Wohnungen mit etwa 209.000 einen Tiefpunkt.[71]

Ein Grund für die sinkende Zahl von Neubauten war eine, verglichen mit der Zeit davor, relative Entspannung auf dem Wohnungsmarkt. Die Koalition schränkte daher auch ihre Unterstützung für den sozialen Wohnungsbau zunehmend ein. Förderungen gab es nun hauptsächlich für Eigentumsmaßnahmen.[72]

Insgesamt betrachtet ergibt sich für das Jahrzehnt nach dem Regierungswechsel von 1982 ein gemischtes Bild. Die politischen und die wirtschaftlichen Vorausset-

66 Zohlnhöfer, R., Rückzug, S. 237–238; Zohlnhöfer, W. – Zohlnhöfer, R., Wende, S. 35; Rödder, A., Bundesrepublik, S. 87–88.
67 Zu den Überlegungen und Planungen dazu vgl. bspw. BArch B 189/32297.
68 Schmidt, M. G., Handlungsfelder, S. 137; Wirsching, A., Provisorium, S. 267–278; Rödder, A., Bundesrepublik, S. 86; Münch, U., Familienpolitik, S. 533–534.
69 Mehr Aufträge für Wohnungen, FAZ vom 28.01.1983, S. 11.
70 Harlander, T., Wohnungspolitik, S. 688.
71 1983 waren es noch ungefähr 341.000 Wohnungen gewesen, Heckelmann, S., Wohnungspolitik, S. 40; Merz, W., Beitrag, S. 26–27; Harlander, T., Wohnungspolitik, S. 688; Schneider will Neubau noch stärker fördern, FAZ vom 04.02.1983, S. 13. Vgl. auch Abb. 14.
72 Harlander, T., Wohnungspolitik, S. 693; Heckelmann, S., Wohnungspolitik, S. 39.

zungen für die Regierungen Kohl waren vorteilhaft. Die Koalition hatte eine Mehrheit in beiden Parlamentskammern und weitestgehend auch die Unterstützung der Bevölkerung. Der wirtschaftliche Aufschwung kam, wenn auch langsamer als in den Erholungsphasen nach früheren Krisen. Das Sofortprogramm von 1982 hatte daran einen Anteil, war aber nicht der einzige Grund für die verbesserte Lage.[73]

Im Haushaltsbegleitgesetz 1984 erhöhte die Koalition nochmals ihre Konsolidierungsbemühungen.[74] Im Bereich der Sozialversicherung, auf die die Bundespolitik immer noch regelmäßig zugriff, konnten trotz fast gleichbleibend hoher Arbeitslosigkeit zumindest die Kassen der Bundesanstalt für Arbeit weitestgehend saniert werden. Die Konsolidierung der Rentenversicherung gestaltete sich schwieriger und auch im Gesundheitswesen erreichte die Regierung bis zum Ende des Jahrzehnts nicht die erhoffte Kostendämpfung. Der Bundeshaushalt profitierte vom Wiederaufschwung und den insgesamt erfolgreichen Konsolidierungsversuchen.[75] Die Sparbemühungen insbesondere beim Subventionsabbau blieben aber hinter den Ankündigungen der Koalition zurück. Die Konsolidierungsmaßnahmen der Zwangsanleihe und der Kindergeldkürzung wurden später vom Bundesverfassungsgericht gekippt, was aber in beiden Fällen keine großen Auswirkungen auf den Haushalt hatte. Nachdem sich die wirtschaftliche Lage in der Mitte des Jahrzehnts stabilisiert hatte, erhöhte der Staat an vielen Stellen wieder seine Leistungen.[76]

Den angekündigten Wechsel zur Angebotspolitik setzte die Koalition im Verlauf der 1980er Jahre fort. Die Deregulierungsbemühungen wurden vom Mietrecht auch auf das Arbeitsrecht und weitere Bereiche ausgedehnt. Zum Ende des Jahrzehnts nahmen auch Privatisierungsanstrengungen zu. Die Koalition entlastete ferner die Wirtschaft mit mehrmaligen Steuersenkungen. Die Maßnahmen zu Gunsten des Bausektors nahmen tendenziell ab.

Insgesamt blieb die Regierung beim Wechsel zur Angebotspolitik aber weit hinter dem zurück, was Beobachter erwartet, Lambsdorff in seinem Papier gefordert oder ausländische Regierungen unternommen hatten.[77] Das lässt sich nicht zuletzt auf die verschiedenen Interessensgruppen innerhalb der Koalition und insbesondere den wieder erstarkenden sozialen Flügel der Union zurückführen.[78] Aber auch der

73 Siehe dazu auch Schulz, G., Zäsur, S. 8–9.

74 Das Haushaltsbegleitgesetz wird mit Blick auf die Einsparsumme von 34,7 Mrd. DM im Bundeshaushalt oft als das wichtigste Konsolidierungsprojekt angesehen, Zohlnhöfer, R., Wirtschaftspolitik der Ära Kohl, S. 70.

75 Die hatten aber unter anderem den Preis, dass das verfügbare Einkommen der Privathaushalte zwischenzeitlich zurückging, Rödder, A., Bundesrepublik, S. 85.

76 Die Politik folgte an dieser Stelle auch der umschlagenden Stimmung in der Bevölkerung, Schmidt, M. G., Handlungsfelder, S. 150–151; Zohlnhöfer, R., Rückzug, S. 236.

77 Wobei immer noch viele Vorschläge des Lambsdorffpapieres in die Haushaltsbegleitgesetze 1983 und 1984 eingeflossen sind und das Konzept an sich damit eine große Auswirkung auf die Politik der 198er Jahre hatte, Bökenkamp, G. – Frölich, J., Lambsdorffpapier, S. 12.

78 Siehe dazu und zur Gesamteinschätzung Zohlnhöfer, R., Wirtschaftspolitik der Ära Kohl, S. 169–170 sowie Scholtyseck, J., Die FDP, S. 219–220 und Schulz, G., Zäsur, S. 9.

Regierungschef selbst hatte Vorbehalte gegenüber einer Wirtschaftspolitik im Sinne Margret Thatchers. Diese sei in Deutschland mangels stabiler Mehrheiten nicht möglich und aufgrund der im internationalen Vergleich auch so immer noch hohen Produktivität auch nicht nötig. Außerdem, so stellte der Kanzler fest, sei er kein Anhänger der Marktwirtschaft, sondern der sozialen Marktwirtschaft.[79]

79 Schwarz, H. P., Helmut Kohl, S. 328–329, 333–334.

7 Endergebnis

Das Ziel dieser Arbeit war es, das Sofortprogramm von 1982 und seine Entstehungshintergründe erstmals ausführlich und quellennah zu untersuchen. Dazu wurden zunächst die wichtigsten grundlegenden Fragen betrachtet. Mit Blick auf den Entwicklungsprozess des Programmes lassen sich hier mehrere zentrale Erkenntnisse festhalten, die teils bereits Bekanntes zum ersten Mal auf einer breiteren Quellenbasis bestätigen, in der Regel aber weit über den bisherigen Stand der Forschung hinausgehen.

Das Maßnahmenpaket entstand über mehrere Phasen hinweg von Ende September bis Ende Dezember 1982. Den Auftakt bildeten die Koalitionsverhandlungen zwischen CDU, CSU und FDP. Obwohl die Parteien hier nicht immer über aktuelle politische Programme verfügten, herrschte doch Einigkeit über die angestrebte grundsätzliche Ausrichtung des Sofortprogramms. Während der Verhandlungen nahmen die Unterhändler auch zahlreiche Projekte der Vorgängerregierung in das Koalitionspapier auf und erweiterten sie an verschiedenen Stellen. Dieses Vorgehen bot sich schon wegen des hohen Zeitdrucks an, führte aber auch zu einer von der politischen Rhetorik abweichenden Kontinuität zum letzten Kabinett Helmut Schmidts.

Nach der Kanzlerwahl und der Ernennung der Minister Anfang Oktober begannen die Ministerien, die im Koalitionsvertrag genannten Maßnahmen zu konkretisieren und in den Gesetzgebungsprozess einzubringen. Die meisten Projekte wurden dabei im Haushaltsbegleitgesetz 1983 gebündelt. Die Änderungen im Mietrecht verankerte man davon losgelöst in einem Gesetz zur Verbesserung des Angebots an Mietwohnungen. Während der Erarbeitung der Gesetzentwürfe verschärfte die Koalition die Sparmaßnahmen und trug damit schlechter werdenden Wirtschaftszahlen Rechnung.

Nachdem die letzten großen Konflikte zwischen den Ressorts auf Ministerebene geklärt worden waren, stimmte das Kabinett den Gesetzesvorlagen Ende Oktober zu und reichte sie an das Parlament weiter. Hier debattierten Bundestag und -rat gleichzeitig über zwei identische Entwürfe des Haushaltsbegleitgesetzes und führten sie später wieder zusammen. In der großen Parlamentskammer stimmten die Ausschüsse den Beschlüssen weitestgehend zu, nahmen aber noch einige Detailänderungen vor. Damit kamen sie teils Wünschen der Regierung nach, setzten aber auch eigene Akzente. Änderungsvorschläge des Bundesrates wurden hingegen oft abgewiesen. Dass die kleine Parlamentskammer trotzdem auf ein Vermittlungsverfahren verzichten würde, stellte die Koalition dadurch sicher, dass sie die Länder nicht nur an den Sparbemühungen beteiligte, sondern auch weitere für sie vorteilhafte Regelungen zum bundesstaatlichen Finanzausgleich in das Haushaltsbegleitgesetz aufnahm. Ende Dezember stimmten schließlich beide Parlamentskammern den zentralen Gesetzen des Sofortprogramms zu. Damit gelang es der neuen Koalition, ihren engen

https://doi.org/10.1515/9783111004686-007

Zeitplan einzuhalten und über eine unechte Vertrauensfrage Helmut Kohls die Neuwahlen am 6. März herbeizuführen.

Die verschiedenen Projekte des Sofortprogrammes kamen in ihrer direkten Wirkung sowohl der Sozialversicherung, dem Bund, den Ländern und Gemeinden als auch den Unternehmen zu Gute. Im Bereich der Versicherungen und des Bundes bemühte sich die Koalition vor allem um eine Konsolidierung der jeweiligen Haushalte. Dabei wirkten sich Kürzungen und Mehreinnahmen bei den Versicherungsträgern in der Regel über geringere Zuschüsse auch positiv auf den Bundeshaushalt aus. Dessen Konsolidierung sollte nicht nur den Handlungsspielraum des Staates erweitern und ihm nach einer Phase hoher Ausgaben eine Atempause ermöglichen, sondern auch Vertrauen in die Regierungspolitik und die Voraussetzungen für Zinssenkungen schaffen. Damit sich die Produktionsbedingungen der Unternehmen durch die Haushaltskonsolidierung nicht übermäßig verschlechterten, zog die Koalition wo möglich Ausgabenkürzungen einer Erhöhung der Einnahmen vor. Davon waren die Direktsubventionen ebenso betroffen wie das BAföG und das Wohngeld. Waren Steuererhöhungen unausweichlich, konzentrierte man sich auf angebotspolitisch unproblematischere Abgaben wie die Mehrwertsteuer.

Die Bundesländer beteiligte die Koalition an den Konsolidierungsbemühungen, etwa durch eine vorzeitige gesetzliche Festlegung der Beamtenbesoldung, bewilligte ihnen aber auch zusätzliche Mittel aus dem Bundeshaushalt. So erhöhte die Regierung nicht nur ihre Ausgaben für die Gemeinschaftsaufgaben, sondern sprach den Ländern auch einen höheren Anteil am Umsatzsteueraufkommen zu.

Eine andere Gruppe von Maßnahmen diente unmittelbar der Unterstützung der durch die Krise geschwächten Wirtschaft. Hier setzte die Koalition vor allem auf eine Verbesserung der Angebotsbedingungen. So senkte sie zusätzlich zu der zinssenkend wirkenden Haushaltskonsolidierung etwa die Gewerbesteuer ab, ging gegen den Missbrauch der Lohnfortzahlung im Krankheitsfall vor und liberalisierte den Wohnungsmarkt. Daneben griff man aber auch auf nachfragepolitische Instrumente wie die Förderung des Eigenheim- und des sozialen Wohnungsbaus zurück. Damit sollte ein erster wirtschaftlicher Impuls erzeugt und der erhoffte Aufschwung eingeleitet werden.

Das Sofortprogramm folgte damit insgesamt einem mehrstufigen Ansatz. Durch die Konsolidierung des Bundes und der Sozialversicherung wollte man zunächst den finanziellen Spielraum beider erhöhen. Die zusätzlichen Mittel der Sozialversicherung bremsten dabei einerseits den Anstieg der Beiträge etwa bei den Krankenkassen, flossen über geringere Bundeszuschüsse andererseits aber auch direkt in die Bundeskasse. Der Bund wiederum finanzierte durch seine Ersparnisse und Mehreinnahmen sowohl einzelne Nachfrageimpulse als auch eine Verbesserung der Angebotsbedingungen in der Wirtschaft. Letztere sollten außerdem durch in Folge der Haushaltskonsolidierung sinkenden Zinsen und die Liberalisierung des Wohnungsmarktes gefördert werden. Davon erhoffte man sich schließlich eine Erholung der

Wirtschaft und damit auch eine Verbesserung der finanziellen Situation des Staates insgesamt.

Während sich die die Konsolidierungsbemühungen beim Bund und der Sozialversicherung vorteilhaft auf die Finanzlage in Bonn auswirkten, bedeuteten die Projekte zur Förderung der Wirtschaft und die umfassende Unterstützung der Länder in den meisten Fällen neue Ausgaben. Diese waren zwar erheblich, blieben allerdings insgesamt hinter den Einsparungen und Mehrausgaben des Bundes zurück. Man kann daher festhalten, dass die christlich-liberale Koalition zwar durchaus grundsätzlich einem Konsolidierungskurs im Sinne einer Atempause folgte, daneben aber wie die Vorgängerregierungen auch starke expansive Elemente in das Sofortprogramm aufnahm.

Erklären lässt sich diese Beobachtung durch die Interessenslage der verschiedenen für die Entscheidungsfindung relevanten Gruppen. Da der enge Zeitplan der Koalition ein deutliches Abweichen von den Koalitionsvereinbarungen erschwerte, wurden die meisten Richtungsentscheidungen des Sofortprogramms bereits Ende September während der Koalitionsverhandlungen getroffen. Zwischen den wichtigsten Flügeln der drei Parteien herrschte hier zwar nicht immer Einigkeit über die einzelnen Maßnahmen, wohl aber über den grundsätzlichen Kurs und damit auch darüber, neben der Haushaltskonsolidierung auch weitere Wege zur Verbesserung der wirtschaftlichen Lage zu verfolgen. Daneben bewerteten alle Akteure die Option eines Scheiterns der Regierungsübernahme ungemein negativ. Nach über einem Jahrzehnt der Opposition wollte weder die Union die Chance auf einen dauerhaften Machtwechsel riskieren, noch die FDP das Wagnis sofortiger Neuwahlen eingehen. Zusammen mit dem sich aus der Perspektive auf eine längerfristige Zusammenarbeit ergebenden Vertrauensverhältnis ermöglichte das den Unterhändlern, auch bei strittigen Fragen zu Lösungen etwa in Form von Kompromissen zu kommen.

Problematisch waren dabei insbesondere diejenigen Projekte, bei denen Uneinigkeit herrschte und die gleichzeitig von beiden Gruppen als entscheidend angesehen wurden. So gab es beispielsweise lauten Protest der CDA gegen die sozialpolitisch problematische Erhöhung der Mehrwertsteuer. An anderen Stellen, etwa bei der Besserstellung der Länder, überschnitten sich die Vorstellungen der Parteien und ihrer Flügel hingegen so weit, dass sie zügig und ohne nennenswerte Konflikte Einigungen erreichen konnten.

Auch in ihrer konjunkturpolitischen Herangehensweise blieb die neue Koalition im Sofortprogramm weit hinter dem zurück, was Beobachter von ihr erwartet hatten. Statt sich mehr noch als Helmut Schmidt von der Politik nachfrageorientierter Wirtschaftsstimulationen zu distanzieren, verfolgte man in Bonn im Herbst 1982 einen Policy Mix, der sowohl die Nachfrage- als auch die Angebotsseite in den Blick nahm. Während etwa an einer Stelle die Haushalte konsolidiert und die Gewerbesteuern gesenkt wurden, bemühte sich die Koalition an einer anderen unter großem Kostenaufwand um einen Nachfrageimpuls, der von der Baubranche ausgehend die Initialzündung für den Wirtschaftsaufschwung bilden sollte.

Ähnlich wie bei der Haushaltskonsolidierung wurden die Beschlüsse der Koalition auch in diesem Fall dadurch begünstigt, dass es keine Konflikte zwischen den verschiedenen Interessensgruppen gab, die sich nicht vor dem Hintergrund eines drohenden Scheiterns der Machtübernahme lösen ließen. Während man sich so beispielsweise bei der verbesserten Missbrauchsbekämpfung bei der Lohnfortzahlung im Krankheitsfall schnell auf ein gemeinsames Vorgehen einigen konnte, ermöglichten die Prioritätensetzungen der Parteiflügel an anderen Stellen zumindest Kompromisse.

Obwohl in der Koalition eine grundsätzliche Präferenz für eine stärker angebotsorientierte Politik vorherrschte, lehnte keine einflussreiche Gruppe Nachfrageimpulse völlig ab, insbesondere dann, wenn damit noch vor der Bundestagswahl im März erste Erfolge sichtbar gemacht werden konnten. So hielt sogar Lambsdorff, der ein Jahr zuvor noch vor teuren Nachfrageprogrammen gewarnt hatte, die beschlossene Unterstützung in der gegenwärtigen Lage und bei gesicherter Finanzierung für vertretbar. Daneben nahm man einzelne die Unternehmen belastende Maßnahmen im allgemeinen Konsens deshalb hin, um die Wirtschaft dafür an anderer Stelle wieder entlasten zu können. Im Einzelfall der verlängerten Bezugszeit des Kurzarbeitergeldes ist, von der Forschung bisher weitestgehend unberücksichtigt, außerdem anzunehmen, dass die Union mit der Rückendeckung der SPD ihren Koalitionspartner dazu brachte, einer angebotspolitisch fragwürdigen Maßnahme entgegen der unter den Liberalen vorherrschenden Überzeugung zuzustimmen.

Die soziale Balance des Sofortprogramms wurde zwar in der öffentlichen Diskussion im Umfeld des Sofortprogramms regelmäßig betont, in den Beschlüssen der Koalition allerdings tatsächlich nur sehr eingeschränkt berücksichtigt. Während Maßnahmen wie die Kürzungen im Bereich der Sozialleistungen fast zwangsläufig hauptsächlich wirtschaftlich schwächere Bevölkerungsteile treffen mussten, kamen beispielsweise die Liberalisierung des Mietrechts und der verbesserte Schuldzinsenabzug beim Eigenheimbau in erster Linie den wohlhabenderen Gruppen zu Gute.

Gemindert wurde dieses Ungleichgewicht bestenfalls durch die Projekte des sozialen Wohnungsbaus und dadurch, dass die Bezieher höherer Einkommen etwa über die Zwangsanleihe und die Einkommensgrenze bei der Kindergeldkürzung gesondert an den Konsolidierungsbemühungen der Koalition beteiligt wurden. Diese Belastungen waren aber insofern überschaubar, als dass sich viele Betroffene leicht von der Zwangsanleihe befreien lassen konnten und auch sonst bestenfalls den Verlust der ihnen entgangenen Zinsen zu befürchten hatten. Auch wenn das Sofortprogramm die soziale Balance also in gewissem Maße berücksichtigte, belastete es die sozial schwächeren Bevölkerungsteile doch überdurchschnittlich stark.

Ein Grund für diese begrenzte soziale Balance des Sofortprogramms war der von allen Gruppen mitgetragene angebotspolitische Grundansatz. Wollte man, was letztendlich auch den schwächeren Schichten zu Gute kommen sollte, die Angebotslage der Unternehmen verbessern, musste man die öffentlichen Haushalte konsolidieren. Der Weg dahin durfte nicht über leistungshemmende Abgaben führen, weshalb sich

Ausgabenkürzungen und eine Anhebung der Mehrwertsteuer anboten. Die Kritik insbesondere aus den konservativen Sozialausschüssen erreichte immerhin, dass die beschlossenen Kürzungen und Steuererhöhungen teilweise hinter den Maximalforderungen der Befürworter zurückblieben. Aber auch bei manchen nachfragepolitischen Maßnahmen nahmen die Flügel der Koalition ein soziales Ungleichgewicht allgemein in Kauf. So bestand Einigkeit, dass sich Maßnahmen wie der verbesserte Schuldzinsenabzug beim Eigenheimbau schon zur Mobilisierung privaten Kapitals vornehmlich an wohlhabende Gruppen richten mussten.

An manchen Stellen, etwa bei der Liberalisierung des Mietrechts, wurde eine Besserstellung von Vermögenden dadurch ermöglicht, dass die Gegner der Projekte auf Widerstand verzichteten, um dafür an anderen Stellen Zugeständnisse einfordern zu können. Die scheinbare Schwäche der konservativen Sozialausschüsse kann also auch damit erklärt werden, dass die CDA manche aus ihrer Sicht problematische Schritte mittrug, um dafür noch weitergehende Forderungen anderer Gruppen abwehren zu können. Ähnlich kann man das Verhalten der FDP in der Frage einer Einkommensgrenze bei der Kindergeldkürzung verstehen. Hier wichen die Liberalen von ihrer ursprünglichen Position ab, wodurch die soziale Balance des Gesamtpaketes verbessert wurde. Auch die Zustimmung der Wirtschaftsflügel der drei Parteien zur stark umstrittenen Zwangsanleihe kann als Gegenleistung für die Kooperation der Befürworter an einer anderen Stelle verstanden werden. Bei den verschiedenen Entscheidungsfindungsprozessen konnte sich dabei insgesamt keine der koalitionsinternen Interessensgruppen klar gegenüber den anderen durchsetzen.

Zusammenfassend betrachtet entstand das Sofortprogramm von 1982 insofern unter dem Einfluss der besonderen Gegebenheiten in den ersten Monaten der Ära Kohl. Sowohl die Union als auch die FDP wollten ein Scheitern der Regierungsübernahme und sofortige Neuwahlen nach Möglichkeit verhindern und waren daher wo nötig zu Kompromissen bereit. Deren Abschluss wurde nicht zuletzt durch das besondere Verhältnis der Parteien zu- und ihre gegenseitige Angewiesenheit aufeinander ermöglicht. Daneben dominierten aber auch in allen Gruppen ähnliche Grundvorstellungen, die sich keinesfalls auf eine rein angebotsorientierte Wirtschaftspolitik beschränkten.

Anhang

Abkürzungsverzeichnis

Abb.	Abbildung
Abs.	Absatz
ACDP	Archiv für Christlich-Demokratische Politik
ACSP	Archiv für Christlich-Soziale Politik
AdG	Archiv der Gegenwart
AdL	Archiv des Liberalismus
AFG	Arbeitsförderungsgesetz
AfS	Archiv für Sozialgeschichte
ARBED	Aciéries Réunies de Burbach-Eich-Dudelange
Art.	Artikel
AVG	Angestelltenversicherungsgesetz
BAföG	Bundesausbildungsförderungsgesetz sowie die zugehörige Leistung
BArch	Bundesarchiv
BBB	Bundesbaublatt
BBergG	Bundesberggesetz
BGBl.	Bundesgesetzblatt
BDI	Bundesverband der Deutschen Industrie
BfA	Bundesversicherungsanstalt für Angestellte
BGB	Bürgerliches Gesetzbuch
BR	Deutscher Bundesrat
BT	Deutscher Bundestag
BVerfGE	Entscheidungen des Bundesverfassungsgerichts
CDA	Christlich-Demokratische Arbeitnehmerschaft
CGB	Christlicher Gewerkschaftsbund Deutschlands
CSA	Christlich-Soziale Arbeitnehmerschaft
DBB	Deutscher Beamtenbund
DGB	Deutscher Gewerkschaftsbund
DIW	Deutsches Institut für Wirtschaftsforschung
DJD	Deutsche Jungdemokraten
DPA	Deutsche Presseagentur
Drs.	Drucksache
EStG	Einkommensteuergesetz
FAZ	Frankfurter Allgemeine Zeitung
FR	Frankfurter Rundschau
GA	General-Anzeiger Bonn
GEHAG	Gemeinnützige Heimstätten-, Spar- und Bau-Aktiengesellschaft
GG	Grundgesetz
HPM	Historisch-Politische Mitteilungen
Ifo	Institut für Wirtschaftsforschung
IfZArch	Archiv des Instituts für Zeitgeschichte
IG	Industriegewerkschaft
JZ	Juristenzeitung
KabPr.	Kabinettsprotokoll
Kap.	Kapitel
KR	Kölnische Rundschau
KStA	Kölner Stadt-Anzeiger

https://doi.org/10.1515/9783111004686-008

Mio.	Millionen
MIT	Mittelstandsvereinigung der Union
Mrd.	Milliarden
NDDGB	Nachrichtendienst der Bundespressestelle des Deutschen Gewerkschaftsbundes
NRZ	Neue Rhein-Zeitung
OECD	Organisation für wirtschaftliche Zusammenarbeit und Entwicklung
OPEC	Organisation erdölexportierender Länder
ÖTV	Gewerkschaft Öffentliche Dienste, Transport und Verkehr
PlPr.	Plenarprotokoll
RCDS	Ring Christlich-Demokratischer Studenten
RKG	Reichsknappschaftsgesetz
RVO	Reichsversicherungsordnung
StGB	Strafgesetzbuch
SVR	Sachverständigenrat zur Begutachtung der gesamtwirtschaftlichen Entwicklung
SZ	Süddeutsche Zeitung
Sz.	Satz
Tab.	Tabelle
TAZ	taz, die Tageszeitung
Tz.	Textziffer
VdK	Verband der Kriegsbeschädigten, Kriegshinterbliebenen und Sozialrentner Deutschlands
VfZ	Vierteljahrshefte für Zeitgeschichte
VSWG	Vierteljahrschrift für Sozial- und Wirtschaftsgeschichte
WAZ	Westdeutsche Allgemeine Zeitung
WRK	Westdeutsche Rektorenkonferenz
ZDH	Zentralverband des Deutschen Handwerks
ZParl	Zeitschrift für Parlamentsfragen

Abbildungsverzeichnis

https://doi.org/10.1515/9783111004686-009

Quellen- und Literaturverzeichnis

Archivverzeichnis

Bundesarchiv (BArch)
Bundesministerium für Wirtschaft (B 102)
Bundesministerium der Finanzen (B 126)
Bundeskanzleramt (B 136)
Bundesministerium für Bildung und Wissenschaft (B 138)
Bundesministerium für Arbeit und Sozialordnung (B 149)
Bundesministerium für Familie, Senioren, Frauen und Jugend (B 189)

Archiv für Christlich-Demokratische Politik (ACDP)
Dregger, Alfred (01-347)
Blüm, Norbert (01-504)
Stoltenberg, Gerhard (01-626)
Christlich Demokratische Arbeitnehmerschaft (CDA) (04-013)
CDU-Bundespartei (07-001)
CDU-/CSU-Fraktion im Deutschen Bundestag (08-001)
Diskussionskreis Mittelstand (DKM) (08-008)

Medienarchiv der Konrad-Adenauer-Stiftung (ACDP Medienarchiv)

Archiv für Christlich-Soziale Politik (ACSP)
CSU-Landesgruppe im Deutschen Bundestag (LG)
Nachlass Franz Josef Strauß (NL Strauß)

Archiv des Liberalismus (AdL)
FDP-Bundesgeschäftsstelle
FDP-Bundespartei
FDP-Fraktion im Deutschen Bundestag
Baum, Gerhart R.
Cronenberg, Dieter-Julius
Ertl, Josef
Genscher, Hans-Dietrich
Lambsdorff, Otto Graf
Mischnick, Wolfgang
Schmidt, Hansheinrich

https://doi.org/10.1515/9783111004686-010

Archiv des Instituts für Zeitgeschichte (IfZArch)
Hamm-Brücher, Hildegard (ED 379)
Lohmeier, Cornelia (ED 457)

Interviews

Manfred Carstens (29.09.2020)
Rainer Funke (12.10.2020)
Jürgen Merkes (12.10.2020)

Gedruckte Quellen und Literatur

Das Bundesgesetzblatt, das Archiv der Gegenwart und Artikel folgender Periodika wurden nicht ins Literaturverzeichnis übernommen. Sie finden sich vollständig bibliografisch zitiert oder mit Nachweis der jeweiligen Fundstelle in den Fußnoten:

Arbeitnehmer-Info
Bonner Rundschau
DBB Pressedienst
Der Spiegel
DGB-Nachrichtendienst
Die Welt
Die Zeit
Frankfurter Allgemeine Zeitung
Frankfurter Neue Presse
Frankfurter Rundschau
General-Anzeiger Bonn
Handelsblatt
Informationen der SPD-Bundestagsfraktion
Kölner Stadt-Anzeiger
Kölnische Rundschau
Mittelstandsmagazin
Neue Rhein-Zeitung
Pressedienst der deutschen Arbeitgeberverbände
Rheinische Post
Soziale Ordnung
Stern
Stuttgarter Nachrichten
Süddeutsche Zeitung
Westdeutsche Allgemeine Zeitung
ZDH Aktuell

Abelshauser, Werner, Nach dem Wirtschaftswunder. Der Gewerkschafter, Politiker und Unternehmer Hans Matthöfer, Bonn 2009.
Abelshauser, Werner, Deutsche Wirtschaftsgeschichte. Von 1945 bis zur Gegenwart, Bonn 2. Aufl. 2011.
Anan, Deniz, Parteiprogramme im Wandel. Ein Vergleich von FDP und Grünen zwischen 1971 und 2013, Wiesbaden 2017, URL: https://doi.org/10.1007/978-3-658-17898-7 (12.01.2021).
Anweiler, Oskar, Bildungspolitik, in: Bundesministerium für Gesundheit und Soziale Sicherung – Bundesarchiv (Hrsgg.), Geschichte der Sozialpolitik in Deutschland seit 1945 VII: 1982–1989 Bundesrepublik Deutschland. Finanzielle Konsolidierung und institutionelle Reform, Baden-Baden 2005, S. 563–600.
Bartels, Charlotte, Top Incomes in Germany 1871–2014, Journal of Economic History 79 III, 2019, URL: http://dx.doi.org/10.1017/S0022050719000378 (06.04.2022), S. 669–707.
Behringer, Angelika – Vincenti, Aurelio, Krankenhauspolitik, in: Bundesministerium für Gesundheit und Soziale Sicherung – Bundesarchiv (Hrsgg.), Geschichte der Sozialpolitik in Deutschland seit 1945 VII: 1982–1989 Bundesrepublik Deutschland. Finanzielle Konsolidierung und institutionelle Reform, Baden-Baden 2005, S. 416–427.
Bohnert, Joachim, Ordnungswidrige Staffel- und Indexmiete, JZ 49 XII, 1994, S. 605–611.
Bohnsack, Klaus, Die Koalitionskrise 1981/82 und der Regierungswechsel 1982, ZParl 14 I, 1983, URL: https://www.jstor.org/stable/24218548 (12.01.2021), S. 2–32.
Bökenkamp, Gérard, Das Ende des Wirtschaftswunders. Geschichte der Sozial-, Wirtschafts- und Finanzpolitik in der Bundesrepublik 1969–1998, Stuttgart 2010.
Bökenkamp, Gérard – Frölich, Jürgen, Das „Lambsdorff-Papier“. Entscheidende Wendemarke in der bundesdeutschen Wirtschafts- und Gesellschaftspolitik, in: Gérard Bökenkamp u. a. (Hrsgg.), 30 Jahre „Lambsdorff-Papier“. Texte und Dokumente zum „Konzept für eine Politik zur Überwindung der Wachstumsschwäche und zur Bekämpfung der Arbeitslosigkeit“, Berlin 2012, S. 7–13.
Breckner, Roswitha, Von den Zeitzeugen zu den Biographen. Methoden der Erhebung und Auswertung lebensgeschichtlicher Interviews, in: Julia Obertreis (Hrsg.), Oral History, Stuttgart 2012, S. 131–151.
Bruche, Gert – Reissert, Bernd, Die Finanzierung der Arbeitsmarktpolitik. System, Effektivität, Reformansätze, Frankfurt am Main – New York/NY 1985.
Brück, Gerhard W., Allgemeine Sozialpolitik. Grundlagen, Zusammenhänge, Leistungen, Köln 1976.
Bruns, Bryan, Escaping Prisoner's Dilemmas. From Discord to Harmony in the Landscape of 2x2 Games, 2012, URL: https://arxiv.org/abs/1206.1880 (12.01.2021).
Buggeln, Marc u. a., The Political Economy of Public Finance since the 1970s. Questioning the Leviathan, in: dies. (Hrsgg.), The Political Economy of Public Finance. Taxation, State Spending and Debt since the 1970s, Cambridge 2017.
Bundesminister für Arbeit und Sozialordnung (Hrsg.), Arbeits- und Sozialstatistik. Hauptergebnisse 1982, Bonn 1982.
Bundesminister für Arbeit und Sozialordnung (Hrsg.), Arbeits- und Sozialstatistik. Hauptergebnisse 1984, Bonn 1984.
Bundesminister für Arbeit und Sozialordnung (Hrsg.), Statistische Übersichten zur Sozialpolitik in Deutschland seit 1945 Band West. Verfasst von Hermann Berié, Bonn 1999.
Bundesminister für Raumordnung, Bauwesen und Städtebau, Rundschreiben betr. Verwaltungsvereinbarung über die Förderung des sozialen Wohnungsbaus in den Programmjahren 1983 und 1984 vom 25. April 1983, BBB 32 X, 1983, S. 632–636.
Bundesversicherungsanstalt für Angestellte, Unsere Sozialversicherung, Berlin 4. Aufl. 1976.
Butterwegge, Christoph, Krise und Zukunft des Sozialstaates, Wiesbaden 6. Aufl. 2018.

Derlien, Hans-Ulrich, Personalpolitik nach Regierungswechseln, in: Hans-Ulrich Derlien – Axel Murswieck (Hrsgg.), Regieren nach Wahlen, Opladen 2001, S. 39–58.

Dettling, Benedikt – Geske, Michael, Helmut Kohl. Krise und Erneuerung, in: Karl-Rudolf Korte (Hrsg.), Das Wort hat der Herr Bundeskanzler. Eine Analyse der Großen Regierungserklärungen von Adenauer bis Schröder, Wiesbaden 2002, S. 217–246.

Deutsche Bundesbank, Monatsberichte, URL: https://www.bundesbank.de/de/publikationen/berichte/monatsberichte (15.01.2021).

Deutscher Bundesrat, Plenarprotokolle, URL: https://www.bundesrat.de/DE/service/archiv/pl-protokoll-archiv/pl-protokoll-archiv-node.htm (12.01.2021).

Deutscher Bundestag, Drucksachen, URL: https://www.bundestag.de/drs (12.01.2021).

Deutscher Bundestag, Plenarprotokolle, URL: https://www.bundestag.de/protokolle (12.01.2021).

Dittberner, Jürgen, Die FDP. Geschichte, Personen, Organisation, Perspektiven. Eine Einführung, Wiesbaden 2. Aufl. 2010.

Doering-Manteuffel, Anselm – Raphael, Lutz, Nach dem Boom. Perspektiven auf die Zeitgeschichte nach 1970, Göttingen 2008.

Doering-Manteuffel, Anselm, Konturen von Ordnung, Berlin – Boston/MA 2019.

Ebbinghaus, Bernhard, Any way out of „Exit from Work"? Reversing the Entrenched Pathways of Early Retirement, in: Fritz W. Scharpf – Vivien A. Schmidt (Hrsgg.), Welfare and Work in the Open Economy II: Diverse Responses to Common Challenges, Oxford 2000, S. 511–553.

Engelhard, Peter, Die Ökonomen der SPD. Eine Geschichte sozialdemokratischer Wirtschaftspolitik in 45 Porträts, Bielefeld 2010.

Engelhard, Peter u. a., Konzertierte Aktionen, Runde Tische, Aktionsbündnisse. Machtbeteiligung und Machtkontrolle organisierter Interessen durch korporatistische Politikbeteiligung? In: Dieter Cassel (Hrsg.), 50 Jahre soziale Marktwirtschaft. Ordnungstheoretische Grundlagen, Realisierungsprobleme und Zukunftsperspektiven einer wirtschaftspolitischen Konzeption, Stuttgart 1998, S. 741–768.

Falter, Jürgen, Die bayerische Landtagswahl vom 10. Oktober 1982. Im Süden beinahe alles beim Alten, ZParl 14 I, 1983, URL: https://www.jstor.org/stable/24218555 (12.01.2021), S. 82–95.

Faulenbach, Bernd, Das sozialdemokratische Jahrzehnt. Von der Reformeuphorie zur Neuen Unübersichtlichkeit. Die SPD 1969–1982, Bonn 2011.

Faulenbach, Bernd, Die Sozialdemokratie im parlamentarischen System der Bundesrepublik 1973–1982, in: Detlef Lehnert (Hrsg.), SPD und Parlamentarismus. Entwicklungslinien und Problemfelder 1871–1990, Köln u. a. 2016, S. 287–316.

Feld, Lars P., Zur Bedeutung des Manifests der Marktwirtschaft oder: Das Lambsdorff-Papier im 31. Jahr, Freiburger Diskussionspapiere zur Ordnungsökonomik 13 IX, 2013, URL: http://hdl.handle.net/10419/88112 (12.01.2021).

Freisinger, Giesela, Hubert Burda. Der Medienfürst, Frankfurt am Main – New York/NY 2005.

Frey, Dieter, Die Finanzverfassung des Grundgesetzes, in: Bundesministerium der Finanzen (Hrsg.), Die Finanzbeziehungen zwischen Bund, Ländern und Gemeinden aus finanzverfassungsrechtlicher und finanzwirtschaftlicher Sicht, Bonn 1982, S. 13–86.

Fröhlich, Peter, Indirekte Steuern als Ausweg? Abschaffung der Lohn- und Einkommenssteuer zugunsten einer Erhöhung der allgemeinen Verbrauchssteuer, Liberal 25, 1983, S. 738–741.

Führer, Karl Christian, Gewerkschaftsmacht und ihre Grenzen. Die ÖTV und ihr Vorsitzender Heinz Kluncker 1964–1982, Bielefeld 2017.

Funk, Albert, Kleine Geschichte des Föderalismus. Vom Fürstenbund zur Bundesrepublik, Paderborn u. a. 2010.

Geiger, Tim, Der NATO-Doppelbeschluss. Vorgeschichte und Implementierung, in: Christoph Becker-Schaum u. a. (Hrsgg.), Entrüstet euch. Nuklearkrise, NATO-Doppelbeschluss und Friedensbewegung, Paderborn u. a. 2012, S. 54–70.

Genscher, Hans-Dietrich, Erinnerungen, Berlin 1995.

Gohr, Antonia, Eine Sozialstaatspartei in der Opposition. Die Sozialpolitik der SPD in den 80er Jahren, in: Manfred G. Schmidt, (Hrsg.), Wohlfahrtsstaatliche Politik. Institutionen, politischer Prozess und Leistungsprofil, Opladen 2001, S. 262–293.

Golla, Guido, Konjunkturpolitik und Krisenüberwindung in der Rezession 1966/1967. Keynes und die Große Koalition, Aachen 2010.

Grau, Andreas, Dokumentation zur Ausländer- und Integrationspolitik der CDU 1956–2012, Sankt Augustin – Berlin, 2014, URL: https://www.kas.de/c/document_library/get_file?uuid=4758190f-cfa5-b736-6f06-3780489512de&groupId=252038 (12.01.2021).

Greß, Stefan – Wasem, Jürgen, Gesundheitswesen und Sicherung bei Krankheit, in: Bundesministerium für Gesundheit und Soziale Sicherung – Bundesarchiv (Hrsgg.), Geschichte der Sozialpolitik in Deutschland seit 1945 VII: 1982–1989 Bundesrepublik Deutschland. Finanzielle Konsolidierung und institutionelle Reform, Baden-Baden 2005, S. 392–415.

Hamm-Brücher, Hildegard, Ich bin so frei. Hildegard Hamm-Brücher im Gespräch mit Sandra Maischberger, München 2003.

Hansmeyer, Karl-Heinrich, Konsolidierung der öffentlichen Haushalte, Liberal 25, 1983, S. 616–618.

Hansmeyer, Karl-Heinrich, Der öffentliche Kredit I: Der Staat als Schuldner, 3. Aufl. 1984.

Harlander, Tilman, Wohnungspolitik, in: Bundesministerium für Gesundheit und Soziale Sicherung – Bundesarchiv (Hrsgg.), Geschichte der Sozialpolitik in Deutschland seit 1945 VII: 1982–1989 Bundesrepublik Deutschland. Finanzielle Konsolidierung und institutionelle Reform, Baden-Baden 2005, S. 683–712.

Heckelmann, Sebastian, Die Wohnungspolitik des Bundes unter der CDU/CSU-FDP-Koalition. Eine Beurteilung von Einsatz und Reformen wohnungspolitischer Steuerungsinstrumente in der Zeit von 1982 bis 1995 Bad Tölz 1998.

Helberger, Christof u. a., Atempause in der Sozialpolitik, Wirtschaftsdienst 62 XI, 1982, URL: http://hdl.handle.net/10419/135736 (12.01.2021), S. 527–532.

Herbert, Ulrich – Hunn, Karin, Beschäftigung, soziale Sicherung und soziale Integration von Ausländern, in: Bundesministerium für Gesundheit und Soziale Sicherung – Bundesarchiv (Hrsgg.), Geschichte der Sozialpolitik in Deutschland seit 1945 VII: 1982–1989 Bundesrepublik Deutschland. Finanzielle Konsolidierung und institutionelle Reform, Baden-Baden 2005, S. 619–652.

Heumann, Hans-Dieter, Hans-Dietrich Genscher. Die Biographie, Paderborn u. a. 2012.

Höfling, Wolfram, Funktionsprobleme des Vereinigungssystems der CDU, in: Heino Kaack – Reinhold Roth (Hrsgg.), Handbuch des deutschen Parteiensystems. Struktur und Politik in der Bundesrepublik zu Beginn der achtziger Jahre, I: Parteistrukturen und Legitimation des Parteiensystems, Opladen 1980, S. 153–174.

Höfling, Wolfram, Die Vereinigungen der CDU. Eine Bestandsaufnahme zu Organisationsstruktur, Finanzen und personelle Repräsentanz, in: Heino Kaack – Reinhold Roth (Hrsgg.), Handbuch des deutschen Parteiensystems. Struktur und Politik in der Bundesrepublik zu Beginn der achtziger Jahre, I: Parteistrukturen und Legitimation des Parteiensystems, Opladen 1980, S. 125–146.

Jäger, Wolfgang, Die Innenpolitik der sozial-liberalen Koalition 1974–1982, in: ders. – Werner Link (Hrsgg.), Republik im Wandel 1974–1982. Die Ära Schmidt, Stuttgart 1987.

Jäger, Wolfgang, Die „Wende“ 1982: Bruch der Koalition und Regierungsbildung, HPM 19 I, 2012, URL: https://doi.org/10.7788/hpm.2012.19.1.167 (12.01.2021), S. 167–176.

Jakob, Mark, Familienbilder. Sozialer Wandel, Wissenschaft und Familienpolitik in der BRD 1954–1982, Wiesbaden 2019.

Jansen, Jörn-Christoph, Der Einfluss staatlicher Arbeitsmarktpolitik auf die Entwicklung der Tarifautonomie. Eine rechtshistorische und verfassungspolitische Untersuchung, Aachen 2010.

Jochem, Sven, Reformpolitik im deutschen Sozialversicherungsstaat, in: Manfred G. Schmidt, (Hrsg.), Wohlfahrtsstaatliche Politik. Institutionen, politischer Prozess und Leistungsprofil, Opladen 2001, S. 193–226.

Kabinettsprotokolle der Bundesregierung online, URL: https://www.bundesarchiv.de/cocoon/barch/0000/index.html (12.01.2021).

Kaelble, Hartmut, Mehr Reichtum, mehr Armut. Soziale Ungleichheit in Europa vom 20. Jahrhundert bis zur Gegenwart, Frankfurt am Main 2017.

Kielmansegg, Peter Graf, Nach der Katastrophe. Eine Geschichte des geteilten Deutschland, Berlin 2000.

Klein, Markus, – Falter, Jürgen, Der lange Weg der Grünen. Eine Partei zwischen Protest und Regierung, München 2003.

Kleinmann, Hans-Otto, Geschichte der CDU. 1945–1982, Stuttgart 1993.

Koenen, Gerd, Das rote Jahrzehnt. Unsere kleine deutsche Kulturrevolution 1967–1977, Köln 2001.

Kohl, Helmut, Erinnerungen I: 1930–1982, München 2004.

Kohl, Helmut, Erinnerungen II: 1982–1990, München 2005.

Köhler, Henning, Helmut Kohl. Ein Leben für die Politik. Die Biographie, Köln 2014.

Kolb, Rudolf, Gesetzliche Rentenversicherung, in: Bundesminister für Arbeit und Sozialordnung (Hrsg.), Darstellung der Alterssicherungssysteme und der Besteuerung von Alterseinkommen, Stuttgart 1983, S. 7–127.

Korte, Karl-Rudolf, Die Entfaltung von Politikstilen nach Wahlen, in: Hans-Ulrich Derlien – Axel Murswieck (Hrsgg.), Regieren nach Wahlen, Opladen 2001, S. 113–132.

Korte, Karl-Rudolf, Die Regierungserklärung. Visitenkarte und Führungsinstrument der Kanzler, in: ders. (Hrsg.), Das Wort hat der Herr Bundeskanzler. Eine Analyse der Großen Regierungserklärungen von Adenauer bis Schröder, Wiesbaden 2002, S. 11–32.

Krasney, Otto Ernst, Unfallversicherung, in: Bundesministerium für Gesundheit und Soziale Sicherung – Bundesarchiv (Hrsgg.), Geschichte der Sozialpolitik in Deutschland seit 1945 VII: 1982–1989 Bundesrepublik Deutschland. Finanzielle Konsolidierung und institutionelle Reform, Baden-Baden 2005, S. 443–458.

Kropp, Sabine, Koalitionsverhandlungen nach Wahlen. Akteure, Strukturen, Programme, in: Hans-Ulrich Derlien – Axel Murswieck (Hrsgg.), Regieren nach Wahlen, Opladen 2001, S. 59–84.

Laffer, Arthur B., The Laffer Curve. Past, Present, and Future, Executive Summary Backgrounder 1765, 2004, URL: https://www.heartland.org/_template-assets/documents/publications/15245.pdf (05.04.2022).

Lambsdorff, Otto Graf, Konzept für eine Politik zur Überwindung der Wachstumsschwäche, Beilage zur Neuen Bonner Depesche 82 IX, 1982, S. 1–11.

Lenk, Thomas – Sesselmeier, Werner, Konjunkturpolitik. Fiskalpolitik. Stabilisierungspolitik, in: Renate Neubäumer u. a. (Hrsgg.), Volkswirtschaftslehre. Grundlagen der Volkswirtschaftstheorie und Volkswirtschaftspolitik, Wiesbaden 6. Aufl. 2017, URL: doi.org/10.1007/978-3-658-16523-9 (12.01.2021), S. 465–482.

Lippross, Otto-Gerd, Umsatzsteuer, Achim 23. Aufl. 2012.

Lorenz, Robert, Gewerkschaftsdämmerung. Geschichte und Perspektiven deutscher Gewerkschaften, Bielefeld 2013.

Lorz, Ralph Alexander – Richterich, Maike, Regierung im Parlament, in: Martin Morlok u. a. (Hrsgg.), Parlamentsrecht. Praxishandbuch, Baden-Baden 2016, S. 1063–1111.

Lütjen, Torben, Karl Schiller (1911–1994). „Superminister" Willy Brands, Bonn 2007.

Manow, Philip – Seils, Eric, Adjusting Badly. The German Welfare State, Structural Change, and the Open Economy, in: Fritz W. Scharpf – Vivien A. Schmidt (Hrsgg.), Welfare and Work in the Open Economy II: Diverse Responses to Common Challenges, Oxford 2000, S. 264–307.

Meisel, Peter G., Mutterschaftsurlaub. Kommentar zum Gesetz zur Einführung eines Mutterschaftsurlaubs von 25. Juni 1979, München 1979.
Merck, Johannes, Klar zur Wende? Die FDP vor dem Koalitionswechsel in Bonn 1980–1982, Politische Vierteljahresschrift 28 IV, 1987, URL: https://www.jstor.org/stable/24197126 (20.12.2021), S. 384–402.
Merseburger, Peter, Willy Brandt 1913–1992. Visionär und Realist, Stuttgart – München 2002.
Merz, Wolfgang, Der Beitrag der Finanz- und Geldpolitik zum Konjunkturaufschwung 1982/83, Berlin 1994.
Metzler, Gabriele, Politik nach Plan? Konzepte und Zielvorgaben für die Modernisierung von Politik, Wirtschaft und Gesellschaft, in: Bernd Rüther (Hrsg.), Willy Brandt. Neue Fragen, neue Erkenntnisse, Bonn 2011, S. 189–206.
Meyer, Hans, Die Stellung der Parlamente in der Verfassungsordnung des Grundgesetzes, in: Hans-Peter Schneider – Wolfgang Zeh (Hrsgg.), Parlamentsrecht und Parlamentspraxis in der Bundesrepublik Deutschland, Berlin – New York/NY 1989, S. 117–164.
Möller, Horst, Franz Josef Strauß. Herrscher und Rebell, München – Berlin 2015.
Müller-Jentsch, Walther, Tarifautonomie. Über die Ordnung des Arbeitsmarktes durch Tarifverträge, Wiesbaden 2018, URL: https://doi.org/10.1007/978-3-658-21228-5 (12.01.2021).
Münch, Ursula, Familienpolitik, in: Bundesministerium für Gesundheit und Soziale Sicherung – Bundesarchiv (Hrsgg.), Geschichte der Sozialpolitik in Deutschland seit 1945 VII: 1982–1989 Bundesrepublik Deutschland. Finanzielle Konsolidierung und institutionelle Reform, Baden-Baden 2005, S. 520–537.
Münch, Ursula, Familien-, Jugend- und Altenpolitik, in: Bundesministerium für Gesundheit und Soziale Sicherung – Bundesarchiv (Hrsgg.), Geschichte der Sozialpolitik in Deutschland seit 1945 V: 1966–1974 Bundesrepublik Deutschland. Eine Zeit vielfältigen Aufbruchs, Baden-Baden 2006, S. 633–708.
Murswieck, Axel, Politische Steuerung des Gesundheitswesens, in: Klaus von Beyme – Manfred G. Schmidt (Hrsgg.), Politik in der Bundesrepublik Deutschland, Opladen 1990, S. 150–176.
Nelleßen-Strauch, Dagmar, Der Kampf um das Kindergeld. Grundanschauungen, Konzeptionen und Gesetzgebung 1949–1964, Düsseldorf 2003.
Neumann, Lothar F. – Schaper, Klaus, Die Sozialordnung der Bundesrepublik Deutschland, Frankfurt am Main – New York/NY 2008.
Noack, Hans-Joachim, Helmut Schmidt. Die Biographie, Berlin 2. Aufl. 2010.
Nützenadel, Alexander, Wissenschaftliche Politikberatung in der Bundesrepublik. Die Gründung des Sachverständigenrats zur Begutachtung der gesamtwirtschaftlichen Lage 1963, VSWG 89 III, 2002, URL: https://www.jstor.org/stable/20740754 (01.03.2021), S. 288–306.
Nützenadel, Alexander, Stunde der Ökonomen. Wissenschaft, Politik und Expertenkultur in der Bundesrepublik 1949–1974, Göttingen 2005.
Peters, Karl-Heinz, Wohnungspolitik am Scheideweg. Wohnungswesen, Wohnungswirtschaft, Wohnungspolitik, Berlin 1984.
Plumpe, Werner, Wirtschaftskrisen. Geschichte und Gegenwart, München 3. Aufl. 2012.
Philipps, Robert, Die SPD zwischen kooperativer Opposition, Großer und Kleiner Koalition 1963–1972, in: Detlef Lehnert (Hrsg.), SPD und Parlamentarismus. Entwicklungslinien und Problemfelder 1871–1990, Köln u. a. 2016, S. 269–286.
Raphael, Lutz, Jenseits von Kohle und Stahl. Eine Wirtschaftsgeschichte Westeuropas nach dem Boom, Berlin 2019.
Raphael, Lutz, Gewinner und Verlierer in den Transformationen industrieller Arbeitswelten Europas nach dem Boom, in: Christian Marx – Morten Reitmayer (Hrsgg.), Gewinner und Verlierer nach dem Boom. Perspektiven auf die westeuropäische Zeitgeschichte, Göttingen 2020, S. 57–82.

Rechtsausschuss des deutschen Bundestages (Hrsg.), Stenographische Protokolle 09/41–47, Bonn 1982.
Richter, Arnt, Grundlagen des Rechts der Sozialen Sicherheit, Stuttgart 1979.
Rieger, Martina, Der Bundeszuschuss zur knappschaftlichen Rentenversicherung als Bergbausubvention? Frankfurt am Main 1999.
Rödder, Andreas, Die Bundesrepublik Deutschland 1969–1990, München 2004.
Rödder, Andreas, Bündnissolidarität und Rüstungskontrollpolitik. Die Regierung Kohl-Genscher, der NATO-Doppelbeschluss und die Innenseite der Außenpolitik, in: Philipp Gassert u. a. (Hrsgg.), Zweiter Kalter Krieg und Friedensbewegung. Der NATO-Doppelbeschluss in deutsch-deutscher und internationaler Perspektive, München 2011, S. 123–137.
Roßner, Sebastian, Verfahren der Mehrheitsbestimmung. Wahl- und Abstimmungsverfahren, in: Martin Morlok u. a. (Hrsgg.), Parlamentsrecht. Praxishandbuch, Baden-Baden 2016, S. 1283–1322.
Sarcinelli, Ulrich, Das Grundsatzprogramm der CDU. Selbstverständnis, Aussagen und Parteitagsdiskussion, in: Heino Kaack – Reinhold Roth (Hrsgg.), Handbuch des deutschen Parteiensystems. Struktur und Politik in der Bundesrepublik zu Beginn der achtziger Jahre II: Programmatik und politische Alternativen der Bundestagsparteien, Opladen 1980, S. 57–118.
Sarcinelli, Ulrich, Regierungsfähigkeit und Parteibasis der SPD. Politik im Konflikt zwischen pragmatischem Regierungshandeln und struktureller Innovation, in: Heino Kaack – Reinhold Roth (Hrsgg.), Handbuch des deutschen Parteiensystems. Struktur und Politik in der Bundesrepublik zu Beginn der achtziger Jahre II: Programmatik und politische Alternativen der Bundestagsparteien, Opladen 1980, S. 32–56.
Schanetzky, Tim, Die große Ernüchertung. Wirtschaftspolitik, Expertise und Gesellschaft in der Bundesrepublik 1966 bis 1982, Berlin 2007.
Scharpf, Fritz W., Sozialdemokratische Krisenpolitik in Europa, Frankfurt am Main – New York/NY 1987.
Scharpf, Fritz W., Interaktionsformen. Akteurzentrierter Institutionalismus in der Politikforschung, Opladen 2000.
Scharpf, Fritz W. – Schmidt, Vivien A., Introduction, in: dies. (Hrsgg.), Welfare and Work in the Open Economy I: From Vulnerability to Competitiveness, Oxford 2000, S. 1–20.
Schell, Manfred, Die Kanzlermacher, Mainz 1986.
Schmähl, Winfried, Sicherung bei Alter, Invalidität und für Hinterbliebene, in: Bundesministerium für Gesundheit und Soziale Sicherung – Bundesarchiv (Hrsgg.), Geschichte der Sozialpolitik in Deutschland seit 1945 VII: 1982–1989 Bundesrepublik Deutschland. Finanzielle Konsolidierung und institutionelle Reform, Baden-Baden 2005, S. 315–388.
Schmähl, Winfried, Von der Rente als Zuschuss zum Lebensunterhalt zur „Zuschuss-Rente". Weichenstellungen in 120 Jahren „Gesetzliche Rentenversicherung", Wirtschaftsdienst 92 V, 2012, URL: https://doi.org/10.1007/s10273-012-1380-5 (12.01.2021), S. 304–313.
Schmähl, Winfried, Alterssicherungspolitik in Deutschland, Vorgeschichte und Entwicklung von 1945 bis 1998, Tübingen 2018.
Schmid, Günther, Der kurze Traum der Vollbeschäftigung. Was lehren 55 Jahre deutsche Arbeitsmarkt- und Beschäftigungspolitik? In: Manfred G. Schmidt – Reimut Zohlnhöfer (Hrsgg.), Regieren in der Bundesrepublik Deutschland. Innen- und Außenpolitik seit 1949, Wiesbaden 2006, S. 177–202.
Schmid, Günther – Oschmiansky, Frank, Arbeitsmarktpolitik und Arbeitslosenversicherung, in: Bundesministerium für Gesundheit und Soziale Sicherung – Bundesarchiv (Hrsgg.), Geschichte der Sozialpolitik in Deutschland seit 1945 VII: 1982–1989 Bundesrepublik Deutschland. Finanzielle Konsolidierung und institutionelle Reform, Baden-Baden 2005, S. 237–289.

Schmidt, Manfred G., Rahmenbedingungen, in: Bundesministerium für Gesundheit und Soziale Sicherung – Bundesarchiv (Hrsgg.), Geschichte der Sozialpolitik in Deutschland seit 1945 VII: 1982–1989 Bundesrepublik Deutschland. Finanzielle Konsolidierung und institutionelle Reform, Baden-Baden 2005, S. 1–60.

Schmidt, Manfred G., Sozialpolitik in Deutschland. Historische Entwicklung und internationaler Vergleich, 3. Aufl. 2005.

Schmidt, Manfred G., Sozialpolitische Handlungsfelder, in: Bundesministerium für Gesundheit und Soziale Sicherung – Bundesarchiv (Hrsgg.), Geschichte der Sozialpolitik in Deutschland seit 1945 VII: 1982–1989 Bundesrepublik Deutschland. Finanzielle Konsolidierung und institutionelle Reform, Baden-Baden 2005, S. 61–155.

Schmidt, Manfred G., Sozialpolitik 1982–1989, in: Günter Buchstab u. a. (Hrsgg.), Die Ära Kohl im Gespräch. Eine Zwischenbilanz, Köln u. a. 2010, S. 431–444.

Schneider, Michael, Kleine Geschichte der Gewerkschaften. Ihre Entwicklung in Deutschland von den Anfängen bis heute, Bonn 2000.

Schneider, Oskar, Wohnungsbaupolitik heute. Probleme und Perspektiven, München 1982.

Schöllgen, Gregor, Willy Brandt. Die Biographie, Berlin – München 2001.

Scholtyseck, Joachim, Die FDP in der Wende, HPM 19 I, 2012, URL: https://doi.org/10.7788/hpm.2012.19.1.197 (12.01.2021), S. 197–220.

Schreckenberger, Waldemar, Informelle Verfahren der Entscheidungsvorbereitung zwischen der Bundesregierung und den Mehrheitsfraktionen. Koalitionsgespräche und Koalitionsrunden; ZParl 25 III, 1994, S. 329–346.

Schröder, Karsten, Zur Programm- und Standortdiskussion der F.D.P. Parteitagsauseinandersetzungen Ende der siebziger Jahre, in: Heino Kaack – Reinhold Roth (Hrsgg.), Handbuch des deutschen Parteiensystems. Struktur und Politik in der Bundesrepublik zu Beginn der achtziger Jahre II: Programmatik und politische Alternativen der Bundestagsparteien, Opladen 1980, S. 147–188.

Schulte, Wolfgang, Mitplanung und Mitfinanzierung von Länderaufgaben durch den Bund, in: Bundesministerium der Finanzen (Hrsg.), Die Finanzbeziehungen zwischen Bund, Ländern und Gemeinden aus finanzverfassungsrechtlicher und finanzwirtschaftlicher Sicht, Bonn 1982, S. 87–120.

Schulz, Günther, Die Entwicklung der sozialen Marktwirtschaft und der Regierungswechsel 1982. Eine Zäsur in der Wirtschaftspolitik? In: Günter Buchstab u. a. (Hrsgg.), Die Ära Kohl im Gespräch. Eine Zwischenbilanz, Köln u. a. 2010, S. 3–14.

Schwarz, Hans-Peter, Axel Springer. Die Biographie, Berlin, 2. Aufl. 2008.

Schwarz, Hans Peter, Helmut Kohl. Eine politische Biographie, München 2012.

Selter, Thomas, 130 Milliarden – Na und? Die Lohnfortzahlung im Krankheitsfall. Missbrauch und Vorschläge, Bonn 2. Aufl. 1981.

Siebenmorgen, Peter, Franz Josef Strauß, München 2015.

Statistisches Bundesamt (Hrsg.), Statistisches Jahrbuch 1986 für die Bundesrepublik Deutschland; Stuttgart – Mainz 1986.

Stickler, Matthias, „Zu kurz gesprungen“? Die CSU und der Bonner Regierungswechsel des Jahres 1982, HPM 19 I, 2012, URL: https://doi.org/10.7788/hpm.2012.19.1.177 (12.01.2021), S. 177–196.

Stoltenberg, Gerhard, Wendepunkte. Stationen deutscher Politik 1947–1990, Berlin 1997.

Stoltenberg, Gerhard, „Die Wirtschaftliche Gesamtentwicklung war ermutigend...“ Eine Bilanz der Wirtschafts- und Finanzpolitik 1982–1990, in: Günter Buchstab u. a. (Hrsgg.), Die Ära Kohl im Gespräch. Eine Zwischenbilanz, Köln u. a. 2010, S. 15–22.

Stüwe, Klaus, Die Rede des Kanzlers. Regierungserklärungen von Adenauer bis Schröder, Wiesbaden 2005.

Tesic, Dusan, Sozialhilfe und alte Menschen. Entwicklungstrends von 1963 bis 1980 im Bundesgebiet und in den Ländern, Berlin 1983.
Tipke, Klaus, Steuerrecht. Ein systematischer Grundriß, 8. Aufl. Köln 1981.
Trenk-Hinterberger, Peter, Sozialhilfe, in: Bundesministerium für Gesundheit und Soziale Sicherung – Bundesarchiv (Hrsgg.), Geschichte der Sozialpolitik in Deutschland seit 1945 VI: 1974–1982 Bundesrepublik Deutschland. Neue Herausforderungen, wachsende Unsicherheiten, Baden-Baden 2008, S. 605–636.
Troitzsch, Klaus G., Mitgliederstrukturen der Bundestagsparteien, in: Heino Kaack – Reinhold Roth (Hrsgg.), Handbuch des deutschen Parteiensystems. Struktur und Politik in der Bundesrepublik zu Beginn der achtziger Jahre, I: Parteistrukturen und Legitimation des Parteiensystems, Opladen 1980, S. 81–100.
Uebbing, Helmut, Stahl schreibt Geschichte. 125 Jahre Wirtschaftsvereinigung Stahl, Düsseldorf 1999.
Ullmann, Hans-Peter, Das Abgleiten in den Schuldenstaat. Öffentliche Finanzen in der Bundesrepublik von den sechziger bis zu den achtziger Jahren, Göttingen 2017.
Vierhaus, Rudolf – Herbst, Ludolf (Hrsgg.), Biographisches Handbuch der Mitglieder des Deutschen Bundestags 1949–2002 I: A-M, München 2002.
Vierhaus, Rudolf – Herbst, Ludolf (Hrsgg.), Biographisches Handbuch der Mitglieder des Deutschen Bundestags 1949–2002 II: N-Z, München 2002.
Vierhaus, Rudolf – Herbst, Ludolf (Hrsgg.), Biographisches Handbuch der Mitglieder des Deutschen Bundestags 1949–2002 III: Zeittafel. Verzeichnisse. Ausschüsse, München 2003.
Waffenschmidt, Horst, Die Gemeinden werden nachhaltig entlastet. Koalitionsvereinbarung setzt wichtige Akzente, Deutschland-Union-Dienst 188 XXXVI, 1982, S. 2.
Weichlein, Siegfried, Föderalismus und Demokratie in der Bundesrepublik, Stuttgart 2019.
Weirich, Dieter, Alfred Dregger. Haltung und Herz. Eine Biografie, Frankfurt am Main 2019.
Wentker, Herman, Der NATO-Doppelbeschluss und die deutsch-deutschen Beziehungen, in: Christoph Becker-Schaum u. a. (Hrsgg.), Entrüstet euch. Nuklearkrise, NATO-Doppelbeschluss und Friedensbewegung, Paderborn u. a. 2012, S. 88–102.
Werding, Martin, Gab es eine neoliberale Wende? Wirtschaft und Wirtschaftspolitik in der Bundesrepublik Deutschland ab Mitte der 1970er Jahre, VfZ 56 II, 2008, URL: https://doi.org/10.1524/vfzg.2008.0011 (12.01.2021), S. 303–321.
Wersig, Maria, Der lange Schatten der Hausfrauenehe. Zur Reformresistenz des Ehegattensplittings, Opladen u. a. 2013.
Westdeutsche Rektorenkonferenz, Stellungnahmen, Empfehlungen, Beschlüsse 1960–1989 V: Studentische Sozialfragen, Ausbildungsförderung, Wohnheimbau, Krankenversicherung, Bonn 1991.
Willing, Matthias, Sozialhilfe, in: Bundesministerium für Gesundheit und Soziale Sicherung – Bundesarchiv (Hrsgg.), Geschichte der Sozialpolitik in Deutschland seit 1945 VII: 1982–1989 Bundesrepublik Deutschland. Finanzielle Konsolidierung und institutionelle Reform, Baden-Baden 2005, S. 479–516.
Winkler, Heinrich August, Geschichte des Westens. Vom Kalten Krieg zum Mauerfall, München 2014.
Wirsching, Andreas, Die mediale „Konstruktion" der Politik und die „Wende" von 1982/83, HPM 9 I, 2002, URL: https://doi.org/10.7788/hpm.2002.9.1.127 (12.01.2021), S. 127–140.
Wirsching, Andreas, Abschied vom Provisorium 1982–1990, München 2006.
Wirsching, Andreas, Eine „Ära Kohl"? Die Widersprüchliche Signatur deutscher Regierungspolitik 1982–1998, AfS 52, 2012, S. 667–684.
Wirsching, Andreas, „Neoliberalismus" als wirtschaftspolitisches Ordnungsmodell? Die Bundesrepublik Deutschland in den 1980er Jahren, in: Werner Plumpe – Joachim Scholtyseck (Hrsgg.),

Der Staat und die Ordnung der Wirtschaft. Vom Kaiserreich bis zur Berliner Republik, Stuttgart 2012, S. 139–150.
Zohlnhöfer, Reimut, Rückzug des Staates auf den Kern seiner Aufgaben? Eine Analyse der Wirtschaftspolitik der Bundesrepublik Deutschland seit 1982, in: Manfred G. Schmidt (Hrsg.), Wohlfahrtsstaatliche Politik. Institutionen, politischer Prozess und Leistungsprofil, Opladen 2001, S. 227–261.
Zohlnhöfer, Reimut, Die Wirtschaftspolitik der Ära Kohl. Eine Analyse der Schlüsselentscheidungen in den Politikfeldern Finanzen, Arbeit und Entstaatlichung 1982–1998, Opladen 2001.
Zohlnhöfer, Reimut, Vom Wirtschaftswunder zum kranken Mann Europas? Wirtschaftspolitik seit 1945, in: Manfred G. Schmidt – Reimut Zohlnhöfer (Hrsgg.), Regieren in der Bundesrepublik Deutschland. Innen- und Außenpolitik seit 1949, Wiesbaden 2006, S. 285–314.
Zohlnhöfer, Werner – Zohlnhöfer, Reimut, Die Wirtschaftspolitik der Ära Kohl 1982–1989/90. Eine Wende im Zeichen der Sozialen Marktwirtschaft? In: Günter Buchstab u. a. (Hrsgg.), Die Ära Kohl im Gespräch. Eine Zwischenbilanz, Köln u. a. 2010, S. 23–46.
Zöllner, Detlev, Landesbericht Deutschland, in: Peter A. Köhler – Hans F. Zacher (Hrsgg.), Ein Jahrhundert Sozialversicherung in der Bundesrepublik Deutschland, Frankreich, Großbritannien, Österreich und der Schweiz, Berlin 1981, S. 45–180.

Zeitzeugengespräch mit Manfred Carstens

ehem. MdB, am 29. September 2020

Manfred Carstens wurde am 23. Februar 1943 in Molbergen geboren. 1962 trat er in die CDU ein und war ab der 7. Wahlperiode Mitglied des Bundestages. Im Herbst 1982 war er Ordentliches Mitglied des Haushaltsausschusses. Carstens gehörte der CDU-Mittelstandsvereinigung an. Das Zeitzeugengespräch fand am 29. September 2020 in angenehmer Atmosphäre in seinem Haus in Emstek statt. Die Fragen stellte der Autor.

Wie haben Sie den Regierungswechsel und die Erarbeitung des Sofortprogramms erlebt?
Carstens: Ich war damals Mitglied des Haushaltsausschusses und darin Berichterstatter zum Beispiel zum Haushaltsbegleitgesetz 1983. Damals war Stoltenberg der entscheidende Mann für uns. Stoltenberg war ein ganz toller Politiker, ein Finanzminister, der wirklich das Beste wollte und nicht vorhatte, Kanzler zu werden. Mit ihm und den Steuerfachleuten haben wir dann zusammengesessen, so wie die Außenpolitiker und die Verteidigungs- und die Sozialpolitiker in ihren Arbeitsgruppen zusammen gesessen haben. Jeder hat überlegt, was man in der Situation am besten und schnellsten machen kann. Stoltenberg hat natürlich im Finanzministerium schon vorgearbeitet und von sich aus klare Ideen gehabt. Dann wird vieles vorgeschlagen, was man auf die Schnelle gar nicht umsetzen kann. Aber man muss auch eine Menge Vorschläge haben, um ein Paket zu haben, das das Wichtigste berücksichtigt.

Warum ist die FDP Ihrer Ansicht nach zur Union gewechselt?
Carstens: Da gab es verschiedene Gründe. Lambsdorff wusste ja, wohin die Reise gehen würde, wenn man weiter diese hohen Ausgaben macht. Das wollte er nicht mehr mittragen, unabhängig von der Nachrüstungsdebatte. Genscher war zu dieser Zeit aber immer noch der starke Mann in der FDP. Beide zusammen werden das gewollt haben. Außerdem brauchte die Regierung 1982 einen zweiten Nachtragshaushalt. Wenn sie dafür keine Zustimmung bekommen hätte, hätte das schlimme Folgen gehabt, da es nicht mehr genügend Haushaltsermächtigungen gab, für weitere Kreditaufnahmen. Das wird mit ein Grund gewesen sein.

Welche Flügel und Interessensgruppen gab es innerhalb der Union?
Carstens: Wir haben in der CDU/CSU immer neben der normalen Volkspartei, die versucht hat, mitten durch die politische Landschaft die Richtung vorzugeben, die Sozialpolitiker mit Norbert Blüm gehabt. Das war immer eine ernstzunehmende und starke Bewegung. Fast identisch stark war die Mittelstandsvereinigung. Wenn solche

https://doi.org/10.1515/9783111004686-011

Gruppen in der Sozial- und in der Wirtschaftspolitik die Hauptlinie flankieren, kommen gute Bewegungen zu Stande, die so aus der Mitte nicht kommen.

Gab es Stellen, an denen sich eine Gruppe klar durchgesetzt hat?
Carstens: Beim Kindergeld hat der soziale Flügel zum Beispiel Wert darauf gelegt, dass da nur sehr beschränkt gekürzt wird und klargestellt, dass man diese Bereiche sofort wieder mit einbeziehen würde, sobald es der Wirtschaft besser ginge. So hat jeder für seinen Bereich gekämpft. Aber nicht so, dass sich einer destruktiv verhalten hätte. Man muss ja sehen, dass man in der Opposition tatsächlich nichts zu melden hat. Aufgrund der letzten zehn Jahre gab es im Grunde keinen Teil der Fraktion, der nicht bereit war, jetzt mitzumachen. Alle freuten sich ja, jetzt regieren zu können und waren bemüht, alles nur Denkbare zu unterstützen, was dazu diente, jetzt nicht nur kurz an die Regierung zu kommen, sondern auch die nächsten Wahlen zu gewinnen.

Wenn Kohl und Stoltenberg in der Fraktion etwas vorschlugen, was überzeugend war, dann machte das die Fraktion gerne mit. Das mit dem Kindergeld haben wir zum Beispiel nicht gerne mitgemacht. Aber Stoltenberg war der Entscheidende. Er sagte, wir müssen jetzt ein Zeichen setzen, sonst ist der ganze Wahlkampf nicht so zu machen wie wir uns das vorstellen. Es gab aber auch Diskussionen. Das lag daran, dass die Beauftragten der Fachgruppen immer das vorbringen mussten, was die Gruppen besprochen hatten.

Wie sah es bei der Zwangsanleihe aus?
Carstens: Das hätte ich im Nachhinein nicht gemacht. Damit konnte man aber gegenüber dem linken Flügel, den Sozialpolitikern, vielleicht das ein oder andere erledigen.

Gab es überhaupt Aushandlungsprozesse?
Carstens: Selbstverständlich muss verhandelt werden, wenn man so ein Paket zusammenstellt. Ein erfahrener Politiker wie Stoltenberg überlegt sich ja auch im Vorfeld, was man machen kann, um das Programm ausgewogen zu gestalten. Da kann dann durchaus mal ein Punkt dabei sein, der als Ausgleich für einen anderen gilt. Aber so richtig strittig haben wir uns darüber nicht auseinandergesetzt.

Inwieweit hat sich die FDP in das Sofortprogramm einbringen können?
Carstens: Wir haben von Anfang an gut mit den Haushaltspolitikern der FDP zusammengearbeitet. Hans-Günter Hoppe zum Beispiel, der stand voll auf unserer Linie, wie auch später Dr. Wolfgang Weng. Die FDP wirkte stabilisierend. Ich kann mich nicht daran erinnern, dass es je Probleme gab. Die waren ja auch froh, aus der Koalition raus zu sein.

Haben die Ausschüsse ihre Änderungen an den Gesetzen mit Zustimmung der Parteiführungen vorgenommen?
Carstens: Nein, das sind Dinge, die man im Haushaltsausschuss einfach macht.

Wie passten die Nachfrageanreize in der Wohnungsbaupolitik zur angebotspolitischen Ausrichtung des Sofortprogramms?
Carstens: Es stimmt schon, dass wir so etwas bei der SPD vorher kritisiert haben. Aber die SPD hat mit ihren Konjunkturprogrammen nie groß Eigentumsförderung betrieben. Für uns war das ein Kernbereich, da wir etwas für die Familien tun wollten und für die Konjunktur. Darüber, dass wir zu dem Zeitpunkt in der Wohnungsbaupolitik etwas machen wollen, waren sich alle einig.

Hat man im Wirtschaftsflügel der Union die Verfassungswidrigkeit der Zwangsanleihe angenommen oder sogar erhofft?
Carstens: Nein, das hätte man nicht gemacht, da es ja immer unangenehm ist, wenn so etwas passiert. Es kann sein, dass einige so gedacht haben, aber das ist nicht thematisiert worden. Als Fraktion hätten wir das nie gemacht, wenn jemand überzeugend argumentiert hätte, dass wir das vor dem Bundesverfassungsgericht nicht durchhalten.

Zeitzeugengespräch mit Rainer Funke

ehem. MdB, am 12. Oktober 2020

Rainer Funke wurde 1940 in Berlin geboren. Nach einem Studium der Rechtswissenschaften trat er 1972 in die FDP ein und wurde 1980 über die Landesliste Hamburg in den Bundestag gewählt. Im Herbst 1982 war er unter anderem Ordentliches Mitglied des Finanz- und des Wirtschaftsausschusses. Das Zeitzeugengespräch fand am 12. Oktober 2020 telefonisch in entspannter Atmosphäre statt. Die Fragen stellte der Autor.

Welche Flügel und Gruppen gab es 1982 in der FDP?
Funke: Ich gehörte dem so genannten Wurbs-Kreis um Herrn Wurbs, dem damaligen Vizepräsidenten des Bundestages, an. Dazu gehörten zum Beispiel auch Detlef Kleinert und Otto Graf Lambsdorff. Daneben gab es noch andere wie Ingrid Matthäus-Maier oder Helga Schuchardt. Die wollten damals eine höhere Verschuldung, damit sollten wahrscheinlich auch Wirtschaftsprogramme finanziert werden. Hier in Hamburg hat es dann natürlich auch Auseinandersetzungen gegeben.

Gab es Stellen, an denen sich die FDP gegenüber der Union durchgesetzt hat?
Funke: Nein. Das hat viele von uns verbittert, die damals für den Wechsel gewesen sind und wir haben alle nicht damit gerechnet, dass Kohl da so hart sein könnte. Ich habe damals immer gesagt: Ich bin für den Wechsel zur CDU, aber glaubt bitte nicht, dass wir bei der CDU mit einem größeren Entgegenkommen rechnen können als bei der SPD. Wir haben damals so gut wie keine Vorteile gewonnen. Kohl war sehr durchsetzungsfähig und hat uns keinen Stich gelassen, der wollte die Wahlen gewinnen, da kann ich mich an Zugeständnisse eigentlich nicht erinnern. Das ist mir dann von unserem linken Flügel in der Hamburger FDP immer vorgeworfen worden.

Hat sich die Verhandlungsposition der FDP durch die Festlegung des Neuwahltermins verbessert?
Funke: Die Verhandlungsposition hat sich meines Erachtens nicht verbessert. Den Eindruck hatte ich damals wenigstens nicht.

Wie stand die FDP zum BAföG?
Funke: BAföG-Kürzungen wollten wir alle nicht. Es ging aber auch viel weniger um Kürzungen als um die Umstellung auf Darlehen. Ich war damals für die Darlehenslösung. Es ist schwer, sich an das Ganze zu erinnern. Das war ja auch alles sehr hektisch und wurde schnell durchgepeitscht, weil die Wahlen anstanden.

Welche Rolle spielte der Arbeitsmarkt in der Ausländerpolitik der Koalition?
Funke: Wenn ich mich da recht entsinne waren wir ja für eine Liberalisierung der Arbeitsmarktbedingungen für Ausländer. Das ist damals vom Arbeitnehmerflügel

https://doi.org/10.1515/9783111004686-012

der CDU verhindert worden, weil die, beeinflusst von den Gewerkschaften, sagten, die Ausländer nehmen uns die Arbeitsplätze weg.

Hat die FDP die Verfassungswidrigkeit der Zwangsanleihe angenommen oder sogar erhofft?
Funke: Die Zwangsanleihe war in der FDP garnicht beliebt. Wir haben damals schon gesagt, dass sie verfassungswidrig ist, aber gehofft darauf haben wir nicht, das glaube ich nicht.

Zeitzeugengespräch mit Jürgen Merkes

am 12. Oktober 2020

Jürgen Merkes ist Mitglied der CDU und war im Herbst 1982 Persönlicher Referent des Parlamentarischen Staatssekretärs Hansjörg Häfele. Mit diesem zusammen hat er im Finanzministerium an der Entwicklung des Sofortprogramms mitgewirkt. Das Zeitzeugengespräch fand am 12. Oktober 2020 telefonisch statt. Die Fragen stellte der Autor.

Wie haben Sie den Regierungswechsel und die Erarbeitung des Sofortprogramms erlebt?
Merkes: Ich kam als Persönlicher Referent von Hansjörg Häfele, der 1982 Parlamentarischer Staatssekretär wurde, ins Finanzministerium. Wie bei Regierungswechseln üblich gab es auch damals einen relativ schnellen Wechsel des Personals in den Leitungsfunktionen bis hin zu den persönlichen Mitarbeitern der alten Regierung. Man muss sich ja auf die Leute verlassen können und längst nicht jeder wollte der neuen Regierung dienen. Vor allem am Anfang hatten wir daher wenig Personal zur Verfügung.

Wie hat sich die neue Koalition auf die Inhalte des Sofortprogramms von 1982 geeinigt?
Merkes: Man schöpfte aus einem Fundus der letzten Jahre. Man hatte bestimmte Überzeugungen, wie es weitergehen sollte. Die Wirtschaft war ja völlig heruntergekommen, wir waren auf einem völlig falschen Weg immer weiterer Geldausgabe. Insofern braucht man dann da garnicht zu sitzen und etwas Neues zu erfinden. Die Meinungsbildung bei uns in der CDU, die war vollkommen fertig, die war klar: Wir wollten eine andere Wirtschafts- und Finanzpolitik, eine angebotsorientierte Politik. Wir wollten weg von der nachfrageorientieren Politik. Diese Überzeugung führte dann zu bestimmten Detailbeschlüssen.

Gab es bei diesen Detailbeschlüssen Differenzen zwischen verschiedenen Gruppen innerhalb der Union?
Merkes: Natürlich gibt es dann immer wieder auch Auseinandersetzungen. Es war traditionell so, dass sich zwei Gruppen gegenüber standen. Das waren die Wirtschaftspolitiker und die Finanzpolitiker und zu einem Teil auch die Haushaltspolitiker auf der einen Seite. Auf der anderen gab es damals eine so genannte Arbeitnehmergruppe mit Norbert Blüm. Für uns war das ein Teil Gedankengut der SPD innerhalb der Union. Stark unterschieden von den programmatischen Vorstellungen der SPD hat sich die Arbeitnehmergruppe in der Regel nicht. Es gab im Menschenbild eine etwas andere Denkweise, man hat in der CDU/CSU stärker auf die Fähigkei-

https://doi.org/10.1515/9783111004686-013

ten der Einzelnen und die Subsidiarität gesetzt, während die SPD natürlich immer sehr staatsgläubig war und auf die Kraft des Staates gesetzt hat.

Es gab also unterschiedliche Ansichten, darüber hat man diskutiert und dann haben sich Mehrheiten herausgebildet. Die standen sich aber nicht so scharf gegenüber, dass zum Beispiel die Arbeitnehmergruppe gesagt hätte, das könnten sie nicht mittragen. In der damaligen Lage war der Einfluss der Arbeitnehmergruppe relativ klein, denn die ganze Fraktion wollte in die andere Richtung, in Richtung Angebotspolitik.

Gibt es Stellen, an denen sich die Arbeitnehmergruppe durchgesetzt hat?
Merkes: Aus meiner Sicht hat sich die Arbeitnehmergruppe nicht durchgesetzt, soweit ich mich daran erinnere. Das war eine Sondersituation, da hatte die Union gerade die Macht übernommen, es war gelungen, durch große Einigkeit einen Kanzler zu stürzen. Das ist nicht die Zeit für kleine Gruppen, sich durchsetzen zu können. Dann ist Einigkeit angesagt. Für „Wohltaten" für die Arbeitnehmer und die Sozialpolitik war damals keinerlei Stimmung.

Wie verhielt es sich bei der Zwangsanleihe?
Merkes: Die Zwangsanleihe musste sein. Wir mussten ja an allen Ecken und Enden versuchen, den Haushalt zu stabilisieren und die Finanzen wieder auf Kurs zu bringen. Ich persönlich und mein Bereich haben die Zwangsanleihe nicht mit flammenden Herzen vertreten. Im Grunde war es nicht unsere Politik. Aber es mussten Kompromisse gemacht werden und dieser Kompromiss lag natürlich ganz deutlich im Interesse der Arbeitnehmergruppe.

Wie unterschieden sich innerhalb der Arbeitnehmergruppe die CDA und die CSA?
Merkes: Die unterschieden sich nur in Nuancen. Der CSU-Teil stand vielleicht etwas weiter rechts als der CDU-Teil.

Inwieweit hat sich die FDP in das Sofortprogramm einbringen können?
Merkes: Die FDP hatte immer schon eine ähnliche Denkweise. Das Programm von Graf Lambsdorff war fast deckungsgleich mit der Denkweise der Finanz- und Wirtschaftspolitiker in der Union. Vielleicht war es etwas schärfer formuliert. Die FDP konnte sich also insofern einbringen, als dass es ohnehin nicht sehr abweichende Beschlüsse in den Fraktionen gab. Im Grunde waren wir schon fast eine Truppe, bevor wir zusammengingen.

Gab es parteiübergreifende Allianzen zwischen den linken Flügeln der FDP und Union?
Merkes: Nein. Damals nicht. Das heißt natürlich nicht, dass nicht manchmal abends bei einem Glas Bier Grüppchen von FDP-Leuten und Unionsleuten zu einem bestimmten Thema zusammengesessen hätten. Es gab natürlich immer Berührungen.

Gab es innerhalb der Koalition Differenzen beim BAföG und Wohngeld?
Merkes: Die Bildungs- und Sozialpolitiker denken natürlich in der Regel „linker“ als die Finanzpolitiker. Die haben natürlich ihre Ziele da weiterverfolgt und zum Teil auch durchgesetzt. Es geht ja immer um Kompromisse.

Wie passten die Nachfrageanreize in der Wohnungsbaupolitik zur angebotspolitischen Ausrichtung des Sofortprogramms?
Merkes: Man muss da unterscheiden zwischen der großen Linie und den kleinen Dingen, die man vielleicht doch noch tut. Die Wohnungspolitik hatte immer eine Sonderstellung. Insofern widerspricht das eine nicht dem anderen. Es hängt ja auch immer vom Volumen ab. Wenn man groß umsteuert in Richtung Angebotspolitik, dann kommt es auf kleinere Anreize im Wohnungsbau nicht so genau an.

Waren manche der Entscheidungen besonders auf den Wahlkampf ausgerichtet?
Merkes: Alle! Wir mussten uns ja durch die Wahl eine Legitimation unserer Politik holen und wollten sie auch gewinnen. Insofern ist es völlig klar, dass die Punkte vor diesem Hintergrund entstanden sind.

Die Koalitionsvereinbarung von 1982

Die vorliegende Fassung der Koalitionsvereinbarung entspricht der Beratungsunterlage der gemeinsamen Sitzung des Bundesvorstandes und der Bundestagsfraktion der FDP am 28. September 1982. Sie ist im Archiv des Liberalismus in Gummersbach im Bestand des FDP-Bundesvorstandes hinterlegt (AdL FDP-Bundespartei 6992). Vom im Medienarchiv der Konrad-Adenauer-Stiftung auffindbaren endgültigen Text der Koalitionsvereinbarung unterscheidet sie sich nur minimal durch das vereinzelte Fehlen sprachlicher Korrekturen. Inhaltlich sind beide Fassungen identisch. Die Abschnitte zur Ausländer-, Innen- und Rechts- sowie zur Deutschland-, Außen- und Sicherheitspolitik sind nicht abgedruckt.

https://doi.org/10.1515/9783111004686-014

Ergebnis der Koalitionsgespräche

I. Bundeshaushalt 1983

Der Bundeshaushalt 1983 soll auf der Grundlage der Koalitionsverhandlungen und der Beschlüsse der neuen Bundesregierung neu aufgestellt und zu einem frühestmöglichen Termin im Bundestag durch die Bundesregierung und die Koalitionsfraktionen eingebracht werden. Zu diesem Zeitpunkt wird der alte Haushaltsentwurf zurückgezogen. Der Bundeshaushalt soll im Dezember 1982 verabschiedet werden.

Begleitgesetze

Auf der Grundlage der Koalitionsvereinbarungen und der Beschlüsse der neuen Bundesregierung sollen die erforderlichen Änderungen und Ergänzungen von den Koalitionsfraktionen in den Bundestagsausschüssen eingebracht werden. Es ist beabsichtigt, die Begleitgesetze zu einem Gesetz zusammenzufassen.

II. Steueränderungen

Von den bisherigen Regierungsbeschlüssen entfallen die vorgesehenen Regelungen für die Betriebspensionen und das Ehegattensplittung. Das Ehegattensplittung soll zum 1.1.1984 kostenneutral in das Familiensplitting umgewandelt werden.

Vereinbart wird eine Erhöhung der Mehrwertsteuer um 1 Punkt zum 1. Juli 1983. Das Aufkommen (kassenmäßig brutto 1983 für den Bund 2,2 Milliarden DM) wird für Steuerentlastungen zur Verbesserung der Rahmenbedingungen für Investitionen, insbesondere des Mittelstandes, mit Wirkung ab 1. Januar 1983 verwandt. Im Zusammenhang damit, wird die Vorsteuerpauschale für Landwirte von 7,5 auf 8 % angehoben.

- 2 -

Im einzelnen ist vorgesehen:

1. Förderung des Eigenheimbaus durch Schuldzinsabzug bei Neubauten.

2. Steuerliche Erleichterungen bei der Übernahme insolventer bzw. insolvenzbedrohter Unternehmen.

3. Förderung der Existenzgründung einschließlich Beratungshilfen

4. Beschränkung der Zurechnung der Dauerschuldzinsen bei der Gewerbeertragsteuer und der Hinzurechnung der Dauerschulden bei der Gewerbekapitalsteuer mit finanziellem Ausgleich für die Gemeinden (Gewerbesteuerumlage oder Erhöhung des Anteils an der Einkommensteuer).

5. Ab 1.1.1984 sollen weitere Entlastungen, die der Investitionsbelebung dienen, aus dem zusätzlichen Mehrwertsteueraufkommen finanziert werden.

6. Investitionshilfe

   Einkommensbezieher mit steuerpflichtigem Einkommen von mehr als 50.000 / 100.000 DM müssen in den Jahren 1983 und 1984 jeweils eine obligatorische Anleihe in Höhe von 5% ihrer Steuerschuld zahlen. Nicht verpflichtet sind Steuerpflichtige, die den fünfachen Betrag der Anleihe in ihrem eigenen Unternehmen für Investitionen aufwenden. Die Anleihe wird nicht verzinst und soll in den Jahren 1987 bis 1989 zurückgezahlt werden, jedoch früher als drei Jahre nach Zahlung.

   Die Verwendung der Anleihe ist vorgesehen für die Förderung des sozialen Wohnungsbaues (Mietwohnungen und Eigenheime):
   und zwar
   - für ein Bauspar- und Zwischenfinanzierungsprogramm
   - für ein Programm zur Förderung des Mietwohnungsbaus in Verdichtungsräumen und
   - für ein Programm der Förderung selbstgenutzen Wohnungseigentums

7. In der Regierungserklärung werden als mittelfristige Aufgaben bezeichnet:

   - die deutliche Rückführung der strukturellen Defizite
   - die weitere Umgestaltung des Steuersystems zur Förderung von Investitionen und Beschäftigung sowie
   - die Verringerung der Gesamtbelastung der Betriebe und Arbeitnehmer an Steuern und Abgaben.

III. Vorschläge für die Behandlung anhängiger Gesetzgebungsverfahren in der Wohnungspolitik

1. Baulandnovelle wird zurückgezogen.

2. Grunderwerbsteuergesetz (Entwurf des Bundesrates) wird zügig nach Abstimmung mit den Bundesländern zu Ende beraten.

3. Es wird davon ausgegangen, daß das Mietspiegelgesetz im Bundesrat scheitert. Auf ein Mietspiegelgesetz wird verzichtet.

4. Es wird davon ausgegangen, daß das Mietrechtsänderungsgesetz 1981 im Bundesrat scheitert. Die Koalitionsfraktionen bringen sofort das Mietrechtsänderungsgesetz neu ein. Grundlage ist der erste Entwurf mit folgenden Änderungen:

   a) Zulassung von Staffelmieten auch im Bestand.

   b) Zum Zeitmietvertragsrecht wird eine entformalisierte Regelung nach dem Vorschlag des Vermittlungsausschusses übernommen.

   c) Die Fristverlängerung für Eigenbedarfskündigungen in Umwandlungsfällen entfällt.

- 4 -

d) Das gesetzliche Vorkaufsrecht in Umwandlungsfällen entfällt.

e) Im Vergleichsmietenbegriff wird auf das Datenmaterial der letzten 3 Jahre abgestellt.

f) Als Vergleichsmietennachweis werden Vergleichsobjekte aus dem eigenen Bestand zugelassen.

g) Die Duldungspflichtregelung wird mit der Zielsetzung überarbeitet, die Zumutbarkeitsprüfung deutlicher zu objektivieren.

h) Das Kündigungsrecht für Einfamilienhäuser und Zweifamilienhäuser wird der Regelung für vermietete Einliegerwohnungen angepaßt (evtl. für eine spätere Novellierung zurückstellen).

5. Es wird davon ausgegangen, daß der Gesetzentwurf zur vorgezogenen Einheitsbewertung im Bundesrat scheitert. Auf dieses Gesetz wird verzichtet. Es besteht Einigkeit darüber, daß insgesamt eine neue Hauptfeststellung für alle Grundstücke durchgeführt werden muß. Für Mietwohngrundstücke ist dabei das Ertragswertverfahren beizubehalten.

IV. Einsparungen im Bundeshaushalt.

Der Bundeshaushalt 1983 soll über den Finanzrahmen der Begleitgesetze (8,5 Milliarden DM) mindestens 5 Milliarden DM durch Kürzung von gesetzlichen Aufgaben und von Subventionen entlastet werden. Ferner sind Entlastungen für die Länder und Gemeinden zu beschließen. Da die vorgesehenen Mehreinnahmen aus der Neuregelung der Betriebspensionen und des Ehegattensplittings entfallen, sind im einzelnen für den Bundeshaushalt Einsparungen von 5,5, Milliarden DM erforderlich.

Vereinbart werden

- Direktsubventionen - Kürzungen um 500 Millionen DM nach auszuarbeitenden Einzelvorschlägen.,

- Öffentlicher Dienst
  Die Beamtenbesoldung für 1983 wird 1982 durch Bundesgesetz vorab geregelt.
  Durch eine politische Erklärung wird der Rahmen für die beiden folgenden Jahre abgesteckt. Der finanzielle Gesamtrahmen für den Öffentlichen Dienst wird für 1983 auf 2 % Steigerung ab 1. Juli 1983 festgelegt (hinzu kommt ein Betrag von etwa 1,5 % aus gesetzlichen oder tarifvertraglichen Regelungen ab 1. Januar 1983). Im Hinblick auf die angestrebte tatsächliche Gleichstellung von Beamten, Angestellten und Weiteren soll der Zeitpunkt des Inkrafttretens des Beamtenbesoldungsgesetzes 1983 um einen Monat vorgezogen werden. Für 1983 werden Mehrausgaben über diesen Rahmen hinaus zur Einsparung an freiwerdenden Stellen im wesentlichen im Tarifbereich führen

  Erforderlich sind gegenüber den jetzigen Ansätzen im Bundeshaushalt 1983 Einsparungen von mindestens 700 Millionen DM. In diesem Zusammenhang ist eine sozial gestaffelte Eigenbeteiligung der Beamten an den Beihilfen nach dem Beispiel mehrerer Bundesländer ins Auge zu fassen.

V. Neue Grundsätze der Sozialpolitik

1) Die Beiträge der Bundesanstalt für Arbeit bemessen sich
   a) bei der Rentenversicherung an der Höhe des Arbeitslosengeldes
   b) bei der Krankenversicherung an 100 Prozent des Bruttolohns

   Hieraus ergeben sich gegenüber den bisherigen Berechnungen der Bundes regierung keine Veränderungen für den Bundeshaushalt.

- 6 -

2) In das Sozialgesetzbuch (Allgemeiner Teil) soll eine Bestimmung eingebracht werden, daß ein zeitweiser freiwilliger Verzicht auf Sozialleistungen den grundsätzlichen und wiederauflebbaren Rechtsanspruch nicht berührt.

3) Beiträge für Rentenversicherung bleiben bei 18,5% ab 1.1.1984.

4) Die Rentenanpassungen in allen Bereichen (Rentenversicherung, Unfallversicherung, Kriegsopferversorgung, landwirtschaftliches Altersgeld, Lastenausgleich) werden vom 1.1.1983 auf 1.7.1983 verschoben. Der Anpassungssatz von 5,6 % bleibt.
Aus der Verschiebung der Besoldungserhöhung ergeben sich entsprechende Wirkungen für die Beamtenpensionen. Durch die Atempause in der Rentenanpassung ist 1983 eine weitergehende Verringerung des Bundeszuschusses um 1,7 Milliarden DM gegenüber den Beschlüssen der alten Bundesregierung zusätzlich zu gewährleisten, also insgesamt 3 Milliarden DM gegebenenfalls kann dieser Betrag auch teilweise im Rahmen der Bundesanstalt für Arbeit aufgebracht werden.

5) Der Krankenversicherungsbeitrag der Rentner in Höhe von 1% wird gleichfalls ab 1. Juli erhoben.

6) Die flexible Altergrenze soll auf 60 gesenkt werden mit versicherungsmathematischen Abschlägen. Der Zeitpunkt des Inkrafttretens ist festzulegen nach Prüfung der Auswirkungen auf die aktuelle Finanzsituation der Rentenversicherung.

Für Angestellte und Arbeiter des Öffentlichen Dienstes ist Voraussetzung, daß keine Leistungen aus der Zusatzversorgung in Anspruch genommen werden. Die geltenden Regelungen für Beamte bleiben unberührt.

7) Ziel bleibt eine strenge Beitragsbezogenheit der Rente.

Angestrebt wird eine Entlastung der Rentenversicherung von Fremdleistungen und eine Neufestsetzung der Grundsätze für den Bundeszuschuß.

8) Die Eigenbeteiligung bei Krankenhausaufenthalt wird auf 14 Tage erweitert bei gleichzeitiger Herausnahme der Kinder unter 18 Jahren.

Überlegungen sind anzustellen, ob Inanspruchnahme von Urlaub bei Kuren die vorgesehene Selbstbeteiligung ganz oder teilweise ersetzen kann.

Die Herstellung einer Transparenz der Aufwendungen von Leistungen für die Versicherung in der sozialen Krankenversicherung ist mit Nachdruck anzustreben.

Stärkung der Einschaltung des Vertrauensarztes (§ 369 b RVO). Von jeder Krankmeldung erhält der Vertrauensarzt Benachrichtigung.

Im Rahmen der Gespräche über den Abbau von Mischfinanzierungen soll mit den Ländern über eine Übertragung der Zuständigkeit für Krankenhausfinanzierung und -gesetzgebung verhandelt werden.

Die Absicherung des Pflegefallrisikos und der Verstärkung der häuslichen Pflege anstelle von Krankenhauseinweisungen ist langfristig anzustreben.

Der Leistungskatalog der gesetzlichen Krankenversicherung muß von Leistungen der Bagatell- und Luxusmedizin befreit werden.

Bußgelder für Gefälligkeitsatteste werden vorgesehen.

9) Sozialhilfe

Die Ende 1981 beschlossene Begrenzung des Steigerungssatzes der Regelsätze für die Hilfe zum Lebensunterhalt (3% ab 1. Januar 1983) wird entsprechend den Regelungen für den Öffentlichen Dienst und die Rentner auf den 1. Juli 1983,und zwar auf 2 % festgelegt. Die Maßstäbe für die künftige Festsetzung der Regelsätze sollen im Laufe des Jahres 1983 neu gefaßt werden.

Einräumen einer gesetzlichen Länderkompetenz zur Bedarfsplanung im Heimbereich mit Wirkung vom 1. Januar 1983.

Das Ziel ist eine Verminderung der stationären Kosten durch ambulante Sozialhilfe.

10. <u>Arbeitsförderungsgesetz</u>

Die Beitragshöhe bleibt bei 4,5 %.

Vereinbart wird breitere Differenzierung der Leistungsdauer beim ALG nach Beitragsdauer mit dem Ziel von Einsparungen gegenüber geltenden Vorschriften im Umfang von 500 Millionen DM 1983.

Die Prozentsätze bei der ALG und AlHi werden nicht verändert.

Die Förderungssätze für Maßnahmen der Rehabilitation und der Arbeitsförderung sind mit Wirkung vom 1. Januar 1983 neu festzulegen. Einsparungen für 1983 gegenüber geltenden Vorschriften: 500 Millionen DM.

11. <u>Kindergeld</u>

Minderung des Kindergeldes ab 1.1.1983 von 80 DM für
das zweite Kind (um 20 DM)
auf 150 DM für das 3. Kind und jedes weitere Kind (um 70 DM)
ab Nettoeinkommen 42.ooo DM jährlich für Ehepaare mit 2 Kindern und
Erhöhung dieser Grenze um 7.800 DM für jedes weitere Kind.

Einsparungen im Bundeshaushalt für 1983: 1,3 Milliarden DM.

12. Schüler-Bafög

Schüler-Bafög wird nur bei unzumutbaren Entfernungen zum Wohnort aufrecht erhalten. Die Neuregelung erfolgt ab Schuljahr 1983/84.

Das Studenten-Bafög wird auf Darlehensbasis umgestellt mit einer Neugestaltung der Rückzahlungsbedingungen. Die Neuregelung erfolgt ab Wintersemester 1983/84.

Einsparungen für den Bundeshaushalt 1983 200 Millionen DM.

In diesem Zusammenhang wird der Ausbildungsbeitrag ab 1.1.1984 halbiert. Der Kinderbetreuungsbetrag wird mit dem Ziel eines Verzichts auf Verwendungsnachweis durch Pauschalierung und einer Absenkung im Zusammenhang mit der Einführung des Familiensplittings überprüft.

Beim Wohngeld sind ab 1. Januar 1983 Strukturbereinigungen insbesondere zum Einkommensbegriff oder eine lineare Kürzung vereinbart.

Einsparungen im Bundeshaushalt 1983 100 Millionen DM.

Die Summe der für 1983 vorgesehenen Einsparungen beläuft sich auf 5,3 Milliarden DM. Weitere Kürzungen von mindestens 200 Milliarden DM werden zu den Haushaltsberatungen vorgelegt. Über eventuell unabweisbare Mehrforderungen von Ressorts wird im Laufe des Jahres 1983 in Verbindung mit einem Nachtragshaushalt entschieden.

- 10 -

VI. Vorhaben zur Förderung der Investitionen und der Beschäftigung und weiterreichende Aufgaben

Bei der Neufassung des Bundeshaushaltes für 1983 ist beabsichtigt, die Bundesmittel für wichtige Gemeinschaftsaufgaben (regionale Wirtschaftsförderung, Agrarstruktur, Hochschulbau) sowie für andere wichtige Gemeinschaftsprojekte (Krankenhausfinanzierung, Stadtsanierung) zu erhöhen.
Die Bundesregierung wird den Bundesländern ein faires Angebot zum Ausgleich der Kindergeldzahlungen und zur Umsatzsteuerneuverteilung unterbreiten.

Das Existengründungsprogramm des Bundes wird in seinen Bedingungen mit Wirkung vom 1. Januar 1983 erheblich verbessert. Mit den Bundesländern wird eine Vereinbarung zur Harmonisierung und Konzentration der Förderung angestrebt.

Nach der Bundestagswahl wird ein Gesetzentwurf zur Förderung der Vermögensbildung von Arbeitnehmern vorgelegt.

Im Frühjahr 1983 sollen Vorschläge zur Umstrukturierung des Bundeshaushalts zur Erhöhung der Investitionsquote und zur Verringerung des strukturellen Defizits verabschiedet werden, die bereits mit Wirkung vom 1. September 1983 eine zusätzliche Begrenzung des Defizits im Bundeshaushalt bewirken.

Es besteht grundsätzlich Bereitschaft, das Statistikbereinigungsgesetz auf der Grundlage des Bundesratsentwurfs frühestmöglich zu verabschieden.

Personenregister

https://doi.org/10.1515/9783111004686-015